역대상·하 주해

철학박사 김수홍 지음

도서
출판 언약

Exposition of I Chronicles, II Chronicles

by

Rev. Soo Heung Kim, S.T.M., Ph.D.

Published by
Eonyak Publishing Company
Suwon, Korea
2018

"성경의 원어를 읽든지 혹은 우리 번역문을 읽든지,
성경을 읽는 것은 성부 하나님, 성자 예수님, 성령 하나님을 읽는 것이고,
본문을 아는 것이 하나님을 아는 것이며,
성경 본문을 붙잡는 것이 하나님을 붙잡는 것이고,
성경본문을 연구하는 것이 하나님을 연구하는 것(신학)이다".

머리말

역대기 상, 하를 주해한다는 것은 처음부터 필자의 마음을 심히 누르기에 충분했다. 그것은 역대기 상의 1장부터 9장까지 펼쳐 있는 족보 때문이었다. 그 이름들의 뜻을 밝히며 또 그들 한분 한분이 무슨 일을 했는지를 말한다는 것은 엄청난 분량의 작업이었다. 그리고 역대기의 저자가 왜 족보를 기록해놓았는지 그 저의를 다 들어낸다는 것도 쉬운 일은 아니었다. 이스라엘 민족의 정체를 후손들에게 드러내려는 의도가 있었던 것은 분명한 사실이었지만 그 이외에 또 다른 저의도 있었으리라. 다 드러내기는 힘 든 것으로 보였다.

그리고 역대기 상(上)의 10장부터 29장까지 펼쳐 있는 다윗의 행적을 주해하는 것은 큰 흥분이 아닐 수 없었다. 다윗을 살피는 것은 언제든지 필자의 가슴을 뛰게 만들었기 때문이다. 잠시(10장) 사울 왕의 실패의 행적을 살펴서 필자의 신앙에 유익을 삼는 것도 또한 큰 유익이 아닐 수 없었다. 그리고 이어지는 다윗 왕의 예루살렘 천도와 또 다윗 왕을 도운 용사들을 주해하는 일(11-12장)도 필자를 설레게 했다. 그리고 다윗이 여호와 하나님을 사랑하여 법궤를 옮기는 일(13-16장)이나 다윗이 여호와 하나님으로부터 영원히 잊을 수 없는 언약을 받는 일(17장)을 주해하는 일은 필자를 아주 극도의 흥분 속으로 넣고도 남았다. 이런 일 못지않게 다윗이 외국과의 전쟁(18-20장)에서 연전연승한 일을 주해하는 일도 마음을 들썩이게 하는 일이었다. 더욱이 다윗이 성전 건축을 준비하는 일(21-22장)은 온 세계의 신자들을 매료시키고도 남을 일이다. 그리고 다윗은 또 하나님을 사랑하여 이스라엘 12지파 중에 한 지파인 레위 지파로 하여금 온전한 사역자(23-26장)로 삼은 것은 훌륭한 일중에 훌륭한 일이었다. 그리고 다윗이 12지파에서 장관들을 선택해서 세우고 각종 관장들을 세워서 나라 일을 짐 지운 것(27장)은 지혜로운 왕만이 할 수 있는 일이었다. 그리고 다윗이 죽기 전에 나머지 모든 일(28-29장)을 잘 처리한 일을 주해하는 일도 오늘 우리에게 큰 유익이 아닐 수 없다.

본서 저자 에스라는 자기의 후손들에게 숨기고 싶었던 것을 숨겼다. 부끄러운 역사, 그래서 숨기고 싶었던 역사를 숨겼다. 숨기고 싶은 것을 숨기는 것은 죄가 아니다. "일을 숨기는 것은 하나님의 영화"라고 말한다(잠 25:2). 하나님 자신이나 그가 직접 하시는 일은 가려져 있다. "구원자 이스라엘의 하나님이여 진실로 주는 숨어 계시는 하나님이라"고 했다(사 45:15). 하나님께서 이렇게 은닉하여 계신 사실은 우리의 신앙 대상이 되실 만하다. 에스라는 역대기를 기록하면서 부끄러운 일들을 많이 숨겼다. 유다 나라의 부끄러운 일들을 많이 숨겼다. 그리고는 자랑스럽고도 영광스러운 일들을 후손에게 드러냈다. 저자는 이를 위하여 다윗이 여호와를 신앙하여 크게 잘 된 것을 드러내었고 다윗이 크게 실수한 부분을 드러내지 않았으며 사울과 북 왕국은 여호와 앞에 불충했기에 무시해 버렸고 유다 왕국에 관련된 부분만 언급한 것을 볼 수 있다. 부끄러운 일들을 역사에서 뺐다고 하여 오류를 범했다고 말할 수는 없다. 그것은 후손들의 사기를 위한 일이었고 또 하나님의 영광을 위한 일이었다. 남의 부끄러운 일들을 말하는 것은 미덕이 아니다.

여기서 필자가 잠시 언급하고 지나가야 할 이야기가 있다. 그것은 필자가 주해하는 중에 주해 속에 설교를 넣지 않는 이유를 설명하려는 것이다. 필자는 주해를 집필하는 중에 여러 차례 동료나 후배 목회자들로부터 짧은 설교라도 넣어주면 도움이 될 것이라는 말씀을 들었다. 참 이해가 되는 말이었다. 설교를 작성하여 주해 속에 넣어주는 것이 설교 작성에 도움이 되는 것은 사실이지만 친히 성경을 연구해서 설교를 작성하는 것보다는 은혜를 많이 감해버린다는 것이다. 필자의 오랜 세월의 경험이다. 그래서 필자는 남이 써놓은 설교를 거의 참고하지 않았고(박윤선 박사님의 설교는 가끔 참고했

다) 친히 설교를 작성하여 목회를 해왔다. 친히 설교를 작성하느라 무한히 노력하는 일이야말로 하나님을 기쁘시게 하는 일이고 성도들에게 큰 은혜를 끼치는 일이라는 것이다. 한 마디로 말해서 다른 이들이 써 놓은 설교를 많이 참고하는 것은 성경 본문 연구를 덜 하는 결과를 초래해서 성도들에게 은혜를 끼치는 일에 큰 지장이 된다는 것이다. 다른 이들이 써 놓은 설교를 참고하는 것 보다는 설교자 자신이 친히 성경을 연구하여 설교를 작성하는 것이 백번 낫다는 것이 필자의 오랜 경험이다.

필자가 본 주해서를 세상에 내놓으면서 한국 교회 안에서 그리고 해외 이민교회 안에서 조금이나마 도움을 받는 분들이 있으시기를 간절히 바란다.

2018년 5월
수원 원천동 우거에서
저자 김수홍

본 주해를 쓰면서 주력한 것

1. 성경을 성경으로 해석해야 한다는 원리를 따랐다. 따라서 외경이나 위경에서 는 인용하지 않았다.
2. 본 주해를 집필함에 있어 문법적 해석, 역사적 해석, 정경적 해석의 원리를 따랐다. 성경을 많이 읽는 중에 문단의 양식과 구조와 배경을 파악해냈다.
3. 문맥을 살펴 주해하는 일에 심혈을 기울였다.
4. 매절마다 빼놓지 않고 주해하였다. 난해구절도 모두 해결하느라 노력했다(고전 15:29절을 제외하고).
5. 절이 바뀔 때마다 독서의 편의를 위하여 한 줄씩 떼어 눈의 피로를 덜도록 노력했다.
6. 본 주해를 집필하는 데 취한 순서는 먼저 개요를 쓰고, 다음 한절 한절을 주해했다. 그리고 실생활을 위하여 적용을 시도했다.
7. 매절(every verse)을 주해할 때 히브리어 원어의 어순을 따르지 않고 한글 개역개정판 성경의 어순(語順)을 따랐다. 이유는 우리의 독자들을 위해서였다.
8. 구약 원어 히브리어는 주해에 필요한 때에만 인용했다.
9. 소위 자유주의자의 주석이나 주해 또는 강해는 개혁주의 입장에 맞는 것만 참고했다.
10. 주해의 흐름을 거스르는 말은 각주(footnote)로 처리했다.
11. 본 주해는 성경학자들과 목회자를 위하여 집필했지만 일반 성도들도 얼마든지 이해할 수 있도록 평이하게 집필했다. 특히 남북통일이 되는 날 북한 주민들도 읽고 이해할 수 있도록 가능한 쉽게 집필했다.
12. 영어 번역이 필요할 경우는 King James Version을 인용했다. 그러나 때로는 R.S.V.(1946-52년의 개정표준역)나 N.I.V(new international version)나 다른 번역판들을 인용하기도 했다. 이들 번역은 흠정역보다 더 정확한 헬라원문을 보여주기 때문이다.
13. 틀린 듯이 보이는 다른 학자의 주석을 반박할 때는 "혹자는"이라고 말하고 그 학자의 이름은 기재하지 않았다. 그러나 단지 필자와 다른 견해를 제시하는 학자의 이름은 기재했다.
14. 성경 본문에서 벗어난 해석들이나 주장들에 대해서 반박할 때는 간단히 했다. 너무 많은 지면을 쓰는 것은 바람직하지 않고 독자들을 피곤하게 하기 때문이다.
15. 성경 장절(Bible references)을 빨리 알아볼 수 있도록 매절마다 장절을 표기했다(예: 창 1:1; 출 1:1; 레 1:1; 민 1:1 등).
16. 가능한 한 성경장절을 많이 넣어 주해 사용자들의 편의를 도모했다.
17. 해당 성경 책명 약자는 기재하지 않았다(예: 1:1; 출 1:1; 막 1:1; 눅 1:1; 요 1:1; 롬 1:1 등). 제일 앞의 1:1은 신명기 1장 1절이란 뜻이다.
18. 신구약 성경을 지칭할 때는 '성서'라는 낱말을 사용하지 않고 줄곧 '성경'이라는 용어를 사용했다. '성서'라는 용어는 다른 경건서적에도 붙일 수 있는 용어이므로 반드시 '성경'이라는 용어를 사용했다.
19. 목회자들의 성경공부 준비와 설교 작성을 염두에 두고 집필했다.
20. QT에도 적절하게 사용할 수 있도록 주해했다.
21. 가정예배의 교재로 사용할 수 있도록 쉽게 집필했다.

역대상, 하 주해

Exposition of I Chronicles, II Chronicles

■ 총 론

역대기는 열왕기와는 달리 오로지 남쪽 유다 왕국의 역사만을 다루고 있고, 간혹 북쪽 이스라엘의 역사를 다룰 때에는 단지 유다와 관련된 사항만을 언급하고 있는 것을 볼 수 있다. 이 같은 사실은 열왕기와 역대기의 저자가 서로 다르기 때문에 나타난 현상이다. 두 사람의 다른 저자는 역사를 보는 눈이 다르고 두 책을 기록한 목적을 달리하고 있다. 역대기는 성전을 중심으로 한 여호와 신앙을 보여주고 있으며 여호와를 향한 진정한 신앙이 무엇인지를 보여주고 있다. 역대기는 여호와 제일주의를 잘 보여주고 있다고 할 것이다.

역대상, 하의 책 제목은 어떻게 해서 생겼나

히브리어 원전에서 역대상(歷代上)과 역대하(歷代下)는 본래 한권의 책이었다. 그 한권의 책 제목은 "각 시대의 말들"(דִּבְרֵי־הַיָּמִים)이었다. 그런데 이런 한 제목을 가지고 있던 책이 두 권으로 분립된 것은 B.C.3세기경 알렉산드리아의 유대인들이 70인 역(LXX)을 편집하면서 두 권으로 나누어졌다. 70인 학자들은 역대기의 제목을 "파랄레이포메나"("간과한 일들", "빠뜨린 기록들")라고 개칭했다. 다시 말해 열왕기에서 빠뜨린 것들을 보충한 책이라는 뜻이었다. 다음으로 봄베르그(Daniel Bomberg)는 히브리어 성경을 편찬하면서 히브리인들의 전통적 분류법 대신 70인역(LXX)에 의거하여 역대기를 두 권으로 나누었다. 그때부터 현대판 히브리어 성경을 편찬할 때 봄베르그판(Bomberg edition)의 예를 따르게 되었다. 역대기를 오늘날과 같이 "역대기"(Chronicles)로 부르기 시작한 것은 초대 교부 히에로니무스(Hieronymus, A.D. 340?-420) 때부터이다. 그가 성경을 라틴어로 번역하면서 역대기를 '크로니콘'(Chronicon), 다시 말해 '흐름의 사건들의 책'(즉 역대기)이라 이름 하였다. 그 때부터 구미(歐美) 각국의 영역본들은 Chronicon을 'Chronicles'로, 독일어 역본들은 'Chronik'으로 각기 번역하여 책 제목으로 삼았다. 한글 개역 성경의 '역대기 상,하' 역시 이런 배경 아래서 제목이 취해졌다.

역대상, 하의 저자는 누구인가

주석가들은 본서의 저자로 에스라 선지자를 꼽고 있다(Baba Bathra 15a). 필자도 본서가 에스라서의 저자와 동일한 저자에 기록되었을 것이라고 추측한다. 근거로 첫째, 본서의 마지막 부분(대하 36:22-23)과 에스라서의 처음 부분(스 1:1-3)이 공통되는 점이 본서의 저자가 에스라임을 알 수 있고, 둘째, 두 책(역대상하서와 에스라서)의 낱말이나 문장이 비슷한 점, 셋째, 성전이나 제사장에 대한 견해가 똑 같은 점을 들 수 있다. 그리고 넷째, 더욱이 히브리인들이 전통적으로 에스라-느헤미야, 역대기를 역사서라는 한 부류로 분류하고 있는 점에서 더욱 그러하다. 다섯째, 본서의 저자가 각 시대의 자료와 통계를 자주 사용하고 있고(대상 29:29; 대하 9:29; 12:15; 16:11; 24:27; 25:26; 32:32 등), 또 율법과 예배 의식에 능통해 있는 것을 보면(대상 13장; 15장; 16장; 22장) 저자가 분명 제사장 위치에 있는 사람(에스라)임이 확실한 것으로 보인다.

역대상, 하는 언제 기록되었는가

에스라 선지자가 역대기와 에스라서를 기록했다는 점, 그리고 에스라서가 역대기에 이어지는 내용이라는 점을 감안할 때 본서의 기록 연대(B.C. 450년경)를 멀리 벗어날 수는 없는 것으로 볼 수 있다. 이를 전제로 해서 본서 자체의 내증에 의거하여 역대기의 기록 연대를 추측해 보는 것은 흥미 있는 일이다. 1) 역대기의 본문에는 B.C. 538년, 바사(Persia)

왕 고레스(Cyrus)가 반포한 유다인 포로 귀환 허가 조서가 언급되어 있다는 점(대하 36:22). 2) B.C. 537년 유다인들을 이끌고 1차로 귀국한 스룹바벨(Zerubbabel)과 B.C. 500년경의 인물들인 스룹바벨의 두 손자 블라다(Pelatiah)와 여사야(Jeshaiah)도 언급되어 있는 점(대상 3:19,21)을 감안할 때, 역대기는 적어도 B.C. 500년 이후에 기록된 것임을 확인할 수가 있다. 그러나 에스라가 팔레스타인으로 돌아온 때가 대략 B.C. 458년경으로 추측되므로 본서의 기록 연대를 대략 B.C. 450년경으로 잡는 것이 바를 것이다.

역대상, 하는 무엇을 담고 있는가

본서는 아담에서 시작하여 바사의 고레스 왕이 바벨론에 포로 되어 있었던 이스라엘 백성을 석방시키는 조서를 내리기까지의 역사를 담고 있다.

따라서 본서는 유다의 족보(대상 1-9장), 다윗의 행적(대상 10-29장), 솔로몬의 행적(대하 1-9장), 유다 모든 왕의 행적(대하 10-36장)을 담고 있다. 다시 말해 역대상은 사울 왕이 죽은 후에 다윗이 왕위에 올라 예루살렘을 정복하고 수도로 삼아 언약궤를 운반하여 안치하고 나라를 견고하게 한 다윗의 일대기를 담고 있고, 역대하는 열왕기상하의 내용, 곧 솔로몬 왕으로 시작해서 아들 대에서 나라가 나누어지고, 종국에는 예루살렘이 바벨론에 의하여 망했다가 바사 왕 고레스에 의하여 귀환 명령을 받고 귀환하는 데까지의 내용을 담고 있다고 할 수 있다. 그러나 역대기가 단순한 중복은 아니다. 열왕기는 이스라엘의 역사를 선지자의 관점에서 기록했고, 역대기는 제사장적인 관점에서 기록했다. 한 마디로 역대기는 역사를 구속사(救贖史)의 관점에서 기록하고 있다고 할 수 있다.

역대상, 하의 기록 목적은 무엇인가

첫째, 저자가 본서를 기록한 목적은 오랜 포로 생활에서 돌아온 이스라엘인들로 하여금 자기들의 정체가 무엇인지를 알려주기 위해서였다.

둘째, 저자는 오랜 포로 생활에서 돌아온 이스라엘인들로 하여금 자기들이 과거에 포로 되어가기 전에 유다 땅에서 살던 선조들과 연속성이 있음을 깨우치기 위해서였다.

셋째, 이스라엘인들이 하나님의 선민임을 알려주기 위해서였다.

넷째, 특히 포로 생활에서 돌아온 이스라엘인들이 다시는 신앙생활에서 해이함이 없이 잘 믿도록 위함이었다. 이스라엘이 과거에 여호와 신앙에 충실할 때는 번영했고 불충할 때는 하나님의 징계로 재앙을 받은 사실을 보여주었다. 저자는 이를 위하여 다윗이 여호와를 신앙하여 크게 잘 된 것을 드러내면서도 다윗이 크게 실수한 부분을 드러내지 않았으며 사울과 북 왕국은 여호와 앞에 불충했기에 무시해 버렸고 유다 왕국에 관련된 부분만 언급하고 있다.

다섯째, 저자는 전체적으로 성전 봉사와 종교적 기사를 많이 다루었다. 이는 본서의 저자가 제사장이었다는 것을 드러내는 대목이다.

여섯째, 열왕기와 본서는 같은 시기의 것을 전하면서도 열왕기는 예언자에 의해 기록된 책인데 비해 본서는 제사장 입장에서 기록한 역사이다.

일곱째, 성경에서 족보들을 설명하고 있는 가장 중요한 목적은 하나님의 백성들을 구원으로 인도하시기 위한 하나님의 구속활동이 역사적으로 끊임없이 계속 진행되어 왔음을 보이기 위함이었다.

역대상, 하의 특징은 무엇인가

첫째, 저자는 하나님 보시기에 부끄럽게 살다가 앗수르의 포로가 된 북쪽 이스라엘 왕국에 대해서는 아예 무시해 버렸고 남쪽 나라 유다 왕국의 정통성을 강조하여 기록했다.

둘째, 솔로몬의 성전을 미화하여 후손들이 여호와 신앙에 전념토록 권고했다.

셋째, 저자는 여호와 신앙에 배치된 우상숭배를 심히 배척하고 있다(대상

14:12; 대하 14:3,4).

넷째, 여호와의 위대하심을 드러내고 있다. 여호와는 유일하신 분이시고(대상 29:10-19), 전지하신 분이시며(대하 16:9), 전능하신 분이시고(대상 29:10-19), 초월하신 분임을 강조하고 있다(대하 7:1-3).

역대상, 하에 나타난 다윗은 그리스도를 예표하고 있는가

본서에 기록되어 있는 다윗은 그리스도의 예표로 손색이 없는 인물인가. 먼저 사무엘이 그리스도를 예표하는 일에 손색이 없는 인물인가. 다윗은 비천한 목동으로 등장하여 왕으로 기름 부음을 받은 후 기나긴 역경의 세월을 헤쳐 나가는 모습에서 장차 이 땅에 오셔서 수난하실 그리스도의 모습을 보여주고 있다. 다윗은 이스라엘을 구원한 일과 이스라엘의 다음 왕이라는 사실로 인하여 애매한 고난을 받았으나 그런 고난 중에서도 원수 사울의 생명을 살려주는 등 하나님의 사랑을 몸소 실천했다. 이는 병든 자를 고쳐주시고 버림받은 자를 구원하시며 온갖 선을 행하셨음에도 불구하고 하나님의 아들이라는 한 가지 사실로 인하여 십자가의 수난을 당하셨으나 그 십자가에 달린 후에도 죄인들을 위해 기도하셨던 그리스도의 모습을 보여주고 있다. 그리고 다윗의 유랑생활은 그리스도의 지상의 고난의 고백에 대한 예증으로 들기에 충분하다.

역대상, 하는 성경으로서 손색이 없는가

B.C. 450년경 에스라에 의해 저작된 역대상, 하는 지금껏 그 정경성이 의심받아본 적은 없었다. 그런데 근래에 이르러 몇몇 학자들(Julius Wellhausen, W.M. L. De Wette, Alexander Gedddes)과 같은 고등 비평가들에 의해 역대상, 하의 정경성이 도전을 받게 되었다. 즉, 이들은 열왕기서나 사무엘서와 비교하여 역대상, 하에 생략된 기사들이 너무 많다 하여 의문을 제기하고 있으며, 반대로 사무엘서나 열왕기에는 나와 있지 않으나 역대상, 하에는 등장하는 기사들에 대해서도 문제를 제기하고 있다. 다른

두 책(사무엘서, 열왕기서)에 비하여 역대기에 생략된 기사로 다윗과 관련된 기사(삼하 1장; 2장; 3장; 6:20-23; 11장-12장; 13장-19장; 21:1-14; 왕상 1장; 2장), 솔로몬과 관계된 기사(왕상 2:13-46; 3:1-3; 3:16-5:12; 7:1-12; 11:1-40), 기타의 기사들(왕상 12장; 17장-19장; 21장; 왕하 1장-9장)이 생략되어 있다.

그런가하면 다른 두 책들(사무엘서, 열왕기서)에는 없으나 역대상, 하에는 등장하는 기사(대상 12장, 15장-16장; 22장; 23장-27장; 28장-29장)들이 있다는 점이다.

그런데 이상과 같은 차이점을 두고 고등 비평가들이 의문을 제기하는 것은 문제가 되지 않는다. 즉, 역대기는 단순히 사무엘서나 열왕기서에 등장하는 기사를 반복하는 책이 아니라는 것이다. 사무엘서나 열왕기서 저자가 선지자적 관점에서 역사를 서술하고 있음에 반해 역대기 저자는 제사장적 관점에서 역사를 서술하고 있다. 그런고로 역사를 서술하고 있는 측면에서 볼 때 사무엘서와 열왕기서는 자연적으로 객관적인 성격을 띠고 있으나 역대기는 주관적인 성격을 띨 수밖에 없다. 따라서 역대기는 여호와 하나님을 섬기며 하나님의 다스림을 받는 신정 국가로서의 유다 왕국의 모습을 구체적으로 밝히며 왕국의 풍요와 번영을 부각시키는데 치중하고 있다. 이런 이유로 하여 역대기 저자는 다른 두 책에 나와 있는 기사를 생략하기도 했고 또 때로는 자신의 집필을 위해 다른 두 책에 나와 있지 않는 기사를 첨가하기도 했다. 사무엘서와 열왕기서는 하나님께서 이스라엘 왕국을 세우시고 다스리시며 징계하신다는 사실을 선지자적 관점에서 증거하고 있다. 그런 반면에 역대기서는 개인과 국가의 안녕이 오직 여호와로부터 말미암는다는 사실을 제사장적 관점에서 강조하고 있다.

역대상의 주요 내용

역대기는 바벨론 포로에서 돌아온 귀환민들에게 하나님께서 허락하셨던 선조들의 위대한 역사를 회상시켜 주는 책이라고 할 수 있다. 이러한 특수한 점을 가지고 있는 역대상은 아담으로부터 다윗에 이르기까지의 족보(1장-9장)와 다윗의 위대한 통치(10-29장)를 보여주고 있다.

1) 다윗의 족보(1-9장). 본서의 초반부는 통일 왕국이 성립되기까지 하나님께서 이스라엘에게 역사하신 과정을 압축된 족보로 보여주고 있다. 이런 족보는 통일 왕국 건설에 중심적 역할을 했던 자들에게도 초점이 맞추어져 있다. 그 중에서도 유다 지파와 베냐민 지파가 강조되고 있다. 이는 남 왕국 유다에 대한 역대기 저자 에스라의 관심도를 보여준다고 할 수 있다(2:3-55; 4:1-23; 7:6-12). 또한 레위 지파에 대한 특이한 강조는 성전과 관련된 제사장적 관점에서 본서가 기록되었음을 나타내 준다고 볼 수 있다(6:1-81; 9:10-34).

2) 다윗의 통치(10-29장). 본서 저자는 먼저 이스라엘의 초대 왕 사울에 대하여는 아주 간략히 소개한다(10:1-14). 그런 다음 다윗이 어떻게 통일 왕국의 기반을 다져나갔는지를 말한다(11-20장). 실로 하나님의 섭리 하에 통일 왕국 건설은 평평한 대로를 치달았다. 본서 저자는 다윗의 통치가 하나님과의 언약에 기초한 것임을 강조하기 위하여 성전에 관심을 표명한다. 본서 저자는 다윗이 잠시 하나님의 말씀에 순종하지 않은 결과가 어떠했는지를 교훈한다(21장). 그런 뒤에 본서 저자는 모든 부분에서 성전에로 초점을 맞춘다. 다시 말해 성전부지(聖殿敷地) 마련, 성전 건축 계획, 성전 건축을 위한 자재 비축, 성전 봉사를 맡을 제사장, 찬양대, 레위인의 반열 등을 차례로 기술한다(22장-29:9). 다음 마지막으로 본서 저자는 하나님 사람 다윗의 감사 기도를 소개함으로써 제 1막을 내리고(29:10-19), 그런 다음 솔로몬의 즉위와 다윗의 죽음을 언급한다(29:20-30). 그러고 나서 역대상의 그림이 사라지고 역대하의 서막이 예고된다.

■ 역대하 총론

역대하의 제목은 무엇인가

역대상 서론과 역대상 제목을 참조하라.

역대하의 저자는 누구인가

역대상의 저자가 누구인가를 참조하라.

역대하의 집필 동기는 무엇인가

역대상, 하는 히브리 원전에서 원래 한 책이었다. 더욱이 역대상, 하는 내용으로는 차이가 있으나 동일한 집필 배경과 주제였다. 역대상의 집필 동기는 무엇인가를 참조하라.

역대하의 주요 주제는 무엇인가

1) 신앙 제일주의는 복을 받는다는 것을 보여주고 있다.

2) 하나님은 약속에 신실하신 분임을 보여주고 있다. 유다 왕들은 다윗 언약에도 불구하고 계속해서 타락하고 범죄를 했다. 이렇게 인간들은 불성실해도 하나님께서는 약속에 신실하셔서 다윗과 맺으신 언약에 신실하셨다.

3) 하나님의 변함없는 사랑이 이어졌다. 이스라엘은 결국 타락하여 멸망을 자초하고 말았다. 그럼에도 불구하고 하나님은 무조건적 사랑으로 그들을 건지셔서 바벨론에서 구원해주셨다.

▒ 내용분해

【역대상】

I. 이스라엘 조상들의 족보 1:1-9:44

A. 아담으로부터 야곱까지의 족보 1:1-54

1. 10명의 조상들의 족보 1:1-4
2. 노아의 후손들의 족보 1:5-23
3. 셈으로부터 아브라함까지의 족보 1:24-27
4. 이스라엘의 방계들의 족보 1:28-54

ㄱ. 이스마엘 자손들의 족보 1:28-31

ㄴ. 그두라의 소생들의 족보 1:32-33

ㄹ. 에서의 자손들의 족보 1:34-54

B. 이스라엘 12지파의 족보 2:1-9:44

1. 유다 지파의 족보 2:1-4:23

ㄱ. 유다 지파에 대한 개관 2:1-55

1) 이스라엘의 12아들들 2:1-2

2) 유다로부터 다윗의 가계까지 2:3-17

3) 헤스론이 낳은 아들들 2:18-55

ㄴ. 다윗의 자손들 3:1-24

1) 다윗의 아들들 3:1-9

2) 유다의 왕들 3:10-16

3) 여호야긴의 후손들 3:17-24

ㄷ. 기타 유다 자손들 4:1-23

2. 시므온 지파 4:24-43

3. 요단강 동편 지파들 5:1-26

ㄱ. 르우벤 지파 5:1-10

ㄴ. 갓 지파 5:11-17
ㄷ. 두 지파반의 전쟁 5:18-22
ㄹ. 므낫세 반지파 5:23-24
ㅁ. 두 지파반의 멸망 5:25-26
4. 레위 지파 6:1-81
ㄱ. 제사장의 족보 6:1-15
ㄴ. 레위 지파의 자손 6:16-30
ㄷ. 찬양 대원들의 족보 6:31-48
ㄹ. 아론의 자손 6:49-53
ㅁ. 레위인의 성읍 6:54-81
5. 나머지 6지파 7:1-40
ㄱ. 잇사갈 지파 7:1-5
ㄴ. 베냐민 지파 7:6-12
ㄷ. 납달리 지파 7:13
ㄹ. 므낫세 반 지파 7:14-19
ㅁ. 에브라임 지파 7:20-29
ㅂ. 아셀 지파 7:30-40
6. 베냐민 지파 8:1-40
ㄱ. 베냐민의 아들들 8:1-5
ㄴ. 에훗의 족보 8:6-28
ㄷ. 사울의 족보 8:29-40
7. 예루살렘으로 귀환한 사람들 9:1-44
ㄱ. 유다와 베냐민의 주민들 9:1-9
ㄴ. 제사장과 레위인들 9:10-34
ㄷ. 사울의 자손들 9:35-44
II. 다윗의 역사 10-29장
A. 다윗이 즉위하다 10-12장
1. 사울이 죽다 10장

ㄱ. 사울이 죽다 10:1-6

ㄴ. 사울이 매장되다 10:7-14

2. 다윗이 즉위하고 예루살렘으로 천도하다 11:1-9

ㄱ. 다윗이 즉위하다 11:1-3

ㄴ. 예루살렘으로 천도하다 11:4-9

3. 다윗의 용사들 11:10-12:40

ㄱ. 첫째가는 세 용사들 11:10-14

ㄴ. 이름 없는 세 용사들 11:15-19

ㄷ. 아비새와 브나야 11:20-25

ㄹ. 기타 용사들 11:26-47

ㅁ. 다윗이 피난할 때 따른 용사들 12:1-22

ㅂ. 헤브론에 모인 용사들 12:23-40

B. 법궤를 옮기다 13-16장

1. 법궤를 기돈까지 옮기다 13:1-14

ㄱ. 법궤를 기랏여아림에서 옮겨내다 13:1-8

ㄴ. 법궤가 오벧에돔의 집에 머물다 13:9-14

2. 다윗이 번창해서 블레셋을 이기다 14:1-17

ㄱ. 다윗이 번창하다 14:1-7

ㄴ. 블레셋을 이기다 14:8-17

3. 법궤를 예루살렘으로 옮기다 15-16장

ㄱ. 법궤를 옮기기 위해 준비하다 15:1-15

ㄴ. 주악을 준비하다 15:16-24

ㄷ. 법궤를 예루살렘으로 들여놓다 15:25-29

ㄹ. 법궤를 예루살렘으로 안치해 놓다 16:1-6

ㅁ. 다윗이 감사 찬양하다 16:7-36

ㅂ. 여호와 앞에서 봉사하다 16:37-43

C. 다윗이 언약을 맺다 17:1-27

1. 하나님의 언약 17:1-15

2. 다윗이 감사 기도를 하다 16;16-27

D. 다윗이 전쟁하다 18-20장

1. 다윗의 승전 기록 18:1-17

2. 암몬과 전쟁하다 19-20장

ㄱ. 암몬 왕이 다윗의 신하를 모욕하다 19:1-5

ㄴ. 다윗이 암몬과 아람 전에서 승리하다 19:6-19

ㄷ. 암몬을 정복하다 20:1-3

ㄹ. 블레셋을 정복한 용사들 20:4-8

E. 성전 건축을 준비하다 21-22장

1. 다윗이 인구조사를 하고 재앙을 받다 21:1-17

ㄱ. 다윗이 인구 조사를 하다 21:1-8

ㄴ. 인구 조사를 한 후 재앙을 만나다 21:9-17

2. 오르난의 타작마당을 성전 터로 삼다 21:18-22:1

3. 다윗이 성전건축을 준비하다 22:2-19

ㄱ. 건축 자재를 준비하다 22:2-5

ㄴ. 다윗이 솔로몬에게 부탁하다 22:6-16

ㄷ. 방백들에게 부탁하다 22:17-19

F. 레위인의 조직 23-26장

1. 레위인의 직무 23:1-31

ㄱ. 서론 23:1-6

ㄴ. 레위인의 조직과 직무 23:7-23

ㄷ. 성전에서 행하는 직무 23:24-31

2. 제사장의 24반열 24:1-31

ㄱ. 제사장의 24반열 24:1-19

ㄴ. 레위인의 24반열 24:20-31

3. 찬양대 25:1-31

ㄱ. 찬양대의 조직과 직무 25:1-7

ㄴ. 찬양대의 24반열 25:8-31

        4. 문지기와 기타 사람들 26:1-32
            ㄱ. 문지기 26:1-19
            ㄴ. 기타 레위인들 26:20-32
    G. 다윗의 고관들 27:1-34
        1. 모든 가문의 우두머리와 장관들 27:1-15
        2. 각 지파를 관할하는 자들 27:16-24
        3. 왕의 재산을 관할하는 자들 27:25-31
        4. 다윗을 섬기는 사람들 27:32-34
    H. 다윗이 마지막으로 훈계하고 죽다 28-29장
        1. 다윗이 백성을 훈계하다 28:1-8
        2. 솔로몬을 훈계하다 28:9-21
        3. 성전 건축을 위해 헌물하다 29:1-9
        4. 다윗이 감사 기도를 드리다 29:10-19
        5. 솔로몬이 즉위하다 29:20-25
        6. 다윗이 죽다 29:26-30

【역대하】

I. 솔로몬의 역사 1-9장
    A. 솔로몬이 즉위하다 1:1-17
        1. 기브온의 산당에서 제사를 드리다 1:1-6
        2. 솔로몬이 지혜를 구하다 1:7-13
        3. 솔로몬의 부귀영화가 극하다 1:14-17
    B. 솔로몬이 성전을 건축하다 2-7장
        1. 건축 준비를 하다 2:1-18
            ㄱ. 일꾼을 징집하다 2:1-2
            ㄴ. 성전 건축을 위해 후람에게 간청하다 2:3-10
            ㄷ. 후람으로부터 응답을 받다 2:11-16

ㄹ. 성전 건축을 위해 일꾼들을 모으다 2:17-18

2. 성전을 건축하다 3-4장

ㄱ. 성전을 짓기 시작한 장소와 시기 3:1-2

ㄴ. 성전의 크기 3:3-17

ㄷ. 성전 안의 기구들 4:1-10

ㄹ. 후람이 만든 기구들 4:11-18

ㅁ. 금으로 만든 제품들 4:19-22

3. 성전을 봉헌하다 5-7장

ㄱ. 법궤를 안치하다 5:1-10

ㄴ. 성전에 영광이 가득 차다 5:11-14

ㄷ. 솔로몬이 봉헌사를 말하다 6:1-11

ㄹ. 솔로몬이 봉헌기도를 드리다 6:12-42

ㅁ. 하나님께서 불로 응답하시다 7:1-3

ㅂ. 왕과 백성들이 헌당 제사를 드리다 7:4-10

ㅅ. 여호와께서 다시 솔로몬에게 나타나시다 7:11-22

C. 솔로몬의 이름이 드러나다 8-9장

1. 후람이 솔로몬에게 되돌려준 성읍들을 건축하다 8:1-2
2. 솔로몬이 성읍들을 건축하다 8:3-6
3. 이방인들 중에서 일꾼들을 모으다 8:7-10
4. 솔로몬이 바로의 딸을 다윗성에 머물지 못하게 하다 8:11
5. 낭실 앞에 쌓은 여호와의 제단 위에서 번제를 드리다 8:12-13
6. 각 직분 자들이 다윗의 규례를 따라 섬기다 8:14-15
7. 성전 공사를 결점 없이 끝내다 8:16
8. 후람의 종들이 솔로몬에게 해상 무역을 하다 8:17-18

7. 스바 여왕이 내방한 일을 드러내다 9:1-12

8. 솔로몬의 부귀영화의 정도 9:13-28

9. 솔로몬의 죽음에 대해 언급하다 9:29-31

II. 유다 열왕의 역사 10-36장

A. 르호보암의 역사 10-12장
   1. 이스라엘이 나누어지다 10:1-19
   2. 르호보암의 공적 11-12장
      ㄱ. 출병을 중지하다 11:1-4
      ㄴ. 국방을 강화하다 11:5-12
      ㄷ. 제사장들과 레위인들이 유다로 오다 11:13-17
      ㄹ. 르호보암의 가족들 11:18-23
      ㅁ. 애굽 왕 시삭이 침입하다 12:1-12
      ㅂ. 르호보암이 죽다 12:13-16
B. 아비야의 역사 13:1-22
   1. 아비야가 즉위하다 13:1-2
   2. 북 왕국과 전쟁하다 13:3-20
   3. 아비야가 강성하다 13:21-22
C. 아사의 역사 14-16장
   1. 아사가 처음 시도한 종교개혁 14:1-8
   2. 구스 사람 세라의 침입을 물리치다 14:9-15
   3. 아사랴가 예언하다 15:1-7
   4. 아사가 둘째 번 시도한 종교개혁 15:8-19
   5. 이스라엘 왕 바아사와 전쟁하다 16:1-6
   6. 하나니가 책망하다 16:7-10
   7. 아사가 죽다 16:11-14
D. 여호사밧의 역사 17-20장
   1. 나라를 신앙으로 튼튼하게 하다 17:1-19
      ㄱ. 나라를 신앙으로 튼튼하게 하다 17:1-9
      ㄴ. 나라를 번영시키다 17:10-19
   2. 아합과 동맹관계를 맺다 18:1-34
      ㄱ. 아합과 동맹하다 18:1-3
      ㄴ. 미가야가 예언하다 18:4-27

ㄷ. 아합이 전사하다 18:28-34
3. 여호사밧의 개혁 19:1-11
    ㄱ. 선견자 예후가 책망하다 19:1-3
    ㄴ. 여호사밧의 개혁 19:4-11
4. 여호사밧이 다른 민족과 전쟁하다 20:1-30
5. 여호사밧의 행적 20:31-37

E. 여호람의 역사 21:1-20
1. 여호람이 즉위하다 21:1-7
2. 에돔과 립나가 배반하다 21:8-10
3. 여호람의 죄와 엘리야의 책망 21:11-15
4. 외침(外侵)을 당하고 여호람이 죽다 21:16-20

F. 아하시야의 역사 22:1-9

G. 아달랴의 역사 22:10-12

H. 요아스의 역사 23-24장
1. 여호야다의 반정에 힘입어 왕이 되다 23:1-15
2. 바알신을 박멸하다 23:16-21
3. 요아스가 성전을 수리하다 24:1-14
4. 여호야다가 죽고 요아스가 배교하다 24:15-19
5. 스가랴가 순교하다 24:20-22
6. 요아스가 죽다 24:23-27

I. 아마샤의 역사 25:1-28
1. 아마샤가 선정을 베풀다 25:1-4
2. 에돔과의 전쟁에서 승리하다 25:5-13
3. 아마샤가 우상숭배를 시작하다 25:14-16
4. 아마샤가 이스라엘 앞에서 패배하다 25:17-24
5. 아마샤가 죽다 25:25-28

J. 웃시야의 역사 26:1-23
1. 웃시야가 왕으로 즉위하다 26:1-5

2. 웃시야의 공적 26:6-15
3. 웃시야가 나병에 걸려 최후를 맞이하다 26:16-23

K. 요담의 역사 27:1-9

L. 아하스의 역사 28:1-27
1. 아하스가 악정(惡政)을 베풀다 28:1-7
2. 유다의 포로를 돌려받다 28:8-15
3. 아하스가 앗수르를 의지하고 죽다 28:16-27

M. 히스기야의 역사 29-32장
1. 성전을 청결케 하다 29:1-36
ㄱ. 성전을 청결하게 하다 29:1-19
ㄴ. 왕과 백성이 제사를 드리다 29:20-36
2. 유월절을 지키다 30:1-27
ㄱ. 유월절을 지키라 30:1-12
ㄴ. 유월절을 지키다 30:13-27
3. 히스기야가 종교를 개혁하다 31:1-21
ㄱ. 종교 개혁을 하다 31:1-10
ㄴ. 헌물 관리와 분배를 위해 직책을 정리하다 31:11-21
4. 앗수르 군대를 격퇴하다 32:1-33
ㄱ. 앗수르 군대를 격퇴하다 32:1-23
ㄴ. 히스기야가 병에서 치유 받다 32:24-26
ㄷ. 히스기야가 부와 영광이 극하다 32:27-31

ㄹ. 히스기야의 죽음 32:32-33

N. 므낫세의 역사 33:1-20
1. 므낫세의 악행과 회개 33:1-20
ㄱ. 므낫세가 저지른 악행 33:1-9
ㄴ. 므낫세가 받은 벌과 그의 회개 33:10-12
ㄷ. 므낫세가 왕위를 회복하다 33:13-19
ㄹ. 므낫세의 죽음 33:20

O. 아몬의 역사 33:21-25

P. 요시야의 역사 34-35장

1. 요시야가 종교를 개혁하다 34:1-33

ㄱ. 즉위하다 34:1

ㄴ. 종교를 개혁하다 34:2-7

ㄷ. 성전을 수리하고 율법 책을 발견하다 34:8-28

ㄹ. 요시야가 언약을 갱신하다 34:29-33

2. 유월절을 지키다 35:1-19

3. 요시야가 전사하다 35:20-27

Q. 여호아하스의 역사 36:1-4

R. 여호야김의 역사 36:5-8

S. 여호야긴의 역사 36:9-10

T. 시드기야의 역사와 유다의 최후 36:11-21

U. 성전 재건에 관해 고레스가 명령을 내리다 36:22-23

참고도서

강병도 편. *사무엘상, 사무엘하,* 호크마 종합주석 7, 서울: 기독 지혜사 1990.

고든 케디. *사무엘하*, 목회 자료사, 고든 케디 번역실, 도서출판 목회자료사, 1993.

김수홍. *마태복음주해,* 경기도 용인시: 도서출판 목양, 2010.

______. *창세기주해,* 경기도 수원시: 도서출판 언약, 2014.

______. *출애굽기주해,* 경기도 수원시: 도서출판 언약, 2014.

______. *레위기주해,* 경기도 수원시: 도서출판 언약, 2014.

______. *민수기주해,* 경기도 수원시: 도서출판 언약, 2014.

______. *신명기주해,* 경기도 수원시: 도서출판 언약, 2015

______. *여호수아주해,* 경기도 수원시: 도서출판 언약, 2016.

______. *사사기, 룻기 주해,* 경기도 수원시: 도서출판 언약, 2016.

______. *그리스도의 말씀이 연합에 미친 영향.* 용인시: 도서출판 목양. 2011.

메릴 유진 H. *역대상하,* 두란노 강해주석 시리즈 7 이명준, 이종록 옮김, 1990.

박윤선. "역대기" in *사기서,* 구약주석, 제 7권, 서울: 도서 출판 영음사. 1985.

브라운 로디. *역대상 14,* WBC 성경주석, 김의원역, 서울: 도서출판 솔로몬, 2001.

레이몬드 B. 딜라드. *역대하 15,* WBC, 정일오역, 서울시: 도서출판 솔로몬, 2005.

유도순. *역대상 파노라마: 정체성의 회복.* 도서출판 머릿돌, 2009.

카일, 델리취. *역대기(상)*, 카일, 델리취 구약주석(12), 서울: 도서출판 기독교문화사, 1983.

한성천 외 4인. *옥스퍼드 원어 성경대전, 역대상 제 1-9장*

______________. *옥스퍼드 원어 성경대전, 역대상 제 10-20장*

______________. *옥스퍼드 원어 성경대전, 역대상 제 21-29장*

______________. *옥스퍼드 원어 성경대전, 역대하 제 1-20장*

______________. *옥스퍼드 원어 성경대전, 역대하 제 21-36장*

헨리 매튜. *역대상-에스더*, 정충하역, 서울: 크리스찬다이제스트, 2009.

Allen, Leslie C. *1 & 2Chronicles* (Mastering the Old Testament), Word Books, 1987.

____________. "1& 2Chronicles" in *The New Interpreter's Bible*, vol. III, Abingdon, 1999.

Barker P. C. *I Chronicles*, 풀핏 주석 번역 위원회, 대구시: Bo Moon Publishing Co., 1986.

________. II Chronicles in *The New Interpreter's Bible*, 풀핏 주석 번역 위원회 역, 대구시: 보문출판사, 1987.

Baxter, J. Sidlow. *Explore the Book*. Grand Rapids: Zondervan Publishing House, 1966.

Black, Matthew & Rowley, H. H. *Peake's Commentary on the Bible*, Nashville: Thomas Nelson, 1962.

Braun, Roddy. *I Chronicles* (Word), Waco, Texas: Word Books, 1986.

Calvin, John. *Calvin's Commentaris,* Edinburgh, 1847.

Clarke, Adam. *Clarke's Commentary*, Nashville: Abingdon.

Coggins R.J. *The First and Second of the Chronicles,* London, New York, Melbourne: Cambridge University Press, 1976.

De Vries, Simon J. 1 & 2 Chronicles, The Anchor Bible, Garden City: Doubleday & Company, Inc. 1981.

Dyck, Jonathan E. *The Theocratic Ideology of the Chronicler*, Brill Academic, 1998.

________________. *The Chronicler as Historian*, Sheffield Academic, 1997.

Curtis, Edward Lewis. *Critical and Exegetical Commentary on The Books of Chronicles*. ICC. New York: Charles Scribner's Sons, 1910.

Graham, Matt Patrick. *The Chronicler as Author: Studies in Text and Texture*, Sheffield Academic, 1999.

Guthrie D. & Motyer, J.A. *The New Bible Commentary*, Grand Rapids: Eerdmans, 1970.

Japhet, Sara. *I & II Chronicles* (OTL), Westminster John Knox Press, 1993.

Jamieson, R. Fausset, A.R. & Brown D. *Commentary on the Whole Bible,* Grand Rapids: Zondervan, 1976.

Lange, John Peter. *Commentary on the Whole Scripture*, Grand Rapids: Zondervan, 1876.

Leupold, H.C. *Barnes on the Old Testament*, Grand Rapids: Baker Book House, 1942.

Maclaren, Alexander. *Expositions of Holy Scripture*, Grand Rapids: Baker Book House, 1984.

McConville, J.Gordon. *I and II Chronicles* (Daily Study Bible), Westminster John Knox, 1984.

Morgan, G. Campbell. *An Exposition of the Whole Bible*, Old Tapen:

Fleming H. Revell, 1959.

Myer, F.B. *Bible Commentary*, Wheaton: Tyndale, 1984.

Myers, Jacob M. I Chronicles, The Anchor Bible, Doubleday & Company, Inc. 1965.

Nicoll W. Robertson ed. *The Expositor's Bible*, Chicago: W.P.

Blessing Co.

Payne, J.Barton. "I and II Chronicles" in *The Wycliffe Bible Commentary*, The Southwestern Company, 1968.

Raymond B. Dillard, *2 Chronicles* (Word), Word Books, 1988.

Richard L. Pratt, *1 & 2 Chronicles*, Mentor, 1998.

Sailhamer, John H. *First and Second Chronicles*, Moody, 1981.

Selman, Martin J. *1 Chronicles* (Tyndale), InterVarsity, 1994.

_______________. *2 Chronicles* (Tyndale), InterVarsity, 1994.

Thompson, J.A. *1 & 2 Chronicles* (The New American Commentary), Broadman and Holman, 1994.

Unger, M. F. *Unger's Commentary on the Old Testament,* vol.1 Genesis-Song of Solomon, Chicago: Moody Press, 1981.

Walter Brueggemann. *First and Second Samuel* (Interpretation), Westminster John Knox, 1990.

Walvoord, John F. & Zuck Roy B. ed. *The Bible Knowledge Commentary*, Wheaton: Victor, 1985.

Wilcock, Michael. *The Message of Chronicles* (The Bible Speaks Today), InterVarsity, 1987.

Williamson, H.G.M. *1 and 2 Chronicles* (New Century), Eerdmans, 1982.

【사전류】

디럭스 바이블 *성경사전.* 2007.

바이블렉스 8.0

데릭 윌리엄스, *IVP 성경사전*, 이정석 외 한국기독학생회 출판부 역, 한국기독학생회 출판부(IVP), 1992,

Achtemeier, Paul J. *Harper's Bible Dictionary*, New York: A Division of Harper Collins Publishers, 1985.

Baker, David W. *Dictionary of the Old Testament: Pentatuch,* Leichester: InterVarsity Press, 2003.

Douglas, J. D. *New Bible Dictionary*, (2nd edition), Wheaton: Tyndale House Publishers, 1982.

Tenney, Merrill C. *The Zondervan Pictorial Bible Dictionary,* Grand Rapids: Regency, 1967.

Tregelles, Samuel Prideaux. *Gesenius' Hebrew and Chaldee Lexicon,* Grand Rapids: Eerdmans, 1969.

Unger, M. F. *Unger's Bible Dictionary.* Chicago: Moody, 1957.

【지도】

Personal Map Insert. Ft. Smith: Son Light Publishers, Inc, 1997.

역대기 상 주해

제 1 장

역대기 상(1-29장)은 본서 저자 에스라가 바벨론 포로에서 돌아오는 후손들에게 그들의 조상들의 족보를 알려주는 부분(1-9장)과 다윗 왕의 위대함을 알려주어 앞으로 다윗과 같은 신앙인이 나오기를 기대하고 다윗의 역사(10-29장)를 기록하는 부분으로 나누어진다.

I. 이스라엘 조상들의 족보 1:1-9:44

에스라는 이스라엘 민족이 지구상에서 고난만 받다가 사라질 민족이 아니라 그의 선조들처럼 빛나는 민족이 되기를 희망하고 족보를 기록한다. 이렇게 족보를 기록하는 것은 에스라만의 기법이 아니라 히브리 전기의 방법이기도 하다(창 5:1-32; 25:12-16; 36:1-5; 마 1:1-17).

A. 아담으로부터 야곱까지의 족보 1:1-54

족보(1:1-54)는 네 부분으로 나뉜다. 첫째는 아담으로부터 노아의 세 아들(셈 함 야벳)까지(1-4절), 둘째는 노아의 후손들(5-23절), 셋째는 셈으로부터 아브라함까지(24-27절), 넷째는 직계에서 갈라져 나온 방계(28-54절)를 기록한다.

1. 열 명의 옛 조상들의 족보 1:1-4

제일 처음에 나오는 본 족보(1-4절)는 인류의 최고(最古) 조상 아담으로부터 노아의 세 아들(셈 함 야벳)까지 기록하고 있다.

대상 1:1. 아담, 셋, 에노스,

"아담"(דָאָדָם)은 하나님께서 창조하신 맨 처음의 사람으로서 '사람'이란 뜻이다. "아담"(אָדָם)이란 말은 의미상으로는 '흙'을 뜻하는 말이었다. 이는 인류 최초의 아담이 흙(אֲדָ)으로 지음을 받았기 때문이다. 본서 저자 에스라가 이스라엘의 족보를 아브라함이 아닌 아담에서 시작하고 있는 것은 첫째, 하나님께서 온 인류의 기원이심을 밝히기 위함이었고, 둘째, 하나님의 구원 계획이 유다 민족에게만 그치는 것이 아니라 온 인류에게 미친다는 사실, 즉 구원의 보편성을 보여주기 위함이었다.

에스라가 다음으로 기록해야 할 족보 즉, 살인자였던 "가인" 계통의 조상들(창 4:16-24)을 제외시킨 것은 에스라의 족보 기록에 어긋났기 때문이었다. 살인자의 조상들이 족보에 들어간다는 것은 있을 수 없는 일이었다. 에스라는 "아벨" 계통(셋의 계통, 창 4:25-26)의 조상들의 이름들(창 5:1-32)만 기록했다. 저자 에스라가 족보를 이런 식으로 기록한 것은 경건한 계통의 자손을 내세우려는 의도였다. 아벨 자신이 경건하였던 것은 아벨 대신으로 태어난 "셋"의 시대가 여호와의 이름을 부른 것을 보면 알 수 있다(창 4:26). 특별히 이 계통의 "에녹"은 아주 경건한 신자였고(창 5:21-24), "노아"는 방주를 짓는 신자였다.

"셋"(שֵׁת)은 아담의 세 번째 아들로, 가인이 죽인 아벨 대신에 하나님께서 아담에게 주신 아들이었다(창 4:25). 여기 에스라가 아담의 첫째 아들과 둘째 아들인 가인과 아벨을 기록하지 않고 생략한 것은 아마도 아벨은 후사 없이 죽고 가인은 악하여 족보를 통해 하나님의 구속사의 흐름을 밝히고자 할 때 불필요하여 에스라가 의도적으로 생략한 듯이 보인다.

"에노스"(אֱנוֹשׁ)는 '악한 자' 또는 '떨어진 자'라는 뜻이다. 에노스(Enosh)는 셋의 아들이며 아담의 손자이다. 동시에 예수님의 조상이다. 셋은 109세에 에노스를 낳고, 에노스는 90세에 게난을 낳고, 815년 동안 자녀를 낳았으며

905세에 죽었다. 가인의 시대가 죄와 폭행으로 표현되고 있듯이, 에노스의 시대는 경건으로 표시되었다. 에노스의 시대 사람들은 "여호와의 이름을 불렀다"(창 4:26)고 했는데, 이것은 기도하는 중에 하나님의 이름을 부른 것을 가리킨다.

대상 1:2. 게난, 마할랄렐, 야렛,

"게난"(קֵינָן)은 '광대한 소유'라는 뜻이다. 게난은 아담의 증손자이며 에노스의 아들이고 셋 계통이다. 창 5:9-14에는 Cainan인데 게난으로 번역되어 있다(KJV). 그는 910세에 죽었다(창 5:9-14). 눅 3:37과 동일 인물이다.

"마할랄렐"(מַהֲלַלְאֵל)은 '하나님을 찬미함'이란 뜻이다. 마할랄렐은 아담의 5대손인데, 셋 계통의 한 조상이다(창 5:12-17; 대상 1:2). 예수님의 조상 중의 한 사람이다(눅 3:37). 마할랄렐의 이름을 보면 에노스 때 시작한 공 예배(시간과 장소를 정해 놓고 드리는 정기적이고 전통적인 예배)가 계속되고 있었다.

"야렛"(יֶרֶד)은 '계승된'이라는 뜻이다. 마할랄렐이 65세에 낳은 아들이며 에녹의 부친이다(창 5:15-20; 대상 1:2). 그는 162세에 에녹을 낳았고 962세에 죽었다. 므두셀라 다음 가는 장수한 자이다.

대상 1:3. 에녹, 므두셀라, 라멕,

"에녹"(ךְחֲנוֹךְ은 아담의 7대손이며, 야벳이 162세에 낳은 아들이다. 에녹은 65세에 인류 역사상 최장수자인 므두셀라를 낳고, 그 후 하나님과 동행하여 자녀를 낳다가 365세를 향수했다. 그는 하나님과 동행했으며, 하나님이 그를 데려갔으므로 죽음을 보지 않았다(유 1:14; 창 5:18-24; 히 11:5). 에녹은 하나님의 백성을 대표하는 아벨 대신 허락하신 셋의 후손이다. 이 세상에서 죽음을 맛보지 아니한 사람은 성직자를 대표하는 엘리야와 아울러 평신도를 대표하는 이 에녹 뿐이다. 에녹의 모습에 특별한 의의를 주는 말씀은 앞에 기록한 창세기 5:24이다. 여기에 암시된 사상은 하나님과 완전한 교제 때문에 그는 죽음을 맛보지 않고 하늘로 옮기어졌다. 그래서 불멸에 관한 구약성경의 교리에 감화를 주었다(시 49:15; 73:24). 이렇게 하나님이 에녹을 데려가셨다는 것은 이 세상 외에 다른 좋은 세계, 곧 하나님과 함께 사는 즐거운 세계가 있다는 것, 에녹이 육체를 가지고 그 곳에 갔으니 그 곳은 관념의 나라가 아니고 구체적이고 영화롭게 된 몸이 생활하는 실제적인 나라가 있다는 것을 보여준다. 히브리서 11:5- 7의 기록은 에녹은 믿음의 사람이었으며 하나님을 기쁘시게 한 사람이었다(디럭스 바이블 성경사전).

"므두셀라"(מְתוּשֶׁלַח)는 '창을 던지는 사람'이라는 뜻이다. 에녹의 아들이며, 멜렉의 아버지이다(창 5:21-27). 그는 969세를 산, 인류 역사에서 최고로 장수한 사람이었다.

"라멕"(לֶמֶךְ)은 '강장한 청년'이란 뜻이다. 라멕은 가인의 5대손 므드사엘의 아들인데, 그는 아다와 씰라 두 아내를 취하였다. 아다는 야발과 유발을 낳고, 씰라는 두발가인과 나아마(딸)를 낳았다. 라멕은 이렇게 두 아내를 취하여 인간 사회에 일부다처주의를 전파한 자였다. 아다는 장막에 처하여 육축을 치는 자의 조상인 야발과 음악가의 조상인 유발의 어미가 되었고, 씰라는 금속공업의 창시자인 두발가인의 어미가 되었다. 이렇게 라멕의 자손은 문명의 창시자와 기술의 발명가로 되었다. 라멕은 아내들 앞에서 부른 칼(劍)의 노래는 태고의 시이며, 히브리어로 재현되었다. 이 노래는 병행법(竝行法)으로 쓰여져 극히 기교가 풍부한 히브리 시가의 걸작 중의 하나이다.

대상 1:4. 노아, 셈, 함과 야벳은 조상들이라.

"노아"(נֹחַ)[1]는 '위로'라는 뜻이다. 노아는 인류의 시조 아담의 10대손(눅 3:36)인데, 셋의 자손 라멕의 아들이다(창 5:28,29).

"셈"(שֵׁם), "함"(חָם), "야벳"(יֶפֶת)은 노아의 아들들이다. 이들은 노아가 500세가 되어 낳은 아들들이다. "셈"(שֵׁם)은 '유명하다'라는 뜻이고,

1) 노아는 제 2의 아담으로 인류의 조상이 된다. 아담에서 노아까지 10대를 10고조라 하고 그 이후 10대는 중간 고조로 5백세에서 20백세 대로 그 수명이 내려온다(이상근).

“함”(חָם)은 ‘뜨겁다’는 뜻이며, “야벳”(יֶפֶת)은 ‘아름답다’라는 뜻이다. 이 순서가 바로 이들이 세상에 태어난 순서일 것이다.

2. 노아의 후손들의 족보 1:5-23

이 부분(5-23절)은 노아의 후손들 중 야벳 자손 14명(5-7절), 함 자손 25명(8-16절), 셈의 자손 26명(17-23절)의 족보를 소개한다.

대상 1:5. 야벳의 자손은 고멜과 마곡과 마대와 야완과 두발과 메섹과 디라스요.

본서 저자 에스라가 이 시점(5-7절)에 와서 “셈”의 계통을 뒤로 미루고 우선 “야벳”과 “함”의 계통을 앞당겨 말하는 것은 셈족(메시야가 나시게 될 족속)을 중점으로 미루면서 자세하게 설명을 붙이기 위함이었다.

“야벳”이란 이름은 ‘아름답다’ 혹은 ‘열렸다’는 뜻이다. “고멜”(גֹּמֶר)은 ‘끝’, ‘마지막’이라는 뜻이다. 고멜은 노아의 손자이며 야벳의 아들이고 아스그나스, 리밧, 도갈마의 아버지였다(창 10:2,3; 대상 1:5). 에스겔은 도갈마와 같이 그도 곡의 군대에 넣었다(겔 38:6). 고멜은 앗수리아인에게 기미라아(Gimirra), 희랍인에게 킴메리오이(kimmevrioi, 키메리아인)라고 불린 종족을 대표하고 있다. 그들의 고향은 흑해의 북쪽에 있었던 것으로 보이는데 BC 7세기에는 갑바도기아(Cappadocia)를 완전히 정복하여 그곳에 정주하였다.

“마곡”(מָגוֹג)은 ‘확장’이라는 뜻이다. 야벳의 둘째 아들이었다(창 10:2; 대상 1:5). 일반적으로 카프카즈(Kapka) 지방에서 살았던 스쿠티아 인과 동일시된다. 에스겔 시대에도 신비적인 북방 주민이라고 생각되고 있었다(겔 38:2; 39:6).

“마대”(דָּמְרִיךְ)는 ‘측량’이라는 뜻인데, 노아의 손자이며, 야벳의 셋째 아들이다(창 10:2; 대상 1:5). 앗수르 비문의 ‘Madai’ 즉, 메대 사람을 가리킨다. 이들은 “카스피안호”(Caspian) 서남방에 살았고, 주전 836년경의 비문에

“아마대”(Amadai)로 나타나며(이상근), 성경에는 왕하 17:6에 처음으로 나타난다. 후일 이들은 바사와 연합하여 메대 바사 제국을 건설하였다.

“야완”(יָוָן)은 ‘속이는 자’라는 뜻이다. 희랍인을 가리킨다. 소아시아와 에게해 연안 지방의 희랍인을 이오니아인이라고 불렀다. 앗수르 비문에는 Yavanu(야바누)라고 되어 있다. 소아시아의 희랍 식민이 주로 이오니아인이었기 때문일 것이다. 옛 부터 베니게와 교역했다(사 66:19; 겔 27:13).

“두발”(תֻּבָל)은 ‘지도함’이란 뜻이다. 노아의 셋째 아들 야벳의 일곱 아들 중 다섯 번째이다(창 10:2). 항상 메섹과 같이 기록되었다(대상 1:5; 겔 27:13; 38:2). 시편 120:5에는 메섹이 단독으로 기록되어 있다.

“메섹”(מֶשֶׁךְ)은 ‘빼앗음’이란 뜻이다. 메섹은 노아의 손자이며 야벳의 아들이었다. 항상 두발과 같이 기록된다(창 10:2; 대상 1:5; 겔 27:13; 38:2,3; 39:1). 노예와 놋그릇 장사로 유명했다(겔 27:13). 두발과 동맹자이며, 곡이 메섹과 두발의 왕이었다(겔 32:26; 38:2,3; 39:1). 헤로도터스도 흑해 남서 산간부에 사는 양 민족에 언급하고 있다. 시편 120:5(여기서는 호전적 야만인의 모형으로서)에서는 게달과 같이 기록되어 있다. 앗수르의 비문에도 마찬가지로 타발레(Tabale, 두발)와 무슈케(Mushke)가 더불어 기록되어 있다. 그들은 BC 12세기에 앗수르의 강적인 전자는 길리기아의 동북부에 위치했고, 후자는 그와 상부 유브라데 사이에 가로 놓여 있었다. 같은 이 두 민족은 고전 저자에 의해 티바레니(Tibareni)˙모스키(Moschi)라고 불렸다. 이것은 다리오 왕의 소위 20관령(管領)의 제 19관령 구에 해당하는 나라이다.

“디라스”(תִּירָס)는 ‘파괴자’라는 뜻을 가지고 있다. 노아의 셋째 아들 야벳의 7아들 중 막내였다(창 10:2; 대상 1:5). 또한 그 자손과 그들의 거주 지역이기도 하다. 에게 해의 해적민(海賊民) 터르테네인(Turshnoiv, Tyrsenians)이라는 설도 있다. 이것은 메렌프타(Merenptah) 왕의 제 5년(BC 1221) 루비아인과 연합하여 애굽을 침략하여 서(西) 델타에서 패한 ‘해국민’(海國 民)에 가담하고 있던 투르샤(Tursha)였다.

대상 1:6. 고멜의 자손은 아스그나스와 디밧과 도갈마요.

"아스그나스"(אַשְׁכְּנַז)는 노아의 증손자이며 고멜의 아들이다(창 10:3; 대상 1:6). 일설에 아스그나스는 BC 7세기경에 그 왕국 말기에 있던 앗수르인에 대해, 그리고 아르메니아의 내외를 괴롭힌 인도˙유럽 인종의 일파와 킴메리아인(Cimmerians)에 비슷한 한 종족을 나타내는 이름이라고 한다. 렘 51:27에는 아스그나스가 아라랏과 민니와 연합하여 바벨론을 치는데 가담하게 된다. 히브리 본문의 아스그나스는 아스구스(Ashkuz)를 조금 오독(誤讀)한 것이라고 하는 견해도 있다. 그것은 앗수르 최후의 위대한 왕 에살핫돈˙아슐바니발과 관계를 가지며, 그 비문에는 아스구도(Ashukuz)로 이름을 나타내고 있는 킴메리아인과 동일 인종에 속하는 중요한 한 종족이었다고 한다.

"디밧"(דִּיפַת)은 노아의 둘째 아들 야벳의 손자이며 고멜의 아들이다. 이 자손들은 소아시아와 지중해 연안을 위시하여 구라파 각지에 산재하여 백인의 조상이 되어서 창성의 복을 받았다(창 9:27). 창세기 10:3에는 '리밧'으로 표기되어 있다.

"도갈마"(דּוּתוֹגַדּרְמָה)는 노아의 셋째 아들 야벳의 7아들 중 맏아들 고멜의 3아들 중 막내이다(창 10:3; 대상 1:6).

대상 1:7. 야완의 자손은 엘리사와 다시스와 깃딤과 도다님이더라.

"엘리사"(אֱלִישָׁה)는 '하나님은 구원이심'이란 뜻이다. 노아의 아들 야벳의 손자, 즉 야완의 아들이다(창 10:4). 바닷가인 엘리사 지방에서 살았다. 엘리사 지방은 바다의 무역지(貿易地)인데, 청색 자색 베가 많이 나서 교역되었다(겔 27:7). 그 장소에 대해서는 헤라스, 에리스, 에오리스, 이태리 그리고 카르타고 등 많은 설이 있으나, 처음 네 지방은 언어학적으로 이론(異論)이 있으며, 다른 카르타고는 전에 한번도 '엘리사'로 불린 일이 없다. 이 도성은 아프리카에 있었다. 이밖에도 여러 지방이 거론되고 있지만, 어느 지방도 확인할 수 없다.

"다시스"(תַּדּרְשִׁישָׁה)는 '금속정련'(金屬精鍊)이란 뜻이다. 성경의 민족

표에서 야완의 아들(창 10:4; 대상1:7)로 되어 있으며, 또 그들이 거주한 지방명이다. 동쪽의 스바, 시비와 대조적으로 최서단의 땅이라고 하였다(시 72:10). 이 땅은 금속 생산과 가공으로 유명했으며, 베니게인은 이를 개발 또는 교역하였다(렘 10:9,겔 27:12,25). 멀리 바다 건너 있는 식민지인데(사 23:6,10; 겔 37:12), 요나는 욥바에서 배를 타고 다시스로 도망치려고 했다(욘 1:3,4:2). 베니게인이 이 땅과의 교역과 금속을 운반하기 위해 왕복한 배는 '다시스의 선척(船隻)'이라고 불렀다(사 2:16; 23:1,14; 60:9). 거기에는 상당히 큰 배가 취항하고 있었지만, 그것조차도 파선시키는 동풍의 위력은 하나님의 진노의 극렬함의 비유이다(시 48:7). 선지자의 웅대한 세계의 미래상으로는 이 서쪽의 가장 먼 땅 끝까지 하나님의 구원이 미친다고 한다(사 66:19). 다시스는 일반적으로 스페인의 남부 지브로울터(Gibraltar)에 가까운 타르터소스(Tartessus)로 추정된다.

"깃딤"(כִּתִּים)은 '괴롭게 하다'라는 뜻이다. 깃딤은 노아의 증손, 야벳의 손자이며 야완의 세째 아들인데, 그로부터 한 민족이 생겼다(창 10:4; 대상 1:7). 인종학적으로 볼 때 야완(이오니아인)과의 관계는 분명치 않다. 그것은 이 이름이 구브로 섬의 동남단에 있던 식민지, 오늘날 라르나카(Larnaka)라고 불리는 개항장인 키티온(Kition, 키티움 Citium)에게서 연유되었다고 하기 때문이다. 또, 일반적으로 지중해의 섬들과 연해안 제국들도 이런 이름으로 불리는 곳이 있다(민 24:24; 사 23:1,12; 렘 2:10; 겔 27:6; 단 11:30).

"도다님"(רוֹדָנִים)은 '떨어짐'이라는 뜻이다. 노아의 셋째 아들 야벳의 7아들 중 넷째 야완의 아들이다. 4형제 중 막내이다(창 10:4; 대상 1:7).

대상 1:8. 함의 자손은 구스와 미스라임과 붓과 가나안이요.

이 부분(8-16절)은 함의 자손들에 대해서 언급하고 있는데 이와 유사한 기록이 창 10:6-20에도 있다. 함의 계통은 이 세상에 속한 자들을 보여주고 있다. 함의 행동은 본질적으로 이 세상주의자들에 속한 자들을 보여준다(창 9:22,24). 이 부분(8-16절)에 기록된 니므롯의 사적이 두드러지게 설명된 것을 보아서도 "함"의 계통의 사람들이 얼마나 이 세상주의로 살았음을 보여주고 있다. 이들이 주로 애굽과 가나안에 거주하였었는데도 그들이 이스라엘의 대적들이었던 것을 보아 그들은 이 세상주의에 속한 자들이었음을 보여주고 있다.

"구스"(כּוּשׁ)는 '검다'는 뜻이다. 노아의 손자인데, 홍수 후에 함의 맏아들로 태어났으며, 니므롯의 아비이다(창 10:68; 대상 1:8, 10). 당시 히브리인들에게 알려진 최 남부의 제 민족은 구스로부터 나왔다.

"미스라임"(מִצְרַיִם)은 노아의 손자이며 함의 아들이다(창 10:6; 대상 1:8,11). 성경에서는 애굽을 히브리어로 '미스라임'이라고 한다. 그 후손이 애굽에서 살았기 때문이다. 미스라임은 양수(陽數)를 나타내는 말로 상 애굽(남 애굽-계곡 지대)과 하 애굽(북 애굽-멤피스 이북의 델타 지대)을 구분한다. 유사 이전부터 이렇게 나뉘어져 있었다. 특히 상 애굽을 히브리어로 '바드로스'(사 11:11; 렘 44:1,15; 겔 29:14; 30:14)라고 불렀다. 애굽어로 '남쪽 나라'를 뜻한다. 그 주민을 '바드루심 족속'(창 10:14; 대상1:12)이라고 불렀다. 바드루심은 미스라임의 아들이다.

"붓"(פּוּט)은 함의 네 아들 중 셋째이다(창 10:6; 대상 1:8). 애굽 사람과 관계있는 한 부족과 그 거주지를 말한다. 일반적으로 리비아의 전부 또는 일부를 가리킨다. 나머지 세 형제는 구스(에디오피아), 미스라임(애굽) 및 가나안이었다. 붓은 룻과 같이 두로의 군대를 위해(겔 27:10) 또 애굽(렘 46:9; 붓 사람, 겔 30:5), 곡(겔 38:5) 등의 용병(傭兵)을 공급했다. 그들은 활 쏘는 솜씨가 매우 능숙하였다. 애굽과 아프리카 제국, 특히 루빔 사람(나 3:9), 룻 사람(겔 27:10; 사 66:19; 렘 46:9; 겔30:5)과 관계가 있다. 창세기의 표에서는 애굽인과 에디오피아 사람과 같이 열거되었다. 나훔은 그들을 루빔, 즉 노아몬(데베스)의 원조자로서의 리비아 사람과 같이 열거하고 있다. 모든 선지서의 장구(章句)에서 희랍 역(LXX)은 풋(Put)을 리비아인(Libyans)이라고 번역함으로써 이 견해를 지지하며, 많은 구약 주석가는 이 동일시를 받아들이는 것 같다.

"가나안"(כְּנַעַן)은 '낮은 땅'이라는 뜻이다. 함의 아들이며 노아의 손자이다(창 9:18,22). 가나안의 형제는 구스(에디오피아)와 미스라임(애굽)과 붓이다(창 10:6). 노아가 홍수 후에 방주에서 나와 포도주에 취했을 때 함이 행동한 태도에 대해, 가나안은 그 형제 셈과 야벳의 종들의 종이 되리라고 저주를 받았다(창 9:22,27). 그런데 노아에 대한 불손한 태도는 함이 취했지 가나안이 아니라는 점에서 이 기사는 전후가 일치하지 않는 감이 있다. 여하튼 이 저주는 그의 자손 가나안 인이 셈의 자손인 이스라엘인에게 정복되고, 나중에는 바사인, 희랍인, 로마인에게 정복되니 그대로 된 셈이다.

대상 1:9. 구스의 자손은 스바와 하윌라와 삽다와 라아마와 삽드가요 라아마의 자손은 스바와 드단이요.

"스바"(סְבָא)는 '남자'라는 뜻이다. 함의 손자이며 구스의 아들이다(창 10:7; 대상 1:9). 아마 아라비아 남부 지방에 거주했을 것이다. 시편 72:10에는 시바 왕과 더불어 먼 남쪽 나라처럼 묘사되고 있다. 또 아프리카에 있는 것처럼 애굽이나 에디오피아와 같이 기록되고 있다(사 43:3; 45:14). 실제로 구스 사람이 많이 아프리카에 이민했다. 요세푸스는 '메로에'(Meroe)를 가리킨다고 하며, 다른 학자들은 사바(Saba)가 있는 홍해 연안 아프리카 쪽 연안에 있었을 것이라고 한다.

"하윌라"(חֲוִילָה)는 함의 손자이며 구스의 아들이다(창 10:7). "삽다"(סַבְתָּאד)는 구스의 아들이다(창 10:7; 대상 1:9). 남 아랍인 하드라마우트(Hadramaut)의 수도이며, 프리니이의 사보타(Sabota)일 것이라는 설이 있다. 이곳은 상업 도시로서 향료의 산출로 이름이 높으며, 60개 처의 신전이 있었다고 한다.

"라아마"(רַעְמָא)는 노아의 후손으로(함 계통) 구스의 아들이며, 스바와 드단의 아비이다(창 10:7; 대상 1:9). 스바와 라아마의 두 부족 사람은 두로의 시장에 값진 보석이나 금을 가져 왔다(겔 27:22).

"삽드가"(סַבְתְּכָא)는 구스의 아들이다(창 10:7; 대상 1:9). 남 아랍에서 살았다. 바사만의 동쪽 아랍 반도의 동단 돌출부의 맞은 쪽 편 카르마니아 지방(Carmania)에 있었던 삼다게(Samudavkh)일 것이라는 설이 있다.

“라아마의 자손(בְּנֵי רַעְמָא)”은 스바와 드단이었다. “스바”(שְׁבָא)는 ‘남자’라는 뜻이다. 함의 손자이며 구스의 아들이다(창 10:7; 대상 1:9). 아마 아라비아 남부 지방에 거주했을 것이다. 시편 72:10에는 시바 왕과 더불어 먼 남쪽 나라처럼 묘사되고 있다. 또 아프리카에 있는 것처럼 애굽이나 에디오피아와 같이 기록되고 있다(사 43:3; 45:14). 실제로 구스 사람이 많이 아프리카에 이민했다. 요세푸스는 ‘메로에(Meroe)’를 가리킨다고 하며, 다른 학자들은 사바(Saba)가 있는 홍해 연안 아프리카 쪽 연안에 있었을 것이라고 한다.

“드단”(דְּדָן)은 노아의 둘째 아들 함의 아들로, 구스 사람이다(창 10:7; 대상 1:9). 드단은 라아마의 아들이고 구스의 손자이다. 형제 스바와 같이 아라비아 지방에서(사 21:13) 유력한 상인이었다(겔 27:20; 38:13). 그들은 에돔 사람의 이웃으로서(렘 25:23; 49:8) 중앙 아라비아를 근거로 하여 동으로, 남으로, 널리 대상(隊商)의 루트를 기지고 있었다.

대상 1:10. 구스가 또 니므롯을 낳았으니 세상에서 첫 영걸이며.

구스가 니므롯(נִמְרוֹד)을 “낳았다”는 말은 구스가 아들 니므롯을 낳았다는 말이 아니라 그 ‘자손을 낳았다’는 뜻이다(히브리어 표현이다). 본 절의 “니므롯”이란 표현은 ‘반역한다’는 뜻이다. 그는 하나님을 반역했고, 세속적인 대제국의 건설자였다. 미 5:6의 ‘니므롯 땅’은 앗수르를 가리킨다. “영걸”이란 말은 ‘강력한 군사’라는 뜻이다.

대상 1:11-12. 미스라임은 루딤과 아나밈과 르하빔과 납두힘과 바드루심과 가슬루힘과 갑도림을 낳았으니 블레셋 종족은 가슬루힘에게서 나왔으며.

11절과 12절은 미스라임(8절)이 “루딤과 아나밈과 르하빔과 납두힘과. 바드루심과 가슬루힘과 갑도림을 낳았다”고 말한다. “루딤”(לוּדִיִּים)은 루딤

민족 표에 미스라임(애굽)의 자손으로서 묘사되어 있는 민족(대상 1:11; 창 10:13)이다. 보통은 애굽의 시편의 룻 사람으로 생각되고 있는데, 이 루딤은 소아시아의 루디아(리디아)사람을 가리키는 것으로 여기는 학자가 많다.

"아나밈"(עֲנָמִים)은 함의 둘째 아들이다. 미스라임은 애굽을 가리키는데, 아마 여기에 연유한 한 족속인 것 같다(창 10:6,13; 대상 1:11). "르하빔"(לְהָבִים)은 애굽의 서쪽에 접한 리비아의 주민(창 10:13; 대상 1:11)이다. "납두힘"(נַפְתֻּחִים)은 미스라임의 아들, 혹은 애굽 자손의 한 사람이다(창 10:13; 대상 1:11). 이는 또한 애굽인 자손의 한 족속인 듯하다. 하부 애굽의 룻 족속이나, 상부 애굽의 바드루심 족속과 더불어 기록되어 있기 때문이다(창 10:13; 대상 1:11). 나일 강의 제 4 폭포에 가까운 에디오피아의 고대 수도 나밧과 멤피스에 가까운 지역의 부다 주민으로부터의 파생명(派生名) 납다 등이 암시되고 있다.

"바드루심"(פַּתְרֻסִים)은 민족 표에서 미스라임(애굽)에서 파생된 일곱 민족의 하나(창 10:14; 대상 1:12)이다. "가슬루힘"(כַּסְלֻחִים)은 '해변 사람'이라는 뜻이다. 함의 손자이며 미스라임(애굽) 아들 중의 하나로서, 한 민족을 이루었다. 즉, 그에게서 갑도림 족속과 블레셋 족속이 나왔다(창 10:14; 대상 1:12). 이들의 고대 주거 위치는 나일 강 삼각주와 블레셋 땅 사이의 해안 저지가 아닌가 생각된다. "갑도림"(כַּפְתֹּרִים)은 블레셋인들의 고향 땅 갑돌(창 10:14; 암 9:7기타)의 주민(대상 1:12; 신 2:23)이다.

대상 1:13-16. 가나안은 맏아들 시돈과 헷을 낳고 또 여부스 종족과 아모리 종족과 기르가스 종족과 히위 종족과 알가 종족과 신 종족과 아르왓 종족과 스말 종족과 하맛 종족을 낳았더라.

이 부분(13-16절)은 가나안(8절)이 여러 종족들(베니게 족과 헷 족 및 기타 군소 족속들)을 낳은 것을 말한다. 13절에는 가나안이 맏아들 시돈과 헷을 낳았다는 것을 진술한다. "시돈"은 '사냥'이라는 뜻을 가지고 있는데 베니게의 가장 오랜 수도였다. 시돈은 두로를 포함하여 베니게 전체의 대명사로 불린다(수 13:6; 왕상 16:31). “헷”은 ‘공포’라는 뜻이다. 가나안의 아들이다(창 10:15; 대상 1:13). 이 일족은 ‘헷 족속’ 또는 ‘헷 사람’이라고 하였다. 그들은 마므레(헤브론)에서 살았다(창 23:3,5,10,16,18,20; 25:10; 49:32). 에서의 아내들에 관련하여 창세기 26:34; 27:46에 기록되어있다. 이 헷 사람들은 남부 팔레스틴에 거주했던 이스라엘의 선주민(先住民)으로서 종종 인용되고 있다(창 15:20; 출 3:8,17; 13:5; 23:23,28; 수 12:8). 또 가나안(8절)이 낳은 군소 족속들은 14절에서는 “여부스 종족”과 “아모리 종족”과 “기르가스 종족”이 있다. “여부스 족속”은 ‘평강의 집’이라는 뜻이다. 가나안의 아들인데, 여부스 족속의 조상이 되었다. 이 족속은 히브리 민족이 가나안을 정복하기 전부터 거기 살고 있었다(창 10:16; 15:21; 출 3:8). 출애굽 시대에는 산지에 살고 있던 종족의 하나인데, 제일 작은 족속이었다(출 3:8,17; 민 13:29; 수 11:3). 그들은 여부스, 즉 예루살렘을 중심으로 다윗왕이 그 곳을 점령할 때까지 살고 있었다(삼하 5:6-9). 그들의 왕은 여호수아에게 피살되었다(수10:23-26). 그들의 영토는 베냐민 자손의 것이 되고(수 18:28), 그 후 그들의 성읍은 유다 사람들에게 점령되어 불살라졌다(수 15:8; 삿 1:8). “아모리 족속”은 함의 아들 가나안의 자손, 가나안의 주요한 주민(창 10:16)을 뜻한다. 아모리 사람은 아카드어로 아무르루(Amurru)로 불리고, 그 이름은 ‘고지인’(高地人)을 뜻한다. 구약에 있어서는 실제로는 가나안 사람과 동의어로서 사용되어 있다(창 14:7,13; 15:16; 48:22; 신 3:8,9; 4:47; 20:17; 삿 6:10; 삼상 7:14; 왕상 21:26; 왕하 21:11). “기르가스 족속”은 가나안 선주민의 하나(창 10:16; 15:21; 신 7:1; 수 3:10; 24:11; 대상 1:14; 느 9:8)였다. 그들은 여리고 시민과 협력하여 이스라엘 백성에 대항했다. 요단강 서쪽의 여리고 부근의 한 지역에 살고 있던 백성으로 여겨진다.

또 15절에는 “히위 종족과 알가 종족과 신 종족과 아르왓 종족과 스말 종족과 하맛 종족”이 기록되어 있다. “히위 종족”은 가나안의 아들 족속이었다(창 10:17; 대상 1:15). 이스라엘의 가나안 점령 이전에 가나안 땅에 살고 있던 민족의 하나였다. 그들은 세겜 등 중앙 팔레스틴에 거주하고 있었는데

(수 9:1), 호리 사람(후리사람)과 혈족관계가 있었든지 어떤 경우에는 그것과 동일시할 수도 있다는 설이 있다. 솔로몬 시대에는 대규모의 시설사업 위해, 팔레스틴 거주의 히위 사람 및 타민족을 강제적으로 노역에 종사하게 했다(왕상 9:20-22). "알가 종족"은 가나안 자손의 한 종족(창 10:17; 대상 1:15)이다. 베니게(페니키아)의 성읍 알가의 주민을 가리킨다. 이 성읍은 주전 738년 디글랏빌레셀 3세에 의해 점령되었다. 시리아의 트리폴리 북동 22-20km, 오늘의 텔 아르카(Tell Arka)이다. "신 종족"은 가나안의 아들 족속, 또는 그 지방의 주민(창 10:17; 대상 1:15)을 지칭한다. 알가족속 가까이에 있던 족속이었다.

16절에는 가나안이 "아르왓 종족" "스말 종족" "하맛 종족"을 낳았다고 기록되어 있다. "아르왓 종족"은 베니게 연안 최 북부의 성읍 아르왓의 주민(창 10:18; 대상 1:16)을 지칭한다. "스말 종족"은 가나안 사람의 일군에 속하는 백성으로 아르왓 종족과 함께 기록되어 있는 백성(창 10:18; 대상 1:16)이다. "하맛 종족"은 가나안의 자손으로 되어 있다(창 10:18; 대상 1:16). 북시리아의 오론테스(Orontes)강 상류, 즉 다메섹의 북쪽에 있던 성읍(대도시)인 하맛(왕상 8:65; 렘 49:23; 슥 9:2)의 주민을 가리킨다.

대상 1:17. 셈의 자손은 엘람과 앗수르와 아르박삿과 룻과 아람과 우스와 훌과 게델과 메섹이라.

본 절부터 23절까지는 셈의 자손이 26명이라는 것을 말한다. 이 부분(17-23절)은 창 10:21-29과 병행한다. 본 절부터 23절까지는 셈의 자손들 26명이 열거된다.

본 절에는 셈의 자손 9명이 기록되어 있다. "엘람"은 셈의 맏아들이다. 또 그 자손 또는 셈족과 같이 된 엘람 사람이다(창 10:22; 대상 1:17). 엘람은 바벨론의 동쪽 티그리스(힛데겔) 강 저쪽에 있던 지방인데, 북쪽에는 앗수르와 메대, 남쪽에는 바사만, 동남쪽에는 바사가 있었다. "앗수르"는 노아의 손자이며 셈의 아들이다(창 10:22). 지명으로 앗수르는 티그리스 강

(R.Tigris)의 상류 북위 35- 37° 사이에 위치한다. "아르박삿"은 셈의 셋째 아들이다(창 10:22,24; 대상 1:17,18). 노아의 홍수 후에 출생했으며, 35세에 셀라를 낳고 403년 후 483세에 사망했다(창 11:10-13). 아르박삿은 한 족속 또는 땅의 이름일 것이다. "룻"은 노아의 손자이며, 셈의 아들이다(창 10:22; 대상 1:17). "아람"은 셈의 다섯째 아들이다. 나홀의 손자이며 그므엘의 아들이다(창 10:22,23; 22:21; 대상 1:17). 아람에게는 우스˙훌˙게델˙마스의 아들들이 있었다. 이 아람이라는 말에서 아람인(Arameah) 또는 아람어(Aramaic)라는 말이 나왔는데, 흔히 수리아인(Syrian) 또는 수리아(Syria)라고 하는 주민과 국토에 대해 쓰이고 있는 히브리 이름이다. "우스"와 "훌" "게델" "메섹"은 모두 아람의 아들들이다(창 10:23). 그런데 이중 우스(Uz)의 후손들은 에돔과 아라비아의 경계지인 우스 땅에 정착했다. 욥의 고향 우스(욥 1:1)가 바로 이곳이다.

대상 1:18. 아르박삿은 셀라를 낳고 셀라는 에벨을 낳고.

"아르박삿"(17절)은 "셀라"를 낳고, "셀라"는 "에벨"을 낳았다. "셀라"는 '반석'이라는 뜻이다. 이 말은 보통명사로서는 '반석'(민 20:8; 24:21; 신 32:13; 삼하 22:2), '험악한 바위'(사 2:21), 고유명사로서는 관사를 붙여 '셀라'로 번역한다. 이 경우는 에돔 사람의 수도 셀라(삿 1:36, 한글 개역판 성경은 보통명사로 취급하여 '바위'로 번역하고 있다), 더 나아가서는 나밧 사람(Nabateans)의 반석 수도 페트라(Pevtra)를 가리켰다. 구약에서 이것은 시인들이 그 정복을 열망한 '견고한 성'(시 60:9; 108:10)이며, 예언자는 그 멸망을 예언했지만(렘 49:16,17; 옵 1:3,4) 거기서도 여호와 하나님 앞으로 돌아오는 자가 있다는 희망을 노래하고 있다(사 42:11).

"에벨"은 '히브리'라는 뜻으로 "건넌 자"를 뜻한다. 이는 아브라함 이후에 불린 이름으로(창 14:13) 그들이 유브라데 강을 건너 왔기 때문에 불려진 이름이었다. 그는 이스라엘인, 이스마엘인, 미디안인 등의 조상이었고 그의 자손을 통해 구원사가 펼쳐진다.

대상 1:19. 에벨은 두 아들을 낳아 하나의 이름을 벨렉이라 하였으니 이는 그 때에 땅이 나뉘었음이요 그의 아우의 이름은 욕단이며.

에벨(18절)은 두 아들(벨렉, 욕단)을 낳아 하나의 이름을 벨렉이라고 했다. 벨렉이라고 한 이유는 그 때에 땅이 나뉘었기 때문이었다. "벨렉"이란 이름은 '나뉘이다'라는 뜻이다. 셈의 자손 에벨의 아들이다(창 10:25-59; 11:16; 눅 3:35). 그가 이름을 가지게 된 것은 그 때에 세상이 나뉘어졌기 때문이다. 세상이 나뉘었다는 말은 혹설에 그 때에 땅이 자연적 변동에 의하여 나뉘었다는 의미라고 하며, 또는 이것이 히브리인의 종교 운동과 반대되는 운동이 그때 인류 중에 생겼다는 의미라고도 하며, 또 창세기 11장의 바벨탑으로 인한 인류의 분산을 가리킨다고도 한다. 여하튼 벨렉의 아버지 에벨 시대에 세계적으로 큰 사건이 있었고, 그 사건 때문에 종교적으로 정화운동 같은 것이 생긴 것만은 사실이다.

그리고 아우의 이름은 욕단으로 지었다. "욕단"은 셈 자손 에벨의 아들이며 벨렉의 동생이다. 그에게서 아라비아의 13족속이 나왔다(창 10:25-29; 대상 1:19-23).

대상 1:20-23. 욕단이 알모닷과 셀렙과 하살마웻과 예라와 하도람과 우살과 디글라와 에발과 아비마엘과 스바와 오빌과 하윌라와 요밥을 낳았으니 욕단의 자손은 이상과 같으니라.

20절부터 23절까지 욕단의 아들 13명이 거명된다. 20절에 "알모닷"은 욕단의 맏아들이다(창 10:26; 대상 1:20). 그는 셈족으로서 아라비아의 동부와 남부 여러 종족과 족속의 조상이다. 자손의 계보에서 알모닷의 위치로 보아 그는 반도의 남쪽에 거주했던 것 같다. 그러나 이 이름은 지금 알려져 있는 어느 지방의 이름과도 동일시되지 않으며, 설명도 되지 않는다. "셀렙"은 '끌어냄'이란 뜻이다. 셈의 자손 욕단의 아들이다. 그 종족은 남부 아라비아에 거주했다(창 10:26; 대상 1:20). "하살마웻"은 셈의 자손 욕단의 아들이다. 아라비아의 한 지방에 살았다(창 10:26; 대상

1:20). 아라비아 반도 남부에 있는 아라비아-페릭스의 한 지방은 현재도 '하드라마웃' (Hadramaut)이라 불리어 어원적으로 하살마웹과 일치한다. 스바 사람의 비문에도 이곳에 대해 언급하고 있다. 즉, 이곳은 예멘 이동의 광대한 지역이다. 그 생산력이 주민과 지배자에 의하여 유지되고 있던 고대에 있어서는 융성을 이루어 인구가 조밀하였다. 이것은 그 지방에서 발굴된 고대 문화의 많은 유적과 여행자에 의해 설명된 사실이다. 이주민은 '가드라못'(Chatramotitae)이라 불리었으며, 수도는 사바다(Sabata)였다. "예라"의 뜻은 '달'(月)인 듯. 민족표에 욕단의 아들로서 기록되어 있는 아라비아의 일족(창 10:26; 대상 1:20)이다.

21절에 "하도람"은 욕단의 다섯째 아들이다. 남 아라비아 지방에서 살았다(창 10:27; 대상 1:21). "우살"은 욕단에서 나온 아라비아 13족속의 하나이다(창 10:27; 대상 1:21). 아라비아의 전설에 의하면 남 아라비아에 있는 예멘(Yemen)의 수도 사나(San'a)의 옛날 이름이라고 한다. 아비시니아인이 점령하게 되자 우살은 '사나(요새)'로 바뀌었다. 에스겔 27:19은 두로인이 우살로부터 철과 향료를 수입했다는 것으로 번역해야 한다는 설이 있다. "디글라"는 셈의 자손이며 욕단의 아들인데, 한 종족의 조상이다(창 10:27; 대상 1:21). 아라비아의 종려나무가 많은 지방에 살았다. 아마 남부 아라비아의 종족이 되었을 것이다.

22절에 "에발"은 셈의 자손 욕단의 아들이다. 아라비아 족속의 조상이다(대상 1:22). 창세기 10:28에는 '오발'로 되어 있다. "아비마엘"은 셈족 욕단의 아들이다(창 10:28; 대상 1:22). 종족이나 지명을 나타내는 일도 있다. 남 아라비아에 살았는데, 확실한 위치는 밝혀지지 않고 있다. "스바"는 서남 아라비아의 왕국으로 수도는 '마리아바'(Mariaba)로 아덴에서 320km 북쪽이다. 고대에 성대한 문화왕국이었다(왕상 10:1; 렘 6:20).

23절에 "오빌"은 구약성경에 나오는 지명으로 금의 산지로서 알려져 있다. 이스라엘 역사에 따라 성경의 언급을 따르면, 먼저 다윗 왕이 성전 건축을 위해 오빌의 금 3,000달란트를 준비했다고 했다(대상 29:4). 다음에 솔로몬 왕이 아카바 만의 북단 에시온 게벨에서 선대(船隊)를 두어 두로 왕 히람의 원조 하에 베니게의 사공의 지도를 받으면서 이를 오빌에 파견하여 금 420달란트, 백단목, 많은 보석을 운반하게 하였다(왕상 9:28; 10:11=대하 8:18, 9:10, 역대기에는 금 450달란트로 되어 있다). 이 선대는 3년에 한 번 항해를 하여 상기 물품 외에 은, 상아, 원숭이, 공작 등도 수입했다고 했다(왕상 10:22). 여기서 '다시스 배들'이라고 하는 것은 원양 항해용의 거선을 가리키며, 다시스 행의 선대라고는 생각할 수 없다고 하는 설이 있다. "하윌라"는 셈의 자손 욕단의 아들이다. "요밥"은 셈의 자손 욕단의 아들인데, 아라비아 족이다(창 10:29; 대상 1:23).

3. 셈으로부터 아브라함까지의 족보 1:24-27

이 부분(24-27절)은 셈으로부터 아브라함까지 소위 중간 조상들이 기록되어 있는데 고대 조상들처럼(1-4절) 명단만 나타나고 있으나 병행구인 창 11:10-26에는 훨씬 상세하게 나타난다. 중간 조상들의 수명들은 500세로부터 200세로 줄어들고 있음을 볼 수 있다.

대상 1:24. 셈, 아르박삿, 셀라.

"셈"에 대해서는 4절 주해를 참조하라. 셈은 100세가 되어 아르박삿을 낳았다. 그 후 500년을 지내어 그의 나이는 600세가 되었다. "아르박삿"에 대해서는 17절 주해를 참조하라. 17절에 의하면 그는 셈의 셋째 아들이었다. "셀라"에 대해서는 18절 주해를 참조하라. 아르박삿은 그의 나이 35세에 셀라를 낳았다. 아르박삿의 나이는 500세 미만으로 줄어 최고의 조상들에 비하면 거의 절반 정도로 떨어졌다. 그리고 그 후에는 더욱 떨어진 것을 관찰할 수 있다.

대상 1:25. 에벨, 벨렉, 르우.

"에벨"에 대해서는 18절 주해를 참조하라. 에벨은 34세에 벨렉을 낳고 그후에 430년을 지내며 그의 나이는 464세가 되었다. 그의 나이를 보면 중간 조상 중에 셈을 제외하고는 최고령이었다. "벨렉"에 대해서는 19절 주해를 참조하라. 그의 나이는 239세로 그의 아비에 비해 절반으로 줄어버려서. "르우"의 나이는 그의 아버지와 똑같이 239세였다(창 11:20-21).

대상 1:26. 스룩, 나홀, 데라,

"스룩"의 나이는 230세였다(창 11:21-23). "나홀"은 아람인의 조상이었다(창 11:24). 아브라함의 형제 중에 그와 동명인이 있었다(창 11:26). "데라"는 아들과 함께 갈대아 우르에서 떠나 하란에 체류하다가 205세에 죽었다(창 11:32).

대상 1:27. 아브람 곧 아브라함은 조상들이요.

아브람과 아브라함은 동명인이다. "아브람"('높은 아버지'라는 뜻)은 본래의 이름이고 "아브라함"('무리의 아버지'라는 뜻)은 하나님께서 이름을 고치라 해서 생긴 이름이다. 아브람이 아브라함으로 개명된 것은 하나님에 의한 것으로(창 17:5), 이는 하나님께서 아브라함을 통해 성취하실 인류 구원의 큰 위업에 관한 예언이라고 할 수 있다. 그런데 본서 기자 에스라가 여기서 아브라함의 개명 전의 이름과 개명 후의 이름을 동시에 언급하고 있는 것은 그가 그 선택된 백성의 조상, 곧 히브리 민족의 뿌리임을 강조하기 위해서였다(K.&D.).

4. 이스라엘의 방계들의 족보 1:28-54

이스라엘의 정통적인 역사를 기록하면서 곁가지들을 언급해두는 것은 히브리 전기의 방법이었다(창 25:1-4; 12-16; 36:1-5). 이 부분(28-54절)에서도 이스라엘의 곁가지들인 이스마엘의 자손들(28-31절), 아브라함의 후처 그두라의 자손들(32-33절), 및 야곱의 형 에서의 자손들의 족보들(34-54절)이 나열된다.

ㄱ. 이스마엘 자손들의 족보 1:28-31

이스마엘 자손은 아브라함의 여종 하갈의 소생을 말한다. 이스라엘 자손이나 마찬가지로 12지파로 나누어진다. 이 부분(28-31절)은 창 25:12-16과 병행한다.

그리고 28-37절에서는 아브라함의 자손들 중에서 주로 메시야 약속과 관련이 없는 자손들을 취급한다. 다시 말해 "이스마엘"의 아들들(29-31절), "그두라"에게서 난 자손들(32-33절), "에서"의 자손들(35-54절)에 관한 말씀이다. 본서의 저자가 이들에 관하여 먼저 기록한 목적은 이삭의 자손(메시야 계통)에 관하여는 후에 여유 있게 자세히 설명하기 위함이었다.

대상 1:28. 아브라함의 자손은 이삭과 이스마엘이라.

"이삭"은 '웃음'이라는 뜻이다. 아브라함과 아내 사라 사이에서 하나님의 약속에 따라 출생한 아들이다. 출생지는 브엘세바이다(창 21:2,3,14,31; 마 1:2; 갈 4:23). 그가 출생했을 때 아브라함은 100세, 어머니 사라는 90세였다(창 17:17; 21:5). 아브라함은 자기들에게 아들이 난다는 약속을 하나님으로부터 받았을 때 어처구니없어 웃었다(창 17:17-19). 사라 역시 장막 문에서 이 약속을 듣고 있을 수 없는 일이라고 웃었다(창 18:915). 그러나 약속에 따라 아들을 낳았을 때, 사라는 "하나님이 나로 웃게 하시니"라고 고백했다(창 21:6). 이와 같은 일과 하나님의 진실을 기억하기 위해 아브라함은 출생한 아들을 '이삭'이라고 이름 지었다(창 21:3). 그리고 8일 만에 할례를 실시했다(창 21:4). 이삭은 약속의 아들이며, 또 법적 상속자이었기 때문에, 먼저 애굽인 여종 하갈이 아브라함에게 낳은 육에 의한 아들 이스마엘보다 큰 특권이 있었다(창 17:19-21; 21:12; 25:5,6; 갈 4:23).

"이스마엘"은 '하나님께서 들으심'이란 뜻이다. 아브라함이 아내 사라의 권고에 의해 애굽 여자 하갈을 첩으로 맞아 얻은 아들이다. 당시 아브라함의 나이 86세였다. 가나안 땅에 산 지 10년째였다(창 16:3,15). 아브라함 부부는 하나님의 약속이 아무래도 불가능한 것 같았으므로 이와 같은 방법으로 아들을 얻었다. 그런 의미에서 이스마엘은 세속적인 지혜의 아들이지 신앙으로 얻은 아들이 아니었다. 하나님께서 계약의 표적으로써 아브라함과 그 모든 자손에게 할례를 명했을 때, 그는 13세였으나 할례를 받았다(창 17:25). 그런데 그의 이름은 출생 이전에 여호와께서 하갈에게 지어주셨던 것이다(창 16:11). 아브라함이 100세 때에 약속에 의해 사라에게서 이삭이 태어났다(창 21:5). 이삭의 젖 떼는 날, 큰 잔치 석상에서 이스마엘이 이삭을 희롱하였다. 이것은 불신앙, 시기, 교만에서 나온 행동이었다. 사도 바울은 이스마엘의 이와 같은 행동을 "육체를 따라 난 자가 성령을 따라 난 자를 핍박한 것 같이 이제도 그러하다"(갈 4:29)라고 말하고 있다. 이 이스마엘의 행위 때문에 집을 쫓겨난 그와 어머니 하갈은 브엘세바 광야에서 방황하다가 이스마엘은 목이 말라 죽을 지경에 이르렀다. 이 가련한 정경을 본 하갈은 방성대곡하였다. 그랬더니 하나님께서 하갈과 이스마엘을 긍휼히 여기셨으니 이스마엘의 부르짖는 소리를 들으시고, 하갈에게 두려워 말라고 하셨으며(창 21:17), 이스마엘로 큰 민족을 이루게 하리라고 하셨고, 하갈의 눈을 밝혀 샘물을 보게 하셨다(창 21:19). 이렇게 죽음 직전에 하나님의 사자에 의해 샘물을 발견하게 되어 구출되었다(디럭스 바이블 성경사전).

대상 1:29. 이스마엘의 족보는 이러하니 그의 맏아들은 느바욧이요 다음은 게달과 앗브엘과 밉삼과.

이스마엘의 맏아들은 "느바욧이요 다음은 게달과 앗브엘과 밉삼"이었다. "느바욧"('높은 것'이라는 뜻)은 이스마엘의 장자이다(창 25:13; 28:9; 36:3; 대상 1:29). 계보적 기록에 의하면, 북부 아라비아의 한 종족이었다. 이 종족은 목축 민족으로서 그의 부(富)는 이사야 60:7에 기록되어 있는 가축으로서, 창세기의 기사와 마찬가지로, 게달과 밀접히 관련되고 있다.

"게달"('검은 천막에서 사는 사람'이라는 뜻)은 이스마엘의 12 아들 중 둘째 아들(창 25:13; 대상 1:29)인데, 아라비아에 기원을 가지는 유목민족 중 중요한 한 종족의 조상이다(사 21:13-17; 렘 2:10). 그의 무기와 천막은 유명하여(렘 49:28; 겔 27:21,) 시적언사(時的言辭, 시 120:5; 아 1:5)의 상용적(常用的) 상징으로 되었다.

"앗브엘"은 이스마엘의 셋째 아들이다(창 25:13; 대상 1:29). 설형문자의 비문에 '이디바일(Idiba'il)' 또는 '이디비알(Idibi'al)'로 나타나 있는 북방 아라비아족의 조상이다. 그들의 거주지는 사해 남서부였다.

"밉삼"('기쁨'이란 뜻)은 사라의 여종 하갈이 아브라함에게 낳은 이스마엘의 12아들 중 넷째 아들이다. 이들은 모두 하나님께서 창세기 17:20에 아브라함에게 예언하신대로 방백이 되었고, 그들의 이름을 따라 촌과 부락이 되었다(창 25:13-16).

대상 1:30. 미스마와 두마와 맛사와 하닷과 데마와.

"미스마"는 아브라함의 서자 이스마엘의 12아들 중 다섯째 아들이다. 이 아들도 방백이 됨으로 하나님께서 창세기 17:20에 아브라함에게 예언하신 대로 된 것이다(창 25:14).

"두마"('침묵'이라는 뜻)는 아브라함의 아들인데, 사라의 여종 애굽인 하갈의 소생인 이스마엘의 열두 아들 중 여섯째이다(창 25:14).

"맛사"('들어올림'이라는 뜻)는 이스마엘에서 갈라진 한 족속이다(창 25:14). 일반적으로 아라비아 사막, 페르샤 만에 가까운 도마의 동쪽에 거주하는 마사니 부족과 동일시된다. 앗수르 비문에는 마시우를 템 및 니바앗과 병기하고 있다. 이들 부족민은 느바욧의 사람들과 싸웠으므로, 이로 미루어 보아 그들은 팔레스틴의 동부를 차지하고 있었음에 틀림없다.

"하닷"('두려움'이란 뜻)은 이스마엘의 12 아들 중 하나이며, 부락대로 된 이름이며 방백이었다(창 25:15).

"데마"('다스리는 자'라는 뜻)는 이스마엘의 아들 중의 하나이다(창 25:15). 이스마엘은 아브라함의 아들로서 사라의 여종 애굽인 하갈의 소생이다. 데마는 이스마엘의 12아들 중 아홉째이다. 이들은 12방백이었다(창 25:15).

대상 1:31. 여둘과 나비스와 게드마라 이들은 이스마엘의 자손들이라.

"여둘"('울안'이란 뜻)은 이스마엘의 아들이다(창 25:15). 사울 시대에 요단 동쪽 르우벤, 갓, 므낫세 등 두 지파 반과 싸웠는데, 하갈 사람 여두르와 나비스는 이스마엘의 자손들이다. 5:19에는 여두르로 표기되어 있다. 또 후에는 이두래 사람이 나왔다.

"나비스"('증거함'이란 뜻)은 이스마엘의 아들로, 족장 중의 한 사람이다(5:19; 창 25:15). 요단 동쪽 한 족속의 조상이 되었으며, 한때 이스라엘 사람과 싸웠다(5:18,22). 이스라엘 사람의 이 족속과 느다님 사람으로 기록되어 있는 포로 후의 느부심 자손(Nephisim, 스 2:50), 느비스심(Nephushesim, 느 7:52)과는 어떤 관계가 있었다고 하는 것은 있을 수 있다.

"게드마"('동편'이란 뜻)는 이스마엘의 아들(창 25:15; 대상 1:31)이다. 갓몬 족속(창 15:19-21)과 동일시되며 팔레스틴의 동쪽 경계에 거주하고 있던 유목민이었을 것이다.

ㄴ. 그두라의 소생들의 족보 1:32-33

그두라는 아브라함의 후처인데 그에게도 여러 아들(6명)과 손자들(8명)이 기록되었다. 창 25:1-4과 병행한다.

대상 1:32. 아브라함의 소실 그두라가 낳은 자손은 시므란과 욕산과 므단과 미디안과 이스박과 수아요 욕산의 자손은 스바와 드단이요.

"시므란과 욕산과 므단과 미디안과 이스박과 수아"는 그두라의 소생이다. "시므란"('찬양하는'이라는 뜻)은 아브라함의 후처 그두라의 소생이다(창 25:2). 멕카 서쪽 홍해 연안에 있는 자브람(Zabram) 또는 아라비아족 자마레니는 이 종족의 흔적일 것이다.

"욕산"은 아브라함과 후처 그두라 사이에서 낳은 아들인데, 한 족속의 조상이다. 스바와 드단의 부친이다. 아마 중앙 아라비아의 족속일 것이다(창 25:1-3).

"므단"('분쟁'이란 뜻)은 아브라함의 후처 그두라가 그에게 낳은 아들로서 아라비아의 한 족장이다(창 25:2).

"미디안"('심판'이란 뜻)은 아브라함의 후처 그두라의 소생이다. 후에 아브라함은 미디안을 포함한 서자들에게는 자기 재물을 주어 자기 생전에 아들 이삭을 떠나 동국(東國)으로 가게 하였다. '미디안 사람'이란 그의 자손이며, 아브라함의 혈연이다. '미디안'이라는 한 개인과 한 민족은 동일 개념이다(창 25:1-6). 민수기 10:29에서는 '미디안 사람'이라고 했다. 광야의 민족이다(민 10:29-31; 사 60:6).

"이스박"('버리는 자'라는 뜻)은 후처 그두라가 낳은 아브라함의 아들이다(창 25:2). 아라비아 부족의 선조이다. 살만에셀 3세에 의해 기록된 북부수리아 지방인 야스북(Yasbuk)을 들 수 있는데, 그두라의 자손은 모두 팔레스틴의 남쪽, 또는 동남방에 살았기 때문에 이 견해는 의심스럽다고 한다.

"수아"는 아브라함의 후처 그두라가 낳은 아들인데(창 25:2) 아라비아 부족에 관계있는 이름이다. 아마 수히터 사람(Shuhite, 욥 2:11; 8:1; 18:1; 25:1; 42:9 한글 개역판 성경은 '수아 사람')의 조상일 것이다. 욥의 친구 빌닷의 고향이다. 위치는 분명치 않다.

"욕산"(본 절 상반 절)의 자손은 스바와 드단이다. "스바"('남자'라는 뜻)는 함의 손자이며 구스의 아들이다(창 10:7). 아마 아라비아 남부 지방에 거주했을 것이다. 시편 72:10에는 시바 왕과 더불어 먼 남쪽 나라처럼 묘사되고 있다. 또 아프리카에 있는 것처럼 애굽이나 에디오피아와 같이 기록되고 있다(사 43:3; 45:14). 실제로 구스 사람이 많이 아프리카에 이민했다. 요세푸스는 '메로에'(Meroe)를 가리킨다고 하며, 다른 학자들은 사바(Saba)가 있는 홍해 연안 아프리카 쪽 연안에 있었을 것이라고 한다.

"드단"은 노아의 둘째 아들 함의 아들로 구스 사람이다(창 10:7). 드단은 라아마의 아들이고 구스의 손자이다. 형제 스바와 같이 아라비아 지방에서(사 21:13) 유력한 상인이었다(겔 27:20; 38:13). 그들은 에돔 사람의 이웃으로서(렘 25:23; 49:8) 중앙 아라비아를 근거로 하여 동으로, 남으로, 널리 대상(隊商)의 루트를 기지고 있었다.

대상 1:33. 미디안의 자손은 에바와 에벨과 하녹과 아비다와 엘다아니 이들은 모두 그두라의 자손들이라.

아브라함의 소실 그두라가 낳은 미디안(32절)이 낳은 자손은 "에바와 에벨과 하녹과 아비다와 엘다아"였다. "에바"는 북편 아라비아의 대상부족이었다(사 60:6). 그리고 "에벨"('송아지'란 뜻)은 헷야즈의 바누기파 족과 관련이 있다. "하녹"은 아브라함의 후처 그두라의 소생 미디안의 아들이다(창 25:4; 대상 1:33). "아비다"는 '내 아버지는 아신다'는 뜻이다. 그리고 "엘다아"는 '하나님이 불렀던 자'라는 뜻이다. 아브라함의 후처 그두라의 소생 미디안의 아들인데, 한 종족의 조상이 되었다(창 25:4).

본서 저자 에스라는 이들이 아브라함의 방계들임(후처의 소생들)에도 불구하고 아브라함이 아주 내쳐버리지 않고 이들에게도 자기의 모든 소유를 주어 자기 생전에 그들로 자기 아들 이삭을 떠나 동방 곧 동국으로 가게 했음을 드러냈다.

ㄹ. 에서의 자손들의 족보 1:34-54

이 부분(34-54절)은 에서의 자손들의 족보를 보여주고 있다. 이들은 에서의 자손들의 족보(34-37절), 세일 자손들의 족보(38-47절), 에돔의 왕들과 족장들(43-54절)을 보여주고 있다. 이 부분은 창 36장과 병행한다.

대상 1:34. 아브라함이 이삭을 낳았으니 이삭의 아들은 에서와 이스라엘이더라.

아브라함의 아들 이삭이 에서와 야곱(이스라엘)을 낳았다. "에서"('털이 많음'이란 뜻)는 아내 리브가에 의한 이삭의 쌍둥아의 하나인데, 야곱의 형이다. 출생 시 온 몸이 붉고 갖옷 같아서 '에서'라고 이름을 지었다(창 25:25,26). 야곱에게서 붉은 것을 얻어먹었기 때문에 그의 별명은 '에돔'이라고 했다(창 25:30). 성장하여 그는 사냥꾼이 되었다. 아버지 이삭은 고기를 좋아했으므로 그를 끔찍이 사랑했다. 어느 날 시장하여 기진맥진 돌아온 그는 그 때 팥죽을 쑤고 있던 야곱으로부터 장자 권을 주고 그것을 얻어먹었다. 그는 이렇게 장자 권을 경시했다(히 12:16,17). 40세에 헷 족속 브에리의 딸 유딧(오홀리바마), 엘론의 딸 바스맛(아다)을 아내로 취하였다. 이것이 부모의 근심거리가 되었다(창 26:34; 36:1,2). 그 후 또 이스마엘의 딸 마할랏(바스맛)을 아내로 취하였다(창 28:9; 36:3). 이삭이 나이 많아 눈이 어두워 잘 보지 못했을 때, 죽기 전에 사랑하는 아들 에서를 축복해 주려고 했으나, 어머니 리브가의 계략에 의해 그녀가 사랑하는 아들 야곱에게 먼저 장자의 축복을 받게 했다. 후에 이 사실을 안 에서는 방성대곡하며 아버지에게 축복해달라고 졸랐으나 이미 축복이 끝난 때였다. 그리하여 그는 야곱을 미워하고 아버지의 죽음을 기다려 그를 죽이려했다(창 27:1-27). 이것을 알아차린 리브가는 에서의 분노가 풀리기까지 야곱을 하란의 외가에 가서 있게 했다. 그리하여 야곱은 밧단 아람에 있는 외삼촌 라반의 집에 가서 20년을 보냈다(창 27:42-31:55). 그 후 에서는 일족을 거느리고 형을 두려워하면서 돌아온 야곱을 도중에서 따뜻하게 맞고 세일로 돌아갔다(창 32:3-33:16). 그 후 형제는 사이좋게 되어 이삭이 죽었을 때는 같이 장사했다(창 35:29). 그는 에돔 족의 조상이 되었다(창 36:9,43; 렘 49:8).

"이스라엘"('하나님과 겨뤄 이김'이란 뜻)은 야곱이 메소보다미아에서 돌아올 때 얍복강가에서 천사로부터 받은 이름이다. 그 직후 형 에서를 만났다(창 32:22-32). 이스라엘은 야곱의 자손 전체를 가리키기도 한다. 이 용법은 야곱의 생존 중에 시작되었다(창 34:7). 광야의 유랑 시대에 흔히 쓰인 호칭이다(출 32:4; 신 4:1; 27:9). 그러나 '이스라엘 자손" 이 시대 이전부터 보다 일반적이었다. 사울이 죽기까지 '이스라엘'과 '이스라엘 자손'은 국명으로 쓰일 때는 지파별 없이 히브리인 일반을 포함했다. 그러나 지리적인 이유, 기타에 의해 유다를 이스라엘의 다른 지파와 구별하는 경향이 이미 있었고, 그 구별은 왕국에의 분열 이전부터 인정되고 있었다(삼상 11:8; 17:52; 18:16).

대상 1:35. 에서의 아들은 엘리바스와 르우엘과 여우스와 얄람과 고라요.

에서(34절)의 아들은 "엘리바스"와 "르우엘"과 "여우스"와 "얄람"과 "고라"였다. "엘리바스"('하나님은 정금이심'이란 뜻)는 에서의 아들인데, 아다의 소생이다(창 36:4).

"르우엘"('하나님의 친구'라는 뜻)은 에서의 아들인데, 그의 셋째 부인 바스맛의 소생이다(창 36:4-17; 대상 1:35).

"여우스"('그를 도우려고 옴'이라는 뜻)는 에서의 아들인데, 오홀리바마의 소생으로서 한 종족의 족장이다(창 36:5,14,18; 대상 1:35).

"얄람"('지체함'이란 뜻)은 에서의 아들인데, 오홀리바마의 소생이다. 가나안에서 출생했다. 에돔의 족장이 되었다(창 36:5,18; 대상 1:35).

"고라"('기회'라는 뜻)는 에돔 사람 에서의 아들인데 첩 오홀리바마(히위 족속)의 소생이다(창 36:5,14,18).

대상 1:36. 엘리바스의 아들은 데만과 오말과 스비와 가담과 그나스와 딤나와 아말렉이요.

엘리바스(35절)의 아들은 "데만"과 "오말"과 "스비"와 "가담"과 "그나스"와 "딤나"와 "아말렉"이었다. "데만"('오른손에 있는 것'이란 뜻)은 에서의 손자이다. 그의 아내 아다의 소생인 엘리바스의 다섯 아들 중 맏아들이다. 에돔 사람의 두목이다(창 36:11,15,42).

"오말"('웅변'이란 뜻)은 에서의 아들이며 아다의 소생인 엘리바스의 아들이다. 또 동명의 족장이다(창 36:11,15).

"스비"는 '망대'를 뜻한다. "가담"은 '그들의 만짐'을 뜻한다. 에서의 손자(창 36:11,16; 대상 1:36)이다. 에돔 족장의 한 사람이다. "그나스"는 '사냥'을 뜻한다. 에돔 사람의 조상이 된 에서의 손자이다(창 36:10,15; 대상 1:36).

"딤나"는 에서의 후손 에돔 족속의 한 족장의 이름이며, 또한 그들이 거처하는 땅 이름이다(창 36:40). "아말렉"은 에서의 아들 엘리바스의 아들인데, 첩 딤나의 소생이다(창 36:12). 그는 한 족속의 조상이 되고, 그의 자손은 출애굽 시대부터 사울 왕 시대에 걸쳐 유다의 남쪽 지경에서 애굽의 국경과 시내 반도에 걸쳐 배회하였다. 그들은 이스라엘의 혈족으로 취급하지 않으나 아마 히브리족이나 아람족의 이주민이 왔을 때는 이미 거기 있던 주민에 속해 있었을 것이다. 이를 증명하는 것으로 민수기 24:20에 인용되어 있는 시의 한 구절인 '아말렉은 열국 중 으뜸이나'라는 말이 있다.

대상 1:37. 르우엘의 아들은 나핫과 세라와 삼마와 밋사요.

에서의 아들 르우엘(35절)은 "나핫과 세라와 삼마와 밋사"를 낳았다. "나핫"은 '휴식'이란 뜻이다. 에서의 아들 르우벨의 맏아들이다(창 36:13,17; 대상 1:17).

"세라"는 '바위'라는 뜻이다. 에서의 자손으로서 에돔 땅의 한 족장이다(창 36:13,17). "삼마"는 '황폐함'이란 뜻이다. 에서와 이스마엘의 딸 바스맛 사이에서 나온 아들 르우엘의 아들이며, 한 족장이다(창 36:3,4,13,17; 대상 1:37).

"밋사"는 '두려워함'이라는 뜻이다. 에돔 족속 르우엘의 아들인데, 에서의 아내 바스맛의 자손이다(창 36:13). 이는 족장이다.

대상 1:38. 세일의 아들은 로단과 소발과 시브온과 아나와 디손과 에셀과 디산이요.

38-42절에서는 에서가 세일 산에 가기 전부터 그 땅에 살고 있던 원주민에 대하여 말한다. 창 36:20-12 참조.

"세일"('털이 많다'는 뜻)은 사해 남쪽의 산 이름이며 또 지방명이다(창 33:14,16). 세일은 이곳 원주민인 "호리인"의 조상이었고, 호리인은 에서에게 정복되어 에돔인이 되었다. 본 절에 세일인의 아들 7명이 거명된다.

"로단"은 '굴에서 사는 자'라는 뜻이다. 호리 족속 세일의 아들인데 족장이다(창 36:20-30). 세일 산지에서 살았다. 로단과 아브라함의 조카 롯과의 사이에는 어떤 관계가 있었던 것 같다. 즉, 롯이 굴에서 살았던 것은 주의해 볼만하다(창 19:30).

"소발"('흘러나는 새싹'이라는 뜻)은 호리 족속의 한 족장인데, 그에게서는 알완, 마나핫, 에발, 스보, 오남 등의 아들이 있다(창 36:20,23).

"시브온"('얼룩색'이라는 뜻)은 히위 족속이다. 아마 그 일족과 같이 세일산으로 이주하여 호리 족속으로 된 것 같다(창 36:2,20,24). 한 족장 밑에 지배되었다(창 36:29). 에서의 아내 오홀리바마의 외조부이다(창 36:2).

"아나"는 '대답'이라는 뜻이다. "디손"은 '영양'이라는 뜻이다. "에셀"은 '보물'이라는 뜻이다. "디산"은 '디손'과 같은 뜻이다.

대상 1:39. 로단의 아들은 호리와 호맘이요 로단의 누이는 딤나요.

로단(38절)의 아들은 "호리"와 "호맘"이었다. "호리"와 "호맘"은 세일의 손자들이고 로단의 아들들이었다. "호리"는 호리 족속 로단의 맏아들이다(창 36:22). "호맘"은 '혼란'이란 뜻이다. 세일의 자손 로단의 아들이다. 창세기 36:22의 '헤맘'과 동일인이다. 로단(상반 절)의 누이는 딤나였다. "딤나"는 '속박'이란 뜻이고 로단의 누이이다(창 36:22).

대상 1:40. 소발의 아들은 알랸과 마나핫과 에발과 스비와 오남이요 시브온의 아들은 아야와 아나요.

소발(38절)의 아들은 "알랸과 마나핫과 에발과 스비와 오남"이었다. "알랸"은 호리 족속 세일의 자손 소발의 아들이다. 창세기 36:23에는 "알완"으로 표기되어 있다.

"마나핫"('샘물'이란 뜻)은 호리 족속 소발의 아들이다. 소발로부터 나온 한 족속의 거주지를 가리키기도 한다(창 36:23). "에발"('잎들이 없는'이란 뜻)은 호리 족속 세일의 자손 소발의 아들이다(창 36:23). "스보"(스비)는 '파수대'라는 뜻이다. 에서의 손자이며 엘리바스의 둘째 아들로서, 한 족속의 족장이다(창 36:11,15). 1:36에는 '스비'로 되어 있다 "오남"은 '강함'이라는 뜻이다. 호리 족속 세일의 자손 소발의 아들이다(창 36:23).

시브온(38절)의 아들은 "아야"와 "아나"이다. "아야"는 '매'라는 뜻이다. 에돔 땅 원주민 호리 족속 시브온의 아들이며, 아나의 형제이다. 그는 부친의 나귀를 치다가 광야에서 온천을 발견했다(창 36:24). "아나"는 '대답하는 자'라는 뜻이다. 시브온의 자녀의 한 사람인데, 그는 부친 시브온의 나귀를 칠 때에 광야에서 온천을 발견하였다. 이 사실은 에서의 족보와 및 그와 관련된 족보에 나타난 단 하나의 업적이다. 이 족보들은 이 사건 외에는 이름들을 말해 줄 뿐이고, 그들의 업적에 대한 말은 전연 없다. 이것을 보면 영적 축복을 받지 못한 자들의 생활이란 무의미한 것임을 알 수 있다(창 36:24). 만일 아나를 개인의 이름이 아니고 조상의 이름이라고 하면 상기 세 사람의 이름을 하나로 귀납할 수 있다(창 36:20,29). 즉, 아나는 세일의 자손이라고 되어 있는데, 이 '자손'은 '아들'이라고도 생각되므로 양자 간에는 모순이 없다고 생각된다.

대상 1:41. 아나의 아들은 디손이요 디손의 아들은 하므란과 에스반과 이드란과 그란이요.

아나(40절)의 아들은 "디손"이고, 디손의 아들은 "하므란과 에스반과 이드란과 그란"이다. "디손"은 호리 족속 세일의 증손자이며, 광야에서 온천을 발견한 아나의 아들이다(창 36:25). 그러나 이 두 사람은 동일 인물인지도 모른다.

디손의 아들은 "하므란" "에스반" "이드란" "그란"인데, "하므란"은 에돔 사람 디손의 아들이다. 병행기사 창세기 36:26에는 '헴단'이라고 표기되어 있는데, 이것이 바른 어형이라고 한다. 원문의 (레쉬)와 (다레스)는 모양이 비슷하기 때문에 종종 오자(誤字)가 된다. "에스반"은 호리 족속 세일의 자손 디손의 아들이며 족장이다(창 36:26). "이드란"은 아셀 자손 소바의 아들이다. 여기 녹명된 자들은 족장이고, 뽑힌 큰 용사이며, 방백의 두목이라고 했는데, 이드란도 이 중 어느 한 직분을 맡은 자일 것이다(대상 7:37).

"그란"은 호리 족속 디손의 아들이다(창 36:26).

대상 1:42. 에셀의 아들은 빌한과 사아완과 야아간이요 디산의 아들은 우스와 아란이더라.

에셀(38절)의 아들은 "빌한"과 "사아완"과 "야아간"이고, 디산(38절)의 아들은 "우스"와 "아란"이다. "빌한"은 호리 사람 세일의 자손 에셀의 자녀이다(창 36:21,27). "사아완"은 호리족속, 세일의 자손으로 에셀의 아들중의 하나(창 36:27)이다. "야아간"은 호리 족속 세일 자손 에셀의 아들이다(창 36:20,21). 세일에서 에서의 자손에 의해 진멸되고 추방되었다. 광야 시대에 그 자손들은 호르 산에 가까운 한 지방을 점령하여 한 종족을 구성하고 있었다. 이스라엘 사람들은 그들의 우물에서 숙영했다(민 20:21-23,33:31; 신 10:6). 창세기 36:27에는 아간으로 되어 있다. 브네야아간(민 33:31,32), 브에롯브네야아간(신 10:6)은 야아간 자손과 관계가 있다.

대상 1:43. 이스라엘 자손을 다스리는 왕이 있기 전에 에돔 땅을 다스린 왕은 이러 하니라 브올의 아들 벨라니 그의 도성 이름은 딘하바이며.

43-54절에서는 "에돔"의 왕들과 족장들에 대하여 말하는데 에스라가 강조하는 것은 왕의 제도에 있어서는 에돔이 이스라엘보다 앞섰다는 것을 드러낸다. 에스라가 이렇게 말한 목적은 하나님 중심한 이스라엘이 세상 중심한 이방 나라들과 다른 점을 지적하려는 것이었다. 이스라엘의 왕의 제도가 시작된 것은 이때로부터 대략 900여년 뒤의 일이다. 삼상 8:4-9, 19-22 참조.

본 절(43절)은 에스라가 백성들의 족보를 써 내려가다가 에돔 땅을 다스린 왕이 있었음을 밝히고 있다. 그 왕 이름은 브올의 아들 벨라라고 한다. 그리고 벨라가 다스리던 도성 이름을 댄다. 저자 에스라는 43-54절에서 에돔의 왕 8명의 이름을 나열하고 또 11명의 족장들이 있음을 말하고 있다. 에스라는 본 절에서 야곱의 자손 중에 왕이 일어난다는 약속(창 35:11)이 성취되기 전에 에돔이 먼저 왕정을 시작했다는 것을 뜻한다(Calvin, K&D). "에돔" 역시 '에서'처럼 '붉다'는 뜻이다. 에서는 개인명이고 에돔은 부족명이다(창 36:1; 민 20:14; 신 23:7).

브올의 아들은 벨라이니 그의 도성 이름은 딘하바이다. 여기 "브올"은 '등불'이란 뜻이고, 에돔 왕 벨라의 부친이다(창 36:32). '벨라'는 '삼킴'이라는 뜻이다. 브올의 아들이며, 에돔의 왕이다(창 36:32). 그는 도성을 딘하바로 정하였다. 이스라엘 자손을 다스리는 왕이 있기 전에 에돔 땅을 다스린 최초의 왕이다(창 36:31,32; 대상 1:43,44). "딘하바"는 '과실의 곳'이라는 뜻이다. 에돔 왕 벨라의 도성이다(창 36:32). 어떤 학자는 이를 텐닙(Tennib)과 동일시한다. 또 헤스본의 동북동 벨가의 동단에 있는 데닙(Thenib)과 같다고도 하여 구구각각이다.

대상 1:44. 벨라가 죽으매 보스라 세라의 아들 요밥이 대신하여 왕이 되고.

"벨라가 죽으매 보스라 세라의 아들 요밥이 대신하여 왕이 되었다"는 말은 '벨라가 죽으니, 보스라 사람 세라의 아들 요밥('벨라의 뒤를 이어 에돔의 왕이 된 사람)이 그의 뒤를 이어 왕이 되었다'는 말이다. "보스라"는 에돔의 성읍인데(창 36:33; 대상 1:44), 중요한 도성의 하나로 멸망이 예고되어 있다(사 34:6; 렘 49:13,22; 암 1:12). "홍의(紅衣)를 입고 보스라에서 오는 자가 누구뇨"(사 63:1)라는 말은 이 땅이 염색 공업으로 알려져 있었음과 관련하고 있다. 사해의 남서 30㎞ 지점에 있는 부세이라(Buserah)와 동일시된다.

대상 1:45. 요밥이 죽으매 데만 종족의 땅의 사람 후삼이 대신하여 왕이 되고.

보스라 사람 요밥이 죽으매 데만 종족의 땅의 사람 후삼이 대신하여 왕이 되었다고 말한다. 여기 "데만"이란 이름은 보스라와 같이 에돔을 가리킨다(암 1:12). 또 에돔을 가리키는 시적 명사(詩的名辭)이다(합 3:3, '데만'으로 되어 있다). 에스겔 25:13의 "데만에서부터…드단까지…"란 에돔의 북경에서 남경에 이르는 전역을 가리키며, 데만이 모압의 동 남경에 접해 있음을 보인다. "후삼"('조급함'이라는 뜻)은 데만 족속인데, 요밥의 뒤를 이어 에돔의 세 번 째 왕이 된 사람이다(창 36:34,35; 대상 1:45,46)

대상 1:46. 후삼이 죽으매 브닷의 아들 하닷이 대신하여 왕이 되었으니 하닷은 모압 들에서 미디안을 친 자요 그 도성 이름은 아윗이며.

본 절은 후삼이 죽은 후 에서의 자손들에게 어떤 일이 벌어졌는지를 말한다. "브닷의 아들 하닷이 대신하여 왕이 되었다"고 말한다. 여기 "브닷"은 '분리', '부분'이란 뜻이다. 에돔 왕 하닷의 아버지이다(창 36:35; 대상 1:46). "하닷"은 이스라엘 자손을 다스리는 왕이 있기 전에 에돔 땅을 다스린 왕 중의 하나이다. 그는 모압 들에서 미디안 족속을 쳤고, 도성은 아윗이었다(창 36:35,36; 대상 1:46,47).

대상 1:47. 하닷이 죽으매 마스레가의 사믈라가 대신하여 왕이 되고.

"마스레가"는 '포도밭'이란 뜻이다. 에돔 왕 삼라의 출신지이다(창 36:36; 대상 1:47). 사해의 남쪽 100㎞ 지점에 있는 에돔의 성읍 마안(Ma'an)의 남남동 32㎞ 지점의 제벨 엘 무슈락(Jebel el-Mushraq)과 동일시하는 학자가 있다.

"사믈라"는 '옷'이라는 뜻이다. 창세기 36:31,39에 있는 표 중에서 다섯 번째의 에돔 왕이다. 그의 나라는 마스레가였다고 한다(창 36:36; 대상 1:47,48).

대상 1:48. 사믈라가 죽으매 강가의 르호봇 사울이 대신하여 왕이 되고.

"르호봇"은 에돔 왕 사울의 도성이다(창 36:37; 대상 1:48). 본 절에서 "사울"이란 에돔의 왕으로서 유브라데 강가 르호봇 출신이다(창 36:38).

대상 1:49. 사울이 죽으매 악볼의 아들 바알하난이 대신하여 왕이 되고.

"악볼"은 에돔 왕 바알하난의 부친이다(창 36:38; 대상 1:49). 그리고 "바알하난"은 '주는 은혜로우심'이란 뜻인데 악볼의 아들이며, 르호봇의 사울의 뒤를 이은 에돔 왕이다(창36:38; 대상 1:49).

대상 1:50. 바알하난이 죽으매 하닷이 대신하여 왕이 되었으니 그의 도성 이름은 바이요 그의 아내의 이름은 므헤다벨이라 메사합의 손녀요 마드렛의 딸이더라.

바알하난(49절)이 죽은 후 "하닷"이 대신하여 왕이 되었다. "하닷"은 '두려움'이란 뜻이다. 이스마엘의 12 아들 중 하나이며, 부락의 이름을 따라 된 이름이며 방백이었다(1:30; 창 25:15). 그가 일한 도성의 이름은 "바이"였다. "바이"란 에돔 왕 하닷의 도성이다(1:50). 창세기 36:39의 병행 기사에서는 '바우'라 하였다. 사해 남쪽의 와디 화이(Wadi fa'i)와 동일시하는 학자가 있다. 하닷의 아내의 이름은 므헤다벨이었는데 메사합의 손녀요 마드렛의 딸이었다. "므헤다벨"은 '하나님은 은혜를 주심'이란 뜻이다. 에돔 왕 하달의 아내이다(창 36:39).

대상 1:51. 하닷이 죽으니라 그리고 에돔의 족장은 이러하니 딤나 족장과 알랴 족장과 여뎃 족장과.

하닷이 죽은 것으로 왕의 이름은 더 이상 계속되지 않고, 족장의 이름이 나온다. 족장의 이름이 본 절부터 54절까지 연이어 나온다.

"딤나"는 에서의 후손 에돔 족속의 한 족장의 이름이며, 또한 그들이 거처하는 땅 이름을 뜻하기도 한다(창 36:40). 다음으로 "알랴"는 에서의 자손이며 에돔의 한 족장이다(창 36:40). 다음으로 "여뎃"은 에돔의 일족인 에뎃의 족장이다(창 36:40).

대상 1:52. 오홀리바마 족장과 엘라 족장과 비논 족장과.

"오홀리바마"는 오홀리바마 족속의 족장이 되었다(창 36:41). "엘라"는 '상수리나무'를 뜻한다. "비논"은 에서의 자손 에돔 사람의 한 족장(창 36:41)이다. 아마 이 족속이 거주한 지명을 나타낼 것이며, 에돔 사람의 동 산지로서 알려진 북 에돔의 성읍 부논(민 33:42,43)과 동일지일 것이다.

대상 1:53. 그나스 족장과 데만 족장과 밉살 족장과.

"그나스"는 '사냥하다'는 뜻이다. 에돔 사람의 조상이 된 에서의 손자이다(1:36; 창 36:15). "데만"은 '오른손에 있는 것'이란 뜻이다. 에서의 손자이다. 그의 아내 아다의 소생인 엘리바스의 다섯 아들 중 맏아들이다. 에돔 사람의 두목이다(1:36,53; 창 36:11,15,42). "밉살"은 '요해'라는 뜻이다. 에돔의 씨족장 혹은 씨족의 이름(창 36:42)이다.

"막디엘"은 막디엘(Magdiel)에게서 나온 에돔의 족장(1:54; 창 36:43)이다. "이람"은 '백성의 수 당나귀'라는 뜻이다. 에돔의 자손으로, 이람 족장(1:54; 창 36:43)이다. 이상 에돔 족속의 족장들 11명이 소개되었는데 이들은 족장으로 산 것 이외에 특별히 한 일은 없다. 이스라엘을 괴롭힌 것 이외에 특별히 인류에게 공헌한 것이 없다. 우리는 하나님을 위해 그리고 이웃을 위해 살아야 할 것이다.

제 2 장

B. 이스라엘 12지파의 족보 2:1-9:44

앞장(1장)에서는 아담으로부터 야곱까지의 족보를 기록했고 이제 2장부터는 야곱의 12아들로 구성된 이스라엘 12지파를 기록한다. 이 부분(2-9장)의 내용은 유다 지파의 족보(2:1-4:23), 시므온 지파의 족보(4:24-43), 요단 동편 지파들의 족보(5장), 레위 지파의 족보(6장), 기타 6지파의 족보(7장), 베냐민 지파의 족보(8장), 예루살렘으로 귀환한 거류민들의 족보(9장)이다.

1. 유다 지파의 족보 2:1-4:23

이 부분(2:1-4:23)의 족보는 다윗 왕의 지파인 유다 지파가 가장 먼저, 그리고 가장 중점적으로 진술된다. 이 부분(2:1-4:23)의 내용은 유다 자손에 대한 개론(2장), 다윗의 자손에 대한 개론(3장), 기타 유다 자손들에 대하여 진술한다(4:1-23).

ㄱ. 유다 지파에 대한 개관 2:1-55

본장은 유다 지파의 개관이다. 이스라엘의 12아들을 다루고(1-2절), 유다에서 다윗까지를 다루며(3-17절), 헤스론의 자손들을 다룬다(18-55절).

1) 이스라엘의 12아들 2:1-2

이스라엘의 12아들은 1) 르우벤, 2) 시므온, 3) 레위, 4) 유다, 5) 잇사갈, 6) 스불론, 7) 요셉, 8) 베냐민, 9) 단, 10) 납달리, 11) 갓, 12) 아셀의 순서로 다룬다.

대상 2:1-2. 이스라엘의 아들은 이러하니 르우벤과 시므온과 레위와 유다와 잇사갈과 스불론과 단과 요셉과 베냐민과 납달리와 갓과 아셀이더라.

이스라엘의 아들은 "이러하니"란 말은 '다음과 같다'는 뜻이다. 르우벤과 시므온과 레위와 유다와 잇사갈과 스불론 등 6명의 아들은 레아의 소생들이다. 나머지 6명의 아들은 이스라엘의 나머지 세 아내의 소생들이다.

에스라는 다른 민족의 족보는 간략히 기록하고(1:5-16, 28-54) 이스라엘의 족보는 길게 기록한다. 구원은 이스라엘에게서 난다고 예수님께서 말씀하신 것처럼(요 4:22b), 역대기 저자는 일찍이 그 사실을 예언하는 의미에서 이스라엘의 족보를 취급한 것이다(박윤선).

1절에 "르우벤"은 '보라, 아들이다'라는 뜻으로 그 어미가 그를 낳았을 때 자신을 돌보신 하나님의 은혜에 대한 감격이 있어 아들의 이름을 '보라 아들이라'고 이름을 지었다. 그러나 창세기 29:32 본문에는 여호와께서 "나의 괴로움을 권고하셨다"라는 의미로 되어있다

"시므온"은 '들으심'이라는 뜻이다. 시므온은 야곱의 둘째 아들이며 아내 레아의 소생이다. 레아는 라헬처럼 사랑을 받지 못하고 업신여김을 받았으나, 하나님께서는 그녀의 억울함을 다시 아들 시므온을 낳음으로 풀어 주셨음으로 이런 이름을 지었다. 시므온은 누이동생 디나가 세겜 성에서 히위 족속 하몰의 아들에게 능욕을 받은데 대해 동생 레위와 공모하여 세겜 주민들을 무참하게 학살했다(창 34:24-31).

"레위"는 '연합하다'라는 뜻이다. 야곱과 레아 사이의 제3자이다(창 29:34). 야곱이 밧단아람에서 가나안 땅 세겜 성에 이르렀을 때 레위의 여동생 디나가 히위 족속 중 하몰의 아들 그 땅 추장 세겜에게 능욕되었으므로 그는 형 시므온과 더불어 하몰과 세겜, 그리고 그들의 모든 남자에게 할례를 시행하는 조건으로 디나를 준다고 속여 그들을 전부 죽여 복수를 했다(창 34:25-31). 야곱은 임종 때 이 잔인한 행위를 눈앞에 생생히 상기하면서 혐오하고 이들을 저주했다(창 49:6,7).

"유다"는 '찬송함'이란 뜻으로 족장 야곱의 넷째 아들로 레아의 소생이다

(창 29:35; 마 1:2). 밧단아람에서 출생했다. 누이 디나가 세겜에게 능욕되어 그의 형제 시므온과 레위가 세겜 성읍 사람들을 속여 하몰과 세겜은 물론 모든 남자를 죽였을 때, 유다는 거기 가담하지 않았다(창 34장). 그는 가나안의 아둘람 사람 수아의 딸과 결혼하여 엘과 오난의 두 아들을 얻었다. 그러나 그 두 아들은 하나님 앞에서 범죄 하였으므로 여호와께서 그들을 죽였다(창 38:1-10). 이들이 죽기 전에 셋째 아들이 태어났다. 그의 이름을 셀라라고 하였다(창 38:5).

"잇사갈"은 '고용하다'라는 뜻이다. 레아가 야곱에게 낳은 다섯째 아들인데, 야곱의 아홉째 아들이다(창 30:17,18; 35:23). 돌라, 부와, 욥, 시므론의 부친이다(7:1; 창 46:13; 민 26:23,24). 그들은 야곱과 더불어 애굽으로 내려가서 살았다(창 46:13; 출 1:3). 잇사갈의 자손은 그의 네 아들의 자손을 4대 족속으로 하는 한 지파를 형성했다(민 26:23,24).

"스불론"은 '거함'이란 뜻이다. 야곱의 열째 아들이며 레아의 여섯째 소생이다(창 30:19,20). 그는 아버지 야곱과 같이 애굽으로 갔다(출 1:3). 그의 아들은 세렛, 엘론, 얄르엘이다(창 46:14). 야곱은 그의 마지막 예언에서 '스불론은 해변에 거하리니 그 곳은 배 매는 해변이라 그 지경이 시돈까지리로다'라 했다(창 49:13). 이 예언은 문자대로는 아니지만, 실질적으로 성취되어 약속의 땅을 분배받을 때 스불론 지파는 지중해 가까이에 영토를 배당받아 해변의 성읍에 무역 시장을 가지고 있었다.

2절에 "단과 요셉과 베냐민과 납달리와 갓과 아셀"이 기록된다. 이들 6아들은 라헬과 두 시녀들의 소생이다.

"단"은 '재판장'이란 뜻이다. 야곱의 아내 라헬의 시녀 빌하에게서 난 야곱의 아들이다(창 30:5,6; 35:25). 단에게는 후심(창 46:23) 또는 수함(민 26:42)이라는 아들이 있었다. 야곱이 당초 외삼촌 라반의 딸 라헬을 사랑했는데, 외삼촌의 농간으로 맏딸 레아에게 먼저 장가들고 후에 라헬을 아내로 맞이하고, 그를 더 사랑했다. 하나님이 레아에게 사랑이 없음을 보시고 아들을 낳게 하셨다. 라헬은 자기가 아들을 낳지 못함을 보고 언니를 투기하여 자기가 못 낳는 아기를 여종 빌하로 하여금 낳게 하기 위해 그녀를 야곱에게 주었다. 이렇게 얻은 아들이 곧 단이다.

"요셉"은 '그는 더하실 것임'이란 뜻이다. 족장 야곱의 열한 번째 아들인데, 라헬의 소생이다. 아버지 야곱이 외삼촌인 라반의 집에서 가나안 땅으로 돌아오기 6년쯤 전에 밧단아람에서 출생했다(창 30:23-27; 31:41). 당시 야곱은 90세나 91세쯤 이었을 것이다. 그는 부친 야곱이 연로하여 얻은 아들이며, 또한 애처 라헬의아들이었기 때문에 이복 형들 이상으로 야곱의 사랑을 받았다(창 37:3).

"베냐민"은 '오른손의 아들'이란 뜻이다. 야곱의 12아들 중 막내 아들이다. BC 1730년 야곱의 애처 라헬의 몸에서 요셉의 동생으로 태어났다. 그의 출생지에 대해 창세기 35:16에는 에브랏 부근이라 하고, 창세기 35:22-26에는 밧단아람이라고 하였다. 라헬이 그를 난산하여 그를 '베노니'(슬픔의 아들이라는 뜻)라고 불렀으나, 야곱이 불길한 이름 대신 '베냐민'(오른손, 즉 행복의 아들이란 뜻→창 48:1이하)이라고 불렀다. 라헬은 그를 낳자 곧 죽었다.

"납달리"는 '경쟁함'이란 뜻이다. 야곱의 아내 라헬의 몸종 빌하에게서 난 둘째 아들이며, 야곱의 여섯째 아들이다(창 30:7,8; 35:25; 46:24; 49:21). 납달리에게서는 야스엘, 구니, 예설, 실렘의 네 아들이 있었다(창 46:24; 민 26:48). 저들에게서 자손이 급증하여 최초 인구 조사 시에는 53,400(민 1:43), 광야에서는 45,400으로 감소했다(민 26:50). 초기의 족장은 에난의 아들 아히라(민 1:15; 2:29)였으며, 후기에는 암미훗의 아들 브다헬(민 34:28)이었다.

"갓"은 '복 되도다'라는 뜻이다. 야곱의 일곱째이다. 야곱의 아내 레아가 단산하게 되자 그녀는 자기의 시녀 실바를 야곱에 첩으로 주어 그 몸에서 난 아들이 곧 갓이며(창 30:11; 35:26), 아셀('기쁘다'는 뜻)의 형이다.

"아셀"은 통속적으로는 '기쁨'을 의미하는데, 아마 고대의 신 이름 같다. 레아의 시녀 실바가 밧단 아람에서 야곱에게 낳은 둘째 아들이다(창

30:12,13; 35:26). 이스라엘 가족이 애굽으로 내려갈 때 아셀에게는 임나, 이스와, 이스위, 브리아 등 네 아들과 딸 세라, 그리고 손자(브리아의 아들) 헤벨, 말기엘 등이었다(창46:17,18). 야곱은 아셀에게 "아셀에게서 나는 식물은 기름진 것이라 그가 왕의 진수(珍羞)를 공궤하리로다"라고 예언했다(창 49:20). 이것은 이 지파가 차지할 땅에서 기름진 식량이 많이 나리라는 것이다. 이 예언과 같이 솔로몬은 그 지파의 땅(가멜의 평원 지대)에서 나는 곡식으로써 두로 왕 히람에게 양식을 공급하였다(왕상 5:11).

2) 유다로부터 다윗의 가계까지 2:3-17

이 부분(3-17절)은 유다에서 헤스론까지(3-8절)와 헤스론에서 다윗까지의 족보(9-17절)를 기록하고 있다.

대상 2:3. 유다의 아들은 에르와 오난과 셀라니 이 세 사람은 가나안 사람 수아의 딸이 유다에게 낳아 준 자요 유다의 맏아들 에르는 여호와 보시기에 악하였으므로 여호와께서 죽이셨고.

본 절부터 8절까지는 유다로부터 헤스론까지의 족보이다. 3-4절은 유다의 다섯 아들 족보인데 셋은 수아의 딸이 낳은 사람들이었고, 나머지 두 명은 자부 다말이 낳았다(창 38장 참조).

"에르"는 '각성하는 자'라는 뜻이다. 이는 유다의 아들이다(민 26:19). 창 38:3-; 46:12에는 "엘"로 역되어 있다. 에르는 "여호와 보시기에 악을 행한 자"였다. 그 악이 무엇인지 확실히 알 수는 없으나 그의 아우 "오난"의 경우로 보아 성적인 악으로 추론된다.

"오난"은 '힘'을 뜻한다. 이는 유다의 둘째 아들인데, 가나안 사람 수아의 딸의 소생이다. 유다의 맏아들 엘이 죽자, 그는 오난에게 형수에게 들어가서 남편의 아우의 본분을 다하여 네 형을 위하여 씨가 있게 하라고 했으나, 그는 그 자손이 자기 것이 되지 않을 줄 알고 형수에게 들어갔을 때에 땅에 설정(泄精)하였다. 그 결과 하나님의 진노를 사서 죽임을 당했다(창 38:4-10;

46:12).

“셀라”는 ‘무기’라는 뜻이다. 거십에서 유다와 가나안 사람 수아의 딸 사이에서 난 아들이다(창 38:5).

대상 2:4. 유다의 며느리 다말이 유다에게 베레스와 세라를 낳아 주었으니 유다의 아들이 모두 다섯이더라.

유다의 며느리 다말이 유다에게 베레스와 세라를 낳은 사건은 창 38:12-30에 자세히 기록되어 있다. “베레스”는 ‘터짐’이라는 뜻이다. 유다와 그의 며느리 다말 사이에 태어난 쌍동 아이의 형이다(창 38:24-30; 46:12). 다말에게서 쌍둥이가 출생한 것은 유다와 다말의 부끄러움을 환기시키는 것이라고 칼빈은 말한다. 쌍둥이의 출생은 보통 일이 아니고 하나의 놀랄 만한 일이다. 그것은 무엇을 생각하게 하는 일이다. 베레스는 자기의 이름을 딴 족속의 창시자가 되었으며, 그에게서 두 종족이 생겼다(민 26:20,21). 베레스는 예수의 조상이다(룻 4:12-22; 마 1:3; 눅 3:33).

“세라”는 ‘오름(태양이)’의 뜻이다. 유다와 그의 자부 다말에게서 불의의 싹으로 생긴 쌍둥이의 출생한 이 일에 대하여, 이것은 유다와 다말의 부끄러움을 환기시키려는 것이었다고 한다. 이 일은 보통 일이 아니고 하나의 놀랄 만한 일이다. 그것은 무엇을 생각하게 하는 일이다. 쌍둥이의 출생이 모두 다 부끄러운 일이라는 것은 아니지만, 어떤 경우에 있어서는 그 일이 부모로 하여금 놀라게 하여 이전 일을 생각하게 한다는 것이다. 세라인의 조상이다(창 38:30; 민 26:20; 수 7:1).

대상 2:5. 베레스의 아들은 헤스론과 하물이요.

베레스(4절)의 아들은 “헤스론”과 “하물”이었다. “헤스론”은 ‘닫힌’이라는 뜻이다. 유다의 자손이며 베레스의 아들이다(창 46:12; 민 26:21; 룻 4:18; 마1:3; 눅 3:33). 예수님의 조상이다(마 1:3). “하물”은 ‘자비를 경험한 자’라는 뜻이다. 유다의 손자이며 베레스의 아들이다. 하물 사람의 조상이다(창

46:12; 민 26:21).

대상 2:6. 세라의 아들은 시므리와 에단과 헤만과 갈골과 다라니 모두 다섯 사람이요.

세라(4절)의 아들은 "시므리와 에단과 헤만과 갈골과 다라"였으니 모두 다섯 사람이었다. "시므리"는 유다 자손 세라의 아들이다(대상 2:6). "에단"은 '영구적'이라는 뜻이다. 유다 자손 세라의 아들이다. 왕상 4:31; 시편 89편(제목)에는 '에스라 사람'이라고 한다. 그는 솔로몬과 비교되리만큼 지혜 있는 사람이었다.

"헤만"은 유다 족으로서 솔로몬 시대에 에단과 더불어 지혜 있는 사람으로서 유명하였다. 그는 갈골과 다르다(모두 지혜있는 자)와 같이 마홀의 아들이다(왕상 4:31). 역대상 2:6에는 세라의 아들로 되어 있다. 시편 88편의 작가라고 한다.

"갈골"은 유대인 세라의 아들 다섯 중 넷째이다. "다라"는 솔로몬 왕 때 지혜로 유명한 사람 중 한 사람이며, 왕상 4:31에서는 마홀의 아들로, 본 절에서는 세라의 아들로 나온다.

대상 2:7. 갈미의 아들은 아갈이니 그는 진멸시킬 물건을 범하여 이스라엘을 괴롭힌 자이며.

"갈미의 아들은 아갈"이란 말은 수 7:1에 등장하는 "갈미의 아들 아간"을 지칭하는 것이 분명하다. 앞 절에서 세라의 아들과 자손 중 지혜로운 자들을 논한 마당에 본 절에서는 이스라엘을 괴롭힌 악인을 거론하는 것이다. "아갈"이나 "아간"은 다 같이 괴롭히는 자를 지칭한다. 그는 여호수아가 여리고 전을 벌일 때 바친 물건을 취했고, 그 일 때문에 이스라엘은 아이 전에서 패전하는 고통을 당했다(수 7장).

대상 2:8. 에단의 아들은 아사랴더라.

에단(6절)의 아들은 아사랴였다. "아사랴"는 '여호와의 도우심'을 뜻한다. 유다 지파 세라의 손자이며 에단의 아들이다(대상 2:8). 에단은 지혜로서 널리 알려진 사람이다(왕상 4:31).

대상 2:9. 헤스론이 낳은 아들은 여라므엘과 람과 글루배라.

본 절부터 17절까지는 정통계인 베레스계 헤스론의 자손을 다윗까지 거론한다. 6-8절에서는 방계가 된 세라 계를 논한다. 헤스론이 낳은 아들은 "여라므엘과 람과 글루배"였다. "여라므엘"은 '하나님이여, 긍휼히 여기소서'라는 뜻이다. 유다 자손 헤스론의 맏아들이다(대상 2:9,25,26,27,34,42). 유다 남부의 이스라엘 사람이 아닌 한 족속으로, 다윗이 피난 시절에 그들과 친교한 기록이 있다(삼상 27:10; 30:29). 사울의 사후 여라므엘 사람은 다윗이 헤브론에서 다스리던 소공국(小公國)의 일부를 형성했다. "람"은 '높이 들었다'는 뜻이다. 야곱의 후손 유다 지파 헤스론의 아들이며, 여라므엘과 글루배의 형제이다(룻 4:19; 마 1:3). "글루배"는 '개'(犬)라는 뜻이다. 헤스론의 아들이다(대상 2:9).

대상 2:10. 람은 암미나답을 낳고 암미나답은 나손을 낳았으니 나손은 유다 자손의 방백이며.

람(9절)은 암미나답을 낳고 암미나답은 나손을 낳았다는 것이고, 나손은 유다 자손의 방백이었다는 것이다. "암미나답"은 '고귀한 친척'이란 뜻이다(마 1:4; 눅 3:33). "나손"은 '점쟁이'이라는 뜻이다. 암미나담의 아들이며, 광야 방랑 시대의 유다 지파의 족장이다(민 1:7; 2:3; 7:12,17; 10:14). 나손의 누이 엘리사바는 아론에게 출가했다(출 6:23). 나손은 또한 룻의 남편 보아스의 조부이자, 다윗의 조상이다(룻 4:2022). 따라서 예수의 족보에 기록되어 있다(마 1:4; 눅 3:32).

대상 2:11. 나손은 살마를 낳고 살마는 보아스를 낳고.

나손(10절)은 "살마"를 낳았다. "살마"는 룻기 4:20; 대상 2:11, 51, 54, 한글 번역은 '살몬'으로 표기되어 있다. 이것은 전부 희랍 역(LXX)에 따라 '살몬'이라고 읽는 것이 타당하다. "보아스"는 '유력자'라는 뜻이다. 룻의 남편이며 살몬의 아들로서, 베들레헴에서 큰 부호였으며, 나오미의 남편 엘리멜렉의 친척이다. 또 다윗의 증조부 뻘이 된다. 나오미가 며느리 룻을 데리고 모압 지방에서 고향 베들레헴으로 돌아왔을 때, 보아스는 이삭을 줍는 룻에게 온갖 편리를 다 제공했다.

대상 2:12. 보아스는 오벳을 낳고 오벳은 이새를 낳고.

보아스(11절)는 "오벳"을 낳고 오벳은 "이새"를 낳았다고 말한다. "오벳"은 '종'이라는 뜻이다. 이는 보아스와 룻의 아들이다. 다윗의 조부이다(룻 4:17,21,22; 마 1:5; 눅 3:32). "이새"는 '주의 선물'이란 뜻이다. 베들레헴 에브랏 사람으로 다윗 왕의 부친이다. 그에 대한 최초의 기사(삼상 17:12)는 그를 이미 노인으로 표현하고 있다. 그에게는 아들 여덟이 있었다.

대상 2:13-15. 이새는 맏아들 엘리압과 둘째로 아비나답과 셋째로 시므아와 넷째로 느다넬과 다섯째로 랏대와 여섯째로 오셈과 일곱째로 다윗을 낳았으며.

13-15절은 이새의 일곱 아들을 모두 소개한다. 다윗을 드러내기 위함이었다. 13절에서는 맏아들 엘리압과 둘째로 아비나답과 셋째로 시므아가 등장한다. "엘리압"은 '하나님은 아버지이시다'라는 뜻이다. 다윗의 맏형, 즉 이새의 맏아들이었다. 그는 키가 크고 용모가 매우 아름답고 늠름하여 사무엘은 이 사람이야말로 이스라엘의 왕이 될 사람인 줄 알았다. 그러나 하나님께서는 "그 용모를 보지 말라. 사람은 외모를 보거니와 나 여호와는 중심을 보느니라"고 말씀하시고 그를 물리치셨다(삼상 16:6,7; 17:13). 역대상 27:18에는 "엘리후"로 되어 있다. 그는 다윗의 유다 관장이 되었다. 그의 딸 아비하일은 다윗의 아들과 결혼했다(대하 11:18). "아비나답"은 '아버지는 관용하심'이

란 뜻이다. 이새의 둘째 아들이며 다윗의 형이다. 그는 두 형제와 같이 블레셋과의 싸움에서 사울을 위해 싸웠다(삼상 16:8; 17:13). "시므아"는 다윗의 형이며 이새의 세째 아들이다(2:13; 20:7; 삼하 13:3). 사무엘상 16:9, 17:13, 사무엘하 21:21, 역대상 2:13에는 '삼마'로 되어 있다. 시므아의 아들 요나단은 가드 전쟁에서 이스라엘을 능욕한 장대한 자의 소생을 죽였다.

14절에서는 "넷째로 느다넬과 다섯째로 랏대"가 등장한다. "느다넬"은 '하나님이 주심'이란 뜻이다. 이새의 네째 아들이며, 다윗의 형이다(대상 2:14). "랏대"는 '주께서 확장하심'이란 뜻이다. 유다 자손 보아스의 손자이며 이새의 다섯째 아들이다(대상 2:14).

15절에서는 이새는 여섯째로 오셈과 일곱째로 다윗을 낳았다는 것이다. "오셈"은 '강함'이란 뜻이다. 오셈은 이새의 여섯째 아들이며 다윗의 바로 윗 형이다(대상 2:15). "다윗"은 '사랑함'이란 뜻이다. 이스라엘 제 2대의 왕(재위 BC 1060-1021, 1010- 971)이다. 아브라함의 자손이며, 유다 지파 이새의 막내아들로 베들레헴에서 출생했다.

대상 2:16. 그들의 자매는 스루야와 아비가일이라 스루야의 아들은 아비새와 요압과 아사헬 삼형제요.

다윗의 일곱 형제의 자매는 스루야와 아비가일이었다. 다윗의 두 자매가 여기 등장하는 것은 이들이 다윗의 역사에 현저한 인물들이었기 때문이다. "스루야"는 '분열됨'이란 뜻이다. 요압, 아비새, 아사헬의 모친이다(삼상 26:6; 삼하 2:13,18; 왕상 1:7). 사무엘하 17:25에 의하면, 나하스의 딸이므로 다윗의 누이이다(대상 2:16비교). "아비가일"은 나하스의 딸이며 다윗의 이복누이이다. 압살롬의 군장 아마사의 모친이며 이드라의 아내이다. 또한 역시 한때 압살롬의 군장이었던 요압의 이모이다(대상 2:16,17). 사무엘하 17:25에는 아비갈로 표기되어 있다.

스루야의 아들은 아비새와 요압과 아사헬 삼형제였다. "아비새"는 '나의 아버지는 이새'라는 뜻이다. 다윗의 이복누이 스루야의 아들인데, 그의 형은 요압이고 동생은 아사헬이다(삼하 2:18; 17:25). "요압"은 '여호와는 부친이심'이라는 뜻이다. 다윗의 이복 자매 스루야의 아들이다. 따라서 다윗은 스루야의 외삼촌뻘이 된다(삼하 8:16; 대상 2:16→삼하 17:25). 아비새, 요압, 아사헬의 3형제는 다 영웅형이었는데, 요압은 그 둘째이다. "아사헬"은 '하나님이 만드심'이라는 뜻이다. 다윗의 누이 스루야의 아들 삼형제 중 막내아들이다. 다윗의 30 용사 중 한 사람이며, 군중(軍中)의 큰 용사로서, 그의 발이 들 노루 같이 빠른 것으로 유명했다(2:16; 삼하 2:18; 23:24).

대상 2:17. 아비가일은 아마사를 낳았으니 아마사의 아버지는 이스마엘 사람 예델이었더라.

"아비가일"(16절)은 '내 아버지가 기뻐하심'이란 뜻이다. 나하스의 딸이며 다윗의 이복누이이다. 압살롬의 군장 아마사의 모친이며 이드라의 아내이다. 또한 역시 한때 압살롬의 군장이었던 요압의 이모이다(대상 2:16,17). 사무엘하 17:25에는 아비갈로 되어 있다.

"아마사"는 '무거운 짐 진 자'라는 뜻이다. 다윗의 이복 자매 아비가일과 에델(이드라)의 아들이다. 또 요압과는 이종 사촌간이다(삼하 17:25).

"에델"은 '능가함'이라는 뜻이다. 이스마엘 사람이다. 본 절은 "아비가일은 이스마엘 사람인 예델과 결혼하여 아마사라는 아들을 낳았다"는 것을 말한다(현대인의 성경).

3) 헤스론이 낳은 아들들 2:18-55

이 부분(18-55절)은 헤스론에서 다윗까지의 정통사(3-17절)에 이어 헤스론의 방계 자손들을 소개한다. 다시 말해 갈렙 자손(18-20절), 스굽 자손(21-24절), 여라므엘 자손(25-41절), 또 다시 갈렙 자손(42-55절) 등 여러 계파를 소개한다.

대상 2:18. 헤스론의 아들 갈렙이 그의 아내 아수바와 여리옷에게서 아들을

낳았으니 그가 낳은 아들들은 예셀과 소밥과 아르돈이며.

"헤스론"은 유다의 자손이며 베레스의 아들이다(창 46:12; 민 26:21; 룻 4:18; 마1:3; 눅 3:33).

"갈렙"은 '개' 또는 '까마귀'라는 뜻을 가지고 있다. 본 절에 나온 갈렙은 여호수아와 함께 가나안 정탐에 나섰던 갈렙은 아니다. 동명이인으로 9절에 언급된 '글르배'와 같은 이름이다. 갈렙은 그의 아내로 아수바와 여리옷이 있었는데 아수바에게서 에셀과 소밥과 아르돈을 낳았다.

그리고 "여리옷"에 대한 해석이 불분명하다. 학자들 간에는 이를 해결하기 위해 1) 아수바와 여리옷을 같은 사람으로 보고 본문을 '그 아내 아수바 즉 여리옷에게서 아들을 낳았으니'로 보는 측이 있고, 2) '그의 아내 아수바에게서 딸 여리옷을 낳았으니'라고 보는 측도 있다(Vulgate, K.&D.). 두 번째 견해가 바른 것으로 보인다.

대상 2:19. 아수바가 죽은 후에 갈렙이 또 에브랏에게 장가 들었더니 에브랏이 그에게 훌을 낳아 주었고.

갈렙의 아내 아수바가 죽은 후에 갈렙이 또 에브랏에게 장가들었는데 부인 에브랏이 갈렙에게 훌을 낳아 주었다. "에브랏"은 '풍성함'을 뜻한다. "훌"은 이스라엘의 광야 시대에 이스라엘이 아말렉의 공격을 받았을 때에 그가 아론과 함께 모세의 손을 붙들어 주었고(출 17:12), 모세가 시내 산에 머무는 동안 "훌"은 아론과 함께 이스라엘을 위하여 행정을 집행하기도 했다(출 24:14).

대상 2:20. 훌은 우리를 낳고 우리는 브살렐을 낳았더라.

훌(19절)은 "우리"를 낳았고 우리는 "브사렐"을 낳았다. "우리"는 '내 빛'이란 뜻이고 유다 지파 훌의 아들이다. 즉, 여호와의 회막 공사의 총책임자 브사렐의 부친이다(출 31:2). "브사렐"은 '하나님의 그늘'이란 뜻이다.

대상 2:21. 그 후에 헤스론이 육십 세에 길르앗의 아버지 마길의 딸에게

장가 들어 동침하였더니 그가 스굽을 헤스론에게 낳아 주었으며.

본 절의 "그 후"란 말은 헤스론의 세 아들이 나고 자란 후를 뜻한다(9-20). 훗날 헤스론이 60세에 길르앗의 아버지 마길의 딸에게 장가들어 동침했더니 그가 스굽을 낳아주었다는 것이다. 여기 "길르앗"(גִּלְעָד)은 '증거의 무더기'란 뜻인데, 야곱과 라반이 돌무더기를 쌓고 명명한 이름이었다(창 31:45-47). 요단강 동편을 이름이다.

"마길"은 '파는 자'란 뜻이다. 이는 므낫세의 장자이다(수 17:1). 창세기 50:23, 민수기 26:29에는 므낫세의 독자로 되어 있다. 마길 종족의 조상인데, 이 종족은 므낫세 유일의 종족으로 될 뻔했다. 그러나 자손이 번성하여 주류로부터 몇 갈래 지족(支族)이 갈려 나갔으므로, 마길 종족은 므낫세의 한 종족으로 되었다(민 26:29).

"스굽"은 '높아짐'을 뜻한다. 여리고 성을 재건한 벧엘 사람 히엘의 말째 아들이다. 여리고 성은 여호수아가 점령한 성인데, 후일 재건한 자는 저주를 받되 기초를 쌓을 때 장자를, 문을 세울 때 계자(季子)를 잃을 것(수 6:26)이라고 했는데, 히엘이 무슨 뜻으로 재건하려 했는지 알 수 없으나, 여호수아의 예언대로 그는 두 아들을 다 잃고 말았다(왕상 16:34).

대상 2:22. 스굽은 야일을 낳았고 야일은 길르앗 땅에서 스물세 성읍을 가졌더니.

스굽(21절)은 "야일"(Jair)을 낳았다. "야일"이란 '빛을 주는 분'이란 뜻이다. 므낫세의 아들이다(민 32:41; 신 3:14). 모세가 요단 강 동쪽을 정복하였을 때, 야일은 아르곱 온 지방을 취했고(신 3:14) 자기 이름을 따라 하봇야일이라고 불렀다. 성읍의 수는 23-60까지였는데, 기록에 따라 다르다(수 13:30; 왕상 4:13에서는 60성읍, 대상 2:22에서는 23성읍). 정복 시기는 분명치 않으나 최근의 주석가들은 그 기록이 사사기 1장과 유사하며, 또 10개의 장막촌에 그 이름을 붙였다고 하는 길르앗 사람 사사 야일(삿 10:35)과 동일인일지도 모른다는 이유에서 모세 이후로 보고 있다.

본 절의 야일은 유다 지파임에도 불구하고 민 32:41; 신 3:14에서 므낫세의 후손으로 기록되어 있다. 그 이유는 그의 모계 쪽이 므낫세 지파에 속했기 때문이며(K.&D., Barker) 또한 그의 생활 무대가 므낫세 지방이었기 때문이다(21절).

대상 2:23. 그술과 아람이 야일의 성읍들과 그낫과 그에 딸린 성읍들 모두 육십을 그들에게서 빼앗았으며 이들은 다 길르앗의 아버지 마길의 자손이었더라.

본 절의 "그술"은 '다리(橋)'라는 뜻이다. 상(上) 요단 강 동쪽의 땅이다. 아람 소국의 하나로 독립하고 있었다(삼하 15:8, '수리아'=아람). 범위는 바산 북쪽에서 마아가에 미치고 있었다. 이스라엘은 이곳을 점령하지 않았다(수 13:13, 여기서 '그술 사람'이라고 번역되어 있는 원문은 '그술'이다). 그술은 수리아와 이스라엘의 완충국의 지위에 있었으며, 다윗은 그와 우호 관계를 유지했다. 그술 왕 달매의 딸 마아가는 다윗의 아내가 되어 압살롬을 낳았다(삼하 3:3). 압살롬은 위기를 피하여 그술에 3년간 머문 일이 있었다(삼하 13:37-14:24). 그 후 그술은 이스라엘의 속국이었으나 이스라엘의 왕국 분열 이후 아람과 동맹을 맺고 바산을 쳤다(대상 2:23).

"아람"은 수리아 지역에 거한 아람족이었다. 위와 같이 야일이 정복한 23성읍과 그낫이 가지고 있던 37성읍을 합하여 60성읍을 아람과 그술의 연합군이 빼앗았다는 것으로 그 시기는 분명하지 않다. 다윗 이전인 것만은 분명하다.

대상 2:24. 헤스론이 갈렙 에브라다에서 죽은 후에 그의 아내 아비야가 그로 말미암아 아스훌을 낳았으니 아스훌은 드고아의 아버지더라.

본 절은 헤스론(21절)이 갈렙 에브라다(헤스론의 아내 갈렙과 아내 에브랏이 살던 곳으로 베들레헴 부근에 있었다)에서 죽은 후에 된 일을 기록한다. 헤브론이 죽은 후에 그의 아내, 마길의 딸인 아비야는 유복자인 둘째 아들을 낳았다. "아스훌"은 '행복자'를 뜻하고 "드고아"는 '나팔'를 뜻한다. 그가 건설한 드고아는 예루살렘 남방 16km, 베들레헴 남방 8km 지점에 있고 예언자 아모스의 고향이다(암 1:1, 이상근).

대상 2:25. 헤스론의 맏아들 여라므엘의 아들은 맏아들 람과 그 다음 브나와 오렌과 오셈과 아히야이며.

25-41절은 헤스론의 장남 여라무엘의 자손에 대해 기록한다. "여라므엘"은 헤스론의 장자였으나 람과 갈렙의 자손들에 대한 이야기 때문에 아직까지 그의 자손들에 대해서는 언급되지 못했다. 여라므엘 자신은 이곳 외에는 그 어느 곳에서도 언급되지 않고 있으나 여라므엘 사람들은 집단적으로 언급되어지고 있다(삼상 27:10; 30:29). 반면에 이곳만이 이름들의 목록을 제공해주고 있으며 우리는 다른 곳의 대조의 도움을 받지 않고 있다. A.V.역에서 25절은 이름이 언급되지 아니한 여라므엘의 첫 번째 아내가 다섯 아들을 낳았다는 것으로 기록되어 있다. 그러나 히브리 본문에는 마지막 이름의 아히야 앞에 "그리고(and)"라는 접속사가 없는데 그것은 이 "아히야"가 그의 첫 번째 아내의 이름인지도 모른다는 사실을 시사해 주고 있다. 다음 절(26절)의 문맥으로 미루어 볼 때 첫 번째 아내의 존재는 크게 요구되어지고 있다. 아비야의 이름 앞에는 어떤 전치사가 요구되어 지고 있다(Barker).

대상 2:26. 여라므엘이 다른 아내가 있었으니 이름은 아다라라 그는 오남의 어머니더라.

"아다라"는 '왕관'이란 뜻이다. 유다 자손 여라므엘의 다른 한 아내로서 오남('강력함'이란 뜻이다)의 어머니이다(대상 2:26).

대상 2:27. 여라므엘의 맏아들 람의 아들은 마아스와 야민과 에겔이요.

"마아스"와 "야민"과 "에겔"은 여라므엘의 손자들이다. 이들의 행적은 더 이상 알 수가 없다.

대상 2:28. 오남의 아들들은 삼매와 야다요 삼매의 아들은 나답과 아비술이며.

오남(26절)의 아들들은 "삼매"('황폐'라는 뜻이다)와 "야다"('그는 안다'는 뜻이다)가 있었다. 삼매의 아들은 "나답"('고상하다'란 뜻이다)과 "아비술"('벽의 아버지'란 뜻이다)이 있었다.

대상 2:29. 아비술의 아내의 이름은 아비하일이라 아비하일이 아반과 몰릿을 그에게 낳아 주었으며.

아비술(28절)의 아내의 이름은 "아비하일"('하나님은 능력이시다'라는 뜻이다)이었다. 아비하일이 "아반"('지혜있는 자의 형제'란 뜻이다)과 "몰릿"('그가 생산한다'라는 뜻이다)을 낳아 주었다.

대상 2:30. 나답의 아들들은 셀렛과 압바임이라 셀렛은 아들이 없이 죽었고.

나답(28절)의 아들들은 "셀렛"('높임'이란 뜻이다)과 "압바임"('얼굴들'이란 뜻이다)이었다.

대상 2:31. 압바임의 아들들은 이시요 이시의 아들들은 세산이요 세산의 아들들은 알래요.

압바임(30절)의 아들들은 "이시"('유익한'이란 뜻이다)가 있었다. 이는 여라므엘의 6대 손이다. "세산"('백합'이란 뜻이다)은 여라므엘의 7대 손이다. 그리고 "알래"는 여라므엘의 8대 손이다. 여기서 알래는 세산의 아들인 것처럼 나타나고 있으나 그는 세산의 딸임이 분명하다는 것이다. 이유는 34절에 의하면 세산은 아들이 없이 딸만 있었기 때문이라고 말하기 때문이다. 아마도 알래는 세산의 유일한 상속자였던 까닭에 아들로 기록된 듯하다(K.&D.). 한편 아들이 없었던 세산은 그가 데리고 있던 애굽 출신의 종 야르하를 데릴 사위로 맞아 그의 딸 알래와 결혼시킴으로써 그의 혈통을 보존시킨 것으로 보인다.

대상 2:32. 삼매의 아우 야다의 아들들은 예델과 요나단이라 예델은 아들이 없이 죽었고.

삼매(28절)의 아우 "야다"('그는 안다'는 뜻이다)의 아들들은 "예델"('차고 넘치다'는 뜻이다)과 "요나단"('여호와께서 주심'이라는 뜻이다)이었다. 그런데 예델은 아들이 없이 죽었다고 한다. 구약 시대에 "아들"이 없이 죽었다는 말이 가끔 나오는데(30절) 이것은 복이 없었음을 뜻한다.

대상 2:33. 요나단의 아들들은 벨렛과 사사라 여라므엘의 자손은 이러하며.

요나단(32절)의 아들들은 "벨렛"('해방'이라는 뜻이다)과 "사사"가 있었다. 이들 두 사람은 여라므엘의 5대 손들이다. "여라므엘의 자손은 이러하다"는 말은 여라므엘의 자손들(25-41절)에 대해서 더 쓸 것이 없는 결론 구에 도달했다는 뜻이다. 이제 이 이하는 부록적이다. 다시 말해 세산의 딸을 통한 족보를 다룬다는 뜻이다.

대상 2:34. 세산은 아들이 없고 딸뿐이라 그에게 야르하라 하는 애굽 종이 있으므로.

31절에 "세산의 아들은 알래요"라고 하였다. 그런고로 여기 세산의 딸이 바로 그 알래로 보는 것이다(K&D, Barker). 즉, 이제는 여라므엘의 7대손인 "세산의 딸"과 애굽인의 종 "야르하" 사이의 족보가 무려 21대까지 소개되는 것이다. 이스라엘인에게 아들이 없는 경우는 딸을 통해 그 가문의 기업이 계승되었다(민36:1-12).

대상 2:35-36. 세산이 딸을 그 종 야르하에게 주어 아내를 삼게 하였더니 그가 그로 말미암아 앗대를 낳고 앗대는 나단을 낳고 나단은 사밧을 낳고.

"앗대"는 여라므엘의 9대손이고, "나단"은 여라므엘의 10대 손이며 "앗대"는 11대 손이다.

대상 2:37-38. 사밧은 에블랄을 낳고 에블랄은 오벳을 낳고 오벳은 예후를 낳고 예후는 아사랴를 낳고.

"에블랄"('심판'이라는 뜻)은 여라므엘의 12대손이고, "오벳"('종'이라는 뜻)은 13대 손이며 "예후"('그는 여호와이시다'는 뜻)는 14대 손이고, "아사랴"('여호와가 도와주심'이라는 뜻)는 15대손을 낳았다.

대상 2:39-40. 아사랴는 헬레스를 낳고 헬레스는 엘르아사를 낳고 엘르아사는 시스매를 낳고 시스매는 살룸을 낳고.

"헬레스"('힘'이라는 뜻)는 여라므엘의 16대손이고, "엘르아사"('하나님이 창조하심'이라는 뜻)는 17대 손이며 "시스매"('태양'이라는 뜻)는 18대손이고 "살룸"('보응'이라는 뜻)은 19대 손이다.

대상 2:41. 살룸은 여가먀를 낳고 여가먀는 엘리사마를 낳았더라.

"여가먀"('여호와는 공고하게 하심'이라는 뜻)는 여라므엘의 20대 손이고 "엘리사마"('하나님이 들으심'이라는 뜻)는 21대 손이다.

대상 2:42. 여라므엘의 아우 갈렙의 아들 곧 맏아들은 메사이니 십의 아버지요 그 아들은 마레사니 헤브론의 아버지이며.

본 절부터 45절까지는 갈렙 자손(18-20절에 이미 말했음)을 다시 진술한다. 갈렙의 아들 곧 맏아들 "메사"('큰 고통'이란 뜻)는 십의 아버지이다(대상 2:42). "십"('용해'라는 뜻)은 갈렙의 손자이며 메사의 아들이다(대상 2:42). "마레사"는 갈렙의 손자이며, 헤브론의 아비이다(대상 2:42). 여기 "헤브론"('연합'이란 뜻)은 한 개인의 고유 이름임이 분명하다. 왜냐하면 다음 절에서 헤브론의 아들들의 이름이 소개되어 있기 때문이다(출 6:18 참조).

대상 2:43. 헤브론의 아들들은 고라와 답부아와 레겜과 세마라.

"고라"('기회'라는 뜻)와 "답부아"('사과'라는 뜻)와 "레겜"('잡색'이라는 뜻)과 "세마"('그는 들어주신다'는 뜻)는 헤브론의 아들들의 이름들이고 갈렙의 6대손들이다.

대상 2:44. 세마는 라함을 낳았으니 라함은 요르그암의 아버지이며 레겜은 삼매를 낳았고.

세마는 "라함"('자비'라는 뜻)을 낳았다. "요르그암"은 헤브론의 손자이다. 그리고 레겜(43절)은 "삼매"('황폐된'이라는 뜻)를 낳았다.

대상 2:45. 삼매의 아들은 마온이라 마온은 벧술의 아버지이며.

삼매(44절)의 아들은 "마온"('주거'라는 뜻)이다. 마온은 "벧술"('바위의 집'이라는 뜻)의 아버지이다. 이들은 갈렙의 9대손이다.

대상 2:46. 갈렙의 소실 에바는 하란과 모사와 가세스를 낳고 하란은 가세스를 낳았으며.

갈렙의 첩 "에바"('어두움'이란 뜻)가 낳은 자손들이 등장한다. 즉, "하란"('산중 사람'이란 뜻), "모사"('나감'이란 뜻) "가세스"('양털 깎는 사람'이란 뜻)가 나온다. 하란은 삼촌과 동명인 가세스를 낳았다. 지금까지 우리는 히브리인들의 이름에 나름대로 깊은 뜻을 발견하고 있는데 어떤 자유주의 학자들은 사람들의 이름에 붙은 뜻은 아무 의미가 없고 흥미가 없다고 말한다. 그러나 이름은 역사적인 사실을 진실하게 전하고 있음을 알 수가 있다.

대상 2:47. 야대의 아들은 레겜과 요단과 게산과 벨렛과 에바와 사압이며.

본 절 초두에 "야대"('그가 정하신다'는 뜻)라는 사람이 갑자기 등장하는데 혹자는 이를 두고 모사(46절)와 동일인일 것이라고 주장하기도 하나 근거가 박약하다. 야대는 유다 사람 갈렙의 자손일 것이다. 다시 말해 야대는 갈렙의 또 다른 첩이거나 아니면 갈렙의 또 다른 아들일 것이다.

본 절의 야대는 아들들 6명을 낳았다고 말한다. 즉, "레겜"('잡색'이란 뜻) "요단", "게산"('큰 양떼'라는 뜻), "벨렛"('해방'이란 뜻), "에바"('어두움'이란 뜻), "사압" 등이다. 야대의 이 아들들은 다른 곳에서 일체 소개되지 않고 있다.

대상 2:48-49. 갈렙의 소실 마아가는 세벨과 디르하나를 낳았고 또 맛만나의 아버지 사압을 낳았고 또 막베나와 기브아의 아버지 스와를 낳았으며 갈렙의 딸은 악사더라.

48절과 49절에는 갈렙의 소실 "마아가"('압제하다'라는 뜻)의 자손들이 소개된다. 혹자는 마아가(מַעֲכָה)가 가나안 족속의 딸이라고 주장하나 근거가 없는 말이다(Lange). 마아가의 아들은 "세벨"('곡식'이라는 뜻), "디르하나", "사압", "스와"[2]등이다. 사압의 아들은 "맛만나"('선물'이란 뜻)를 낳았다. 스와의 아들은 "막베나"('사술'이란 뜻)와 "기브아"('구릉'이란 뜻)이다.

갈렙의 딸은 "악사"('장식하다'는 뜻)였다. 이 악사는 정탐꾼 갈렙의 딸과 똑같은 이름이다(수 15:16; 삿 1:12). 그러나 두 사람 사이에는 300년의 간격이 있다. 본 절의 갈렙은 유다의 증손이고, 베레스의 손자이며, 헤스론의 아들이므로(18절) 둘은 이름만 같고, 사람은 300년의 차이가 있어 전혀 다르다.

대상 2:50-51. 갈렙의 자손 곧 에브라다의 맏아들 훌의 아들은 이러하니 기럇여아림의 아버지 소발과 베들레헴의 아버지 살마와 벧가델의 아버지 하렙이라.

50절과 51절은 에브라다의 맏아들 훌의 아들들을 소개한다. 즉, "기럇여아림"('삼림의 성읍'이란 뜻)의 아버지 "소발"('흘러나는 새싹'이란), "베들

---

2) 대상 18:16에는 "사워사"로 표기되어 있다.

레헴"('빵집'이란 뜻)의 아버지 "살마"('그늘 있는'이란 뜻), "벧가델"('돌담을 두른 곳'이란 뜻)의 아버지 "하렙"('예리한'이란 뜻)이다.

대상 2:52. 기랏여아림의 아버지 소발의 자손은 하로에와 므누홋 사람의 절반이니.

본 절의 의미는 기랏여아림의 창설자인 소발은 하로에 사람들과 므누홋 주민 절반의 조상이 되었다는 것을 말한다.

대상 2:53. 기랏여아림 족속들은 이델 종족과 붓 종족과 수맛 종족과 미스라 종족이라 이로 말미암아 소라와 에스다올 두 종족이 나왔으며.

기랏여아림 족속들은 "이델" 종족과 "붓" 종족과 "수맛" 종족과 "미스라" 종족이다. "소라와 에스다올 두 종족이 나왔다"는 말은 위와 같은 족속들 중에서 기랏여아림에서 떠나 "소라와 에스다올"에 가서 사는 족속들이 있었다는 뜻이다. "소라와 에스다올"은 삼손의 고향이기도 하다(삿 16:31).

대상 2:54-55. 살마의 자손들은 베들레헴과 느도바 종족과 아다롯벳요압과 마나핫 종족의 절반과 소라 종족과 야베스에 살던 서기관 종족 곧 디랏 종족과 시므앗 종족과 수갓 종족이니 이는 다 레갑 가문의 조상 함맛에게서 나온 겐 종족이더라.

54절과 55절은 홀의 둘째 아들인 "살마"의 아들인 베들레헴의 자손들에 대해 기록한 것이다(50절). 살마의 자손들은 "베들레헴('떡의 집'이란 뜻) 종족, "느도바"('물방울'이란 뜻) 종족, 아다롯벳요압('요압의 상(像)의 둘레'라는 뜻), "마나핫"('샘물'이란 뜻) 종족의 절반, "소라"('호박벌'이라는 뜻) 종족, 야베스에 살던 서기관 종족 곧 "디랏"('야베스에 거한 서기관 족속[3])으

3) 서기관은 백성들에게 하나님의 말씀을 가르치고 율법을 베껴두고 또 율법을 해석하던 자들을 가르치던 자들이다. 서기관들은 율법의 교사로서, 또 해석자로서 유대 사회에서 확고하게 영향력을 행사하게 된 바벨론 포수에서 귀환한 때인 서기관 에스라 시대부터이다(스 7:6,11,12; 느 8:1,4,9).

로, 겐 사람들'이었다) 종족, "시므앗 종족", "수갓" 종족"(Sucattites. 유다의 야베스에 살고 있던 서기관 족속의 하나) 등이다.

"이는 다 레갑 가문의 조상 함맛에게서 나온 겐 종족이더라". 즉, '이들(디랏 사람, 시므앗 사람, 수갓 사람들)은 모두 레갑[4] 가문의 조상인 함맛에게서 나온 겐 씨족'('소유'라는 뜻)이었다. 모세의 장인 호밥의 자손으로 아마 겐 족속의 사람이 유다 족속 살마 자손 중의 여상속자와 결혼하여(민 36:1-9) 유다 족속으로 동화된 것으로 보인다(K.&D.).

4) 겐족속 함맛의 자손으로 엄격한 금욕 생활을 했던 레갑 족속을 창시한 여호나답(왕하 10:15)의 조상이다.

제 3 장

ㄴ. 다윗의 자손들 3:1-24

3장은 역대기의 중심인물인 다윗의 족보를 진술하고 있다. 그가 행한 일은 10-25장에서 자세하게 다루어지지만 본 3장에서는 족보만을 소개한다. 본 장의 내용은 다윗의 아들들(1-9절)이 등장하고 다음으로는 유다의 왕들이 등장하며(10-16절) 여호야긴의 후손들(17-24절)이 진술된다.

1) 다윗의 아들들 3:1-9

1-4절에서는 다윗이 헤브론에서 낳은 아들들 족보가 나오고, 5-9절에서는 다윗이 예루살렘에서 낳은 13아들들이 등장하여 모두 19아들들이 등장한다.

대상 3:1. 다윗이 헤브론에서 낳은 아들들은 이러하니 맏아들은 암논이라 이스르엘 여인 아히노암의 소생이요 둘째는 다니엘이라 갈멜 여인 아비가일의 소생이요.

1절에서부터 4절까지는 다윗이 헤브론에서 낳은 6아들들이 나온다. 이 부분(1-4절)은 삼하 3:2-5에 병행구가 있다. 다윗이 헤브론(예루살렘 서남방 30km위치에 있다)에서 낳은 아들들은 이러하니 맏아들은 "암논"[5]('충실'이란 뜻)이라 이스르엘(헤브론 서남쪽 약 10km에 위치한 유다 성읍이다. 북부 갈멜산 동편의 이스르엘과는 구별된다) 여인 아히노암('아름다움'이란 뜻, 사울의 딸 미갈이 떠난 후 취한 아내였다)의 소생이요, 둘째는 "다니엘"('하나님의 심판'이란 뜻)이라. 갈멜 여인 아비가일[6]('아버지의 기쁨'이란 뜻)의

---

5) 다윗의 장남이었으나 이복자매인 다말을 강간한 탓에 그 오라비인 압살롬에 의해서 죽임을 당한다(삼하 13:28-29).

소생이다.

대상 3:2. 셋째는 압살롬이라 그술 왕 달매의 딸 마아가의 아들이요 넷째는 아도니야라 학깃의 아들이요.

다윗의 셋째 아들은 압살롬[7]('아버지의 평안'이란 뜻)이었다. 그는 그술(요단강 상류의 동편에 있는 아람의 작은 독립국이었다) 왕 달매의 딸 마아가의 아들이었다. 그리고 넷째 아들은 아도니야[8]('여호와는 주님이시다'는 뜻)였는데 학깃('기뻐함'이란 뜻)의 아들이었다.

대상 3:3. 다섯째는 스바댜라 아비달의 소생이요 여섯째는 이드르암이라 다윗의 아내 에글라의 소생이니.

다윗의 다섯째 아들은 스바댜('심판하시는 여호와'라는 뜻)였다. 그는 아비달('기술의 아비'라는 뜻)의 소생이었다. 그리고 여섯째는 이드르암('훌륭한 백성'이란 뜻)이었다. 그는 에글라('암소'라는 뜻)의 소생이었다.

대상 3:4. 이 여섯은 헤브론에서 낳았더라 다윗이 거기서 칠 년 육 개월 다스렸고 또 예루살렘에서 삼십삼 년 다스렸으며.

위의 6명의 아들은 다윗이 헤브론에서 낳았다. 다윗이 거기 헤브론에서 7년 6개월 동안 유다 지파의 왕으로 유다 지파를 다스렸고, 예루살렘에서 33년간 전체 이스라엘의 왕으로 다스렸다.

대상 3:5. 예루살렘에서 그가 낳은 아들들은 이러하니 시므아와 소밥과 나단과 솔로몬 네 사람은 다 암미엘의 딸 밧수아의 소생이요.

본 절부터 9절까지는 다윗이 예루살렘에서 낳은 13명의 아들이 진술된다.

---

6) 아비가일: 마온 사람 나발의 아내였다가 남편이 죽은 후 다윗의 아내가 된 사람이었다(삼하 2:2).

7) "압살롬": 그는 아비를 대적하여 반란을 일으켜 죽고 말았다(삼하 13:2—18:15).

8) "아도니야": 솔로몬보다 먼저 왕이 되려다가 죽임을 당했다(왕상 1:1-10, 41).

이 부분의 병행 구는 삼하 5:13-16에 있다.

다윗이 예루살렘에서 낳은 아들들은 시므아(삼하 5:14; 대상 14:4에는 삼무아라고 기록되어 있다)와 소밥('반역하는 자'란 뜻)과 나단('주는 자'란 뜻)과 솔로몬('평화로움'이란 뜻임)이었다. 이들 네 사람은 모두 암미엘('하나님 친족의 하나'라는 뜻)의 딸 밧수아(삼하 11:3에는 '밧세바'로 되어 있다)의 소생이었다.

대상 3:6-8. 또 입할과 엘리사마와 엘리벨렛과 노가와 네벡과 야비아와 엘리사마와 엘랴다와 엘리벨렛 아홉 사람은.

6-8절에는 다윗이 예루살렘에서 낳은 아들들이 진술되어 있다. 입할('여호와가 택하셨다'는 뜻)과 엘리사마('하나님이 들으심'이란 뜻)와 엘리벨렛('하나님이 구원해 주심'이란 뜻)과 노가('맑은 것'이라는 뜻)와 네벡('싹'이라는 뜻)과 야비아('하나님이 빛나게 해주시기를'이라는 뜻)와 엘리사마('하나님이 들으심'이란 뜻)와 엘랴다('하나님께 대한 지식'이란 뜻)와 엘리벨렛('하나님이 구원해 주심'이란 뜻)이었다. 여기 9명의 아들들은 그 어미가 누구인지 알 수 없다.

대상 3:9. 다 다윗의 아들이요 그들의 누이는 다말이며 이 외에 또 소실의 아들이 있었더라.

다윗의 아들들의 누이는 다말('종려나무'란 뜻)이며 이외에 또 소실의 아들들이 있었다는 것이다. 다말은 압살롬의 누이였으나 이복 오라비인 암논에게 강간을 당한 후(삼하 13:1-22) 다윗 가문에 큰 재앙을 안겨주었다.

2) 유다의 왕들 3:10-16

이 부분(10-16절)은 유다 왕국의 솔로몬 왕부터 유다 최후의 왕 시드기야 왕까지의 족보를 등장시킨다. 역대기 저자 에스라는 이 부분에서 북 왕국 이스라엘의 역사는 무시해버리고, 남 왕국 유다의 왕들만 기록한다. 북 왕국 이스라엘의 왕들의 족보를 뺀 것은 후대인들 보기에 부끄러운 역사였기 때문일 것이다.

대상 3:10. 솔로몬의 아들은 르호보암이요 그의 아들은 아비야요 그의 아들은 아사요 그의 아들은 여호사밧이요.

"르호보암"(B.C. 930-913)은 솔로몬의 아들로서 나라를 갈라놓은 악한 왕이었다(왕상 14:1-31; 대하 10-12장). "아비야"(B.C. 913-910)는 아비얌이라고도 한다. 이는 악한 왕이었다(왕상 15:1-24; 대하 13장). "아사"(B.C. 910-869)는 선한 왕이었다(왕상 15:9-24; 대하 14-16장). "여호사밧"(871-841 B.C.)은 선한 왕이었다(왕상 22:41-50; 대하 17-20장).

대상 3:11. 그의 아들은 요람이요 그의 아들은 아하시야요 그의 아들은 요아스요.

"요람"('여호람'이라고도 한다. B.C. 853-841)은 악한 왕이었다. 왕하 8:16-24; 대하 21장 참조. "아하시야"(B.C. 841)는 악한 왕으로 북 왕국의 바알숭배를 본받아 살다가 예후에게 죽임을 당했다(왕하 8:25-29; 대하 22:1-9). 아하시야가 죽은 후 그의 어머니였으며 이세벨의 딸인 "아달랴"가 7년이나 집권했으나 역대기는 이를 기록하지 않는다. 다윗 왕국을 미화하려는 의도에서였다. "요아스"(B.C. 835-796)는 선한 왕이었다. 아달랴가 집권하는 동안 대제사장 여호야다가 보호하는 중 성전에 숨어 지내다가 여호야다의 반정으로 왕위에 오른다(왕하 11:4-12:21; 대하 23-24장).

대상 3:12. 그의 아들은 아마샤요 그의 아들은 아사랴요 그의 아들은 요담이요.

"아마샤"(B.C. 796-767)는 유다의 제 9대 왕이며 선한 왕이었다(왕하 14:1-22; 대하 25장). "아사랴"(B.C. 791-739)는 웃시야로도 불렸다. 그는 선한 왕이었다(왕하 15:1-7; 대하 26장). "요담"(B.C. 759-742)은 선한 왕으로 분류된다(왕하 15:32-38; 대하 27장).

대상 3:13. 그의 아들은 아하스요 그의 아들은 히스기야요 그의 아들은 므낫세요.

"아하스"는 유다 왕국 12대 왕으로 악한 왕이었다(왕하 16:1-20; 대하 28장). "히스기야"(B.C. 716-687)는 남 왕국 유다 왕들 중에서 아주 선한 왕으로 알려졌다. 그는 종교개혁을 일으킨 왕이었다. 따라서 그는 앗수르의 산헤립의 대군을 격퇴하기도 했다(왕하 18-20장; 대하 29-32장). "므낫세"(B.C. 697-642)는 아버지와는 달리 유다 왕국에서 가장 악한 왕이었다(왕하 21:1-18; 대하 33:1-20).

대상 3:14. 그의 아들은 아몬이요 그의 아들은 요시야이며.

"아몬"(B.C. 642-640)은 유대 왕국의 제 15대 왕으로 악한 왕이었다(왕하 21:19-26; 대하 33:21-25). "요시야"(B.C. 640-609)는 아주 선한 왕으로 모세의 율법에 의해 종교개혁을 일으키고 유월절을 성대히 지키기도 했으나 애굽과의 전쟁에서 전사하고 말았다(왕하 22:1-23:30; 대하 34-35장).

대상 3:15. 요시야의 아들들은 맏아들 요하난과 둘째 여호야김과 셋째 시드기야와 넷째 살룸이요.

요시야(14절)의 맏아들 요하난('여호와는 은혜로우시다'는 뜻)은 장자였으나 남 왕국의 왕위에 오르지는 못했다. 그 이유는 알 수가 없다. 둘째 아들과 셋째 아들은 순번 따라 왕위에 오르지 못하고 넷째 살룸이 먼저 왕에 올랐다. 그의 별명은 "여호아하스"(609 B.C.)로 그는 3개월간 왕으로 있다가 애굽으로 잡혀가 죽었다. 그는 악한 왕이었다(왕하 23:31-35; 대하 36:1-4).

"여호야김"(B.C. 609-598)은 애굽 왕 바로느고에 의해 18대 왕으로 추대되었다. 이는 악한 왕이었다(왕하 23:36-24:7; 대하 36:5-8).

"시드기야"(B.C. 597-586)는 유다 왕국의 마지막 20대 왕이며 예루살렘이 함락되고 나라가 멸망하며 바벨론으로 포수되어 죽었다(왕하

24:18-25:30; 대하 36:11-21).

대상 3:16. 여호야김의 아들들은 그의 아들 여고냐, 그의 아들 시드기야요.

"여고냐"는 19대 왕으로 그의 삼촌인 시드기야보다 먼저 왕위에 오른다. 그는 보통 여호야긴(597 B.C.)으로 불렸으며 그는 왕위에 올라 3개월 10일간 나라를 다스리다가 바벨론에 끌려가 포로의 삶을 살았으며, 37년 만에 풀려나 자유의 몸이 되었다(왕하 24:8-17; 25:27-30; 대하 36:9-10). 그는 악한 왕으로 살았다. 그는 3개월 10일간 아주 짧은 기간 왕으로 재직하면서 악하게 살았다. 우리는 하루를 살아도 하나님 말씀 따라서 선하게 살아야 할 것이다.

"시드기야"는 유다 최후의 왕(재위 B.C. 597- 586)으로서 요시아의 막내 아들이며, 립나 예레미야의 딸 하무달의 소생이었다. 본명이 맛다니야였는데 바벨론 왕 느부갓네살이 예루살렘을 멸망시키고 그를 왕위에 올리면서 이렇게 바벨론식 이름으로 지어 주었다(왕하 23:31; 24:17,18; 대상 3:15). 열왕기하 24:17이나 역대하 36:10에서 여호야긴은 시드기야를 아자비라고 한다. 그는 21세에 유다 왕이 되어 11년을 통치했다. 그도 그 백성도 여호와 보시기에 악을 행하고, 선지자 예레미야가 여호와의 말씀으로 일러도 듣지 않았다(대하 36:11,12,렘 37:3). 그의 목은 곧고 마음은 강퍅하여졌고, 악행에서 돌이켜 하나님께로 돌아오지 아니하였다. 그는 악하게 살았다.

유다 왕들을 살펴보면 르호보암부터 시드기야까지 19명 중 6명은 선했고, 2명은 최고로 선한 왕이었으며, 11명은 악한 왕이었다. 이렇게 많은 왕들이 악했다는 것은 두 가지를 보여준다. 곧 1) 이스라엘이 하나님을 멀리하고 인간 왕을 구한 것이 잘못 되었다는 것(삼상 12장). 2) 하나님의 아들 예수님만이 참된 왕이시라는 것을 보여준다(박윤선, 단 9:25-26; 눅 4:16-21; 요 1:32-34; 행 3:20).

오늘날 세상에 사람을 최고 통치자(대통령, 주석, 총리)로 세운 것을 보면 얼마나 불완전하고 악한지 모른다. 최고 통치자들은 성경책을 옆에다가 펴놓고 보면서 그리고 기도하면서 나라를 치리해야 할 것이다.

3) 여호야긴의 후손들 3:17-24

이 부분(17-24절)은 유다 백성들이 바벨론으로 포로 되어 간 후의 여고냐(여호야긴)의 후손들의 족보이다. 여호야긴의 손자 유다 총독이 되어 돌아왔고, 그의 자손 6대 손까지 나타난다.

대상 3:17. 사로잡혀 간 여고냐의 아들들은 그의 아들 스알디엘과.

여고냐(여호야긴)가 바벨론으로 포로 되어 간 것은 제 2차 포로 때였다(B.C. 597년). 그 때 유대인 1만명 이상이 포로 되어 바벨론으로 끌려갔고 또 많은 보화도 빼앗겼다(왕하 24:10-17).

"스알디엘"(Salthiel)은 '빛지다'라는 뜻이다. 바벨론에서 이스라엘 백성을 이끌고 귀환한 스룹바벨의 아버지이다(스 3:2; 마 1:12).

대상 3:18. 말기람과 브다야와 세낫살과 여가먀와 호사마와 느다뱌요.

여호야긴의 아들은 17절의 "스알디엘" 그리고 본 절의 6명 도합 7명이다. "말기람"('우리 왕 여호와는 높다'는 뜻)은 다윗 왕의 자손 여호아김의 손자, 여고냐의 아들이다(대상 3:18).

"브다야"('여호와께서 속해주시다'는 뜻)는 여호야긴(여고냐) 왕의 세째 아들이다(대상 3:18). 부왕은 19세 때에 사로잡혀 갔으므로 그는 아마 바벨론에서 출생했을 것이다(왕하 24:8-). 19절에 의하면, 그는 스룹바벨의 부친으로 되어 있다.

"세낫살"('신이여 아들을 지켜 주옵소서'라는 뜻)은 바벨론 왕 느부갓네살의 제 1회 예루살렘 침입 시 바벨론으로 사로잡혀간 유다 왕 여고냐(여호야긴)의 아들 중의 하나이다(대상 3:18). 이들은 예루살렘에서 바벨론으로 이송되어 70년 간의 형기를 마치고 돌아온다.

"여가먀"('여호와는 공고케 하심'이란 뜻)는 다윗 자손 여고냐의 아들이다(대상 3:18). "호사마"('여호와께서 들어주셨다'는 뜻)는 유다 왕 여고냐의 여덟 아들 중 하나이다(대상 3:18). "느다뱌"('주께서 원하는 마음을 주셨다'는 뜻)는 바벨론 왕 느부갓네살의 제 1차 예루살렘 침입 때, 많은 귀족들과 함께 사로 잡혀가 37년 후 에윌므로닥 시에 석방되어 궁중에서 국빈 대우를 받던 여고냐(여호야긴)의 8 아들 중 막내이다(대상 3:18).

대상 3:19. 브다야의 아들들은 스룹바벨과 시므이요 스룹바벨의 아들은 므술람과 하나냐와 그의 매제 슬로밋과.

브다야(18절)의 아들들은 "스룹바벨"('바벨론의 후예'라는 뜻)과 "시므이"('듣는 자'라는 뜻)였다. 스룹바벨의 아들들은 "므술람"과 "하나냐"와 그의 매제 "슬로밋"이었다. 스룹바벨은 바벨론으로부터 귀환기의 총독임이 분명한데 그는 보통 "스알디엘"의 아들로 알려져 있다(스 3:2,8; 학 1:1,12; 마 1:12; 눅 3:27). 이 문제에 대해 1) 스알디엘의 아들이 브다야이고, 브다야의 아들이 스룹바벨이었다는 견해(kimchi, Hitzig), 2) 당시의 계대 상습법에 의해 스알디엘이 아들이 없이 죽고, 그의 동생인 브다야가 형수를 취하여 스룹바벨을 낳았기 때문에 법적 아비는 스알디엘이었고 실제 아버지는 브다야였다는 견해(K.&D. Lange, 이상근). 2번의 견해가 바른 것으로 보인다.

스룹바벨의 동생 "시므이"는 '듣는 자'라는 뜻이다. 아들 "하나냐"는 '은혜'란 뜻이며 매제 "슬로밋"은 '나의 평안'이란 뜻이다.

대상 3:20. 또 하수바와 오헬과 베레갸와 하사댜와 유삽헤셋 다섯 사람이요.

"하수바"('벌거벗은'이란 뜻), "오헬"('천막'이란 뜻), "베레갸"('여호와께서 복을 주심'이라는 뜻), "하사댜"('여호와는 친절하신'이란 뜻), "유삽헤셋"은 스룹바벨의 아들들이다. 본절의 다섯 명의 아들과 앞 절(19절)의 아들 둘이 매제 슬로밋을 두고 갈라서 앞뒤에 기록한 것은 스룹바벨이 두 여인을 두고 아이들을 낳았기 때문인 듯이 보인다. 다시 말해 이복형제였기 때문이었을 것이다.

대상 3:21. 하나냐의 아들은 블라댜와 여사야요 또 르바야의 아들 아르난의 아들들, 오바댜의 아들들, 스가냐의 아들들이니.

하나냐(스룹바벨의 둘째 아들, 19절)의 두 아들은 블라댜와 여사야이다. 이들 두 아들은 스룹바벨의 두 아들임이 분명하나, 그 외에 "르바야"('주께서 고치시다'는 뜻), "아르난"('재빠른'이라는 뜻), "오바댜"('주님의 종'이라는 뜻), "스가냐"('여호와께서 거하심'이라는 뜻) 등 네 가정들은 스룹바벨과 직접적인 혈연관계가 없는 것으로 보인다(K.&D.).

대상 3:22. 스가냐의 아들은 스마야요 스마야의 아들들은 핫두스와 이갈과 바리야와 느아랴와 사밧 여섯 사람이요.

스가냐(21절)의 아들은 "스마야"('여호와는 들어주심'이라는 뜻)이다. 스마야의 아들들은 "핫두스", "이갈"('하나님은 보복하실 것임'이란 뜻), "바리야"('도망자'라는 뜻), "느아랴"('여호와의 종'이라는 뜻), "사밧"('살폈다'는 뜻)등이다. 본 절의 끝에는 "여섯 사람이라"고 기록되어 있으나 실제로는 다섯 사람이다. 본서의 저자의 실수로 한 사람을 빠뜨린 것으로 보인다.

대상 3:23. 느아랴의 아들은 에료에내와 히스기야와 아스리감 세 사람이요

느아랴(22절)의 아들은 "에료에내"('나의 눈길이 여호와를 향한다'는 뜻)와 "히스기야"('여호와는 강하게 하신다'는 뜻)와 "아스리감"('원수에게 도움을 준다'는 뜻) 등 세 사람이다.

대상 3:24. 에료에내의 아들들은 호다위야와 엘리아십과 블라야와 악굽과 요하난과 들라야와 아나니 일곱 사람이더라.

스가냐의 고손(21절)이고, 스마야의 증손이며, 느아랴의 손자이고, 에료에내(23절)의 아들들은 "호다위야"('여호와를 찬양하라'는 뜻)와 "엘리아십"('하나님께서 회복하시다'는 뜻)과 "블라야"('여호와께서 심판하시다'는 뜻)와 "악굽"('교활한'이란 뜻)과 "요하난"('여호와께서 은혜로 오셨다'는 뜻)과 "들라야"('여호와께서 끌어 올리셨다'는 뜻)와 "아나니"('구름'이라는 뜻) 등 7명이었다.

제 4 장

ㄷ. 기타 유다 자손들 4:1-23

본서 저자가 유다 지파의 족보를 2:3-55에 소개했는데 이 부분(1-23절)에 다시 소개하고 있다. 본서 저자가 이렇게 유다 지파에 중점을 두는 이유는 유다 지파에서 메시야가 나실 것이기 때문이며(창 49:9-10), 또 포로 되었다가 돌아온 지파가 유다 지파이기 때문이다.

대상 4:1. 유다의 아들들은 베레스와 헤스론과 갈미와 훌과 소발이라.

본 절의 "아들"이란 말(בְּנֵי)은 '아들들 또는 자손들을 의미할 수 있는 폭넓은 말이다. 따라서 "베레스"는 유다의 아들이고(2:4; 창 38:29) "헤스론"은 유다의 손자이며, "갈미"는 유다의 증손자이고(2:7), "훌"은 유다의 고손자이며, "소발"은 유다의 5대 손이다. 그런고로 본 절의 족보는 유다-베레스-헤스론-갈렙-훌-소발의 순서로 된 유다의 직계 족보이다.

대상 4:2. 소발의 아들 르아야는 야핫을 낳고 야핫은 아후매와 라핫을 낳았으니 이는 소라 사람의 종족이며.

본 절은 소발(유다의 5대손)의 자손들의 족보이다. 소발의 아들 "르아야"('여호와께서 보신다'는 뜻)는 "야핫"('붙잡음'이란 뜻)을 낳고, 야핫은 "아후매"('...의 형제'라는 뜻)와 "라핫"('진실하게 됨'이라는 뜻)을 낳았다.

대상 4:3. 에담 조상의 자손들은 이스르엘과 이스마와 잇바스와 그들의 매제 하술렐보니와.

3절과 4절은 훌 자손들의 족보이다. 본 절은 갈렙과 에브라다의 아들 훌의 족보(2:19-20,50)를 보충한 것이다. "에담 조상"은 '아비 에담'이란 것이고, 에담의 아들과 자손들을 소개한다는 뜻이다. "에담"('그들의 새'라는 뜻)은 훌의 아들 또는 자손일 것이고, 지명으로도 나타난다(대하 11:6). 그곳은 예루살렘 남방 유다 산지의 지명으로 이곳에 에단의 자손들이 살았다.

대상 4:4. 그돌의 아버지 브누엘과 후사의 아버지 에셀이니 이는 다 베들레헴의 아버지 에브라다의 맏아들 훌의 소생이며(and Penuel was the father of Gedor, and Ezer the father of Hushah. These were the sons of Hur, the first-born of Ephrathah, the father of Bethlehem-RSV).

"그돌의 아버지"란 말은 '그돌[9](Gedor)을 창설하고 그곳에 정착한 사람'이란 뜻이다. '그돌(Gedor)을 창설하고 그곳에 정착한 사람'은 브누엘('하나님의 얼굴'이란 뜻)이었다. 그리고 "후사의 아버지 에셀"이란 말은 '후사를 창설하고 그곳에 정착한 에셀'이란 말이다. 그리고 "이는 다 베들레헴의 아버지 에브라다의 맏아들 훌의 소생이며"라는 말은 '이 두 사람'(브누엘과 에셀)은 베들레헴의 창설자 에브라다의 맏아들 "훌"의 아들들이라는 뜻이다.

대상 4:5. 드고아의 아버지 아스훌의 두 아내는 헬라와 나아라라.

본 절부터 10절까지는 아스훌의 자손들이 등장한다. 본 절에 나오는 "드고아의 아버지 아스훌"이란 말에 대해서는 2:24주해를 참조하라. "아스훌"은 헤스론의 유복자였다. 그런데 아스훌에게는 헬라와 나아라라는 두 아내가 있어 자녀들을 생산했는데, 나아라(6절, '배회한다'는 뜻)의 자녀들은 6절에 기록되어 있고, 헬라('목걸이'라는 뜻)의 아들들은 7절에 기록되어 있다.

---

9) "그돌": 그돌은 헤브론 근처 유다 산지의 성읍으로(수 15:58) 오늘날의 베들레헴 근처 길벳 그들(Khirbet Gedor)이다.

대상 4:6. 나아라는 그에게 아훗삼과 헤벨과 데므니와 하아하스다리를 낳아 주었으니 이는 나아라의 소생이요.

아스훌의 둘째 아내 나아라(5절)는 "아훗삼"('소유자'라는 뜻)과 "헤벨"('우물'이라는 뜻)과 "데므니"('남방'이라는 뜻)와 "하아하스다리"를 낳아 주었다.

대상 4:7. 헬라의 아들들은 세렛과 이소할과 에드난이며.

헬라(5절)의 아들들은 "세렛"('광채'라는 뜻)과 "이소할"('황갈색의'란 뜻)과 "에드난"('땅의 소산'이란 뜻)이었다.

대상 4:8. 고스는 아눕과 소베바와 하룸의 아들 아하헬 종족들을 낳았으며 (Koz fathered Anub, Zobebah, and the clans of Aharhel, the son of Harum-ESV).

본 절 초두의 "고스"('양'이라는 뜻)는 전후 관련 없이 나타나 이해에 곤란이 있다. 아마도 7절과 관련하여 헬라의 아들 중 하나로 보는 것이 좋을 것이다(이상근).

대상 4:9. 야베스는 그의 형제보다 귀중한 자라 그의 어머니가 이름하여 이르되 야베스라 하였으니 이는 내가 수고로이 낳았다 함이었더라.

"야베스" 역시 앞 문맥과의 연관이 없어 이해에 어려움이 있다. 그러나 그의 어머니 보기에 야베스가 그의 형제보다는 귀중한 자였다. 그래서 그의 어머니는 야베스에게 '수고로이 낳았다'는 뜻을 가진 "야베스"라는 이름을 붙여주었다. 만일 야베스가 2:55의 야베스라는 지명 야베스와 어떤 관련이 있다면 그는 훌의 아들 소발(2:50)의 후손이 될 것이다. 어떤 학자들은 "그 형제보다 귀중한 자라"는 말씀에 의지하여 야베스가 고스(8절)의 형제이거나 아니면 고스의 아들 중 하나일 것이라고 추측한다(K.&.D, Lange).

대상 4:10. 야베스가 이스라엘 하나님께 아뢰어 이르되 주께서 내게 복을 주시려거든 나의 지역을 넓히시고 주의 손으로 나를 도우사 나로 환난을 벗어나 내게 근심이 없게 하옵소서 하였더니 하나님이 그가 구하는 것을 허락하셨더라.

본 절은 야베스가 하나님께 기도했다는 것을 드러낸다. 야베스가 "하나님께 아뢰었다"고 말한다. 여기 "아뢰다"는 말은 '부르짖는다'는 뜻이다. 이는 야베스가 하나님께 간절히 부르짖었음을 보여주는 말이다. 야베스는 두 가지 기도를 드렸다. 하나는 "주께서 내게 복을 주시려거든 나의 지역을 넓혀주시라"는 기도를 드렸다. "지역을 넓혀주시라"는 기도는 '길이 막히지 않도록 도와주시라'는 기도이다(박윤선). 그리고 둘째로 "나를 도우사 나로 환난을 벗어나 내게 근심이 없게 하옵소서"라는 기도는 '나를 도우사 나로 환난을 벗어나 네게 근심이 없게 하옵소서'라는 기도를 드린 것이다. 이 기도는 나로 하여금 환난을 벗어나서 근심이 사라지게 하옵소서라는 기도이다. 누구든지 환난을 벗어나야 근심이 없게 마련이다. 환난은 계속해서 근심을 가져온다.

그런데 하나님이 그가 구하는 것을 허락하셨다. 우리는 하나님께서 허락하실만한 기도를 드려야 한다. 우리는 무슨 기도를 하든지 간절히 기도해야 한다. 본서 저자가 야베스의 기도를 기록한 것은 바벨론에서 귀환한 후세들에게 힘을 주기 위함이었다.

대상 4:11. 수하의 형 글룹이 므힐을 낳았으니 므힐은 에스돈의 아버지요.

본 절과 다음 절(12절)은 레가의 자손들의 족보를 드러낸다. 본 절에서 수하의 "형"(אָח)이란 말은 "동생"이라고 번역할 수 있는 말이다. "수하"('움푹 팬 땅'이라는 뜻)나 "글룹"은 잘 알 수 없는 사람들이다. 글룹이 "므힐"('상급'이라는 뜻)을 낳았다는 것이다. 므힐은 "에스돈"('여자다운'이라는 뜻)의 아버지였다. 다시 말해 므힐이 에스돈을 낳았다는 것이다.

대상 4:12. 에스돈은 베드라바와 바세아와 이르나하스의 아버지 드힌나를 낳았으니 이는 다 레가 사람이며.

"에스돈"은 "베드라바"('고침의 아들'이란 뜻)와 "바세아"('절룩발이'란 뜻)와 "이르나하스"('놋 성읍'이란 뜻)의 아버지 "드힌나"('자비함'이란 뜻)를 낳았다. 이는 다 "레가"('내리받이 고개'라는 뜻) 사람이었다.

대상 4:13. 그나스의 아들들은 옷니엘과 스라야요 옷니엘의 아들은 하닷이며.

본 절부터 15절까지는 그나스 자손들의 족보를 등장시킨다. "그나스"('사냥하다'란 뜻)는 광야의 정탐꾼 갈렙의 아우였다(삿 3:9). 그나스의 아들들은 "옷니엘"('하나님은 힘이시다'라는 뜻)과 "스라야"('여호와께서 고집하신다'는 뜻)이고 옷니엘의 아들은 "하닷"('두려움'이라는 뜻)이었다.

대상 4:14. 므오노대는 오브라를 낳고 스라야는 요압을 낳았으니 요압은 게하라심의 조상이라 그들은 공장이었더라.

"므오노대"('하나님의 거처'라는 뜻)는 분명한 것은 알려지지 않았으나 옷니엘의 아들로 추론된다(디럭스 바이블 성경사전). 므오노대는 "오브라"('새끼 사슴'이란 뜻)를 낳고 "스라야"(13절)는 "요압"('여호와는 부친이시다'는 뜻)을 낳았으니 요압은 "게하라심"('공장(工匠)의 골짜기'라는 뜻)의 조상이었다. 그들은 공장이었다. 여기 "공장"이란 말은 '기능공'이란 뜻이다.

대상 4:15. 여분네의 아들 갈렙의 자손은 이루와 엘라와 나암과 엘라의 자손과 그나스요.

여분네의 아들 갈렙의 자손은 "이루"와 "엘라"('상수리 나무'란 뜻)와 "나암"('아름다움'이란 뜻)과 "엘라"의 자손과 그나스였다.

대상 4:16. 여할렐렐의 아들은 십과 시바와 디리아와 아사렐이요.

본 절부터 20절까지는 십 족속들의 족보가 나온다. "여할렐렐"(유다족 야베스 계통 자손인데, 그의 아들들은 다른 자손들과 같이 옹기장이가 되어 수풀과 산울 가운데서 살았다. 대상 4:16,23)의 아들은 "십"('용해'라는 뜻, 유다지파 여할렐렐의 맏아들이었다)과 "시바"('식물'이란 뜻)와 "디리아"('두려워한다'는 뜻)와 "아사렐"('하나님께서 서약으로 묶으셨다'는 뜻)이었다.

대상 4:17. 에스라의 아들들은 예델과 메렛과 에벨과 얄론이며 메렛은 미리암과 삼매와 에스드모아의 조상 이스바를 낳았으니.

"에스라"('돕는 자'라는 뜻)가 누구인지 명확하게 말할 수는 없으나 "메렛"[10]('역적'이라는 뜻)이 여기 등장하고 또 바로의 딸이 그의 자부가 되었기 때문에 여기 기록되었을 것으로 보인다. 에스라의 아들들은 "예델"('차고 넘친다'는 뜻)과 "메렛"과 "에벨"('송아지'라는 뜻)과 "얄론"('남는 자'란 뜻)이었다. 그리고 "메렛"은 "미리암"('높다'는 뜻)과 "삼매"('황폐된'이라는 뜻)와 "에스드모아"(탁선-託宣-이 들은 바 되는 장소)의 조상 "이스바"('찬양'이라는 뜻)를 낳았다.

대상 4:18. 이는 메렛이 아내로 맞은 바로의 딸 비디아의 아들들이며 또 그의 아내 여후디야는 그돌의 조상 예렛과 소고의 조상 헤벨과 사노아의 조상 여구디엘을 낳았으며.

본 절 초두의 "이는"(these)이란 말은 '이들'이란 말로 바로 앞(17절)에 나온바 "미리암과 삼매와 에스드모아의 조상 이스바"를 지칭하는 말이다. 이들은 바로 메렛이 아내로 맞은 바로의 딸 비디아가 낳은 아들들을 지칭한다. 혹자는 여기 "바로의 딸"이라고 묘사된 것을 보고 메렛이 주전 1,800년 전에 애굽의 총리였던 요셉의 영향으로 비디아를 아내로 맞이했을 것이라고 추측한다(Payne). 그러나 이 학설은 추측의 범위를 넘지 못하는 학설일

---

10) 유다족 에스라의 아들이며, 바로의 딸 비디아의 남편이다(대상 4:17,18).

것이다.

또 메렛은 다른 아내 "여후디야"(유대인이라는 뜻)를 맞아 "그돌"(헤브론 근처 유대 산지에 위치한 성읍 사람들)의 조상 "예렛"과 "소고"(유다 산지의 성읍 사람들)의 조상 "헤벨"(유다 사람이라고 하는 에스라의 자손 소고의 부친)과 "사노아"(유다 산지의 촌락에 있는 한 성읍)의 조상 "여구디엘"('여호와가 기르신다'는 뜻)을 낳았다.

대상 4:19. 나함의 누이인 호디야의 아내의 아들들은 가미 사람 그일라의 아버지와 마아가 사람 에스드모아며 (The sons of the wife of Hodiah, the sister of Naham, were the fathers of Keilah the Garmite and Eshtemoa the Ma-acathite-RSV).

"나함"('위로함'이라는 뜻)이 누구인지 분명히 알 수가 없다. 바로 앞선 여호디아의 자손(17절)과 관련되어 있는 것 같다. "나함의 누이인 호디야의 아내"란 말(the wife of Hodiah, the sister of Naham-RSV)은 '나함의 누이가 바로 호디야의 아내'라는 뜻이다. 그러니까 호디야의 아내가 가미 사람('갈미에서 나온 씨족'이란 뜻) 그일라('요해'라는 뜻)의 아버지와 마아가 사람(마아가의 자손 또는 수리아(시리아)의 마아가 지방의 주민) 에스드모아('탁선(託宣)이 들은 바 되는 장소'라는 뜻)를 낳았다는 것이다.

대상 4:20. 시몬의 아들들은 암논과 린나와 벤하난과 딜론이요 이시의 아들들은 소헷과 벤소헷이더라.

본 절의 "시몬"('사막' 혹은 '황야'란 뜻)이란 사람과 "이시"('유익한'이란 뜻)라는 사람에 대해서는 그 정체를 알 수가 없다. 그리고 시몬의 아들 네 사람(암논, 린나, 벤하난, 딜론)과 이시의 두 아들(소헷, 벤소헷)에 대해서도 자세히 알 수가 없다.

대상 4:21-22. 유다의 아들 셀라의 자손은 레가의 아버지 에르와 마레사의

아버지 라아다와 세마포 짜는 자의 집 곧 아스베야의 집 종족과 또 요김과 고세바 사람들과 요아스와 모압을 다스리던 사랍과 야수비네헴이니 이는 다 옛 기록에 의존한 것이라.

21절부터 23절까지는 셀라의 자손들을 소개하고 있다. 다시 말해 유다와 수아의 딸 사이에 난 셀라의 족보를 소개하는 것이다. 셀라의 두 형은 악했기 때문에 여호와께서 죽이셨다.

유다의 아들 셀라의 자손은 "레가"(유다 잡계 베레스, 아스훌, 야베스, 셀라 계통 중 셀라 계통의 자손 에르의 아들)의 아버지 "에르"('잠깨는 자'란 뜻)와 "마레사"('소유'라는 뜻, 유대의 세벨라에 있던 중요한 요해의 성읍)의 아버지 "라아다"('질서'라는 뜻)와 "아스베야"('하나님의 의견'이란 뜻)에서 고운 베를 짜는 가문과 "모압"과 "야수비네헴"(Jashubilehem 사람과 더불어 모압을 다스리던 사람)을 다스리던 요김과 고세바('속이다'는 뜻) 사람들과, 요아스[11]('여호와는 강하심'이라는 뜻)와, 사랍[12]이었는데, 이 사실들은 옛 기록 즉 유다 지파의 족보에 있다고 보여진다.

대상 4:23. 이 모든 사람은 토기장이가 되어 수풀과 산울 가운데에 거주하는 자로서 거기서 왕과 함께 거주하면서 왕의 일을 하였더라(These were the potters and inhabitants of Netaim and Gederah; they dwelt there with the king for his work-RSV).

"이 모든 사람"이란 '21절과 22절에 거명된 사람들'이란 뜻이다. 이 사람들은 모두 수풀(Netaim)과 산울(Gederah) 가운데에 거주하면서 왕에게 속하여 옹기장이 일을 하면서 왕의 일을 했다는 것이다. 이들은 왕의 농장이나 경작지에서 봉사하면서 본연의 옹기장이 일에 종사했다.

---

11) "요아스": 유대 사람 셀라의 자손이다. 그는 다른 사람들과 같이 옹기장이가 되어 수풀과 산울 가운데서 살면서 왕의 일(옹기를 만들어 공급하는 일)도 하였다(대상 4:22,23).

12) "사랍": 유다의 아들 셀라의 자손. 옹기장이로서, 한때 모압 땅을 다스린 일이 있다(대상 4:22).

2. 시므온 지파 4:24-43

시므온 지파는 유다 지파에 부속되었고 창 46:10; 출 6:15; 민 26:12-13에도 나타난다.

대상 4:24. 시므온의 아들들은 느무엘과 야민과 야립과 세라와 사울이요.

본 절부터 27절까지는 시므온 지파의 자손들 족보가 나타난다. 본 절과 달리 출 6:15에는 6명(여무엘, 야민, 오핫, 야긴, 소할, 사울)이 나타난다. 본 절에는 "오핫"이 보이지 않는다. 아마도 무자하게 죽었기 때문에 시므온의 아들들 중에서 제외된 것 같다. 그리고 다른 이름들의 발음이 달라진 것은 별명을 대치했기 때문으로 보인다.

대상 4:25-26. 사울의 아들은 살룸이요 그의 아들은 밉삼이요 그의 아들은 미스마요 미스마의 아들은 함무엘이요 그의 아들은 삭굴이요 그의 아들은 시므이라.

사울(앞 절)의 아들은 "살룸"('보응'이라는 뜻)이요 그의 아들은 "밉삼"('기쁨'이란 뜻)이요 그의 아들은 "미스마"요 미스마의 아들은 "함무엘"이요 그의 아들은 "삭굴"('순결'이란 뜻)이요 그의 아들은 "시므이"('순종하는 자'라는 뜻)였다.

대상 4:27. 시므이에게는 아들 열여섯과 딸 여섯이 있으나 그의 형제에게는 자녀가 몇이 못 되니 그들의 온 종족이 유다 자손처럼 번성하지 못하였더라.

본 절은 시므이(26절)에게는 "아들 열여섯과 딸 여섯이 있었다"는 것과 "그의 형제에게는 자녀가 몇이 못 되었다"는 것을 말한다. 그리고 그들의 온 종족이 유다 자손처럼 번성하지 못했다는 것을 드러낸다.

본 절의 "그의 형제에게는 자녀가 몇이 못 되었다"는 말은 시므이를 제외한 시므온 지파의 사람들에게는 자녀가 적었다는 것을 드러내서 결국 유다 자손처럼 번성하지 못했다는 것을 말한다. 인구조사 때에도 유다 지파

인구가 74,600명인데 비해 시므온 지파는 59,300명이었고, 두 번째 민수 때에는 훨씬 줄어 시므온 지파의 인구가 22,200명이었다(민 1:23,27; 26:14)고 말한다.

대상 4:28. 시므온 자손이 거주한 곳은 브엘세바와 몰라다와 하살수알과.

본 절부터 33절까지는 시므온 지파 사람들이 거주하던 18성읍과 그 촌락들을 나열한다. 이 부분(28-33절)은 수 19:2-8과 병행한다.

"브엘세바"('맹세의 우물'이란 뜻)는 헤브론 서남쪽 43km지점이다. 유다 영토의 남방 한계선이다. 현재 이곳은 "텔 에스세바"(Tell es Sheba)라 한다.

"몰라다"(Moladah)는 브엘세바 동쪽 18km지점이다. 현재는 '텔 엘 밀'(Tell el-Milh)이라고 한다.

"하살수알"('여우의 성읍'이라는 뜻)은 유다 남부의 성읍(수 15:28)인데, 포로 귀환 후 유대인들이 다시 거주하였다(느 11:27). 브엘세바의 동남쪽 2km 지점의 길벳 엘 와단(Khirbet el-Watan)과 동일시된다.

대상 4:29. 빌하와 에셈과 돌랏과.

"빌하"('어리석음'이라는 뜻)는 시므온 자손의 성읍이다(본 절). 바알라(수 15:29)와 동일지이다. 브엘세바의 동쪽 11㎞ 지점에 있는 길벳 아부 둘롤(Khirbet Abu Tulul)과 동일시된다.

"에셈"("뼈"라는 뜻)은 유다 남부의 성읍(수 15:29; 19:3)인데, 시므온의 영역으로 들어갔다(대상 4:29). 브엘세바의 동남쪽 17km 지점의 움 엘 아삼(Umm el-'Asam)과 동일시된다.

"돌랏"('낫는 자'라는 뜻)은 시므온 자손이 살던 성읍 중 하나이다(대상 4:29). 유다 남부의 성읍 엘 돌랏과 동일지이다(수 15:30). 브엘세바의 동남 20㎞, 길베드 에르가 사그라(Khirbet Erqa Saqra)로 추정한다.

대상 4:30. 브두엘과 호르마와 시글락과.

"브두엘"('하나님의 집'이라는 뜻)은 유대 남부 시므온의 성읍이다(대상 4:30). 브둘(수 19:4)과 동일지이다. 시글락의 남쪽 6㎞ 지점에 있는 길벳 엘 라스(Khirbet er-Ras)와 동일시된다.

"호르마"('완전히 멸함'이라는 뜻)는 이스라엘 백성이 가데스에서 유진하고 있을 때, 일부 사람들이 여호와의 명을 거역하여 남방으로부터의 가나안 침입을 기도하였다가, 가나안 사람과 아말렉 사람에게 반격된 참패의 땅이다(민 14:45; 신 1:44). 그러나 후일에 이스라엘의 북진을 저지하기 위해 아랏의 왕이 출격했다가 이스라엘에게 진멸되었다(민 21:3). 이 사건 때문에 '호르마'라고 불렀다고 설명한다.

"시글락"은 네게브(Negeb, 남방)에 있던 유대의 성읍으로(수 15:31) 시므온에 속했다(수 19:5). 가드 왕 아기스는 신하로서 받아들였던 다윗에게 시글락 도시 국가를 주고 유목부족의 침입으로부터 변경을 지키는 임무를 맡았으나, 후에는 유대의 소령으로 되었다(삼상27:6; 30:1,14,26; 삼하 1:1; 4:10; 대상 4:30,12:1,20). 포로 귀환 후 재 식민 되었다(느 11:28). 브엘세바의 북쪽 17㎞의 델 엘 구웨일리훼(Tell el-Khweilifeh)와 동일시된다.

대상 4:31. 벧말가봇과 하살수심과 벧비리와 사아라임이니 다윗 왕 때까지 이 모든 성읍이 그들에게 속하였으며.

"벧말가봇"('병거의 집'이라는 뜻)은 세벨라(평지)의 성읍인데, 평지용 병거의 이용이 가능했다(수 19:5; 대상 4:31). 아마 맛만나(수 15:31)와 동일지일 것이며, 시글락의 동남동 7㎞ 지점에 있는 움 데임네(Umm Deimneh)와 동일시된다.

"하살수심"('말의 성읍'이라는 뜻)은 시므온의 성읍이다(대상 4:31). 하살수사(수 19:5)와 동일지이다.

"벧비리"('내 창조자의 집'이라는 뜻)는 시므온의 성읍이다(대상 4:31). 병행 기사(수 19:6)에는 `벧르바옷'이라 되어 있는데, 위치는 분명치 않다.

"사아라임"은 유대의 세벨라(平地, 욥 1:19)에 있던 성읍이다(수 15:36;

삼상 17:52). 엘라 골짜기를 끼고 아세가 가까이에 있었다. "다윗 왕 때까지 이 모든 성읍이 그들에게 속하였다". 지금까지 언급한 모든 성읍이 다윗 왕 때까지 시므온 지파에게 속해 있었다는 것이다. 그런데 이 성읍들이 훗날 유다 지파에 속하게 되었다. 이유는 시므온 지파가 유다 지파에게 통합되었기 때문이다.

대상 4:32. 그들이 사는 곳은 에담과 아인과 림몬과 도겐과 아산 다섯 성읍이요.

"그들" 곧 '시므온 지파 사람들'이 사는 곳은 "에담"('양떼'라는 뜻)과 "아인"('우물'이라는 뜻)과 "림몬"[13]('석류'라는 뜻)과 "도겐"('계량하다'는 뜻)과 "아산"[14]('식물이 적은 곳'이라는 뜻) 등 다섯 성읍이라고 한다.

대상 4:33. 또 모든 성읍 주위에 살던 주민들의 경계가 바알까지 다다랐으니 시므온 자손의 거주지가 이러하고 각기 계보가 있더라.

주민들은 그 성읍들을 둘러 싼 천막촌들에 퍼져 살았다. 그들이 살던 곳은 바알에까지 이르렀다. 이상은 모두 족보에 올라 있다.

본 절은 이스라엘의 도시가 어떻게 구성되어 있는지를 보여준다. 본 절의 "바알"이란 '소유자'라는 뜻이다. 네게브에 있던 시므온의 성읍이다(대상 4:33). 바알랏 브엘(수 19:8)과 동일지이다. 여호수아 15:24에는 '브알롯'이라 되어 있다.

대상 4:34. 또 메소밥과 야믈렉과 아마시야의 아들 요사와.

---

13) "림몬": 유대 남부에 있던 시므온의 성읍이다(수 15:32; 19:7; 대상 4:32; 슥 14:10). 에느림몬(느 11:29)과 동일지이다. 시글락의 남쪽 1.5 지점의 길베르 움 엘 라마민(Khirbet Umm er-Ramamin)과 동일시된다.

14) "림몬": 유다에 속한 성읍이었으나(수 15:42) 후일 시므온에게 분여(分與)되고(수 19:7; 대상 4:32) 레위 자손의 성읍으로 되었다(대상 6:59; 수 21:16). 사무엘상 30:30의 '보라산'(Borashan 우리 성경에는 고라 산)도 이 곳과 동일지이다. 브엘세바의 서북쪽 2km, 길벳 아산(Khirbet. Asan)과 동일시된다.

34절부터 38절까지에 기록된 족장들의 명단은 시므온 지파의 두 번(34-41절, 42-43절)의 이주 중에 첫 번째 이주 때에 참여한 13방백들의 명단이다. 이들이 첫 번째 이주를 강행한 때는 히스기야 왕 때였으나(41절) 두 번째 이주를 강행한 때는 분명하지 않다. 이들의 명단은 위에서 언급한 시므온 자손들(24-27절)과는 연결되어 있지 않다(K.&D.).

대상 4:35. 요엘과 아시엘의 증손 스라야의 손자 요시비야의 아들 예후와.

"요엘"('여호와는 하나님이시다'라는 뜻)은 시므온 지파의 족장이며 그돌 지경에서 좋은 목장을 발견했다(대상 4:35-42). "예후"('그는 존재자다'라는 뜻)는 북 왕국 이스라엘의 제 10대 왕의 이름과 같다. 이 이름은 아주 흔한 이름이었다. 예후는 증조부까지 거명되는 것으로 보아 아주 명문가였던 모양이다.

대상 4:36. 또 엘료에내와 야아고바와 여소하야와 아사야와 아디엘과 여시미엘과 브나야와.

"엘료에내"와 "야아고바"와 "여소하야"와 "아사야"와 "아디엘"과 "여시미엘"과 "브나야" 등 7명은 알려진 이름은 아니다. 우리도 훗날 알려지지 않은 사람들이 될 것이다.

대상 4:37. 또 스마야의 오대 손 시므리의 현손 여다야의 증손 알론의 손자 시비의 아들은 시사이니.

"시사"('풍부'라는 뜻)는 시므온 사람 시므리의 자손 시비의 아들이며 본족(本族)의 족장이다. 시사 한사람을 말하기 위해 그 조상 5대 조까지 거슬러 올라가는 것을 보면 현저한 인물이었던 것으로 보인다.

대상 4:38. 여기 기록된 것들은 그들의 종족과 그들의 가문의 지도자들의 이름이라 그들이 매우 번성한지라.

"여기 기록된 것들", 즉 '34-37절에 소개된 자들'은 실제로 한 족속의 법적인 족장을 지칭하기 보다는 '단지 한 족속에서 갈라져 나온 작은 가족의 우두머리'를 가리킨다고 보아야 할 것이다(K.&D.).

대상 4:39. 그들이 그들의 양 떼를 위하여 목장을 구하고자 하여 골짜기 동쪽 그돌 지경에 이르러.

본 절부터 43절까지는 족속들이 인구가 많아지고 번창해서 새 거주지를 찾아 이주한 사실을 말한다. 족보에 이런 이주 현상을 쓴 것은 후손들에게 고무적으로 다가갔을 것이다. 족속들은 양떼를 위해 목장을 구하고자 하여 그돌 지방까지 이르렀다. 본 절의 "그돌"(Gedor, 함족의 땅으로 가사 남쪽, 가데스와 술 사이에 있는 그돌)은 유다의 그돌(4절)과는 다른 그돌이다.

대상 4:40. 기름지고 아름다운 목장을 발견하였는데 그 땅이 넓고 안정 되고 평안하니 이는 옛적부터 거기에 거주해 온 사람은 함의 자손인 까닭이라.

그돌(39절)에서 기름지고 아름다운 목장을 발견했는데 그 땅은 넓고 안정되고 평안했다는 것이다. 이유는 그돌은 옛적부터 함의 자손 가나안 족속이 살아왔기 때문이다(K.&D., Lange). 이런 기록은 훗날 후세 사람들에게 힘을 줄 수 있는 기록이었다.

대상 4:41. 이 명단에 기록된 사람들이 유다 왕 히스기야 때에 가서 그들의 장막을 쳐서 무찌르고 거기에 있는 모우님 사람을 쳐서 진멸하고 대신하여 오늘까지 거기에 살고 있으니 이는 그들의 양 떼를 먹일 목장이 거기에 있음이며.

위의 명단에 기록된 사람들이 유다 왕 히스기야 통치기간(716-687 B.C.)에 그돌로 와서, 함 족의 천막들과, 거기에 있는 모우님(사해 동남쪽에 위치한 마안에 거주한 마온족) 족을 쳐부수어 그들을 진멸시키고 그들 대신 오늘까지 거기에 살고 있는데, 거기에 양을 칠 목장이 있었기 때문이다.

시므온 족속이 이런 침략행위를 한 역사가 유다 왕 히스기야 때에 있었다는 본 절의 기록은 이 기록이 후세들에게 역사적인 기록이라는 것을 보여준다. 시므온 지파는 야곱의 예언과 같이 가나안 땅에 완전히 분깃을 차지하지 못하고 이렇게 흩어져 살게 되었다(창 49:6-7).

대상 4:42. 또 시므온 자손 중에 오백 명이 이시의 아들 블라댜와 느아랴와 르바야와 웃시엘을 두목으로 삼고 세일 산으로 가서.

본 절과 다음 절(43절)의 시므온 자손들이 아말렉 사람을 친 사건은 시므온 사람들이 일으켰던 두 번째의 사건이다. 시므온 자손 중에 500명이 이시의 아들 "블라댜"[15]('여호와께서 구원하신다'는 뜻)와 "느아랴"[16]('여호와의 종'이란 뜻)와 "르바야"[17]('주께서 고치셨다'는 뜻)와 "웃시엘"[18]('하나님은 강하시다'는 뜻)을 두목으로 삼고 세일 산으로 가서 다음 절처럼 아말렉 사람을 쳤다.

대상 4:43. 피신하여 살아남은 아말렉 사람을 치고 오늘까지 거기에 거주하고 있더라.

이시의 아들들이 피신하여 살아남은 아말렉 사람들을 치고 오늘까지 거기에 거주하고 있었다는 것이다. "아말렉"은 에서의 자손으로 핥는 백성을 뜻한다. 이스라엘의 출애굽 이래 항상 이스라엘을 적대한 백성이었다(출 17:8-16; 민 25:17-19; 삿 3:13). 저들은 사울과 다윗에 의해 거의 진멸되었으나 이때 남아있던 아말렉 인들이 시므온 인들에 의해 정벌당한 것이다.

---

15) "블라댜": "이시"의 아들인데, 시므온 자손 500명이 두목을 삼은 사람 중의 하나이다. 이들은 세일 산으로 가서 피하여 남아 있는 아말렉 사람을 치고 거기서 살았다(4:42,43).

16) "느아랴": 사울과 다윗 시대에 토벌 당하여 도망친 아말렉 사람들이 살고 있던 헤브론 북편에 있던 그돌을 정복한 시므온 족장의 한 사람이다(4:39,42,43).

17) "르바야": 시므온의 자손인데, 군대의 두목이었다. 이 자손들 500명이 블라디야, 느아랴, 르바야, 웃시엘을 두목으로 삼고 세일 산으로 가서 피하여 남아 있는 아말렉 사람을 치고 거하였다(4:42,43).

18) '웃시엘': 시므온 자손으로 유다 왕 히스기야 때에 세일 산에 피하여 남아있는 아말렉 사람을 친 두목의 한 사람인데, 이시의 아들이다(대상 4:41-43).

제 5 장

3. 요단강 동편 지파들 5:1-26

이 부분(1-26절)은 요단 동편 두 지파반의 족보이다. 르우벤 지파(1-10절), 갓 지파(11-17절), 두 지파 반의 전쟁(18-22절), 므낫세 반지파(23-24절), 두 지파반의 멸망(25-26절)을 기록한 것이다.

ㄱ. 르우벤 지파 5:1-10

본서의 저자 에스라는 요단 동편의 르우벤 지파의 족보를 기록한다.

대상 5:1a. 이스라엘의 장자 르우벤의 아들들은 이러하니라.

본서 저자는 1절 상반 절에서 르우벤 지파의 족보를 기록한다. 그런데 "르우벤"이 "이스라엘의 장자"라는 것이다. "이스라엘의 장자"란 '야곱의 맏아들'('가장 먼저 태어난 아들'이란 뜻)이란 뜻이다. 저자는 이제 야곱의 맏아들 르우벤의 아들들을 기록하려 한다.

대상 5:1b. (르우벤은 장자라도 그의 아버지의 침상을 더럽혔으므로 장자의 명분이 이스라엘의 아들 요셉의 자손에게로 돌아가서 족보에 장자의 명분대로 기록되지 못하였느니라.

본 절은 르우벤이 야곱의 첫아들로 태어나서 첫 아들이 받는 기업을 받아야 할 자였지만 그 아버지의 첩(라헬의 시녀인 빌하)과 통간했기 때문에(창 49:3-4) 장자의 명분이 요셉의 장자들에게 돌아갔다고 말한다(창 49:22-26). 그래서 요셉은 므낫세와 에브라임 두 아들을 통해 가나안 땅에서 장자의 특권인 두 몫의 기업을 받게 되었다.

대상 5:2. 유다는 형제보다 뛰어나고 주권자가 유다에게서 났으나 장자의 명분은 요셉에게 있으니라).

본 절은 장자의 명분이 다른 형제보다는 형제 중에서 제일 강한 유다에게 돌아갈 법한데 그러지 않고 요셉에게 돌아갔다는 것을 설명한다. "유다는 형제보다 뛰어났다"고 말한다. "뛰어나다"(גָּבַר)는 말은 '보다 강력하다'는 뜻이다. 유다 지파는 숫적으로 12지파 중에서 가장 많았다(민 1:27). 그리고 "주권자가 유다에게서 났다". 이 말은 다윗 왕이 유다에서 났다는 말이고 메시야도 유다 지파에서 나서 영원히 통치하신다는 것이다. 이와 같이 유다 지파는 제일 강했고 또 통치자가 유다 지파에서 났지만 장자의 명분(장남이 가지는 권리)이 유다 지파에게로 돌아가지 않고 요셉 지파로 돌아왔다는 것이다.

대상 5:3. 이스라엘의 장자 르우벤의 아들들은 하녹과 발루와 헤스론과 갈미요

야곱의 맏아들 르우벤이 장자가 가지는 권리를 빼앗겼지만 본 절은 족보에서 이스라엘의 장자의 아들들의 이름부터 기록한다. 즉 그들은 "하녹"('시작한 자'라는 뜻)과 "발루"('탁월한 자'라는 뜻)와 "헤스론"('닫힌 자'란 뜻)과 "갈미"('포도 재배자'란 뜻)였다.

대상 5:4-6. 요엘의 아들은 스마야요 그의 아들은 곡이요 그의 아들은 시므이요 그의 아들은 미가요 그의 아들은 르아야요 그의 아들은 바알이요 그의 아들은 브에라이니 그는 르우벤 자손의 지도자로서 앗수르 왕 디글랏빌레셀에게 사로잡힌 자라.

4절 초두의 "요엘"('여호와는 그의 하나님'이란 뜻)이 누구인지는 정확히 알 수는 없으나 문맥을 살필 때 르우벤의 네 아들 중 한 아들의 후손일 것이라고 말할 수밖에 없다. 그러나 누구의 후손인지는 알 수 없다. 저자는 요엘의 아들은 "스마야"('여호와는 들어주신다'는 뜻)요 그의 아들은 "곡"

('지붕'이란 뜻)이요 그의 아들은 "시므이"('들음'이라는 뜻)였다고 말한다.

그리고 5절에 보면 그의 아들은 "미가"('가난'이라는 뜻)요 그의 아들은 "르아야"('여호와께서 보신다'는 뜻)요 그의 아들은 "바알"('주인'이라는 뜻)이었다고 말한다.

그리고 6절에 의하면 그의 아들은 "브에라"('샘에 속해 있는'이란 뜻)라고 말한다. 그리고 그는 르우벤 자손의 지도자로서 앗수르 왕 디글랏빌레셀[19]에게 사로잡힌 자라고 말한다.

대상 5:7. 그의 형제가 종족과 계보대로 우두머리 된 자는 여이엘과 스가랴와.

본 절 초두의 "그의 형제"(אֶחָיו)란 말은 '브에라(6절)의 친족'이란 뜻이다. "형제"란 말을 '친족'이라고 해석해야 하는 이유는 원어에 그런 뜻이 있을 뿐 아니라 '브에라의 형제'들이라고 하는 사람들, 즉 여이엘(본 절, '하나님께서 소중하게 여기신다'는 뜻)과 스가랴(본 절, '계속하다'란 뜻)와 벨라[20](8절, '삼킴'이란 뜻)가 사울 왕 때의 인물이고(10절) 또 벨라(8절)가 요엘의 증손으로 나타나기 때문이다. 브에라의 친족이 르우벤 지파의 "종족과 계보대로" 즉 '공식상의 족보에' 르우벤의 족장들이 되었다는 것이다.

대상 5:8. 벨라니 벨라는 아사스의 아들이요 세마의 손자요 요엘의 증손이라 그가 아로엘에 살면서 느보와 바알므온까지 다다랐고.

본 절은 "벨라"에 대해 길게 말한다. 다시 말해 벨라의 족보를 기록함에 있어 증조부까지 거슬러 올라간다. 즉, "벨라는 아사스의 아들이요 세마의 손자요 요엘의 증손이라"고 말한다.

그리고 본 절은 벨라가 살았던 곳을 드러낸다. 즉, 이 르우벤 사람들은 "아로엘"[21]('황무지'라는 뜻)에서부터 "느보"('말하는 자'란 뜻)산과 "바알

---

19) "디글랏빌레셀": '내 능력은 곧 <니놉>신이다'는 뜻인데, 앗수르에는 이 이름을 가진 왕이 몇 명 있었는데, 성경과 관계가 있는 것은 디글랏 빌레셀 Ⅱ세이다. 재위는 BC 745-727년 이다. 열왕기하 15:19의 앗수르 왕 불과 동일 인물이다.

20) "벨라": 르우벤 사람 아사스의 아들이며 족장이다(대상 5:7,8).

－므온”(‘집의 주인’이란 뜻)에 이르는 지역에 살았다고 말한다. 저자는 르우벤 지파가 모세가 정복하여 준 곳에서 살았었다는 것을 전한다. 훗날 바벨론에서 돌아오는 사람들이 다시 이곳을 점령하고 살아야 한다는 것을 암시하는 듯하다.

대상 5:9. 또 동으로 가서 거주하면서 유브라데 강에서부터 광야 지경까지 다다랐으니 이는 길르앗 땅에서 그 가축이 번식함이라(He also lived to the east as far as the entrance of the desert this side of the Euphrates, because their livestock had multiplied in the land of Gilead-ESV).

동쪽으로는 유프라테스 강[22])에서부터 광야[23]) 동쪽에 이르는 지역에 걸쳐 살았는데, 길르앗 땅(요단 동편의 전 지역을 일컫는 말)에서 그들의 가축 떼가 많아졌기 때문이다.

“길르앗 땅에서 그 가축이 번식함이라”는 말은 르우벤 지파와 갓 지파가 길르앗 땅을 요구했던 본래의 목적이 성취되었음을 보여주는 말이다. 왜냐하면 많은 가축을 소유하고 있던 그들은 길르앗 땅이 목축에 적합한 곳임을 보고 그 땅을 요구했었기 때문이다(민 32:1-5).

대상 5:10. 사울 왕 때에 그들이 하갈 사람과 더불어 싸워 손으로 쳐 죽이고 길르앗 동쪽 온 땅에서 장막에 거주하였더라.

르우벤 사람들은 사울이 통치하던 시대에 “하갈 사람”(길르앗 동방 지역에 거주하던 하갈 족속)과 더불어 싸워 손으로 쳐 정복하고는 하갈 사람들의 천막을 차지하고 길르앗 동쪽 전 지역에 흩어져 목축하며 살았다. “장막에

---

21) “아로엘”: 아르논 강 중류의 북안에 있던 모압의 성읍이다. 사해의 동쪽 20km, 디본의 동남쪽 5km, 아라일('Ara'ir)과 동일시된다.

22) “유브라테스”: 유브라데 강은 길이가 약 2,848km에 이르는 긴 강으로 이스라엘 왕국의 전성기 때 동북 경계선을 이루었다(삼하 :3; 10:16; 왕상 4:24). 이 강은 서 아시아에서 가장 긴 강으로 아르메니아 산맥에서 발원하여 페르샤만으로 흘러들어간다.

23) “광야”: 길르앗 동쪽에 위치한 수리아 광야를 지칭한다.

거하였다"는 말은 여기저기 이동생활을 해야 하는 유목민들에게 적합한 장막에서 거했다는 것을 뜻한다. 아무튼 본 절은 벨라(8,9절)의 가족들이 길르앗 동편에까지 진출하며 유목 생활을 하였음을 보여준다. "하갈 사람"은 아브라함의 첩인 애굽 여인 하갈의 자손들이다(창 25:12-18).

ㄴ. 갓 지파 5:11-17

이 부분(11-17절)은 르우벤 지파와 므낫세 반 지파의 중간에 위치한 갓 지파의 위치와 족장들에 대해 설명한다. 갓 족속은 바산에 거주하였는데 깃네렛 바다의 남쪽과 동쪽에 그리고 야르묵 강의 북쪽에 거주했다. 갓 자손들은 이곳 외에 다른 곳에는 나타나지 않으며 그 이름들은 이스라엘의 여로보암 2세(B.C.793-753 B.C.)와 유다의 요담 왕(B.C. 750-735) 때의 문서에 기록되어 있다(유진 H. 메릴).

대상 5:11. 갓 자손은 르우벤 사람을 마주 대하여 바산 땅에 거주하면서 살르가까지 다다랐으니.

"갓 자손"[24]이 "르우벤 사람을 마주 대하여" 있었다는 말은 '르우벤의 북쪽 경계와 접하고 있었다'는 뜻이다. "바산 땅"은 해발 533-770m를 전후하는 고원지대로 동쪽은 해발 915m까지 달한다. 북쪽은 헤르몬 산, 서쪽은 갈릴리 바다와 상 요단 강, 남쪽은 야르묵 강, 동쪽은 제벨 하우란의 시화산으로 경계되는 광대한 지역을 포함하고 있다. 그리고 "살르가"란 '바산 동편의 경계의 땅'을 뜻한다.

대상 5:12. 우두머리는 요엘이요 다음은 사밤이요 또 야내와 바산에 산 사밧

24) "갓 자손": 족장 야곱의 제 7남 갓에게서 난 자손(민 1:14; 신 27:13; 겔 48:27,28,34). 동복형제인 아셀 지파와의 관계는 아주 가깝고, 거의 갓의 이름을 앞세우고 있는데, 그 반대도 있다(민1:13,14). 광야에서의 제 1 회 인구조사에서는, 군인으로 될 수 있는 장정이 45,650인이었고, 제 2 회 때에는 40,500인이었다(민 1:24-25; 26:15-18). 가나안 정착 때, 갓 지파는 요단 동쪽에 분깃을 얻었다(민 32:21-32). 남(南)은 르우벤, 북은 므낫세 반지파의 분깃과 인접하고, 목축에 적합한 토지로서(민 32:1-4), 도피성 길르앗 라몬이 그 영지 내(領地內)에 있었다.

이요(Joel the chief, Shapham the second, Janai, and Shaphat in Bashan-RSV)**.**

본 절은 갓 지파의 족장들 4명을 열거한다. "요엘"[25]('여호와는 그의 하나님'이라는 뜻)은 족장이었고, "사밤"[26]('벗겨진'이란 뜻)은 부족장이었다. "야내"(갓 자손의 일족의 족장)와 "사밧"('심판 자'라는 뜻)이 바산에 살았다(대상 5:12).

대상 5:13. 그 조상의 가문의 형제들은 미가엘과 므술람과 세바와 요래와 야간과 시아와 에벨 일곱 명이니(And their kinsmen according to their fathers' houses: Michael, Meshullam, Sheba, Jorai, Jacan, Zia, and Eber, seven-RSV)**.**

본 절은 아비하일(다음 절)의 아들 7명을 거명한다. 7명은 "미가엘"('누가 하나님과 같으냐'는 뜻. 갓 사람이며, 부스의 자손이다. 길르앗의 족장이다)과 "므술람"('상 주었다'는 뜻, 요담 왕의 치세 때 갓 사람의 한 지도자이다)과 "세바"('일곱'이라는 뜻, 갓 족속의 족장인데, 아비하일의 아들이다)와 "요래"(갓의 자손으로, 바산에 살고 있었다)와 "야간"('괴로운'이란 뜻, 바산에 거주한 사밧의 일곱 형제 중 하나이며, 갓 사람이다)과 "시아"('운동'이라는 뜻, 바산에 거한 사밧 족속 형제 중의 한 사람이다. 대상 5:13)와 "에벨"('송아지'라는 뜻, 바산에 살았던 갓 자손 아비하일의 일곱 아들 중 하나이다. 대상 5:13) 7명이라고 한다.

대상 5:14. 이는 다 아비하일의 아들들이라 아비하일은 후리의 아들이요 야로아의 손자요 길르앗의 증손이요 미가엘의 현손이요 여시새의 오대 손이요 야도의 육대 손이요 부스의 칠대 손이며.

---

25) "요엘": 유다 왕 요담과 이스라엘 왕 여로보암 2세 이전의 바산에 있던 갓 자손의 족장이다(대상 5:12).

26) "사밤": 갓 자손의 족장이다. 그는 바산에서 살았다(대상 5:12).

이들(13절의 7명)은 아비하일의 자손이라고 말한다. 그리고 그(아비하일)는 "후리"(갓의 자손 아비하일의 아버지)의 아들이요, "야로아"('부드러움'이라는 뜻, 갓의 자손으로, 후리의 아버지, 길르앗의 아들이다)의 손자요, "길르앗"('강하다'는 뜻, 요단 동쪽 갓 족속 미가엘의 아들이다)의 증손이요, "미가엘"('누가 하나님과 같으냐'라는 뜻, 갓 사람이며, 역시 부스 자손이다. 길르앗의 아비이며, 여시새의 아들이다)의 현손이요, "여시새"('노인에서 계승되어 내려온'이라는 뜻, 갓 자손 야도의 아들이다)의 오대 손이요, "야도"('하나님은 기쁨을 주신다'는 뜻, 야곱이 그 첩 실바에 의해 낳은 갓의 자손. 부스의 아들(대상 5:14)의 육대 손이요, "부스"('멸시함'이라는 뜻, 갓 자손 아비하일의 7대조이다)의 칠대 손이라고 밝힌다.

대상 5:15. 또 구니의 손자 압디엘의 아들 아히가 우두머리가 되었고.

본 절의 "아히"(이 이름은 '아히야'의 단축형이다)라는 족장은 앞 절과는 전혀 다른 계통의 갓 족장이다. 이 사람은 이스라엘의 여로보암 2세 시대의 족장이었다. "압디엘"은 '하나님의 종'이라는 뜻을 가지고 있다.

대상 5:16. 그들이 바산길르앗과 그 마을과 사론의 모든 들에 거주하여 그 사방 변두리에 다다랐더라.

본 절은 갓 자손이 살던 지역을 밝힌다. "바산길르앗"은 '바산에 있는 길르앗'이란 뜻으로 길르앗과 바산의 접경지대일 것으로 보인다. 그들이 "그 마을과 사론의 모든 들에 거주하여 그 사방 변두리에 다다랐다"는 것이다. 여기 "그 마을"이란 그 성읍을 중심하여 그 주변에 형성된 촌락을 의미한다(민 32:42). "사론('들'이라는 뜻)의 모든 들"이란 요단 동편에 위치한 목초지를 가리킨다. 이곳은 헤스본과 아르논 골짜기 사이에 위치한 미소르 또는 길르앗 고원으로 본다.

대상 5:17. 이상은 유다 왕 요담 때와 이스라엘 왕 여로보암 때에 족보에

기록되었더라.

이상(11-16절)의 기록은 "유다 왕 요담 때(B.C. 759-742, 남 왕국 유다의 11대 왕)와 이스라엘 왕 여로보암 II세 때(B.C. 793-753, 북 왕국 이스라엘의 제 4왕조의 4대)에 족보에 기록되었다"는 것이다.

ㄷ. 두 지파반이 전쟁하다 5:18-22

이 부분(18-22절)은 요단 동편의 두 지파 반이 그 지역의 아람인들과 전쟁하여 대승을 거둔 것을 기록한 것이다.

대상 5:18. 르우벤 자손과 갓 사람과 므낫세 반 지파에서 나가 싸울 만한 용사 곧 능히 방패와 칼을 들며 활을 당겨 싸움에 익숙한 자는 사만 사천칠백 육십 명이라.

"나가 싸울 만한 용사 곧 능히 방패와 칼을 들며 활을 당겨 싸움에 익숙한 자는 사만 사천칠백육십" 명이었다는 것이다. 여기 "나가 싸울만한 용사", 즉 '구체적으로 말해서 방패와 칼을 들고 활을 잘 쏘는데 익숙했던 용사'가 44,760 명이었다는 것이다. 요단 동편은 외적으로 둘러 싸여 있었으므로 항상 경계를 늦추지 않고 전쟁이 언제 일어나도 대적할 수 있도록 대비하고 있었을 것이다.

대상 5:19-20. 그들이 하갈 사람과 여두르와 나비스와 노답과 싸우는 중에 도우심을 입었으므로 하갈 사람과 그들과 함께 있는 자들이 다 그들의 손에 패하였으니 이는 그들이 싸울 때에 하나님께 의뢰하고 부르짖으므로 하나님이 그들에게 응답하셨음이라.

"그들", 곧 '동편 두 지파 반 사람들'(18절)은 하갈 사람들(하갈의 후손들, 10절 주해 참조)을 비롯하여 여두르, 나비스(이들 두 족속 역시 이스마엘 자손으로 하갈 사람들과 아람 족속의 사람들이다. 1:31; 창 25:15), 노답(이들은 이곳에서 출현하는 족속으로 알 길이 없다. 아마도 아람족일 것이다)과 싸움을 벌이면서 하나님께 도우심을 입었으므로(20절) 하갈 사람과 그들(이스라엘의 적군들)과 함께 있는 자들이 다 그들(이스라엘의 두 지파 반)의 손에 패하였으니 이는 그들이 싸울 때(이 전쟁은 사울 왕 때에 일어났던 전쟁임이 분명하다)에 하나님께 의뢰하고 부르짖으므로 하나님이 그들에게 응답하셨다는 것이다.

본서 저자가 남 왕국 유다의 족보를 기록하면서 요단 동편의 두 지파 반이 외적들과의 전쟁에서 승리를 거둔 것을 여기 기록한 것은 훗날 바벨론으로부터 돌아온 자들에게 하나님을 의지하고 살아야 할 것을 권고하기 위함이었다. 오늘 우리도 승리는 하나님을 의지하는 데 있음을 철저히 알아야 할 것이다.

대상 5:21-22. 그들이 대적의 짐승 곧 낙타 오만 마리와 양 이십오만 마리와 나귀 이천 마리를 빼앗으며 사람 십만 명을 사로잡았고 죽임을 당한 자가 많았으니 이 싸움이 하나님께로 말미암았음이라 그들이 그들의 땅에 거주하여 사로잡힐 때까지 이르렀더라.

요단 동편 두 지파 반의 군사들이 대적(하갈 사람, 여두르, 나비스, 노답)의 짐승(낙타 50,000 마리, 양 250,000 마리, 나귀 2,000 마리)을 빼앗았으며, 사람 10만 명을 사로잡았고 그 대적 중에 죽임을 당한 자가 많은 데는 두 지파 반 사람들이 하나님을 의지하고 부르짖었으므로 발생한 일이었다는 것이다. 이렇게 두 지파 반 사람들이 하나님께 부르짖어 큰 승리를 거두어 요단 동편 땅에 거주했지만 많은 세월이 흐르는 중에 하나님을 의뢰하는 신앙이 약화되어 결국은 앗수르의 디글랏빌레셀에게 사로잡혀 가게 되었다.

ㄹ. 므낫세 반 지파 5:23-24

본서 저자는 두 지파 반이 전쟁에서 승리한 것(18-22절)을 기록한 다음 이 부분(23-24절)에서 므낫세 반 지파의 족보를 기록한다.

대상 5:23. 므낫세 반 지파 자손들이 그 땅에 거주하면서 그들이 번성하여 바산에서부터 바알헤르몬과 스닐과 헤르몬 산까지 다다랐으며.

요단강 동쪽의 므낫세[27] 반 지파 자손들은 바산[28]으로부터 바알헤르몬[29]과 스닐[30]과 헤르몬 산[31]까지 이르는 땅 전역에 흩어져 살았으며 그들의 수는 크게 늘어났다.

대상 5:24. 그들의 족장은 에벨과 이시와 엘리엘과 아스리엘과 예레미야와 호다위야와 야디엘이며 다 용감하고 유명한 족장이었더라.

그리고 그들 씨족의 족장들은 에벨, 이시, 엘리엘, 아스리엘[32], 예레미야, 호다위야, 야디엘이었으며 이들은 모두 용사여서 싸움에 능했고 지도자로서의 명성을 떨쳤다. 본 절에 등장하는 일곱 족장들은 다른 데서는 전혀 나오지 않는다. 따라서 이들이 누구인지 알 수가 없다.

ㅁ. 두 지파반이 망하다 5:25-26

요단 동편의 두 지파 반이 하나님을 의뢰하여 크게 승리하고 넓은 지역에

---

27) "므낫세": 요셉의 맏아들인데, 온 제사장 보디베라의 딸 아스낫의 소생이다. 그러므로 므낫세는 민족적으로는 동생 에브라임과 같이 절반은 히브리인, 절반은 애굽인이었다(창 41:50,51). 야곱이 두 아들 에브라임과 므낫세를 "내 것이라" 하고, 손자를 자기의 친아들로 삼아 자기의 친아들과 같이 가나안땅에 분참(分參)케 했다. 요셉은 그 두 아들을 통하여 다른 형제들보다 기업을 배나 더 얻게 되었다. 그렇게 되어 그는 야곱의 맏아들 취급을 받는다(5:1-2).

28) "바산": '평탄한 땅'이라는 뜻이다. 바산은 해발 533-770m를 전후하는 고원지대로 동쪽은 해발 915m까지 달한다. 북쪽은 헤르몬 산, 서쪽은 갈릴리 바다와 상 요단 강, 남쪽은 야르묵 강, 동쪽은 제벨 하우란의 사화산으로 경계되는 광대한 지역을 포함하고 있다.

29) "바알헤르몬": 헤르몬 산의 사면(斜面)에 있던 성읍(삿 3:3)을 지칭하는데, 므낫세의 강 동쪽 반지파의 땅 경계로 되었다(대상 5:23).

30) "스닐": '흰 산'이라는 뜻이다. 스닐은 아모리 족속들이 헤르몬산을 지칭하는 이름이며(신 3:9; 대상 5:23; 아 4:8), 잣나무의 산지로 유명하다(겔 27:5). 히브리어에서는 스닐과 헤르몬산(아 4:8)을 구별하고, 바알 헤르몬과 스닐과 헤르몬산(대상 5:23)을 구별하는데, 히브리어의 이 세 가지 명칭은 각각 헤르몬 산의 세 봉우리를 가리키는 것 같다.

31) "헤르몬 산": '성산(聖山)'이라는 뜻이다. 팔레스틴의 북쪽에 높이 우뚝 솟은 영봉인데, 옛 부터 거룩한 산으로 일컬어왔고, 사실 그 사면(斜面)에는 수다한 성소의 유물이 있고, 산정에까지도 카스르 안타르(Qasr 'Antar)라고 불리는 성전의 자리를 남기고 있다.

32) "아스리엘": 요단 강 동쪽 바산의 일부를 차지한 므낫세 반지파의 한 족장인데, 큰 용사였다. 그런데 그 자손들은 강 서쪽 9지파반과 거리가 떨어져 접촉이 없었던 관계로 빨리 우상숭배에 타락하여 범죄 함으로 앗수르 왕 불과 디글랏 빌레셀의 손에 부쳐져 모든 족속을 앗수르로 포송(捕送)하여 유브라데 강 기슭을 중심하여 분산 거주시킴으로써 민족적으로 멸절을 당하게 되었다(5:24-26).

서 살았지만(18-22절) 조상의 하나님께 신실하지 못하여 결국은 앗수르에게 멸망을 당한다.

대상 5:25. 그들이 그들의 조상들의 하나님께 범죄하여 하나님이 그들 앞에서 멸하신 그 땅 백성의 신들을 간음하듯 섬긴지라.

본 절은 요단 동편 두 지파 반이 범죄한 사실을 둘로 구분하여 드러낸다. 먼저 "그들이 그들의 조상들의 하나님께 범죄했다"고 말한다. 그리고 다음으로는 그들이 범죄한 것을 구체적으로 말한다. 즉, "하나님이 그들 앞에서 멸하신 그 땅 백성의 신들을 간음하듯 섬겼다"고 말한다. 그들이 "간음하듯" 그 땅 백성의 신들을 섬겼다는 말은 두 지파 반이 하나님 앞에서 우상을 섬긴 것을 영적 간음으로 본 것이다(출 34:15; 레 17:7; 20:5; 신 31:16; 삿 2:17). 오늘도 사람들은 물질과 세상 것을 하나님보다 더 좋아하고 있다.

대상 5:26. 그러므로 이스라엘 하나님이 앗수르 왕 불의 마음을 일으키시며 앗수르 왕 디글랏 빌레셀의 마음을 일으키시매 곧 르우벤과 갓과 므낫세 반 지파를 사로잡아 할라와 하볼과 하라와 고산 강 가에 옮긴지라 그들이 오늘까지 거기에 있으니라.

요단 동편 두 지파 반이 적국의 우상을 섬겼기에 이스라엘의 하나님께서 앗수르 왕 "불"(앗수르 왕 디글랏빌레셀의 바벨론 이름이다. 왕하 15:19)의 마음을 일으키시며 또 앗수르 왕 디글랏빌레셀(불이 앗수르 왕이 된 후의 이름이다)의 마음을 일으키셔서[33] "르우벤과 갓과 므낫세 반 지파"를 사로잡아 "할라"[34]와 "하볼"[35]과 "하라"[36]와 고산[37] 강가에 옮기셨다"는 것이다.

---

33) 하나님은 사람의 마음을 주장하셔서 일하신다.

34) "할라": 앗수르 왕이 북 왕국 이스라엘 백성을 사로잡아 이송한 한 지방이다(왕하 17:6; 18:11; 대상 5:26).

35) "하볼": 메소보다미아 북부 고산(고잔 Gozan)의 지역을 흐르는 강. 이스라엘 왕 호세아(기원전 732-724 재위) 치세에 이스라엘 사람은 앗수르 왕 사르곤 2세에 의해 이곳에 이송되고(왕하 17:6; 18:11; 대상 5:26), 또 그 이전 디글랏 빌레셀 3세의 명에 의해, 이곳에 옮겨져 있는 자도 있었다(왕하 15:29).

"그들이 오늘까지 거기에 있으니라"는 말씀은 두 지파 반이 에스라가 족보를 기록하는 때까지 그 지방에서 살고 있다는 것이다.

36) "하라": 사마리아 주민이 포로로서 이송된 땅의 한 곳(대상 5:26). 앗수르 제국 내의 한 지방.

37) "고산": 앗수르의 비문에 'Guzana'(구사나), 지리학자 돌레미(Ptoemaeus)의 저서에는 '가우사니디스'(Gauzani'ti")라 되어 있는 유브라데 강 중류 부근에서 북동쪽에서 유입하는 가부르 강(Khabur, 성경의 하볼) 상류에 있는 메소보다미아의 한 지방의 명칭이다. BC 734-732년 디글랏 빌레셀 Ⅲ세는 요단 강 동쪽 지역의 이스라엘 사람을 이 땅으로 사로잡아 옮겼고(대상 5:26), BC 722년 살만에셀 Ⅴ세와 사르곤 Ⅱ세에 의해 사마리아인도 역시 사로잡혀 이 땅으로 왔다(왕하 17:6; 18:11).

제 6 장

4. 레위 지파의 족보 6:1-81

이 부분(1-81절)의 레위지파의 족보는 대제사장의 족보(1-15절), 레위 지파의 자손들의 족보(16-30절), 찬양대원의 족보(31-48절), 아론의 자손들의 족보(49-53절), 레위인들이 사는 성읍(54-81절)으로 분류된다.

ㄱ. 제사장의 족보 6:1-15

본서 저자는 대제사장 아론의 족보를 이스라엘 전체가 바벨론에 포로되어 갈 때지 거명한다.

대상 6:1. 레위의 아들들은 게르손과 그핫과 므라리요.

"레위"는 야곱과 레아 사이에 태어난 야곱의 제3자이다(창 29:34). 레위의 아들들은 "게르손"[38]('거기 장자가 된다'는 뜻)과 "그핫"[39]('집회하다'라는 뜻)과 "므라리"[40]('쓴 것'이라는 뜻)였다. 야곱의 아들 레위의 세 아들 명단은 여러 곳에 나타나고 또 항상 이런 순서로 나타난다(창 46:11; 출

38) "게르손": 레위의 장자로서 이스라엘이 광야에서 방랑하는 동안 그 자손들이 맡은 사명은 성막과 장막 그리고 회막 문장, 뜰의 휘장 등등 그 부속물들을 관리하는 것이었다(민 3:23-26; 4:21-28). 이 회막 봉사를 위해 그들에게 수레 둘과 소 넷을 주었다(민 7:7).

39) "그핫": 레위의 둘째 아들(창 46:11; 출 6:16)이며 모세의 조부이며 그의 손자 아론이 대제사장이 된 까닭에 그 자손은 레위 족속 중에서 높은 지위, 즉 증거궤와 상과 등대, 단 그리고 성소에서 봉사하는데 쓰는 기구들과 휘장 등을 보관, 운반하는 일과(출 6:16-20; 민 3:17,19,27-32; 7:9) 성전에서 하나님 여호와를 찬송하는 일이었다(대하 20:19; 34:12). 고핫은 레위 지파의 세분파 중의 하나이며 그에게서는 아므람 가족, 이스할 가족, 헤브론 가족 및 웃시엘 가족 등 네 가족이 났는데(민 3:37) 이들이 곧 고핫 가족들이다.

40) "므라리": 레위의 세 아들 중 막내아들이다(창 46:11; 출 6:16). 이 므라리에게서 므라리 족이 나왔다(민 26:57). 그의 중요성은 주로 그가 레위 족 중에서 제일 작은 족속이었으나, 한 종족의 조상이며 명조(名祖)였다는데 있다(민 3:17; 4:29; 대상 6:1,9:14). 광야에서는 장막 북쪽에 진을 쳤다(민 3:35). 므라리 자손은 그 당시 성막은 널판·띠·기둥·받침·기구·기타 그것에 쓰는 모든 것을 관리했다(민 3:36; 4:29-33).

6:16; 민 3:17; 26:57).

대상 6:2. 그핫의 아들들은 아므람과 이스할과 헤브론과 웃시엘이요.

둘째 아들 그핫의 아들들은 "아므람"41)('고상한 백성'이라는 뜻)과 "이스할"42)('그는 빛나다'는 뜻)과 "헤브론"43)('연합'이라는 뜻)과 "웃시엘"44)('하나님은 강하시다'는 뜻)이었다.

대상 6:3. 아므람의 자녀는 아론과 모세와 미리암이요 아론의 자녀는 나답과 아비후와 엘르아살과 이다말이며.

본 절은 한 가문(그핫, 2절)의 2대(아므람, 아론) 족보를 보여준다. 먼저 아므람(2절)의 자녀들을 기록한다. 아므람의 자녀는 "아론"45)('고상함'이라는 뜻)과 "모세"46)('물에서 건져냄'이라는 뜻)와 "미리암"47)('높아짐'이라는 뜻)이었고, 아론의 자녀는 "나답"48)('관대하다'라는 뜻)과 "아비후"49)('그는

---

41) "아므람": 레위 사람 고핫의 아들이다. 그는 고모 요게벳을 아내로 맞았다. 아므람 족속의 조상이다. 아므람과 요게벳 사이에서 아론과 모세, 그리고 미리암이 태어났다(출 6:20). 모세 시대에 이 가족에는 1개월 이상 된 남자는 약 2천 명이었다(민 3:15,19,27,28).

42) "이스할": 레위 사람 고핫의 아들로서 한 족속의 조상이다(출 6:18; 민 3:19,27; 대상 6:18,38). 모세를 반역한 고라의 부친이다(민 16:21).

43) "헤브론": 레위의 손자, 고핫(그핫)의 아들이다(출 6:18; 민 3:19; 대상 6:2,18; 23:12). 이 헤브론에서 '헤브론 가족', '헤브론 자손'이 나왔다(민 3:27; 대상 15:9). 역대기 기자에 의해 종종 레위인 명단에 인용되고 있다. 역대기 기자에 의하면, 다윗 시대에 이 족속은 번성하여 유력하였다(대상 26:30,32).

44) "웃시엘": 레위 사람 고핫의 아들이며 웃시엘 가족의 조상이다(출 6:18,22; 민 3:19,27,30). 그는 아론의 아저씨뻘 되는 사람이다(레 10:4). 다윗 왕은 여호와의 궤를 다윗 성에 모셔 왔을 때 웃시엘 자손 중에서 족장 암미나답과 그 형제 112명을 여호와의 궤 운반하는 사람으로 선발했다(대상15:10).

45) "아론": 레위의 증손자이며 고핫의 손자이다. 아므람과 요게벳의 아들로서 동생 모세보다 3년 먼저 탄생했다(BC 1574년, 출 46:16-20; 민 33:39). 그에게는 또 미리암이라는 누이가 있었다(민 26:59; 출 2:4-8). 아론은 유다족 암미나답의 딸이자 나손의 누이인 엘리세바를 아내로 맞아 나답, 아비후, 엘르아살, ˙이다말 등 네 아들을 얻었다(출 6:23; 민 3:2). 그는 최초의 제사장이었다.

46) "모세": 모세는 이스라엘의 구원자이며, 지도자요 예언자였다. 그리고 모세 5경의 저자이다.

47) "미리암": 아론과 모세의 누이이며 여선지이다(출 15:20; 민 26:59).

48) "나답": 아론의 맏아들이며, 나손의 소생이다(출 6:23; 민 3:2; 26:60; 대상 6:3,24:1).

아버지이심'이라는 뜻)와 "엘르아살"[50]('하나님이 돕는 자'라는 뜻)과 "이다말"[51]('손바닥'이라는 뜻)이었다.

대상 6:4. 엘르아살은 비느하스를 낳고 비느하스는 아비수아를 낳고.

저자는 본 절에서도 역시 2대를 기록한다. "엘르아살"(3절)은 "비느하스"[52]('흑인'이라는 뜻)를 낳고 비느하스는 "아비수아"[53]('아버지는 고귀하심'이라는 뜻)를 낳았다는 것을 말한다.

대상 6:5. 아비수아는 북기를 낳고 북기는 웃시를 낳고.

"북기"는 아론의 고손자이며 제사장 가계의 사람이다(51절). "웃시"('내

아론과 동생 아비후, 엘르아살, 이다말과 더불어 제사장 직분을 임명받았다(출 28:1). 그 후 아비후와 둘이서 여호와께서 명하시지 않는 다른 불을 담아다 여호와 앞에 분향한 죄로 불에 타죽었다(레 10:17; 민 26:61).

49) "아비후": 아론의 둘째 아들인데, 맏아들 나답과 같이 제사장에 임명되었다(출 6:23,28:1; 민 3:2,26:60; 대상 6:3,24:1,2). 아비후는 형 나답과 같이 하늘에서 내려온 불이 아니고, 그들이 자작으로 피운 불로 제단에 분향하다가, 불이 여호와 앞에서 나와 그 형제를 삼켜 버렸다(레 10:17; 민3:4,26:61; 대상 24:2).

50) "엘르아살": 아론의 셋째 아들이며 엘리세바의 소생이다(출 6:23,민 3:2). 부친 아론과 형제들과 같이 제사장으로서 섬겼다(출 28:1; 민 3:3; 16:37-40; 19:3). 나답과 아비후 두 형제가 여호와 앞에 다른 불을 담아 분향하였기 때문에 하나님의 진노를 사게 되어 불타 죽었다. 그때 모세는 엘르아살과 이다말에게 머리를 풀거나 옷을 찢지 말아서 슬픔을 나타내는 일을 못하게 하였다. 그 후 속죄제물을 거룩한 곳에서 먹지 않았다고 모세로부터 책망을 받았다(레 10:6-20; 민 3:1-4). 레위인의 족장들의 어른이 되고, 또 성소를 맡은 자들을 통할했다(민 3:32).

51) "이다말": 아론과 엘리세바의 막내 아들이다(출 6:23; 대상6:3,2; 4:1). 아버지 아론과 형 나답, 아비후, 엘르아살과 같이 그는 제사장의 직분을 행하도록 성별되었다(출 28:1-; 대상 24:2). 성막에 쓴 물건(금, 은, 동 등)은 그에 의하여 계산되고 그의 책임 하에 보관되었다(출 38:21). 게르손 사람과 므라리 사람은 그의 감독 하에 행동했다(민 4:21-33). 그는 하나의 제사장 족속을 형성하여(대상 24:4-6) 포로 귀환 후에도 지속되었다(스 8:2).

52) "비느하스": 아론의 아들 엘르아살이 부디엘의 딸 중에서 아내를 취하여 얻은 아들이다(출 6:25; 삿 20:28; 대상 6:4,50). 싯딤에 머물러 있던 이스라엘 백성이 모압 여자들과 음행하고 그들의 신들에게 제사할 때 초청을 받아서 먹고 마시고 신들에게 절함으로써 하나님의 진노를 샀다. 그때 이스라엘 자손의 한 사람이 미디안의 한 여인을 데리고 막에 들어온 것을 비느하스는 그 남녀를 창으로 찔러 죽였다. 이 때문에 이때까지 이스라엘 사람들 중에 돌고 있던 염병이 그쳤다. 이 때 염병에 죽은 자는 24,000명(고전 10:8, 23,000명)이나 되었다. 비느하스는 질투하시는 하나님의 마음을 만족시켜 드렸던 것이다. 하나님께서는 이런 비느하스에게 후손이 대대토록 대제사장이 될 것을 보장하시는 언약을 하셨다(민 25장; 시106:30,31).

53) "아비수아": 레위 지파 아론 자손 비느하스의 아들이다. 솔로몬이 예루살렘에 세운 전에서 제사장의 직분을 행한 자이다(대상 6:4,5,10,; 스 7:5).

힘'이라는 뜻)는 제사장으로 엘르아살의 자손 북기의 아들이며, 스라히야의 부친이다(51절). 또한 에스라의 조상이다(스 7:4).

대상 6:6. 웃시는 스라히야를 낳고 스라히야는 므라욧을 낳고.

"스라히야"('여호와는 나타나기 시작하셨다'는 뜻)는 아론의 자손 웃시의 아들이며 제사장이다(51절; 스 7:4). "므라욧"('반역'이라는 뜻)은 레위 자손 엘르아살의 후예이며, 아히둡의 조부이다(52절).

대상 6:7. 므라욧은 아마랴를 낳고 아마랴는 아히둡을 낳고.

"아마랴"('여호와께서 선언하신다'는 뜻)는 제사장으로 제사장 사독의 조부이다. "아히둡"('형제는 선하다'는 뜻)은 다윗과 솔로몬 시대의 제사장 사독의 조부이다(삼하 8:17; 대상 6:7,8; 9:11; 18:16; 느 11:11).

대상 6:8. 아히둡은 사독을 낳고 사독은 아히마아스를 낳고.

"사독"('공평'이라는 뜻)은 아론의 아들 엘르아살의 자손(대상 24:3), 아히둡의 아들(삼하 8:17)이다. "아히마아스"는 제사장 사독의 아들이며 아비아달의 형이다(삼하 15:27,36). 압살롬이 부왕 다윗에게 반역했을 때 다윗에게 충성했다. 즉, 그는 요나단과 예루살렘 성 밖에서 압살롬의 계획을 탐지하여 위험을 무릅쓰고 마침내 다윗에게 보고했다(삼하 17:17-21).

대상 6:9. 아히마아스는 아사랴를 낳고 아사랴는 요하난을 낳고.

"아사랴"('여호와가 도와주심'이라는 뜻)는 대제사장 사독의 아들(정확하게 말하면 사독의 손자였다)로서 제사장이며 솔로몬의 신하이다. 그는 솔로몬이 예루살렘에 세운 전에서 그의 직분을 수행했다(왕상 4:2; 대상 6:10; 스 7:3). "요하난"은 '여호와는 은혜로우시다'는 뜻이다.

대상 6:10. 요하난은 아사랴를 낳았으니 이 아사랴는 솔로몬이 예루살렘에

세운 성전에서 제사장의 직분을 행한 자이며.

이 "아사랴"('여호와가 도와주신다'는 뜻)는 대제사장 사독의 아들로서 제사장이며 솔로몬의 신하이다. 그는 솔로몬이 예루살렘에 세운 전에서 그의 직분을 수행했다(왕상 4:2; 대상 6:10,11; 스 7:3). 이 아사랴가 누구냐를 두고 학자들은 여러 가지 추측을 하는데 아마도 그는 웃시야(B.C. 791-739) 당시 월권(越權)으로 제사장 직분을 행하려 했던 웃시야 왕에게 대항한 대제사장 아사랴(대하 26:16-18)일 것이다(K.&D.).

"아마랴"('여호와께서 선언하신다'는 뜻)는 아사랴의 아들인 제사장인데, 솔로몬의 성전에서 섬겼다(6:11; 스 7:3). "아히둡"('형제는 선하다'는 뜻)은 위의 두 인물의 자손으로서 제사장이며 다른 아마랴의 아들이며, 다른 사독의 부친 또는 조부이다(6:11,12; 느 11:11). 다시 말해 11절과 12절의 "아마랴-아히둡-사독"의 3대는 7-8절의 3대와 똑 같음으로 양쪽이 똑같은 내용으로 보이나 다른 인물로 보아야 한다. 8절에서는 사독이 아히마아스를 낳은 것으로 되어 있으나 여기 11-12절에서는 "살룸"을 낳았다고 말한다. 유다 민족이 귀환할 때의 학사 에스라는 바로 12절의 살룸의 자손이다.

대상 6:12. 아히둡은 사독을 낳고 사독은 살룸을 낳고.

"사독"('공평'이란 뜻)은 대제사장 계통의 제사장 중 한 사람인 살룸의 부친이다. 그는 두 번째 아히둡의 자손이다(대상 6:8,12; 스 7:2). "살룸"('보응'이라는 뜻)은 대제사장 사독의 아들이며 또한 에스라의 조상이다. 요시야 때의 대제사장 힐기야의 부친이다. 느부갓네살이 예루살렘을 함락시키기 수 세대 전 사람이다(대상 6:12-15; 스 7:2). 느헤미야 11:11과 역대상 9:11에는 므술람이라고 기록되어 있다.

대상 6:13. 살룸은 힐기야를 낳고 힐기야는 아사랴를 낳고.

"힐기야"('하나님은 나의 차지'라는 뜻)는 요시야 왕 시대의 대제사장으로 살룸의 아들이다. 그가 여호와의 전에서 율법책을 발견함으로써 요시야 왕에게 종교 개혁의 필요성을 통감하게 하였다(왕하 22:4-14; 23:4; 대상 6:13; 대하 34:9-22; 35:8). 에스라 7:1에는 에스라의 조상으로 되어 있다. "아사랴"('여호와께서 도우신다'는 뜻)는 대제사장 힐기야의 아들이며 스라야의 부친이다(대상 6:13,14; 스 7:1).

대상 6:14. 아사랴는 스라야를 낳고 스라야는 여호사닥을 낳았으며.

"스라야"('여호와께서 고집하신다'는 뜻)는 시드기야 왕 치세에 활동한 대제사장의 한 사람이다. 바벨론 왕 느부갓네살에게 예루살렘이 멸망될 때(제3차 침략 때) 그의 시위대 장관 느부사라단에게 체포되어 하맛땅 립나에 끌려가 바벨론 왕에게 피살되었다(왕하 25:18-21; 대상 6:14; 렘 52:24-27). 이 스라야는 아마 에스라의 부친이 아니고, 그 조상의 한 사람일 것이다(스 7:1). "여호사닥"('여호와는 의로우시다'는 뜻)은 대제사장 예수아의 부친이다(스 3:2,8; 학 1:1,12,14; 2:2; 슥 6:11,느 12:26). 느부갓네살 왕에게 사로잡혀 갔다(대상 6:14,15).

대상 6:15. 여호와께서 느부갓네살의 손으로 유다와 예루살렘 백성을 옮기실 때에 여호사닥도 가니라.

본 절은 여호와께서 모든 것을 주장하신다는 것을 보여준다. 다른 분이 아니라 여호와 하나님께서 왕이나 세력을 사용하셔서 유다 백성을 옮기시고 예루살렘 백성을 바벨론으로 옮기셨다는 것을 보여준다. 다시 말해 여호와께서 예수아의 부친 여호사닥(14절)을 바벨론으로 옮기셨다.

시드기야 왕(B.C. 597-586) 11년째인 주전 586년에 느부갓네살 II(605-562B.C.)에 의해 예루살렘이 함락되고 유다가 망했을 때 여호사닥의 아버지 스라야가 죽임을 당하고(14절), 여호사닥은 바벨론으로 끌려갔다. 이것은 유다의 제 3차 바벨론 포로였다. 여호사닥의 아들 여호수아는 유다로 돌아와 대제사장으로 활약했다(이상근).

ㄴ. 레위 지파의 자손 6:16-30

이 부분(16-30절)은 레위 자손 전체를 개론적으로 거론한(16-19) 후, 게르손 자손(20-21절), 그핫 자손(22-28절), 또 므라리 자손(29-30절) 등을 개별적으로 밝힌다.

16-19절: 레위의 자손들을 개론적으로 거론한다.

대상 6:16. 레위의 아들들은 게르손과 그핫과 므라리이며.

본 절은 1절의 반복이다. 그 주해를 참조하라.

대상 6:17. 게르손의 아들들의 이름은 이러하니 립니와 시므이요.

게르손(전절)의 아들들의 이름은 이러하니 "립니[54]('향료'라는 뜻)와 시므이"[55]였다.

대상 6:18. 그핫의 아들들은 아므람과 이스할과 헤브론과 웃시엘이요.

본 절은 2절의 반복이다. 2절 주해를 참조하라.

대상 6:19. 므라리의 아들들은 말리와 무시라 그 조상에 따라 레위의 종족은 이러하니.

므라리(16절)의 아들들은 "말리[56]('질병'이란 뜻)와 무시[57]"였다.

20-21절: 게르손 자손들을 개별적으로 거론한다.

대상 6:20. 게르손에게서 난 자는 곧 그의 아들 립니요 그의 아들은 야핫이요 그의 아들은 심마요.

---

54) "립니": 레위 지파 게르손의 아들이다. 그의 자손은 립니 사람이라고 불린다(출 6:17; 민 3:18,21; 26:58).

55) "시므이": 레위의 손자 게르손의 아들이다. 게르손 가족이 갈려 시므온 족속의 조상이 되었다(출 6:17; 민 3:18,21; 대상 23:7,10; 슥 12:13).

56) "말리": 므라리의 아들이며 레위인 가족의 창립자이다(민 3:20,33; 26:58; 대상 6:19).

57) "무시": 레위 지파 므라리의 아들인데, 족장이다(출 6:19; 민 3:20; 26:58; 대상 6:19,47; 23:21,23; 24:26,30).

게르손(16,17절)에게서 난 자는 곧 그의 아들 "립니"[58)]('향료'라는 뜻)요 그의 아들은 "야핫"[59)]이요 그의 아들은 "심마"[60)]였다.

대상 6:21. 그의 아들은 요아요 그의 아들은 잇도요 그의 아들은 세라요 그의 아들은 여아드래이며.

심마(전절)의 아들은 "요아"[61)]('여호와는 형제이다'라는 뜻)요 그의 아들은 "잇도"[62)]('사랑스러운 자'라는 뜻)요 그의 아들은 "세라"[63)]('바위'라는 뜻)요 그의 아들은 "여아드래"[64)]('인자하다'는 뜻)였다.

22-28절: 그핫 자손들을 개별적으로 거론한다. 이 자손들은 제사장 계통이다.

대상 6:22. 그핫에게서 난 자는 곧 그 아들은 암미나답이요 그의 아들은 고라요 그의 아들은 앗실이요.

그핫(6:1참조) 집안의 족보를 세대순으로 나열하면 그핫의 아들은 "암미나답"[65)]('나의 친척은 고귀하다'는 뜻)이고, 그 아들은 "고라"[66)]('기회'라는

---

58) "립니": 그의 자손은 립니 사람이라고 불린다(출 6:17; 민 3:18,21; 26:58).

59) "야핫": 레위 족속 게르손의 손자이며, 립니의 아들이다(대상 6:20,43).

60) "심마": 레위 사람. 게르손의 자손인 야핫의 아들이다(대상 6:20).

61) "요아": 레위 사람 게르손 자손 심마의 아들이다(대상 6:20,21). 히스기야 왕의 종교개혁에 협력한 사람과 동일 인물일 것이다. 그는 다른 사람과 같이 형제를 모아 성결케 하고 여호수아의 전을 깨끗하게 하였다(대하 29:12-15).

62) "잇도": 레위 사람 게르손의 자손 요아의 아들이다(대상 6:21).

63) "세라": 레위 지파 게르손 자손 잇도의 아들이다(대상 6:21).

64) "여아드래": 레위 족속 게르손 자손 세라의 아들이다. 대상 6:41에서는 "에드니"로 되어 있다.

65) "암미나답": 레위 사람 그핫의 아들이며 고라의 부친이다(대상 6:22). 그핫의 계보에서 이 자리에는 이스할이 있다(대상 6:37,38; 출 6:18,21,24). 고로 아미나답은 이스할의 별명이든지, 가계의 탈락에 의한 것일 것이다.

66) "고라": 레위의 증손으로서 고라인의 조상이다(출 6:21,24; 민 26:58; 대상 6:22,37; 대하 20:19; 시 42,44,45,46,47,48,49,84,85,87,88편의 제목). 그 자손들은 성전에서 찬송 부르는 일을 맡았으며 또 성막 문지기와 수종 드는 일도 했다(대상 9:19; 31:26). 그런데 광야에서 모세에게 반역한 것은 바로 이 고라이다. 고라는 모세의 종형으로서 오만 불손하며 명예욕이 커서 르우벤 자손 다단과 아비람과 그리고 온이 작당하여 이스라엘 자손 총회에서 택함 받은 유명한 족장 250명과 더불어 모세와 아론에게 반역했다. 이유는 모세 형제가 분수에 지나치게 굴며 총회 위에 스스로 높인다고 하는 것이었다. 그러나 그 결과 그들과 그 모든 소속이 산 채로 땅에

뜻)이고, 그 아들은 "앗실"[67]('죄수'라는 뜻)이었다.

대상 6:23. 그의 아들은 엘가나요 그의 아들은 에비아삽이요 그의 아들은 앗실이요.

앗실(전 절)의 아들은 "엘가나"[68]('하나님은 소유하신다'는 뜻)요 그의 아들은 "에비아삽"[69]('아버지는 모으심'이라는 뜻)이요 그의 아들은 "앗실"('죄수'라는 뜻)이었다. 여기 앗실이라는 사람은 전절에 나온 앗실과 동명이인(同名異人)이다.

대상 6:24. 그의 아들은 다핫이요 그의 아들은 우리엘이요 그의 아들은 웃시야요 그의 아들은 사울이라.

앗실(전절)의 아들은 "다핫"[70]('밑 부분'이란 뜻)이요 그의 아들은 "우리엘"[71]('나의 빛은 하나님이심'이라는 뜻)이요 그의 아들은 "웃시야"[72]('나의 힘은 여호와'라는 뜻)요 그의 아들은 "사울"[73]('희망'이라는 뜻)이었다. 이스라엘의 초대 왕 이름과 같다.

대상 6:25. 엘가나의 아들들은 아마새와 아히못이라.

본 절의 "엘가나"는 "엘가나 II세"이다. 본 절의 엘가나는 23절의 "엘가

삼킨바 되어 음부에 떨어졌다.

67) "앗실": 그는 아버지의 반역에 가담하지 않고, 찬양하는 자손의 조상이 되었다.

68) "엘가나": 레위 사람 고핫의 자손 고라의 아들이며, 앗실과 아비아삽의 형제이다(출 6:24; 대상 9:19).

69) "아비아삽": 레위 자손 고라의 아들이다. 고라 사람의 한 족장이다(출 6:24). 대상 6:23,37; 9:19에는 에비아삽으로 되어 있다.

70) "다핫": 레위 지파의 그핫 종족의 이스할로부터 고라를 통하여 에비아삽 가계로 들어온 사람이다(대상 6:24,37).

71) "우리엘": 레위의 아들 그핫 자손 다핫의 아들인데, 다윗 시대의 족장이다. 대상 6:36의 스바냐는 동명이인일 것이며, 우리엘은 다핫에서 나온 방계에 속했을 것이다(대상 6:24,15:5,11).

72) "웃시야": 남조 유다의 10대 왕이다(왕하 15:13,30-34; 대하 26장; 사1:1; 호 1:1; 암 1:1; 슥 14:5; 마 1:9). 그는 또 아사랴라고도 한다(왕하 14:21; 15:1-8; 17:27; 대상 3:12).

73) "사울": 레위 사람 웃시야의 아들이다.

나"와는 다른 인물이다. 즉, 그는 에비아삽의 후손으로서 요엘의 아들이다(36절 참조).[74] "아마새"('무거운 짐진 자'라는 뜻)는 그핫 가계에 속하는 레위인이며 엘가나의 아들이다. 에비아삽을 조상으로 하고, 찬송 가수 헤만이 그의 자손이다(대상 6:25,33,35). 대상 6:25의 아마새는 동 가계(同家系) 동명인이며, 아비아삽의 형제의 집에 속하는 이인(異人)이라고 하는 설이 있다(출 6:24). "아히못"은 레위 사람 엘가나의 아들이며 아마새의 동생이다(대상 6:25). 대상 6:35에는 마핫이라 되어 있다. 그리고 아마새와 아히못은 형제인데, 여기서는 아마새의 아들로 되어 있다. 두 종의 계보가 있는 것으로 보인다(대하 29:12 참조).

대상 6:26. 엘가나로 말하면 그의 자손은 이러하니 그의 아들은 소배요 그의 아들은 나핫이요.

본 절의 "엘가나"는 '엘가나 III세'를 이름이다. 그는 35절에 의하면 마핫의 아들이다. 따라서 그는 23절의 엘가나 I세나 25절에 나오는 엘가나 II세와는 구분되어야 한다.

엘가나 III세의 아들은 "소배"[75]('포로로 데려가는'이라는 뜻)이고, 그의 아들은 "나핫"[76]('휴식함'이라는 뜻)이다. 이들은 34절, 35절에서는 일명 "숩", "도아"로 소개되어 있다.

대상 6:27. 그의 아들은 엘리압이요 그의 아들은 여로함이요 그의 아들은 엘가나라.

---

74) 24절의 "다핫"으로부터 28절까지의 내용을 이해하기 위해서는 33-37절의 거꾸로 된 목록에 의존해야만 한다. 그래서 그 목록은 다음과 같이 될 것이다. 다핫, 우리엘, 스바냐, 웃시야(아사랴), 사울(요엘), 엘가나, 아마새, 아히못(마핫), 엘가나소배(숩), 나핫(도아, 도후, 삼상 1:1), 엘리압(엘리엘, 엘리후, 삼상 1:1), 여로함, 엘가나, 사무엘(세무엘), 요엘이라고 나열해야 할 것이다(P.C.Barker).

75) "소배": 레위 사람인데, 그의 자손(성전 문지기)은 스룹바벨과 같이 바벨론에서 포로로 귀환했다(스 2:42).

76) "나핫": 레위 사람, 사무엘의 조상의 한 사람이며, 엘가나 자손 소배의 아들이다(대상 6:26). 사무엘상 1:1에는 "도후", 역대상 6:34에는 "도아"라고 되어있다.

"엘리압"[77]('하나님은 아버지이시다'라는 뜻)은 34절에서 "엘리엘"로 소개되어 있다. "여로함"('그가 긍휼히 여기시기를'이라는 뜻)은 에브라임 산지 라마다임소빔에 살았던 레위 사람으로서 선지자 사무엘의 아버지였다(삼상 1:1; 대상 6:27,34). 그리고 본 절의 "엘가나"는 '엘가나 4세'로서 이스라엘의 마지막 사사였고, 유명한 선지자 사무엘의 아버지였다.

대상 6:28. 사무엘의 아들들은 맏아들 요엘이요 다음은 아비야라.

사무엘에게는 두 아들이 있었는데 큰 아들은 요엘이며, 둘째 아들은 아비야였다. "사무엘"('하나님께서 들으심'이라는 뜻)이라는 이름은 그의 어머니 한나가 하나님께 기도하여 얻은 아들이었기 때문에 그렇게 지었다(삼상 1장). 사무엘은 이스라엘의 마지막 사사로서 사울과 다윗에게 왕으로 기름을 부었다. "요엘"('여호와는 그의 하나님'이라는 뜻)은 선지자 사무엘의 맏아들이며 찬송 가수 헤만의 부친이다(삼상 8:2; 대상 6:33; 15:17). "아비야"('여호와는 아버지이시다'는 뜻)는 사무엘의 차남이다. 그는 형 요엘과 함께 사무엘이 늙자 사사가 되었다. 그들은 부친의 행위를 따르지 않고 세상의 이(利)를 따라 뇌물을 받고 판결을 불공정하게 하였다. 이들의 이와 같은 행위는 급기야는 백성들로 하여금 왕을 구하도록 하기에 이르렀다(삼상 8:2; 대상 6:28).

29-30절: 므라리의 아들 말리의 계통의 족보를 거론한다(44-47절은 므라리의 다른 아들 무시의 계통을 다룬다).

대상 6:29. 므라리에게서 난 자는 말리요 그의 아들은 립니요 그의 아들은 시므이요 그의 아들은 웃사요.

"므라리"에 대해서는 6:1주해를 참조하라. 레위의 세 아들 중 막내아들이다(창 46:11; 출 6:16). 이 므라리에게서 므라리 족이 나왔다(민 26:57).

---

77) "엘리압": 레위 사람인데, 사무엘의 증조부이며 나핫의 아들이다(대상 6:27). 사무엘상 1:1에는 '엘리후'로 되어 있다.

"말리"('질병'이라는 뜻)는 므라리의 아들이며 레위인 가족의 창립자이다(민 3:20,33; 26:58; 대상 6:19). "립니"('향료'라는 뜻)는 레위 지파 므라리 자손 말리의 아들이다(대상 6:29). "시므이"('들음'이라는 뜻)는 레위 지파 므라리 자손 립니의 아들이다. "웃사"('힘'이라는 뜻)는 레위 지파 므라리 자손 시므이의 아들이다.

대상 6:30. 그의 아들은 시므아요 그의 아들은 학기야요 그의 아들은 아사야더라.

"시므아"('순종함'이라는 뜻)는 레위 사람 므라리 자손 웃사의 아들이다. "학기야"('여호와는 나의 축제'라는 뜻)는 레위 사람 므라리 자손 시므아의 아들이며, 아사야의 부친이다(대상 6:30). "아사야"('여호와께서 만드심'이라는 뜻)는 레위의 아들 므라리 자손의 족장이다. 그는 다윗의 명령에 따라 그의 형제 220명과 더불어 여호와의 궤를 오벧에돔 집에서 예루살렘으로 메어 오는 일에 참가했다(대상 6:30; 15:6,11).

ㄷ. 찬양 대원들의 족보 6:31-48

이 부분(31-48절)은 찬양대원들의 족보에 대해 거론한다. 레위인에게 있어서는 찬양대는 제사장과 문지기와 더불어 3대 직무에 속한다. 이 부분(31-48절)에서는 찬양대원의 조직(31-32절), 헤만의 자손들의 족보(33-38절), 아삽 자손들의 족보(39-43절), 에단의 자손들의 족보(44-48절)에 대해 기록한다. "헤만"은 그핫 자손이고(33절), "아삽"은 게르손 자손이며(43절), "에단"은 므라리 자손이다. 다시 말해 레위의 3아들 자손 중에서 한 대씩 조직된 것이다. 이들의 족보는 눅 3:23-38의 족보식으로 상향식으로 기록되어 있다.

31-32절: 다윗이 찬양대를 조직한 일을 기록한다.

대상 6:31. 언약궤가 평안을 얻었을 때에 다윗이 여호와의 성전에서 찬송하는

직분을 맡긴 자들은 아래와 같았더라.

다윗은 법궤를 평안히 안치한 후에 성막에서 하나님을 찬양할 찬양대를 다음과 같이 조직하였다. "언약궤가 평안을 얻었을 때"란 말은 이스라엘의 언약궤를 블레셋 군에게 빼앗기고 난후 다윗이 그 언약궤를 다시 찾아 예루살렘 성막에 다시 안치한 것을 가리킨다(삼하 6장). 다윗은 그 언약궤를 안치한 다음 여호와의 성전에서 찬송하는 찬양대원들을 조직하여 찬양하게 했다.

대상 6:32. 솔로몬이 예루살렘에서 여호와의 성전을 세울 때까지 그들이 회막 앞에서 찬송하는 일을 행하되 그 계열대로 직무를 행하였더라.

다윗이 언약궤를 찾아와 성전에 안치한 다음 다윗이 찬양대를 조직하여 그 직무를 행하게 했는데 솔로몬이 예루살렘에서 성전을 세울 때까지 그들이 회막(하나님께서 사람들을 만나주시는 곳) 앞에서 찬송하는 일을 멈추지 않고 찬송하는 일을 계속 했다. 여기 "그 계열대로"란 말은 '다윗 왕이 하나님을 찬송하는 일을 조직적으로 할 수 있도록 규율을 마련해서 했다'는 뜻이다. 그 규율을 따라 고핫 자손 헤만은 중앙에서(33절), 아삽은 헤만의 우편에서(39절), 그리고 에단은 좌편에서 각기 찬송을 인도했다(44절).

33-38절: 헤만의 자손들의 족보를 기록한다.

대상 6:33. 직무를 행하는 자와 그의 아들들은 이러하니 그핫의 자손 중에 헤만은 찬송하는 자라 그는 요엘의 아들이요 요엘은 사무엘의 아들이요.

이 부분(33-38절)은 성전에서 제사가 진행되는 동안 찬양을 담당한 두목과 그의 아들들의 이름을 기록한다. "직무를 행하는 자와 그의 아들들은 이러하다"는 말은 '두목과 그의 아들들은 다음과 같다'는 뜻이다. "그핫의 자손 중에 헤만은 찬송하는 자"란 말은 '그핫 자손의 헤만[78]('충실'이라는

78) "헤만": 다윗과 솔로몬 두 시대에 걸쳐 봉사한 성전 악대의 지휘자인데, 요엘의 아들이며 사무엘의 손자이며, 레위 사람 그핫의 자손이다(대상 6:33; 15:17,19; 16:41,42; 25:1 6; 대하 5:12; 29:14; 35:15). 대상 25:5에서는 하나님의 말씀을 받드는 왕의 '선견자'라고 불렸다. 그는 놋 제금을 크게 치는 자(대상 15:19)로 임명되었으며 명성을 떨쳤다(대상 16:41,42).

뜻)은 찬송도 할뿐 아니라 찬양대의 두목 역할을 하고 있었다'는 뜻이다.

그핫 자손의 헤만(33절), 아삽(39절), 그리고 므라리 자손의 에단(42절)은 찬양 대원의 중요한 책임을 맡았으므로 그들의 족보가 비교적 자세히 기록되어 있다. 이 세 사람이 지은 시편이 구약 시편에 포함되어 있다(시 50편, 88편, 89편). "요엘"과 "사무엘"에 대한 주해는 28절에 있다.

대상 6:34. 사무엘은 엘가나의 아들이요 엘가나는 여로함의 아들이요 여로함은 엘리엘의 아들이요 엘리엘은 도아의 아들이요.

"엘가나"와 "여로함"에 대한 주해는 27절에 있다. "엘리엘"('하나님은 하나님이다'는 뜻)은 레위 사람 그핫 자손 도아의 아들이며 여로함의 부친이다. 사무엘의 조상이다(대상 6:34). 27절에서는 "엘리압"으로 표기되어 있다. 사무엘상 1:1에는 '엘리후'로 되어 있다. "도아"는 26절에는 "나핫"으로 표기되어 있다.

대상 6:35. 도아는 숩의 아들이요 숩은 엘가나의 아들이요 엘가나는 마핫의 아들이요 마핫은 아마새의 아들이요.

"숩"('잡은 자'라는 뜻)은 26절의 "소배"이다. "엘가나"는 26절의 "엘가나 III세"이며, "마핫"[79]('물리치다'라는 뜻)은 25절의 "아히못"이고, "아마새"는 25절의 "아마새"이다.

대상 6:36. 아마새는 엘가나의 아들이요 엘가나는 요엘의 아들이요 요엘은 아사랴의 아들이요 아사랴는 스바냐의 아들이요.

본 절의 "엘가나", "요엘", "아사랴", "스바냐"는 24절의 "사울", "우리엘", "웃시야", "다핫"과 동일시된다.

대상 6:37. 스바냐는 다핫의 아들이요 다핫은 앗실의 아들이요 앗실은 에비아

79) "마핫": 레위 지파 그핫 자손이며, 선지자 사무엘의 조상이다(대상 6:33-35).

삽의 아들이요 에비아삽은 고라의 아들이요.

본 절의 "다핫"('밑 부분'이란 뜻), "앗실"('죄수'라는 뜻), "에비아삽" ('아버지는 모으심'이라는 뜻), "고라"('기회'라는 뜻)의 주해를 위해서 23절의 주해를 참조하라.

대상 6:38. 고라는 이스할의 아들이요 이스할은 그핫의 아들이요 그핫은 레위의 아들이요 레위는 이스라엘의 아들이라.

본 절은 고라가 "이스할"의 아들이고 이스할은 "그핫"의 아들이며 그핫은 "레위"의 아들이고 레위는 "이스라엘"의 아들이란 사실을 기록한다. 본 절 주해를 위해서는 22절 주해를 참조하라. 이런 식으로 소급해서 그 종족의 조상인 그핫까지, 그리고 아버지인 레위와 조부인 이스라엘에게까지 올라간다.

39-43절: 아삽의 자손들, 게르손 자손 중에서 아삽이 제 2 찬양대를 조직했다.

대상 6:39. 헤만의 형제 아삽은 헤만의 오른쪽에서 직무를 행하였으니 그는 베레갸의 아들이요 베레갸는 시므이의 아들이요.

본 절 초두의 "헤만의 형제 아삽"이란 말은 헤만과 아삽이 친형제임을 말하는 것이 아니라 같은 동족임을 뜻하는 말이다. 히브리 원어 "아흐"(jia;)란 말이 친형제를 의미하기도 하지만 동족을 의미하기도 하기 때문이며 또 문맥을 살펴보면 헤만은 레위의 아들 그핫의 후손인데 반해(33절), 아삽은 레위의 아들 게르손의 후손이기 때문이다(43절). 이처럼 이 원어는 종종 같은 지파, 같은 혈연을 의미할 때에도 사용되었다(창 13:8; 29:15; 신 3:18; 34:7).

"아삽은 헤만의 오른쪽에서 직무를 행하였다"는 말은 다윗 왕이 하나님을 찬송하는 일을 조직적으로 할 수 있도록 규율을 마련했기 때문에 그 규율을 따라 고핫 자손 헤만은 중앙에서(33절), 아삽은 헤만의 우편에서, 그리고 에단은 좌편에서 각기 찬송을 인도했다(44절). "아삽"('모으는 자'라는 뜻)은 레위 지파 게르솜 자손 헤만의 형제 베레야의 아들이다(대상 6:39,43). 다윗 왕 때에 여호와의 전에서 봉사하는 찬양대가 3조 있었는데, 그는 헤만과 에단과 더불어 그 지휘자였다. 그들은 여호와의 궤를 오벧에돔에서 예루살렘(다윗 성)으로 옮길 때 궤 앞에서 악기를 울려 즐겁게 하기 위해 레위 사람 중에서 선발되어(대상 15:16-19) 그 후 그 직분이 고정되고 세습되었다.

그(아삽)는 "베레갸"('축복'이라는 뜻)의 아들이요 베레갸는 "시므아"('순종하는 자'라는 뜻)의 아들이었다.

대상 6:40. 시므아는 미가엘의 아들이요 미가엘은 바아세야의 아들이요 바아세야는 말기야의 아들이요.

"미가엘"('하나님 같은 이가 누구냐'라는 뜻)은 천사장의 이름이기도 하다(단 10:13; 계 12:7). "바아세야"('여호와는 강하시다'는 뜻)는 레위 족 그핫의 자손 말기야의 아들이며 미가엘의 아버지이다. 찬양대원 헤만의 조상이다(대상 6:40). "말기야"('나의 왕은 야아이시다'라는 뜻)는 레위 지파 게르손 족속 시므아의 아버지이다(대상 6:40).

대상 6:41. 말기야는 에드니의 아들이요 에드니는 세라의 아들이요 세라는 아다야의 아들이요.

"에드니"('인자한'이라는 뜻)는 레위 족속 게르손 자손 세라의 아들이다. 대상 6:21에는 "여아드래"로 되어 있다. "세라"('바위'라는 뜻)는 레위 지파의 그핫 자손 아다야의 아들이다. "아다야"('여호와께서 즐거워하시다'는 뜻)는 레위 사람 게르손의 자손 에단의 이름이다(대상 6:41,42). 역대상 6:21에는 "잇도"라고 표기되어 있다.

대상 6:42. 아다야는 에단의 아들이요 에단은 심마의 아들이요 심마는 시므이의 아들이요.

"에단"('영구적'이라는 뜻)은 레위 족속 게르손 자손 심마의 아들이며 아삽의 조상이다(대상 6:42,43). 대상 6:21에는 "요아"로 되어 있다. "심마"('협의'라는 뜻)는 야핫의 손자이다. "시므이"('들음'이라는 뜻)는 레위 사람 게르손 족속 야핫의 아들이다.

"야핫"(뜻은 불명)은 레위 족속 게르손의 손자이며 립니의 아들이다(6:20,43, 디럭스바이블 성경사전). 그는 게르손의 후손 중 립니의 아들 야핫(20절)과는 구별된다(호크마 주석).

44-48절: 이 부분(44-48절)은 에단 자손의 족보이다. 에단은 헤만, 아삽과 더불어 다윗 왕의 악사였으며 다른 이름 즉 여두둔이라고도 불렸다(25:1-3; 16:41; 대하 5:12).

대상 6:44. 그들의 형제 므라리의 자손 중 그의 왼쪽에서 직무를 행하는 자는 에단이라 에단은 기시의 아들이요 기시는 압디의 아들이요 압디는 말룩의 아들이요.

본 절의 "형제"란 말은 같은 종족이란 뜻이다(39절 주해 참조). "므라리"는 레위의 세 번째 아들이다(1절, 19절 주석 참조). 또 하나의 찬양대는 므라리파인 "에단"이 조직했다. "에단"은 레위 족속 므라리 자손 기시(구시야)의 아들이다. 다윗 시대의 찬양 대장의 한 사람이었다(대상 6:44,47; 15:17,19). 에단은 헤만의 좌편에서 그 직무를 행했다(39절 참조). 이런 찬양대 조직은 요시야왕 때까지 건재했고(대하 35:13), 느헤미야 때까지 계속했다(느 11:17-18). "기시"('어려움'이라는 뜻)는 "구사야"라고도 불렸다(15:17). "압디"('여호와의 종'이라는 뜻)는 레위 지파 므라리 자손 기시의 부친이다(대상 6:44; 29:12).

대상 6:45. 말룩은 하사뱌의 아들이요 하사뱌는 아마시야의 아들이요 아마시야는 힐기야의 아들이요.

"하사뱌"('여호와의 고려하심'이라는 뜻)는 므라리 자손 힐기야의 손자이며 아마시야의 아들이다. 레위인이다(대상 6:45). "아마시야"('여호와의 힘'이라는 뜻)는 '인아마샤'와 동일하다. "힐기야"('여호와는 나의 분깃'이라는 뜻)는 다윗 시대의 사람으로 므라리 자손 암시의 아들이자 이마시야의 부친이다(대상 6:45).

대상 6:46. 힐기야는 암시의 아들이요 암시는 바니의 아들이요 바니는 세멜의 아들이요.

"암시"('강하다'는 뜻)는 므라리 자손 레위 사람인데, 바니의 아들이며 힐기야의 부친이다. 궁전 가수 에단의 조상이다(대상 6:46). "바니"('후예'라는 뜻)는 레위 지파 므라리 자손인데, 세멜의 아들이고 암시의 아버지이다(대상 6:46). "세멜"('술찌꺼기'라는 뜻)은 레위 지파 므라리 자손인 말리의 아들이다(대상 6:46).

대상 6:47. 세멜은 말리의 아들이요 말리는 무시의 아들이요 무시는 므라리의 아들이요 므라리는 레위의 아들이며.

"무시"('닿는 자'라는 뜻)는 레위 지파 므라리의 아들인데, 족장이다(출 6:19; 민 3:20; 26:58; 대상 6:19,47; 23:21,23; 24:26,30). "므라리"에 대해서는 6:1주해를 참조하고, "레위"에 대해서는 2:1주해를 참조하라.

대상 6:48. 그들의 형제 레위 사람들은 하나님의 집 장막의 모든 일을 맡았더라.

"그들의 형제"란 말은 악사들 이외의 레위인들을 지칭한다. 그리고 "장막의 모든 일"이란 말은 찬양대가 하는 일을 제외한 다른 모든 일들을 가리킨다. 예를 들어 제사를 드릴 때 수종드는 일이나 성막을 지키는 일 같은 것들을 지칭한다(15:18-24; 16:37-42 등).

ㄹ. 아론의 자손 6:49-53

아론의 자손들 족보, 즉 대제사장의 족보가 다시 여기에 등장한다. 대제사장의 족보(6:3-8)가 다시 이곳에 등장하는 것이다.

대상 6:49. 아론과 그의 자손들은 번제단과 향단 위에 분향하며 제사를 드리며 지성소의 모든 일을 하여 하나님의 종 모세의 모든 명령대로 이스라엘을 위하여 속죄하니.

본 절은 아론과 그의 자손들이 행하는 일들을 기록한다. 그들은 번제단과 향단 위에 분향하며 제사를 드리며 또 지성소의 모든 일을 하여 이스라엘의 죄를 속했다. 이런 일은 모세가 명령대로 했다.

대상 6:50. 아론의 자손들은 이러하니라 그의 아들은 엘르아살이요 그의 아들은 비느하스요 그의 아들은 아비수아요.

본서 저자는 아론의 자손들은 아래와 같다고 말하고 후손을 열거하고 있다. "엘르아살", "비느하스", "아비수아"의 주해를 위해 6:3-4주해를 참조하라.

대상6:51. 그의 아들은 북기요 그의 아들은 웃시요 그의 아들은 스라히야요.

"북기", "웃시", "스라히야"의 주해를 위해 6:5-6주해를 참조하라.

대상 6:52. 그의 아들은 므라욧이요 그의 아들은 아마랴요 그의 아들은 아히둡이요.

"므라욧", "아마랴", "아히둡"의 주해를 위해 6:6-7주해를 참조하라.

대상 6:53. 그의 아들은 사독이요 그의 아들은 아히마아스이더라.

"사독"과 "아히마아스"의 주해를 위해 6:8주해를 참조하라.

ㅁ. 레위인이 거주한 성읍들 6:54-81

54절부터 81절까지는 레위 지파에게 할당된 48개의 성읍들을 기록한 것이다. 54-60절은 아론 자손이 차지했던 성읍들의 명단이다. 병행구절은 수 21:13-19이다.

54-60절: 54-60절은 제사장의 성읍을 기록한 것으로 수 21:13-19과 병행한다.

대상 6:54. 그들의 거주한 곳은 사방 지계 안에 있으니 그들의 마을은 아래와 같으니라 아론 자손 곧 그핫 종족이 먼저 제비 뽑았으므로(These are their dwelling places according to their settlements within their borders: to the sons of Aaron of the clans of Kohathites, for theirs was the first lot-ESV).

"그들의 거주한 곳은 사방 지계 안에 있다"는 말은 '제사장들이 거주한 곳은 "사방"(טִירוֹתָם) 즉 '레위 지파에게 주어진 영토의 선(線)'의 지경 곧 성읍에 딸린 주변 마을 안에 있었는데 제사장들이 거주한 마을은 아래와 같다는 것이다.

아론 자손 곧 그핫 종족은 제사장 지파로 유다와 시므온과 베냐민 중에서 13성읍, 비 제사장 파가 에브라임과 단과 므낫세 반 지파 중에서 10성읍을 얻어 도합 23성읍을 얻었다(수 21:4-5). 그핫 자손은 먼저 제비를 뽑았으므로 기업을 얻었는데 그것은 하나님의 뜻을 가장 정확히 아는 방법이었다(행 1:26).

대상 6:55. 그들에게 유다 땅의 헤브론과 그 사방 초원을 주었고.

제사장들이 가장 먼저 제비 뽑은 곳은 유다 지파 헤브론이었다. "헤브론"('동맹'이라는 뜻)은 팔레스틴의 옛 성읍이다. 예루살렘의 남쪽 30km지점에 있는 오늘날의 엘 칼릴(el Khalil, 이 아랍 이름은 Khalil er-Rahman, '하나님의 친구' 즉, 아브라함을 의미하는 말의 단축형, 사 41:8, 약 2:23과 비교)과 동일시된다. 족장 이야기들은 헤브론과 관계를 맺고 있다.

본 절의 "그 사방 초원을 주었다"는 말은 사방 주변의 경작지(촌락들)를 주었다는 뜻이다. 다시 말해 헤브론을 중심으로 사방에 흩어져 있던 주변의 여러 마을들을 주었다는 뜻이다.

대상 6:56. 그러나 그 성의 밭과 마을은 여분네의 아들 갈렙에게 주었으며.

그러나 그 성읍에 딸린 밭과 마을들은 여분네의 아들 갈렙에게 주었다. 다시 말해 헤브론은 가나안 정복 당시 여분네의 아들 갈렙이 그의 자손들을 이끌고 정복하여 기업으로 차지한 땅이다. 따라서 훗날 레위인의 성읍으로 지정되어 레위 지파에 할당되었음에도 불구하고 헤브론 성읍의 밭과 그 성에 딸린 향리는 갈렙의 자손에게 주어졌다.

대상 6:57-59. 아론 자손에게 도피성을 주었으니 헤브론과 립나와 그 초원과 얏딜과 에스드모아와 그 초원과 힐렌과 그 초원과 드빌과 그 초원과 아산과 그 초원과 벧세메스와 그 초원이며.

도피성은 과실로 사람을 죽인 자를 '피의 복수'(avenger of blood)에서 보호하기 위해 설치된 성읍을 말하는데 레위인의 성읍이 여섯, 즉 요단강 동부에 베셀, 길르앗 라뭇, 골란의 세 곳과, 요단강 서부에 해브론, 세겜, 게데스의 세 곳이 지정되어 있었다(민 35:6-32; 신 4:41-43; 수 20:2; 21:13-38).

그 도피성의 이름을 들어보면 "헤브론"[80]('친교'라는 뜻), "립나"[81]('희다'는 뜻), "얏딜"[82]('넓다'는 뜻), "에스드모아"는 헤브론 지구에 있던 레위 사람의 성읍이다(수 21:14; 대상 6:57). 다윗이 노획물의 일부를 선물로 보낸

---

80) "헤브론": 팔레스틴의 옛 성읍이다. 예루살렘의 남쪽 30km지점에 있는 오늘날의 엘 칼릴(el Khalil, 이 아랍 이름은 Khalil er-Rahman, '하나님의 친구' 즉, 아브라함을 의미하는 말의 단축형, 사 41:8; 약 2:23과 비교)과 동일시된다.

81) "립나": 세벨라(Shephelah)에 있던 가나안 사람의 성읍이었는데(수 10:29,31,32; 12:15), 유대의 소유로 되었다가(수 15:42) 레위 사람의 성읍으로 되었다(수 21:13; 대상 6:57). 유대 왕 요람의 치세에 에돔이 배반하여 유다의 수하에서 벗어났다(왕하 8:22, 대하 21:10). 히스기야 때에는 유대의 소령(所領)으로 수복되었으며, 산헤립이 공격했다(왕하 19:8; 사 37:8).

82) "얏딜": 유다 산지의 성읍인데(수 15:48), 레위 사람의 성읍으로 되었다(수 21:14; 대상 6:57). 다윗은 전리품을 이 성읍의 장로들에게 보냈다(삼상 30:27). 시글락의 동쪽 16km 지점의 길벳 앗디르(Khirbet 'Att r, 이스라엘이름 H˙orvat Yattir)와 동일시된다.

성읍 중 하나이다(삼상 30:28). 에스드모(수 15:50)와 동일지이다(이상 57절). "힐렌"[83](‘요해’라는 뜻), "드빌"(‘지정소’라는 뜻)은 유다 산지에 있던 성읍이다(수 15:49). 별명은 기럇 세벨(수 15:15; 삿 1:11), 또는 기럇 산나(수 15:49)라고 한다. 이스라엘이 토지를 취득하기 이전부터 있던 성읍인데, 아낙 사람이 살고 있었다(수 11:21). (이상은 58절), "아산"(‘식물이 적은 곳’이라는 뜻)은 유다에 속한 성읍이었으나(수 15:42) 후일 시므온에게 분여(分與)되었고(수 19:7; 대상 4:32) 레위 자손의 성읍으로 되었다(대상 6:59; 수 21:16, ‘아인’). 삼상 30:30의 ‘보라 산’(Borashan 우리 성경에는 고라 산)도 이곳과 동일지이다. 브엘세바의 서북쪽 2km, 길벳 아산(Khirbet. Asan)과 동일시된다. 그리고 "벧세메스"[84](‘태양의 궁’이란 뜻, 이상은 59절)는 유다 지파의 북쪽 경계지에 위치한 성읍이었다. 이 성읍의 이름은 ‘태양의 집’이라는 뜻으로 이곳에는 고대의 태양신의 신전이 있었다.

대상 6:60. 또 베냐민 지파 중에서는 게바와 그 초원과 알레멧과 그 초원과 아나돗과 그 초원을 주었으니 그들의 종족이 얻은 성이 모두 열 셋이었더라.

그핫 자손은 베냐민 지파의 영역에서도 얼마를 나누어 받았다. "게바"[85](‘구릉’이라는 뜻)와 그 목초지, "알레멧"[86](‘이정표’라는 뜻)과 그 목초지, "아나돗"[87]("여신 아나도의 장소"라는 뜻)과 그 목초지를 받았다. 그핫 자손

83) "힐렌": 유대 자손의 성읍이다(대상 6:58). 홀론(수 15:51)과 동일지이다.

84) "벧세메스": 유대의 세벨라에 있던 성읍이다. 원래는 하르헤레스(Har-heres, 태양의 산)라 불린 아모리인의 성읍(삿 1:35)인데, 이르세메스(태양의 성읍)라는 이름으로 단 지파에 주어졌다(수 19:41). 단 지파가 블레셋 사람의 압력에 굴하여 북방의 새 지역으로 옮긴 후 벧세메스는 유대 지파의 손으로 돌아와(수 15:10) 레위 사람의 영지로 되었다(수 21:16; 대상 6:59). 블레셋 사람에 의해 여호와의 궤가 반송되었을 때에 벧세메스는 이스라엘 도성으로 되어 있었다(삼상 6:12-21). 이곳은 솔로몬의 12행정구의 제 2구로 되어 있었다(왕상 4:9). 여기서 유대 왕 아마사는 이스라엘 왕 요아스에게 패하였다(왕하 14:11-13; 대하 25:21-24). 아하스의 시대에 벧세메스는 블레셋 사람에게 빼앗겼다(대하 28:18, 디럭스 바이블 성경사전).

85) "게바": 베냐민 지파의 성읍인데, 동북 지경에 있었으며(수 18:24) 레위 자손의 성읍으로 되었다(수 21:17; 대상 6:60). 유대 왕국의 최북단에 위치하였다(왕하 23:8). 예루살렘의 북쪽 9 , 오늘날의 졔바(Jeba)로 추정된다.

86) "알레멧": 베냐민 지파의 성읍이다(대상 6:60). 알몬(수 21:18)과 동일지이다.

87) "아나돗": 베냐민 지파의 소령(所領)인데, 레위 사람의 성읍으로 되었다(수 21:18; 대상

이 받은 성읍은 모두 열세 성읍이었다.[88)]

61-65절: 레위인의 성읍을 거명한다. 이상(54-60절)의 제사장에 들지 않은 비제사장인 레위인의 성읍들을 각 파별로 거명한다.

대상 6:61. 그핫 자손의 남은 자에게는 절반 지파 즉 므낫세 반 지파 종족 중에서 제비 뽑아 열 성읍을 주었고.

그리고 그핫(=고핫) 자손의 나머지 사람들(=제사장이 아닌 사람들)은 제비를 뽑아 요단강 서쪽에 있는 므낫세 반 지파의 땅에서 열 성읍을 얻었다. 본 절 앞에는 "에브라임 지파"와 "단 지파"란 말이 빠져 있다. 병행구절인 수 21:5에는 남은 그핫 자손들이 차지한 열 개의 성이 에브라임, 단, 그리고 므낫세 반 지파에게 속했던 성읍들이었다고 밝히고 있다.

대상 6:62. 게르손 자손에게는 그들의 종족대로 잇사갈 지파와 아셀 지파와 납달리 지파와 바산에 있는 므낫세 지파 중에서 열세 성읍을 주었고.

게르손 자손은 그 종족별로 잇사갈 지파와 아셀 지파와 납달리 지파와 바산에 있는(=요단강 동쪽에 있는) 므낫세 반 지파에게서 열세 성읍을 받았다. 본 절은 수 21:27-33의 병행구와 일치한다. 수 21:27-33에서는 13성읍의 이름까지 거명하고 있다.

대상 6:63. 므라리 자손에게는 그 종족대로 르우벤 지파와 갓 지파와 스불론 지파 중에서 제비 뽑아 열두 성읍을 주었더라.

므라리 자손도 그 종족별로 르우벤 지파와 갓 지파와 스불론 지파에게서

6:60). 예루살렘의 동북쪽 4 지점의 아나다(`Ana ta)는 그 옛 이름이다. 여기서 서남쪽으로 800m 지점에 있는 구릉 라스 엘 가루베(Ras el-Karrbeh, 취엄의 圓頂)와 동일시된다. 고대 이스라엘 시대부터 AD 7세기까지 계속된 주거지로 보인다. 제사장 아비아달은 솔로몬에 의해 파직된 후, 여기 자기 고향으로 낙향하였다(왕상 2:2627).

88) 그핫 자손은 제사장 지파로 유다와 시므온과 베냐민 지파 중에서 13성읍을 얻었다.

제비를 뽑아 열두 성읍을 받았다. 본 절은 수 21:34-42의 병행구와 일치하고 성읍 이름 하나하나를 거명하고 있다.

대상 6:64. 이스라엘 자손이 이 모든 성읍과 그 목초지를 레위 자손에게 주되.

본 절은 이스라엘 자손이 레위 인에게 준 땅 분배의 결론을 쓴 것이다. 레위 인들은 이스라엘의 각 지파에서 나누어 준 여러 성읍에 거함으로 전국에 분산 거주하게 되었다. 레위 인이 이렇게 살게 된 것은 야곱의 예언 성취였으며(창 49:7) 또한 이스라엘로 하여금 제사장 나라가 되도록 하기 위한 하나님의 섭리였다(민 35:1,2).

대상 6:65. 유다 자손의 지파와 시므온 자손의 지파와 베냐민 자손의 지파 중에서 이 위에 기록한 여러 성읍을 제비 뽑아 주었더라.

(유다 자손의 지파와 시므온 자손의 지파와 베냐민 자손의 지파의 영역에 있는 성읍들도 제비를 뽑아 나누어주었다). 이 괄호 구는 표준 새 번역의 번역이다. 괄호를 친 이유는 아마도 본 절이 새로운 것을 말하는 구절이 아니라 이미 54-60절에서 말한 것을 다시 본 절에서 말하기 때문이었을 것이다. 다시 말해 레위 자손들은 위에서 말한 대로 유다 지파와 시므온 지파와 베냐민 지파에게서 제비를 뽑아 땅을 분배받았다는 것을 말하기 때문이었을 것이다.

66-70절: 이 부분은 다시 제사장이 아닌 레위 인이 살았던 성읍들을 말하고 있는데 먼저 그핫 자손의 성읍들에 대해 기록한다.

대상 6:66. 그핫 자손의 몇 종족은 에브라임 지파 중에서 성읍을 얻어 영토를 삼았으며.

그핫 자손 중에 제사장들이 아닌 레위 인들은 에브라임과 단과 므낫세 반 지파 중에서 영지를 얻었다는 뜻이다. 본 절의 병행 구는 수 21:20-26이다.

대상 6:67-69. 또 그들에게 도피성을 주었으니 에브라임 산중 세겜과 그 초원과 게셀과 그 초원과 욕므암과 그 초원과 벧호론과 그 초원과 아얄론과 그 초원과 가드림몬과 그 초원이며.

에브라임 산악 지대에서 그들에게 돌아 간 것은 도피성 "세겜"[89]('목, 어깨 또는 등'이라는 뜻)과 거기에 딸린 목장 지대, "게셀"[90]('분깃'이라는 뜻)과 거기에 딸린 목장 지대(이상은 67절), 그리고 "욕므암"[91]과 거기에 딸린 목장지대와 "벧호론"[92]('호론신의 집'이라는 뜻)과 거기에 딸린 목장지대(이상은 68절), "아얄론"[93]('사슴의 들'이라는 뜻)과 거기에 딸린 목장지대와 "가드림몬"[94]('석류나무 가까이의 포도 짜는 곳'이라는 뜻)과 거기에 딸린 목장지대(이상은 69절)를 주었다.

대상 6:70. 또 그핫 자손의 남은 종족에게는 므낫세 반 지파 중에서 아넬과 그 초원과 빌르암과 그 초원을 주었더라.

---

89) "세겜": 그리심 산의 동쪽 기슭에 있던 성읍이다(예루살렘 북쪽 약 65). 오늘날은 텔엘발라다(Tell el-Balatah)라 불리고 있다. 구약의 세겜에도 거룩한 상수리나무가 있었다(창 12:6; 35:4; 삿 9:6). 예루살렘 방면에서 내륙을 북향하는 유일한 도로가 이 세겜에서 둘로 갈라져 동쪽은 트란스 요단이나 하솔, 그리고 다메섹 방면으로 통하고, 서쪽은 욥바나 베니게로 통하고 있다. 세겜은 또 전(全) 가나안(삿 20:1등에 의하면 '단에서부터 브엘세바까지')의 대략 중심에 있다.

90) "게셀": 예루살렘과 욥바를 잇는 가도의 중간, 예루살렘의 서북서 30㎞ 지점에 있던 고대 팔레스틴의 성읍이다.

91) "욕므암": 에브라임 지파 중에서 얻은 레위인의 성읍이다(대상 6:68). 깁사임(수 21:22)과 동일지이다.

92) "벧호론": 유대의 세벨라(평지)에 있던 두 성읍 이름인데, 상호 3㎞을 상거하고 있으며, 180m의 낙차가 있어 상·하의 형용에 의해 구별되었다(대상 7:24). 아래 벧호론(수 16:3,18:13,왕상 9:17,대하 8:5)은 오늘날의 베잇 우르에 다흐다(Beit'Ur et-Tah-ta)와 동일시된다. 그리고 윗 벧호론(수 16:5; 21:22; 대하 8:5)은 오늘날의 베잇 우르 엘 포가(Beit'Ur el-Foqa)와 동일시된다. 이 아래 벧호론에서 윗 벧호론에 올라가는 비탈은 벧호론의 '올라가는 비탈'(수 10:10), 그것을 반대 입장에서는 벧호론의 '내려가는 비탈'이라고 불렀다(수 10:11).

93) "아얄론": 유다 북서부 평지에 있던 아모리 사람의 성읍. 여호수아의 승리의 노래(수 10:12)에 나오는 것이 처음인데, 단지파의 레위인의 성읍으로 되고(수 19:42; 21:24; 대상 6:69), 후에 베냐민의 성읍으로 되었다(대상 8:13).

94) "가드림몬": 단 지파의 성읍(수 19:45). 그 후 그핫 가족인 레위 사람에게 주어졌다(수 21:24; 대상 6:69).

또 그핫 자손 중 제사장이 되지 않은 레위인들에게는 요단 서쪽 므낫세 반지파 중에서 "아넬"과 거기에 딸린 목초지와 "빌르암"[95]('멸하다'라는 뜻)과 거기에 딸린 목초지를 주었다. 여기 "아넬"은 요단 강 서쪽의 므낫세 지파의 성읍인데, 레위 자손의 성읍으로 되었다(대상 6:70). 위치는 미상이다.

71-76절: 게르손 자손이 받은 성읍들이 열거된다.

대상 6:71. 게르손 자손에게는 므낫세 반 지파 종족 중에서 바산의 골란과 그 초원과 아스다롯과 그 초원을 주고.

게르손 자손은 여러 지파에게서 목초지(목장 지대)가 딸린 성읍들을 얻었다. 그들이 므낫세 동쪽 반 지파에게서 얻은 땅은 바산의 "골란"[96]('추방'이란 뜻)과 거기에 딸린 목장 지대와 "아스다롯"[97]('아스다롯 여신의 곳'이란 뜻)과 거기에 딸린 목장 지대를 받았다.

본 절의 "바산"('평탄한 땅'이란 뜻)이란 해발 533-770m를 전후하는 고원지대로 동쪽은 해발 915m까지 달한다. 북쪽은 헤르몬 산, 서쪽은 갈릴리 바다와 상(上) 요단 강, 남쪽은 야르묵 강, 동쪽은 제벨 하우란의 사화산으로 경계되는 광대한 지역을 포함하고 있다. 바산의 골란은 수도였고 또 도피성이었다(수 21:27).

대상 6:72. 또 잇사갈 지파 중에서 게데스와 그 초원과 다브랏과 그 초원과

게르손 자손은 잇사갈 지파[98]에게 속한 "게데스"[99]('성소'라는 뜻) 성읍

---

95) "빌르암": 므낫세 지파의 성읍이다(대상 6:70). 이블로암(수 17:11)과 동일지이다.

96) "골란": 요단 동편의 바산에 있는 므낫세 반 지파의 성읍 및 그 지방을 가리킨다. 이것은 모세에 의해 주어진 요단 강 동쪽의 세 도피성 중 하나이다(신 4:43; 수 20:8). 또 레위 지파의 게르손 자손에게 준 성읍 중 하나이다(수 21:27; 대상 6:71).

97) "아스다롯": 바산 높은 대지(臺地)의 성읍이다. 이지명은 비옥의 여신 아스다롯 예배에 관련되어 있다. 옥(Ok)의 도성(수 1:4; 시 9:10)인데, 주민은 거인이었으며, 옥은 그 중 한 사람이었다고 한다(수 12:4; 13:12). 므낫세의 아들 마길이 점령하고(수 13:31) 레위 자손의 성읍으로 되었다(대상 6:71).

98) "잇사갈 지파": 여호수아가 가나안 땅을 제비 뽑아 분배할 때(수 18:10) 그들은 네 번째로 뽑아 스불론과 아셀의 땅과 북접(北接)하고, 남과 서는 므낫세와 아셀의 땅에 접하고,

과 그 목초지(목장지대)와 또 "다브랏"[100)]('꿀벌'이라는 뜻) 성읍과 거기에 딸린 목초지를 받았다.

대상 6:73. 라못과 그 초원과 아넴과 그 초원을 주고.

게르손 자손은 잇사갈 지파(72절 주해 참조)에게 속한 "라못"[101)]('높은 곳'이란 뜻) 성읍과 거기에 딸린 목초지와 또 "아넴"[102)]('두 샘물'이란 뜻) 성읍과 거기에 딸린 목초지를 얻었다.

대상 6:74-75. 아셀 지파 중에서 마살과 그 초원과 압돈과 그 초원과 후곡과 그 초원과 르홉과 그 초원을 주고.

게르손 자손은 "아셀 지파"[103)]에게 속한 "마살"[104)]('파다'라는 뜻) 성읍과 거기에 딸린 목초지(이상 74절)와 "압돈"[105)]('예배장소'라는 뜻) 성읍과

요단 강을 동경(東境)으로 하는 지역을 가업으로 받았다(수 19:17-23). 기손강 유역의 비옥한 들로 되어 있는 이스르엘 또는 에스드라엘른(Esdraelon) 평야의 대부분을 손에 넣은 셈이다.

99) "게데스": 북부 갈릴리의 구릉지대에 있던 가나안 사람의 성읍이다. 왕에 의해 통치되었으며(수 12:22), 견고한 성채로 방비되고 있었다(수 19:37). 여호수아에게 패하여 납달리 자손에게 분배되었다(수 19:32,37). 그래서 '납달리 게데스'(삿 4:6)라 불리게 되었으나, '갈릴리의 게데스'라고도 불렸다. 게데스는 도피성의 하나이며, 레위 지파 게르손 사람의 거주지의 하나로서 배당되었다(수 20:7,21:32). 납달리의 게데스는 바락의 고향이며(삿 4:6), 그는 여선지자 드보라와 같이 시스라와 싸우기 위해 병력을 이곳에 집결시켰다(삿 4:1-10).

100) "다브랏": 스불론의 성읍이다(수 19:12). 그러나 잇사갈에 속한 성읍으로서 레위 자손에게 주어졌다(수 21:28; 대상 6:72).

101) "라못": 잇사갈에 있던 레위 사람의 성읍이다(대상 6:73). 레멧(수 19:21), 야르뭇(수 21:29)과동일지이다. 갈릴리바다의 남남서 15 지점에 있는 고갑 엘 하와(Kokab el-Haw, 이스라엘 이름 Kokhav-Hayar-den)와 동일시된다.

102) "아넴": 잇사갈에 속한 성읍이었는데 레위 자손의 성읍으로 되었다(대상6:73). 병행기사 수 21:29의 엔간님과 동일지이다.

103) "아셀 지파": 므낫세 지파의 기술에 기록된 경계(境界)의 세겜의 동의 성읍(수17:7). 나블루스(Nablus 옛세겜)의 북동 18km, 테이아시르(Teyasir)로 동정(同定)된다.

104) "마살": 아셀 지파의 성읍으로(수 19:26에는 "미살") 레위 사람의 성읍으로 되었다(수 21:30). 아하로니(Y. Aharoni)는 악고 성읍의 동남쪽 9㎞ 지점의 델 게이산(TellKeisn, 이스라엘 이름 Tel Kison)을 들고 있는데, 이것은 일반적으로 악삽과 동일시되므로 의문이라고 한다(디럭스 바이블 성경사전).

105) "압돈": 아셀 지파에 속했던 성읍인데 레위 사람에게 주어졌다(수 21:30; 대상 6:74). 악십의 동쪽 7km 구릉 위에 있는 길벳 압데(Khirbet . Abdeh 이스라엘 이름 Te1'Avdon)와 동일시된다.

거기에 딸린 목초치와 "후곡"[106]('도랑'이란 뜻) 성읍과 거기에 딸린 목초지와 "르홉"[107]('광장'이라는 뜻) 성읍과 거기에 딸린 목초지(이상 75절)를 얻었다.

대상 6:76. 납달리 지파 중에서 갈릴리의 게데스와 그 초원과 함몬과 그 초원과 기랴다임과 그 초원을 주니라.

게르손 자손이 "납달리 지파"[108]에 속한 "갈릴리의 게데스"(훌라호의 서북 약 6km 지점에 있다)와 거기에 딸린 목초지와 "함몬"[109]('온천'이란 뜻) 성읍과 거기에 딸린 목초지와 "기랴다임"[110]('이중의 성읍'이란 뜻)과 거기에 딸린 목초지를 얻었다.

77-81절: 므라리 자손이 얻은 성읍들이 열거된다.

대상 6:77. 므라리 자손의 남은 자에게는 스불론 지파 중에서 림모노와 그 초원과 다볼과 그 초원을 주었고.

본 절의 주해를 위해서는 수 21:34-39주해를 참조하라. "므라리 지파"에 대한 주해를 위해서 6:1주해를 참조하라. 본 절의 "므라리 자손의 남은 자"란 말은 므라리 자손의 찬양대원(44-48절)을 제외한 남은 다른 자손들을 뜻한다. 그들은 "스불론 지파"[111]의 "림모노"[112]와 거기에 딸린 목초지와 "다볼"[113]

---

106) "후곡": 아셀 지파의 성읍인데, 레위 자손에게 주어졌다(대상 6:75). 병행 기사 여호수아 21:31에 따라 '헬갓'이라고 수정해야 한다고 주장하는 학자가 있다. 에스드라엘론 평야의 서북부에 있던 성읍인데, 델 엘 하르바이(Tell el Harbaj)와 동일시된다.

107) "르홉": 아셀의 성읍인데(수 19:30; 삿 1:31) 레위 사람의 성읍이 되었다(수 21:31; 대상 6:75).악고의 동쪽 10 지점의 델 엘 빌 엘 갈비(Tell el-Bir el-Gharb, 이스라엘 이름 Tel Bira)와 동일시된다.

108) "납달리 지파": 아셀과 스불론의 동쪽에 위치하여, 갈릴리 갈릴리 호 서안, 메롬물 북 요단의 수원지까지 이른다. 남은 잇사갈과 스불론에 접하여(수 19:34) 그 대부분은 산지였다(수 20:7).

109) "함몬": 아셀 지파의 성읍이다(수 19:28). 두로의 남쪽 16km 지점에 있는 움 엘 아와밋(Umm el 'Awamid)과 동일시된다.

110) "기랴다임": 납달리 지파에 속해있던 레위 사람의 성읍이다(대상 6:76). 가르단(수 21:32)과 동일지이다.

111) "스불론 지파": 스불론 지파는 지중해 가까이에 영토를 배당 받아 해변의 성읍에 무역

('채석장'이란 뜻)과 거기에 딸린 목초지를 얻었다.

대상 6:78-79. 또 요단 건너 동쪽 곧 여리고 맞은편 르우벤 지파 중에서 광야의 베셀과 그 초원과 야사와 그 초원과 그데못과 그 초원과 메바앗과 그 초원을 주었고.

므라리 자손의 남은 자들(77절 참조)은 요단 강 동쪽 곧 여리고 맞은편 르우벤 지파의 광야의 "베셀"[114]('요해'라는 뜻)과 거기에 딸린 목초지와 "야사"[115]('타작마당'이라는 뜻)와 거기에 딸린 목초지(이상은 78절)와 "그데못"[116]('동방의 땅'이란 뜻)과 거기에 딸린 목초지와 "메바앗"과 거기에 딸린 목초지(이상은 79절)를 얻었다.

대상 6:80-81. 또 갓 지파 중에서 길르앗의 라못과 그 초원과 마하나임과 그 초원과 헤스본과 그 초원과 야셀과 그 초원을 주었더라.

므라리 자손의 남은 자들(77절 참조)은 갓 지파의 "길르앗"[117]의 "라

시장을 가지고 있었다. 그러나 스불론 지파는 납달리와 잇사갈 지파에 의해 갈릴리 바다에서, 또 아셀 지파에 의해 지중해와 시돈의 성읍에서 격리되고 있었다.

112) "림모노": 스불론에 있던 레위 사람의 성읍이다(수 19:13; 대상 6:77에는 리모노). 딤나(수21:35)는 이곳과 동일지로서 림몬이라고 수정해야 한다고 말하는 학자도 있다. 나사렛의 북쪽 10　지점의 룸마네(Rummaneh)와 동일시된다.

113) "다볼": 다볼산(Mt. Tabor)이다. 이스르엘 평야의 서북쪽에 있는 독립 산이다. 아랍어로는 '제벨에두르'(Jebel et-Tur)라 부른다. 나사렛의 동남쪽 약 10㎞, 갈릴리 바다의 남단에서 서남서로 약 20㎞지점에 있다.

114) "베셀": 모압 대지에 있던 성읍인데, 르우벤 지파의 영지로 되고, '도피성'으로 되었다(신 4:43; 20:8). 이것은 레위인의 성읍으로서 므라리 사람에게 주어졌다(수 21:36; 대상 6:78). 메사의 비석 제 27행에는 "나는 베셀을 건설했다. 이것도 황폐되어 있었기 때문이다"라고 기록되어 있다. 메사는 이스라엘의 압력을 벗어난 후 아르논 강 이북 지역에서 이스라엘 사람을 추방하고 베셀을 재건했다. 헤스본의 동쪽 8㎞ 지점에 있는 움 엘아마드(Umm el-'Amad)와 동일시된다.

115) "야사": 요단 강 동쪽 르우벤 지파의 성읍인데, 레위 사람의 소유로 되었다(대상 6:78). 야하스(민 21:23)와 동일지다.

116) "그데못": 아르논 강 상류에 있던 고대 아모리인의 성읍이었는데, 르우벤의 소유로 되었다가(수 13:18) 레위 족 므라리인의 성읍으로 되었다(수 21:37; 대상 6:79). 모세는 '그데못 광야'에서 사자를 헤스본 왕 시혼에게 보내 그 땅의 통과를 허락해 달라고 부탁했다(신 2:26). 디본의 동북쪽 16㎞, 가스르에 사베란(Qasr ez-Za'feran)과 동일시한다.

117) "길르앗": 길르앗은 얍복 강에 의해 남북으로 양분되었다(수 12:2). 주요한 성읍은 북부에 많고, 길르앗 라못, 야베스 길르앗, 마하나임, 숙곳, 미스바 외에 신약 시대의 성읍

못"[118](‘높은 곳’이란 뜻)과 거기에 딸린 목초지와 “마하나임”[119](‘하나님의 군대’라는 뜻)과 거기에 딸린 목초지(이상 80절)와 “헤스본”[120](‘요해’라는 뜻)과 그 초원과 “야셀”[121](‘도움’이라는 뜻)과 거기에 딸린 목초지(이상 81절)를 얻었다.

벨라(Pella), 거라사 등을들 수 있다. 길르앗 라못은 "도피성"이었다(수 21:38).

118) “라못”: 길르앗의 성읍으로 갓에게 주었는데(신 4:43) 후에 ‘도피성’으로 하였다(수 20:8; 21:38; 대상 6:80). 길르앗 라못(왕상 4:13)과 동일지이다.

119) “마하나임”: 메소보다미아에서 돌아오는 길에 야곱이 천사를 만난 장소에 이름 붙인 지명이다(창 32:2). 그는 남쪽으로 진행하고 있었는데, 얍복 강을 건너기 전이기 때문에 얍복 강의 북쪽, 과히 멀지 않은 곳이었다. 야곱의 생애에 있어서 하나의 전기가 된 사건과 결부되어 이 지명에 새로운 의의가 더해졌다.

120) “헤스본”: 모압의 성읍인데, 전에는 암몬 사람의 왕 시혼의 수도였다(민 21:25-30; 신 1:4; 2:24,26,30; 3:2; 수 12:2). 이스라엘 백성이 점령했을 때 르우벤 지파에게 분여되고(민 32:37; 수 13:17), 갓의 소령으로 되고(수 21:39), 레위 사람의 성읍으로 되었다(대상 6:81).

121) “야셀”: 헤스본의 북쪽에 있던 아모리 사람의 성읍인데, 이스라엘 백성이 점령하고(민 21:32) 갓 지파에 주어지고(민 32:1,3,35; 수 13:25) 레위 사람의 성으로 되었다(수 21:39; 대상 6:81; 26:31). 야셀과 그 밖의 견고한 성읍들이 건설되었다(수 13:25; 민 32:34,35; 삼하 24:5).

제 7 장

5. 나머지 6지파 7:1-40

저자는 나머지 6지파의 족보를 기록한다. 7장에서는 잇사갈 지파(1-5절), 베냐민 지파(6-12절), 납달리 지파(13절), 므낫세 반 지파(14-19절), 에브라임 지파(20-29절), 아셀 지파(30-40절)의 족보를 기록하고 있다. 에스라가 단 지파와 스불론 두 지파를 뺀 것은 그들이 우상숭배에 깊이 관여했기 때문으로 본다.

ㄱ. 잇사갈 지파 7:1-5

잇사갈 지파는 그 수효가 87,000명을 헤아리고 있었다.

대상 7:1. 잇사갈의 아들들은 돌라와 부아와 야숩과 시므론 네 사람이며.

본 절의 "잇사갈"[122]('고용한다'는 뜻)의 해석을 위해서는 2:1 주해를 참조하라. "돌라"[123]('벌레'라는 뜻), "부아"('입'이라는 뜻), "야숩"[124]('자신을 돌이키는'이란 뜻), "시므론"[125]('찬양하는'이란 뜻), 이 네 아들로부터 잇사갈의 4종파가 생겨났다.

대상 7:2. 돌라의 아들들은 웃시와 르바야와 여리엘과 야매와 입삼과 스므엘

---

122) "잇사갈": 레아가 야곱에게 낳은 다섯째 아들인데, 야곱의 아홉째 아들이다(창 30:17,18; 35:23). 돌라·부와·욥·시므론의 부친이다(창 46:13; 민 26:23,24; 대상 7:1).

123) "돌라": 야곱의 아홉째 아들이며 레아의 다섯 번째 소생인 잇사갈의 아들로, 돌라 족속의 족장이다(창 46:13; 민 26:23).

124) "야숩": 잇사갈의 아들이며 한 종족의 족장이다(민26:24,대상 7:1). 창세기 46:13에는 욥이라 하였다.

125) "시므론": 잇사갈의 아들로서 한 족속의 조상으로 되었다. 그리고 야곱과 함께 애굽으로 내려간 이스라엘 가족의 한 사람이다(창 46:13; 민 26:24; 대상 7:1).

이니 다 그의 아버지 돌라의 집 우두머리라 대대로 용사이더니 다윗 때에 이르러는 그 수효가 이만 이천육백 명이었더라.

돌라(1절 참조)의 아들들은 "웃시"[126]('나의 힘'이라는 뜻)와 "르바야"('주께서 고치신다'는 뜻)와 "여리엘"('하나님께 보신다'는 뜻)과 "야매"('하나님께서 지키주신다'는 뜻)와 "입삼"('향기롭다'는 뜻)과 "스므엘"('하나님의 이름'이라는 뜻)이었다. 이들은 모두 그의 아버지 돌라의 집 우두머리로서 대대로 용사로 활동했다. 이들이 다윗 때에 이르러는 그 수효가 22,600명에 이르렀다.

대상 7:3. 웃시의 아들은 이스라히야요 이스라히야의 아들들은 미가엘과 오바댜와 요엘과 잇시야 다섯 사람이 모두 우두머리며.

본 절은 잇사갈(1절 주해 참조)의 직계 5대를 열거한다. 웃시(2절)의 아들은 "이스라히야"[127]('여호와께서 일어나신다'는 뜻)요 이스라히야의 아들들은 "미가엘"('누가 하나님과 같으냐'는 뜻)과 "오바댜"[128]('주의 종'이라는 뜻)와 "요엘"('여호와는 하나님'이라는 뜻)과 "잇시야"('여호와께서 빌리신다'는 뜻) 다섯 사람이 모두 우두머리였다.

대상 7:4. 그들과 함께 있는 자는 그 계보와 종족대로 능히 출전할 만한 군대가 삼만 육천 명이니 이는 그 처자가 많기 때문이며.

다윗 시대에 그들의 후손들은 능히 전쟁에 출전할 수 있는 20세 이상의 사람이 36,000명이나 되었다. 이렇게 군인 숫자가 많았던 이유는 이스라히야의 아들들이 모두 많은 처자를 거느리고 있었기 때문이었다.

대상 7:5. 그의 형제 잇사갈의 모든 종족은 다 용감한 장사라 그 전체를

---

126) "웃시": 잇사갈의 손자이며 돌라의 아들이다. 한 족속의 족장이다(대상 7:2,3).

127) "이스라히야": 잇사갈사람 돌라의 손자이며 웃시의 아들이다(대상 7:3).

128) "오바댜": 잇사갈의 자손인데, 이 지파의 족장인 이스라히야의 5남 중 한 사람이다(대상 7:3). 아들들도 다 족장이다.

계수하면 팔만 칠천 명이었더라.

그리고 잇사갈 지파의 모든 집안사람들은 다 힘이 강한 군인들이었으며 그들의 전체 숫자를 계산하면 87,000명이었다. 그들이 이렇게 될 것에 대해서는 벌써 야곱이 일찍이 예언해 놓았다(창 49:14).

ㄴ. 베냐민 지파 7:6-12

이 부분은 요단 서편에 정착했던 베냐민 지파의 족보를 기록하고 있다. 이 본문에는 베냐민의 아들로 베냐민 지파의 3대 종족인 벨라와 베겔과 여디아엘의 계보만이 기록되어 있다. 여기에 기록되지 않은 다섯 아들은 민 26:38-41에 기록되어 있고, 창 46:21에는 10명의 아들과 손자들이 기록되어 있다.

대상 7:6. 베냐민의 아들들은 벨라와 베겔과 여디아엘 세 사람이며.

"베냐민"[129]('오른 손의 아들'이란 뜻)의 아들들은 "벨라"[130]('삼키다'는 뜻)와 "베겔"[131]('어린 약대'라는 뜻)과 "여디아엘"[132]('하나님이 아신 자'라는 뜻) 등 세 사람이었다. 본 절에는 베냐민의 아들들이 세 명으로 나타나나 창 46:21에는 10명의 아들들이 나타나고, 민 26:38,39에는 5명의 아들들이 나타난다. 창 46:21의 10명 중에는 아들이 아닌 자손들이 포함되어 있다. 일단 본문의 3명이 아들이고 나머지는 모두 자손들로 보인다.

---

129) "베냐민": 야곱의 12아들 중 막내 아들이다. BC 1730년 야곱의 애처 라헬의 몸에서 요셉의 동생으로 태어났다. 그의 출생지에 대해 창 35:16에는 에브랏 부근이라 하고, 창 35:22-26에는 밧단 아람이라고 하였다. 라헬이 그를 난산하여 그를 '베노니'('슬픔의 아들'이라는 뜻)라고 불렀으나, 야곱이 불길한 이름 대신 '베냐민'(오른손, 즉 행복의 아들이란 뜻 창 48:1이하)이라고 불렀다. 라헬은 그를 낳자 곧 죽었다. 베냐민은 요셉과 더불어 야곱의 편애를 받았다.

130) "벨라": 베냐민의 맏아들이다. 라헬이 야곱에게 낳은 자손이다(창 46:20,32).

131) "베겔": 베냐민의 아들이다(창 46:21,대상 7:6). 그의 자손은 처음에는 종족을 형성하지 못했던 모양이다(민 26:38; 대상 8:1-6). 그러나 후에 아나돗과 다른 곳에서 살고, 용사 20,200인을 가지는 9종족으로 되었다(대상 7:8,9).

132) "여디아엘": 베냐민의 세 아들 중 셋째이다. 그의 아들들은 그 집의 족장이며 큰 용사이고, 또한 그 자손 중에는 용사 17,200명이 있었다(대상 7:8,10,11).

대상 7:7. 벨라의 아들들은 에스본과 우시와 웃시엘과 여리못과 이리 다섯 사람이니 다 그 집의 우두머리요 큰 용사라 그 계보대로 계수하면 이만 이천삼십사 명이며.

벨라(6절, 베냐민의 장자)의 아들들은 "에스본"('수고한다'라는 뜻)과 "우시"('나의 힘'이라는 뜻)와 "웃시엘"('하나님의 힘'이라는 뜻)과 "여리못"('뛰어남'이라는 뜻)과 "이리" 다섯 사람이었고 이들은 다 그 집의 우두머리였고 큰 용사였다. 여기에 소개된 인물들은 벨라의 먼 후손들로서 이 명단이 작성되던 당시에 존재했던 다섯 족속의 조상들의 이름인 것으로 추정된다(K.&D.). 그들의 족보에 오른대로 계수하면 22,034명이었다.

대상 7:8. 베겔의 아들들은 스미라와 요아스와 엘리에셀과 엘료에내와 오므리와 여레못과 아비야와 아나돗과 알레멧이니 베겔의 아들들은 모두 이러하며.

베겔(6절, 베냐민의 차자)의 아들들은 "스미라"('아름다운 청년'이라는 뜻일 것임)와 "요아스"('낙심자'라는 뜻)와 "엘리에셀"('도움주다'라는 뜻)과 "엘료에내"('나의 눈길이 여호와를 향함'이라는 뜻)와 "오므리"('여호와를 숭배하는 자'라는 뜻)와 "여레못"('높다'라는 뜻)과 "아비야"('여호와는 내 아버지'라는 뜻)와 "아나돗"('대답'이라는 뜻)과 "알레멧" 등 9명이었다.

대상 7:9. 그들은 다 그 집의 우두머리요 용감한 장사라 그 자손을 계보에 의해 계수하면 이만 이백 명이며.

베겔의 아들들은 모두 그 집의 우두머리였고 또 용감한 장사였다. 이 자손들을 족보에서 계산하면 20,200명이었다.

대상 7:10. 여디아엘의 아들은 빌한이요 빌한의 아들들은 여우스와 베냐민과 에훗과 그나아나와 세단과 다시스와 아히사할이니.

여디아엘(6절, 베냐민의 제 3남)의 아들은 "빌한"[133] 한 사람이었다.

그리고 빌한의 아들들은 7명이었다. 그들은 "여우스"('그를 도우려고 왔다'는 뜻)와 "베냐민"('오른 손의 아들'이라는 뜻)과 "에훗"('함께 결합하다'라는 뜻)과 "그나아나"('분열되다'라는 뜻)와 "세단"('감람나무'라는 뜻)과 "다시스"('금빛 보석'이라는 뜻)와 "아히사할"('형제는 새벽'이라는 뜻)이었다.

대상 7:11. 이 여디아엘의 아들들은 모두 그 집의 우두머리요 큰 용사라 그들의 자손 중에 능히 출전할 만한 자가 만 칠천이백 명이며.

배냐민의 셋째 아들 여디아엘(6절)의 후손들은 모두 그 집의 우두머리였고 또 큰 용사였다. 그 후손들은 능히 전쟁에 나갈만한 자가 17,200명이었다. 이렇게 해서 베냐민의 세 아들의 수는 모두 59,434명이었다.

대상 7:12. 일의 아들은 숩빔과 훕빔이요 아헬의 아들은 후심이더라.

"일"(7절, 벨라의 아들 "이리"를 지칭함)의 아들은 "숩빔"[134]과 "훕빔"[135]이었다. "숩빔"과 "훕빔"은 창 46:21의 "뭅빔"과 "훕빔"으로 보고, 민 26:39의 "스부밤"과 "후밤"으로 본다. 그리고 아헬의 아들은 "후심"('서두르게 만드는 자'라는 뜻)이었다.

ㄷ. 납달리 지파 7:13

대상 7:13. 납달리의 아들들은 야시엘과 구니와 예셀과 살룸이니 이는 빌하의 손자더라.

납달리의 해석을 위해서는 2:2주해를 참조하라. 납달리는 라헬의 종 빌하의 소생으로 본 절에 아들과 빌하의 손자 4명의 명단이 소개되고 있다.

---

133) "빌한": 베냐민의 손자이며 여디아엘의 아들이다. 그 자손에는 족장이나 큰 용사가 있다(대상 7:6,10,11).

134) "숩빔": 베냐민 사람 벨라의 손자이며, 족장이며, 큰 용사의 한 사람이다(대상 7:12,15). 민 26:39에는 '스부밤', 창 46:21에는 '뭅빔', 대상 8:5에는 '스부반'으로 되어 있다.

135) "훕빔": 베냐민 자손으로, "일"의 아들(창 46:21; 대상 7:12,15). 후밤과 동일시되고 있다.

창 46:24; 민 26:48과 일치한다. 납달리의 아들들은 "야시엘"[136]('하나님은 분배하신다'는 뜻)과 "구니"('비슷함'이란 뜻)와 "예셀"('구조'라는 뜻)과 "살룸"[137]('보응'이라는 뜻)이었다.

ㄹ. 므낫세 반 지파 7:14-19

이 부분(14-19절)은 요단 서편의 므낫세 반 지파의 족보를 보여주고 있다. 이 부분은 첩의 소생들과 또 딸만 있는 가정 등의 족보가 기록되어 있다

대상 7:14. 므낫세의 아들들은 그의 아내가 낳아 준 아스리엘과 그의 소실 아람 여인이 낳아 준 길르앗의 아버지 마길이니(The sons of Manasseh: Asri-el, whom his Aramean concubine bore; she bore Machir the father of Gilead-RSV).

므낫세는 그의 첩인 아람 여자를 통해서 두 아들을 낳았는데 그들은 "아스리엘"[138]('하나님의 맹세'란 뜻)과 "마길"[139]('파는 자'란 뜻)이었으며 마길은 길르앗의 아버지였다.

대상 7:15. 마길은 훕빔과 숩빔의 누이 마아가라 하는 이에게 장가들었더라. 므낫세의 둘째 아들의 이름은 슬로브핫이니 슬로브핫은 딸들만 낳았으며.

---

136) "아시엘": 납달리 아들이며 족장이다(민 26:48). 창 46:24에는 야스엘, 대상 7:13에는 야시엘로 되어 있다.

137) "살룸": 납달리의 네 아들 중 막내이다(대상 7:13). 창 46:24; 민수기 26:49에는 실렘으로 되어있다.

138) "아스리엘": 므낫세의 아들인데, 그는 아스리엘 가족의 조상이다(민 26:31; 수 17:2; 대상 7:14).

139) "마길": 므낫세의 장자이다(수 17:1). 창 50:23, 민 26:29에는 므낫세의 독자로 되어 있다. 마길 종족의 조상인데, 이 종족은 므낫세 유일의 종족으로 될 뻔했다. 그러나 자손이 번성하여 주류로부터 몇 갈래 지족(支族)이 갈려 나갔으므로, 마길 종족은 므낫세의 한 종족으로 되었다(민 26:29). '마길'이라고 총칭된 그 종족은 전사(戰士)로서 길르앗을 정복했다. 그래서 모세는 이 땅을 마길 종족에 기업으로 주었다(민 27:1; 32:39; 36:1; 신 3:15; 수 13:31). '마길'의 이름은 한 번 요단 강의 동서에 걸친 므낫세의 전 지파를 가르쳐 시적(詩的)으로 사용되었다(삿 5:14). 대상 2:21, 7:14 이하에서 마길은 길르앗과 결합되었다.

본 절 개역개정판 번역은 여러 번역 중 하나이다. 바른 번역을 여기에 기록한다는 것은 거의 불가능한 것으로 보이나 몇 가지 다른 번역을 기록해 본다. ("And Machir took a wife for Huppim and for Shuppim. The name of his sister was Maacah. And the name of the second was Zelophehad; and Zelophehad had daughters"-ESV, "마길은 훕빔과 숩빔을 장가보냈으며 그 자매의 이름은 마가이고 둘째의 이름은 슬로브핫이니 슬로브핫은 딸들을 두었다"-새즈믄 우리말 구약정경, "마길은 훕빔과 숩빔에게 아내를 얻어 주었는데, 그 누이의 이름은 마아가이다. 므낫세의 둘째 아들의 이름은 슬로브핫인데, 슬로브핫은 딸들만 낳았다"-표준 새 번역 등).

마길의 아내는 베냐민의 자손인 아들들인 훕빔과 숩빔의 누이였다(12절). "마아가"는 '압박함'을 뜻하며 "슬로브핫"은 '그늘'을 뜻하고 여기서는 므낫세의 둘째 아들이라 하지만 수 17:3에서는 길르앗의 손자이며 므낫세의 고손이다. 그렇게 변경된 이유는 밝혀지지 않고 있다(이상근). 슬로브핫은 아들을 낳지 못하고 딸만 다섯을 둔 채 광야에서 죽었다(민 27:3,4). 이 딸들은 이스라엘의 재산 상속법을 제정하는데 큰 역할을 했다(민 27:1-11). 당시의 이스라엘 사람들에게는 여자의 상속이 인정되지 않았다. 그런데 이 딸들은 부친의 재산 상속을 요구했다. 이들의 요구를 받고 모세는 하나님께 물어 새로운 상속법을 제정했다. 즉, 사람이 무자한 채 죽으면 딸에게 상속을 주게 되었고, 딸도 없으면 형제에게 주게 했고, 형제도 없으면 아버지의 형제에게, 아버지의 형제도 없으면 가장 가까운 친족에게 상속을 주게 했다. 이 경우에 부친의 재산을 상속받은 딸들은 같은 지파 안에서만 결혼이 허용되었다. 그렇게 한 이유는 각 지파에게 분배된 기업을 영원히 보전하기 위한 조처였다(민 36:1-12).

대상 7:16. 마길의 아내 마아가는 아들을 낳아 그의 이름을 베레스라 하였으며 그의 아우의 이름은 세레스이며 세레스의 아들들은 울람과 라겜이요(And Maacah the wife of Machir bore a son, and she called his name Peresh;

and the name of his brother was Sheresh; and his sons were Ulam and Rakem-ESV).

마길의 아내 이름은 역시 마아가였다. 그녀는 두 아들을 낳아 "베레스"('오물'이라는 뜻)와 "세레스"라고 각각 이름을 지었다. 베레스에게는 세레스라는 아우가 있었는데, 세레스는 "울람"('현관'이라는 뜻)과 "라켐"이라는 아들을 두었다.

대상 7:17. 울람의 아들들은 브단이니 이는 다 길르앗의 자손이라 길르앗은 마길의 아들이요 므낫세의 손자이며.

울람(16절)의 아들은 "브단"[140]('재판의 아들'이란 뜻)이다. 이상이 모두 세레스의 손자이고 마길의 증손이고 므낫세의 고손이다. 그런데 본 절에서는 "길르앗의 자손"이란 말이 나온다. "길르앗"은 마길의 아들이다(14절). 이는 아마도 그들이 길르앗에 살았기 때문이거나 아니면 "이는 므낫세 자손, 길르앗의 아비 마길의 아들들이라"는 뜻일 것이다.

대상 7:18. 그의 누이 함몰레겟은 이스홋과 아비에셀과 말라를 낳았고.

"함몰레겟"은 마길의 누이이며(K.&D. 공동번역, 현대인의 성경) '여왕'이란 뜻이다. 그녀는 "이스홋"('광채의 아들'이란 뜻)과 "아비에셀"('하나님은 도움이심'이라는 뜻)과 "말라"('질병'이란 뜻)를 낳았다.

대상 7:19. 스미다의 아들들은 아히안과 세겜과 릭히와 아니암이더라.

"스미다"('지혜의 명성'이란 뜻)는 길르앗 자손인데, 그는 스미다 가족의 조상이다. 스미다 사람은 므낫세 자손으로 되어 있다(민 26:32; 수 17:2). 스미다의 아들들은 "아히안"('형제적인'이란 뜻)과 "세겜"('부분'이란 뜻)과 "릭히"('한 부분'이란 뜻)와 "아니암"('백성의 슬픔'이란 뜻)이었다.

---

140) "브단": 히브리의 사사이다. 기드온(여룹바알)·입다·사무엘과 같이 연명되어 있는 것으로 보아 걸출한 인물인 듯하다(삼상 12:11).

ㅁ. 에브라임 지파의 족보 7:20-29

요단 서편에 정착한 6지파 중 에브라임 지파의 족보와 기업에 대해 설명한다. 이 에브라임 지파는 야곱으로부터 형 므낫세보다 더 큰 자가 될 것이라는 예언을 받았다. 한편 에스라는 에브라임의 아들 둘이 모두 가드인에게 죽임을 당한 기록을 함으로 그 후에 낳은 아들 브리아의 후손인 위대한 지도자 여호수아를 간접적으로 부각시키며 소개해 준다(27절).

대상 7:20. 에브라임의 아들은 수델라요 그의 아들은 베렛이요 그의 아들은 다핫이요 그의 아들은 엘르아다요 그의 아들은 다핫이요.

에브라임(창 41:51,52)은 이스라엘의 주도권을 장악한 에브라임 지파의 조상이다(창 49:19). 에브라임은 북 이스라엘의 주도권을 잡았고 "에브라임"이란 말이 바로 이스라엘의 대명사가 되기도 했다(사 7:8,9; 렘 31:20).

에브라임의 아들은 "수델라"('식물'이라는 뜻)였고 그의 아들은 "베렛"('우박'이란 뜻)이었으며 그의 아들은 "다핫"('밑 부분'이라는 뜻)이었고 그의 아들은 "엘르아다"('하나님은 아신다'는 뜻)였으며 그의 아들은 "다핫"('밑 부분'이라는 뜻)이었다.

대상 7:21. 그의 아들은 사밧이요 그의 아들은 수델라며 그가 또 에셀과 엘르앗을 낳았으나 그들이 가드 원주민에게 죽임을 당하였으니 이는 그들이 내려가서 가드 사람의 짐승을 빼앗고자 하였음이라.

다핫(20절 참조)의 아들은 "사밧"('살폈다'는 뜻)이었고 그의 아들은 "수델라"('찢는 소리'라는 뜻)였으며 그가 또 "에셀"('연합하다'라는 뜻)과 "엘르앗"('하나님은 증거하신다'는 뜻)을 낳았다.

에셀과 엘르앗 두 사람이 가드(블레셋의 5대 성읍중의 하나였다) 원주민에게 죽임을 당하였는데 그 이유는 그들이 내려가서 가드 사람의 짐승을 빼앗고자 하였기 때문이었다(K.&D.).

여기 "짐승"(מִקְנֵיהֶם)이란 말은 '가축'을 뜻하는 말인데 두 사람이 가드 사람의 가축을 빼앗고자 한 것은 일종 도둑질이었다. 이런 도둑질을 하다가 에브라임 지파가 가드 원주민(블레셋 토인)에게 죽임을 당하게 된 것은 수치스러운 일이 아닐 수 없었다. 에브라임 지파가 크게 번성하리라는 하나님의 약속을 받았지만(창 48:19) 그 자손들의 일부가 이런 비참한 죽음을 당한 것은 큰 부끄러운 일이었다. 본서 저자 에스라가 이런 일을 여기 기록한 것은 하나님의 약속은 어떤 때에 역경을 거쳐서 성취되므로 후손들의 신앙을 시련시켜 견고하게 하려는 것이었다. 하나님의 약속은 마침내 이루어지고야 만다(박윤선).

대상 7:22. 그의 아버지 에브라임이 여러 날 슬퍼하므로 그의 형제가 가서 위로하였더라.

본 절부터 27절까지는 에브라임이 슬프던 가운데(21절) 하나님으로부터 위로를 받은 사실을 전한다. 하나님께서는 때로 그의 백성에게 슬픔도 주시지만 다시 위로를 주신다. 하나님은 위로의 하나님이시다(욥 5:17,18; 호 6:1-3 참조).

그 일로 그들의 아버지인 에브라임이 오랫동안 슬퍼하자 그의 친척들이 와서 그를 위로하였다. 하나님은 아주 많은 경우 사람을 위로하실 때 주위 사람들을 통하여 위로하신다.

대상 7:23. 그리고 에브라임이 그의 아내와 동침하매 임신하여 아들을 낳으니 그 집이 재앙을 받았으므로 그의 이름을 브리아라 하였더라.

그 훗날 에브라임은 그 아내와 한 잠자리에 들어 아내는 임신하여 아들을 낳았다. 부모는 그들의 가정이 재앙을 받았다는 이유로 그 이름을 "브리아"라고 지었다. 다시 말해 아들의 이름을 "재앙"이라고 지었다. 재앙을 받은 사실이 너무 가슴에 한이 되어 이렇게 아들의 이름을 지은 것이다. 이런 위로는 적지 않은 위로였다.

대상 7:24. 에브라임의 딸은 세에라이니 그가 아래 윗 성 벧호론과 우센세에

라를 건설하였더라.

그리고 에브라임에게는 "세에라"('친족'이라는 뜻)라는 딸 하나가 있었는데 그녀는 아래 윗 "벧호론"[141]('호론 신의 집'이라는 뜻)과 "우센세에라"[142]('세라의 귀'라는 뜻) 성을 세웠다. 딸이 이런 일을 한 것도 큰 위로가 되었다.

대상 7:25. 브리아의 아들들은 레바와 레셉이요 레셉의 아들은 델라요 그의 아들은 다한이요.

브리아의 아들들은 "레바"('늦춰진'이라는 뜻)와 "레셉"('불꽃'이라는 뜻)이요 레셉의 아들은 "델라"('틈'이라는 뜻)요 그의 아들은 "다한"('야영'이라는 뜻)이었다. 다한은 에브라임의 4대 손이다.

대상 7:26. 그의 아들은 라단이요 그의 아들은 암미훗이요 그의 아들은 엘리사마요.

다한(25절)의 아들은 "라단"('즐거움'이라는 뜻)이요 그 아들은 "암미훗"('유다의 시민'이란 뜻)이요 그 아들은 "엘리사마"('하나님이 들으심'이라는 뜻)였다.

대상 7:27. 그의 아들은 눈이요 그의 아들은 여호수아더라.

엘리사마(26절)의 아들은 "눈"('아들'이라는 뜻)이요 그의 아들은 "여호수아"('여호와가 구원하신다'는 뜻)였다.

대상 7:28. 에브라임 자손의 토지와 거주지는 벧엘과 그 주변 마을이요 동쪽으로는 나아란이요 서쪽에는 게셀과 그 주변 마을이며 또 세겜과 그 주변

141) "벧호론": 유다 평지에 있던 두 성읍의 이름. 서로 간에 3km 떨어져 있었고, 180m의 낙차가 있어서, 상하 즉 위 아래로 구별되었다.

142) "우센세에라": 에브라임의 딸 세라가 세운 마을이다(24절). 하(下) 벧호론의 서남쪽 5km 지점의 베잇 시라(Beit Sira)와 동일시된다.

마을이니 아사와 그 주변 마을까지이며.

본서 저자 에스라는 본 절과 다음 절(29절)에서 에브라임 자손의 토지와 거주지에 대해 기술한다. 그가 이렇게 진술하는 이유는 아마도 에브라임이 북 왕국 이스라엘의 지도 지파였기 때문이었을 것이다(이상근).

"벧엘"143)('하나님의 집'이라는 뜻)과 그 주변 마을이요 동쪽으로는 "나아란"144)('소녀에게 속하다'는 뜻)이요 서쪽에는 "게셀"145)('분깃'이라는 뜻)과 그 주변 마을이며 또 "세겜"146)('목, 어깨, 또는 등'이란 뜻)과 그 주변 마을이니 "아사"147)('폐지한다'는 뜻)와 그 주변 마을까지였다.

대상 7:29. 또 므낫세 자손의 지계에 가까운 벧스안과 그 주변 마을과 다아낙과 그 주변 마을과 므깃도와 그 주변 마을과 돌과 그 주변 마을이라 이스라엘의 아들 요셉의 자손이 이 여러 곳에 거하였더라.

야곱의 아들 요셉의 후손인 므낫세 지파가 장악하고 있었던 땅은 "벧스안"148)('휴식의 집'이라는 뜻)과 그 주변 마을과 "다아낙"149)과 그 주변 마을과 "므깃도"150)와 그 주변 마을과 "돌"151)('포위하다'라는 뜻)과 그

---

143) "벧엘": 에브라임의 성읍이다. 구약 시대의 예배 역사에 있어서 중요한 성읍이다. 현재는 예루살렘에서 약 16 쯤 떨어져 있으며, 팔레스틴 북부로 통하는 주요 도로의 동쪽에 있는데, 작은 성읍 베이틴(Bei\tin)과 동일시된다.

144) "나아란": 에브라임의 성읍이다(대상 7:28). 나아라(수 16:7)와 동일지이다.

145) "게셀": 예루살렘과 욥바를 잇는 가도의 중간, 예루살렘의 서북서 30㎞ 지점에 있던 고대 팔레스틴의 성읍.

146) "세겜": 그리심 산의 동쪽 기슭에 있던 성읍이다(예루살렘 북쪽 약 65㎞). 오늘날은 텔엘발라다(Tell el-Balatah)라 불리고 있다.

147) "아사": 대상 7:28에 1회 에브라임의 분깃의 경계로 인용되어 있는데, '아야'를 말하고, 느 11:31의 '아야'와 같은 곳이다.

148) "벧스안": 여호수아 17:11; 사사기 1:27에는 벧스안으로 표기되어 있고 사무엘상 31:10에는 벧산으로 되어 있다.

149) "다아낙": 구약성경에서 이스라엘 사람이 BC 13세기 말 가나안 침입 이후 이 다아낙은 므낫세 지파로 배당된 성읍 중 하나로서 기록되어 있다(수 17:11; 대상 7:29). 그리고 또 여호수아 21:25을 보면 레위 사람 그핫 자손에게 배당되고 있음을 알 수 있다.

150) "므깃도": 이스르엘 골짜기, 또는 에스드라엘론 평야를 굽어보는 가나안의 주요도시이다. 후에 이스라엘의 중요한 도시로 되었다.

151) "돌": 갈멜 반도의 남쪽 지중해에 연한 고대 가나안 사람의 성읍으로(수 12:23) 므낫세의 소유로 되었다(수 17:11; 삿 1:29; 대상 7:29).

주변 마을이라 이스라엘의 아들 요셉의 자손이 이 여러 곳에 거하였다는 것이다.

ㅂ. 아셀 지파의 족보 7:30-40

본문(30-40절)은 아셀의 아들(30절), 브리아의 후손들(31-39절), 및 아셀 지파의 규모(40절)를 소개한다. 특별히 아셀의 4아들 중에서 브리아를 중심으로 소개하고 있다.

대상 7:30. 아셀의 아들들은 임나와 이스와와 이스위와 브리아요 그들의 매제는 세라이며.

"아셀"(야곱의 8번째 아들)의 아들들은 "임나"('번영'이라는 뜻)와 "이스와"('평평한'이라는 뜻)와 "이스위"('평평한'이라는 뜻)와 "브리아"(브리아 가족의 조상)요 그들의 매제는 "세라"('풍성'이라는 뜻)였다.

대상 7:31. 브리아의 아들들은 헤벨과 말기엘이니 말기엘은 비르사잇의 아버지이며.

브리아의 아들들은 "헤벨"('소유한 자'라는 뜻)과 "말기엘"('하나님은 나의 왕이시다'는 뜻)이니 말기엘은 "비르사잇"[152]('상처들'이라는 뜻)의 아버지였다.

대상 7:32. 헤벨은 야블렛과 소멜과 호담과 그들의 매제 수아를 낳았으며.

본 절에 거명된 이들은 모두 헤벨의 아들들이다. 헤벨은 "야블렛"('하나님이 구출하신다'는 뜻)과 "소멜"('지키는 자'라는 뜻)과 "호담"('도장'이란 뜻)과 그들의 매제 "수아"('구덩이'라는 뜻)를 낳았다.

대상 7:33. 야블렛의 아들들은 바삭과 빔할과 아스왓이니 야블렛의 아들은 이러하며.

152) "비르사잇": 아셀 자손 마길의 아들이다. 족장이며, 뽑힌 큰 용사이며, 방백의 두목 중 한 사람이다(대상 7:31,40).

본 절의 사람들은 야블렛의 아들들, 헤벨의 손자였고, 아셋의 고손자이었다. 야블렛의 아들들은 "바삭"('나누는 사람'이라는 뜻)과 "빔할"('할례의 아들'이란 뜻)과 "아스왓"(아셀의 자손 야블렛의 아들)이었다.

대상 7:34. 소멜의 아들들은 아히와 로가와 호바와 아람이요.

소멜의 아들들은 "아히"('아히야'의 단축형이다)와 "로가"(풍족한 비'라는 뜻)와 "호바"('숨긴다'는 뜻)와 "아람"('높음'이라는 뜻)이었다.

대상 7:35. 그의 아우 헬렘의 아들들은 소바와 임나와 셀레스와 아말이요.

소멜(표준 새 번역, 공동번역)의 아우 헬렘의 아들들은 "소바"('저주'라는 뜻)와 "임나"('하나님께서 보유하심'이라는 뜻)와 "셀레스"[153]와 "아말"('노고'라는 뜻)이었다.

대상 7:36. 소바의 아들들은 수아와 하르네벨과 수알과 베리와 이므라와.

소바의 아들들은 "수아"('부귀'라는 뜻)와 "하르네벨"('숨을 할딱거리다'는 뜻)과 "수알"('여우'라는 뜻)과 "베리"('샘의'라는 뜻)와 "이므라"('완고한'이란 뜻)였다. 소바의 아들들은 본 절과 다음 절을 합하여 11명이다. 이들은 모두 또 헬렘의 손자들이었다.

대상 7:37. 베셀과 훗과 사마와 실사와 이드란과 브에라요.

"베셀"('성채'라는 뜻)과 "훗"('위엄'이란 뜻)과 "사마"와 "실사"('삼조'라는 뜻)와 "이드란"[154]과 "브에라"('우물'이라는 뜻)였다.

---

153) "셀레스": 아셀 자손 헬렘의 아들인데, 족장이며 뽑힌 큰 용사이다. 방백의 두목 중 한 사람이다(대상 7:35,40).

154) "이드란": 아셀 자손 소바의 아들이다. 여기 녹명된 자들은 족장이며, 뽑힌 큰 용사이며, 방백의 두목이라고 했는데, 이드란도 이 중 어느 한 직분을 맡은 자일 것이다(대상 7:37). 38절의 '예델'과 동일 인물일 것이다.

대상 7:38. 예델의 아들들은 여분네와 비스바와 아라요.

"예델"('능가하는 자'라는 뜻)의 아들들은 "여분네"('길이 준비되었다'는 뜻)와 "비스바"와 "아라"('방황한다'는 뜻)였다. 본 절의 예델이 누구인지는 정확하게 알 수 없다. 그러나 앞 절(37절)의 "이드란"의 별명일 것이라는 주장이 있다(Lange).

대상 7:39. 울라의 아들들은 아라와 한니엘과 리시아이니.

본 절의 "울라"('높아진다'는 뜻)도 역시 앞 절(38절)의 "아라"의 별명일 것이라는 주장이 있다(Lange). 울라의 아들들은 "아라"('방황한다'는 뜻)와 "한니엘"('하나님은 은혜이시다'는 뜻)과 "리시아"('달리다'는 뜻)였다.

대상 7:40. 이는 다 아셀의 자손으로 우두머리요 정선된 용감한 장사요 방백의 우두머리라 출전할 만한 자를 그들의 계보대로 계수하면 이만 육천 명이었더라.

본 절은 아셀 지파의 족보의 결론이다. 이들은 모두 아셀의 자손으로 각 가문에서 족장들이요, 뽑힌 용감한 군인들이요, 지도자급 족장들이었다. 싸움에 나갈 만한 군인으로 족보에 오른 사람의 수는 26,000명이었다. 아셀의 전 인구는 모세의 제 1차 계수 때 41,500명이었고(민 1:41), 제 2차 인구 조사 때는 53,400명이었다(민 26:47).

제 8 장

6. 베냐민 지파의 족보 8:1-40

이 부분(1-40절)에서는 이미 언급한 베냐민의 족보(7:6-12)를 다시 자세히 기록한다. 이 부분애서는 베냐민 자손의 두 영웅 사사 에훗과 이스라엘 초대 왕 사울을 좀 더 부각시킨다. 본장은 베냐민의 아들들(1-5절), 에훗의 족보(6-28절), 및 사울의 족보(29-40절)를 상설한다.

ㄱ. 베냐민의 아들들 8:1-5

베냐민의 아들들의 족보를 기록한다. 이 부분은 7:6-7: 창 46:21; 민 26:28-40과 병행한다.

대상 8:1-2. 베냐민이 낳은 자는 맏아들 벨라와 둘째 아스벨과 셋째 아하라와 넷째 노하와 다섯째 라바이며.

"베냐민"[155]('오른 손의 아들'이란 뜻)이 낳은 자는 맏아들 "벨라"('삼킴'이라는 뜻)와 둘째 "아스벨"('하나님의 의견'이란 뜻)과 셋째 "아하라"('형제를 따라'라는 뜻)와 넷째 "노하"('휴식함'이란 뜻)와 다섯째 "라바"('그가 치료함'이라는 뜻)였다.

위의 5명 아들 외에도 "베겔"(11:6; 창 46:21, '어린 약대'란 뜻)이란 아들이 있었고, 또 "여디아엘"(7:6, '하나님의 아신 자'란 뜻)이란 아들이 있었다.

---

155) "베냐민": 야곱의 12아들 중 막내 아들이다. BC 1730년 야곱의 애처 라헬의 몸에서 요셉의 동생으로 태어났다. 그의 출생지에 대해 창세기 35:16에는 에브랏 부근이라 하고, 창세기 35:22- 26에는 밧단 아람이라고 하였다.

대상 8:3-5. 벨라에게 아들들이 있으니 곧 앗달과 게라와 아비훗과 아비수아와 나아만과 아호아와 게라와 스부반과 후람이라.

베냐민의 맏아들 벨라(1절)에게 아들들이 있었다. 여기 "아들들"(בָּנִים) 이란 말은 '아들들'이란 뜻 외에 '자손들'이란 뜻을 가지고 있다. 본 절에서는 자손들이란 뜻으로 사용된 것으로 보인다. 여기 베냐민의 맏아들로부터 9명의 자손들이 나온 것으로 보아야 할 것이다.

"앗달"과 "게라"('돌아다니다'라는 뜻)와 "아비훗"('아버지는 위엄이 있다'란 뜻)과 "아호아"('형제적인'이란 뜻, 이상 4절)와 "게라"('돌아다니다'는 뜻)와 "스부반"('뱀'이라는 뜻)과 "후람"[156] 등 9명의 자손들이 있었다.

ㄴ. 에훗의 족보 8:6-28

이 부분(6-28절)에는 에훗의 족보가 상세하게 기록되어 있다. 아마도 그가 이스라엘의 사사로 또는 영웅적 행동으로 이스라엘 백성들을 모압의 압제에서 구원했기 때문일 것이다.

대상 8:6-7. 에훗의 아들들은 이러하니라 그들은 게바 주민의 우두머리로서, 사로잡혀 마나핫으로 갔으니 곧 나아만과 아히야와 게라이며 게라는 또 웃사와 아히훗을 낳았으며(These were the sons of Aod: these are the heads of families to them that dwell in Gabee, and they removed them to Machanathi: and Nooma, and Achia and Gera, he removed them, and he begot Aza, and Jachicho-LXX 영문**).**

개역판이나 개역개정판 번역에 문제가 있다. 즉, 에훗의 자손들(나아만과 아히야와 게라)이 게바에서 족장으로 사는 중에 누가 그들을 사로잡아 마나핫으로 갔는데 그들 중에 게라가 웃사와 아히훗을 낳았다는 것으로 번역했다. 그러나 6,7절 을 다시 번역해 보면 "이들은 에훗의 아들들이고 게바 주민들의 족장들이었는데 이들이 게바 주민들을 마나핫으로 사로 잡아갔다. 곧, 나아만

156) "후람": 베냐민의 손자이며 벨라의 아들이다(대상 8:5). 민수기 26:39에는 `후밤'이며 베냐민의 아들로 되어 있다.

과 아히야와 헤글람이라는 게바가 그렇게 했다. 게라는 웃사와 아히훗을 낳았다"고 번역할 수 있다(LXX 영문판, ASV, NASB, 박윤선).

"에훗"[157]('함께 결합한다'는 뜻)의 자손은 "나아만"('즐거움'이란 뜻), "아히야"('여호와는 형제임'이라는 뜻), "게라"('돌아다니다'는 뜻)였는데, 그들은 "게바"('구릉'이라는 뜻)에 살던 사람들로 그 집안의 족장들이었으나 게바 주민들을 "마나핫"[158]('휴식 장소'라는 뜻)으로 끌어갔다. "게바"는 베냐민 지파의 성읍인데, 동북 지경에 있었으며(수 18:24) 레위 자손의 성읍으로 되었다(수 21:17; 대상 6:60). 유다 왕국의 최북단에 위치하였다(왕하 23:8). 예루살렘의 북쪽 9㎞, 오늘날의 제바(Jeba)로 추정된다. 에훗의 자손들이 왜 게바 주민들을 마나핫으로 옮겼는지는 알 수 없다.

그리고 게라는 그곳에서 "웃사"('능력'이라는 뜻)와 "아히훗"('유대인의 친구'라는 뜻)을 낳았다(7절).

대상 8:8. 사하라임은 두 아내 후심과 바아라를 내 보낸 후에 모압 땅에서 자녀를 낳았으니.

여기 "사하라임"(שַׁחֲרַיִם)이 문맥에 관련 없이 나왔으니 그가 누구인지는 알 수가 없다. 이름의 뜻은 '이중의 새벽'이라는 뜻이다.

이 사람이 원래 아내가 둘이었느냐 혹은 세 명이었느냐 하는 것은 알 수가 없다. 사하라임이 아내 둘(후심과 바아라)을 내어보냈다(신 22:19,29; 사 50:1)는 말은 이혼했다는 것을 보여주는 말로 이 사람이 타락했다는 것을 들어낸다. 이 사람이 아내 둘과 이혼한 다음 모압 땅으로 이주해서 아내 호데스를 셋째로 맞이하여 아들 7명을 낳았다(9-10절). 이 사람이 모압 땅으로 이주한 이유는 본문에 나와 있지 않으니 정확히 알 수는 없으나 그가 아내를 둘이나 내어보냈으니 이스라엘 땅에서 실망하고 모압 땅으로 간

---

157) "에훗": 왼손잡이 사사로, 모압 왕 에그론의 억압을 받고 있던 이스라엘을 구원한 인물이다(삿 3:15-30).

158) "마나핫": 유다의 성읍인데, 베냐민 사람이 이리로 이동하였다(대상 8:6). 예루살렘의 서쪽 5 지점의 엘 말하(el-Malhah, 이스라엘 이름Manahat)와 동일시된다.

것 같다.

대상 8:9. 그의 아내 호데스에게서 낳은 자는 요밥과 시비야와 메사와 말감과.

본 절은 사하라임이 모압 땅에서 셋째 아내 "호데스"('초승달'이라는 뜻)를 맞이하여 아들 7명을 낳았다는 보고이다. 호데스와의 사이에 낳은 아들들은 모두 유다 족보에 올린 것이다. "요밥"('외침'이라는 뜻)과 "시비야"('암양'이란 뜻)와 "메사"('큰 고통'이란 뜻)와 "말감"('저희들의 임금'이란 뜻)이었다.

대상 8:10. 여우스와 사갸와 미르마이니 이 아들들은 우두머리이며.

"여우스"('그를 도우려고 왔다'는 뜻)와 "사갸"('여호와께서는 울타리를 두르셨다'는 뜻)와 "미르마"('교활한 말'이란 뜻)였다. 그런데 이 아들들은 우두머리였다. 이들은 다 모압 지방에서 족장이 되었다는 뜻이다.

대상 8:11. 또 그의 아내 후심에게서 아비둡과 엘바알을 낳았으며.

그리고 사하라임이 그의 전처 "후심"('서두르게 만드는 자'라는 뜻)에게서 얻은 아들은 "아비둡"('형제는 선하다'는 뜻)과 "엘바알"('하나님께서 이루신다'는 뜻)이었다. 하나님께서 사하라임으로부터 버림받은 전처 후심을 돌보셨다. 아마도 후심이 사하라임과 함께 살 때에 고통 중에 살았던 것 같다. 하나님께서는 고통 받는 자들을 돌보신다.

대상 8:12. 엘바알의 아들들은 에벨과 미삼과 세멧이니 그는 오노와 롯과 그 주변 마을들을 세웠고.

후심에게서 낳은 아들 엘바알이 또 아들들을 낳았는데 그들은 "에벨"('송아지'라는 뜻)과 "미삼"('검사'라는 뜻)과 "세멧"('파괴'라는 뜻)이었다. "그는 오노와 롯과 그 주변 마을들을 세웠다". 즉, 세멧이 "오노"[159]('부'라는 뜻)와 "롯"[160]이라는 마을과 그 주변 마을들을 세웠다. 이들은 모압화 된 자손들과는 달리 요단 서편에서 번성한 후심의 후손들을 보여주었다.

대상 8:13. 또 브리아와 세마이니 그들은 아얄론 주민의 우두머리가 되어 그들이 가드 주민을 쫓아냈더라.

또 엘바알(12절)의 다른 아들들은 "브리아"('재앙을 받는다'는 뜻)와 "세마"('그는 들어 주신다'는 뜻)였는데 이들은 "아얄론"(이 지역은 단 지파에 할당 되었으나 에브라임 지파가 아모리인을 추방하고 차지했다)에 정착한 주민들로서 그 집안의 족장들이며 가드(블레셋의 5대 도시 중 하나) 주민들을 쫓아냈다. 가드는 이스라엘의 다윗 왕 때 이스라엘에게 정복되었다(18:1).

대상 8:14-16. 아히요와 사삭과 여레못과 스바댜와 아랏과 에델과 미가엘과 이스바와 요하는 다 브리아의 아들들이요.

"아히요"('형제적인'이란 뜻)와 "사삭"('욕망'이란 뜻)과 "여레못"('높음'이란 뜻)과 "스바댜"('여호와는 심판하신다'는 뜻)와 "아랏"(베냐민 지파 브리아의 아들이며 족장이며 두목)과 "에델"('때'라는 뜻)과 "미가엘"('누가 하나님과 같으냐'는 뜻)과 "이스바"('벗겨진'이란 뜻)와 "요하"('여호와께서 소생시키신다'는 뜻)는 모두 브리아(13절)의 아들들이고 사하라임(8절)의 손자들이다.

대상 8:17-18. 스바댜와 므술람과 히스기와 헤벨과 이스므래와 이슬리아와 요밥은 다 엘바알의 아들들이요.

"스바댜"('여호와는 심판하심'이라는 뜻)와 "므술람"('상 주었다'는 뜻)

---

159) "오노": 베냐민 지파의 성읍인데(대상 8:12; 느 11:35), 포로 귀환 후 일부는 여기에 정착하였다(스 2:33; 느 7:37). 롯의 서북쪽 9km 지점의 케프르 아나(Kefr 'Ana, 이스라엘 이름 Ono)와 동일시된다.

160) "롯": 욥바(텔아비브)의 남동17km, 엘 두드(el-Ludd, 이스라엘名 Lod)로 추정된다. 베냐민 사람 세멧에 의해 세워진 성읍의 하나로서 (대상 8:12), 포로 귀환 후, 그 향리인 성읍 로드에 돌아와 거주한 사람도 있었다(로드, 스 2:33; 느 7:37,11:35). 이곳은 오노와는 8km 떨어져 있다. 이곳은 회복된 유다의 공동체의 거주지역의 서쪽 끝이었다.

과 “히스기”(‘나의 힘’이란 뜻)와 “헤벨”(‘친교’라는 뜻)과 “이스므래”(‘여호와께서 지키신다’는 뜻)와 “이슬리아”(‘여호와는 구원하신다’는 뜻)와 “요밥”(‘외침’이라는 뜻) 등 7명은 다 엘바알의 아들들이었다. 12-13절의 엘바알의 아들 5명을 합하면 아들들은 모두 12명이 된다.

대상 8:19-21. 야김과 시그리와 삽디와 엘리에내와 실르대와 엘리엘과 아다야와 브라야와 시므랏은 다 시므이의 아들들이요.

“야김”(‘그는 일으키심’이라는 뜻)과 “시그리”(‘유명한’이란 뜻)와 “삽디”(‘여호와의 선물’이란 뜻)와 “엘리에내”(베냐민 사람 시므이의 아들이다. 족장 또는 두목)와 “실르대”(‘여호와의 보호’라는 뜻)와 “엘리엘”(‘엘은 하나님이심’이란 뜻)과 “아다야”[161](‘여호와께서 즐거워하신다’는 뜻)와 “브라야”(‘여호와께서 창조하셨다’는 뜻)와 “시므랏”(‘감시’라는 뜻) 등 9명은 다 시므이의 아들들이다. “시므이”는 베냐민 지파 아얄론 거민의 족장으로서, 야김과· 시그리 등 9아들의 부친이다(대상 8:21).

대상 8:22-25. 이스반과 에벨과 엘리엘과 압돈과 시그리와 하난과 하나냐와 엘람과 안도디야와 이브드야와 브누엘은 다 사삭의 아들들이요.

“이스반”(‘토끼’라는 뜻)과 “에벨”(‘송아지’란 뜻)과 “엘리엘”(‘엘은 하나님이시다’라는 뜻)과 “압돈”(‘종’이라는 뜻)과 “시그리”(‘유명한’이라는 뜻)와 “하난”(‘자비가 많은’이란 뜻)과 “하나냐”(‘여호와는 자비하시다’는 뜻)와 “엘람”(사삭의 아들이며, 족장 아니면 백성의 두목이다)과 “안도디야”(‘여호와의 응답을 받음’이란 뜻)와 “이브드야”(‘여호와는 속량하신다’는 뜻)와 “브누엘”(‘하나님의 얼굴’이란 뜻) 등은 모두 사삭(14절)의 아들이었다. 이들 11명은 모두 사삭의 아들이고 브리아(13절)의 손자이며 엘바알(12절)의 증손이며 사하라임(8절)의 고손들이다.

---

161) “아다야”: 베냐민 자손 시므이의 아들이다. 족장으로서 바벨론 포로 전부터 예루살렘에서 살았다(대상 8:21).

대상 8:26-27. 삼스래와 스하랴와 아달랴와 야아레시야와 엘리야와 시그리는 다 여로함의 아들들이니.

혹자는 본 절의 "여로함"('그가 긍휼히 여기시를'이라는 뜻)이 14절의 "여레못"과 동일 인물로 본다(Wycliffe, 이상근, 종합주석). 그렇다면 그의 6명의 아들들 "삼스래"와 "스하랴"('여호와는 새벽이니라')와 "아달랴"('여호와는 존귀하시다'는 뜻)와 "야아레시야"('여호와는 심으신다'는 뜻)와 "엘리야"('여호와는 하나님이심'이란 뜻)와 "시그리"('유명한'이란 뜻)는 브리아의 손자요, 엘바알의 증손들이며, 사하라임의 고손들이 되는 것이다.

대상 8:28. 그들은 다 가문의 우두머리이며 그들의 족보의 우두머리로서 예루살렘에 거주하였더라.

11절 이하에 나오는 자들은 족보에 오른 각 가문의 족장들이며, 이 족장들은 예루살렘에서 살았다. 본 절에 나오는 "우두머리"란 말이 두 번 나오는 것은 이들 모두가 각 가정의 최고 우두머리였음을 강조하기 위해서였다.

그리고 그들이 "예루살렘에 거주하였다"는 말은 요새로 사용된 예루살렘에 거주했다는 말이 아니라 예루살렘 주변의 베냐민 사람들이 살던 성읍에 거주했다는 말이다. 이유는 다윗이 예루살렘을 점령하기 까지는 가나안의 원주민인 여부스 사람들이 거주하고 있었기 때문이다(삼하 5:6,7).

ㄷ. 사울의 족보 8:29-40

베냐민 지파의 족보를 기록한 후 저자는 그 지파의 대표인 사울 왕가의 족보를 기록한다.

대상 8:29. 기브온의 조상 여이엘은 기브온에 거주하였으니 그 아내의 이름은 마아가며.

기브온에 "여이엘"('여호와께서 세우셨다'는 뜻)이라는 사람이 거주했는데, 그는 "기브온"[162]('언덕'이란 뜻)을 건설한 사람으로서 "마아가"('압제하다'란 뜻)라는 아내와 함께 살았다.

대상 8:30-31. 장자는 압돈이요 다음은 술과 기스와 바알과 나답과 그돌과 아히오와 세겔이며.

여이엘의 아들 8명이 등장한다. 아들 8명은 "압돈"('종'이라는 뜻)이요 다음은 "술"('반석'이란 뜻)과 "기스"(사울의 아버지)와 "바알"('소유자'란 뜻)과 "나답"('관대하다'란 뜻)과 "그돌"('위대함'이란 뜻)과 "아히오"('아효'와 같음)와 "세겔"('여호와는 기억하심'이라는 뜻)이었다.

대상 8:32. 미글롯은 시므아를 낳았으며 그들은 친족들과 더불어 마주하고 예루살렘에 거주하였더라.

여기 "미글롯"('멸시하다'란 뜻)은 여이엘의 마지막 10번 째 아들이다(9:37절 참조). 미글롯은 "시므아"(베냐민 자손 미글롯의 아들임, 대상 8:32)를 낳은 후 다른 친족들을 마주 보며 자기들의 친족들과 함께 예루살렘에서 살았다.

대상 8:33. 넬은 기스를 낳고 기스는 사울을 낳고 사울은 요나단과 말기수아와 아비나답과 에스바알을 낳았으며.

"넬"[163]('등불'이란 뜻)은 "기스"(사울의 아버지)를 낳았고, 기스는 "사울"[164]('희망'이란 뜻)을 낳았으며 사울은 "요나단"('여호와께서 주셨다'는 뜻)과 "말기수아"('여호와는 부요하시다'는 뜻)와 "아비나답"('아버지는 관용하심'이란 뜻)과 "에스바알"('부끄러운 사람'이란 뜻)을 낳았다.

---

162) "기브온": 팔레스틴 중부의 산악지에 있던 히위 사람의 도성이었는데(수 9:3,17), 예루살렘의 서북쪽 9 지점에 있는 오늘날의 '에 집'(ej-Jib, 학자에 따라서는 '엘 집, el-Jib'으로도 표기된다)과 동일시된다.

163) "넬": 여이엘의 5번째 아들(9:36).

164) "사울": 이스라엘의 초대 왕.

대상 8:34. 요나단의 아들은 므립바알이라 므립바알은 미가를 낳았고.

사울왕의 장남 요나단의 아들은 "므립바알"('바알의 영웅'이란 뜻)이었다. 므립바알은 므비보셋의 다른 이름이다. 그는 어릴 때 유모의 실수로 절뚝발이가 되었다. 다윗은 므비보셋을 평생 후대했다. 이유는 요나단과의 언약 때문이었다(삼하 4:4; 9:1-13). 므립바알은 "미가"('여호와와 같은 자가 누구냐'는 뜻)를 낳았다.

대상 8:35. 미가의 아들들은 비돈과 멜렉과 다레아와 아하스이며.

본 절은 미가의 아들들을 기록한다. 즉, "비돈"('무해한'이란 뜻)과 "멜렉"('권하는 사람'이라는 뜻)과 "다레아"('숙련'이란 뜻)와 "아하스"('소유자'라는 뜻)였다.

대상 8:36. 아하스는 여호앗다를 낳고 여호앗다는 알레멧과 아스마웻과 시므리를 낳고 시므리는 모사를 낳고.

미가의 아들 아하스는 "여호앗다"('여호와께서 단장하신다'는 뜻)를 낳았고 여호앗다는 "알레멧"('이정표'라는 뜻)과 "아스마웻"('죽음의 권세'라는 뜻)과 "시므리"('노래로 찬양하는'이라는 뜻)를 낳았고 시므리는 "모사"('나간다'는 뜻)를 낳았다. 이는 사울의 7대손, 요나단의 6대손이었다.

대상 8:37. 모사는 비느아를 낳았으며 비느아의 아들은 라바요 그의 아들은 엘르아사요 그의 아들은 아셀이며.

시므리의 아들 모사(36절)는 "비느아"('터져 나옴'이란 뜻)를 낳았고, 비느아는 "라바"('그가 치료함'이란 뜻)를 낳았다. 그리고 라바는 "엘르아사"('하나님께서 역사하신다'는 뜻)를 낳았고, 엘르아사는 "아셀"('고귀한'이란 뜻)을 낳았다.

대상 8:38. 아셀에게 여섯 아들이 있어 그들의 이름은 이러하니 아스리감과 보그루와 이스마엘과 스아랴와 오바댜와 하난이라 아셀의 모든 아들이 이러하며

엘르아사의 아들 아셀(37절)에게 여섯 아들이 있었는데 그 이름들은 "아스리감"('원수에 대한 도움'이라는 뜻)과 "보그루"('초생아'라는 뜻)와 "이스마엘"('하나님께 들으심'이라는 뜻)과 "스아랴"('여호와께서 귀히 여기신다'는 뜻)와 "오바댜"('주의 종'이란 뜻)와 "하난"('자비가 많다'는 뜻)이었다. 이들은 사울의 12대손이었다.

대상 8:39. 그의 아우 에섹의 아들은 이러하니 그의 맏아들은 울람이요 둘째는 여우스요 셋째는 엘리벨렛이며.

아셀(38절)의 아우 "에섹"('억압'이라는 뜻)의 맏아들은 "울람"[165]('앞에'라는 뜻)이고, 둘째 아들은 "여우스"('그를 도우려고 왔다'는 뜻)이며, 셋째 아들은 "엘리벨렛"('구원의 하나님'이라는 뜻)이었다.

대상 8:40. 울람의 아들은 다 용감한 장사요 활을 잘 쏘는 자라 아들과 손자가 많아 모두 백오십 명이었더라 베냐민의 자손들은 이러하였더라.

에섹의 맏아들 울람(39절)의 아들들은 다 용감한 장사들이었고, 활을 잘 쏘는 사람들이었다(삼하 1:22; 대상 12:2; 대하 14:8; 17:17). 베냐민 지파가 이렇게 활을 잘 쏘는 용맹성을 지닌 것은 야곱이 이미 예언한 바에 따른 것이다(창 49:27). 울람의 아들들은 사울의 13대 손이었다.

그리고 울람의 아들과 손자가 많아 모두 150명이었다. 기브아의 싸움에서 거의 멸절되다시피 한 베냐민 지파(삿 20:47)가 다시 번성케 되었음을 보여주는 말이다.

---

165) "울람": 베냐민 사람 에섹의 맏아들인데, 그의 아들들은 다 큰 용사로서 활 명수였다(대상 8:39,40).

"베냐민의 자손들은 이러하였다"는 말은 베냐민 지파의 족보(8장)의 결론으로 나온 말이다(이상근). 여기에 기록된 인물들은 모두 포로 시대 이전의 인물들임에 틀림없는 것으로 본다(Payne, Lange, K.&D.).

제 9 장

7. 예루살렘으로 귀환한 사람들 9:1-44

이 부분(1-44절)은 바벨론 포로에서 귀환하여 예루살렘에 거주한 백성들을 기록한 것이다. 내용은 유다와 베냐민 사람들(1-9절), 제사장과 레위인들(10-34절) 및 사울의 자손들(35-44절)이었다.

ㄱ. 유다와 베냐민의 사람들 9:1-9

1-3절은 서론이고, 다음으로 유다 자손들을 기록했으며(4-6절), 베냐민 자손들(7-9절)을 기록하고 있다.

1-3절: 서론.

대상 9:1. 온 이스라엘이 그 계보대로 계수되어 그들은 이스라엘 왕조실록에 기록되니라 유다가 범죄함으로 말미암아 바벨론으로 사로잡혀 갔더니 (SO ALL Israel was recorded by genealogies; and these are written in the Book of the Kings of Israel. And Judah was taken into exile in Babylon because of their breach of faith-ESV)**.**

문장 초두의 "온 이스라엘"이란 말은 유다 왕국과 대조되는 이스라엘 왕국을 의미하는 말이 아니라 전체 이스라엘 12지파를 지칭하는 말이다. 그렇게 말해야 하는 이유는 1) 본장의 기록 내용(1-44절)이 이스라엘 전체를 포함하고 있기 때문이고, 2) "이스라엘"이란 말 자체가 언약 백성을 의미하는 말이기 때문이다(K.&D.).

본 절의 "계보"란 말은 '족보'를 뜻하는 말이다. "온 이스라엘이 그 계보대로 계수되었다"는 말은 온 이스라엘이 지파별로 족보에 다 기록되었다는 뜻이다. 이스라엘이 지파별로 족보에 기록된 것은 네 번이었다.[166]

"이스라엘 열왕기에 기록되었다"는 말은 정경(성경)의 열왕기에 기록되었다는 말이 아니라 국가의 행정문서에 기록되었다는 뜻이다. "유다가 범죄 함으로 말미암아 바빌론으로 사로잡혀 갔다"는 말은 유다가 사로잡혀가는 주전 586년까지 유다 나라 사람들이 우상을 섬겨 하나님을 떠난 것을 지칭하는 말이다. 하나님을 떠난다는 것은 치명적인 범죄가 아닐 수 없다. 저자가 여기서 이 말을 사용하는 것은 앞으로 바벨론에서 귀환하는 유다 백성으로 하여금 다시는 우상을 섬기지 말고 하나님을 잘 섬기도록 권고하기 위함이었다.

대상 9:2. 그들의 땅 안에 있는 성읍에 처음으로 거주한 이스라엘 사람들은 제사장들과 레위 사람들과 느디님 사람들이라.

자기들이 살던 성읍에 맨 처음으로 돌아와서 살림을 시작한 이스라엘 사람들은 제사장들과 레위 사람들과 성전 봉사자들이었다. 본 절의 "느디님"(הַנְּתִינִים)이란 '주어진 자'를 뜻한다. 즉, 제사장 레위인 아래서 성소의 잡일을 하여 성전에 사용된 한 계급이었다. 히브리어 "네티님"의 음사로서, 성소에서 봉사하도록 제사장에게 노예로서 주어진 자이다. 그들은 기브온 사람이라든가 다른 가나안 부족들의 사람이었는데, 포로 되어, 성전 노예로 된 사람의 자손이다(민 31:30,47; 수 9:27; 스 8:20). 이들이 먼저 돌아와 성전에서 봉사하려고 한 것은 놀라운 하나님의 섭리였다.

대상 9:3. 유다 자손과 베냐민 자손과 에브라임과 므낫세 자손 중에서 예루살렘에 거주한 자는.

또 유다와 베냐민과 에브라임과 므낫세 지파 중에서 예루살렘에 돌아온 일부 사람들이 있었는데 그들은 다음과 같다. 본 절에는 4지파의 자손들이

---

166) 인구조사를 한 것은 이스라엘 역사에 4번 있었다(민 1장; 민 26장; 삼하 24:1-9; 스 2장; 느 7장).

돌아온 것처럼 기록되어 있지만 실상 본 장에는 유다 지파와 베냐민 지파만이 기록되어 있다. 4-6절에는 유다 자손들이 기록되어 있고, 7-9절에는 베냐민 자손들이 기록되어 있는 것을 보아도 알 수 있다.

4-6절: 유다 자손들의 족보.

대상 9:4. 유다의 아들 베레스 자손 중에 우대이니 그는 암미훗의 아들이요 오므리의 손자요 이므리의 증손이요 바니의 현손이며.

유다의 아들 "베레스"('터짐'이라는 뜻) 자손 중 "우대"[167]('여호와께서 구원하심'이라는 뜻)가 있었는데 이 우대는 "암미훗"('찬양하는 백성'이란 뜻)의 아들이었고 "오므리"의 손자였으며 "이므리"('하나님은 약속하셨다'는 뜻)의 증손이었고 "바니"('후예'라는 뜻)의 현손이었다.

대상 9:5. 실로 사람 중에서는 맏아들 아사야와 그의 아들들이요.

그리고 "실로"('평화'라는 뜻) 사람 중에서 예루살렘으로 돌아온 자는 실로의 맏아들 "아사야"('여호와께서 행하심'이란 뜻)와 그의 아들들이 있었다.

대상 9:6. 세라 자손 중에서는 여우엘과 그 형제 육백구십 명이요.

"세라"[168] 자손 중에서는 "여우엘"(실로 출신 세라 자손이다)과 그 형제 690 명이 있었다. 여기 그 "형제"란 말은 '그의 동족들'을 지칭한다.

7-9절: 베냐민 자손들의 족보.

---

167) "우대": 유다의 아들 베레스의 자손인데, 암미훗의 아들이다. 예루살렘에서 살았다(대상 9:4).

168) "세라": 유다와 그의 자부 다말에게서 불의의 삯으로 생긴 쌍동이의 출생한 이 일에 대하여, 이것은 유다와 다말의 부끄러움을 환기시키려는 것이었다고 한다. 이 일은 보통 일이 아니고 하나의 놀랄만한 일이다. 그것은 무엇을 생각케 하는 일이다. 쌍동이의 출생이 모두 다 부끄러운 일이라는 것은 아니지만, 어떤 경우에 있어서는 그 일이 부모로 하여금 놀라게 하여 이전 일을 생각케 한다는 것이다. 세라인의 조상이다(창 38:30; 민 26:20; 수 7:1).

대상 9:7. 베냐민 자손 중에서는 핫스누아의 증손 호다위아의 손자 므술람의 아들 살루요.

예루살렘으로 돌아온 베냐민 자손 중에서는 "핫스누아"(베냐민 자손인데, 예루살렘 시민의 부감독이었던 유다의 부친이다. 느 11:9)의 증손 "호다위아"('당신이 여호와를 찬양하라'는 뜻)의 손자 "므술람"('상주었다'는 뜻)의 아들 "살루"('올라감'이란 뜻)가 있었다. 살루란 이름은 느 11:7에 있다.

대상 9:8. 여로함의 아들 이브느야와 미그리의 손자 웃시의 아들 엘라요 이브니야의 증손 르우엘의 손자 스바댜의 아들 무술람이요.

예루살렘으로 돌아온 베냐민 자손 중에서 본 절에서는 세 가문을 거명한다. 한 가문은 여로함의 아들 "이브느야"('여호와는 세우심'이라는 뜻)였고, 또 한 가문은 미그리의 손자 웃시의 아들 "엘라"('상수리 나무'라는 뜻)였으며, 또 한 가문은 이브니야의 증손 "르우엘"('하나님의 친구'라는 뜻)의 손자 "스바댜"('여호와는 심판하심'이라는 뜻)의 아들 "무술람"('상주었다'는 뜻)이었다.

대상 9:9. 또 그의 형제들이라 그들의 계보대로 계수하면 구백오십육 명이니 다 종족의 가문의 우두머리들이더라.

본 절의 "형제들"이란 말은 '친척들'이란 뜻이다. 베냐민 지파 중에서 본국으로 돌아온 사람은 모두 956명이었다. 이들 모두는 가문의 우두머리였다. 기브아 전쟁에서 거의 멸절되었던 베냐민 지파가 아주 빨리 회복한 것을 보여준다.

ㄴ. 제사장과 레위인들 9:10-34

이 부분(10-34절)은 제사장들(10-13절)과 레위인들(14-16절), 그리고 문지기들(17-27절)을 소개한 다음 레위인들의 임무가 무엇이었는지를 설명한다(28-34절).

10-13절: 제사장들의 족보를 밝힌다.

대상 9:10. 제사장 중에서는 여다야와 여호야립과 야긴과.

예루살렘으로 귀환한 제사장 중에서는 "여다야"('여호와께서 아심'이란 뜻)와 "여호야립"('여호와가 다투심'이란 뜻)과 "야긴"('그는 확립하심'이란 뜻)이 있었다. 여다야는 아론의 자손이다. 다윗 시대에 여호와의 전(殿) 봉사 제 2조장으로 뽑힌 제사장이었다. 그의 자손은 스룹바벨과 같이 바벨론 포로에서 귀환했다(대상 9:10; 24:1,6,7; 스 2:36; 느 7:39). 여호야립은 다윗 시대의 제사장인데, 여호와의 전에서 수종드는 반차를 정할 때 24반차 중 첫째로 제비 뽑혔다(대상 24:7). 그러나 스룹바벨 시대에는 제 17반으로 되었다(느 12:6, 요야립). 느헤미야 때에는 예루살렘에서 살았다(느 11:10, 요야립). 느헤미야 11:10, 12:6, 19에는 '요야립'으로 기록되어 있다. 야긴은 다윗 시대의 제사장이며 족장이다. 성전 봉사의 순서는 제 21반이었다(대상 9:10; 24:17). 느헤미야 11:10의 기사를 보면 바벨론 포로에서 귀환한 제사장으로서 성도 예루살렘에 거주하였다.

대상 9:11. 하나님의 성전을 맡은 자 아사랴이니 그는 힐기야의 아들이요 므술람의 손자요 사독의 증손이요 므라욧의 현손이요 아히둡의 오대손이며 (וַעֲזַרְיָה בֶן־חִלְקִיָּה בֶּן־מְשֻׁלָּם בֶּן־צָדוֹק בֶּן־מְרָיוֹת בֶּן־אֲחִיטוּב נְגִיד בֵּית הָאֱלֹהִים ס, and Azariah the son of Hilkiah, son of Meshullam, son of Zadok, son of Meraioth, son of Ahitub, the chief officer of the house of God-ESV).

"아사랴"[169]('여호와께서 도우신다'는 뜻)가 살았는데, 아사랴는 "힐기야"('하나님은 분깃이다'는 뜻)의 아들이고, "므술람"('상주었다'는 뜻)의 손자이며, "사독"('공평'이란 뜻)의 증손이고, "므라욧"('반역, 고통'이란 뜻)의 현손이며, 하나님의 성전 관리를 책임 진 "아히둡"('하나님은 선하시다'는

169) "아사랴": 바벨론 포로 귀환 후 성전에서 섬긴 제사장 힐기야의 아들이다. 그는 하나님의 전을 맡은 제사장이다. 이 제사장들은 제 1차로 1,760명이 스룹바벨과 같이 바벨론에서 귀환했는데, 성전 건축을 위해 먼저 귀환한 것이다(대상 9:11). 느헤미야 11:11에는 스라야로 되어 있다.

뜻)의 오대 손이었다.

대상 9:12. 또 아다야이니 여로함의 아들이요 바스훌의 손자요 말기야의 증손이며 또 마아새니 그는 아디엘의 아들이요 야세라의 손자요 므술람의 증손이요 므실레밋의 현손이요 임멜의 오대손이며.

바벨론 포로에서 예루살렘으로 귀환한 자들이 앞 절에 이어 본 절에 또 두 사람이나 나타난다. 즉, 아다야와 마아새였다. "아다야"[170]('여호와께서 즐거워하시다'는 뜻)는 "여로함"('그가 긍휼히 여기시기를'이라는 뜻)의 아들이었고 "바스훌"('평화'라는 뜻)의 손자였고 "말기야"('여호와는 왕'이시라는 뜻)의 증손이었다.

"마아새"[171]('주의 일')는 "아디엘"의 아들이었고 "야세라"의 손자였고 "므술람"의 증손이었으며 "므실레밋"의 현손이었고 "임멜"의 오대손이었다.

대상 9:13. 또 그의 형제들이니 종족의 가문의 우두머리라 하나님의 성전의 임무를 수행할 힘 있는 자는 모두 천칠백육십 명이더라.

본 절은 바벨론 포로에서 예루살렘으로 귀환한 자들이 제사장들만(10-12절) 있었던 것이 아니라 제사장들의 "형제들"도 있었다는 것을 증거한다. 여기 "형제들"이란 친형제들을 뜻하는 말이 아니라 "친족들"을 지칭한다. 그리고 그들은 "종족의 가문의 우두머리"였다. 다시 말해 족장들이었다는 것이다. 그들이 성전 일을 잘 수행할 수 있었던 것은 그들이 "하나님의 성전의 임무를 수행할 힘 있는 자들이었기" 때문이다. 그런 사람들은 "모두 1,760명이었다"는 것이다. 여기 이 숫자는 제사장들과 성전에서 봉사하는 레위인을

---

170) "아다야": 제사장 여로함의 아들이며 말기야의 자손이다. 바벨론 포로에서 귀환한 후 하나님의 일에 수종든 재능 있는 사람 중 하나이다(대상 9:12).

171) "마아새": 바벨론에서 70년간의 포로 형기를 마치고 BC 536년, 바사 왕 고레스 원년에 해방을 받아 제1차로 스룹바벨의 인솔 하에 귀환한 49,997명 중의 한 사람이다. 이 중 제사장의 수는 1,760인인데, 마아새는 그 중 한 사람으로서 족장이며, 하나님 전의 일에 수종 들 재능이 있는 자였다(대상 9:12). 느헤미야 11:13에는 아맛새(Amashai)라고 되어 있다.

합한 총수인 듯이 보인다(K&D, Lange).

14-16절: 레위인들의 족보.

대상 9:14. 레위 사람 중에서는 므라리 자손 스마야이니 그는 핫숩의 아들이요 아스리감의 손자요 하사뱌의 증손이며.

바벨론 포로에서 예루살렘으로 귀환하여 사는 사람들 중에서는 레위 사람들도 있었는데(14-16절) 므라리 자손 "스마야"[172]('여호와께서 들어주신다'는 뜻)가 있었는데 그는 "핫숩"('이해하는'이란 뜻)의 아들이요 "아스리감"('원수에 대한 도움'이라는 뜻)의 손자요 "하사뱌"('여호와께서 고려하신다'는 뜻)의 증손이었다.

대상 9:15. 또 박박갈과 헤레스와 갈랄과 맛다냐이니 그는 미가의 아들이요 시그리의 손자요 아삽의 증손이며(and Bakbakkar, Heresh, Galal, and Mattaniah the son of Mica, son of Zichri, son of Asaph-ESV).

레위 사람들 중 "박박갈"(뜻이 불명함)과 "헤레스"('침묵'이란 뜻)와 "갈랄"('둥글다'는 뜻)과 "맛다냐"('여호와의 선물'이란 뜻) 등이 있었다. 이들은 미가의 아들이었고 시그리의 손자였으며 아삽의 증손이었다.

대상 9:16. 또 오바댜이니 그는 스마야의 아들이요 갈랄의 손자요 여두둔의 증손이며 또 베레갸이니 그는 아사의 아들이요 엘가나의 손자라 느도바 사람의 마을에 거주하였더라.

레위 사람들 중 "오바댜"('궁내대신'이란 뜻)가 있었다. 그는 "스마야"('여호와는 들어주심'이란 뜻)의 아들이요 "갈랄"('둥글다'는 뜻)의 손자요 "여두둔"('찬송'이란 뜻)의 증손이었다. 그리고 또 "베레갸"('여호와께서 복을 주심'이란 뜻)가 있었는데 그는 "아사"('치료'라는 뜻)의 아들이요 "엘가

172) "스마야": 예루살렘에 거주한 레위 사람인데, 므라리 자손이며 핫숩의 아들이다(대상 9:14; 느 11:15).

나"('하나님은 소유하심'이란 뜻)의 손자였다. 이 베레가는 "느도바 사람의 마을"에 거주했다. "느도바 사람의 마을"이란 유다의 성읍 느도바(스 2:22; 느 7:26)라는 곳을 지칭하는데 느도바라 하는 곳은 베들레헴의 남남동 5㎞의 길베드 벳드 팔루하(Khirbet Bedd Faluh)라는 곳을 지칭한다.

17-27절: 문지기들의 족보를 밝힌다.

대상 9:17. 문지기는 살룸과 악굽과 달몬과 아히만과 그의 형제들이니 살룸은 그 우두머리라.

예루살렘에 살던 성전 문지기는 "살룸"('보응'이란 뜻)과 "악굽"('교활한'이란 뜻)과 "달몬"('포로'라는 뜻)과 "아히만"('나의 선물의 형제'란 뜻)과 그들의 친족들인데, 살룸이 그 우두머리(두목)였다. 오늘 우리는 문지기가 되는 것을 크게 좋게 여겨야 한다. 다윗은 악인의 장막에 거하는 것보다 하나님의 전의 문지기가 되는 것을 더 좋아했다(시 84:10).

대상 9:18. 이 사람들은 전에 왕의 문 동쪽 곧 레위 자손의 진영의 문지기이며.

여기 "왕의 문"이란 말은 '왕이 잘 드나들었기에 알려진 왕의 문'이란 뜻이다. 그리고 "왕의 문 동쪽"이란 말은 '왕이 잘 드나들었기에 알려진 성전 동쪽 문'이란 뜻이다(왕하 16:18; 겔 46:1-2). 위의 4사람은 이때까지 왕이 잘 드나들었기에 왕의 문이라고 알려진 성전 동쪽 문을 지키고 있었다. 이 문을 신약시대에는 "미문"이라고 부른다(행 3:2). 동쪽 문이 가장 중요했던 이유는 동쪽 문을 통과하면 바로 성전 입구가 보였기 때문이다.

"레위 자손의 진영"이란 말은 광야에 장막을 칠 때에 레위인의 진영은 회막의 동편 문 앞에 있었고 거기에 성전의 물품들도 함께 있었기에 생겨난 말이다. 그런고로 이를 역사적으로 "레위 자손의 진영의 문"이란 말이 생겼다. 레위인들은 레위 자손의 진영에 속한 문지기 역할을 하였다.

대상 9:19. 고라의 증손 에비아삽의 손자 고레의 아들 살룸과 그의 종족

형제 곧 고라의 자손이 수종드는 일을 맡아 성막 문들을 지켰으니 그들의 조상들도 여호와의 진영을 맡고 출입문을 지켰으며.

본 절은 "살룸"('보응'이란 뜻)과 친족들, 다시 말해 고라의 자손이 성막 문들을 지켰다는 것을 말한다. 살룸은 "고라"[173]('기회'라는 뜻)의 증손 "에비아삽"('아버지는 모으신다'는 뜻)의 손자 "고레"('모으는 아버지'란 뜻)의 아들이라고 말한다. 그리고 본 절에 등장하는 "형제"란 말은 '친족'이란 뜻이다.

그리고 "그들의 조상들도 여호와의 진영을 맡고 출입문을 지켰다"는 말은 17-19절에 언급된 자들의 열조인 고라 자손(그핫의 후손들)은 광야에서 지성물을 운반했고 또 관리했다는 뜻이다(민 4:4). 바벨론 포로에서 귀환한 자들이 지금 문지기 일을 감당하는 것처럼 그 조상들도 그 일을 감당했다.

대상 9:20. 여호와께서 함께 하신 엘르아살의 아들 비느하스가 옛적에 그의 무리를 거느렸고.

"엘르아살"('하나님의 도우심'이라는 뜻)의 아들인 "비느하스"[174]('흑인'이라는 뜻)는 한때 이 문지기들의 책임자였는데 여호와께서는 항상 그와 함께해주셨다. 비느하스의 의로운 행위는 하나님을 참으로 기쁘게 해드렸기에 여호와께서 함께 해주셨다. 여호와께서 함께 해주시는 것만큼 복된 일은 다시없다.

---

173) "고라": 레위의 증손으로서 고라인의 조상이다(출 6:21,24; 민 26:58; 대상 6:22,37; 대하 20:19; 시 42,44,45,46,47,48,49,84,85,87,88편을 쓴 사람).

174) "비느하스": 싯딤에 머물러 있던 이스라엘 백성이 모압 여자들과 음행하고 그들의 신들에게 제사할 때 초청을 받아서 먹고 마시고 신들에게 절함으로써 하나님의 진노를 샀다. 그때 이스라엘 자손의 한 사람이 미디안의 한 여인을 데리고 막에 들어온 것을 비느하스는 그 남녀를 창으로 찔러 죽였다. 이 때문에 이때까지 이스라엘 사람들 중에 돌고 있던 염병이 그쳤다. 이 때 염병에 죽은 자는 24,000명(고전 10:8-23,000명)이나 되었다. 비느하스는 질투하시는 하나님의 마음을 만족시켜 드렸다. 하나님께서는 이런 비느하스에게 후손이 대대토록 대제사장이 될 것을 보장하시는 언약을 하셨다(민 25장; 시 106:30,31). 비느하스와 그의 자손은 엘리 가문이 대제사장의 직무를 수행한 얼마 동안을 제외하고는 예루살렘 함락에 의해 희생이 그치기까지 줄곧 그 직무를 수행했다.

대상 9:21. 므셀레먀의 아들 스가랴는 회막 문지기가 되었더라(Zechariah the son of Meshelemiah was gatekeeper at the entrance of the tent of meeting-ESV).

"므셀레먀"('여호와가 갚으심'이란 뜻)의 맏아들 "스가랴"[175]('여호와께서 기억하신다'는 뜻)는 회막 문의 문지기가 되었다. 대상 26:1,2,11,14 참조. 므셀레먀와 스가랴라는 이름은 다윗 시대에 임명된 문지기들의 명단 가운데서도 찾아 볼 수가 있다(26:2).

본 절의 "회막"이란 말은 '성막' 혹은 '장막'이란 말과 같다. 이 말들은 모두 하나님과 인간이 만나는 장소를 의미하는 말이다.

대상 9:22. 택함을 입어 문지기 된 자가 모두 이백열두 명이니 이는 그들의 마을에서 그들의 계보대로 계수된 자요 다윗과 선견자 사무엘이 전에 세워서 이 직분을 맡긴 자라.

문지기로 뽑힌 사람은 모두 212 명이며, 그들은 살고 있는 부락에 각기 등록되어 있었다. 다윗과 사무엘 선견자가 그들을 신실히 여겨 이 모든 일을 맡겼다. 문지기 직분은 사무엘도 세웠고 다윗도 세웠다. 그래서 총수가 212명이 되었다. 다윗은 93명을 세웠다(26:8-10).

사무엘은 다윗이 왕 되기 전에 이미 죽었는데 어떻게 다윗과 함께 성전의 문지기를 세웠을까? 이 문제는 실상 문제가 아니다. 사무엘은 제사장 "엘리"로 말미암아 문란해진 성막의 질서를 회복하기 위해 힘썼을 것이니만큼 그가 자기 시대에도 하나님께 제사 드리는 데 수종드는 사람들을 정했을 것이다(박윤선).

대상 9:23. 그들과 그들의 자손이 그 순차를 좇아 여호와의 성전 곧 성막

---

175) "스가랴": 레위 지파 고라 족속 아삽의 자손 고레의 손자이며, 므셀레먀의 아들이다. 그는 다윗 시대에 회막 문지기 212명 중의 한 사람이었다(대상 9:21,22; 26:2). 그는 또 명철한 의사(議士)이다(대상 26:14)

문을 지켰는데.

본 절은 그들과 그 자손들이 계속 여호와의 성전 문을 지키는 일을 맡았다는 것을 말한다. 다윗이 임명한 93명은 두목 5명 외에 88명이 4교대로 집무했다. 그들이 배치된 방법은 동편 문에 6명, 북편에 4명, 남편에 4명, 곳간에 2명, 그리고 낭실 서편에 4명이었다(26:17-18, 이상근).

대상 9:24-25. 이 문지기가 동, 서, 남, 북 사방에 섰고 그들의 마을에 있는 형제들은 이레마다 와서 그들과 함께 있으니.

그 문지기들은 동, 서, 남, 북 사방의 성전 문들을 지켰으며, 마을에 사는 그들의 레위인 친족들은, 번갈아 가면서 와서, 이레씩 있으면서 그들을 도왔다.

대상 9:26. 이는 문지기의 우두머리 된 레위 사람 넷이 중요한 직분을 맡아 하나님의 성전 모든 방과 곳간을 지켰음이라.

문장 초두의 이유 접속사 "이는"(כִּי)이란 말은 '이유는'이란 뜻이다. 25절에 기록된바 마을에 사는 그들의 레위인 친족들이 번갈아 가면서 와서, 이레씩 있으면서 그들을 도운 이유는 문지기의 우두머리 된 레위 사람 넷(26:1-11에 기록된 므세레마, 오벧에돔, 스마야, 호사 등 네 명)이 중요한 직분을 맡아 하나님의 성전 모든 방과 곳간을 지켰기 때문이다. 즉, 우두머리 된 레위 사람 넷이 성심 성의를 다하여 성전 모든 방과 곳간을 지켰기 때문에 마을에 사는 레위인 친족들은 번갈아 가면서 도왔다. 무슨 일에든지 열심하는 사람들이 있으면 다른 사람들은 그저 조금만 도와도 일이 잘 된다는 것을 보여준다.

대상 9:27. 그들은 하나님의 성전을 맡은 직분이 있으므로 성전 주위에서 밤을 지내며 아침마다 문을 여는 책임이 그들에게 있었더라.

두목 4명은 성전을 지키며 아침마다 문을 여는 일을 맡았으므로, 하나님의 성전 주위에서 밤을 지내며 아침마다 문을 여는 책임을 다 했다. 아마도 저들은 밤에 자물쇠로 성전 문들을 잠그고 아침에는 열쇠로 성전 문을 연 것으로 보인다(K.&D.). 우리는 하나님의 일이라면 성심을 다해야 할 것이다.

28-34절: 레위인들의 임무가 무엇인지를 밝힌다.

대상 9:28. 그 중에 어떤 자는 섬기는 데 쓰는 기구를 맡아서 그 수효대로 들여가고 수효대로 내오며.

그들 가운데 몇 사람은 성전에서 사용하는 제사 기구를 맡았으므로, 그것들을 세어서 들여오고, 세어서 내주면서 확인하는 일을 했다. 성전에서 사용하는 제사 기구들은 금과 은으로 만든 귀한 그릇들이었고(28:13), 오직 레위인들만 취급할 수 있었다(출 25:1-9).

대상 9:29. 또 어떤 자는 성소의 기구와 모든 그릇과 고운 가루와 포도주와 기름과 유향과 향품을 맡았으며.

또 그들 가운데 몇 사람은 성전의 모든 기구와 그 밖의 모든 거룩한 도구들(다음의 모든 제물을 담는 그릇을 뜻한다), 그리고 고운 밀가루(소제물의 가루를 뜻한다)와, 포도주(전제의 제물)와 감람유와 유향(소제에 사용되는 것들)과 향품을 맡았다. 본 절은 레위인들이 소제 제물과 그 그릇들을 보관하는 임무를 맡은 것을 보여준다.

대상 9:30. 또 제사장의 아들 중의 어떤 자는 향품으로 향 기름을 만들었으며.

제사장들의 자손 가운데서 몇몇 사람은 향료를 배합하여 향 기름을 만들었다. 여기 "향 기름"은 성전의 기구와 제사장의 몸에 발라 성별하는 관유를 지칭한다(출 3:23-33). 이 관유는 성소의 모든 기구와 아론과 그 아들들에게 발라 그것들을 거룩하게 구별하기 위해 사용되었다(출 30:25:32). 이 관유를 배합하는 자들은 극히 제한되어 있었으며(출 30:33,38) 여기에 필요한 재료는 몰약, 육계, 창포, 계피 등이었다.

대상 9:31. 고라 자손 살룸의 맏아들 맛디댜라 하는 레위 사람은 전병을 굽는 일을 맡았으며.

레위 사람 "맛디댜"('여호와의 선물'이란 뜻)는 제사용 과자를 굽는 일을 맡았다. 굽는 일은 냄비에 지지는 일이었다. 맛디댜는 고라 자손 살룸의 맏아들일 것이다(19절).

대상 9:32. 또 그의 형제 그핫 자손 중에 어떤 자는 진설하는 떡을 맡아 안식일마다 준비하였더라.

그핫 자손 가운데서 그들의 친족 몇몇 사람들은 안식일마다 차리는 거룩한 빵을 준비하는 일을 맡았다. 이렇게 준비해서 성소의 진설 상에 두 줄로 도합 12개의 진설병을 만들어 두었는데 안식일마다 이를 교체했다.

대상 9:33. 또 찬송하는 자가 있으니 곧 레위 우두머리라 그들은 골방에 거주하면서 주야로 자기 직분에 전념하므로 다른 일은 하지 아니하였더라.

또 찬양을 맡은 사람도 있었으니 이들은 레위 지파의 족장들(이들은 14-16절의 족장들이었다)로서 그들은 성전의 부속건물에 살면서 밤낮으로 찬양하는 일만 해야 했기 때문에 다른 일은 하지 않았다. 이는 신약시대의 사도들이 기도하는 일과 말씀 전하는 일만 전념해야 했기 때문에 다른 일은 하지 않아야 했던 것과 같다(행 6:4).

대상 9:34. 그들은 다 레위 가문의 우두머리이며 그들의 족보의 우두머리로서 예루살렘에 거주하였더라.

이런 봉사자들은 족보에 기록된 레위 집안의 족장들이며 이들은 모두 예루살렘에서 살았다.

ㄷ. 사울의 자손들 9:35-44

이 부분(35-44절)은 8:29-40의 재론이다. 이 부분(35-40절)은 다음 장에 나타나는 사울의 비극적인 최후를 거론하기 위해 그 배경을 위해 다시 여기에 나타낸 것으로 본다(K.&D., Lange, 박윤선, 이상근). 그런고로 이 족보는 10-12장(다윗 왕의 즉위)의 서론으로 사용하기 위함이다.

대상 9:35. 기브온의 조상 여이엘은 기브온에 거주하였으니 그의 아내의 이름은 마아가라.

"기브온의 조상 여이엘"에 대한 주해는 8:29의 재론이니 그 곳 주해를 참조하라.

대상 9:36. 그의 맏아들은 압돈이요 다음은 술과 기스와 바알과 넬과 나답과

본 절 해석을 위해 8:30주해를 참조하라.

대상 9:37. 그돌과 아히오와 스가랴와 미글롯이며.

본 절 주해를 위해 8:31-32주해를 참조하라. 본 절의 "스가랴"가 8:31에서는 "세겔"로 표기되어 있다.

대상 9:38. 미글롯은 시므암을 낳았으니 그들은 그들의 친족들과 더불어 마주하고 예루살렘에 거주하였더라.

본 절 주해를 위래 8:32주해를 참조하라.

대상 9:39. 넬은 기스를 낳고 기스는 사울을 낳고 사울은 요나단과 말기수아와 아비나답과 에스바알을 낳았으며.

본 절 주해를 위해 8:33 주해를 참조하라.

대상 9:40. 요나단의 아들은 므립바알이라 므립바알은 미가를 낳았고.

본 절 주해를 위해 8:34 주해를 참조하라.

대상 9:41. 미가의 아들들은 비돈과 멜렉과 다레아와 아하스이며.

본 절 주해를 위해 8:35 주해를 참조하라.

대상 9:42. 아하스는 야라를 낳고 야라는 알레멧과 아스마웻과 시므리를 낳고 시므리는 모사를 낳고.

본 절 주해를 위해 8:36 주해를 참조하라. 본 절의 "야라"가 8:36에서는 "여호앗다"로 표기되어 있다.

대상 9:43. 모사는 비느아를 낳았으며 비느아의 아들은 르바야요 그의 아들은 엘르아사요 그의 아들은 아셀이며.

본 절의 주해를 위해 8:37 주해를 참조하라. 본 절의 "르바야"가 8:37에서는 "라바"로 표기되어 있다.

대상 9:44. 아셀이 여섯 아들이 있으니 그들의 이름은 아스리감과 보그루와 이스마엘과 스아랴와 오바댜와 하난이라 아셀의 아들들이 이러하였더라.

본 절 주해를 위해 8:38 주해를 참조하라. 8장에는 39-40절이 더 첨가되어 있다.

제 10 장

II. 다윗의 역사 10-29장

역대기 상 1부(1:1-9:44)는 이스라엘 조상들의 족보를 기록했고, 이제 제 2부(10-29장)는 다윗의 역사를 다룬다. 이 부분(10-29장)의 내용은 다윗이 즉위한 일(10-12장), 법궤를 옮긴 일(13-16장), 하나님께서 다윗과 언약하신 일(17장), 다윗이 전쟁한 일(18-20장), 성전 건축을 준비한 일(21-22장), 레위인의 직무를 밝히는 일(23-26장), 다윗의 고관들(27장), 다윗이 마지막으로 훈계하고 죽는 일(28-29장)이 기록되어 있다.

A. 다윗이 즉위하다 10-12장

이 부분(10-12장)의 내용은 사울이 죽은 일(10장), 다윗이 즉위하고 예루살렘으로 천도한 일(11:1-9), 다윗의 용사들의 명단(11-10-12:40) 등이 기록되어 있다.

1. 사울이 죽다 10장

사울이 길보아 전쟁에서 블레셋 군인들에게 죽임을 당하고(1-6절), 길르앗 야베스 사람들이 사울의 시신을 취하여 장례한 일들이 기록되어 있다(7-14절). 삼상 31장과 병행한다.

ㄱ. 사울이 죽다 10:1-6

사울이 죽은 것은 정권이 다윗에게 너머 가도록 하나님께서 섭리하신 것이었다. 삼상 31:1-6과 병행한다.

대상 10:1. 블레셋 사람들과 이스라엘이 싸우더니 이스라엘 사람들이 블레셋

사람들 앞에서 도망하다가 길보아 산에서 죽임을 당하여 엎드러지니라.

"블레셋 사람"[176]과 이스라엘 사람 사이에 "싸움"(전쟁)이 있었다. 이 싸움에서 이스라엘군은 블레셋 사람 앞에서 도망하다가 길보아산에서 수없이 죽어 쓰러졌다. 이때에 블레셋 사람들과 이스라엘 사람간의 싸움은 하나님께서 사울을 죽이시고 다윗을 세우려는 섭리에서 일으키신 전투였다. 전쟁은 우연한 것이 아니라 하나님께서 일으키신다. 전쟁은 하나님께 속한 것으로 하나님께 매달리는 측에 승리를 주시는 것이 보통이지만 사울 때에는 사울과 이스라엘이 너무 부패하여(13-14절) 하나님을 의지하지 않아 온전히 패배하고 말았다. 훗날 엘리 제사장 시대에도 제사장과 그 자녀들이 너무 부패하여 이스라엘이 블레셋에게 여지없이 패하고 말았다.

사울과 이스라엘이 너무 부패하여 "이스라엘 사람들이 블레셋 사람들 앞에서 도망하다가 길보아 산에서 죽임을 당하여 엎드러지고" 말았다. 하나님께서 함께 해주시지 아니하니 이스라엘 사람들은 블레셋 사람들 앞에서 먼저 도망했고 결국에는 길보아 산에서 죽임을 당하고 말았다. "길보아 산"('들끓는 샘'이란 뜻)은 현재 제벨 푸구아(Jebel Fuqu`ah)라 부르는, 지중해면에서 497m 높이에 있는 석회암 구릉의 봉우리이다. 벧산의 서쪽 약 9㎞ 지점에 있는 이스라엘 골짜기의 동단 모레(Moreh) 구릉의 남쪽에 있다.

대상 10:2. 블레셋 사람들이 사울과 그 아들들을 추격하여 블레셋 사람들이 사울의 아들 요나단과 아비나답과 말기수아를 죽이고.

블레셋 사람들이 사울과 그의 아들들을 추격하여 사울의 아들 요나단과 아비나답과 말기수아를 죽였다. "추격하여"란 말은 '뒤따라 잡았다'는 뜻이다. 블레셋 군대의 목표는 사울이었으니 그들이 사울과 그 아들들을 추격했다. 블레셋 군은 드디어 사울의 아들 "요나단"('여호와께서 주심'이란 뜻)과 "아비나답"('아버지는 관용하심'이란 뜻)과 "말기수아"('여호와는 부요하시

---

176) "블레셋": 팔레스틴 서부 연안지대의 국토에 정착한 민족의 명칭(창 21:32; 겔 16:57). 그들이 정착한 연안지대는 그들의 이름을 따라 "블레셋"(pelesheth)](Philistia)으로 불리었다.

다'는 뜻)를 죽였다. 아마도 사울이 보는 앞에서 세 아들을 죽였을 것이다. 부모가 죄를 지었으니 자녀가 비참하게 되는 것을 보게 된 것이다. 자녀가 잘 되기를 소망하는 자는 하나님 앞에서 죄를 자복해야 한다.

사울의 아들은 4명인데 본 절에서는 3명이 죽은 것이 나타났다. 이스보셋이 빠져있다(삼하 2:8). 그는 훗날 군장 아브넬의 실권 하에서 잠시 이스라엘의 왕위에 올랐으나 신하들에 의해서 살해되고 말았다. 그 후 나라의 실권은 다윗에게 돌아갔다(삼하 4:5-12).

대상 10:3. 사울을 맹렬히 치며 활 쏘는 자가 사울에게 따라 미치매 사울이 그 쏘는 자로 말미암아 심히 다급하여.

사울의 아들들을 죽인 블레셋 군은 곧장 그들의 최종 목표인 "사울을 맹렬히 쳤다". 다시 말해 사울에게 집중 공격을 퍼부은 것이다. 사울이 그 활들을 쏘는 자들로 말미암아 "심히 다급해졌다". 여기 "심히 다급해졌다"(יָחֶל)는 말은 '심히 두려워했다' '심히 떨었다'는 뜻이다(K.&D., Lange, Klein, Payne). 삼상 31:3 참조. 죄를 지은 인간은 인생의 최후가 오기 전에 심히 떨게 되는 시간이 오는 것을 알고 일찍이 죄를 심히 자복해야 할 것이다.

대상 10:4a. 사울이 자기의 무기를 가진 자에게 이르되 너는 칼을 빼어 그것으로 나를 찌르라 할례 받지 못한 자들이 와서 나를 욕되게 할까 두려워 하노라.

사울이 자기를 쏘는 자들로 말미암아 심히 다급하게 되어(3절) "사울이 자기의 무기를 가진 호위병에게 그것으로 나를 찌르라"고 명령한다. 그렇게 명령하는 이유는 "할례 받지 못한 자들(이방인들)이 와서 나(사울)를 욕되게 할까 두려워하노라"고 말한다. 사울은 자기가 죄를 범한 이유를 부끄러워하지는(13-14절) 않고 할례를 받지 않은 자들이 자신을 죽일까를 염려했다. 사울은 형식주의자의 대표였다. 오늘 우리는 죄를 짓는 것을 더 두려워해야 할 것이다.

대상 10:4b. 그러나 그의 무기를 가진 자가 심히 두려워하여 행하기를 원하지 아니하매 사울이 자기 칼을 뽑아서 그 위에 엎드러지니.

사울의 호위병은 사울이 왕이라는 이유 때문에 사울 죽이기를 심히 두려워하여 사울을 찌르지 못하자 사울은 자기가 친히 칼을 뽑아서 칼 위에 엎드러져 죽고 말았다. 사울은 자살자의 한 사람이 되었다. 삼하 1:6-10 참조. 본 절은 죄인의 최후를 그대로 보여주고 있다.

대상 10:5. 무기 가진 자가 사울이 죽는 것을 보고 자기도 칼에 엎드러져 죽으니라.

사울의 호위병은 사울이 칼에 엎드러져 죽는 것을 보고 자신도 칼에 엎드러져 죽었다. 사실은 호위병은 사울을 따라서 꼭 같은 행동을 할 필요가 없었다. 그는 죽지 말고 살아서 바른 길을 걸었어야 했다. 혹은 일찍이 사울 곁을 떠났으면 이런 난처한 일을 피할 수 있었을 것이다. 우리는 악인 곁을 일찍이 떠나야 한다.

대상 10:6. 이와 같이 사울과 그의 세 아들과 그 온 집안이 함께 죽으니라.

이렇게 해서 사울과 그의 세 아들이 함께 죽어 사울의 집안은 하루아침에 망하고 말았다. 문장 초두의 "이와 같이"(So, Thus)란 말은 '1절부터 5절까지의 일이 발생해서'란 뜻이다. 사울이 죄를 지어서 사울의 아들들과 사울 자신이 비참한 최후를 맞이하게 되었다는 뜻이다. 가장의 범죄는 온 집안을 망하게 하고 만다. 우리는 다른 큰일은 못해도 죄는 떠나야 한다.

ㄴ. 사울이 매장되다 10:7-14

사울이 전장에서 자살한 후 블레셋 군이 사울의 머리를 다곤의 신전에 매달매 길르앗 야베스 인들이 와서 사울의 시체를 가져다가 야베스에 장사했다.

대상 10:7. 골짜기에 있는 모든 이스라엘 사람이 그들의 도망한 것과 사울과

그의 아들들이 다 죽은 것을 보고 그 성읍들을 버리고 도망하매 블레셋 사람들이 와서 거기에 거주하니라.

본 절은 사울이 죽은 후에 갑자기 된 일이 아니라 세월이 진행되는 동안 일들이 벌어진 것을 보여준다. 본 절의 "골짜기"란 전투가 벌어졌던 이스르엘 골짜기(삼상 29:1)를 지칭한다. 그곳에 살던 모든 이스라엘 사람들이 전투를 하던 이스라엘 군인들이 도망친 것과 사울과 그의 아들들이 죽은 것을 보고, 살던 성읍들을 버리고 도망 쳤다는 것, 그리고 블레셋 사람들이 여러 성읍으로 들어와서 거기에서 살았다는 것을 진술한다. 블레셋 사람들이 그곳에 들어와서 살았다는 것은 이스라엘이 블레셋에 의해서 점령당했음을 보여준다. 사울의 죄는 한 민족을 불행으로 이끌어 넣었다.

대상 10:8. 이튿날에 블레셋 사람들이 와서 죽임을 당한 자의 옷을 벗기다가 사울과 그의 아들들이 길보아 산에 엎드러졌음을 보고.

전투가 저녁까지 계속하였기에 당일에는 전황을 확인하지 못하고 밤을 맞았기에 다음날 블레셋 사람들이 죽은 사람들의 옷을 벗겨 소지품을 빼앗는 도중 사울과 그의 아들들이 길보아 산에 엎드러져 있는 것을 발견하게 되었다. 사울과 아들들의 소지품을 보고 블레셋 사람들은 사울과 아들들이 죽은 것을 얼른 알아볼 수 있었다.

대상 10:9. 곧 사울의 옷을 벗기고 그의 머리와 갑옷을 가져다가 사람을 블레셋 땅 사방에 보내 모든 이방 신전과 그 백성에게 소식을 전하고.

사울과 그의 아들들이 길보아 산에 엎드러졌음을 보는 순간(8절), 블레셋 사람들은 다른 행동을 하기 전에 사울의 옷을 벗겼다. 그리고 곧 사울의 머리를 베었다. 적장의 머리를 베는 것은 완전한 승리를 의미하는 고로 머리를 베면서 승리의 기쁨이 충만했을 것이다. 블레셋 사람들은 사울의 시체에서 머리를 베어내고 또 이미 벗긴 갑옷을 취하여 전령들을 블레셋 땅 사방에 보내 블레셋 안에 있는 모든 이방 신전과 블레셋 백성에게 기쁨의 소식을 전하게 했다. 사울의 군대가 블레셋 사람의 우두머리의 머리를 베었어야 했는데 사울이 지은 죄들(13-14절) 때문에 사울의 목이 베어진 것이다.

대상 10:10. 사울의 갑옷을 그들의 신전에 두고 그의 머리를 다곤의 신전에 단지라.

블레셋 사람들이 보고 기뻐할 사울의 머리통과 갑옷을 전령들이 가져왔다는 소식을 접한 다음에 블레셋 사람들은 사울의 갑옷을 그들의 신들을 모신 전(殿)에 보관하고, 머리는 "다곤"[177]('물고기'라는 뜻) 신전 안에 붙들어 매 두었다. 그러나 시체는 벧산 성벽에 못을 박아 놓았다(삼상 31:10). 벧산(삼상 31:10)은 이스르엘 평원의 동편, 갈릴리 바다 남쪽 19km 지점에 있다. 이렇게 사울의 머리는 다곤의 신당에 매달아 놓고 머리가 잘린 시체는 벧산의 성벽에 달아놓았으니 사울의 최후는 비참하게 되고 말았다. 죄의 결과는 항상 비참하다.

대상 10:11. 길르앗야베스 모든 사람이 블레셋 사람들이 사울에게 행한 모든 일을 듣고.

"길르앗야베스"('길르앗의 야벳')란 '야베스'라고만 기록되어 있는 곳도 있다(삼상 11:3; 대상 10:12). 요단강 동편, 길르앗의 중요한 성읍이다. 사사시대에 그 시민이 종교적 의무를 게을리 하여(즉 한 레위인과 그 첩을 해친 일로 생긴 베냐민과의 싸움에 참가치 않아) 엄한 징벌을 받았다(삿 21:8-12). 사울이 왕으로 선출된 후 얼마 아니하여 암몬인의 왕 나하스가 이 성을 포위하고, 세차게 치며, 항복 조건으로 전 이스라엘에 대한 보복으로서 모든 사람에게서 오른 눈을 뽑을 것을 요구한 때, 사울에게 내원(來援)을 청하여, 구조되었다(삼상 11:1-). 그들은 오랫동안 이 은혜를 기억하고, 사울과 그

177) "다곤": 블레셋 사람이 숭배한 신의 이름이다. 블레셋 사람은 BC 12세기에 가나안 연안 지대에 정착하자 다곤 숭배를 채용하고 가사(삿 16:23), 아스돗(삼상 5:27), 벧스안(벧산, 대상 10:10; 삼상 31:10)에 묘(廟)를 가지고 있었다. 다곤은 고대 셈족의 농업 신으로서 BC 25세기 이래 널리 숭배되었다.

아들들이 길보아산의 싸움에서 전사한 후, 그 목 없는 시체가 벧산 성벽에 못 박혀진 때, 길르앗 야베스인들은 요단강을 건너 이것을 탈환, 길르앗 야베스에 정성스럽게 장사했다(삼상 31:11-; 대상 10:11-). 다윗은 왕이 된 때 그들의 용기와 선의의 행위를 상찬했다(삼하 2:4-7). 그리고 다윗은 사울 및 그 아들 요나단의 유골을 길르앗 야베스에서 베냐민의 땅 셀라에 있는 그들의 선조의 묘지에 이장했다(삼하 21:12). 길르앗 야베스는 벧산의 남동 15.2km, 와디 엘 야비스(Wady el-'Yabis)의 북안에 있는 텔 아부 카라즈(Tell Abu Kharaz)와 동일시된다.

길르앗 야베스 인들이 생명을 걸고 사울의 시체를 취하여 장례한 것은 사울이 그의 왕정을 시작할 때 그들을 암몬인의 침략에서 구원해 주었기 때문이었다(삼상 11:8-11). 성도가 다른 사람으로부터 은혜를 입으면 은혜를 갚아야 한다는 것을 알 수 있다.

대상 10:12. 용사들이 다 일어나서 사울의 시체와 그의 아들들의 시체를 거두어 야베스로 가져다가 그 곳 상수리나무 아래에 그 해골을 장사하고 칠 일간 금식하였더라.

길르앗 야베스 용사들(힘센 남자들)이 다 일어나서 사울의 시체와 그의 아들들의 시체를 거두어 야베스로 가져다가 그곳 상수리나무(이 나무는 사울이 좋아하는 나무였다) 아래 묻어주었다. 삼상 31:12의 병행 구에는 시체들을 불살랐다고 진술하고 있다. 화장한 이유는 머리가 없고 그 시체가 많이 훼손되었기 때문이었다(K.&D.). 그리고 죽은 지가 오래 되었기 때문에 이와 같이 화장법을 택했다고 보는 것이 바를 것으로 보인다(Hertzberg).

그리고 7일간 금식한 이유는 이스라엘의 일반적 애통의 기간이었다. 모세나 아론을 위해서는 30일이나 애통하는 기간을 가져주었다(민 20:29; 신 34:8). 다윗은 훗날 이들의 뼈를 길르앗 야베스로부터 베냐민 땅 세라에 있는 그 조상의 무덤으로 이장해주었다(삼하 21:11-14).

대상 10:13-14. 사울이 죽은 것은 여호와께 범죄하였기 때문이라 그가 여호와의 말씀을 지키지 아니하고 또 신접한 자에게 가르치기를 청하고 여호와께 묻지 아니하였으므로 여호와께서 그를 죽이시고 그 나라를 이새의 아들 다윗에게 넘겨주셨더라.

이 두 절(13-14절)은 사울이 죽은 이유를 진술하고 있다. 죽은 이유는 한 마디로 "여호와께 범죄하였기 때문이다"(삼상 13:9-14; 15:17-23). 다음으로 구체적으로 "그가 여호와의 말씀을 지키지 아니했기" 때문이라고 한다. 그리고 또 "신접한 자에게 가르치기를 청하고 여호와께 묻지 아니하였기" 때문이라고 한다. 신접한 자에게 가르치기를 청한 것도 죄이고 또 여호와께 기도하지 아니한 것도 죄이다. 이런 죄들을 지었기 때문에 "여호와께서 그를 죽이시고 그 나라를 이새의 아들 다윗에게 넘겨주셨다". 죄를 지으면 모든 특권을 빼앗기고 심한 경우 죽임을 당하게 된다.

제 11 장

2. 다윗이 즉위하고 예루살렘으로 천도하다 11:1-9

사울이 죽은 후 다윗은 헤브론에서 온 이스라엘의 왕으로 즉위한다(1-3절). 그리고는 수도를 예루살렘으로 옮긴다(4-9절).

ㄱ. 다윗이 즉위하다 11:1-3

사울이 죽은 후 다윗은 헤브론에서 온 이스라엘의 왕으로 추대된다(삼하 5:1-3).

대상 11:1. 온 이스라엘이 헤브론에 모여 다윗을 보고 이르되 우리는 왕의 가까운 혈족이니이다.

온 이스라엘 사람들이 헤브론에 모여 다윗을 보고 말하기를 "우리는 왕의 가까운 혈족이니이다"라고 고백하기 이전에 다윗은 이미 헤브론에서 유다 지파의 왕으로 7년 6개월간 왕으로 통치한 바 있었다. 사울이 죽은 후 사울을 이어 이스라엘의 왕으로 통치했던 이스보셋이나 실권자였던 아브넬이 모두 죽었기에(삼하 4:12) 이스라엘 전체가 헤브론에 모여 다윗을 이스라엘의 왕으로 즉위시키려고 헤브론에 모인 것이다. 다시 말해 다윗을 이스라엘의 2대 왕으로 모시기 위하여 벌어졌던 부정적인 면들(다윗과 이스보셋 사이의 대치, 삼하 2:8-32, 요압의 비윤리적인 행위, 삼하 3:27, 다윗의 범죄와 그의 집안에서 벌어졌던 추악한 행위들과 다윗에게 임했던 재앙들)은 다 생략했다. 저자가 이렇게 부정적인 면을 생략하고 긍정적인 면만을 내세운 것은 다윗을 위대한 왕으로 부각시키기 위함이었다. 이때 헤브론에 모인 이스라엘 백성은 35만 명에 달했다(12:23-37). 본 절의 "혈족"이란 '왕과 가까운 근친'이란 뜻이다.

대상 11:2. 전에 곧 사울이 왕이 되었을 때에도 이스라엘을 거느리고 출입하게 한 자가 왕이시었고 왕의 하나님 여호와께서도 왕에게 말씀하시기를 네가 내 백성 이스라엘의 목자가 되며 내 백성 이스라엘의 주권자가 되리라 하셨나이다 하니라.

다윗이 이스라엘 전체의 왕이 되어야 할 첫째 이유는 1절에 있다(1절 참조). 그리고 본 절에는 둘째 이유와 셋째 이유가 진술되어 있다. 둘째 이유는 "전날 곧 사울이 왕이 되었을 때에도 이스라엘을 거느리고 출입하게 한 자가 다윗 왕이시었다"는 것, 다시 말해 사울이 이스라엘 왕으로 있을 때에 다윗이 천부 장으로 백성을 거느리고 출입하신 것(삼상 18:13)을 들고 있다.

셋째 이유는 "왕의 하나님 여호와께서도 왕에게 말씀하시기를 네가 내 백성 이스라엘의 목자가 되며 내 백성 이스라엘의 주권자가 되리라고 말씀하셨기" 때문이다. "내 백성 이스라엘의 목자가 되며" 또 "내 백성 이스라엘의 주권자가 되리라"(삼상 13:14; 15:23,26,28; 25:30; 삼하 3:9-10,18 등)는 말씀 등은 '다윗이 내 백성 이스라엘의 왕이 되어야 하리라'는 말씀이다.

대상 11:3. 이에 이스라엘의 모든 장로가 헤브론에 있는 왕에게로 나아가니 헤브론에서 다윗이 그들과 여호와 앞에 언약을 맺으매 그들이 다윗에게 기름을 부어 이스라엘의 왕으로 삼으니 여호와께서 사무엘을 통하여 전하신 말씀대로 되었더라.

헤브론에 모여 다윗을 이스라엘의 왕으로 만들려는 백성은 35만 명에 달했으나(1절: 12:23-37) 실제로 다윗에게 기름을 부은 것은 이스라엘의 모든 장로였다. "이스라엘의 모든 장로가 헤브론에 있는 왕에게로 나아가니 헤브론에서 다윗이 그들과 여호와 앞에 언약을 맺으매 그들이 다윗에게 기름을 부어 이스라엘의 왕으로 삼았다". 일이 이렇게 된 것은 "여호와께서 사무엘을 통하여 전하신 말씀대로 된" 것이었다. 여호와께서는 이스라엘의 백성들을 동원하셨고 또 장로들을 감동하셔서 일이 진행되게 하셨다. 하나님께서 이스라엘의 왕을 교체하시는 일을 사람들을 동원하셔서 이루셨다. 하나님은 오늘도 사람을 통해서 그의 뜻을 이루어 나아가신다.

ㄴ. 예루살렘으로 천도하다 11:4-9

다윗은 헤브론에서 온 이스라엘의 왕이 된 후 헤브론을 떠나 여부스를 탈취하여 "다윗 성"이라 부르면서 온 이스라엘의 도성으로 삼는다. 이렇게 해서 예루살렘은 세계적인 도성이 된다.

대상 11:4. 다윗이 온 이스라엘과 더불어 예루살렘 곧 여부스에 이르니 여부스 땅의 주민들이 거기에 거주하였더라.

다윗 왕은 온 이스라엘의 왕이 되자 온 이스라엘 주민들과 더불어 예루살렘 곧 "여부스"[178]('평강의 집'이란 뜻)에 이르니 여부스 땅의 주민들이 여부스에 거주하고 있었다. 예루살렘은 성지의 중심이며, 천연의 요새로서 난공불락의 도성이었다. 다윗이 한번 도읍으로 택한 이후 3,000년의 긴 역사와 온갖 시련을 겼으면서 예루살렘은 수도의 면모를 견지하여 세계 최고(最古)의 도성으로 불린다.

예루살렘(דִירוּשָׁלַ-ם, '평화의 소유물'이란 뜻)은 팔레스틴의 주요 도시이다. 유대교도와 기독교도에게는 '위대한 왕도(王都)'로서, 또 이슬람교도에게는 제 3의 성도(聖都)로서 신성시되고 있으며, 성경에 나오는 도시 중에서 첫째가는 도시이다.

대상 11:5. 여부스 원주민이 다윗에게 이르기를 네가 이리로 들어오지 못하리라 하나 다윗이 시온 산 성을 빼앗았으니 이는 다윗 성이더라.

다윗이 여부스를 점령하려고 했을 때 여부스 원주민들은 다윗에게 이르기

---

178) "여부스": 가나안의 아들인데 여부스 족속의 조상이 되었다. 이 족속은 히브리 민족이 가나안을 정복하기 전부터 거기 살고 있었다(창 10:16; 15:21; 출 3:8). 출애굽 시대에는 산지에 살고 있던 종족의 하나인데, 제일 작다(출 3:8,17; 민 13:29; 수 11:3). 그들은 여부스, 즉 예루살렘을 중심으로 다윗 왕이 그 곳을 점령할 때까지 살고 있었다(삼하 5:6-9). 그들의 왕은 여호수아에게 피살되었다(수 10:23-26).

를 “네가 이리로 들어오지 못하리라”고 말했다. 여부스 원주민들이 이렇게 말한 것은 첫째, 가나안을 남북으로 연결시켜 주고 있는 ‘왕의 대로’(신 2:27)에서 떨어져 있 었고, 둘째, 예루살렘의 남쪽과 동쪽의 성벽은 가파른 언덕 위에 세워져 있었으며, 셋째, 서쪽에는 깊은 골짜기가 놓여 있어서 침공하기 힘들었기 때문이었다. 또 여부스 사람들이 이렇게 말한 데는 여부스 사람들의 심리 속에 다윗을 우습게 여기는 마음이 자리 잡고 있었기 때문이었다(삼하 5:6 참조). 그러나 아무리 난공불락이라도 하나님의 능력 앞에는 아무 것도 어려울 것이 없었다.

다윗은 시온 산성을 빼앗고 빼앗은 자의 이름을 따라 다윗 성이라 일컬었다. 여기 “시온”(‘요해’란 뜻)이란 하나님의 거룩한 산의 이름으로서 시편, 이사야서, 예레미야서에 빈번히 인용되고 있다. 창세기, 사무엘상에는 한 번도 나오지 않으나, 구약에는 152회, 신약에는 7회, 그 빈도가 높은 것은 이 이름이 지니는 종교적 의의의 중요성을 보이고 있다. 이 이름이 맨 처음에 나오는 것은 사무엘하 5:7(대상 11:5)인데, 다윗이 이 요해를 점령하고 ‘다윗 성’이라고 하였다.

대상 11:6. 다윗이 이르되 먼저 여부스 사람을 치는 자는 우두머리와 지휘관으로 삼으리라 하였더니 스루야의 아들 요압이 먼저 올라갔으므로 우두머리가 되었고.

그때 다윗이 그의 부하들에게 “여부스 사람을 제일 먼저 공격하는 자를 총사령관으로 임명할 것이라”고 말했더니 스루야[179](‘분열됨’이란 뜻)의 아들 “요압”[180](‘여호와는 부친이다’는 뜻)이 제일 먼저 올라가서 여부스 사람을 치고 다윗 군대의 총사령관이 되었다. 다윗은 그 군사들에게 의욕을 돋워

179) “스루야”: 요압˙아비새˙아사헬의 모친이다(삼상 26:6; 삼하 2:13,18; 왕상 1:7; 대상 2:16). 사무엘하 17:25에 의하면, 나하스의 딸이므로 다윗의 누이이다(대상 2:16비교).

180) “요압”: 다윗의 이복 자매 스루야의 아들이다. 따라서 다윗은 스루야의 외삼촌 뻘이 된다(삼하 8:16; 대상 2:16 삼하 17:25). 아비새, 요압, 아사헬의 3형제는 다 영웅들인데, 요압은 그 둘째이다.

요압으로 하여금 사명을 감당하게 했다. 삼하 5:8참조.

대상 11:7. 다윗이 그 산성에 살았으므로 무리가 다윗 성이라 불렀으며.

다윗이 그 산성을 점령하고 거기에 살았기 때문에 사람들이 그 산성을 다윗 성이라고 불렀다.

대상 11:8. 다윗이 밀로에서부터 두루 성을 쌓았고 그 성의 나머지는 요압이 중수하였더라.

다윗이 성을 쌓았는데, "밀로"[181]('충만'이란 뜻)에서부터 시작하여, 한 바퀴 두루 돌아가면서 성을 쌓았고, 나머지 부분은 요압이 복구하였다.

대상 11:9. 만군의 여호와께서 함께 계시니 다윗이 점점 강성하여 가니라 (And David became greater and greater, for the Lord of hosts was with him-ESV).

이렇게 해서 다윗은 점점 강성해져 갔다. 다윗이 그렇게 강성해져 간 것은 전능하신 만군의 여호와('별들을 만드신 주님'이란 뜻)께서 그와 함께하셨기 때문이다(삼하 8:6,14). 우리가 세상에서 강성해지고 약해지는 것은 하나님께서 함께 하시느냐 에 달려 있는 것이다.

3. 다윗의 용사들 11:10-12:40

본서 저자는 이 부분(11:10-12:40)에서 다윗의 용사들이 누구인지 거론하

---

181) "밀로": 밀로(the Millo, 항상 관사가 붙어 있다)는 원래 예루살렘의 동구(東丘)이다. 시온의 여부스 사람들의 성채 일부였다고 생각된다(삼하 5:9; 대상 11:8). 어떤 학자는 이 밀로는 아마 헷어로 '충전'(filling)을 의미하는 것이라고 한다. 헷 사람의 성채는 흙을 채운 보루(堡壘)가 그 특징이었기 때문일 것이다. 그 학자는 또 밀로는 여부스 사람(아모리 사람의 한 분파)에 의해 세워지고 그들의 성읍 북쪽에 설치되어 있던 것이라 한다. 그것은 북쪽이 제일 많이 공격을 받기 쉬운 위치였기 때문일 것이다. 그것은 외측과 내측의 돌담 사이를 흙으로 채워서 만든 보루였을 것이다. 므깃도에서 같은 축조물이 발견된다. 이 밀로는 다윗, 또는 솔로몬, 히스기야에 의해 수복(修復)되었다(삼하 5:9; 왕상 9:15; 대하 32:5).

고 있다. “만군의 여호와께서 함께 계시니 다윗이 점점 강성하여 갔다”고 말하고는 이제 실제적으로 하나님께서 다윗에게 어떤 용사들을 주셨는가를 말한다. 이 부분의 병행구는 삼하 23장에 있다. 이 부분의 내용은 첫째 세 용사(11:10-14), 이름 없는 세 용사(11:15-19), 아비새와 브나야(11:20-25), 기타 용사들(11:26-47), 다윗의 피난에 동참한 용사들(12:1-22), 헤브론에 모인 용사들이다(12:23-40).

ㄱ. 첫째가는 세 용사들 11:10-14

삼하 23:8-12에는 이 부분(10-14절)의 병행구가 있는데 거기에는 3명의 용사들의 이름이 나오나 이 부분에는 “야소브암”과 “엘르아살” 두 명만 나온다.

대상 11:10. 다윗에게 있는 용사의 우두머리는 이러하니라 이 사람들이 온 이스라엘과 더불어 다윗을 힘껏 도와 나라를 얻게 하고 그를 세워 왕으로 삼았으니 이는 여호와께서 이스라엘에 대하여 이르신 말씀대로 함이었더라.

다윗이 거느린 용사들의 우두머리는 다음(12절부터)에 기록된 사람들과 같았다. 이들은, 주께서 이스라엘에 대하여 말씀하신 대로(삼상 16:1; 삼하 3:9,18), 다윗이 왕이 될 수 있도록 그를 힘껏 도와, 온 이스라엘과 함께 그를 왕으로 세운 사람들이었다. 하나님께서는 말씀하신대로 다윗을 왕으로 삼고 나라를 세워나갈 만한 사람들을 택하여 다윗에게 붙여주신 것이다.

대상 11:11. 다윗에게 있는 용사의 수효가 이러하니라 학몬 사람의 아들 야소브암은 삼십 명의 우두머리라 그가 창을 들어 한꺼번에 삼백 명을 죽였고.

다윗이 거느린 용사들은 첫째 “학몬 사람”(다윗의 용사 “야소브암”의 출신 부족)의 아들 “야소브암”[182](‘백성은 돌아오리라’는 뜻)이었다. 그는

182) “야소브암”: 학몬 사람의 아들이다. 다윗의 용사(30인의 두목)로 맨 처음에 그의 이름이 나온다. 베레스 자손 삽디엘의 아들일 것이다. 그는 다윗이 사울로 인하여 시글락에 피해 있을

세 용사의 우두머리였는데 창을 휘두르며 삼백 명(800명)과 싸워 그들을 한꺼번에 쳐 죽인 사람이었다. 병행 구인 삼하 23:8에는 두 개의 이름(다그몬 사람 요셉밧세벳, 에센 사람 아디노)이 있는데 별명인 듯이 보인다(이상근). 그리고 본 절의 300명이 삼하 23:8에는 800명으로 기록되어 있다. 800명으로 말한 것이 바른 것으로 본다. 이유는 야소브암보다 못한 아비새가 300명을 죽였기 때문이다(20절, Curtis, Payne). 본 절의 "30명"은 다윗의 최고 용사 30명을 가리키는 말이다(11:26-47). 그 중에 야소브암이 두목이었다는 것이다. 다시 말해 야소브암은 다윗 군대의 최고의 용사였다.

대상 11:12. 그 다음은 아호아 사람 도도의 아들 엘르아살이니 세 용사 중 하나이라.

그 다음으로 큰 용사는 "아호아 사람"(베냐민 지파의 아호와 족속 사람, 대상 8:4)인 "도도"[183]('하나님의 사랑을 받은 자'라는 뜻)의 아들 "엘르아살"('하나님의 도우심'이라는 뜻)이었다. 엘르아살은 세 용사 중 하나였다. 이는 27:4에 의하면 다윗의 24,000명의 정규군에서 2월반의 군장이었다.

대상 11:13-14. 그가 바스담밈에서 다윗과 함께 있었더니 블레셋 사람들이 그 곳에 모여와서 치니 거기에 보리가 많이 난 밭이 있더라 백성들이 블레셋 사람들 앞에서 도망하되 그가 그 밭 가운데에 서서 그 밭을 보호하여 블레셋 사람들을 죽였으니 여호와께서 큰 구원으로 구원하심이었더라.

엘르아살은 "바스담밈"[184]('피의 경계'란 뜻)에서 블레셋 사람과 싸울

때 충성하려고 귀순한 용사일 것이다. 후에 그는 다윗의 정월 군단장이 되어 24,000명의 장병을 거느렸다. 삼하 23:8에는 다그몬 사람 요셉밧세벳이라고 하였다. 그는 한 때에 창으로 300(삼하 23:8에는 800명)명을 쳐 죽였다(대상 11:11; 12:6; 27:2).

183) "도도": 아호아 사람이며 다윗 왕의 세 용사 중의 한 사람인 엘르아살의 아비이다(삼하 23:9; 대상 11:12). 2월반의 반장(군단장:2만 4천 명의 지휘관)으로서 다윗 왕을 섬겼다(대상 27:4). 대상 11:12에는 "도도"로 되어 있다.

184) "바스담밈": 소고와 아세가 사이에 있으며, 블레셋 사람이 포진했던 곳이다(대상 11:13). 다윗이 골리앗을 죽인 에베스담밈(삼상 17:1)과 동일지이다.

때에 다윗과 함께 있었는데 이스라엘군이 보리밭에서 블레셋군과 싸우다가 도망하자 그는 밭의 한가운데에 버티고 서서 그 밭을 지키며, 블레셋 군인들을 쳐 죽였다. 주께서 그로 하여금 크게 승리하게 하셔서 그들을 구원하여 주셨다. 아무튼 이스라엘 군이 도망할 때 엘르아살이 홀로 보리밭 가운데 서서 블레셋인을 쳐서 전세를 역전시켜서 이스라엘을 구원한 것이다. 이 부분에 3용사의 세 번째 용사인 "아게의 아들 삼마"가 생략되고 있다. "삼마"는 '잃음이라는 뜻'이고 저는 녹두밭에서 이스라엘의 전세를 역전 시킨 자였다(삼하 23:11-12).

ㄴ. 이름 없는 세 용사들 11:15-19

이 부분(15-19절)은 이름 없는 세 용사가 그들의 생명을 걸고 베들레헴 성문에 가서 물을 길어온 무용담을 기록한 것이다. 삼하 23:13-17과 병행한다.

대상 11:15. 삼십 우두머리 중 세 사람이 바위로 내려가서 아둘람 굴 다윗에게 이를 때에 블레셋 군대가 르바임 골짜기에 진 쳤더라.

블레셋 군대가 르바임 골짜기에 진을 치자, 삼십인 특별부대 소속인 이 세 용사가, 절벽에 있는 아둘람 동굴로 다윗을 찾아간 일이 있었다. 이들의 이름은 밝혀지지 않았으나 "아비새와 브나야"(20-25절)와 또 이름을 밝히지 않은 한 사람이었다(20,21,24,25절). 즉, 본 절부터 25절까지에는 다윗에게 충성했던 두 번째 용사 3인이 소개되고 있는데, 이들은 능력에 있어서는 첫 3인에게는 미치지 못했다고 할 수 있으나 다윗에 대한 충성심에 있어서는 결코 첫째 3인에게 뒤떨어지지 않는 사람들이었다.

본 절의 "아둘람"(עֲדֻלָּם)은 '격리된 장소'라는 뜻이고, 유다 남부에 있던 가나안 사람의 성읍(창 38:1,12)이었다. 일찍이 유다는 이 땅의 아둘람 사람과 우호 관계를 가지고 있었다(창 38:1,12,20). 아둘람은 여호수아가 점령하고(수 12:15), 유다지파의 분깃으로 되었는데(수 15:35), 그 주민은 혼성(混成)해 있었다(창 38:1-20 비교). 다윗의 유랑시대에는, 이 성읍은 '유다 땅'의 권외(圈外)에 있어, 그는 종종 이곳의 요해에 몸을 숨긴 일이 있었다(삼상 22:1; 삼하 23:13; 대상 11:15 →삼상 22:4; 삼하 5:17; 23:14 비교). 본 절의 "바위로 내려가서 아둘람 굴 다윗에게 이르렀다"는 말은 '이들 세 사람이 아둘람 굴 근처의 바위에서 다윗 왕을 만났다'는 뜻이다.

"르바임 골짜기"는 '거인의 골짜기'라는 뜻으로 예루살렘 고원지대이며, 비옥하여 농작물이 풍부했다. 이때의 블레셋전은 삼하 5:17-25의 전쟁으로(K.&D., 이상근), 그들은 유다 남방 벧세메스에서 산길을 통하여 르바임 골짜기에 집결한 것으로 본다(삼하 5:18,22).

대상 11:16. 그 때에 다윗은 산성에 있고 블레셋 사람들의 진영은 베들레헴에 있는지라.

이 전쟁 때에 다윗은 아둘람의 산성에 있으면서 군대를 지휘했고, 블레셋의 본영은 베들레헴에 있었다. 아마 그들은 길보아 전 때 이를 탈취한 듯하고(삼상 31장), 또 다윗은 이 전쟁에서(삼하 5:17-25), 베들레헴을 탈환했을 것이다.

대상 11:17. 다윗이 갈망하여 이르되 베들레헴 성문 곁 우물물을 누가 내게 마시게 할꼬 하매.

"베들레헴 성문 곁 우물물"은 글자대로라면 아주 가까운 곳에 있는 듯이 보이지만 실제로는 베들레헴 성문으로부터 대략 1km 지점에 있다. 이 우물은 깊고 시원하며 맛이 아주 좋다고 한다. 지금도 "다윗의 우물"이란 이름으로 전해지고 있다. 다윗은 베들레헴 사람으로(삼상 16:1) 어릴 때 이 우물을 마시며 자랐을 것이다. 그런가 하면 이 때 다윗이 거했던 아둘람의 물은 나빠 다윗이 옛날에 마시던 베들레헴 성문 곁 우물물을 사모했을 것은 당연했다(Lange).

대상 11:18. 이 세 사람이 블레셋 사람들의 군대를 돌파하고 지나가서 베들레

헴 성문 곁 우물물을 길어가지고 다윗에게로 왔으나 다윗이 마시기를 기뻐하지 아니하고 그 물을 여호와께 부어드리고.

이 세 사람(아비새와 브나야'와 또 이름을 밝히지 않은 한 사람, 15절)이 블레셋 사람들의 군대를 돌파하고(군대를 헤집고) 베들레헴 성문까지 가서 물을 길어 다윗에게 왔으나 다윗은 마시기를 기뻐하지 아니하고 그 물을 여호와께 부어드렸다. 아둘람에서 베들레헴까지는 대략 20km임으로 그들은 왕복 40km를 걸어 적진을 두 번이나 돌파하고 물을 길어온 것이다. 참으로 생명을 걸고 감행한 모험이었다. 다윗은 그 물을 마시지 아니하고 여호와 앞에 전제로 드린 것이다.

대상 11:19. 이르되 내 하나님이여 내가 결단코 이런 일을 하지 아니하리이다 생명을 돌아보지 아니하고 갔던 이 사람들의 피를 어찌 마시리이까 하고 그들이 자기 생명도 돌보지 아니하고 이것을 가져왔으므로 그것을 마시기를 원하지 아니하니라 세 용사가 이런 일을 행하였더라.

다윗은 베들레헴 성문 곁 우물물을 마시기를 기뻐하지 아니하고 여호와께 부어드리면서(18 절) 그의 각오를 말한다. 즉, "내 하나님이여 내가 결단코 이런 일을 하지 아니하겠다"고 말한다. 이유는 "생명을 돌아보지 아니하고 갔던 이 사람들의 피를 어찌 마시리이까"라고 말한다. 그들이 가져온 물은 그들의 피라는 것이었다. 오늘 우리도 남의 희생을 빼앗는 일을 해서는 안 될 것이다. 남의 생명, 남의 돈, 남의 물질, 남의 명예를 빼앗아서는 안 될 것이다.

본서 저자 에스라는 "그들(세 사람들)이 자기 생명도 돌보지 아니하고 우물물을 가져왔으므로 그것을 마시기를 원하지 아니하니라 세 용사가 이런 일을 행하였다"고 말한다. 세 용사는 참으로 모험심(희생정신)이 강한 사람들이었다. 우리도 강한 희생정신을 가지고 살아야 할 것이다.

ㄷ. 아비새와 브나야 11:20-25

삼십 우두머리 중 세 사람, 다시 말해 둘째 3인의 합동 무용담은 이미 소개했으나(15-19절) 그들을 개별적으로 소개하는 것은 이 부분(20-25절)에서이다.

대상 11:20. 요압의 아우 아비새는 그 세 명 중 우두머리라 그가 창을 휘둘러 삼백 명을 죽이고 그 세 명 가운데에 이름을 얻었으니.

본 절과 다음 절(21절)은 요압의 아우 아비새에 관해 진술한다. "요압의 아우 아비새는 그 세 명(이 삼인은 앞에서 다윗을 위하여 물을 떠온 삼인을 의미한다) 중 우두머리"라고 한다. "아비새"('내 아버지는 이새'라는 뜻)는 다윗의 이복 누이 스루야의 아들인데, 그의 형은 요압이고 동생은 아사헬이다(삼하 2:18; 17:25; 대상 2:15,16). 그는 직정적(直情的) 용사로서 적에게는 특히 냉혹하였다. 다윗의 종자로서 따라다녔는데, 그가 사울에게 쫓겨 다니던 중 사울의 진에 잠입했을 때 아비새는 다윗에게 "하나님이 오늘날 당신의 원수를 당신의 손에 부치셨나이다"라고 하면서 잠자는 사울을 단번에 창으로 찔러 죽이려 했으나 다윗이 이를 막고 증거로 창과 물병만 가지고 가자고 했다(삼상 26:8). 사울의 아들 이스보셋의 대장 아브넬과 싸울 때 이들 삼형제는 다 용사로서 참전했는데, 그의 동생 하사헬은 추격하다 전사했다(삼하 2:18,24). 후에 아브넬이 다윗에게 귀순했으나, 요압과 아비새 형제는 동생 아사헬을 죽인 개인적인 감정으로 그를 죽였다(삼하 3:30). 다윗이 암몬, 수리아 연합군을 칠 때 형 요압은 아람 인을, 아비새 자신은 암몬 인을 쳤다(삼하 10:10-14). 아비새가 "창을 휘둘러 삼백 명을 죽였다"는 말은 그가 창으로 적군 300명을 죽여 그 세 명 중 우두머리가 되었다는 뜻이다.

대상 11:21. 그는 둘째 세 명 가운데에 가장 뛰어나 그들의 우두머리가 되었으나 첫째 세 명에게는 미치지 못하니라.

아비새는 "둘째 세 명 가운데에 가장 뛰어나 그들의 우두머리가 되었으나" 그러나 "첫째 세 명에게는 미치지 못했다"는 저자의 설명이다. 둘째 세 명 가운데에 가장 뛰어났다는 말은 둘째 세 용사 중에는 가장 뛰어난 용사였기에 그들의 두목이 되었으나 그러나 첫째 3인인 야소브암, 엘르아살, 삼마(11-14절)에게는 미치지 못했다는 진술이다. 아비새가 참으로 대단한 위용이 있었긴 하나 첫째 3인에게는 미치지 못했다.

대상 11:22. 갑스엘 용사의 손자 여호야다의 아들 브나야는 용감한 사람이라 그가 모압 아리엘의 아들 둘을 죽였고 또 눈 올 때에 함정에 내려가서 사자 한 마리를 죽였으며.

이제 본 절부터는 둘째가는 세 용사 중 둘째 인물 브나야의 용감성에 대해서 진술한다. 브나야는 "갑스엘"185)('하나님의 공회'라는 뜻) 용사의 손자 "여호야다"186)('여호와께서 아심'이란 뜻)의 아들"이다.

브나야는 모압 "아리엘"187)('하나님의 사자'라는 뜻)의 아들 둘을 죽였고 또 눈 올 때에 함정에 내려가서 사자를 한 마리를 죽였다. 하나님은 이런 용감한 사람들을 다윗에게 붙여주셨다. 하나님을 신앙하는 사람에게는 이런 은총을 주신다.

대상 11:23. 또 키가 큰 애굽 사람을 죽였는데 그 사람의 키가 다섯 규빗이요 그 손에 든 창이 베틀 채 같으나 그가 막대기를 가지고 내려가서 그 애굽 사람의 손에서 창을 빼앗아 그 창으로 죽였더라.

본서 저자 에스라는 브나야(22절)의 용감성에 대해 본 절에서도 크게 진술한다. 저자는 브나야가 "키가 큰 애굽 사람을 죽였다"고 말한다. 그가 얼마나 키가 큰지에 대해 다음 말이 증거한다. 즉, "그 사람의 키가 다섯

---

185) "갑스엘": 유다의 남부 에돔 경계에 근접한 성읍이다(수 15:21). 다윗의 용사 브나야의 출신지이다(삼하 3:20; 대상 11:22). 여갑스엘(느 11:25)과 동일지이다.

186) "여호야다": 다윗의 통치 말기부터 솔로몬 시대에 그렛 사람과 블렛 사람을 관할했고, 시위대장도 했고, 군대장관도 한 브나야의 부친이다(삼하 8:18,23:22,23; 왕상 4:4). 갑스엘 출신의 용사였다(삼하23:20; 대상 11:22). 제사장이었던 것 같다(대상 12:27,27:5). 다윗이 사울로 인해 시글락에 숨어 있을 때 3,700명의 용사를 거느리고 귀순한 아론의 집 족장이기도 하다(대상 12:27).

187) "아리엘": 모압 사람인데, 그의 두 아들은 브나야에게 피살되었다(삼하 23:20; 대상 11:22).

규빗"이라고 한다. 5규빗이면 대략 2.27m이다. 보통 사람보다는 40cm나 큰 사람이었다.

그 애굽 사람은 "손에 든 창이 베틀 채 같았다"고 한다. 그런데 브나야는 "막대기를 가지고 내려가서 그 애굽 사람의 손에서 베틀 채 같은 창을 빼앗아 그 창으로 죽였다"고 한다. 다윗이 골리앗을 죽인 것과 같은 굉장한 사건이었다.

대상 11:24-25a. 여호야다의 아들 브나야가 이런 일을 행하였으므로 세 용사 중에 이름을 얻고 삼십 명 중에서는 뛰어나나 첫째 세 사람에게는 미치지 못하니라.

여호야다의 아들 브나냐가 위와 같은 일(22-23절에 진술된 무공)을 행했기에 둘째 용사 중에 아비새 다음으로 큰 이름을 얻었고 또 30명 중에서는 뛰어나지만은 그래도 첫 번째 3인 측에는 미치지 못했다. 본서 저자 에스라는 브나야를 평가할 때 균형 있게 잘 평가하여 내세웠다.

대상 11:25b. 다윗이 그를 세워 시위대장을 삼았더라.

다윗은 브나야를 좋게 평가하여 나라 일에 중용하였다. 다윗은 그를 시위대원인 "그렛 사람과 블렛 사람"의 장관으로 삼았고(삼하 8:18; 15:18), 군대 편성에서도 3월 군단의 장이 되게 했다(27:5). 브나야는 또 다윗 때만 아니라 솔로몬이 왕이었을 때에 요압 대신에 군대의 장관이 되었다(왕상 4:4, 이상근). 이런 큰 인물들이 나라의 기초석이 되었으니 나라가 든든히 서 있었다.

ㄹ. 기타 용사들 11:26-47

본서 저자 에스라는 30 용사 중 첫째로 꼽히는 3인 용사(10-14절)와 둘째로 꼽히는 3인(15-25절)에 대해 진술한 다음 이제 이 부분(26-47절)에서는 첫째 3인과 둘째 3인에 들지 못한 용사들을 거명한다. 숫자적으로 보아

나머지가 모두 24인이어야 하나 실지로 본 장에 48명이 거명된다. 그리고 삼하 31:24-29의 병행 구에는 32명이 거명되었다. 아마 "30명 용사단"이란 이름 아래 변동이 있는 듯하다(이상근).

대상 11:26. 또 군사 중의 큰 용사는 요압의 아우 아사헬과 베들레헴 사람 도도의 아들 엘하난과.

본서 저자는 앞에서(10-25절) 첫째로 꼽히는 3인 용사와 둘째로 꼽히는 3인 용사를 거명한 다음 이제 본 절부터는 "또 군사 중의 큰 용사", 즉 '나머지 30인 용사'를 거명한다. 군사 중에 나머지 큰 용사는 요압의 아우 "아사헬"[188]('하나님이 만드신다'는 뜻)과 베들레헴 사람 "도도"[189]('사랑한다'는 뜻)의 아들 "엘하난"('하나님께서 자비롭게 여기신다'는 뜻)이 있다. 이는 베들레헴 사람이다.

대상 11:27. 하롤 사람 삼훗과 블론 사람 헬레스와.

"하롤 사람"('하롯의 사람'이란 뜻) "삼훗"[190]('그곳에'란 뜻)과 블론 사람 "헬레스"[191]('힘'이라는 뜻)가 있다.

대상 11:28. 드고아 사람 익게스의 아들 이라와 아나돗 사람 아비에셀과.

---

188) "아사헬": 다윗의 누이 스루야의 아들 삼형제 중 막내 아들이다. 다윗의 30 용사 중 한 사람이며, 군중(軍中)의 큰 용사로서, 그의 발이 들 노루 같이 빠른 것으로 유명하다(대상 2:16; 삼하 2:18; 23:24; 대상 11:26). 기브온에서 사울의 아들 이스보셋 왕의 군대장관 아브넬이 패주하는 것을 추격하다가 오히려 그에게 창 뒤끝으로 배가 찔려 피살되었다(삼하 2:12-23). 요압은 자기 동생을 죽인 아브넬을 복수했다(삼하 3:27).

189) "도도"; 베들레헴 엘하난의 아비인데, 다윗의 37용사 중의 한 사람이다(삼하 23:24; 대상11:26).

190) "삼훗": 다윗 군단의 5월 제 5반열의 장관으로서, 2만 4천의 군사를 거느렸다(대상 27:8). 사무엘하 23:25에는 삼마로 되어 있다.

191) "헬레스": 에브라임 자손 블론 사람인데, 다윗의 큰 용사 중 한 사람이다. 그는 7월을 담당한 일곱째 군대장관이다(삼하 23:26; 대상 11:27; 27:10). 사무엘하 23:26에는 '발디 사람', 대상 11:27에는 '블론 사람'으로 되어 있으나, 대상 27:10에는 '발론 사람'으로 되어 있는 것으로 보아 '블론 사람'이 맞는 것으로 보인다.

"드고아"[192]('박수하다'란 뜻) 사람 "익게스"('유익하다'란 뜻)의 아들 "이라"[193]('성읍'이란 뜻)와 "아나돗 사람"[194] "아비에셀"[195]('하나님께서 도우신다'는 뜻)이 있다. 다윗을 위한 장군들은 이처럼 여러 지방에서 나왔다.

대상 11:29. 후사 사람 십브개와 아호아 사람 일래와.

"후사 사람"(유다의 성읍 후사의 출신자, 삼하 21:18; 23:27; 대상 11:29; 20:4; 27:11) "십브개"[196]('매이다'는 뜻)와 "아호아 사람"[197] "일래"('가장 높은'이란 뜻)가 있다. 일래는 다윗의 용사 중 한 사람인데, 아호아 출신이다(대상 11:29). 사무엘하 23:28에서는 '살몬'이라 표기 되어 있다.

대상 11:30. 느도바 사람 마하래와 느도바 사람 바아나의 아들 헬렛과.

"느도바 사람"[198] "마하래"[199]('급하고 맹렬함'이라는 뜻)와 느도바 사

---

192) "드고아": 드고아(대하 20:20) 들에 있던 유대의 성읍 이름인데, 계도의 형식상 유다의 자손 아스훌의 아들로 되어 있다(대상 2:24; 4:5). 이 성읍이 가장 잘 알려져 있는 것은 선지자 아모스의 고향으로서이다(암 1:1). 요압은 이 성읍의 슬기 있는 여인의 지혜를 이용하여(삼하 14:2-) 르호보암은 이 요해를 견고하게 하였다(대하 11:6). "드고아에서 나팔을 불고"란 말은 이 성읍이 요해였다는 것을 나타낸다(렘 6:1).

193) "이라": 드고아 사람 익게스의 아들이며 다윗의 용사의 한 사람이다. 또 다윗의 6월 여섯째 장관이기도 하다(삼하 23:26; 대상 11:28; 27:9).

194) "아나돗 사람": 예루살렘 북북동의 성읍 아나돗의 주민(삼하 23:27; 대상 11:28; 12:3; 27:12; 렘 29:27).

195) "아비에셀": 아나돗 사람으로서 다윗의 37용사 중의 한 사람이다. 다윗이 상비군 28만 8천 명을 12개 사단으로 나누어 매월 근무케 했을 때, 9월 사단장이었다(삼하 23:27; 대상 11:28; 27:12).

196) "십브개": 후사 사람이며 다윗의 용사 중 한 사람이다. 그는 다윗이 블레셋 사람과 곱에서 전쟁할 때 장대한 자의 아들(거인의 자손) 삽을 쳐 죽인 것으로 유명하다(삼하 21:18; 대상 11:29). 다윗의 상비군 12반열 중 제 8장관(군단장)으로서 2만 4천의 군사를 거느리고 8월에 근무했다(대상 27:11). 사무엘하 23:27에는 '므분내'로 되어 있다.

197) "아호아 사람": 베냐민 사람 벨라의 아들 아호아(대상 8:4)에게서 나온 사람들(삼하 23:9,28; 대상 11:12,29; 27:4). 다윗의 삼용사 도대의 아들 엘르아살(삼하 23:9) 등은 "아호아 사람"으로 불리고 있다.

198) "느도바 사람": 유다의 성읍 느도바(스 2:22; 느 7:26)의 출신자(삼하 23:28, 29 of Netopha; 왕하 25:23; 대상 2:54; 9:16,(11:30,30of Netophah); 27:13,15; 느 12:28; 렘 40:8).

199) "마하래": 세라 족속 느도바 사람인데, 다윗 왕의 37용사 중 한 용사이다. 왕을 섬기는 제 10반열의 장관이며, 그에게 2,400명이 속해 있었다(삼하 23:28; 대상 11:30; 27:13).

람 "바아나"('고통의 아들'이란 뜻)의 아들 "헬렛"(다윗의 37용사의 한 사람)이 있다.

대상 11:31. 베냐민 자손에 속한 기브아 사람 리배의 아들 이대와 비라돈 사람 브나야와.

베냐민 자손에 속한 기브아 사람 "리배"(다윗의 37용사의 한 사람)의 아들 "이대"200)('동반하다'는 뜻)와 "비라돈"(네압볼리의 서남서 10㎞ 지점에 있는 화라타[Far'ata]와 동일시되는 곳이다) 사람 "브나야"('여호와께서 세워주신다'는 뜻)가 있다. 브나야는 바라돈 사람이며 다윗의 30용사 중의 한 사람이다(삼하 23:30; 대상 11:31). 다윗군단 11반(11월) 장관(長官)이었다(대상 27:14).

대상 11:32. 가아스 시냇가에 사는 후래와 아르바 사람 아비엘과.

"가아스"('지진'이란 뜻) 시냇가에 사는 "후래"(다윗의 용사 중 한 사람이다)와 "아르바 사람"(유다와 베냐민의 경계에 있던 성읍 벧알바의 주민) "아비엘"201)('아버지는 하나님이시다'라는 뜻)이 있다. 다윗을 돕던 용장들은 도처에 있었다. 이것이 바로 하나님께서 다윗과 함께 하신 증표였다. 하나님께서 오늘 우리와
함께 하실 때에도 주위의 많은 사람들을 사용하시기도 하신다.

대상 11:33. 바하룸 사람 아스마웻과 사알본 사람 엘리아바와

바하룸202) 사람 "아스마웻"203)('죽음에 강한'이란 뜻)과 "사알본 사람"

---

200) "잇대": 다윗의 용사 중 한 사람이다(삼하 23:29). 대상 11:31에는 '이대'로 되어 있다.

201) "아비엘": 아르바 사람으로서 다윗의 37 용사 중의 한 사람이다(대상 11:32).

202) "바하룸": 아스마웻의 출신을 가리키는 형용사(대상 11:33). 병행기사 삼하 23:31에서는 [바르훔 사람](Barhumite-KJV)으로 되어 있다. 이 지명은 베냐민 지파의 성읍으로서 예루살렘 동북쪽 6km지점이다. 다윗은 압살롬의 난을 피해 도망하다가 이곳에서 시므이로부터 혹독한 저주를 받았다(삼하 16:5).

203) "아스마웻": 바르훔 사람인데, 다윗의 37용사 중 하나이다(삼하 23:31).

(다윗의 용사 중 한 사람인 엘리아바의 출신 성읍. 삼하 23:32; 대상11:33) "엘리아바"[204]('하나님께서 감추시는 자'라는 뜻)가 있었다.

대상 11:34. 기손 사람 하셈의 아들들과 하랄 사람 사게의 아들 요나단과.

"기손 사람"(다윗의 3용사 중의 1인인 하셈의 출신 족을 가리키는 말) "하셈"[205]의 아들들과 또 "하랄 사람"(다윗의 3용사 중의 하나인 아게의 아들 삼마에게 붙여진 형용사. 삼하 23:11,33; 대상 11:34,35) 사게의 아들 "요나단"(하랄 사람 사게의 아들이며 다윗 군단의 용사의 한 사람)이 있었다. 그런데 여기서 하셈의 아들들의 이름이 무엇인지 그리고 몇 명인지 알려지지 않고 있다. 이렇게 많은 사람들이 다윗을 적극적으로 돕는다는 것은 다윗으로서는 다행이 아닐 수 없었다.

대상 11:35. 하랄 사람 사갈의 아들 아히암과 울의 아들 엘리발과.

"하랄 사람"[206]('산지의 사람'이라는 뜻) "사갈"('노역'이란 뜻)의 아들 "아히암"('아버지 형제'란 뜻)과 "울"('불꽃'이라는 뜻)의 아들 "엘리발"('하나님은 심판하신다'는 뜻)이 있었다. 엘리발은 울의 아들로 다윗의 용사 중의 1인(대상 11:35). 병행기사 삼하 23:34에서는 "엘리벨렛"으로 불리고 있다.

대상 11:36. 므게랏 사람 헤벨과 블론 사람 아히야와.

므게랏 사람('므게랏의 주민'이란 뜻) "헤벨"(므게랏 사람이며 다윗의 한 용사이다')과 블론 사람[207] "아히야"('다윗의 30용사 중의 한 사람')가

---

204) "엘리아바": 사알본 사람인데, 다윗의 37용사 중 한 사람이다(삼하 23:32).

205) "하셈": 기손 사람인데, 다윗의 30용사 중 한 사람이다(대상 11:34). '야센'(삼하 23:32)과 동일인이다.

206) "하랄 사람": 다윗의 3용사 중의 하나인 아게의 아들 삼마에게 붙여진 형용사(삼하 23:11,33; 대상 11:34,35). 그는 유다나 에브라임 산지에 있던 '하랄'(山)로 불리는 마을의 출신자였던 것으로 보인다.

207) "블론 사람": 다윗의 용사 헬레스(대상 11:27; 27:10발론 사람)와 아히야(대상 11:36)를

있었다.

대상 11:37. 갈멜 사람 헤스로와 에스배의 아들 나아래와.

갈멜 사람[208] "헤스로"[209]와 에스배의 아들 "나아래"('나이 어린 아들'이란 뜻)가 있었다. 다윗에게는 이렇게 많은 용장들이 주위에 있었다. 하나님은 다윗과 함께 하시고 계셨다.

대상 11:38. 나단의 아우 요엘과 하그리의 아들 밉할과.

나단의 아우 "요엘"('여호와는 그의 하나님'이란 뜻)과 "하그리"의 아들 "밉할"('선택'이란 뜻)이 있었다. 본 절의 "나단"은 다윗 왕의 한 용사로서 소바 사람이다(삼하 23:36; 대상 11:38). 그리고 "요엘"은 다윗 왕의 한 용사로서 소바 사람이다(삼하 23:36; 대상 11:38). 또 "하그리"는 다윗의 용사 밉할의 아버지(대상 11:38)였다. 병행기사인 삼하 23:36에서는 갓 사람 "바니"로 되어 있다. 오늘 우리도 하나님만 바라볼 때 하나님께서는 우리 주위에 도움 자들을 붙여주심을 알 수 있다.

대상 11:39. 암몬 사람 셀렉과 스루야의 아들 요압의 무기 잡은 자 베롯 사람 나하래와.

암몬 사람 "셀렉"[210]('갈라진 곳'이라는 뜻)과 스루야의 아들 요압의 무기 잡은 자 "베롯 사람"('베나민의 성읍 브에롯의 출신자'라는 뜻) "나하래"[211]('주께서 택하신 것'이란 뜻)가 있었다. 다윗의 충신 가운데는 외국인

형용하는 형용사이다. 그러나 삼하 23:26의 병행기사에서 헬레스는 '발디 사람'으로 불리고, 아히야와 동일인으로 보이는 엘리암은 삼하 23:34에서는 '길로 사람'으로 해석된다. 한편 시리아역 베시타에서는 '발티', '발디 사람'으로 읽고 있는 데서 이들은 '발디 사람'의 오사일 것으로 보고 있다.

208) "갈멜 사람": 유다의 산지(山地)에 있던 갈멜(수 15:55)의 주민 및 그 출신자를 가리킨다(삼하 2:2; 3:3; 23:35; 대상 3:1; 11:37).

209) "헤스로": 갈멜 출신. 다윗의 용사 중의 1인(삼하 23:34).

210) "셀렉": 암몬 사람이다. 다윗의 37용사 중의 한 사람이다. 이들 용사들은 이스라엘 각지에서 소집되어 다윗 왕국 건설에 초석이 되어 구원과 번영의 성업을 완성했다.

까지 있었다.

대상 11:40. 이델 사람 이라와 이델 사람 가렙과.

이델 사람('기럇여아림의 가족'이란 뜻) 이라와 이델 사람 가렙이 있었다. 본 절의 두 사람 "이라"와 "가렙"은 똑같이 이델 사람들이었다. 한 지역에서 두 용사가 다윗을 도우러 나온 것이다.

대상 11:41. 헷 사람 우리아와 알래의 아들 사밧과.

헷 사람 "우리아"('여호와는 빛이시다'는 뜻)와 "알래"의 아들 "사밧"('살폈다'는 뜻)이 있었다. 헷 사람이란 고대의 애굽, 바벨론과 더불어 중근동 세계에 영향을 준 민족으로서 애굽 어의 비문에 있어서 Ht3, 아카드어의 비문에 있어서 핫티(Hatti)로 쓰여졌는데 대(大) 힛타이트제국의 주민을 가리킨다. 사밧 이하 본 장의 인물들은 병행구인 삼하 23장에는 없다. 그 후 추가된 것으로 보이며 대체적으로 요단강 동편의 인물들이다(K.&D.).

대상 11:42. 르우벤 자손 시사의 아들 곧 르우벤 자손의 우두머리 아디나와 그 추종자 삼십 명과.

르우벤 자손 "시사"[212]('열렬히 사랑함'이란 뜻)의 아들 곧 르우벤 자손의 우두머리 "아디나"('즐거운'이란 뜻)와 그 추종자 30 명이 있었다. "아디나"는 르우벤 자손 시사의 아들인데, 두목이며 다윗의 용사의 한 사람이다.

대상 11:43. 마아가의 아들 하난과 미덴 사람 요사밧과.

마아가('압제하다'는 뜻)의 아들 "하난"('자비가 많은'이란 뜻)과 미덴 사람(다윗의 30용사의 하나인 요사밧의 출신 씨족을 일컫는 말) "요사밧"('여

---

211) "나하래": 브에롯 출신으로서 다윗의 37용사중의 하나이며, 요압의 병기를 잡은 자였다(삼하 23:37; 대상 11:39).

212) "시사": 르우벤 사람으로서 다윗의 한 용사이며, 르우벤 자손의 두목 아디나의 부친이다(대상 11:42).

호와께서 주셨다'는 뜻)이 있었다.

대상 11:44. 아스드랏 사람 웃시야와 아로엘 사람 호담의 아들 사마와 여이엘과.

아스드랏 사람(아스다롯의 출신자를 의미한다) "웃시야"[213]('나의 힘은 여호와'라는 뜻)와 아로엘 사람('유다 남부의 성읍 아로엘의 주민'이라는 뜻) 호담[214]('도장'이라는 뜻)의 아들 "사마"[215]('하나님은 응답하신다'는 뜻)와 "여이엘"[216]('여호와는 세우신다'는 뜻)이 있었다.

대상 11:45. 시므리의 아들 여디아엘과 그의 아우 디스 사람 요하와.

디스 사람 "시므리"('주시한다'는 뜻)의 아들 "여디아엘"[217]('하나님께서 아시는 자'라는 뜻)과 그의 아우 "요하"가 있었다. "디스 사람"이란 말은 '다윗의 용사 여디아엘의 출신 족'을 지칭한다(본 절).

대상 11:46. 마하위 사람 엘리엘과 엘라암의 아들 여리배와 요사위야와 모압 사람 이드마와.

"마하위"(다윗의 30용사 중의 한 사람) 사람 "엘리엘"[218]('엘은 하나님이시다'라는 뜻)과 "엘라암"[219]('그의 기쁨과 즐거움은 하나님'이라는 뜻)의 아들 "여리배"(엘라암의 아들이며 다윗의 용사 중 하나)와 "요사위야"[220]('여호와께서 올리신다'는 뜻)와 모압 사람 "이드마"[221]('여윈'이란 뜻)가 있었다. 본 절의 "마하위 사람"이란 '엘리엘의 출신지'를 지칭한다

213) "웃시야": 다윗의 용사의 한 사람인데, 아스드랏 사람이다.
214) "호담": 아로엘 사람으로 그의 두 아들은 다윗의 용사였다.
215) "사마": 아로엘 사람 호담의 아들로, 다윗의 30용사 중의 1인이다(대상 11:44).
216) "여이엘": 아로엘 사람 호담의 아들이다. 다윗의 용사 중 한 사람이다(대상 11:44).
217) "여디아엘": 시므리의 아들인데, 다윗의 용사 중 한 사람이다(대상 11:45).
218) "엘리엘": 마하위 사람이며 다윗의 용사 중 하나이다(대상 11:46).
219) "엘라암": 마하위 사람이며 다윗의 용사 중 하나이다(대상 11:46).
220) "요사위야": 엘라암의 아들이며 다윗의 용사 중 하나이다(대상 11:46).
221) "이드마": 모압 사람으로 다윗의 용사의 한 사람이다(대상 11:46).

(대상 11:46).

대상 11:47. 엘리엘과 오벳과 므소바 사람 야아시엘이더라.

"엘리엘"[222]('엘은 하나님이시다'라는 뜻)과 "오벳"('종'이라는 뜻)과 므소바 사람 "야아시엘"('하나님은 강하게 하신다'는 뜻)이 있었다. 본 절의 "므소바 사람"이란 다윗의 용사 중의 1인인 야아시엘의 출신족의 명칭을 지칭한다(본 절).

---

222) "엘리엘": 모압 사람으로서 다윗의 용사 중 하나이다(대상 11:47).

제 12 장

ㅁ. 다윗이 피난할 때 따른 용사들 12:1-22

본서 저자는 다윗의 30용사들을 11:10-47에서 이미 거명했으나 이제 이 부분(1-22절)에서는 다윗이 피난 다닐 때 따른 용사들을 거명한다. 하나님은 다윗을 훈련시키실 때, 다시 말해 사울에게 쫓겨 도망 다닐 때 동행해주셨다. 하나님은 우리가 힘들고 위험할 때 더욱 함께 하신다.

1-7절: 베냐민의 용사들이 다윗을 도우러 오다.

대상 12:1. 다윗이 기스의 아들 사울로 말미암아 시글락에 숨어 있을 때에 그에게 와서 싸움을 도운 용사 중에 든 자가 있었으니.

다윗이 기스의 아들 사울에게 쫓겨 시글락에 숨어 있을 때에, 그에게 와서 싸움을 도와준 용사들은 2절 이하부터 22절까지에 거명된 자들과 같다. 본 절에서 "기스의 아들 사울로 말미암아"란 말은 '기스의 아들 사울 왕의 박해로 말미암아'라는 뜻이다(삼상 21:10-15; 27:1-4, 5-7). 시글락은 원래 유다에 속했다가(수 15:31), 다음에 시므온 지파의 땅이 되었고(수 19:5), 이 때에는 블레셋에 넘어가 가드 왕 아기스가 통치하게 되었다. 다윗은 이 시글락에 있으면서 사울에게 괴롭힘을 받으며 왕이 되는 훈련을 받았다(삼하 27:6). 다윗은 시글락에 1년 4개월을 있으면서 훈련을 받다가 헤브론으로 돌아가 유다 왕으로 추대를 받았다(삼하 27:1-7). 다윗이 이런 괴롭힘을 받았기에 40년 세월 왕의 역할을 감당할 수 있었다. 다윗이 괴롭힘을 받을 때 하나님께서 다윗과 함께 하셔서 싸움을 돕는 사람들을 보내주셨다. 사람은 훈련을 오래 받아야 한다. 모세도 이스라엘의 구원자로 쓰임을 받기 전 40년의 훈련을 받았다.

대상 12:2. 그들은 활을 가지며 좌우 손을 놀려 물매도 던지며 화살도 쏘는 자요 베냐민 지파 사울의 동족인데 그 이름은 이러하니라.

본 절은 다윗에게 와서 싸움을 도와준 용사들(1절)이 어떤 정도의 무술 실력을 가지고 있었는가를 설명한다. 그들은 "활을 가지며 좌우 손을 놀려 물매도 던지며 화살도 쏘는 자"라고 말한다. 다시 말해 그들은 활을 잘 쏘는 사람들이었고, 좌우 양손잡이였으며, 물맷돌을 잘 던지는 사람들이었다. 사사기 20:16에 의하면 베냐민 정병 700명은 모두 왼손 잡이였고 물매로 돌을 던지면 조금도 틀림없는 사람들이었다. 그들은 베냐민 사람들로서 사울의 친족이었기에 사울을 도와야 했는데 다윗을 도우러 나온 것이었다. 그들은 사울을 떠나 다윗을 따랐다. 오늘 교회도 한 사람 한 사람 떠나면 하나님께서 떠나시는 증표이고, 한 사람 한 사람 사람이 더해 가면 하나님께서 함께 하시는 증표임을 알 수 있다.

대상 12:3. 그 우두머리는 아히에셀이요 다음은 요아스이니 기브아 사람 스마아의 두 아들이요 또 아스마웻의 아들 여시엘과 벨렛과 또 브라가와 아나돗 사람 예후와.

사울의 친족 중에 우두머리는 "아히에셀"223)('돕는 형제'란 뜻)이었고, 다음은 "요아스"224)('여호와는 강하심'이란 뜻)이니 기브아 사람225) "스마아"226)의 두 아들이요 또 아스마웻의 아들 "여시엘"227)('하나님의 모임'이란 뜻)과 "벨렛"228)('해방'이란 뜻)과 또 "브라가"229)('축복'이란 뜻)와 아

---

223) "아히에셀": 기브아 사람인데, 사울로 인해 시글락에 피신 중에 다윗에 귀순한 30 용사 중의 한사람이다(대상 12:3).

224) "요아스": 기브아 사람인데, 사울로 인해 시글락에 피신 중에 다윗에 귀순한 30 용사 중의 한사람이다(대상 12:3).

225) "기브아 사람": 베냐민의 성읍 기브아 출신자를 가리키고, 스마아에 대해 인용되었다(대상 12:3).

226) "스마아": 사울로 인하여 다윗이 시글락에 피신하고 있을 때 도운 용사 두 아들의 부친이며, 스마아는 기브아 사람이다.

227) "여시엘": 사울로 인하여 다윗이 시글락에 피신하고 있을 때 도운 용사 두 아들의 부친이며, 스마아는 기브아 사람이다.

나돗 사람(예루살렘 북북동의 성읍 아나돗의 주민을 지칭하는 말. 삼하 23:27; 대상 11:28; 12:3; 27:12; 렘 29:27) "예후"[230]('그는 여호와이시다'는 뜻)였다.

대상 12:4. 기브온 사람 곧 삼십 명 중에 용사요 삼십 명의 우두머리가 된 이스마야이며 또 예레미야와 야하시엘과 요하난과 그데라 사람 요사밧과.

기브온 사람[231]으로 30명 용장의 지도자 중 한 사람인 "이스마야"[232]('여호와께서 들으신다'는 뜻)와 또 "예레미야"[233]('여호와가 높이신 자'란 뜻), "야하시엘"[234]('하나님께서 보신다'는 뜻), "요하난"[235]('여호와는 은혜로우시다'는 뜻), 그데라 사람 "요사밧"[236]('여호와께서 주셨다'는 뜻) 등이 따랐다. 이렇게 많은 사람들이 다윗을 따랐으니 다윗은 하나님께서 자신과 함께 하심을 알았을 것이다.

본 절의 "그데라 사람"이란 베냐민 지파에 속하고, 다윗을 따른 용사중의 1인인 요사밧의 출신지의 성읍 사람들을 지칭한다. 이 성읍은 기브온 부근에 있던 것으로, 현재의 제디레(Jedireh)와 동일시된다.

---

228) "벨렛": 다윗이 사울의 난을 피해 시글락에 숨어 있을 때에 많은 용사들이 그에게 왔는데, 벨렛은 그 중 한 사람이다. 이들은 활을 잘 쏘고 물매도 잘 던진 자들이며, 사울의 동족(베냐민 지파)인데도 사울을 떠났다. 아스마웹의 아들이다(대상 12:1-3).

229) "브라가": 베냐민 사람 시글락에서 다윗에 쓰인 용사 중의 한 사람(대상 12:3).

230) "예후": 아나돗의 베냐민 사람이다. 다윗이 사울로 인해 시글락에 피신해 있을 때 귀순한 용사의 한 사람이다(대상 12:3).

231) "기브온 사람": 기브온 사람이란 '베냐민 지파의 성읍인 기브온의 주민'(삼하 21:1-4,9; 대상 12:4; 느 3:7)을 지칭한다.

232) "이스마야": 다윗이 사울로 인해 시글락에 숨어 있을 때 다윗에게 충성하기 위해 따른 기브온 사람이다. 삼십인 중에 용사요 삼십 인의 두목이다(대상 12:4).

233) "예레미야": 다윗이 사울로 인해 시글락에 숨어 있을 때 그에게 충성하기 위해 따른 사람이다.

234) "야하시엘": 사울로 인해 다윗이 시글락에 피해 있을 때, 그에게 귀순한 용사의 한 사람이다(대상 12:4).

235) "요하난": 시글락에서 다윗 군에 참가한 베냐민 사람의 1인(대상 12:4).

236) "요사밧": 그데라 사람이다. 다윗이 사울로 인해 시글락에 숨어 있을 때 그에게 찾아와 그를 따른 사람이다(대상 12:4).

대상 12:5. 엘루새와 여리못과 브아랴와 스마랴와 하룹 사람 스바댜와.

"엘루새"[237]('하나님은 나의 피난처이시다'는 뜻)와 "여리못"[238]('뛰어남'이라는 뜻)과 "브아랴"[239]('여호와는 주님이시다'는 뜻임)와 "스마랴"[240]('여호와께서 보호해 주신다'는 뜻)와 하룹 사람 "스바댜"[241]('여호와는 심판하신다'는 뜻)가 다윗을 따랐다.

"하룹 사람"이란 시글락에서 다윗 군에 가담한 베냐민 사람 스바댜의 출신 족(대상 12:5)을 지칭하는 말이다. 하립(느 7:24)의 가계로 된 선조에서 나왔을 것으로 보고 있다.

대상 12:6. 고라 사람들 엘가나와 잇시야와 아사렐과 요에셀과 야소브암이며

고라 사람들 "엘가나"[242]('하나님은 소유하신다'는 뜻)와 "잇시야"[243]('여호와께서 빌리신다'는 뜻)와 "아사렐"[244]('하나님이 도우신다'는 뜻)과 "요에셀"[245]('여호와는 도우신다'는 뜻)과 "야소브암"[246]('백성은 돌아오리

---

237) "엘루새": 사울로 인해 시글락에서 피신하고 있는 다윗에게 충성하기 위해 귀순한 용사 중 한 사람이다(대상 12:5).

238) "여리못": 그레라 사람으로서, 다윗이 사울로 인해 시글락에 숨어 있을 때 그에게 충성하기 위해 귀순한 용사 중 한 사람이다(대상 12:5).

239) "브아랴": 다윗이 사울의 난을 피하여 블레셋 땅에 가서 가드 왕 아기스의 보호를 받고 있었을 때 많은 용사들이 그를 따랐다. 그 중 베냐민 지파는 사울의 동족임에도 불구하고 그를 떠나 다윗을 찾았다. 그 30인중에 용사요, 30인의 두목된 자 중의 한 사람이 곧 브아랴이다(대상 12:5).

240) "스마랴": 다윗이 사울에게 쫓겨 시글락에 숨어 있을 때 그를 도우러 찾아온 용사의 한 사람이다(대상 12:5).

241) "스바댜": 하룹 사람이다. 그는 다윗이 사울에게 쫓겨 시글락에 피신하고 있을 때 그를 도우러 찾아 온 베냐민 용사 중의 한 사람이다(대상 12:5).

242) "엘가나": 고라 사람이다. 다윗이 사울로 인해 시글락에 피신해 있을 때, 그에게 충성하기 위해 귀순한 용사 중 한 사람이다(대상 12:6).

243) "잇시야": .다윗이 사울로 인해 시글락에 숨어 있을 때 그에게 충성하러 귀순한 용사 중 한 사람이다(대상 12:6).

244) "아사렐": 레위 사람이다. 다윗이 사울에 쫓기어 시글락에 피신하고 있을 때, 다윗을 찾아와 귀순한 용사의 한 사람이다(대상 12:6).

245) "요에셀": 다윗의 용사 고라 사람으로, 다윗이 사울의 난을 피하여 시글락에 피해 있을 때 가담한 사람이다(대상 2:6).

246) "야소브암": 학몬 사람의 아들이다. 다윗의 용사로 맨 처음에 그의 이름이 나온다. 베레스 자손 삽디엘의 아들일 것이다. 그는 다윗이 사울로 인하여 시글락에 피해 있을 때

라'는 뜻)이 따랐다.

"고라 사람"들이란 레위 지파 이스할의 아들로, 모세와 아론의 사촌동생인 고라에서 비롯된 자손(출 6:24; 민 26:58; 대상 9:19,31; 12:6; 26:1,19; 대하 20:19)을 지칭한다.

대상 12:7. 그돌 사람 여로함의 아들 요엘라와 스바댜더라.

그돌 사람 "여로함"[247]('그가 긍휼히 여기시기를'이라는 뜻)의 아들 "요엘라"[248]('그로 하여금 돕게 하라'는 뜻)와 "스바댜"[249]('여호와가 심판하신다'는 뜻)가 다윗을 따랐다. "그돌 사람"이란 '베냐민 사람과 여로함이 살던 성읍출신들'을 지칭한다. 이상은 사울이 속한 베냐민 지파에서 다윗을 도우러 나왔던 사람들이다. 하나님께서 다윗과 함께 하시니 사람들이 사울을 돕지 아니하고 다윗을 도우러 나온 것이다.

8-15절: 갓 지파 중에서 다윗을 도우러 용사들이 나아오다.

대상 12:8. 갓 사람 중에서 광야에 있는 요새에 이르러 다윗에게 돌아온 자가 있었으니 다 용사요 싸움에 익숙하여 방패와 창을 능히 쓰는 자라 그의 얼굴은 사자 같고 빠르기는 산의 사슴 같으니.

갓 지파 사람 중에서 광야에 있는 요새에 이르러 다윗에게 돌아온 자가 있었다고 말한다. 지파를 가리지 않고 여러 지파에서 다윗에게 돌아온 것은 하나님께서 다윗과 함께 하신 증표였다. 그들은 "다 용사요 싸움에 익숙하여 방패와 창을 능히 쓰는 자"였다. 즉, 그들은 다 용사라서 싸움에 아주 익숙한

충성하려고 귀순한 용사일 것이다. 후에 그는 다윗의 정월 군단장이 되어 24,000명의 장병을 거느렸다. 사무엘하 23:8에는 다그몬 사람 요셉밧세벳이라고 하였다. 그는 한 때에 창으로 300(800)명을 쳐 죽였다(대상 11:11; 12:6; 27:2).

247) "여로함": 베냐민 자손 그돌 사람인데, 그의 아들들은 다윗이 사울을 피하여 시글락에 숨어있을 때 귀순한 용사들이다(대상 12:7).

248) "요엘라": 그돌의 여로함의 아들 중의 1인. 다윗이 사울의 난을 피하여 시글락에 간 때, 다윗을 도운 용사 중의 1인(대상 12:7).

249) "스바댜": 베냐민 지파 그돌 사람 여로함의 아들이다. 그는 다윗이 사울에게 쫓겨 시글락에 피신하고 있을 때 그를 도우러 찾아온 베냐민 용사 중의 한 사람이다(대상 12:7).

사람들이었다. 저자는 이 사람들이 무기를 잘 쓰는 자들이라고 말한다. "방패와 창을 능히 쓰는 자"라는 것이다. '방패 무기와 공격 무기 창을 잘 사용하는 사람들'이라고 한다. "그들의 얼굴은 사자 같고 빠르기는 산의 사슴 같은 자"들이라고 한다. 그들은 실제로 얼굴도 무시무시하게 생겼고 또 심히 민첩한 사람이라는 것이다. 이들은 다윗에게 짐 되는 사람들이 아니라 다윗을 능히 도울 수 있는 사람들이었다.

대상 12:9. 그 우두머리는 에셀이요 둘째는 오바댜요 셋째는 엘리압이요.

갓 지파의 용사들 중에 우두머리는 "에셀"('외출하다'는 뜻)이요 둘째는 "오바댜"('주의 종'이라는 뜻)요 셋째는 "엘리압"[250]('하나님은 아버지이심'이라는 뜻)이었다. 이렇게 서열을 먹여서 11째까지(13절) 기록한다.

대상 12:10. 넷째는 미스만나요 다섯째는 예레미야요.

넷째는 "미스만나"[251]('기름지다'는 뜻)요 다섯째는 "예레미야"[252]('여호와께서 높이신다'는 뜻)였다

대상 12:11. 여섯째는 앗대요 일곱째는 엘리엘이요.

여섯째는 "앗대"[253]('기회'라는 뜻)요 일곱째는 "엘리엘"[254]('엘은 하나

---

250) "엘리압": 갓 사람이다. 다윗이 사울로 인해 시글락에 피신해 있을 때 귀순한 용사 중 한 사람이다. 그는 다윗에게 오기 위해 사울을 떠나 눈이 녹아 강물이 넘치는데도 불구하고 충성을 다짐하면서 모험적으로 요단을 건너 광야에 있는 다윗에게 귀순했다(대상 12:8,9,14).

251) "미스만나": 다윗이 사울 왕 때문에 시글락에 숨어 있을 때에 갓 사람 중에서 그에게 귀순한 용사이며, 싸움에 익숙하여 방패와 창을 잘 쓰는 열한 두목 중의 한 사람이다. 그들은 얼굴이 사자 같고 빠르기가 산 사슴 같다고 하였다. 이들은 군대장관이 되었는데, 작은 자는 100명을, 큰 자는 1,000명을 거느렸다. 이들이 귀순할 때는 요단 강 물이 얼음이 녹아서 넘치는 때였다고 하니 다윗에 대한 그들의 충의심을 짐작할 수 있다(대상 12:10-15).

252) "예레미야": 다윗이 사울로 인해 시글락에 숨어 있을 때 충성하기 위해 귀순한 용사인데, 갓 사람이다. 그의 수하는 다 용사이며, 싸움에 익숙하여 방패와 창을 잘 쓰며, 얼굴은 사자같고 사슴같이 빨랐다. 후에 다윗의 군대장관이 되었다(대상 12:10).

253) "앗대": 사울로 인해 시글락에 피신해 있는 다윗에게 귀순해온 갓 사람 용사이다(대상 12:11).

254) "엘리엘": 갓 사람인데, 다윗이 사울로 인해 시글락에 숨어 있을 때 그에게 충성하기

님이시다'는 뜻)이 다윗을 따라와 도왔다.

대상 12:12. 여덟째는 요하난이요 아홉째는 엘사밧이요.

여덟째는 "요하난"255)('은혜로운 자'라는 뜻)이요 아홉째는 "엘사밧"('하나님은 주시는 분'이라는 뜻)이 다윗을 따랐다.

대상 12:13. 열째는 예레미야요 열한째는 막반내라.

열째는 "예레미야"256)('여호와께서 높이신다'는 뜻)요 열한째는 "막반내257)('튼튼한'이란 뜻)"가 다윗에게 나아왔다.

대상 12:14. 이 갓 자손이 군대 지휘관이 되어 그 작은 자는 백부장이요, 그 큰 자는 천부장이더니(יִרְמְיָהוּ הָעֲשִׂירִי ס מַכְבַנַּי עַשְׁתֵּי עָשָׂר).

본 절을 해석함에 있어서 개역판 번역과 개역개정판 번역, 그리고 표준새 번역과 현대인의 성경 모두가 "이들 중에 계급이 낮은 사람은 백 명을 거느렸고, 높은 사람은 천 명을 거느렸다"고 번역했다. 다시 말해 이 번역들은 '작은 자는 백부장이 되어 봉사했고 큰 자는 천부장이 되어 봉사했다'고 번역한 것이다. 그러나 당시 다윗에게 있던 600명의 용사(삼상 23:13)를 생각하면 개역판 번역이나 개역개정판 번역, 혹은 표준 새 번역, 현대인의 성경 번역은 불가한 것이다. 그런고로 '작은 자는 일당 100이요 큰 자는 일당 1,000이었다'고 번역해야 하는 것이다(K.&D., Lange, Bertheau, Barker, Zoekler, Kautzsch). 갓 지파 중에서 큰 용장들이 다윗에게 나아와 함께해 준 것은 하나님께서 함께해주신 증표였다.

위해 귀순한 용사 중 한 사람이다. 그는 다윗의 군대장관이 되었다(대상 12:11).

255) "요하난": 시글락에서 다윗군에 참가한 가드사람으로 용사의 1인이다(대상 12:12).

256) "예레미야": 상기 다섯째 내용과 같은데, 다만 이는 열째 두목이 되었다(대상 12:13).

257) "막반내": 갓 사람 중에서 다윗에게 귀순한 11용사 중의 한 사람이다. 그들은 다 용사이며, 싸움에 익숙하며, 방패와 창을 잘 쓰는 자였으며, 얼굴은 사자 같고, 빠르기는 산 사슴 같다고 했다. 그들은 군대장관이 되어 작은 자는 100명, 큰 자는 1,000명을 관할했고, 요단강을 건너가 대적을 동서로 도망치게 했다(대상 12:8-15).

대상 12:15. 정월에 요단 강 물이 모든 언덕에 넘칠 때에 이 무리가 강물을 건너서 골짜기에 있는 모든 자에게 동서로 도망하게 하였더라.

본 절은 갓 지파의 용사들이 감행한 무용담을 기록한 것이다. 즉, 어느 해 정월(이는 종교력이고, 민간력으로는 7월, 가나안력으로는 아빕월, 바벨론력으로는 니산월, 양력으로는 3-4월에) 요단 강 물이 모든 강둑에 넘칠 즈음에, 갓 지파의 용사들이 강을 건너가 골짜기에 사는 모든 사람을 쳐서 동서로 도망치게 하였다는 무용담이다. 이런 용사들이 다윗을 도우러 왔다는 것은 다윗에게는 큰 힘이 되었다.

16-18절: 베냐민과 유다에서 다윗을 도운 용사들.

대상 12:16. 베냐민과 유다 자손 중에서 요새에 이르러 다윗에게 나오매.

베냐민과 유다 자손 가운데서 다윗을 도우러 요새(8절 주 참조)로 찾아온 사람들이 있었다. 베냐민 지파는 그 기업을 유다 지파 중에서 얻었기에(수 18:11) 유다 지파와 행동을 함께 하며 남북 왕국이 분열할 때도 그들은 유다 왕국 편에 속했다. 이때에 피난 중에 있는 다윗에게 유다와 베냐민의 용사들이 다윗에게 나아온 것이다.

대상 12:17. 다윗이 나가서 맞아 그들에게 말하여 이르되 만일 너희가 평화로이 내게 와서 나를 돕고자 하면 내 마음이 너희 마음과 하나가 되려니와 만일 너희가 나를 속여 내 대적에게 넘기고자 하면 내 손에 불의함이 없으니 우리 조상들의 하나님이 감찰하시고 책망하시기를 원하노라 하매.

다윗에게 나아온 갓 지파 사람들에게 다윗이 나가서 그들에게 말하기를 '만일 너희가 평화로이 내게 와서 나를 돕고자 하면 내 마음이 너희 마음과 하나가 되려니와 만일 너희가 나를 속여 내 대적에게 넘기고자 하면 내 손에 불의함이 없으니 우리 조상들의 하나님이 감찰하시고 책망하시기를 원하노라'고 선언한다. 베냐민 자손과 유다 자손이 진정으로 다윗을 돕고자 하는지 아니면 다윗을 속여 사울에게 넘기려 하는지 알기 원하는데 만약 다윗을 팔아 사울에게 넘기려는 의도가 있다면 자신에게는 불의한 일이 없는 고로 자신이 벌을 받지 않을 것이고 하나님께서 너희들을 책망하시고 심판하시기를 원한다는 내용이다. 이 때 다윗을 찾아온 지파에 베냐민 지파가 속해 있었기 때문에 다윗은 그런 의심을 했을 것이다. 사람에게 불의함이 없다는 것은 큰 힘이 되는 것이다(잠 28:1).

대상 12:18. 그 때에 성령이 삼십 명의 우두머리 아마새를 감싸시니 이르되 다윗이여 우리가 당신에게 속하겠고 이새의 아들이여 우리가 당신과 함께 있으리니 원하건대 평안하소서 당신도 평안하고 당신을 돕는 자에게도 평안이 있을지니 이는 당신의 하나님이 당신을 도우심이니이다 한지라 다윗이 그들을 받아들여 군대 지휘관을 삼았더라.

여기 "그 때에"란 말은 '다윗이 앞 절에 말한 바와 같이 베냐민 사람들과 유다 지파 사람들이 자기편에 속한 사람들인지 의심할 때에'란 말이다. 그 때에 하나님은 다윗에게 베냐민 지파 사람들과 유다 지파 사람들을 의심하지 않도록 성령을 통하여 삼십 명의 우두머리 "아마새"[258]('무거운 짐을 진 자'라는 뜻)를 "감동하셔서"(לָבְשָׁה) 다음과 같이 말씀하신다. 아마새는 다윗을 향하여 '다윗이여 우리가 당신에게 속하겠고 이새의 아들이여 우리가 당신과 함께 있을 것이니 원하건대 평안하소서 당신도 평안하고 당신을 돕는 자에게도 평안이 있을지니 이는 당신의 하나님이 당신을 도우실 것입니다'라고 말했다. 다윗은 그의 의도를 확인한 다음 "그들을 받아들여 군대 지휘관을 삼았다".

본 절의 "다윗이여!"란 말과 "이새의 아들이여!"란 말은 동의어로 사용되었다. 그리고 "우리가 당신과 함께 있을 것이니"란 말은 '아마새가 다윗을 도와주겠다'는 의사를 표시한 말이다. 그리고 "원하건대 평안하소서 당신도 평안하고 당신을 돕는 자에게도 평안이 있을지니"란 말은 '마음에 평화를

258) "아마새": 다윗이 사울로 인하여 시글락에 숨어 있을 때 그에게 귀순한 용사의 한 30인의 두목이다. 그는 그때 성령의 감동을 받아 "다윗이여, 우리가 당신에게 속하겠고…원컨대 평강하소서…"라고 다윗에게 말했다. 다윗은 그를 군대장관으로 삼았다. 아마사와 동일 인물인 것 같다(삼하 17:25; 19:13; 20:4,8; 대상 12:18, 디럭스 바이블 성경사전, K.&D., Lange).

누리세요. 장군님을 돕는 사람에게도 평화가 깃들기를 빕니다'라는 뜻이다. "이는 당신의 하나님이 당신을 도우심이니이다"란 말은 '다윗 임금이 평강을 누릴 수 있는 이유는 하나님께서 장군님을 도우실 것이기 때문입니다'라는 뜻이다. 오늘 우리의 마음에도 무슨 의문이 일어나면 하나님은 직접적으로나 혹은 간접적으로 그 의문을 풀어주시는 것을 많이 체험할 수가 있다.

19-22절: 므낫세 지파에서 다윗을 도운 용사들.

대상 12:19. 다윗이 전에 블레셋 사람들과 함께 가서 사울을 치려 할 때에 므낫세 지파에서 두어 사람이 다윗에게 돌아왔으나 다윗 등이 블레셋 사람들을 돕지 못하였음은 블레셋 사람들의 방백이 서로 의논하고 보내며 이르기를 그가 그의 왕 사울에게로 돌아가리니 우리 머리가 위태할까 하노라 함이라.

본 절은 베냐민(1-7절), 갓(8-15절), 베냐민과 유다 지파(16-18절)에 이어 므낫세 지파에서도 다윗에게 온 사람들이 있었다는 것을 말한다(삼상 27:1-7). 그러니까 다윗에게 합류하는 군사가 점점 늘어나고 있다는 뜻이다(삼상 29:3; 왕하 25:11). 그런 때에 다윗이 블레셋과 함께 나아가 사울과 전쟁을 하지 않을 수 없는 환경이 임했지만 하나님의 도우심으로 블레셋 군사들을 도울 수가 없었다. 천만다행이었다. 만약 이 때에 다윗이 블레셋 군대를 도와 이스라엘과 전쟁을 했더라면 다윗은 영영히 조국을 배반한 사람으로 낙인이 찍힐 뻔했다. 블레셋 지도자들은 이렇게 의논했다. '다윗이 우리 머리를 베어서 그의 왕 사울에게 투항할 것이 아니냐?'고 말했다. 그리고 다윗을 다시 제자리로 돌려보냈다(삼상 29:3,4). 우리는 하나님의 도우심으로 큰 난관을 면하는 일이 많은 생애를 살아왔다. 감사하기 그지없는 일이다.

대상 12:20. 다윗이 시글락으로 갈 때에 므낫세 지파에서 그에게로 돌아온 자는 아드나와 요사밧과 여디아엘과 미가엘과 요사밧과 엘리후와 실르대이니 다 므낫세의 천부장이라.

다윗이 이스라엘과 전쟁하기 조금 전 블레셋 지도자들의 만류로 다시 시글락으로 돌아갈 때 므낫세 지파에서 다윗에게로 돌아온 자가 있었는데, 그들은 "아드나"('즐거움'이라는 뜻)와 "요사밧"('여호와께서 주셨다'는 뜻)과 "여디아엘"('하나님께서 아시는 자'라는 뜻)과 "미가엘"('누가 하나님과 같으냐'는 뜻)과 "요사밧"('여호와께서 주셨다'는 뜻)과 "엘리후"('그는 나의 하나님'이라는 뜻)와 "실르대"('여호와의 보호'라는 뜻)이니 다 므낫세 군대의 천부장이었다. 천부장 급 되는 고위 군관들이 다윗에게 돌아왔으니 이는 하나님께서 다윗과 함께 하신 증표이다.

대상 12:21. 이 무리가 다윗을 도와 도둑 떼를 쳤으니 그들은 다 큰 용사요 군대 지휘관이 됨이었더라.

이 모압 사람들은 용감하고 유능한 군인들로 다윗이 시글락에서 아말렉 도둑 떼[259], 즉 아말렉 침략자들과 싸울 때 그를 도와주었다(삼상 30:1-10). 이들은 후에 이스라엘군의 지휘관들이 되었다.

대상 12:22. 그 때에 사람이 날마다 다윗에게로 돌아와서 돕고자 하매 큰 군대를 이루어 하나님의 군대와 같았더라.

이렇게 다윗을 도우려는 사람이 날마다 늘어나 다윗의 군대는 큰 군대를 이루었다. 그 숫자는 400에서 600으로 되었고(삼상 22:2; 23:13), 날마다 증가해 갔다. 아마도 길보아 전쟁에서 사울의 군대가 패배한 후(삼하 21장), 그 패잔병들이 다윗에게로 모여온 것으로 보인다(K.&D., 이상근).

ㅂ. 헤브론에 모인 다윗의 용사들 12:23-40

사울이 길보아 전쟁에서 전사하자 사울 시대는 끝이 나고 다윗 시대가 전개되어 다윗은 시글락에서 헤브론으로 돌아와 유다 지파의 왕이 되었고 7년 6개월이 지난 후에는 이스라엘 전체의 왕이 되었다. 이때에 다윗에게

259) "도둑 떼": 이들은 다윗이 아기스와 함께 있을 동안에 시글락에 남겨둔 다윗의 가족들을 공격하고 납치한 아말렉인들을 가리킨다.

돌아온 군대는 하나님의 군대와 같이 된 것이다.

대상 12:23. 싸움을 준비한 군대 지휘관들이 헤브론에 이르러 다윗에게로 나아와서 여호와의 말씀대로 사울의 나라를 그에게 돌리고자 하였으니 그 수효가 이러하였더라.

전쟁 준비를 한 군대의 지휘관들이 헤브론의 다윗에게로 나아와 사울이 통치하던 이스라엘 나라를 다윗에게로 돌리고자 했다. 사람들이 이렇게 전쟁 준비를 하고 나라를 다윗에게 돌리고자 한 이유는 사무엘을 통하여 여호와께서 말씀하신 말씀을 따름이었다(삼하 5:1-3). 그것은 하나님께서 일찍이 사무엘을 통해 사울을 폐하고 다윗을 왕으로 삼으시려고 했기 때문이다(삼상 13:14; 15:23.26; 25:30). 하나님은 사람들을 통하여 그의 뜻을 이루신다.

대상 12:24-26. 유다 자손 중에서 방패와 창을 들고 싸움을 준비한 자가 육천팔백 명이요 시므온 자손 중에서 싸움하는 큰 용사가 칠천백 명이요 레위 자손 중에서 사천육백 명이요.

싸움을 준비한 군대 지휘관들이 방패와 창, 그리고 무기를 들고 여러 지파 중에서 다윗에게 나아왔는데 유다 자손 중에서 6,800명, 시므온 자손 중 7,100명, 레위 자손 중에서 4,600명이었다.

대상 12:27. 아론의 집 우두머리 여호야다와 그와 함께 있는 자가 삼천칠백 명이요.

다윗 당시 아론의 집 우두머리는 "여호야다"[260]('여호와께서 아신다'는 뜻)였는데 그도 다윗에게 나아왔고 그와 함께 하여 다윗에게 나아온 자가 3,700명이었다. 이렇게 한 가족이 다윗에게 나아온 것은 다윗에게 큰 격려가 아닐 수 없었다. 이는 하나님께서 함께 하시는 증표였다.

---

260) "여호야다": 다윗이 사울로 인해 시글락에 숨어 있을 때 3,700명의 용사를 거느리고 귀순한 아론의 집 족장이다(대상 12:27).

본 절의 "우두머리"(נָגִיד)란 말은 '지도자', '영도자'라는 뜻인데 여호야다는 당시 대제사장은 아니고 이다말의 후손 아비아달이 대제사장이었다(삼상 23:9). 이 여호야다는 다윗의 시위대장 브나야의 부친인 것은 틀림없다(11:22; 27:5; 삼하 8:18; 20:23; 23:20, K.&D., Payne, Bertheau, Kimchi).

대상 12:28. 또 젊은 용사 사독과 그의 가문의 지휘관이 이십이 명이요.

또 유능한 젊은 용사 "사독"('공의'라는 뜻)과 그의 친척 22명이 다윗에게 나아갔다. 본 절의 사독은 아론의 아들 엘르아살의 자손(대상 24:3) 아히둡의 아들(삼하 8:17)이다. 그는 연소한 용사였으며, 사울이 죽은 후 이스라엘의 중견 인사들과 더불어 나라를 다윗에게 맡기기 위해 헤브론에 있는 다윗에게 나아갔다(대상 12:27-28). 다윗 치세의 초기, 그는 아비아달과 같이 제사장이었다(삼하 8:17; 왕상 1:8).

대상 12:29. 베냐민 자손 곧 사울의 동족은 아직도 태반이나 사울의 집을 따르나 그 중에서 나온 자가 삼천 명이요.

본 절은 다윗 초기 베냐민 자손의 형편을 보여주고 있다. 즉, 당시는 "사울의 동족은 아직도 태반이나 사울의 집을 따르면서 충성하고 있었으나 그 중에서 나온 자가 삼천 명"이었다. 3,000명이 나아와서 다윗을 따르는 것도 소수의 인원은 아니었다. 물론 다윗의 대관식에 나온 3,000명은 12지파 중에서 가장 적기는 하지만 사울을 지지해야 하는 사울의 동족 베냐민 자손 중에서 이만큼 나온 것도 다윗 측을 위해서는 격려가 되었을 것이다.

대상 12:30. 에브라임 자손 중에서 가족으로서 유명한 큰 용사가 이만팔백 명이요.

에브라임 자손 가운데서는 20,800명이 나왔는데 그들은 다 자기 가문에서 이름 있는 사람들로서 용맹스러운 용사들이었다. 에브라임 지파는 예부터 용감한 전사들로 유명했다(신 33:17). 아무튼 에브라임 지파에서는 유명한 용사들이 많이 나왔다.

대상 12:31. 므낫세 반 지파 중에 이름이 기록된 자로서 와서 다윗을 세워 왕으로 삼으려 하는 자가 만 팔천 명이요.

요단강 서편의 므낫세 반 지파 중에서 다윗을 왕으로 삼기 위해 나온 사람 18,000명이 있었는데 그들은 다윗에게 가서 그를 왕으로 추대하도록 지명 받은 사람들이었다. 요단강 동편(37절)의 두 지파 반(이 중에는 므낫세 반지파가 있다)의 숫자가 120,000명이었으니 므낫세 전체 지파가 다윗을 왕으로 삼으려는 자가 18,000명을 넘은 것은 사실이다.

대상 12:32. 잇사갈 자손 중에서 시세를 알고 이스라엘이 마땅히 행할 것을 아는 우두머리가 이백 명이니 그들은 그 모든 형제를 통솔하는 자이며.

잇사갈 자손의 우두머리 200명이 그들의 모든 부하를 이끌고 왔다. 그 우두머리들은 시대를 잘 분간할 줄 알아서 다윗이 이스라엘 나라를 다스려야 한다는 것을 잘 아는 사람들이었고, 또 이스라엘이 이때를 당하여 다윗에게 어떻게 하여야 할 바를 아는 사람들이었다. 눈치가 뻔한 사람들이었다.

대상 12:33. 스불론 중에서 모든 무기를 가지고 전열을 갖추고 두 마음을 품지 아니하고 능히 진영에 나아가서 싸움을 잘하는 자가 오만 명이요.

스불론 지파에서 모든 무기(방어무기와 공격무기)를 갖추고 다윗에게 두 마음을 품지 않고 일편단심으로 철저한 충성을 다하기로 다짐한 정예군 50,000명이 나아왔다.

스불론 지파는 갈릴리 지방에서 비교적 작은 땅을 차지하고 살았으나 그 지파에서 파송한 군인들은 5만 명에 달했다. 요단강 서편에서는 제일 많은 수를 파견한 것이다. 그만큼 순종을 보여준 지파였다.

대상 12:34. 납달리 중에서 지휘관 천 명과 방패와 창을 가지고 따르는 자가 삼만 칠천 명이요.

납달리 지파에서는 지휘관이 1,000 명이고, 뿐 아니라 그들과 함께 창(공격무기)과 방패(방어무기)를 들고 온 일반 사병들이 37,000 명이었다. 지휘자와 일반 군사를 합치면 38,000명이었다.

대상 12:35. 단 자손 중에서 싸움을 잘하는 자가 이만 팔천육백 명이요.

단 지파에서는 전투 채비를 잘한 군인이 28,600 명이었다. 단 지파는 두 군데(남쪽에서는 유다와 에브라임 사이, 북쪽에서는 납달리와 바산 사이)에 나누어 살고 있었다. 이들이 보낸 숫자도 적은 수는 아니었다.

대상 12:36. 아셀 중에서 능히 진영에 나가서 싸움을 잘하는 자가 사만 명이요.

아셀 지파(이스라엘의 최북단 지중해 연안에서 사는 지파)에서 전투태세를 갖추고 나아온 군인이 40,000명이었다. 아셀 지파의 군인 숫자도 많은 편이었다. 요단 서편에서 스불론 지파 다음으로 많은 군인 숫자였다.

대상 12:37. 요단 저편 르우벤 자손과 갓 자손과 므낫세 반 지파 중에서 모든 무기를 가지고 능히 싸우는 자가 십이만 명이었더라.

그리고 요단강 동편의 르우벤 지파와 갓 지파와 므낫세 반 지파에서 나온 군인들은 모든 무기(방어무기, 공격무기)를 갖추어 싸움에 능한 군인 120,000명이었다. 이렇게 두 지파 반이 함께 계수된 것은 그들이 단결되었다는 것을 보여준다. 이들이 단결하여 다윗에게 나아온 것은 다윗에게 큰 격려가 되었을 것이다.

대상 12:38. 이 모든 군사가 전열을 갖추고 다 성심으로 헤브론에 이르러 다윗을 온 이스라엘 왕으로 삼고자 하고 또 이스라엘의 남은 자도 다 한

마음으로 다윗을 왕으로 삼고자 하여.

전투태세를 갖춘 이 모든 군인들(339,600명의 군인들 + 1,222명의 두목들)이 헤브론으로 와서 하나같이 다윗을 온 이스라엘의 왕으로 삼으려고 했으며 헤브론에 참여하지 못한 다른 모든 이스라엘 일반 사람들도 같은 심정을 가지고 다윗을 왕으로 삼고자 했다. 이렇게 국민들 전체가 단합한 것은 하나님께서 다윗 왕과 함께 하신다는 증표였다. 오늘 교회도 이렇게 단합한다면 하나님께서 그 교회와 함께 하신다는 것을 보여주시는 것이다. 만약 교인들이 자꾸 줄어간다면 담임교역자와 교회 지도자들이 더욱 기도해야 할 때를 만났다고 인식해야 할 것이다.

대상 12:39. 무리가 거기서 다윗과 함께 사흘을 지내며 먹고 마셨으니 이는 그들의 형제가 이미 식물을 준비하였음이며.

각 지파에서 헤브론에 모여 온 모든 군인들은 다윗과 함께 다윗 왕의 즉위를 축하하는 3일 동안을 먹고 마시며 즐길 수 있었다. 다시 말해 당시 왕이 즉위할 때는 대관식을 거행하는 일(왕상 1:32-48; 왕하 11:12-20), 왕에게 홀을 수여하는 일(삼하 1:10; 왕하 11:12), 기름을 붓는 일(삼상 9:16; 10:1; 삼하 2:4; 왕하 23:30) 등의 의식을 거행했는데 이때에 백성들은 다함께 환호하며(왕상 1:34,39; 왕하 11:12,14) 기쁨의 잔치에 참여했다. 이때에 헤브론에 모여든 군인들이 긴 시간 동안 먹고 마시며 즐길 수 있었던 것은 모든 군인들이 올 것을 대비하여 그들의 형제, 즉 헤브론 부근에 거하고 있는 유대 지파 사람들(K.&D., Lange)과 시므온 지파 사람들이 이 음식을 미리 준비해 두었기 때문이었다. 25절 주해 참조. 이렇게 유다 지파나 시므온 지파 사람들이 왕의 추대 자리에 북쪽 지파들에 비해 많이 참여하지 못한 것은 잔치 준비에 여염이 없어서였기 때문이었을 것으로 보인다. 25절 주해 참조.

대상 12:40. 또 그들의 근처에 있는 자로부터 잇사갈과 스불론과 납달리까지

도 나귀와 낙타와 노새와 소에다 음식을 많이 실어왔으니 곧 밀가루 과자와 무화과 과자와 건포도와 포도주와 기름이요 소와 양도 많이 가져왔으니 이는 이스라엘 가운데에 기쁨이 있음이었더라.

그리고 가까운 이웃 지파들부터 멀리 잇사갈과 스불론과 납달리 지파 사람들까지 음식을 나귀와 낙타와 노새와 소에 잔뜩 싣고 왔는데 그들이 가져온 것은 밀가루, 무화과로 만든 과자, 건포도, 포도주, 기름, 그리고 소와 양이었으며 이렇게 그들이 음식을 가져온 것은 전 이스라엘 사람들 가운데 기쁨이 있었기 때문이었다. 그러니까 다윗의 즉위식을 맞이하여 유다 지파에 가깝게 살고 있는 지파들이나, 멀리 갈릴리 지방에 살고 있는 잇사갈 지파, 스불론 지파, 납달리 지파 백성들이 음식을 가져온 것이다. 이렇게 그들이 음식을 가져다가 3일 동안이나 긴 시간 먹고 즐긴 것은 이스라엘에 기쁨이 있었기 때문이었다. 본 절에 “이는”(כִּי))이란 표현은 이유접속사로 쓰여 이스라엘 전 국민이 모여 3일의 시간을 지내면서 가지게 된 기쁨의 원인을 보여준다. 다시 말해 3일 동안 먹으면서 즐겼기 때문에 생긴 기쁨이 아니라 기쁨이 있었기 때문에 가까이서 그리고 멀리서 사람들이 모여든 것이고 다윗의 왕 즉위식을 하면서 즐기게 된 것이다. 오늘날 우리 시대는 억지로 기쁨을 만들어 내고 있고, 억지로 웃음을 생산하느라 애를 쓰고 있다. 만약 우리 시대가 억지로 희락을 만들어 내기를 계속한다면 하나님께서 성령으로 우리에게 기쁨을 주시지 않을 것이다. 오늘 우리 시대는 기쁨이 너무 없고 우울만 가득한 세상이 아닌가.

제 13 장

B. 법궤를 옮기다 13-16장

헤브론에서 온 국민의 추대로 왕이 된 다윗은 이제 하나님의 법궤를 예루살렘으로 옮기려 한다(삼하 6장). 다윗은 법궤를 예루살렘으로 옮기기 전에 몇 가지 일을 먼저 한다. 즉, 예루살렘 정복, 다윗궁을 건설한 일, 및 블레셋과의 전쟁에서 승리한 일이 나온다. 그러나 본서는 제사장인 에스라가 저작했으므로 다윗의 일반 통치를 뒤로 하고 법궤를 옮기는 일을 본 장에서 다룬다. 이 부분(13-16장)의 내용은 법궤를 기랏여아림에서 옮긴 일(13:1-8), 법궤를 기돈까지 옮긴 후 오벧에돔의 집에 안치한 일(13:9-14), 다윗이 번창한 일(14:1-7), 블레셋을 이긴 일 (14:8-17), 법궤를 옮기기 위해 준비한 일(15:1-15), 주악을 준비한 일(15:16-24), 법궤를 예루살렘으로 들여놓은 일(15:25-29), 법궤를 예루살렘에 안치한 일(16:1-6), 다윗이 감사 찬양한 일(16:7-36), 여호와 앞에서 봉사한 일(16:37-43) 등을 기록한다.

1. 법궤를 기돈까지 옮기다 13:1-14

다윗은 이스라엘 전체의 왕으로 추대된 다음 법궤를 옮겨오는 일에 먼저 지도자들과 상의하고 기랏여아림에서 옮겨낸다. 그런 다음 기돈까지 옮겨왔을 때 웃사가 죽는 사건을 만나 더 이상 옮기지 못하고 오벧에돔의 집에 안치한다.

ㄱ. 법궤를 기랏여아림에서 옮겨내다 13:1-8(삼하 6:1-11)

다윗은 왕으로 추대를 받은 후 법궤를 옮기기 위해 먼저 천부장 및 백부장과 의논하고 다음으로 이스라엘의 온 회중의 동의를 얻어 옮긴다.

대상 13:1. 다윗이 천부장과 백부장 곧 모든 지휘관과 더불어 의논하고.

다윗은 온 이스라엘 국민들의 추대로 왕이 된 후 법궤를 옮기려 할 때 먼저 천부장과 백부장 곧 모든 지휘관과 더불어 의논한다. 고대의 왕들처럼 독재하지 않는다. 독재는 일을 꾀게 만드는 시발점이다. 다윗은 지휘관들과 상의한 후 전 국민의 동의를 얻는다(2,3절).

대상 13:2. 다윗이 이스라엘의 온 회중에게 이르되 만일 너희가 좋게 여기고 또 우리의 하나님 여호와께로 말미암았으면 우리가 이스라엘 온 땅에 남아 있는 우리 형제와 또 초원이 딸린 성읍에 사는 제사장과 레위 사람에게 전령을 보내 그들을 우리에게로 모이게 하고.

다윗은 법궤를 옮기는 일을 두고 먼저 이스라엘의 지도자들과 상의한(1절) 다음 이제는 헤브론에 참여했던 이스라엘 온 회중을 대표하는 지도자들(12장, K.&D.)에게 협조를 구한다. 다윗은 결코 독재하지 않는다. 다윗은 '여러분이 좋게 여기고 우리 주 하나님께서 기뻐하신다면, 우리가 이스라엘 온 땅에 남아 있는 우리 형제들의 대표와 또 그들의 목초지에 있는 성읍들에서 그들과 함께 살고 있는 제사장과 레위 사람들에게 전갈을 보내어, 그들을 우리에게로 모이게 하는 것이 어떻습니까'라고 협조를 구한다.

다윗은 '여러분이 좋게 여긴다면' 법궤를 옮기겠다는 것이었고, '우리 하나님께서 기뻐하신다면' 법궤를 옮기는 일을 추진하겠다는 것이었다. 다시 말해, 하나님께서 허락해 주신다면 일을 추진하겠다는 것이다. 오늘 우리의 모든 문제도 하나님께서 허락하셔야 하는 것이다. 본 절의 "이스라엘 온 땅에 남아 있는 우리 형제"란 말은 다윗의 왕위 즉위식에 헤브론에 오지 않은 사람들을 지칭한다.

대상 13:3. 우리가 우리 하나님의 궤를 우리에게로 옮겨오자 사울 때에는 우리가 궤 앞에서 묻지 아니하였느니라 하매.

그런 다음에 다윗은 '우리 모두 하나님의 뜻을 묻기 위해 하나님의 궤를 우리에게로 옮겨 오도록 하자. 사울 시대에는 그의 통치기간 내내(B.C. 1050-1010) 한 번도 하나님의 궤에 대한 관심을 보이지 않았다'고 말한다. 사울은 단 한 번도 하나님의 법궤에 대해 관심을 보이지 않다가 블레셋과의 전투가 일어나자 자기 아들 요나단의 안전 여부를 여호와께 물어보려고 법궤를 찾은 적이 있었다(삼상 14:18). 하나님의 법궤는 계시의 통로(출 25:22; 레 1:1; 삼상 3:3,4)로서 우리의 신앙생활에서 아주 중요한 것이었다. 다윗은 무슨 일을 만나든지 하나님의 뜻을 묻고 움직였다.

대상 13:4. 뭇 백성의 눈이 이 일을 좋게 여기므로 온 회중이 그대로 행하겠다 한지라.

뭇 백성, 즉 모든 백성의 대표인 지도자들은 다윗이 제안한바 법궤를 옮겨오는 일을 기쁘게 받아들여 온 회중이 그렇게 하겠다고 대답하였다. 하나님께서 옳게 여기시는 일은 백성들도 기쁘게 받는다.

대상 13:5. 이에 다윗이 애굽의 시홀 시내에서부터 하맛 어귀까지 온 이스라엘을 불러 모으고 기럇여아림에서부터 하나님의 궤를 메어오고자 할 새.

그래서 다윗은 하나님의 궤를 기럇여아림에서부터 옮겨 오려고, 남쪽으로는 애굽의 시홀 시내에서부터 북쪽으로는 하맛 어귀에 이르기까지 온 이스라엘을 불러 모았다.

"기럇여아림"은 삼림이 무성했던 곳인데 여러 가지 별명으로 불린 유대의 성읍이다(수 9:17; 15:9). 예루살렘의 서쪽 11㎞ 지점에 있는 오늘날의 딜 엘 아사르(Deir el-'Azhar)와 동일시된다. "하나님의 궤는 이곳에서 에벤에셀의 승리가 있기까지 20년(삼상 7:1), 사무엘과 사울 치하 40년, 그리고 다윗 치하 10년, 합계 70년간 머문 후에 옮겨지게 되었다"(이상근). 여호와의 말씀, 예수 그리스도가 계시지 않은 곳은 오늘도 참 구원이 없고 참 평안이 없으며 참 안식이 없다. 다윗은 그 사실을 잘 알기에 여호와의 궤를 옮겨오려고 한 것이다.

"애굽의 시홀 시내"란 대체적으로 나일강을 지칭하는 말로 사용되었고(사 23:3; 렘 2:18), 또 나일강의 수로나 델타(Delta) 지역의 한 지류를 의미하기도 했으나, 본 절에서는 약속의 땅 가나안의 남서 경계선으로 언급되어 있는 애굽의 시내, 곧 오늘날의 와디 엘 아리쉬(Wady el Arish)를 가리킨다(K.&D., Curtis, 민 34:5; 수 15:4,47; 사 27:12).

"하맛"이란 수리아 중부의 성읍인데 오론테스 강을 끼고 있으며, 현금의 하마(H'ama)와 동일지이다. '대(大)하맛'(암 6:2)이라 불리듯이 수리아의 중요한 도시이며, 소아시아에서 남쪽으로 뻗은 대(大)통상로가 있고, 하맛 왕국의 수도로서 번영하였다. 이것은 다메섹, 두로, 시돈과 함께 기록되어 있다(슥 9:2). 그 남경(南境)은 이스라엘의 이상적 경계의 북경과 접하고 있었다(민 13:21; 수 13:5).

다윗 왕은 이와 같이 "온 이스라엘"에서 사람을 모았다고 했는데 그 뜻은 이스라엘 온 지파 중에서 사람을 골고루 모았다는 뜻이다. 병행구절인 삼하 6:1에는 이들의 숫자가 모두 3만 명인 것으로 기록하고 있다.

대상 13:6. 다윗이 온 이스라엘을 거느리고 바알라 곧 유다에 속한 기럇여아림에 올라가서 여호와 하나님의 궤를 메어오려 하니 이는 여호와께서 두 그룹 사이에 계시므로 그러한 이름으로 일컬음을 받았더라.

다윗과 온 이스라엘의 대표들이 하나님의 궤를 옮겨 오려고 바알라 곧 유다의 기럇여아림으로 올라갔는데 그 수는 약 3만 명이었다(삼하 6:1). 그 법궤 위에는 두 천사의 모양인 그룹이 마주 서 있고, 그 사이에 속죄소가 있어 여호와께서 그곳에 임하여 계시다(출 25:10-22)는 뜻이었고 동시에 여호와의 능력과 영광이 그 궤에 임하여 있음을 나타내는 것이었다.

"바알라"란 '여 주인'이란 뜻인데 유대의 성읍이다(수 15:9,10). 기럇여아림(수 9:17), 바알레유다(삼하 6:2)와 동일지이다. 기럇여아림은 예루살렘에서 욥바로 가는 길목, 곧 예루살렘 서쪽 약 15km 지점에 위치해 있다. 이 하나님의 궤는 아벡 전투(삼상 4:1-11) 이후 다윗의 예루살렘 정복 때(삼상

4:1-11)까지 무려 70년이나 이곳에 머물러 있었다(삼상 6:2).

대상 13:7. 하나님의 궤를 새 수레에 싣고 아비나답의 집에서 나오는데 웃사와 아히오는 수레를 몰며.

그들이 아비나답의 집에서 하나님의 궤를 새 수레에 싣고 나올 때에, 웃사와 아히오가 그 수레를 몰았다.

다윗이 비록 하나님의 궤의 거룩성을 인식하고 하나님의 법궤를 새 수레에 운반하려 했으나 다윗은 큰 실수를 저지른다. 다윗은 하나님의 율법을 거스르는 일을 행했다. 민 7:9에 의하면 성소 운반은 레위인 중 고핫(그핫) 자손이 담당하도록 되어 있었다. 다윗은 이방인들이 신상을 옮길 때 사용했던 방법으로 하나님의 궤를 옮기려 했다(9-12절). 인간의 정성보다는 하나님의 법이 중요한 것이다.

그 동안 하나님의 궤는 "아비나답의 집에" 안치되어 있었다. 삼하 6:3에 의하면 "아비나답의 집"은 기럇여아림의 산에 있었음을 알 수 있다. 아비나답의 아들 엘르아살이 법궤를 지켜 왔다(삼상 7:1). "웃사(Uzza)와 아히오(Ahio)가 그 수레를 몰았는데" 이 두 사람은 모두 아비나답의 손자들이었다. 삼하 6:3,4참조.

대상 13:8. 다윗과 이스라엘 온 무리는 하나님 앞에서 힘을 다하여 뛰놀며 노래하며 수금과 비파와 소고와 제금과 나팔로 연주하니라.

본 절은 다윗과 이스라엘 사람들이 "하나님 앞", 곧 '하나님의 궤 앞에서' 어떤 태도를 취했는가를 보여준다. 다윗을 비롯한 이스라엘인들은 하나님의 궤 앞에서 "힘을 다하여 뛰놀며 노래"했다. 하나님의 궤를 예루살렘에 모신다는 사실 때문에 한없이 기뻐했다. 그리고 그들은 "수금과 비파와 소고와 제금과 나팔로 연주"했다. 여기 사용한 악기들에 대해서는 삼하 6:5절 주해를 참조하라. 수많은 사람들이 많은 악기를 가지고 연주하면서 여호와의 궤 앞에서 기뻐한 것은 대단한 광경이었다. 이렇게 기뻐하고 감사하는 그들에게 하나님은 더 큰 긍휼을 베푸시지 않고 벌을 내리셨다. 이렇게 벌을 내리신 것은 하나님의 법도를 따라가야 한다는 것이었으며 하나님의 법을 지켜야 한다는 것을 보여주신 것이었다. 우리는 하나님의 법을 따라갈 때 기쁨이 있고 희락이 있음을 알아야 한다.

ㄴ. 법궤를 오벧에돔의 집에 안치하다(13:9-14)

하나님의 궤를 수레에 싣고 아비나답의 집에서 나오다가 기돈의 마당에 이르러 소가 뜀으로 웃사가 법궤를 붙들었다가 죽었기 때문에 더 이상 전진하지 못하고 다윗은 법궤를 오벧에돔의 집에 안치한다.

대상 13:9. 기돈의 타작마당에 이르러서는 소들이 뛰므로 웃사가 손을 펴서 궤를 붙들었더니.

그들이 기돈의 타작마당에 이르렀을 때에, 소들이 뜀으로 궤가 땅에 떨어지려고 하여, 웃사가 그 손을 내밀어 궤를 붙들었다.

본 절의 "기돈"[261](Chidon, '던지는 창'이란 뜻)이란 이름은 병행구절인 삼하 6:6에서는 "나곤"[262](Nachon, '견고함'이란 뜻)으로 묘사되어 있다. 여기 "소들"이 뛰었다고 복수로 표시된 것은 두 마리의 소가 수레를 끌었다는 것을 표시한다.

"웃사가 손을 펴서 궤를 붙든 것"은 아주 당연한 행동이었다. 그럼에도 하나님께서 웃사를 치신 것(다음 절)은 모든 것은 하나님의 율법대로 행해야 한다는 것(민 4:15)을 보여준다. 이는 사람의 힘으로 하나님의 일을 바로 잡으려는 것은 불가하다는 것을 보여준다. 하나님의 일은 하나님께서 행하신다는 것을 보여주는 것이다. 우리는 교회 일을 하면서 반드시 하나님의 법대

---

261) "기돈": 웃사가 여호와의 궤를 붙들었으므로 죽은 타작 마당의 지명이든가, 아니면 소유주의 이름이다(대상 13:9). 그 어느 쪽인지는 분명치 않으나 병행 기사인 사무엘하 6:6에는 '나곤의 타작마당'이라고 되어 있어 소유주의 이름이라고 한다면 나곤과 동일 인물이라고 보인다.

262) "나곤": 웃사가 법궤를 만졌기 때문에 죽은 장소인 타작마당의 이름이나, 또는 그 소유주의 이름이다(삼하 6:6; 대상 13:9,기돈).

로 그리고 하나님의 힘으로 해야 할 것을 보여준다. 장로와 집사와 권사를 세우면서 저들을 일단 세워놓으면 그에 걸맞게 잘 할 것이라고 하는 주장들은 아주 잘못된 주장들임을 알 수 있다. 반드시 실패한다는 것을 알아야 한다.

대상 13:10. 웃사가 손을 펴서 궤를 붙듦으로 말미암아 여호와께서 진노하사 치시매 그가 거기 하나님 앞에서 죽으니라.

"웃사가 손을 펴서 궤를 붙듦으로 말미암아 여호와께서 진노하사 치셨다"는 내용은 오늘 우리에게 큰 교훈을 주고 있다. 웃사가 손을 펴서 궤를 붙든 것을 두고 하나님께서 진노하셔서 치셨다는 내용 때문에 오늘 많은 논란을 일으킬 수 있다. 이런 일은 오늘 교회 안에서 영원히 없어져야 한다는 것을 보여준다. 하나님의 법을 어기는 일은 오늘 교회에서 영원히 없어져야 한다. 그래서 "그가 거기 하나님 앞에서 죽었다". 하나님의 법을 어기는 일은 영원히 아주 교회에서 사라져야 한다. 그가 법궤 앞에서 즉사한 것은 그런 일은 교회에서 즉시 중단되어야 한다는 것을 보여주고 있다.

대상 13:11. 여호와께서 웃사의 몸을 찢으셨으므로 다윗이 노하여 그 곳을 베레스 웃사라 부르니니라.

"여호와께서 웃사의 몸을 찢으셨으므로 다윗이 분하여 했다"는 말은 1) 하나님께서 웃사를 치심으로 하나님께 대하여 화를 냈다는 뜻이라고 함(Lange, Matthew Henry, RP Smith, 이상근). 2) 자신에게 대한 혐오감이라는 뜻이라고 함(K.&D., 박윤선). 다윗의 분함은 하나님께 대한 것이 아니고 자기가 잘못한 것에 대한 것이었다(박윤선). 위의 두 견해 중에 2번의 견해가 바른 견해이다. 12절에 보면 다윗이 여호와를 두려워했다는 말씀이 있는 것을 보면 다윗이 여호와께 분개했을 수는 없었을 것이다. 다윗은 분노하여 그 타작마당의 이름을 "베레스 웃사"[263]('웃사의 위반'이란 뜻)라고 이름

263) "베레스 웃사": 하나님의 궤를 예루살렘으로 운반해 갈 때 궤에 손을 댔기 때문에 웃사에 하나님의 진노가 내린 곳의 이름이다(삼하 6:8; 대상 13:11). 기럇여아림의 동쪽 비탈일

했다. 오늘 우리가 하나님으로부터 벌을 받고 분노하는 일은 있을 수 없는 일임을 알아야 할 것이다. 곰곰이 생각하고 죄를 자복하면 큰 은혜에 임하게 된다. 그 사건이 커서 그 이름이 오늘까지 내려왔다는 것이다. 즉, "그 이름이 오늘까지 이르렀다"는 것이다. 여기 "오늘"이란 말은 바벨론 포로에서 풀려나서 이스라엘까지 간 때를 지칭한다.

대상 13:12. 그 날에 다윗이 하나님을 두려워하여 이르되 내가 어떻게 하나님의 궤를 내 곳으로 오게 하리요 하고.

그 날 다윗은 하나님께서 웃사를 치신 일 때문에, 하나님을 두려워하여 이래서야 내가 어떻게 하나님의 궤를 내가 있는 곳으로 옮길 수 있겠는가 하였다. 다윗은 그런 일을 맞이하여 하나님을 향하여 반항한 것이 아니라 하나님을 심히 두려워하였다. 그래서 하나님의 법궤를 예루살렘으로 모시지 못하고 오벧에돔의 집에 안치했다. 하나님을 두려워하는 사람은 일을 바로 처리하게 된다.

대상 13:13. 다윗이 궤를 옮겨 자기가 있는 다윗 성으로 메어 들이지 못하고 그 대신 가드 사람 오벧에돔의 집으로 메어가니라.

그래서 다윗은 그 궤를 자기가 있는 다윗 성으로 모시지 못하고, "가드"264) 사람 "오벳에돔"265)('에돔의 예배 자'라는 뜻)의 집으로 실어 가게 하였다. 오벧에돔은 레위인이고 고핫의 자손이며 성전의 문지기였다(출 6:16; 대상 15:18,24; 26:4).

것으로 보인다.

264) "가드": 블레셋 사람의 5대 도시 중 하나이다. 아낙 사람(거인족) 중진 밑에서 남은 사람이 약간 살고 있던 곳이다(수 11:22). 골리앗과 기타 용사가 이 거인족의 자손인데, 가드 사람이다(삼상 17:4; 삼하 21:15-22; 대상 20:4-8).

265) "오벧에돔": 가드 사람이다. 블레셋의 가드 출신인지(만일 그렇다면 아마 다윗 왕 때의 문지기), 아니면 단에 있는 가드림몬의 레위 사람의 성읍 출신일 것이다. 그는 기럇여야림과 예루살렘의 중간, 즉 웃사가 여호와의 궤에 손을 대었다가 죽은 곳 부근에서 살고 있었다. 그래서 여호와의 궤는 다윗의 명령으로 오벧에돔의 집에 운반되어 석 달 동안 거기 있었다.

대상 13:14. 하나님의 궤가 오벧에돔의 집에서 그의 가족과 함께 석 달을 있으니라 여호와께서 오벧에돔의 집과 그의 모든 소유에 복을 내리셨더라.

그래서 하나님의 궤가 오벧에돔의 집에서 그의 가족들과 함께 석 달 동안 머물렀는데, 그 때에 주께서 오벧에돔의 가족과 그에게 딸린 모든 것 위에 복을 내려 주셨다.

하나님의 궤가 있는 곳에 복이 임하는 법이다. 이는 예수님께서 계신 곳에 하나님의 복이 임하는 것과 같은 원리이다. 예수님이 계신 곳은 재앙이 없고 평강이 임하며 안식이 주어진다.

다윗은 오벧에돔의 집에 복이 임함을 보고 다시 하나님의 궤를 예루살렘으로 옮길 마음이 들었을 것이다. 여기 여호와의 법궤는 신약 시대의 예수 그리스도를 상징하는 것이었다.

제 14 장

2. 다윗이 번창해서 블레셋을 이기다 14:1-17

다윗이 번창해서(1-7절) 두 번 블레셋에게 승리한다(8-17절)

ㄱ. 다윗이 번창하다 14:1-7(삼하 5:11-16)

두로 왕 히람이 다윗의 궁궐 건축을 위해 사신들과 백향목과 석수와 목수를 보낸다(1-2절). 다윗은 예루살렘으로 천도한 후 아내들을 더 취하여 자녀들을 낳는다.

대상 14:1. 두로 왕 히람이 다윗에게 사신들과 백향목과 석수와 목수를 보내 그의 궁전을 건축하게 하였더라.

"두로"는 '바위'라는 뜻이고, 베니게에 있던 가장 유명한 고대 성읍으로 지중해의 동안에 위치하며, 이스라엘 땅에서 멀지 않은(수 19:29) 시돈의 남쪽 32㎞ 지점에 있는 성읍이다. 성경 이외의 문헌에 있어서의 많은 인용은 성읍의 한계를 분명히 하고 있다. 원래는 본토에서 떨어진 550m의 암석만으로 된 작은 섬이다(58ha).

"히람"은 '고귀한 형제'라는 뜻인데 두로 왕(BC 968-935 재위)으로 다윗과 솔로몬 시대의 왕이다. 당시 베니게는 상업국으로 발전하여 히람은 대대적으로 건조물을 조영하고, 종교의식을 성대히 하여 세력을 신장하였다. 히람과 이스라엘 왕과의 우정은 상호 필요에서 생긴 것 같은데, 두로는 농산물을 필요로 하였고, 이스라엘은 기술을 구했다. 그는 다윗 시대에 목재, 목수, 석수 등을 보냈지만(삼하 5:11), 그것은 다윗이 예루살렘에 입성하고 나서부터라기보다 블레셋 사람에 대한 승리를 확실히 하고나서부터일 것이다.

히람이 "다윗에게 사신들과 백향목(침엽수로 건축에 있어서 최고의 자재였다)과 석수와 목수를 보내 다윗의 궁전을 건축하게 한 것"은 하나님께서 다윗과 함께 하신 증표였다(롬 8:31).

대상 14:2. 다윗이 여호와께서 자기를 이스라엘의 왕으로 삼으신 줄을 깨달았으니 이는 그의 백성 이스라엘을 위하여 그의 나라가 높이 들림을 받았음을 앎이었더라.

다윗은 하나님께서 두로 왕의 마음을 감동하셔서 자기의 궁을 짓게 해주신 일(1절)뿐 아니라 또 하나님께서 이스라엘 민족을 위하여 이스라엘 나라가 잘되게 해주신 것을 마음에 깊이 알고 다윗은 하나님께서 자기를 이스라엘의 왕으로 삼으신 줄을 깨닫게 되었다. 즉, 다윗은 하나님께서 이스라엘 나라를 높이 영화롭게 만들어 주신 것을 보고 하나님께서 다윗을 왕 삼으신 것을 알게 된 것이다.

본 절의 "깨달았으니"([d'YE)란 말은 '체험적으로 알았다'는 뜻이다. 다시 말해 '아주 뼛속 깊이 알았다'는 뜻이다. 다윗은 전쟁할 때마다 승리하게 되고(11절,16절; 삼상 14:47; 삼하 8:6,14; 23:10) 손을 대는 것마다 하나님께서 잘 되게 하셨기에 다윗은 하나님께서 자기를 이스라엘 왕으로 삼으신 줄 깨닫게 된 것이다. 하나님은 오늘도 그리스도 안에서 우리에게 형통을 주심을 알 수 있다(롬 8:28).

대상 14:3-7. 다윗이 예루살렘에서 또 아내들을 맞아 다윗이 다시 아들들과 딸들을 낳았으니.

다윗은 나라 일만 잘 된 것이 아니라 또 예루살렘으로 천도한 후 아내들을 맞이하여 아들들과 딸들을 많이 낳게 되었다. 다음 4절 이하부터 7절까지 13명의 아들들의 이름이 나온다.

대상 14:4-7. 예루살렘에서 낳은 아들들의 이름은 삼무아와 소밥과 나단과 솔로몬과 입할과 엘리수아와 엘벨렛과 노가와 네벡과 야비아와 엘리사마와

브엘랴다와 엘리벨렛이었더라.

4-7절의 13명의 명단은 본서 3:5-8에서도 등장하고 있다. 그곳 주해를 참조하라. 그리고 이 부분의 병행구 삼하 5:13-16에도 11명의 자녀 이름이 나온다. 그곳 주해도 참조하라.

ㄴ. 블레셋을 이기다 14:8-17(삼하 5:17-25)

저자는 다윗이 예루살렘으로 천도한 후 범사가 잘 된다는 것을 말한(1-7절) 후 이제 이 부분(8-17절)에서는 블레셋과의 두 차례 싸움에서도 승리했다고 전한다. 한번은 바알브라심에서 승리했고(8-12절), 또 한 번은 뽕나무 숲에서(13-17절) 승리했다는 것을 전한다. 병행구는 삼하 5:17-25이다.

8-12절: 다윗 군대가 바알브라심에서 승리하다.

대상 14:8. 다윗이 기름 부음을 받아 온 이스라엘의 왕이 되었다 함을 블레셋 사람들이 듣고 모든 블레셋 사람들이 다윗을 찾으러 올라오매 다윗이 듣고 대항하러 나갔으나.

다윗이 범사가 형통했고(1-7절), 또 "기름 부음을 받아 온 이스라엘의 왕이 되었다 함을 블레셋 사람들이 듣고" 더 시간이 가기 전에 다윗을 잡기 위해 블레셋 사람들이 다윗을 찾아 죽이려고 예루살렘을 향해 올라왔다. 그래서 다윗은 블레셋 사람들을 대항하러 요새(아둘람 같은 요새 처)로 나아갔다(삼하 5:17).

대상 14:9. 블레셋 사람들이 이미 이르러 르바임 골짜기로 쳐들어온지라.

다윗이 블레셋 사람들을 막으러 나갔으나 블레셋 사람들이 선수를 쳐서 "르바임 골짜기"(Valley of Rephaim, '거인의 평야'라는 뜻)로 쳐들어 왔다. 이 거인의 골짜기는 예루살렘 서남쪽에 있는데 길이 약 5km, 폭이 약 5km에 달하는 평원인데, 이 넓은 평원에 블레셋 군대는 가득할 정도였다. 오늘 이 땅의 나라들이 아무리 작고 보잘것없어 보여도 만군의 여호와를 의지하고 나아가면 적이 없는 것이다.

대상 14:10. 다윗이 하나님께 물어 이르되 내가 블레셋 사람들을 치러 올라가리이까 주께서 그들을 내 손에 넘기시겠나이까 하니 여호와께서 그에게 이르시되 올라가라 내가 그들을 네 손에 넘기리라 하신지라.

다윗이 하나님께 아뢰었다. '제가 저 블레셋 사람들을 치러 올라가도 되겠습니까? 주께서 그들을 저의 손에 넘겨주시겠습니까?' 주께서 그에게 대답하신다. '싸우러 올라가라. 내가 그들을 너의 손에 넘겨주겠다'고 하신다. 아무리 상대방의 힘이 강해도 하나님 앞에는 아무 것도 아니니 다윗은 하나님께 '올라갈까요? 올라가면 그들을 나에게 넘기시겠습니까?'고 여쭌 것이다. 우리는 무슨 일을 만나도 침착하게 하나님께 여쭈면 하나님께서 응답을 주심을 알고 물어야 한다.

대상 14:11. 이에 무리가 바알브라심으로 올라갔더니 다윗이 거기서 그들을 치고 다윗이 이르되 하나님이 물을 쪼갬 같이 내 손으로 내 대적을 흩으셨다 하므로 그 곳 이름을 바알브라심이라 부르니라.

다윗은 하나님의 응답을 받고 바알브라심[266]('바알을 격파함'이란 뜻)으로 올라갔다. 다윗은 바알브라심에서 블레셋 사람들을 쳐서 이기고 나서, 말하기를 '물을 쳐서 흩어버리듯이, 하나님께서 나의 손으로 나의 원수들을 그렇게 휩쓸어 버리셨다'고 말한다. 그래서 사람들이 그 곳 이름을 바알브라심이라고 부른다.

물을 쳐서 흩어버리는 것은 쉬운 일이다. 다윗은 그처럼 블레셋 사람들을 흩어버리고 말았다. 우리가 하나님의 힘을 입을 때는 세상 모든 일들을 쉽게 해결할 수 있는 것이다.

---

266) "바알브라심": 다윗이 블레셋 사람을 격파한 곳이다(삼하 5:20; 대상 14:11). 이 때 바알은 여호와를 가리키며 하나님의 도움에 의해 승리를 기념한 것이다. 이것은 이스라엘의 종교 사상에 가나안의 영향이 있던 시기를 나타내는 것으로서 흥미가 있다. 예루살렘 부근의 세익 베드르(Sheikh Bedr)와 동일시된다. 브라심 산(사 28:21)은 이 부근에 있다.

대상 14:12. 블레셋 사람이 그들의 우상을 그 곳에 버렸으므로 다윗이 명령하여 불에 사르니라.

블레셋 사람들은 전쟁에 승리하게 해달라고 우상을 가지고 다니면서 빌었는데 이제는 전쟁에 패하여 우상을 가지고 다닐 수 없어 우상을 버리고 갔다. 그러나 하나님을 믿는 이스라엘은 우상을 가지고 빌면 안 되는 고로 다윗은 명령하여 우상을 불에 살랐다. 우리는 세상에 아무 우상도 가져서는 안 될 것이다. 돈 우상, 명예 우상, 성(性)적 우상(오늘날 사람들은 성도 우상으로 섬기고 있다) 등 세상의 그 어떤 우상도 몸에 지녀서는 안 될 것이다.

대상 14:13. 블레셋 사람들이 다시 골짜기를 침범한지라.

블레셋 사람들은 일단 패한 전쟁을 만회하려고 르비딤 골짜기(9절)를 다시 침입했다. 그들이 패하고 난후 돌아가서 다시 군인 숫자를 보충하고 마음의 무장을 다시 하고 다윗 군대를 치러 르비딤 골짜기를 다시 찾은 것이다. 그들은 다윗 군대 앞에서 패한 다음 그 패전의 원인이 무엇인지도 제대로 파악하지 못하고 다시 온 것이다. 모든 패인은 우상 숭배인데 다시 그 우상을 꼭 붙들고 왔을 것이다.

대상 14:14. 다윗이 또 하나님께 묻자온대 하나님이 이르시되 마주 올라가지 말고 그들 뒤로 돌아 뽕나무 수풀 맞은편에서 그들을 기습하되.

다윗은 블레셋 군대를 맞이하여 지난번의 경험을 살려 전쟁한 것이 아니라 "또 하나님께 물었다". 우리는 경험을 가지고 세상을 살아야 할 사람들이 아니다. 하나님께 기도해야 한다. 하나님께서 이르시되 "마주 올라가지 말고 그들 뒤로 돌아 뽕나무 수풀 맞은편에서 그들을 기습하라"고 명하신다. "마주 올라가지 말라"는 것이었다. "마주 올라가지 말라"는 말씀은 '정면 돌파를 하지 말라'는 말씀이다. 지난번에는 정면 돌파하여 물을 흩듯이 블레셋 군인들을 흩어버렸다. 하나님은 "그들 뒤로 돌아가라"고 하신다. "그들 뒤로 돌아가라"는 말씀은 '우회하라'는 말씀이다. 그리고 "뽕나무 수풀 맞은편에서 그들을 기습하라"고 명하신다. 여기 "뽕나무"는 뽕나무와 비슷하고, 열매는 무화과와 비슷하다. 이것은 뽕나무과의 상록교목으로, 나무높이 10-13m, 가지의 퍼짐은 직경 40m나 되는 일도 있다. 가지는 낮은데서 퍼지고 있으므로, 삭게오는 쉽게 이 나무에 올라갈 수가 있었다(눅 19:4). 열매는 나무의 모든 부분, 신구(新舊) 모든 가지에 달리고, 때로는 줄기에까지도 주렁주렁 달린다. 애굽에는 이 나무가 많이 생육되었다(시 78:47). 그 재목은 가구, 문짝, 궤, 관 등의 제작에 널리 사용되었다.

대상 14:15. 뽕나무 꼭대기에서 걸음 걷는 소리가 들리거든 곧 나가서 싸우라 너보다 하나님이 앞서 나아가서 블레셋 사람들의 군대를 치리라 하신지라.

뽕나무 꼭대기의 "걸음 걷는 소리"는 "하나님 군대의 걸음 걷는 소리"였다(창 32:2,3; 왕하 6:17; K&D, Lange, Curtis, Payne). 하나님께서는 다윗에게 "하나님 군대의 걸음 걷는 소리"가 들리거든 곧 나가서 싸우라는 것이었다. 하나님은 말씀하시기를 "너보다 하나님이 앞서 나아가서 블레셋 사람들의 군대를 치리라"고 하신다. 오늘 우리가 기도할 때 하나님 앞에 기도하는 일보다 먼저 나아가서는 안 될 것이다. 하나님이 앞서시도록 해야 한다.

대상 14:16. 이에 다윗이 하나님의 명령대로 행하여 블레셋 사람들의 군대를 쳐서 기브온에서부터 게셀까지 이르렀더니.

다윗은 하나님의 응답을 받은 다음 하나님이 명하신 대로, 기브온에서 게셀에 이르기까지 쫓아가면서 쳤기 때문에 블레셋 군대를 무찔렀다.

본 절의 "기브온"은 '구릉'이라는 뜻인데, 팔레스틴 중부의 산악지대에 있던 히위 사람의 도성이었는데(수9:3,17), 예루살렘의 서북쪽 9㎞ 지점에 있는 오늘날의 '에 집'(ej-Jib, 학자에 따라서는 '엘 집, el-Jib'로도 표기된다)

과 동일시된다. 기브온은 베냐민 경내의 레위인의 성읍으로 예루살렘 북쪽 약 10km 지점이다. 블레셋 패잔병은 일단 게바[267]로 쫓겨 갔고 거기서 기브온을 거쳐 게셀로 간 것(Lange)으로 보인다. 게셀(Gazer)은 블레셋 영토의 동북편 경계이다. 블레셋 군이 이곳까지 쫓겨간 것은 이스라엘 영토에서 영원히 철수했다는 뜻으로 보아야 한다.

대상 14:17. 다윗의 명성이 온 세상에 퍼졌고 여호와께서 모든 이방 민족으로 그를 두려워하게 하셨더라.

다윗이 블레셋과의 2차에 걸친 전쟁의 결과로 다윗의 유명세가 모든 나라에 전해져서 모든 이방 민족이 다윗을 두려워하게 되었다. 이것은 여호와께서 몸소 이루신 일이었다. 일이 이쯤 되니 다윗 왕국의 번창상이 이스라엘 주위의 나라에 퍼져 이스라엘을 거스를 수 없게 되었다.

---

267) "게바": 베냐민 지파의 성읍인데, 동북 지경에 있었으며(수 18:24) 레위 자손의 성읍으로 되었다(수 21:17; 대상 6:60). 유대 왕국의 최북단에 위치하였다(왕하 23:8). 예루살렘의 북쪽 9 , 오늘날의 제바(Jeba)로 추정된다.

제 15 장

3. 법궤를 예루살렘으로 옮기다 15-16장

본서는 법궤를 옮기는 사건(13장) 도중에 블레셋 전쟁(14장)이 삽입된 것으로 기록되었고, 이제(15-16장)는 법궤를 다시 옮기는 사건으로 돌아와 그 법궤를 옮기는 것을 기록하고 있다. 그러나 병행구절인 사무엘하(下)는 다윗이 왕으로 즉위하고 이어 예루살렘 천도와 블레셋 전쟁이 있고(삼하 5장), 그 후에 법궤를 옮기는 일을 기록하고 있다(삼하 6장).

본서의 기록은 제사장 에스라의 것으로 사무엘하보다 상세하다. 이 부분의 내용은 법궤를 옮기기 위해 준비한 일(15:1-15), 음악을 위해 준비한 일(15:16-24), 법궤가 예루살렘으로 들어온 일(15:25-29), 법궤가 예루살렘에 안치된 일(16:1-6), 다윗의 감사 시를 읊은 일(16:7-36), 여호와 앞에서 봉사한 일(16:37-43) 등이 기록되었다.

ㄱ. 법궤를 옮기기 위해 준비하다 15:1-15

법궤를 오벧에돔의 집에서 예루살렘으로 모셔오기 위해 성막을 치고, 그 일을 감당할 레위인들을 준비시킨다. 사무엘하에는 이 부분에 해당하는 병행구는 없다.

대상 15:1. 다윗이 다윗 성에서 자기를 위하여 궁전을 세우고 또 하나님의 궤를 둘 곳을 마련하고 그것을 위하여 장막을 치고.

다윗은 다윗 성에 자기가 살 집들을 지었다. 그리고 하나님의 궤를 둘 한 회막을 건설했고 또 궤를 안치할 장소에 장막을 쳤다. 다윗이 본 절에서 말하는 자기가 살 집들을 지었다는 말은 두로 왕 히람이 사신을 보내고 또 재목들을 보내서 지은 왕궁이 아니고 그 이전의 초라한 집일 것으로 본다(Lange). 다윗은 즉위 초기에는 사방으로 다니며 전쟁하기에 바빠 왕궁을 세울 시간이 없었고, 그 전쟁들을 대충 마친 후에 왕궁들을 건설했을 것이다.

대상 15:2. 다윗이 이르되 레위 사람 외에는 하나님의 궤를 멜 수 없나니 이는 여호와께서 그들을 택하사 여호와의 궤를 메고 영원히 그를 섬기게 하셨음이라 하고.

다윗은 이렇게 말한다. '레위 사람 외에는 아무도 하나님의 궤를 멜 수 없다. 그 이유는 여호와께서 그들만이 하나님의 궤를 메고 그를 영원히 섬길 수 있도록 하셨기 때문이다'고 규정한다.

지난날 다윗이 법궤를 옮겨올 때 웃사가 죽은 것이 법궤를 어깨에 메어야 했는데(출 25:14-15; 민 3:30-31) 어깨에 메지 아니하고 수레에 실었기 때문에 죽은 것으로 알고 오늘 본 절에 기록된 것처럼 말했다. 우리는 여호와께서 말씀하신대로 움직여야 한다.

대상 15:3. 다윗이 이스라엘 온 무리를 예루살렘으로 모으고 여호와의 궤를 그 마련한 곳으로 메어 올리고자 하여.

다윗이 이스라엘 온 무리를 예루살렘으로 모았다. 여호와의 법궤를 예루살렘으로 옮기는 일은 온 이스라엘 무리(25절에 언급된 이스라엘 각 지파의 대표들인 장로들과 군 지휘관들)의 관심사였으니 온 무리를 모은 것이다. 온 무리를 "그 마련한 곳", 곧 '다윗 성에 마련한 처소'(1절)로 메어 올리고자 해서였다. 이들은 법궤 운반에 동참할 사람들이었다.

대상 15:4. 다윗이 아론 자손과 레위 사람을 모으니.

저자는 앞 절(3절)에서 이스라엘의 각 지파의 대표들과 천부장들을 예루살렘으로 모았다는 것을 말씀했는데, 이제 본 절부터 10절까지는 다윗이 아론 자손(제사장들)과 레위 사람을 모은 사실을 진술한다. 다시 말해 제사장들과 성막에서 실제로 봉사할 레위 사람들을 모은 것을 거론한 것이다. 그러니까 3절은 법궤를 옮겨오는데 동참해야 할 나라의 대표들이었고, 4절부터 10절까지는 실제로 봉사할 사람들을 모은 것을 거론한 것이다.

대상 15:5. 그핫 자손 중에 지도자 우리엘과 그의 형제가 백이십 명이요.

본 절부터 10절까지는 실제로 법궤를 운반할 자손의 대표와 그 친족의 수가 얼마나 되는가를 거론하고 그들을 모은 것을 거론한다.

이 부분(5-10절)에서 레위의 둘째 아들 그핫(고핫) 자손이 제일 앞에 거론되는 이유는 성막의 기구들을 어깨에 메고 운반하는 책임이 지워졌기 때문이며(민 4:4-15; 7:9), 또 모세와 아론을 배출할 족속, 즉 제사장 족속이었기 때문이다(6:1-3). 아론은 고핫(그핫) 족속으로부터 나왔다(출 6:16-20). 족장 "우리엘"('나의 빛은 하나님이시다'는 뜻)은 레위의 아들 그핫 자손 다핫의 아들인데, 다윗 시대의 족장이었다. 역대상 6:36의 스바냐가 동명이인일 것으로 보이며, 우리엘은 다핫에서 나온 방계에 속했을 것이다(6:24; 15:5,11). 본 절의 "형제"란 말은 친형제를 가리키지 않고 같은 족속을 지칭하는 말이다. 같은 족속이 120명이었다.

대상 15:6. 므라리 자손 중에 지도자 아사야와 그의 형제가 이백이십 명이요.

"므라리"는 레위의 셋째 아들이었다(6:1 주해 참조). 그 자손 중에 지도자 "아사야"('여호와께서 행하신다'는 뜻)는 레위의 아들 므라리 자손의 족장이다. 그는 다윗의 명령에 따라 그의 형제 220명과 더불어 여호와의 궤를 오벧에돔에서 예루살렘으로 메어 오는 일에 참가했다(대상 6:30; 15:6,11). 아사야와 같은 족속의 숫자는 220명이었다.

대상 15:7. 게르솜 자손 중에 지도자 요엘과 그의 형제가 백삼십 명이요.

게르솜("거기에서 나그네가 되었다"는 뜻)의 후손으로는 지휘자 요엘과 그의 일족 130명이었다. 게르솜은 레위의 장자(6:1)로 다른 곳에서는 "게르손"(Gershon)으로 더 알려져 있다(6:16,17). 게르솜 자손의 후손들은 성막 문장과 뜰의 휘장 등을 관리하는 직무를 맡았었다(민 3:23-26; 4:21-28). "요엘"은 게르솜 자손 라단의 아들이었다(23:8). 요엘과 그의 족속의 숫자는 130명이었다.

대상 15:8. 엘리사반 자손 중에 지도자 스마야와 그의 형제가 이백 명이요.

엘리사반의 후손으로는 지휘자 "스마야"[268]('여호와께서 들어주시다'라는 뜻)와 그의 일족 200명이었다. 엘리사반(Elizaphan)은 그핫의 넷째 아들 웃시엘의 아들이다(출 6:22; 레 10:4). 그는 광야 시대에 그핫 족속의 우두머리였다(민 3:30).

대상 15:9. 헤브론 자손 중에 지도자 엘리엘과 그의 형제가 팔십 명이요.

헤브론의 후손으로는 지도자 "엘리엘"('나의 하나님은 하나님이시다'는 뜻)과 그의 일족 80명이었다. 헤브론(Hebron)은 그핫(고핫)의 셋째 아들이다(출 6:18; 민 3:27).

대상 15:10. 웃시엘 자손 중에 지도자 암미나답과 그의 형제가 백 십이 명이라.

웃시엘('하나님은 강하시다'는 뜻) 후손으로는 지휘자 "암미나답"('나의 친척은 고귀하다'는 뜻)과 그의 형제가 112명이었다. 웃시엘은 레위 사람 고핫의 셋째 아들이며 웃시엘 가족의 조상이다(출 6:18,22; 민 3:19,27,30). 그는 아론의 아저씨뻘 되는 사람이다(레 10:4). 다윗 왕은 여호와의 궤를 다윗 성에 모셔 올 때 웃시엘 자손 중에서 족장 암미나답과 그 형제 112명을 여호와의 궤 운반하는 사람으로 선발했다(대상15:10). "암미나답"은 레위 사람 그핫 가계인데 웃시엘 자손으로서 다윗 시대에

---

268) "스마야": 오벧에돔의 집에서 하나님의 궤를 모셔 올 사람으로 선정된 레위인의 엘리사반 중 한족장이다. 그는 그의 형제 200명과 궤를 메어 올렸다(대상 15:8,11).

족장이었다(대상 15:10,11).

대상 15:11. 다윗이 제사장 사독과 아비아달을 부르고 또 레위 사람 우리엘과 아사야와 요엘과 스마야와 엘리엘과 암미나답을 불러.

그런 다음 다윗은 제사장 사독과 아비아달을 부르고 또 레위 사람 우리엘, 아사야, 요엘, 스마야, 엘리엘, 암미나답을 불러 놓고 다음 절(12절)처럼 몸을 성결하게 하고 궤를 메어 올리라는 명령을 한다.

다윗 시대에는 대제사장이 두 명 있었다. 한 사람은 "사독"[269]('공의'라는 뜻)이었는데, 이는 아론의 셋째 아들 엘르아살 계통이었다. 또 한 사람은 "아비아달"[270]('훌륭한 아들'이란 뜻)이었는데, 아론의 넷째 아들 이다말 계통이었다. 아비아달은 다윗이 피난할 때 함께 고난을 받았으므로 먼저 제사장이 되었고, 그 후 정통파인 사독이 가담했으므로 그를 후에 제사장으로 임명했다. 그 후 아비아달은 아도니야의 반역에 가담했으므로(왕상 1:5-7) 솔로몬으로부터 추방을 당하고 이후 사독이 단독으로 제사장의 역할을 감당했다.

다윗은 "레위 사람 우리엘과 아사야와 요엘과 스마야와 엘리엘과 암미나답"(이 사람들은 이미 4-10에서 언급된 레위인들이다)을 불러 놓고 너희는 법궤를 메고 법궤를 옮길 자격이 있는 레위인들이니 몸을 성결하게 하라고 명령한다(12절).

---

269) "사독": 아론의 아들 엘르아살의 자손(대상 24:3) 아히둡의 아들(삼하 8:17)이다. 그는 연소한 용사였으며, 사울이 죽은 후 이스라엘 제민족의 중견 인사들과 더불어 나라를 다윗에게 맡기기 위해 헤브론에 있는 다윗에게 갔다(대상 12:27-28). 다윗 치세의 초기, 그는 아비아달과 같이 제사장이었다(삼하 8:17). 압살롬이 반역 때 사독은 아비아달과 같이 예루살렘에서 도망쳐 하나님의 언약궤를 메고 갔으나, 다윗은 그에게 예루살렘으로 돌아가 싸움이 끝나기를 기다리라고 명령했다(삼하 15:24-29). 아히도벨이 반역에 가담했을 때 후새는 사독과 아비아달 및 그들의 아들의 도움을 얻어 정보를 다윗에게 제공하였다(삼하 15:31-37; 17:15-16). 압살롬의 사후 다윗은 사독과 아비아달에게 기별하여 왕의 환궁에 대해 협력해 줄 것을 촉구했다(삼하 19:11). 이 싸움이 끝나고 다윗이 조각(組閣)할 때 사독과 아비아달은 제사장이 되었다(삼하 20:25).

270) "아비아달": 놉의 성소에서 섬긴 아히멜렉 제사장의 아들이다(삼상 21:1; 22:20). 아비아달은 사울과 다윗 양 시대에 걸쳐 제사장 직분을 수행했다.

대상 15:12. 그들에게 이르되 너희는 레위 사람의 지도자이니 너희와 너희 형제는 몸을 성결하게 하고 내가 마련한 곳으로 이스라엘의 하나님 여호와의 궤를 메어 올리라.

다윗은 그들에게 말하기를 "너희는 레위 사람의 지도자"라는 것을 강조한다. 레위 인이니 레위 인으로서 법궤를 메고 갈 책임이 있다는 말이다. 다윗은 레위 인들에게 "너희와 너희 형제는 몸을 성결하게 하라"고 명한다. 여기 "너희"란 말은 레위 사람의 지도자들을 지칭하는 말이다. 그리고 "너희 형제"란 말은 '너희와 같은 종족'을 일컫는 말이다. "성결하게 하라"는 말은 다시 법궤를 운반할 레위 인들에게는 반드시 필요한 말인데, "성결"이란 '외부적인 성결'을 뜻한다(레 8:12-18). 곧, 물로 몸을 닦고 옷을 빨며 여인을 가까이 하지 않는 것을 지칭한다(출 19:10,14-15; 레 11:44).

대상 15:13. 전에는 너희가 메지 아니하였으므로 우리 하나님 여호와께서 우리를 찢으셨으니 이는 우리가 규례대로 그에게 구하지 아니하였음이라 하니.

다윗은 "전에는 너희가 메지 아니하였으므로 우리 하나님 여호와께서 우리를 찢으셨다"고 말한다. 즉, '앞서 법궤를 운반할 때는 우리가 규례를 따라서 법궤를 메지 아니했고 마차에 싣고 운반했기 때문에 우리 하나님 여호와께서 우리를 치셨다'는 뜻이다. 일이 그렇게 된 이유는 "우리가 규례대로 하나님께 구하지 아니하였기 때문이라"는 것이다. 여기 "구한다"(דָּרַשׁ)는 말은 '돌보다'(신 11:12)는 뜻으로 '규례대로 하나님께 구하지 아니했다'는 말은 하나님의 언약궤를 하나님의 규례를 따라 운반하지 아니한 것을 뜻한다.

대상 15:14. 이에 제사장들과 레위 사람들이 이스라엘 하나님 여호와의 궤를 메고 올라가려 하여 몸을 성결하게 하고.

그래서 제사장들과 레위 사람들이 이스라엘 하나님 여호와의 궤를 어깨에 메고 올라가려 하여 다윗의 명령을 따라(12절) 몸을 성결하게 했다. 이제는 온전히 준비를 한 것이다.

대상 15:15. 모세가 여호와의 말씀을 따라 명령한 대로 레위 자손이 채에 하나님의 궤를 꿰어 어깨에 메니라.

레위 자손은, 모세가 명령한 하나님의 말씀대로, 하나님의 궤를 운반 채에 꿰어 그들의 어깨에 메었다(출 25:13-15; 민 4:12,15; 7:9). 우리의 일상생활은 항상 하나님의 말씀대로 움직여야 한다.

ㄴ. 음악을 준비하다 15:16-24

다윗은 레위 사람들의 지도자들에게 하나님의 궤를 어깨에 메게 한 다음 이제는 그 법궤를 메고 운반할 때에 음악이 있어야 했으므로 음악을 준비하게 한다.

대상 15:16. 다윗이 레위 사람의 어른들에게 명령하여 그의 형제들을 노래하는 자들로 세우고 비파와 수금과 제금 등의 악기를 울려서 즐거운 소리를 크게 내라 하매.

다윗은 또 레위 사람의 어른들(지도자들)에게 노래하는 자들을 모아 찬양대를 조직하게 하고 또 "비파"(현악기의 하나)와 "수금"(히브리 최고(最古)의 현악기의 하나)과 제금(타악기의 일종)을 큰 소리로 즐겁게 연주하라고 지시하였다.

대상 15:17. 레위 사람이 요엘의 아들 헤만과 그의 형제 중 베레야의 아들 아삽과 그의 형제 므라리 자손 중에 구사야의 아들 에단을 세우고.

다윗의 명을 받은(16절) 레위 사람들은 찬양대를 구성하기 위해 요엘의 아들 헤만, 베레야의 아들 아삽, 므라리 자손인 구사야의 아들 에단을 세웠다.

헤만(6:33)과 아삽(6:39), 에단(6:44)은 다윗이 세운 찬양대의 대장들로 헤만은 가운데 서고, 아삽은 우편에 서며, 에단은 좌편에서 그들의 직무를 수행했다. "세 사람은 그핫(헤만)과 게르손(아삽)과 므라리(에단) 족속에서 골고루 선출되었다"(6:31-48, 이상근).

대상 15:18. 그 다음으로 그들의 형제 스가랴와 벤과 야아시엘과 스미라못과 여히엘과 운니와 엘리압과 브나야와 마아세야와 맛디디야와 엘리블레후와 믹네야와 문지기 오벧에돔과 여이엘을 세우니.

앞 절에서 언급한 찬양대원 세 사람(헤만, 아삽, 에단)을 제외하고, 다음 서열에 속한 그들의 친족들은 "스가랴"('여호와께서 기억하신다'는 뜻)와 "벤"('아들'이란 뜻)과 "야아시엘"('하나님은 강하게 하신다'는 뜻)과 "스미라못"('가장 높은 이름'이란 뜻)과 "여히엘"('하나님을 살아계시다'는 뜻)과 "운니"('억눌린'이란 뜻)와 "엘리압"('하나님은 아버지시다'는 뜻)과 "브나야"('여호와께서 세워주신다'는 뜻)와 "마아세야"('여호와께서 하신 일'이라는 뜻)와 "맛디디야"('여호와의 선물'이란 뜻)와 "엘리블레후"('하나님은 구분하신다'는 뜻)와 "믹네야"('주의 소유'라는 뜻)와 문지기 "오벧에돔"('에돔신의 예배자'라는 뜻)과 "여이엘"('여호와께서 세우신다'는 뜻)을 세웠다.

본 절 초두의 "그 다음으로"라는 말은 앞 절에 말한 '3명의 찬양대 대장 다음으로'란 뜻이다. 다시 말해 '다음가는(2류의) 찬양대원들'이란 뜻이다. 2류의 찬양대원들 14명을 세운 것이다. 그리고 19절부터 24절까지를 보면 이 14명을 다시 직무별로 분류한다.

대상 15:19. 노래하는 자 헤만과 아삽과 에단은 놋 제금을 크게 치는 자요.

본 절부터 21절까지는 앞(17-18절)에서 거론한 악사들을 세 부류로 분류하고 있다. 헤만과 아삽과 에단은 찬양대의 세 대장들이었는데(17절) 이들이 놋 제금을 크게 친 것은 찬양대를 지휘하기 위함이었다(K.&D., Curtis). 여기 "놋 제금"(bronze cymbals)이란 '놋으로 만든 심벌즈'를 지칭한다.

대상 15:20. 스가랴와 아시엘과 스미라못과 여히엘과 운니와 엘리압과 마아

세야와 브나야는 비파를 타서 알라못에 맞추는 자요.

스가랴와 아시엘과 스미라못과 여히엘과 운니와 엘리압과 마아세야와 브나야 8명은 알라못(여성의 소프라노 고음)에 맞추어 비파를 연주했다. "알라못"(t/ml;[})은 '젊은 여인'을 뜻한다. 따라서 "알라못에 맞추었다"는 말은 여성의 소프라노 음조로 연주했음을 뜻한다. 이 8명 중 "아시엘"은 18절의 "야아시엘"과 동일인물이다. "아시엘"은 "야아시엘"의 단축형이다(Payne).

대상 15:21. 맛디디야와 엘리블레후와 믹네야와 오벧에돔과 여이엘과 아사시야는 수금을 타서 여덟째 음에 맞추어 인도하는 자요.

맛디디야와 엘리블레후와 믹네야와 오벧에돔과 여이엘과 아사시야 6명은 18절의 10번째 사람부터 14번째 사람까지의 5명에다가 "아사시야"(Azaazia '여호와는 강하시다'는 뜻)를 첨가해서 6명이 된 것이다. 이들은 여덟째 음에 맞추어 수금을 연주했다. 여기 "여덟째 음"(שְּׁמִינִית)이란 '제8음을 의미하며 8현 악기의 마지막 현으로 저음'을 뜻한다.

대상 15:22. 레위 사람의 지도자 그나냐는 노래에 익숙하므로 노래를 인도하는 자요.

레위 사람의 족장 "그나냐"('여호와가 존재하신다'는 뜻)는 음악에 조예가 깊었으므로 찬양대의 지휘를 맡았는데, 찬양하는 찬양대원들이 찬양하는 것을 지도하였다.

그런데 문제가 되는 것은 본 절의 "노래"(מַשָּׂא)라는 말이 1) "옮김"이란 뜻도 있고(K.&D., Curtis, 호크마 주석, 그랜드종합 주석), 2) 우리 번역에 있는 대로 "노래"란 뜻이 있다는 주장이다(KJV, RSV, Murphy, Barker, Matthew Henry, 유진 H. 메릴, 이상근, 개역판 번역, 개역개정판 번역). 둘째 견해를 택한다. 이유는 여기에 나오는 "그나냐"가 27절에 다시 등장하는데 거기 "노래하는 자"(הַמַּשָּׂא)를 다시 '옮기는 자'로 번역하기는 어렵다는 것이다. 그냥 "노래하는 자"로 번역하는 것이 타당할 것으로 보인다. 그런고로 본 절의 "노래"라는 말을 "노래"라는 말로 알아 두어야 할 것으로 보인다.

대상 15:23. 베레갸와 엘가나는 궤 앞에서 문을 지키는 자요.

"베레갸"('여호와께서 복을 주신다'는 뜻)와 "엘가나"('하나님은 소유하신다'는 뜻)는 궤 앞에서 문을 지키는 자였다. 이들 말고 궤 앞에서 문을 지키는 자는 두 명 더 있다(24절). 그러니까 4명이 궤 앞에서 문을 철저히 지켜 사람들이 무질서하게 행동하지 못하도록 했을 것이다.

대상 15:24. 제사장 스바냐와 요사밧과 느다넬과 아미새와 스가랴와 브나야와 엘리에셀은 하나님의 궤 앞에서 나팔을 부는 자요 오벧에돔과 여히야는 궤 앞에서 문을 지키는 자이더라.

본 절의 일곱 제사장 "스바냐"('여호와는 데리고 오신다'는 뜻)와 "요사밧"('여호와께서 주셨다'는 뜻)과 "느다넬"('하나님이 주신다'는 뜻)과 "아미새"('용서하는 백성'이란 뜻)와 "스가랴"('여호와는 기억하신다'는 뜻)와 "브나야"('여호와께서 세워주신다'는 뜻)와 "엘리에셀"('하나님은 구원하신다'는 뜻)은 이스라엘 백성들의 대표자들로 법궤 운반 때 나팔을 부는 자들이었다. 이들이 부는 나팔소리는 하나님의 위엄과 권위를 상징하는 것이었다(출 19:16).

"오벧에돔"('에돔신을 예배하는 자'라는 뜻)과 "여히야"('여호와는 살아계시다'는 뜻)는 법궤 주변에서 문을 지켰다. 이들은 앞 절(23절)의 베레갸와 엘가나와 더불어 법궤 주변에서 문을 지켰다. 이들은 법궤 앞에서 아무도 법궤 앞으로 접근하지 못하도록 지키는 사람들이었다.

본 절의 오벧에돔은 3개월 동안 궤를 지켰던 고핫 자손 오벧에돔과는 다른 인물이다(18절, 21절; 13:13; 26:1-4). 본 절의 오벧에돔은 16:38에서 여두둔의 아들로 소개되었다.

ㄷ. 법궤를 예루살렘에 들여놓다 15:25-29(삼하 6:12-22)

법궤를 옮기기 위해 준비하고(1-15절), 음악을 준비한(16-24절) 다음 이제는 다윗을 위시하여 전 국민의 환호 속에 레위인이 법궤를 메어 예루살렘으로 들여 놓는다.

대상 15:25. 이에 다윗과 이스라엘 장로들과 천부장들이 가서 여호와의 언약궤를 즐거이 메고 오벧에돔의 집에서 올라왔는데.

모든 준비를 한 다음 다윗과 이스라엘 지도자들과 군 지휘관들은 오벧에돔의 집으로 가서 기쁜 마음으로 여호와의 궤(13:3)를 어깨에 메어 올렸다. 여호와의 일은 항상 기쁨으로 해야 한다.

대상 15:26. 하나님이 여호와의 언약궤를 멘 레위 사람을 도우셨으므로 무리가 수송아지 일곱 마리와 숫양 일곱 마리로 제사를 드렸더라.

무리는 하나님이 그 궤를 멘 레위 사람들을 치지 않으시고 무사하도록 도우셨으므로 수송아지 일곱 마리와 숫양 일곱 마리로 제사를 드렸다.

본 절에서 하나님께서 여호와의 "언약궤를 멘 레위 사람을 도우셨다"는 말씀은 삼하 6:13에 보면 해결된다. 즉, "여호와의 궤를 멘 사람들이 여섯 걸음을 가매 다윗이 살진 송아지로 제사를 드렸다"는 말을 보면 궤를 멘 사람들이 여섯 걸음을 걸어도 아무 불상사가 없는 것을 확인하고 하나님께서 도우시는 것을 알고 감사 제사를 드렸다는 것이다. 우리는 하나님께서 도우셔야 인생만사가 은혜 중에 진행되는 것임을 알아야 할 것이다.

그리고 "무리가 수송아지 일곱 마리와 숫양 일곱 마리로 제사를 드린" 것은 하나님께서 아주 흡족하실 만큼 제사를 드린 것을 뜻한다. "일곱"이란 수는 만수로서 하나님께서 기뻐하실 만큼, 하나님께서 흡족하실 만큼 제사를 드린 것을 보여주는 말이다.

대상 15:27. 다윗과 및 궤를 멘 레위 사람과 노래하는 자와 그의 우두머리 그나냐와 모든 노래하는 자도 다 세마포 겉옷을 입었으며 다윗은 또 베

에봇을 입었고.

법궤를 옮기는 자들이 입은 옷에 대해 언급하는 말이다. "다윗"과 및 "궤를 멘 레위 사람"과 "노래하는 자"와 "그의 우두머리 그나냐"와 "모든 노래하는 자들"이 다 세마포 겉옷을 입었다는 것이다. "세마포"는 아마의 섬유로 짠 제품, 의복, 휘장, 시-트(Sheet)등에 썼다. 아마는 애굽에서 일찍부터 재배되고, 기술가공도 고도로 진보되어 있었는데, 아마의 원산지는 메소포타미아 또는 인도인 것으로 알려진다.

"베 에봇"은 대제사장의 복장의 하나로 (출 28:6-12), 베실로 짜서 겉옷위에 착용했다(레 8:7). 형태는 명백하지 않으나 허리 부근까지 드리워져 있었다고 생각된다. 베실로 짜서, 전신(前身)과 후신을 견대(肩帶)로 두 팔을 달았다. 또 때로는 간단한 의복으로, 소년 사무엘이 실로의 성소에서 이것을 착용했다(삼상 2:18).

대상 15:28. 이스라엘 무리는 크게 부르며 뿔 나팔과 나팔을 불며 제금을 치며 비파와 수금을 힘 있게 타며 여호와의 언약궤를 메어 올렸더라.

법궤를 옮길 때 이스라엘 무리가 "크게 불렀다"는 말은 '찬송을 크게 부르고 주악으로 큰 소리를 낸 것'을 뜻한다. 뿔 나팔과 나팔을 불며 제금을 치며 비파와 수금을 힘 있게 타며(13:8 주해 참조) 여호와의 언약궤를 메어 올렸다.

대상 15:29. 여호와의 언약궤가 다윗 성으로 들어올 때에 사울의 딸 미갈이 창으로 내다보다가 다윗 왕이 춤추며 뛰노는 것을 보고 그 마음에 업신여겼더라.

그런데 여호와의 궤가 다윗 성으로 들어올 때 사울의 작은 딸이었는데 다윗의 아내가 된 "미갈"('누가 하나님과 같을까'라는 뜻)이 창밖을 내다보다가 다윗 왕이 뛰고 춤추는 것을 보고 그만 속으로 그를 업신여기는 어리석음을 범하고 말았다. 삼하 6:20에 "다윗이 자기의 가족에게 축복하러 돌아오매 사울의 딸 미갈이 나와서 다윗을 맞으며 가로되 이스라엘 왕이 오늘날 어떻게 영화로우신지 방탕한 자가 염치없이 자기의 몸을 드러내는 것처럼 오늘날 그 신복의 계집종의 눈앞에서 몸을 드러내셨도다"라고 비꼬았다. 그래서 미갈은 평생 자식 없이 사는 벌을 받았다(삼하 6:23). 입이 가벼운 사람들은 항상 조심해야 할 것이다.

그러나 미갈이 잘한 일도 있었다. 그것은 다윗이 사울을 피해 도망 다닐 때 다윗을 크게 도왔다(삼상 19:11-17). 사울이 도피한 후 미갈은 발디에게 준바 되었는데 다윗이 왕이 된 후 미갈을 되찾아왔다.

제 16 장

ㄹ. 법궤를 예루살렘에 안치하다 16:1-6

법궤를 예루살렘으로 들여온 후 성막에 안치했다. 그리고 제사를 드리며 백성을 축복하고 식물을 나누어주었다.

대상 16:1. 하나님의 궤를 메고 들어가서 다윗이 그것을 위하여 친 장막 가운데에 두고 번제와 화목제를 하나님께 드리니라.

이스라엘 무리가 하나님의 궤를 메고 들어가서, 다윗이 궤를 안치하려고 쳐 놓은 장막 안에 안치하고 나서 하나님 앞에 번제와 화목제를 드렸다. 이 제사를 드린 것은 봉헌식을 올린 것을 뜻한다.

번제를 드린 것은 속죄제와 헌신제를 겸하여(레 1:4) 드린 것이고, 화목제는 감사제를 드린 것을 말한다(레 3장).

대상 16:2. 다윗이 번제와 화목제 드리기를 마치고 여호와의 이름으로 백성에게 축복하고.

다윗은 번제와 화목제를 드리고 나서 여호와의 이름으로 백성에게 복을 빌어 주었다. 여기 "여호와의 이름으로"(בְּשֵׁם יְהוָה)란 말은 '여호와의 이름을 사용해서', 혹은 '여호와의 권위로'란 뜻이다. 다윗은 번제와 화목제를 드리고 난후 여호와의 이름을 사용해서 백성들에게 복을 빌어주었다. 모세도 역시 성막 건축을 마치고 난후 백성에게 복을 빌어주었다(출 39:42,43).

대상 16:3. 이스라엘 무리 중 남녀를 막론하고 각 사람에게 떡 한 덩이와 야자열매로 만든 과자와 건포도로 만든 과자 하나씩을 나누어 주었더라.

다윗은 번제와 화목제를 드리고 나서 이스라엘 백성들에게 떡 한 덩이씩과 야자열매로 만든 과자 하나씩과 건포도로 만든 과자 하나씩을 나누어 주었다.

다윗이 백성들에게 나누어준 이 식물은 화목제물이었다(레 7:15-18, K.&D., RP Smith). 백성들은 법궤를 새 수도에 안치하고 하나님과 화목하고 또 서로 간에 화목하면서 화목제물을 받고 각자 집으로 돌아간 것이다. 이제 법궤를 옮기는 일은 모두 끝난 것이다.

4-6절: 찬양대를 제도적으로 조직하다.

대상 16:4. 또 레위 사람을 세워 여호와의 궤 앞에서 섬기며 이스라엘 하나님 여호와를 칭송하며 감사하며 찬양하게 하였으니.

다윗은 레위 사람들 가운데 여호와의 궤 앞에서 섬기고 이스라엘의 하나님 여호와께 칭송하며 감사하며 찬양하게 하고 예식을 집행할 사람들을 다음과 같이 임명하였다. 이스라엘의 "하나님 여호와께 칭송하고 감사하며 찬양하게 했다"는 말은 세 단어가 동의어로 사용되었다. "칭송하는 것"(הַזְכִּיר)은 '기억하는 것'으로 하나님의 은혜를 기억하고, 감사하며, 찬양하는 것을 뜻한다. 그리고 다윗은 예식을 집행할 사람들을 다음과 같이(5-6절) 임명하였다.

대상 16:5. 아삽은 우두머리요 그 다음은 스가랴와 여이엘과 스미라못과 여히엘과 맛디디아와 엘리압과 브나야와 오벧에돔과 여이엘이라 비파와 수금을 타고 아삽은 제금을 힘 있게 치고.

다윗은 아삽을 찬양대장으로 임명하고 그 다음 9명의 대원을 임명했다. 즉, "스가랴와 여이엘과 스미라못과 여히엘과 맛디디아와 엘리압과 브나야와 오벧에돔과 여이엘"을 임명했다. 이 9명은 15:18의 14명과 중복되어 나타난다. 15:18의 "야아시엘"이 본 절에서 "여이엘"이 되었고, 거기 "벤, 운니, 마아세야, 엘리불레후, 믹네야"가 본 절에서는 나타나지 않는다(18절 주해 참조).

"비파와 수금을 타고 아삽은 제금을 힘 있게" 쳤다. "비파와 수금"에 대해서는 13:8을 참조하라. 찬양대원은 비파와 수금을 연주했다. 그리고 대장 아삽은 놋 제금을 힘 있게 치면서 찬양대를 지휘했다(15:19 주해 참조).

대상 16:6. 제사장 브나야와 야하시엘은 항상 하나님의 언약궤 앞에서 나팔을 부니라.

또 브나야와 "야하시엘"[271]('하나님께서 보신다'는 뜻) 두 제사장은 하나님의 궤 앞에서 정규적으로 나팔을 불었다. "브나야"에 대해 15:24주해 참조. 이 두 사람은 하나님의 법궤 앞에서 정규적으로 나팔을 불었다(5:24). 그 나팔은 예배의 시작과 끝을 알리는 나팔 소리였다(민 10:1-8).

ㅁ. 다윗의 감사 시 16:7-36(시 105:1-15; 96:1-13; 106:47-48)

이 부분(7-36절)의 다윗의 감사 시는 다윗이 법궤를 예루살렘에 안치하면서 부른 감사 시이다. 이 감사 시(7-36절)는 시편의 세 군데와 병행하고 있다. 8-22절은 시 105:1-15과 병행하면서 하나님의 능력과 언약에 감사하라는 시이고, 23-33절은 시 96:1-13과 병행하면서 모든 열방이 하나님의 영광을 높이라는 시이며, 34-36절은 하나님의 인자하심을 찬양하라는 내용이다. 이 세 군데의 시들은 모두 무명의 시들이지만 본문과 병행하는 것을 보면 모두 다윗의 시임을 짐작하게 한다.

대상 16:7. 그 날에 다윗이 아삽과 그의 형제를 세워 먼저 여호와께 감사하게 하여 이르기를.

"그 날에", 즉 '예루살렘에 법궤를 안치하는 날에' 무엇보다 먼저 다윗은 자기의 시를 아삽과 찬양대원들에게 주어서 주님께 감사를 하게 하였다.

271) "야하시엘": 다윗이 오벧에돔의 집에서 여호와의 궤를 예루살렘으로 모셔올 때, 제사장 브나냐와 같이 하나님의 언약궤 앞에서 나팔을 분 제사장이다(대상 16:6).

감사는 무엇보다 중요하여 우선 먼저 드려야 한다.

어느 미국 부인이 자기의 시아버지가 매일 술로 살아가는 것을 안타깝게 여겨 자기가 출석하고 있는 교회의 목사를 만나 어떻게 해야 할까를 상의했더니 교회 목사는 알콜 중독이 된 시아버지 때문에 감사를 해 본적이 있는가고 물었다. 며느리는 목사의 권유에 따라 하나님께 무엇보다 감사를 드렸는데 하나님의 이적이 발생했다는 것이다. 시아버지가 아들 댁에 오더니, 어떻게 해야 예수님을 영접하고 믿을 수 있는가를 며느리에게 물었다. 그 후부터 알콜 중독자인 시아버지는 예수님을 영접하고 신앙인이 되었다는 것이다. 우리는 범사에 감사해야 할 것이다.

대상 16:8. 너희는 여호와께 감사하며 그의 이름을 불러 아뢰며 그가 행하신 일을 만민 중에 알릴지어다.

다윗이 아삽의 찬양대원들에게 준 시편 내용이 본 절부터 나타난다. "너희는 여호와께 감사하라"는 것이다. 그리고 "그의 이름을 불러 아뢰라"고 말하다. 다시 말해 '여호와의 이름을 선포하라'는 것이다. 즉, 우리는 여호와의 이름을 널리 선포해야 할 것이다. 하나님의 이름을 널리 알려야 할 것이다. 그리고 "그가 행하신 일을 만민 중에 알리라"고 말한다. 주께서 행하신 일을 만민 중에 알려야 할 것이다(시 105:1; 106:1; 107:1; 111:1; 136:1; 138:1).

대상 16:9. 그에게 노래하며 그를 찬양하고 그의 모든 기사를 전할지어다.

여호와를 노래하면서, 그를 찬양하면서, 그가 이루신 모든 기사(놀라운 일들)를 만민에게 전하라고 한다.

대상 16:10. 그의 성호를 자랑하라 여호와를 구하는 자마다 마음이 즐거울지로다.

"그의 성호를 자랑하라"는 말은 '여호와의 거룩한 이름을 널리 알리라'는 뜻이다. 우리는 바로 나 자신을 자랑하지 말고 만물을 창조하시고 유지하시는 창조주를 찬양해야 할 것이다. "여호와를 구하는 자마다 마음이 즐거울 것이라"고 한다. 즉, '여호와를 찾는 자마다 마음에 즐거움이 임할 것이라'는 뜻이다.

대상 16:11. 여호와와 그의 능력을 구할지어다 항상 그의 얼굴을 찾을지어다.

본 절은 "주님의 능력을 항상 간절히 사모하고, 언제나 그의 얼굴을 찾아 경배하고 바라보라"는 뜻이다. 주님의 능력을 간절히 구하는 자는 큰 능력을 받아 모든 일을 능히 감당하고도 피곤치 않는다는 것이다. 다윗은 능력의 사람이었다. 능력을 구하는 것도 중요하지만 필자의 경우 이렇게 기도해왔다. "천하 어느 사람보다 무능한 사람입니다"고 기도해 왔다. 그런 기도를 많이 한 필자는 한 생애 동안 주님께서 주시는 능력으로 말미암아 힘 있게 살아오게 되었다.

대상 16:12-13. 그의 종 이스라엘의 후손 곧 택하신 야곱의 자손 너희는 그의 행하신 기사와 그의 이적과 그의 입의 법도를 기억할지어다.

다윗은 이스라엘 민족을 "여호와의 종" "이스라엘의 후손", 곧 "택하신 야곱의 자손"이라고 규정한다. 즉, '여호와의 말씀에 완전히 순종해야 하는 종' '이스라엘의 후손', 곧 '하나님으로부터 사랑을 받은, 택함 받은 야곱의 손'이라는 것이다. 그런고로 이스라엘 민족은 '여호와께서 행하신 놀랍고 신기한 일과 그가 입으로 내신 말씀을 기억해야 한다'고 하신다.

본 절의 "법도"(מִשְׁפָּט)란 '율법의 규정'을 뜻한다(출 15:25; 레 5:10; 7:16; 사 42:4). 그런고로 본 절의 "입의 법도"란 말은 '하나님의 입으로부터 나온 말씀'을 가리킨다. 본 절은 이스라엘이 과거에 행하신 여러 가지 일에 영광을 돌리기 위해 그 일들을 기억하자는 뜻이다.

대상 16:14. 그는 여호와 우리 하나님이시라 그의 법도가 온 땅에 있도다.

"그는 여호와 우리 하나님이시라"고 말한다. 다시 말해 '그는 자비로우신 우리 이스라엘의 하나님이시라'는 것이다. 다윗은 그 위대하신 하나님이 우리 공동의 하나님이라고 강조한다. 그런데 "그의 법도가 온 땅에 있다"고 말한다. 하나님의 말씀(법도)이 온 땅에 충만하다는 뜻이다. 다시 말해 하나님께서 온 세상을 통치하고 계시니 그 영광을 찬양하자는 것이다.

대상 16:15. 너희는 그의 언약 곧 천 대에 명령하신 말씀을 영원히 기억할지어다.

다윗은 이스라엘 민족에게 "너희는 그의 언약을 기억하라"고 명령한다. 여기 본 절의 "그의 언약"이란 18절의 "내가 가나안 땅을 네게 주어 너희 기업의 지경이 되게 하리라"는 언약을 지칭한다. 다시 말해 하나님께서 말씀하신 언약이란 '하나님께서 가나안 땅을 이스라엘 민족에게 기업으로 주시겠다'는 언약이다.

그의 "언약"이란, 곧 '천대 후나 2천년 후(영원히)에라도 언제라도 반드시 이루실 언약'이라는 것이다. 하나님은 이스라엘 민족에게 가나안을 이스라엘 민족에게 기업으로 주신다고 하셨다. 그 언약이 어떤 언약인지 다음 절 이하에 더 구체적으로 말씀하신다.

대상 16:16. 이것은 아브라함에게 하신 언약이며 이삭에게 하신 맹세이며.

다윗은 앞 절의 여호와의 언약은 "아브라함에게 하신 언약이며 이삭에게 하신 언약"(창 12:1-3; 13:14-16; 15:1-5, 18-21; 17:1-4; 22:16-18)이라고 말씀한다. 하나님은 아브라함과 언약을 맺으신 다음 그 언약과 똑같은 언약을 맺으셨는데 그 언약을 본 절에서는 이삭과 맺으신 맹세라고 표현한다.

대상 16:17. 이는 야곱에게 세우신 율례 곧 이스라엘에게 하신 영원한 언약이라.

다윗은 앞 절의 여호와의 언약은 야곱에게 세우신 언약이고 이스라엘이 지킬 영원한 언약이라고 말한다. "아브라함에게 하신 언약, 이삭에게 하신 맹세, 야곱에게 세우신 율례"는 동의어로서 가나안 땅을 주시겠다는 똑같은 말씀이다. 여호와께서는 이렇게 족장들에게 개인적으로 주신 언약을 이스라엘 전체에게 언약을 주셨다.

대상 16:18. 이르시기를 내가 가나안 땅을 네게 주어 너희 기업의 지경이 되게 하리라 하셨도다.

본 절은 하나님께서 족장들에게 말씀하신 언약이 구체적으로 무엇임을 밝힌다. 그것은 "내(여호와)가 가나안 땅을 네(이스라엘)게 주어 너희 기업의 지경이 되게 하리라"는 것이었다. 그 언약은 일단 여호수아의 가나안 정복으로 이루어졌고 다윗 때에 현실적으로 이루어지기 시작한 것이다. 눈에 보이는 실현은 법궤를 예루살렘에 안치한 것이다. 하나님은 먼저 언약하시고 다음으로 그 언약하신 것을 실제로 이루시는 분이시다.

대상 16:19-20. 그 때에 너희 사람 수가 적어서 보잘 것 없으며 그 땅에 객이 되어 이 민족에게서 저 민족에게로, 이 나라에서 다른 백성에게로 유랑하였도다.

"그 때에"란 말은 '아브라함과 이삭과 야곱이 하나님으로부터 가나안 땅을 주시겠다는 약속을 받았을 때에'란 말이다. 그 때에는 사람 수가 너무 적어서 아주 보잘 것이 없었다는 것이다. 그래서 그 때에는 이곳저곳에서 객이 되어 지냈다는 뜻이다. 그리고 이 형편은 여호수아가 백성을 이끌고 가나안으로 들어온 이후에도 마찬가지였다. 하나님 백성은 오늘도 적은 수로 살아가고 있다(눅 12:32). "유랑 생활"은 성도의 특징이다. 이렇게 적어야 하나님의 권능을 더욱 느낄 수 있는 것이다.

대상 16:21a. 여호와께서는 사람이 그들을 해하기를 용납하지 아니하시고.

본 절 상반 절은 '하나님께서 다른 사람들로 하여금 이스라엘 민족을 억압하지 못하게 막아주셨다'고 말씀한다. 하나님께서는 이스라엘을 보호해

주셨다. 아브라함은 과거 하나님의 인도 하에 가나안 족속으로부터 보호를 받았고, 이삭은 그랄 사람으로부터, 그리고 야곱은 에서로부터 그리고 라반으로부터 해를 당하지 않게 해주셨다. 하나님은 이스라엘의 방패가 되어 주셨다(신 33:29). 하나님은 오늘도 우리의 방패가 되어 주신다(삼하 22:3; 22:31).

대상 16:21b-22. 그들 때문에 왕들을 꾸짖어 이르시기를 나의 기름 부은 자에게 손을 대지 말며 나의 선지자를 해하지 말라 하셨도다.

하나님은 일반 사람들(앞 절)만 아니라 세상 왕들에게도 꾸짖어 이르시기를 이스라엘 백성들에게 손을 대지 말라 하셨고, 또 해하지 말라고 경고하셨다. 이유는 이스라엘은 "나(여호와)의 기름 부은 자이고 또 나의 선지자이기 때문이라"는 것이다. 여기 "나(여호와)의 기름 부은 자"란 말과 "나(여호와)의 선지자"란 말은 동의어로 사용되었다. 이스라엘 민족은 '하나님의 영으로 구별되었고, (창 20:7) 또 하나님으로부터 말씀을 받아서 세상 사람들에게 하나님을 알리는 역할을 했다. 이스라엘 사람들은 하나님의 영을 받아 하나님의 말씀을 깨달아 세상 사람들에게 알린다는 점에서 하나님의 기름부음을 받은 자들이며 하나님의 선지자들이었다.

대상 16:23. 온 땅이여 여호와께 노래하며 그의 구원을 날마다 선포할지어다.

본 절 초두의 "온 땅이여"란 말은 '이스라엘 전체'를 부르는 말이다. 이스라엘 국민들은 '여호와께 감사하고 찬양하며 그가 구원을 주시는 것을 날마다 선포해야" 한다는 것이다. 하나님은 우리를 날마다 구원해 주신다.

대상 16:24. 그의 영광을 모든 민족 중에, 그의 기이한 행적을 만민 중에 선포할지어다.

"그의 영광"이란 말과 "그의 기이한 행적"이란 말은 동의어로 사용되었다. 이스라엘 민족은 하나님의 영광(위대하심)과 그가 행하신 기이한 구원의 행적을 만민 중에 선포해야 한다는 것이다(시 2:8; 47:1,8; 138:4).

대상 16:25. 여호와는 위대하시니 극진히 찬양할 것이요 모든 신보다 경외할 것임이여.

여호와는 지혜와 능력 면에서 끝없이 위대하시니 극진히 찬양해야 할 분이시며(시 77:13; 150:2) 어떤 우상들보다 더 공경하고 두려워해야 할 분이시다.

대상 16:26. 만국의 모든 신은 헛것이나 여호와께서는 하늘을 지으셨도다.

본 절은 앞 절에 이어 세상 모든 우상들은 무가치하다고 말하고 있다. "헛것"(אֱלִילִ)이란 '무가치한 것' '아무 쓸데없는 것'이란 뜻으로 대체적으로 우상을 묘사하는데 쓰이고 있다(사 2:20; 10:10,11; 31:7; 렘14:14). 세상의 모든 우상들은 그것들을 경배하는 사람들에게 아무 유익이 없음을 강조하기 위하여 이 단어를 사용하고 있다. 그런데도 어떤 나라는 범신론을 믿어 3억의 우상들을 가지고 있고 또 어떤 나라는 똑같은 힌두교 나라로 3억 3천만의 우상을 가지고 있다.

다윗은 "여호와께서는 하늘을 지으셨다"고 말한다. 여호와께서 하늘에 '해와 달과 무수한 별들을 지으셨다'는 것을 말한다. 우상은 아무 것도 아니지만 해와 달과 별들은 우리 인류에게 한없는 유익을 주고 있다. 그런고로 인류는 주님을 찬송해야 하는 것이다.

대상 16:27. 존귀와 위엄이 그의 앞에 있으며 능력과 즐거움이 그의 처소에 있도다.

다윗은 '존귀와 위엄이 그 앞에 있고 능력과 즐거움이 그의 처소에 있다' 고 말한다. 본 절의 "그의 처소"(מְקֹמוֹ)란 말은 '그의 장소', 즉 '하나님의 궤를 모신 예루살렘의 장막'을 의미한다고 볼 수 있다(Curtis, Zoekler). 그러니까 다윗은 예루살렘의 장막을 볼 때 세상적으로는 아주 별 보잘 것이 없지만 하나님이 계시는 곳으로 보여 다윗에게는 그 장막에 "존귀와 위엄이 그의 앞에 있으며 능력과 즐거움"이 있음을 보았다. 과연 하나님 앞에는

"존귀"가 있다. 하나님은 우주를 창조하셨기에(26절) 한없이 영광스러우시고 존귀하신 분이시다. 그리고 하나님 앞에는 "위엄"(Majesty)이 있다. 하나님은 참으로 지극한 위엄이 있으신 분이시다.

그리고 하나님에게는 엄청난 "능력과 즐거움"이 있으시다. "능력"이란 그가 우주를 창조하신 데서 드러난다. 그리고 하나님에게는 엄청난 "즐거움"이 있다. 오늘 이런 찬양을 드리는 사람들에게도 능력이 임하고 즐거움이 임하게 된다.

대상 16:28. 여러 나라의 종족들아 영광과 권능을 여호와께 돌릴지어다 여호와께 돌릴지어다.

다윗은 "여러 나라의 종족들"을 향하여(8절) "영광과 권능을 여호와께 돌리자"고 강조한다. 여호와께서 우주를 창조하셨으니 모든 나라의 종족들도 영광과 권능이 주님께 있다고 찬양해야 한다고 권고한다. 여기 영광(우주 창조의 영광)과 권능(우주를 창조하신 권능)이란 말은 동의어로 쓰였다.

대상 16:29. 여호와의 이름에 합당한 영광을 그에게 돌릴지어다 제물을 들고 그 앞에 들어갈지어다 아름답고 거룩한 것으로 여호와께 경배할지어다.

다윗은 '여호와의 이름에 어울리는(걸맞는) 영광을 주님께 돌리어라. 예물을 들고, 그 앞에(하나님의 궤가 모셔진 장막 앞에) 들어가자. 거룩한 옷을 입고 주님께 경배하자'(머리를 숙이고 엎드리자)고 권한다.

"여호와의 이름에 합당한 영광"은 '하나님의 이름에 걸 맞는 권능, 위엄, 존귀'란 뜻이다. 그리고 "예물"이라는 말과 "아름답고 거룩한 것"이란 말은 동의어로 사용되었다. 하나님은 우주를 지으신 분이시니 아주 거룩한 예물을 가지고 하나님 앞으로 나아가야 한다는 것이다. 우리는 우리가 가지고 있는 최고의 것을 가지고 주님 앞에 나아가야 한다.

대상 16:30. 온 땅이여 그 앞에서 떨지어다 세계가 굳게 서고 흔들리지

아니하는도다.

"온 땅이여"란 '온 세상에서 살고 있는 인민들이여'라는 뜻이다. 여호와 하나님은 온 우주의 하나님이신고로 다윗은 온 땅에 있는 사람들을 불러 '하나님 앞에서 떨라'고 권한다. 온 세상 사람들이 하나님 앞에서 두려워하여 떨면 "세계가 굳게 서고 흔들리지 않게 된다"는 것이다. 하나님 앞에서 죄를 짓지 않기 위해서 두려워하고 떨게 되면 세상 사람들은 하나님으로부터 지키심을 받아 굳게 서게 되고 또 흔들리지 않게 된다는 것이다. 하나님 앞에서 두려워 떤다는 것은 우리 모두가 평안히 살게 되는 좋은 일이다(빌 2:12). 오늘 세상 사람들은 하나님 앞에서 마구 죄를 지으며 살아서 세상은 아수라장이 되어가고 있다.

대상 16:31. 하늘은 기뻐하고 땅은 즐거워하며 모든 나라 중에서는 이르기를 여호와께서 통치하신다 할지로다.

다윗은 '하늘이여, 기뻐하라! 땅이여, 즐거워하라! 모든 나라 사람들은 여호와가 하늘과 땅을 통치하시는 왕이심을 온 세계에 선포하라'고 권한다. 하나님이 온 우주를 통치하시니 하늘과 땅이 기뻐하라는 것이다. 우리 하나님께서 우주의 왕이시라는 것은 우리가 기뻐할 최대의 기쁨인 것이다.

대상 16:32. 바다와 거기 충만한 것이 외치며 밭과 그 가운데 모든 것은 즐거워할지로다.

앞 절에서는 하늘과 땅이 즐거워하라고 권했는데 이제 본 절에서는 바다와 또 그 속에 있는 것들이 즐거이 외치며 또 밭과 그 가운에 모든 농작물들도 즐거워하라고 권한다. 즉 세상 모든 것들이 즐거워해야 한다는 것이다. 하나님의 통치는 이만큼 온 세상의 기쁨인 것이다.

대상 16:33. 그리 할 때에 숲 속의 나무들이 여호와 앞에서 즐거이 노래하리니 주께서 땅을 심판하러 오실 것임이로다(Then shall the trees of the wood sing for joy before the Lord, for he comes to judge the earth-ESV).

문장 초두의 "그리할 때에"란 말은 '하늘의 일월성신과 땅(31절)과 바다와 바다 속의 모든 피조물들이 즐거워 외치며 밭과 모든 농작물들(32절)도 기뻐 외칠 때에'란 뜻이다. 바로 그 때에 "숲 속의 나무들이 여호와 앞에서 즐거이 노래할 것이라"는 뜻이다. 그러니까 하늘과 땅 전체가 즐거워한다는 것이다.

이렇게 즐거워하는 이유는(כִּי, for) "여호와께서 땅을 심판하러 오실 것이기 때문이라"는 것이다. 다시 말해 '메시야께서 세상의 악을 척결하시고 세상을 심판하시며 주의 나라를 설립하실 것이기 때문에' 숲속의 나무들도 즐겁게 노래할 것이다.

34-36절: 하나님의 영원한 사랑 때문에 영원히 감사를 드려라

대상 16:34. 여호와께 감사하라 그는 선하시며 그의 인자하심이 영원함이로다.

다윗은 '여호와께 감사를 드려라. 그는 선하시며 그의 인자하심이 영원하시 리이다'고 말한다. "선하시다"란 말과 그의 "인자하심이 영원하다"는 동의어로서 하나님의 선하심을 강조하는 말이다. 우리가 소망을 가지는 것은 여호와의 인자하심이 영원하다는 점이다. 사람의 사랑은 수시로 바뀌니 불안하기 짝이 없다. 여호와의 사랑은 아들을 십자가에 세우시는 지극한 사랑이라는 것이다.

대상 16:35. 너희는 이르기를 우리 구원의 하나님이여 우리를 구원하여 만국 가운데에서 건져내시고 모으사 우리에게 주의 거룩한 이름을 감사하며 주의 영광을 드높일지어다.

다윗은 '너희는 부르짖어라. 우리 구원의 하나님, 우리를 구원하여 주십시오'라고 부르짖고 '여러 나라에 흩어진 우리를 모아서 건져주시라'고 부르짖으며, '우리로 하여금 주의 거룩하고 위대한 이름을 감사하며 주님의 위대하

심을 높이게 하소서'라고 부르짖으라고 권한다.

대상 16:36a. 여호와 이스라엘의 하나님을 영원부터 영원까지 송축할지로다.

다윗은 '이스라엘의 하나님 여호와를 찬양하라! 지금부터 영원히 그를 찬양하라!'고 권면한다. 여호와는 이스라엘의 하나님이신데 백성들은 영원히 그 하나님을 송축해야 하는 것이다.

대상 16:36b. 모든 백성이 아멘 하고 여호와를 찬양하였더라.

그러자 '모든 백성들은 "아멘!" 하고 여호와를 찬양하였다'. 레위인들의 찬양(7절)이 끝나자 모든 백성은 "아멘"으로 화답했다. 다윗 왕의 찬양의 시를 들은 모든 백성들은 다윗의 시의 내용에 전인격적으로 공감했던 것이다. 오늘 우리는 우리의 기도나 다른 이들의 기도 후에 이렇게 전인격적으로 아멘(참으로 그렇습니다)이라고 화답해야 할 것이다.

ㅂ. 여호와 앞에서 봉사하다 16:37-43

다윗은 언약궤를 예루살렘에 안치한 후 찬양하고 경배한 것에 만족하지 않고 이제까지 흐려졌던 하나님께 대한 제사제도를 회복시키기 위해 율법에 따라 제사장과 레위인에게 직무를 맡기고 있다. 제사의 직무를 수행할 레위인과 제사장을 임명하고서야(37-42절), 언약궤 이송의 모든 사역을 마쳤음을 고하고 있다(43절).

레위인의 직무는 아삽이 맡은 언약궤 앞에서의 찬양하는 일(37절), 성막 문지기 직(38절), 사독이 맡은 제사장직(39절,40절), 헤만과 여두둔이 맡은 찬양의 직무(41절,42절)로 구분되고 있다. 그리고 다윗은 직무를 마치고 집으로 돌아간다(43절).

대상 16:37. 다윗이 아삽과 그의 형제를 여호와의 언약궤 앞에 있게 하며 항상 그 궤 앞에서 섬기게 하되 날마다 그 일대로 하게 하였고.

다윗이 아삽과 그 형제들(찬양대원들)을 언약궤 앞에 있게 하며 항상 그리고 각 날에 드려지는 예배에 따라 그 앞에서 찬양하게 했다(4절 주해 참조).

대상 16:38. 오벧에돔과 그의 형제 육십팔 명과 여두둔의 아들 오벧에돔과 호사를 문지기로 삼았고.

다윗은 오벧에돔(법궤를 3개월간 자기 집에서 모셨던 자)과 그의 68인 찬양대원들(15:18)과 여두둔의 아들 오벧에돔(므라리 자손이며 헤만과 아삽과 함께 찬양대장이었던 여두둔의 아들)과 "호사"[272]('도피처'라는 뜻)를 문지기를 삼았다.

대상 16:39. 제사장 사독과 그의 형제 제사장들에게 기브온 산당에서 여호와의 성막 앞에 모시게 하여.

다윗은 대제사장 사독과 그리고 다른 제사장들에게 기브온 산당의 여호와의 성막 앞에서 봉사하게 했다. 이 기브온 산당은 모세의 율법에 의한 하나님의 회막이었다(왕상 3:4). 다윗 시대에는 한 때 두 지역 성소에서 두 대제사장이 봉사한 과도기가 있었다. 다른 성소는 다윗이 건립한 성막이 예루살렘에 있었는데 대제사장 아비아달이 모시고 있었다. 그러나 훗날 아비아달이 솔로몬으로부터 파직당하고(왕상 2:26-27), 솔로몬 성전이 건축되어 성소와 대제사장 직은 단일화 되었다.

대상 16:40. 항상 아침저녁으로 번제단 위에 여호와께 번제를 드리되 여호와의 율법에 기록하여 이스라엘에게 명령하신 대로 다 준행하게 하였고.

다윗은 이스라엘에게 명하신 주의 율법에 기록된 그대로 번제단 위에서 항상 아침저녁으로 계속하여 주님께 번제를 드리게 했다. 예루살렘 성전이

---

272) "호사": 레위 사람 므라리 자손인데, 그의 아들과 형제들은 합해서 13명 있었다. 여호와의 궤가 예루살렘에 도착한 후에는 문지기가 되었다(대상16:38; 26:10-19).

건축되기 이전까지는 기브온 산당에서 대제사장 사독의 주관 하에 아침저녁으로 번제를 드렸다. 이유는 예루살렘 장막에는 제단을 비롯한 제사 기구가 없었기 때문이다.

대상 16:41. 또 여호와의 인자하심이 영원하시므로 그들과 함께 헤만과 여두둔과 그리고 택함을 받아 지명된 나머지 사람을 세워 감사하게 하였고.

다윗은 또 헤만과 여두둔(이 두 사람은 아삽과 더불어 찬양대장이었다. 15:17-18)과 그리고 다른 몇 사람을 뽑아 여호와의 영원하신 사랑에 대하여 감사의 찬송을 부르도록 만들었다. 성소가 둘이었으니 아삽은 예루살렘의 법궤 앞에서 아비아달과 함께 섬겼고, 헤만과 여두둔은 기브온 산당에서 사독과 함께 여호와의 자비하심을 찬양했다(34절).

대상 16:42. 또 그들과 함께 헤만과 여두둔을 세워 나팔과 제금들과 하나님을 찬송하는 악기로 소리를 크게 내게 하였고 또 여두둔의 아들에게 문을 지키게 하였더라(Heman and Jeduthun had trumpets and cymbals for the music and instruments for sacred song. The sons of Jeduthun were appointed to the gate-ESV)**.**

또 다윗은 찬양대장인 헤만과 여두둔으로 하여금 나팔을 불고 제금(심벌즈)을 치게 했고(13:8), 하나님을 찬양하는 악기를 우렁차게 연주하도록 하게 했다. 나팔은 주악의 처음과 끝을 알리기 위해 불었다(15:24). 그리고 여두둔의 아들은 문지기로 세워 섬기게 했다(16:38).

대상 16:43. 이에 뭇 백성은 각각 그 집으로 돌아가고 다윗도 자기 집을 위하여 축복하려고 돌아갔더라.

그런 다음에 온 백성은 각자 자기의 집으로 돌아갔고 다윗도 자기의 집안 식구들에게 복을 빌어 주려고 왕궁으로 돌아갔다.

법궤를 예루살렘으로 옮긴 다음 하나님께 제사를 드리며 선물의 떡을 받은 후 모든 의식이 끝나 백성들은 모두 각자의 집으로 돌아갔다. 다윗도 역시 자기 왕궁으로 돌아가 가족을 축복했다(삼하 6:20). 오늘 우리는 가정 식구들에게 복을 빌어주는 것을 중요하게 여겨야 한다.

제 17 장

C. 다윗이 언약을 맺다 17:1-27(삼하 7장)

다윗이 하나님의 성전을 세울 계획을 세웠을 때 하나님은 선지자 나단을 다윗에게 보내셔서 성전을 세우지 말고 차라리 언약을 받을 것을 권고하신다. 그 언약이란 다윗의 왕위가 영원할 것이라는 언약이었다(1-15절). 다윗은 하나님의 언약을 받고 감사 기도를 드린다(16-27).

1. 하나님의 언약 17:1-15

다윗이 새로 지은 궁전에 거하면서 예언자 나단에게 하나님의 성전을 건축할 의향을 비치자(1-3절), 하나님은 나단을 통하여 성전을 건축하지 말고 차라리 다윗의 왕위가 영원할 것이라는 말씀하신다(4-15절).

1-3절: 다윗이 나단 선지에게 하나님의 성전을 건축할 의향을 비친다.

대상 17:1. 다윗이 그의 궁전에 거주할 때에 다윗이 선지자 나단에게 이르되 나는 백향목 궁에 거주하거늘 여호와의 언약궤는 휘장 아래에 있도다.

다윗이 자기 궁전(히람 왕이 지어준 궁전, 14:1)에서 살고 있던 어느 날 그는 예언자 나단에게 '보세요. 나는 백향목 궁전에 살고 있는데 여호와의 법궤는 천막(천으로 덮여 있는 성막) 속에 있으니 말이 안 되는 것 같소'라고 하였다. 참 하나님께 죄송하다는 이야기였다.

다윗이 궁전에서 살고 있던 이때가 언제냐를 두고 견해가 갈린다. 1) 다윗이 모든 대적을 완전히 정복한 후라는 견해(K.&D., Thenius). 2) 전쟁을 한참하고 있을 때일 것이라는 견해(Hengsternberg, Lange, 이상근). 즉, 삼하 8장의 전쟁의 중간 시기일 것이라는 견해 중에 어느 견해가 더 어울리느냐는 것이다. 이 부분(17-20장)의 문맥을 살펴볼 때 후설이 더 타당할 것으로 보인다.

대상 17:2. 나단이 다윗에게 아뢰되 하나님이 왕과 함께 계시니 마음에 있는 바를 모두 행하소서.

다윗이 하나님의 법궤가 천막 밑에 안치된 것을 말하는 것을 나단이 듣자 나단은 다윗에게 말하기를 "하나님이 왕과 함께 계시니 마음에 있는 바를 모두 행하소서"라고 권한다. 하나님께서 함께 하고 계신데 못할 일이 무엇이 있겠느냐고 말한다.

대상 17:3. 그 밤에 하나님의 말씀이 나단에게 임하여 이르시되.

바로 그 날 밤에 하나님께서 나단에게 다윗으로 하여금 성전 건축을 하지 말라는 말씀(4-7절), 하나님께서 다윗과 함께해주시고 번창하게 해주시겠다는 말씀(8-11절), 앞으로 다윗의 아들이 성전을 건축할 것이라는 말씀(12절), 다윗의 자손의 위가 영원할 것이라는 말씀(13-15절)을 들려 주셨다.

하나님의 말씀이 나단에게 임한 방법은 1) 꿈을 통해서일 수도 있고(민 12:6; 왕상 3:5), 2) 환상일 수도 있으며(삼상 3:5; 10:15), 3) 나단이 기도하는 중에(K.&D.) 임했을 수도 있다. 나단이 다윗에게 실제로 하나님의 뜻(메시지)을 말한 것은 15절에서이다.

4-15절: 하나님은 나단을 통해 언약을 주신다.

대상 17:4. 가서 내 종 다윗에게 말하기를 여호와의 말씀이 너는 내가 거할 집을 건축하지 말라.

하나님은 나단에게 '너는 내 종 다윗에게 가서 말해라. 너는 내가 살 집을 지을 생각을 말라'.

본 절부터 14절까지는 여호와께서 나단에게 주신 말씀인데 이는 다윗에게 주시는 하나님의 언약이었다. 그런고로 학자들은 이를 "다윗 언약"(the

Davidic Covenant)이라고 정의한다. 다윗 언약의 첫째는 다윗이 성전 건축을 하지 말라는 것이었다(삼하 7:5 참조). 하나님께서 다윗에게 성전을 건축하지 말라고 하신 이유는 1) 지금까지 법궤는 항상 회막에 거했고(5-6절), 2) 다윗은 전쟁을 많이 하는 중에 피를 많이 흘렸기 때문이며(22:8; 왕상 5:3), 3) 다윗의 아들 솔로몬이 성전을 건축할 것이기 때문이었다(12절). 이런 이유들 때문에 하나님은 다윗에게 여호와의 전을 건축하지 말라고 하신다.

대상 17:5. 내가 이스라엘을 애굽에서 올라오게 한 날부터 오늘까지 집에 있지 아니하고 오직 이 장막과 저 장막에 있으며 이 성막과 저 성막에 있었나니.

하나님께서 다윗에게 성전을 건축하지 말라고 하신 첫째 이유는 '내(하나님)가 이스라엘 백성을 애굽의 노예 살이에서 인도해 낸 날부터 지금까지 성전에 있어 본 적이 없고, 언제나 이 장막 저 장막에서 살았고 이 성막 저 성막으로 옮겨 다녔기 때문이다'.

본 절의 "장막"이란 단순히 '천막'(tent)이란 뜻이고, "성막"(tabernacle)이란 '하나님과 이스라엘 백성이 만나는 장소'를 뜻한다. 하나님께서 이스라엘의 출애굽부터 지금까지 성막(회막)에 거하셨는데 갑자기 "집"을 소원하실 이유가 없다.

대상 17:6. 이스라엘 무리와 더불어 가는 모든 곳에서 내가 내 백성을 먹이라고 명령한 이스라엘 어느 사사에게 내가 말하기를 너희가 어찌하여 내 백향목 집을 건축하지 아니하였느냐고 말하였느냐 하고.

하나님은 사사시대에 아무 사사에게도 내가 거할 백향목 집을 건축하라고 말한 적이 없다고 하신다. 하나님께서 이스라엘 민족과 함께 이리 저리 가시는 모든 곳에서 이스라엘 사사들에게 이스라엘 백성을 잘 목양하라고는 명령했으나 내(하나님) 성전을 지으라고 하신 적은 없다고 하셨다.

대상 17:7. 또한 내 종 다윗에게 이처럼 말하라 만군의 여호와께서 이처럼 말씀하시기를 내가 너를 목장 곧 양 떼를 따라다니던 데에서 데려다가 내 백성 이스라엘의 주권자로 삼고.

하나님께서는 다윗에게 할 말씀이 더 있다고 나단에게 들려주신다. 하나님께서 다윗에게 "내가 너를 목장 곧 양 떼를 따라다니던 데에서 데려다가 내 백성 이스라엘의 주권자로 삼은 것"을 알라(삼상 16:6-13)고 하신다. 다시 말해 하나님께서 다윗을 양치기에서 왕으로 승격시켰다는 것을 기억해야 한다는 것이었다. 하나님께서 이런 것을 말씀하시는 이유는 하나님께서 다윗을 더 크게 하실 수 있으시다는 것을 말씀하시기 위함이었다. 하나님은 오늘도 우리를 번창하게 하실 수 있으심을 알아야 할 것이다.

대상 17:8. 네가 어디로 가든지 내가 너와 함께 있어 네 모든 대적을 네 앞에서 멸하였은즉 세상에서 존귀한 자들의 이름 같은 이름을 네게 만들어 주리라.

하나님은 앞 절에서 다윗을 양치기에서 한나라의 왕으로 삼으신 것을 말씀하시면서 앞날의 번창을 말씀하시려 하셨고, 또 본 절에서는 "네가 어디로 가든지 내가 너와 함께 있어 네 모든 대적을 네 앞에서 멸해주었다"는 것을 말씀하시면서 앞으로 다윗을 "세상에서 존귀한 자들의 이름 같은 이름을 네게 만들어 주리라"고 약속하신다(삼하 5:11-12; 8:13-14).

대상 17:9. 내가 또 내 백성 이스라엘을 위하여 한 곳을 정하여 그들을 심고 그들이 그 곳에 거주하면서 다시는 옮겨가지 아니하게 하며 악한 사람들에게 전과 같이 그들을 해치지 못하게 하여.

하나님은 본 절에서도 다윗에게 두 가지의 번창을 약속하신다. 하나는 "내가 또 내 백성 이스라엘을 위하여 한 곳을 정하여 그들을 심겠고 그들이 그 곳에 거주하면서 다시는 옮겨가지 아니하게 하겠다"고 하신다. 즉, 하나님께서 이스라엘 민족으로 하여금 가나안 땅에서 안정되게 살게 하시겠다는 것이다. 둘째는 "악한 사람들에게 전과 같이 그들을 해치지 못하게 하겠다"고 하신다. 즉, 이스라엘 민족으로 하여금 악한 다른 민족(예: 블레셋 민족 등) 때문에 다시는 떨지 않게 만들어 주겠다고 하신다. 한 곳에 정착하여 안심하고 산다는 것은 큰 번성이 아닐 수 없다.

대상 17:10. 전에 내가 사사에게 명령하여 내 백성 이스라엘을 다스리던 때와 같지 아니하게 하고 또 네 모든 대적으로 네게 복종하게 하리라 또 네게 이르노니 여호와가 너를 위하여 한 왕조를 세울지라.

본 절에서도 하나님은 다윗에게 세 가지의 번창을 약속하신다. 첫째, "전에 내가 사사에게 명령하여 내 백성 이스라엘을 다스리던 때와 같지 아니하게 하신다"고 약속하신다. 다시 말해 사사시대 330년간에 계속되었던 '이스라엘의 범죄->이방인의 압제->이스라엘의 회개->사사를 통한 구원->평안'의 싸이클(순환)이 계속해서 돌고 돌았는데 이제 다윗 시대를 맞이해서는 그런 악순환이 없게 해주시겠다고 하신다. 둘째, 하나님은 또 "네 모든 대적으로 네게 복종하게 하리라"고 약속하신다. 즉, 주변국들이 다윗에게 복종하게 해주시겠다는 것이다. 셋째, "여호와가 너를 위하여 한 왕조를 세워 주시겠다"(14절; 삼하 7:11)고 하신다.

대상 17:11. 네 생명의 연한이 차서 네가 조상들에게로 돌아가면 내가 네 뒤에 네 씨 곧 네 아들 중 하나를 세우고 그 나라를. 견고하게 하리니.

본 절에 하나님의 약속이 또 하나 나온다. 다윗이 죽은 후 여호와께서 다윗을 뒤따라 나온 "네(다윗) 아들 중 하나를 세우고 그 나라를 견고하게 해주시겠다"고 하신다. 솔로몬이 다윗을 계승하고 그 나라가 솔로몬에 의해 견고하게 서게 해주시겠다고 하신다(왕상 2:12,46).

대상 17:12. 그는 나를 위하여 집을 건축할 것이요 나는 그의 왕위를 영원히 견고하게 하리라.

바로 그(솔로몬)가 다윗을 계승하여 나(하나님)를 위해 성전을 건축할 것이다. 그리고 나(하나님)는 그(솔로몬)의 나라가 영원히 지속되게 할 것이다. 다시 말해 솔로몬 시대를 초월하여 그의 자손인 메시야 왕국(신약시대의 교회)을 영원히 계승할 것이라는 뜻이다(요 2:19; 14:23; 고전 6:19; 엡 2:21; 히 3:6; 계 21:1-3).

대상 17:13. 나는 그의 아버지가 되고 그는 나의 아들이 되리니 나의 인자를 그에게서 빼앗지 아니하기를 내가 네 전에 있던 자에게서 빼앗음과 같이 하지 아니할 것이며.

나(하나님)는 그(솔로몬)의 아버지가 되고, 그(솔로몬)는 나의 아들이 될 것이다. 내가 네 선임자(사울)에게서는 내 인자를 거두었지만, 그(솔로몬)에게서는 내 인자를 거두지 아니하겠다고 하신다. 삼하 7:14 주해를 참조하라.

본 절은 하나님과 다윗 왕조 간의 본질적인 관계를 보여주고 있다. 1) 본 절은 다윗 왕조가 온전히 하나님에 의해 세워진 나라임을 보여주고 있다(Lange). 2) 본 절은 아버지와 아들이 결코 분리될 수 없는 관계이듯 하나님과 다윗 왕조는 결코 분리될 수 없는 관계에 있음을 보여주고 있다(K.&D.). 다윗 왕조는 바로 사울 왕조와 본질적으로 다른 왕조이다. 3) 본 절은 아들이 아버지의 모든 것을 상속하듯 다윗 왕조가 하나님의 기업을 물려받는 영원한 나라라는 것을 보여주고 있다(Kaiser).

대상 17:14. 내가 영원히 그를 내 집과 내 나라에 세우리니 그의 왕위가 영원히 견고하리라 하셨다 하라.

하나님은 '내(하나님)가 그(다윗)를 내 집과 내 나라 위에 영원히 세워서, 그의 왕위가 영원히 튼튼하게 서게 하겠다'고 하신다. 다시 말해 '내(하나님)가 그(다윗)에게 내 백성과 내 나라를 맡길 것이니 그의 왕조가 영구히 지속되게 할 것이라'고 하신다(삼하 7:16). 이는 다윗의 왕국(신약 시대의 메시야 왕국)이 영원할 것을 가리키는 말씀이다. 나단은 다윗에게 다윗 왕국(메시야 왕국)이 영원할 것을 전해야 했다.

대상 17:15. 나단이 이 모든 말씀과 이 모든 계시대로 다윗에게 전하니라.

나단은 하나님께서 전해주시는 모든 말씀과 모든 계시를 받은 그대로 다윗에게 전해야 했다. 아무튼 나단은 그가 받은 다윗 언약을 충실하게 전달해 주었다.

2. 다윗이 감사 기도를 하다 17:16-27(삼하 7:18-29)

다윗이 하나님께서 나단에게 전해준 언약을 받고 너무 감사하여 기도를 드린다. 다윗이 드리는 기도의 내용은 하나님의 은총에 지극히 감사하고(16-19절), 이스라엘에게 나타난 하나님의 영광을 찬미하며(20-22절), 하나님의 언약이 성취되기를 빈다(23-27절).

대상 17:16. 다윗 왕이 여호와 앞에 들어가 앉아서 이르되 여호와 하나님이여 나는 누구이오며 내 집은 무엇이기에 나에게 이에 이르게 하셨나이까.

본 절은 여호와 하나님께서 다윗 왕에게 지금까지 베푸신 은혜를 생각하면서 드리는 기도이고, 다음 절(17절)은 앞으로 다윗 왕의 장래 세대에 베푸실 은혜를 말씀해주신 것을 감사해서 기도한 내용이다. 그리고 18절 이하는 다윗의 과거와 미래에 여호와 하나님께서 내리실 영예에 대해 감격해서 드린 기도이다.

본 절의 내용은 다윗 왕이 성막(성막의 바깥들)으로 들어가서, 주 앞에 꿇어앉아(다윗은 오래 기도하기 위하여 앉아서 드린 것이다) 드리는 기도였다. "주 하나님, 내가 누구이며(나는 일개 목동이었다는 것을 깊이 감지한 것이었다) 내 집안이 무엇이기에(자기 집안도 별것 아닌 것을 깨달았다), 주께서 나를 이런 영예의 자리에 오르게 해주셨습니까?"라고 감사 기도한다. 오늘 우리는 과거에 여호와 하나님께서 분에 넘치는 은혜를 베푸신 것을 알아야 할 것이다.

대상 17:17. 하나님이여 주께서 이것을 오히려 작게 여기시고 또 종의 집에 대하여 먼 장래까지 말씀하셨사오니 여호와 하나님이여 나를 존귀한 자들 같이 여기셨나이다.

다윗은 여호와 하나님께서 과거에 자기에게 내려주신 은혜(베들레헴 목동이 한 나라의 왕으로 삼으신 것)를 작게 여기시고 다윗 가문에 대하여 앞으로 더 큰 은혜(다윗 자손이 영원히 왕위에 오르게 하신다는 말씀)를 베푸신다는 것을 말씀해주시니 여호와 하나님께서 자기를 존귀한 자들같이 여기신 것을 감격해서 기도하는 것이었다(삼하 7:19 참조). 오늘 우리는 하나님께서 세월이 갈수록 더 큰 은혜를 베푸시는 것을 알고 감사를 드려야 할 것이다.

대상 17:18. 주께서 주의 종에게 베푸신 영예에 대하여 이 다윗이 다시 주께 무슨 말을 하오리이까 주께서는 주의 종을 아시나이다(And what more can David say to you for honoring your servant? For you know your servant-ESV)**.**

다윗은 주님께 자신에게 더 영예를 주시도록(더 높여달라고) 요청할 마음이 없다고 말씀드린다. 그런 것을 주님께서 잘 아신다고 드린다. 오늘 우리는 받은 은혜에 대하여 감사 기도를 드릴지언정 더 높은 자리를 구해서는 안 될 것이다.

대상 17:19. 여호와여 주께서 주의 종을 위하여 주의 뜻대로 이 모든 큰일을 행하사 이 모든 큰일을 알게 하셨나이다.

여호와께서는 주의 종을 위하여 큰일(다윗을 높여주신 일과 앞으로 될 일까지 알려주신 일)을 해 주시고, 그 큰일들(다윗 언약)을 알려 주시기까지 하셨으니 감사무지 하다는 것이다(삼하 7:21).

대상 17:20. 여호와여 우리 귀로 들은 대로는 주와 같은 이가 없고 주 외에는 하나님이 없나이다.

다윗은 여호와 하나님께서 자기에게 베푸신 지금까지의 은혜나 앞으로 베푸실 위대한 일들을 생각할 때 여호와 하나님의 위대하심을 생각하고 감사한다. 즉, '여호와여! 우리는 지금까지 주와 같은 신이 있다는 말을 들어 본 적이 없고 또 주 외에 참 신이 있다는 말도 들어 본 적이 없다'고 말한다. 우리 하나님은 상천하지에 유일하신 신이시다.

대상 17:21. 땅의 어느 한 나라가 주의 백성 이스라엘과 같으리이까 하나님이 자기 백성을 구속하시려고 나가사 크고 두려운 일로 말미암아 이름을 얻으시고 애굽에서 구속하신 자기 백성 앞에서 모든 민족을 쫓아내셨사오며.

다윗은 본 절에서도 하나님께서 하신 크신 두 가지 일을 돌아보며 감사한다. 그 두 가지 일이란 이스라엘 민족을 출애굽 시키신 일이고 또 하나는 가나안 땅에서 이스라엘 앞에서 이방 민족을 쫓아내신 일이었다. 즉, 주께서는 이스라엘 민족을 주의 백성으로 삼으시려고 그들을 애굽에서 구출해 내셨을 뿐 아니라 그들 앞에서 다른 민족을 쫓아내셨다고 감사한다. 다시 말해 가나안 땅에서 모든 이방민족들을 쫓아내셨다는 것이었다.

대상 17:22. 주께서 주의 백성 이스라엘을 영원히 주의 백성으로 삼으셨사오니 여호와여 주께서 그들의 하나님이 되셨나이다.

다윗은 주님께서 주님의 백성을 애굽에서 구원하여 내시고 또 시내 산에서 언약을 주셔서 영원히 주님의 백성으로 삼아주셨고 또 가나안 땅에서 외적들을 쫓아내셔서 친히 이스라엘의 하나님이 되어 주신 것을 감사한다.

23-27절: 하나님의 언약이 성취되기를 빈다.

대상 17:23. 여호와여 이제 주의 종과 그의 집에 대하여 말씀하신 것을 영원히 견고하게 하시며 말씀하신 대로 행하사.

다윗은 여호와께서 이미 다윗을 왕으로 삼으셨고 또 다윗의 나라가 영원한 나라가 될 것을 말씀(다윗 언약을 맺으신 것을 지칭한다)하셨으니 영원이 그대로 되게 해달라고 기도한다. 우리는 하나님께서 하시기로 하신 것도 우리가 그대로 이루어지기를 기도해야 한다.

대상 17:24. 견고하게 하시고 사람에게 영원히 주의 이름을 높여 이르기를 만군의 여호와는 이스라엘의 하나님 곧 이스라엘에게 하나님이시라 하게 하시며 주의 종 다윗의 왕조가 주 앞에서 견고히 서게 하옵소서.

다윗은 본 절에서 두 가지를 위해 기도한다. 하나는 사람들이 여호와는 이스라엘의 하나님, 곧 이스라엘에게 하나님이시라고 높이게 해 주시라고 기도한다. 그리고 또 하나의 기도는 다윗의 집안(16절 참조)도 주님 앞에서 튼튼히 서게 해주시기를 기도한다.

대상 17:25. 나의 하나님이여 주께서 종을 위하여 왕조를 세우실 것을 이미 듣게 하셨으므로 주의 종이 주 앞에서 이 기도로 간구할 마음이 생겼나이다.

다윗이 나단을 통하여 다윗 언약(다윗 왕조를 세우신다는 언약)을 듣게 되었으므로 다윗은 이런 기도(23-27절)를 드리게 되었다는 것이다. 다윗은 다윗 언약을 들었기 때문에 힘을 얻어 다윗 언약이 성취되기를 위해 기도하게 되었다는 것이다. 우리는 하나님의 말씀을 들을 때 기도할 마음이 생기게 되는 것이다.

대상 17:26. 여호와여 오직 주는 하나님이시라 주께서 이 좋은 것으로 주의 종에게 허락하시고.

다윗은 나단 선지를 통하여 여호와 하나님께서 주신 일방적인 언약(4-15절, 다윗 언약)을 듣고 "여호와여! 여호와는 참으로 하나님이시라"고 고백한다. 그러면서 다윗은 "주께서 이 좋은 것(다윗 언약)을 주의 종에게 일방적으로 허락하셨네요!"고 말씀드린다.

다윗은 하나님께서 나단 선지를 통하여 주신 다윗 언약을 받고(4-15절) 너무 감격하여 "오직 주는 하나님이시라"고 고백한다. 다윗이 여호와께서 하나님이신 줄 몰랐다가 지금에야 알았다는 말은 아니다. 이미도 알았지만 지금 또 너무 감격하여 여호와가 바로 참 하나님이시라는 것을 입으로 토하고 있다.

그리고 "허락하시고"(וַתְּדַבֵּר)란 낱말은 연속을 뜻하는 '와우'(וְ) 접속사에 "말하다"를 뜻하는 '다바르'(דִּבֵּר)의 강의형 능동태(Piel) 미완료 2인칭 남성 단수가 결합된 형태로서 '그리고 주께서 말씀하셨다'는 뜻이다. 이 낱말은 강의형이니 더 강한 뜻이 담기도록 번역하기 위해 거의 대부분의 번역들은 "주께서 허락하셨다"라고 번역했다. 하나님은 다윗에게 일방적으로 다윗 언약을 주신 것이다. 다윗은 엄청난 은혜를 만난 것이다.

대상 17:27. 이제 주께서 종의 왕조에 복을 주사 주 앞에 영원히 두시기를 기뻐하시나이다 여호와여 주께서 복을 주셨사오니 이 복을 영원히 누리리이다 하니라(Now you have been pleased to bless the house of your servant, that it may continue forever before you; for it is you, O Lord, who have blessed, and it is blessed forever-ESV)**.**

다윗은 결론 기도를 한다. 즉, '이제 종의 왕조(다윗 왕조 및 메시야 왕국)에 복을 주셔서 주 앞에 영원히 두시기를 기뻐하셨습니다. 이 축복이 주 앞에서 영원히 지속되게 하소서. 여호와여, 주께서 축복하셨으므로 이것(메시야 왕조)을 영원히 누리게 하옵소서'라고 기도한다.

본 절을 병행구절인 삼하 7:29과 비교하면, 본 절은 여호와께서 메시야 왕조에 이미 복을 주셨음을 말했고, 삼하 7:29에서는 다윗 언약이 이루어지기를 비는 기도를 드리고 있음을 볼 수 있다. 이렇게 두 저자가 차이가 나는 이유는 사무엘서 저자는 다윗 언약이 앞으로 이루어지기를 기도한 반면, 본서의 저자 에스라는 다윗 왕국이 이미 역사상에 와 있음을 보았기 때문에 서로 차이가 난 것이다. 똑같은 다윗 왕조(메시야 왕국으로 이어진다)를 두고 사무엘은 앞으로 올 것으로 알았고 에스라는 벌써 역사상에 임한 것으로 본 것이다.

그리고 본 절 특징의 또 하나는 "복을 주다"(בָּרֵךְ)란 말이 세 번이나 사용되었다는 점이다. 첫 번째의 "복을 주사"(לְבָרֵךְ)란 단어는 '바라크'의 강의형 능동태(Piel) 부정사로 다음 단어 "기뻐하시나이다"라는 단어와 연결되어 하나님께서 복 주셨음을 기뻐하셨다는 것을 강조하고 있다. 그리고 두 번째의 "복을 주셨아오니"(בֵּרַכְתָּ)란 단어는 '바라크'의 강의형 능동태 완료 2인칭 남성 단수로 "당신이 복을 주셨다"는 뜻이다. 그리고 세 번째의 "복을 누리리이다"(מְבֹרָךְ)란 단어는 '바라크'의 강의형 수동태(Pual) 분사로서 복을 이미 받은 상태를 지칭한다. 다윗은 다윗 왕조(메시야 왕조)가 벌써 임했다는 것을 알았다. 다윗은 왕조가 벌써 이루어진 줄 알고 기도하고 있었던 것이다. 오늘날 우리는 다윗이 이미 알았던 메시야 왕국(신약 교회)이 지구상에 임한 것을 알고 누려야 할 것이다. 다시 말해 예수님을 누리고 성도의 교제도 누려야 할 것이다.

제 18 장

D. 다윗이 전쟁하다 18-20장

하나님은 다윗이 어디를 가든지 이기게 하셨다. 다윗에게 덤비는 민족은 지기 위해 덤빈 것이었다. 이 부분(18-20장)의 내용은 다윗이 전쟁에서 이긴 일(18장), 특별히 암몬과 전쟁을 다룬다(19-20장).

1. 다윗의 승전 기록 18:1-17(삼하 8장)

다윗이 어디를 가든지 이겼는데 본 장은 블레셋과 전쟁한 일과 모압과 전쟁한 일(1-2절), 소바 왕과 전쟁한 일과 아람나라와 전쟁한 일(3-8절), 하맛 왕이 보내온 선물(9-11절), 에돔과 전쟁한 일(12-13절), 그리고 다윗의 고관들(14-17절)을 다룬다.

1-2절: 블레셋과의 전쟁과 모압과의 전쟁.

대상 18:1. 그 후에 다윗이 블레셋 사람들을 쳐서 항복을 받고 블레셋 사람들의 손에서 가드와 그 동네를 빼앗고.

그 후 다윗 왕은 불레셋을 쳐서 항복받고 블레셋 사람들의 손에서 가드(블레셋의 수도 역할)와 거기에 딸린 마을들을 빼앗았다.

본 절 초두의 "그 후에"란 말은 본 절에서는 시간적으로 '그 후'를 뜻하는 말이 아니라 서로 다른 주제를 연결해 주는 연결사로 사용된 말이다(19:1; 삿 16:4; 삼하 2:1; 8:1; 10:1; 13:1; 15:1; 대하 20:1 등). 그렇게 말할 수 있는 이유는 본장의 사건들이 17장에 언급된 사건보다 시간적으로 앞서기 때문이다. 다시 말해 17장에 언급된 다윗 언약은 다윗이 사방의 모든 대적들을 파한 후에 하나님께서 계시하신 언약(삼하 7:1)으로서 본 장의 사건이 끝난 후에 임한 언약이기 때문이다(Payne, Wevers).

"다윗은 블레셋 사람들을 쳐서 항복받고 블레셋 사람들의 손에서 가드와 그 동네를 빼앗았다". 블레셋은 "가드", "가사", "아스글론", "아스돗", "에글론" 등 다섯 개의 큰 도시들로 구성된 도시 국가였는데 그 중에도 가드가 주도적 역할을 했다.

대상 18:2. 또 모압을 치매 모압 사람이 다윗의 종이 되어 조공을 바치니라.

다윗이 또 모압[273]('물'이라는 뜻)을 쳐서 모압 사람들이 다윗의 종이 되어 매년 그에게 조공(피정복국이 정복국에게 매년 바치는 세금)을 바쳤다. 삼하 8:2 주해를 참조하라.

3-8절: 소바와의 전쟁과 아람과의 전쟁.

대상 18:3. 소바 왕 하닷에셀이 유브라데 강가에서 자기 세력을 펴고자 하매 다윗이 그를 쳐서 하맛까지 이르고.

"하맛"[274]('요해'라는 뜻) 쪽에 있는 "소바"('군대'라는 뜻) 왕 "하닷에셀"('도움의 아름다움'이란 뜻)이 유브라데 강 쪽으로 가서 그의 세력을 굳히려 했기 때문에 다윗이 하맛까지 가면서 그를 무찔렀다. 하닷에셀이 "유브라데 강쪽으로 가서 그의 세력을 펴고자 했다"는 말은 사울에게 잃은 실지(삼상 17:47)를 회복하고 수리아를 통일할 꿈을 가지고 출병했다는 뜻이다. 다윗은 하닷에셀의 움직임을 수상히 여겨 쳐서 하맛까지 이른 것이다.

---

273) "모압": 창세기 19:30-38의 기사를 보면 롯의 큰딸이 낳은 아들이 모압인데, 그가 모압 사람의 조상이 되었다고 썼다. 그리고 롯은 아브라함의 조카이기 때문에(창 11:27), 성경은 모압이 이스라엘 민족과는 친척 관계에 있음을 말해주는 셈이다.

274) "하맛": 수리아 중부의 성읍인데 오론테스 강을 끼고 있으며, 현금의 하마(H˙ama)와 동일지이다. '大하맛'(암 6:2)이라 불리듯이, 수리아의 중요한 도시이며, 소아시아에서 남쪽으로 뻗은 대통상로가 있고, 하맛 왕국의 수도로서 번영하였다.

대상 18:4. 다윗이 그에게서 병거 천 대와 기병 칠천 명과 보병 이만 명을 빼앗고 다윗이 그 병거 백 대의 말들만 남기고 그 외의 병거의 말은 다 발의 힘줄을 끊었더니.

다윗이 하닷에셀에게서 "병거 1,000 대와 기병 7,000 명과 보병 20,000 명을 빼앗았다". 그런데 삼하 8:4의 병행 구에는 "마병 1,700명"이라고 기술하고 있다. 사무엘하의 필사자가 과오를 범한 것 같다(K.&D., Lange, Payne).

말의 힘줄을 끊은 것은 말을 전쟁용으로 사용하지 못하게 하기 위함이다. 다윗은 병력을 의지하기보다는 여호와를 의지했다. 그런데 다윗이 병거 100 대의 말들을 남겨둔 것은 개선식과 호위용으로 남겨둔 듯하다는 것이다(Lange). 그리고 운송수단으로 사용하기 위함이었을 것이다.

대상 18:5. 다메섹 아람 사람이 소바 왕 하닷에셀을 도우러 온지라 다윗이 아람 사람 이만 이천 명을 죽이고.

다메섹(갈릴리 바다 동북 편 약 100km쯤에 위치한 세계에서 가장 오래된 도시)의 아람 군이 소바 왕 하닷에셀을 도우려고 오자, 다윗은 아람군도 쳐서 22,000 명을 죽였다.

다메섹은 현재도 역시 수리아의 수도로 되어 있다. 바울 사도께서 회개한 도시로 유명하다(행 9:2). 이 다메섹은 아람족의 맹주로 소바국을 돕기 위해 출병했다가 다윗에게 대패하여 군사 22,000명을 잃고 결국 그 나라가 다윗에게 정복 당하고 말았다.

대상 18:6. 다윗이 다메섹 아람에 수비대를 두매 아람 사람이 다윗의 종이 되어 조공을 바치니라 다윗이 어디로 가든지 여호와께서 이기게 하시니라.

그리고 다윗이 다메섹 아람(수리아의 다마스쿠스)에 주둔군을 두니, 아람 사람이 다윗의 종이 되어 그에게 조공을 바치게 되었다. 다윗은 수리아를 완전히 정복하였다. 다윗이 어느 곳으로 출전하든지 주께서 그에게 승리를 안겨 주셨다. 다윗의 승리는 하나님으로 말미암은 승리였다.

대상 18:7. 다윗이 하닷에셀의 신하들이 가진 금 방패를 빼앗아 예루살렘으로 가져오고.

다윗은 하닷에셀의 신하들이 몸에 걸치고 다니던 금 방패들을 다 빼앗아서 예루살렘으로 가져 왔다. 다윗은 이런 전리품을 예루살렘으로 가져와 하나님께 바쳐 솔로몬이 성전을 건축할 때 사용했다(왕상 6장; 7:18-51).

대상 18:8. 또 하닷에셀의 성읍 디브핫과 군에서 심히 많은 놋을 빼앗았더니 솔로몬이 그것으로 놋대야와 기둥과 놋그릇들을 만들었더라.

앞 절(7절)은 다윗이 금을 예루살렘으로 가져온 것을 말씀했고, 본 절에서는 다윗이 놋을 많이 예루살렘으로 가져온 것을 말씀한다.

다윗은 하닷에셀의 두 성읍 "디브핫"275)('도살'이란 뜻)과 "군"276)('견고함'이란 뜻)에서 심히 많은 놋쇠들을 빼앗아서 예루살렘으로 가져왔다. 그래서 솔로몬이 그 놋으로 놋 탱크(제사장이 몸을 씻는 곳)와 기둥과 놋그릇들을 만들었다는 것이다. 다윗은 전리품을 사적으로 쓰지 않고 모두 성전 건축에 썼다. 훌륭한 신앙가였다.

9-11절: 하맛 왕 도우로부터 온 여러 선물들.

대상 18:9. 하맛 왕 도우가 다윗이 소바 왕 하닷에셀의 온 군대를 쳐서 무찔렀다 함을 듣고.

"하맛"(Hamath)277) 왕 "도우"278)('웃는 것'이란 뜻)는 다윗이 "소바"279)

---

275) "디브핫": 소바 왕 하달에셀의 성읍이다(18:8). 병행 기사 사무엘하 8:8에서는 베로대라고 하였다. 레바논과 안티 레바논 사이의 대평야 북쪽에 있던 성읍인데, 금 산지로서 알려져 있었다.

276) "군"(Chun): 수리아의 성읍인데, 다윗은 거기서 놋을 취하였다(대상 18:8). 다메섹의 북쪽 90 되는 평야에 있는 라스 바알벡(Ras Ba`albek)이라고 한다.

277) "하맛": 수리아 중부의 성읍인데 오론테스 강을 끼고 있으며, 현금의 하마(H˙ama)와 동일지이다. '大하맛'(암 6:2)이라 불리듯이, 수리아의 중요한 도시이며, 소아시아에서 남쪽으로 뻗은 대통상로가 있고, 하맛 왕국의 수도로서 번영하였다.

278) "도우": 다윗이 블레셋˙모압˙소바˙다메섹을 쳐서 항복 받았다는 소식을 듣고, 아들 아도람을 다윗 왕에게 보내어 문안하고 축복한 하맛 왕이다. 왜냐하면, 기왕에 그는 소바 왕

('주거'라는 뜻) 왕 "하닷에셀"[280]의 온 군대를 쳐서 무찔렀다는 소식을 들었다. 그의 들음은 기쁨이 아닐 수 없었다. 적이 죽었기 때문이었다.

대상 18:10. 그의 아들 하도람을 보내서 다윗 왕에게 문안하고 축복하게 하니 이는 하닷에셀이 벌써 도우와 맞서 여러 번 전쟁이 있던 터에 다윗이 하닷에셀을 쳐서 무찔렀음이라 하도람이 금과 은과 놋의 여러 가지 그릇을 가져온지라.

하맛 왕 도우(앞 절)는 그의 아들 "하도람"을 보내서 다윗 왕에게 문안하고 축복하게 했다. 여기 "하도람"은 하맛 왕 도우의 아들이다(삼하 8:9-이하에는 요람). 다윗이 하닷에셀에게 승리하였을 때 부친 도우에 의하여 파견되어 다윗에게 축사를 한 하맛의 왕이다(대상 18:10). 아들을 보내서 문안하고 축복하게 한 이유는 "하닷에셀이 벌써 도우와 맞서 여러 번 전쟁이 있던 터에 다윗이 하닷에셀을 쳐서 무찔렀기" 때문이다. 도우의 아들 하도람은 "금과 은과 놋의 여러 가지 그릇을 가져왔다".

대상 18:11. 다윗 왕이 그것도 여호와께 드리되 에돔과 모압과 암몬 자손과 블레셋 사람들과 아말렉 등 모든 이방 민족에게서 빼앗아 온 은금과 함께 하여 드리니라.

다윗 왕은 하도람이 선물로 가져온 금과 은과 놋으로 만든 여러 가지 그릇도 여호와께 드렸다. 다윗은 하도람이 가져온 선물들과 에돔과 모압과 암몬 자손과 블레셋 사람들과 아말렉 등 모든 이방 민족들에게서 빼앗아

하달에셀과 여러 번 싸운 바 있는 숙적(宿敵)이 죽었기 때문이다(대상 18:9,10).

279) "소바": 다윗이 블레셋˙모압˙소바˙다메섹을 쳐서 항복 받았다는 소식을 듣고, 아들 하도람을 다윗 왕에게 보내어 문안하고 축복한 하맛 왕이다. 왜냐하면, 기왕에 그는 소바 왕 하달에셀과 여러 번 싸운 바 있는 숙적(宿敵)이 죽었기 때문이다(대상 18:9,10).

280) "하닷에셀": 르홉의 아들이며 수리아의 소바 왕이다(삼하 8:3). 그는 세력을 회복하려고 유브라데 강가로 가는 도중 다윗에게 격파되어 마병 1,700명, 보병 2만 명이 사로잡혔고, 병거 100승의 말만 남기고 그 밖의 병거의 말은 모두 발의 힘줄을 끊겼다. 또 하닷에셀의 원군인 아람 사람도 격파되어 2만 2천이 전사했다.

온 전리품인 은금과 함께하여 여호와께 드렸다. 다윗은 모든 것을 여호와께 드려 성전 건축에 사용하게 한 신앙인이었다.

12-13절: 에돔과의 전쟁.

대상 18:12. 스루야의 아들 아비새가 소금 골짜기에서 에돔 사람 만 팔천 명을 쳐 죽인지라.

"스루야의 아들 아비새(11:20주해 참조)가 소금 골짜기(사해 골짜기)에서 에돔('붉다'는 뜻) 사람 18,000 명을 쳐 죽였다". 본 절과 병행 구절인 삼하 8:13에서는 아비새가 아닌 다윗이 에돔 사람 18,000명을 기록하고 있다. 이에 대해 혹자는 다윗이 원정을 나간 사이에 에돔이 이스라엘을 침략하자 아비새와 그 수하의 군사들이 에돔이 격파한 것으로 이해한다(Curtis). 이러한 해석은 충분히 가능하다. 그러나 이러한 해석은 에돔 사람을 다윗이 죽인 것으로 묘사하고 있는 삼하의 기록과 조화를 이룰 수 없다. 따라서 다음과 같이 해석하는 것이 좋을 것이다. 즉, 다윗이 원정을 나간 사이 에돔이 침략하자 본토에 남아 있던 아비새와 그 수하의 군인들이 그들을 상대로 전쟁을 했고 그 와중에 원정을 마친 다윗 군대가 돌아와 아비새와 함께 에돔을 격파한 것으로 보는 것이다(K.&D.).

"스루야"('분열됨'이란 뜻)는 요압, 아비새, 아사헬의 모친이다(삼상 26:6; 삼하 2:13,18; 왕상 1:7; 대상 2:16). 사무엘하 17:25에 의하면, 나하스의 딸이므로 다윗의 누이이다(대상 2:16비교). "소금 골짜기"는 사해 남쪽 염산의 계곡이다. 삼하 8:13의 주해 참조.

대상 18:13. 다윗이 에돔에 수비대를 두매 에돔 사람이 다 다윗의 종이 되니라 다윗이 어디로 가든지 여호와께서 이기게 하셨더라.

다윗이 에돔 지역에 주둔군을 두어(6절 주 참조) 속국을 삼았으므로 에돔 사람들이 다윗의 종이 되어 반항하지 못했다. 이와 같이 여호와께서는 다윗이 어디를 가든지 가는 곳마다 그에게 승리를 주셨다.

14-17절: 다윗의 고관들

대상 18:14. 다윗이 온 이스라엘을 다스려 모든 백성에게 정의와 공의를 행할 새

다윗이 왕이 되어서 온 이스라엘을 다스릴 때에, 그는 언제나 자기의 백성 모두를 공평하고 정의롭게 다스렸다. 이 점에서 다윗은 그리스도의 예표였다.

"정의"(מִשְׁפָּט, Justice)란 하나님의 속성의 하나(창 18:25; 욥 8:3,37:23, 사 30:18). 하나님의 공의란 (재판에서) 절대 공정하심과 정의로우심을 뜻하고, 하나님은 정의를 사랑하신다(시 37:28; 99:4; 사61:8; 62:2). 또한 이것은 하나님께서 요구하시는 바로서(미 6:8) 치리자(治理者)는 이 공의에 따라야 하고(욥 34:17; 잠 29:4; 렘 5:1; 암 5:15; 미 3:1,8,9; 합 1:4; 습 3:5), 사람마다 이것을 행할 것이다(렘 7:5; 호 12:6; 암 5:15; 미 6:8). 의인은 공의를 행하기를 즐거워한다(잠 21:15, 디럭스 바이블 성경사전).

"공의"(צְדָקָה, Righteousness, Justice)란 올바름, 표준에 대한 일치 등으로 정의된다. 하나님의 의란, 먼저 하나님의 속성인 것으로서, 하나님의 올바름이라든가 신성(神聖)하심의 일이다. 주위의 제국의 신들과는 대조적으로, 이스라엘의 하나님은, 자기 멋대로나 기분 내키는 대로 하시지 않고 부당한 요구도 않으시며, 고집스럽게 행동치 않으시며 그 취급에 있어서 공평하시다. 하나님은 또 그 백성으로부터 올바른 행위를 요구하시고 그 율법에 의해 그들을 심판하실 것이다. 인간의 의는 가장 세찬 규범에 의해 평가되고, 그 최고의 윤리적인 결정에 달한다. 하나님의 의는, 하나님의 행위이시고, 하나님께서 세계 중에 그 의(義)를 확립하시는 방법이다. 예언자들은 하나님께서 그 백성을 변명하시고, 그들을 위해 의를 수립하신다는 생각을 발전케 하고 있다. 이같이 하여 의의 윤리적 의미에, 구원적인 의미, 즉 하나님께서 그 백성을 위해 성취하시는 해방, 혹은 구원이 더해진다. 하나님의 의는 하나님의 행위에서 결과, 즉 그 목적의 성취이다. 이 양상(樣相)은 이 말의 종말론적 성격을 강조하고, 이스라엘의 메시야적 희망 즉 '의가 존재하는'

세계에의 동경의 일부를 형성하고 있다. 바울이 복음을 하나님의 의의 계시로서 볼 수 있었던 것은 그 말의 동적(動的)인 성격에 의한 것이다. 이스라엘의 메시야로서 예수 그리스도께서 오신 것은 하나님께서 그 백성을 위해 구원을 성취하시는 하나님의 의의 행위이다(디럭스 바이블 성경사전).

대상 18:15. 스루야의 아들 요압은 군대사령관이 되고 아힐룻의 아들 여호사밧은 행정장관이 되고.

다윗은 자기 홀로 정의와 공의를 행한 것이 아니라 국가의 직분자들을 많이 두고 행하게 했다. 스루야(요압, 아비새, 아사헬의 모친)의 아들 요압(11:6주해 참조)은 군사령관이 되고, 아힐룻(여호사밧의 부친)의 아들 여호사밧은 역사 기록관(궁중 제반사를 기록에 남기는 자)이 되었다.

대상 18:16. 아히둡의 아들 사독과 아비아달의 아들 아비멜렉은 제사장이 되고 사워사는 서기관이 되고.

"아히둡"[281]('형제는 선하다'는 뜻)의 아들 "사독"('공평'이란 뜻)과 아비아달의 아들 아비멜렉은 제사장이 되고, "사워사"[282]는 궁중 서기관이 되었다.

본 절의 "아비아달의 아들 아비멜렉"이란 말은 필사자의 과오로서'아히멜렉의 아들 아비아달'('훌륭한 아버지'란 뜻)이 바른 묘사이다(삼상 22:20).

대상 18:17. 여호야다의 아들 브나야는 그렛 사람과 블렛 사람을 다스리고 다윗의 아들들은 왕을 모시는 사람들의 우두머리가 되니라.

---

281) "아히둡": 다윗과 솔로몬 시대의 제사장 사독의 부친이다(삼하 8:17; 대상 6:7,8; 18:16). 역대상 9:11과 느헤미야 11:11에는 조부로 되어 있다.

282) "사워사": 다윗의 서기관으로서 중신(重臣)의 한 사람이다(대상 18:16). 공문서의 전부를 위임받고 있었다. 그의 이름은 아람어이다. 외국과의 거래 때문에 외국인을 고용할 필요가 생겼던 것은 있을 수 있는 일이다. 열왕기상 4:3에는 솔로몬의 서기관 엘리호렙과 아히야와 이 사워사는 동일인인 시사의 아들이라고 한다(고대 라틴역은 Shavsha라고 읽고 있다). 삼하 8:17에는 스라야, 20:25에는 스와로 되어 있다. 이것은 사워사의 오기일 것이다.

여호야다의 아들 브나야(11:22주 참조)는 "그렛 사람과 블렛 사람"(왕의 시위대원들)의 지휘관(시위대장)이 되었다. 다윗의 아들들은 왕을 모시는 대신(왕의 벗, 왕의 자문관, 왕상 4:5)이 되었다. 다윗의 아들들은 아버지 곁에서 조언을 하는 직무를 가지고 일했다. 이들은 왕 곁에 있으면서 백성들로부터 여론을 수렴하여 왕에게 직고하는 임무를 수행했을 것으로 보인다(K.&D., Lange).

제 19 장

2. 암몬과 전쟁하다 19-20장

다윗은 자신에게 호의를 베풀었던 암몬의 부왕(父王) 나하스가 죽었을 때 그의 아들 하눈에게 대신 호의를 베풀리라 생각하고 사절들을 보냈으나 암몬 자손의 방백들이 다윗의 사절들을 보고 암몬을 정탐하러 온 줄로 착각하여 사절들을 모욕하여 전쟁이 일어나게 되었다. 암몬은 아람인과 또 강 건너 아람인까지 가담한 큰 전쟁으로 일으켰으나 다윗은 그 전쟁에서 큰 승리를 거두었다. 암몬 사람들이 다윗의 사절단을 건드린 것은 다윗에게 승리를 안겨주시려는 하나님의 섭리였다. 이 부분(19-20장)의 내용은 암몬 왕이 다윗이 보낸 사절단을 모욕한 일(19:1-5), 다윗이 암몬, 아람 전에서 대승한 일(19:6-19), 다윗이 암몬을 정복한 일(20:1-3), 블레셋 정복의 용사들에 대한 기록(20:4-8) 등이다.

ㄱ. 암몬 왕이 다윗의 신하를 모욕하다 19:1-5(삼하 10:1-19)

암몬의 하눈 왕이 다윗 왕이 보낸 조문 사절을 모욕한 것은 전쟁에서 패배하기를 소원한 하나님의 섭리였다.

대상 19:1. 그 후에 암몬 자손의 왕 나하스가 죽고 그의 아들이 대신하여 왕이 되니.

본장 초두의 "그 후에"란 말은 18:1처럼 사건을 연결하는 접속사로 사용된 것이다. "암몬 자손"이란 롯과 그 작은 딸 사이에서 난 벤암미의 자손(창 19:38)이다. 모압 자손과 한 가지로 롯이 근친상간에 의해 난 자손임이 그 기원으로 되어 있다(창 19:30-38). 아르논 강에서 얍복강에 걸치는 지역에서 삼숨밈 사람들을 멸하고, 그곳에 정착했다(신 2:19-22).

"나하스"('뱀'이라는 뜻)는 길르앗 야베스 전쟁에서 사울에게 패배당한 왕이었다(삼상 11:1-11 주 참조).

대상 19:2. 다윗이 이르되 하눈의 아버지 나하스가 전에 내게 호의를 베풀었으니 이제 내가 그의 아들 하눈에게 호의를 베풀리라 하고 사절들을 보내서 그의 아버지 죽음을 문상하게 하니라 다윗의 신하들이 암몬 자손의 땅에 이르러 하눈에게 나아가 문상하매.

다윗은 "하눈의 아버지 나하스가 나에게 호의(아마도 다윗이 사울의 박해를 피해 다닐 때 나하스가 다윗에게 도움을 준 것을 가리키는 듯, K.&D., M. Henry)를 베풀었으니, 나도 나하스의 아들 하눈에게 은혜를 갚아야겠다" 하고 말하며, 신하들을 보내어 고인에게 조의를 표하게 하였다. 그래서 다윗의 신하들이 하눈을 조문하러 암몬 사람의 땅에 이르렀다. 은혜를 갚는다는 것은 참으로 선한 마음이 아닐 수 없다.

대상 19:3. 암몬 자손의 방백들이 하눈에게 말하되 왕은 다윗이 조문사절을 보낸 것이 왕의 부친을 존경함인 줄로 여기시나이까 그의 신하들이 왕에게 나아온 것이 이 땅을 엿보고 정탐하여 전복시키고자 함이 아니니이까 하는지라.

그러나 암몬 사람의 대신들이 하눈에게 뒤집어 말했다. "다윗이 임금님께 조문 사절을 보낸 것이 임금님의 부친을 존경하기 때문이라고 생각하십니까? 오히려 이 땅을 두루 살펴서 함락시키려고 그의 신하들이 정탐하러 온 것이 틀림없습니다"라고 말했다.

하눈의 방백들이 다윗의 의도를 뒤집어 말을 했다. 세상에는 이렇게 뒤집어 말하는 사람들이 있다. 이런 사례의 배후에는 하나님의 섭리가 있는 법이다. 암몬이 다윗한테 먹히도록 하기 위해서 하나님께서 섭리하신 것이 분명하다.

대상 19:4. 하눈이 이에 다윗의 신하들을 잡아 그들의 수염을 깎고 그 의복을 볼기 중간까지 자르고 돌려보내매.

하눈은 자기 부하들의 왜곡된 말을 그대로 받아들여 다윗의 신하들을 잡아 그들의 수염을 깎고 그 의복의 볼기 중간까지 자르고 돌려보냈다.

수염을 깎은 것은 사람의 자유를 박탈한 것을 뜻한다. 수염을 깎는 행위는 죽음 이상의 행위였다(K.&D., Lange, Rp Smith). 의복의 볼기 중간까지 자른 것은 엉덩이 부분이 시작되는 부분까지 자른 것을 뜻한다. 엉덩이가 시작되는 부분까지 옷을 자른 것은 맨 살이 보이게 자른 것을 뜻한다. 제사장 이외의 사람들은 모두 내복을 입지 않았으니 겉옷을 자르면 그 자른 부분을 가리지 못한 것을 뜻하니 극한 모욕이었다.

대상 19:5. 어떤 사람이 다윗에게 가서 그 사람들이 당한 일을 말하니라 그 사람들이 심히 부끄러워하므로 다윗이 그들을 맞으러 보내 왕이 이르기를 너희는 수염이 자라기까지 여리고에 머물다가 돌아오라 하니라.

다윗 왕은 조문 사절단이 부끄러운 일을 당했다는 소문을 듣고 사람을 보내어 그들을 맞으며, 수염이 다시 자랄 때까지 여리고에 머물러 있다가 수염이 다 자란 다음에 돌아오라고 하였다.

여리고('종려의 성읍'이라는 뜻)는 요단 계곡의 남단에 있던 팔레스틴 최고(最古)의 성읍이다(민 22:1,26:3). 요단 강 서쪽의 광활하고 비옥한 평원을 수호하는 열쇠라고 할 만한 위치이기 때문에 BC 7,000년에 이미 성읍이 건설되었다고 한다. 몇 번인가, 흥망을 거듭한 이 성읍은 구약 시대의 여리고와 신약 시대의 여리고 및 비잔틴 시대의 여리고의 세 군데에 그 유적을 남기고 있다.

ㄴ. 다윗이 암몬과 아람 전에서 승리하다 19:6-19

암몬인은 아람군을 삯내어 연합군을 형성하여 다윗 군대를 대항했으나 다윗 군에게 패하고 말았다(6-15절). 다시 강 건너 아람 군대를 불러내어 대항했으나 역시 패하고 만다(16-19절).

대상 19:6. 암몬 자손이 자기가 다윗에게 밉게 한 줄 안지라 하눈과 암몬 자손은 더불어 은 천 달란트를 아람 나하라임과 아람마아가와 소바에 보내 병거와 마병을 삯 내되.

암몬 사람들은 자기들이 다윗에게 밉게 보인 줄 알았다. 그래서 하눈과 암몬 사람들은 "나하라임"(메소보다미아로 그 두 강 사이의 수리아란 뜻이다)의 수리아 사람과 "마아가"[283]('죄다'는 뜻)의 수리아 사람과 소바(18:3 주해 참조)에게서 병거와 기마병을 고용하려고, 그들에게 은 천 달란트(34톤)를 보냈다.

대상 19:7. 곧 병거 삼만 이천 대와 마아가 왕과 그의 군대를 고용하였더니 그들이 와서 메드바 앞에 진 치매 암몬 자손이 그 모든 성읍으로부터 모여 와서 싸우려 한지라.

그들은 병거 32,000 대를 빌리고, "마아가"('와지-오목하게 패어 웅덩이가 된 땅'이라는 뜻) 왕과 그의 군대를 고용하였다. 그들은 와서 "메드바"[284](물이 많은 강) 앞에 진을 쳤다. 암몬 사람도 그들의 여러 성읍에서 모여들어서 싸울 준비를 하였다.

대상 19:8. 다윗이 듣고 요압과 용사의 온 무리를 보냈더니.

다윗이 이 소식을 듣고 요압과 용사들의 온 무리를 보내 싸우게 했다. 여기 용사라는 말은 용맹이 있던 상비군을 지칭한다.

대상 19:9. 암몬 자손은 나가서 성문 앞에 진을 치고 도우러 온 여러 왕은 따로 들에 있더라.

---

283) "마아가": 바산의 동북쪽, 다메섹 근처의 아람인 소왕국이다.

284) "메드바": 요단 강 동쪽의 비옥한 모압 고원(관사를 붙여서 특히 아르논 강과 헤스본 사이에 펼쳐진 고원을 가리킨다. 신 3:10; 4:43; 수 13:9,16,17,2)에 위치하는데, 헤스본의 남쪽 10 지점에 있는 고대의 통상로를 끼고 있는 중요한 성읍이며, 지금의 마데바(Ma-deba)이다.

암몬 사람들은 나와서 자기들의 성문 어귀에 따로 진을 쳤고 그들을 도우러 온 "메소보다미아와 마아가와 소바" 등의 용병들은 "아르논 강" 북편인 메드바의 평원 지대에서 싸울 태세를 갖추고 있었다. 저들은 이와 같이 두 곳에 진치고 이스라엘 군을 협공할 태세를 갖추고 있었다.

대상 19:10. 요압이 앞뒤에 친 적진을 보고 이스라엘에서 뽑은 자 중에서 또 뽑아 아람 사람을 대하여 진을 치고.

요압은 적의 전열이 자기 부대의 앞뒤에서 포진한 것을 보고, 이스라엘의 모든 정예병 가운데서 더 엄격하게 훈련된 정예병을 뽑아, 수리아 군대와 싸울 수 있도록 전열을 갖추었다.

대상 19:11. 그 남은 무리는 그의 아우 아비새의 수하에 맡겨 암몬 자손을 대하여 진을 치게 하고.

나머지 병력은 그의 동생 아비새에게 맡겨 암몬 군과 대치하도록 하였다.

대상 19:12. 이르되 만일 아람 사람이 나보다 강하면 네가 나를 돕고 만일 암몬 자손이 너보다 강하면 내가 너를 도우리라.

그러고서 요압은 아비새에게 이렇게 말하였다. "만일 수리아 군대가 나보다 강하면, 네가 와서 나를 돕고 암몬 군대가 너보다 더 강하면 내가 너를 돕겠다"고 했다.

두 사람은 긴밀하게 연락하면서 서로 돕기로 약속했다. 그러니까 이스라엘의 두 부대(요압 부대, 아비새 부대)는 동시에 적의 두 부대(아람 부대, 암몬 부대)를 공격하지 않고 요압 부대가 먼저 아람 부대와 싸워서 아람 부대가 더 강하다고 느껴지면 아비새 부대가 요압 부대를 도우라는 것이었고, 만일 암몬 자손의 부대가 아비새 부대 보다 더 강한 것을 느끼면 요압 부대가 아비새 부대를 돕겠다는 것이었다(삼하 10:11 주해 참조). 협조 정신은 어느 사회에서나 빛나는 법이다.

대상 19:13. 너는 힘을 내라 우리가 우리 백성과 우리 하나님의 성읍들을 위하여 힘을 내자 여호와께서 선히 여기시는 대로 행하시기를 원하노라 하고.

요압은 아비새에게 "너는 힘을 내어라, 용감하게 싸워서 우리가 우리 민족을 지키고, 우리 하나님의 성읍들을 지키자. 주께서 좋게 여기시는 대로 이루어 주실 것이다"고 격려한다.

요압은 아비새에게만 힘을 내라고 북돋우지 않고 자기도 힘을 내겠다고 말한다. 아비새와 요압이 힘을 내어 두 가지를 지키자고 권면한다. 백성을 지키고 하나님께서 주신 성읍들을 지키자는 것이었다. 요압은 이스라엘의 모든 성읍들이 하나님께서 주신 것이라는 믿음을 가지고 있었다(삼하 10:12 참조). 하나님께로부터 힘을 구하여 용기를 내어 일하는 것은 참으로 하나님께서 기뻐하시는 일이다.

요압은 "여호와께서 선히 여기시는 대로 행하시기를 원하노라"고 최후 선택을 여호와께 부탁하고 있다. 모든 결정을 여호와께 두는 자는 좋은 결과를 반드시 가져온다(롬 8:28). 우리는 모든 결정권을 하나님께 맡겨야 할 것이다.

대상 19:14. 요압과 그 추종자가 싸우려고 아람 사람 앞에 나아가니 그들이 그 앞에서 도망하고.

그런 다음에 요압이 그의 부대를 거느리고 싸우려고 수리아 군대(용병부대) 앞으로 나아가니, 수리아 군인들이 요압 앞에서 도망하여 버렸다.

수리아 연합군이 요압의 군대 앞에서 도망한 데는 두 가지 이유가 있다. 첫째, 요압은 하나님을 믿는 믿음이 있었고 또 국민과 땅을 지키려는 충정이 있었기 때문에 하나님께서 동행하셨기 때문이다. 둘째, 아람 연합군은 자기 나라를 위해 싸우는 것이 아니고 용병들이었으므로 죽으면서까지 싸울 이유가 없었기 때문에 도망한 것이다.

대상 19:15. 암몬 자손은 아람 사람이 도망함을 보고 그들도 요압의 아우 아비새 앞에서 도망하여 성읍으로 들어간지라 이에 요압이 예루살렘으로 돌아오니라.

암몬 군인들은 수리아 연합 군인들이 도망하는 것을 보고 그들도 용기를 잃어 요압의 아우 아비새 앞에서 도망하여 성으로 들어가 버렸다. 그래서 요압은 예루살렘으로 돌아갔다.

요압과 아비새 군은 랍바 성을 포위하여 함락시키지 않고 그대로 예루살렘으로 돌아가 버렸다. 얼마든지 이길 수 있었는데 전쟁을 포기하고 그냥 예루살렘으로 돌아간 이유는 그 때가 전쟁하기 어려운 우기(雨期)였거나 아니면 다른 특별한 이유가 있어 그냥 돌아간 것으로 보인다. 그런고로 다음의 적기에 요압 군은 다시 출전하여 랍바 성을 포위했다(20:1).

16-19절: 다윗 군이 강 건너 아람 군을 친다.

대상 19:16. 아람 사람이 자기가 이스라엘 앞에서 패하였음을 보고 사신을 보내 강 건너편에 있는 아람 사람을 불러내니 하닷에셀의 군대사령관 소박이 그들을 거느린지라.

수리아(아람) 군은 자기들이 이스라엘군에게 패한 것을 알고 유브라데 강 동쪽 지방에서 추가 병력을 모아 하닷에셀 왕의 군대 총사령관인 소박의 지휘를 받았다.

아람의 연합군은 자기들이 이스라엘군에게 패전한 것을 못내 아쉬워하고 속상해서 전령을 보내 유브라데 강 건너편에 있는 아람 사람들을 불러냈다. 이 때의 맹주는 소바 왕 하닷에셀이었다(18:3 주해 참조). “강 건너편”은 메소보다미아 지방을 일컫는 말로 하닷에셀이 이 지역의 영도자였다. “소박”이란 사람은 다시 규합한 아람군의 지휘관이었다. 아람군은 이렇게 해서 다윗 군에 도전했다. 그들이 이렇게 도전한 것은 그들 나름대로 이스라엘을 쳐서 이겨보려 한 것이지만 하나님께서 다윗에게 기회를 주어 승리를 맛볼 기회를 주신 것이며 또 수많은 전리품을 거두게 하셔서 사용할 기회를 주시기 위함이었다.

대상 19:17. 어떤 사람이 다윗에게 전하매 다윗이 온 이스라엘을 모으고 요단을 건너 아람 사람에게 이르러 그들을 향하여 진을 치니라 다윗이 아람 사람을 향하여 진을 치매 그들이 다윗과 맞서 싸우더니.

다윗이 전 수리아 군(아람 군)이 이스라엘을 치려고 다시 뭉쳤다는 소식을 듣고, 온 이스라엘 군대를 모아 거느리고, 요단을 건너 수리아 군(아람 군)을 향하여 전열을 갖추었다. 다윗이 수리아 사람들에 맞서 진을 치니, 그들이 다윗과 맞붙어 싸웠다. 그들이 다윗과 맞붙어 싸워 보았자 승리는 다윗의 것이었고 다윗 앞에는 전리품이 가득 싸이는 것밖에 없다(다음 절).

대상 19:18. 아람 사람이 이스라엘 앞에서 도망한지라 다윗이 아람 병거 칠천 대의 군사와 보병 사만 명을 죽이고 또 군대 지휘관 소박을 죽이매.

수리아(아람)는 이스라엘 앞에서 도망하고 말았다. 다윗은 수리아 병거를 모는 칠천 명과 보병 사만 명을 죽이고 소박 사령관도 죽였다.

다윗은 이번 전쟁에서 4가지의 소득이 있었다. 1) 수리아가 도망한 일, 2) 수리아 병거를 모는 7,000명 군인을 죽인 일, 3) 보병 4만을 죽인 일, 4) 군 지휘관 소박을 죽인 일이었다. 사람이 하나님을 의지할 때 큰 일이 벌어짐을 알 수가 있다.

대상 19:19. 하닷에셀의 부하들이 자기가 이스라엘 앞에서 패하였음을 보고 다윗과 더불어 화친하여 섬기고 그 후로는 아람 사람이 암몬 자손 돕기를 원하지 아니하였더라.

하닷에셀의 부하들(하닷에셀에 속한 아람 왕들, 삼하 10:19)은 자기들이 이스라엘에게 패한 것을 알고서 다윗과 화해한 뒤에 조공을 바치며 그를 섬겼다. 그 뒤로는 수리아가 다시는 암몬 사람을 도우려 하지 않았다. 앞으로는 수리아(암몬)를 도와 다윗에게 적대 행위를 하지 않았다.

제 20 장

ㄷ. 암몬을 정복하다 20:1-3(삼하 12:26-31)

암몬을 도와 연합군을 형성했던 수리아(아람) 세력을 굴복시켰으므로 이제는 암몬 세력 그 자체를 정복한다(병행 구는 삼하 11-12장). 본서 저자 에스라는 이 부분에서 다윗이 우리아의 아내를 범하는 기사를 일체 삭제한다.

대상 20:1. 해가 바뀌어 왕들이 출전할 때가 되매 요압이 그 군대를 거느리고 나가서 암몬 자손의 땅을 격파하고 들어가 랍바를 에워싸고 다윗은 예루살렘에 그대로 있더니 요압이 랍바를 쳐서 함락시키매.

본 구절을 해석하기 전에 먼저 본 구절을 병행구절인 삼하 11:1과 12:26과 대조해 보는 것이 좋을 것이다. 다시 말해 본 절의 상반 절인 "해가 바뀌어 왕들이 출전할 때가 되매 요압이 그 군대를 거느리고 나가서 암몬 자손의 땅을 격파하고 들어가 랍바를 에워싸고 다윗은 예루살렘에 그대로 있더니"란 말은 삼하 11:1의 내용을 요약한 것이고, 본 절의 "요압이 랍바를 쳐서 함락시키매"란 말은 삼하 12:26과 병행한다. 그런데 삼하 11장에는 본 절 내용 외에도 다윗이 예루살렘에서 우리아의 아내와 동침한 사실이 기록되어 있으나 본 절에서는 생략되어 있다는 점이다. 본서 저자는 다윗의 수치스러운 일을 감추려고 노력을 했다.

본 구절의 해석은 '그 다음해 봄에 전쟁에 적합한 건기(乾期)가 되어(태양력 3-4월) 왕들이 출전하는 때가 되자, 요압이 병력을 이끌고 요단강을 건너가서 암몬 사람의 땅을 무찌르고 더 가서 "랍바"285)를 포위하였다. 그러나

285) "랍바"('큰 성읍'이라는 뜻)는 요단 강 동쪽 얍복 강의 상류에 건설된 암몬 사람의 도성인데, 오늘날 요단 왕국의 수도로 되어 있는 암만(Amman)과 동일지이다. 특히 암몬 사람의

다윗은 예루살렘에 머물러 있었다[286]. 요압이 랍바를 쳐서 함락시켰다'는 것이다. 삼하 12:26에 의하면 요압이 취한 랍바의 성은 두 성 중에 왕성(王城)이었다. 요압은 나머지 '물들의 성'(the city of waters)에 대해서는 다윗 왕을 청하여 그로 하여금 취하도록 했다(삼하 12:27,28).

대상 20:2. 다윗이 그 왕의 머리에서 보석 있는 왕관을 빼앗아 중량을 달아보니 금 한 달란트라 그들의 왕관을 자기 머리에 쓰니라 다윗이 또 그 성에서 노략한 물건을 무수히 내오고.

다윗은 현지에 가서 보고 암몬 왕의 머리에서 왕관을 벗겨 그것을 자기 머리에 썼다. 그 왕관은 보석을 박은 금 면류관으로 그 금관의 무게가 1달란트(약 34킬로그램)나 되었다. 다윗은 또 그 성에서 수많은 전리품을 거두었다.

본 절에 난해한 것 두 가지가 있다. 1) 다윗 왕이 예루살렘에 있다가(1절) 어떻게 본 절에서는 갑자기 랍바 성에 와서 그 왕의 머리에서 보석 있는 왕관을 빼앗아 썼느냐 하는 것이다. 그것은 1절 주해에서 보듯이 요압이 예루살렘에 있는 다윗 왕을 랍바 성으로 내려와 물들의 성을 치라는 말에 다윗이 랍바 성에 내려온 것(삼하 12:27,28)으로 보면 해결이 쉽게 될 수 있다. 2) 또 하나의 난해 구절은 "그(암몬) 왕의 머리에서 보석 있는 왕관을 빼앗아 중량을 달아보니 금 한 달란트라 그들의 왕관을 자기 머리에 썼다"는 말이다. 이 왕관의 무게가 금 1 달란트(34kg)나 되는데 어떻게 암몬 왕이 매일 쓰고 있었느냐 하는 것이고 또 다윗 왕이 그 왕관을 계속해서 어떻게 쓸 수 있느냐 하는 문제이다. 이 문제는 본문에 있는 "왕"(מַלְכָּם, 말감)이라는 말을 '암몬 왕'(KJV, NIV, ASV, NASB, RSV, K.&D.)으로 해석할 것이 아니라 암몬의 주신(主神)인 "밀곰 우상"(LXX, HP Smith, Lange, P.C.

성읍임을 나타내기 위해 '암몬 족속의 랍바'라고 하였다(신 3:11; 삼하 12:26; 17:27; 렘 49:2; 겔 21:20, "암몬 자손의 왕성 랍바" "암몬 족속에게 속한 랍바" "암몬 자손의 랍바"등으로 기록되어 있다).

286) 다윗은 이 때 요압만 전장에 보내고 자신은 그대로 예루살렘에 있다가 불륜을 저지르고 말았다. 그러나 저자 에스라는 다윗을 미화하여 후대인들에게 멋있는 다윗을 보여주고 있다.

Barker, The Interpreter's Bible)으로 해석하면 해결된다. 다윗이 이 관을 잠시 머리에 쓴 이유는 이제부터 암몬 족속의 새 주권자가 자기 자신임을 알리기 위함이었다. 다윗도 그 관을 계속해서 쓰고 있던 것이 아니라 자신의 주권을 선포하는 동안에만 쓴 것으로 보면 되는 것이다(Lange, Payne).

대상 20:3. 그 가운데 백성을 끌어내어 톱과 쇠도끼와 돌써래로 일하게 하니라 다윗이 암몬 자손의 모든 성읍을 이같이 하고 다윗이 모든 백성과 함께 예루살렘으로 돌아오니라.

또 그 도성에 사는 백성도 끌어다가, 톱질과 곡괭이질과 도끼질을 시켰다. 다윗은 암몬 사람의 모든 성읍에 이와 똑같이 한 뒤에, 모든 군인을 거느리고 예루살렘으로 돌아왔다. 본 절 주해를 위해 삼하 12:31주해를 참조하라.

다윗이 암몬 사람들에게 이렇게 고역을 시킨 것은 지난번 다윗의 사자들을 모욕한데 대한 보복이었을 것이다(19:4,5). 그러나 혹자가 주장하듯이 다윗이 이런 농기계를 가지고 암몬 사람들을 죽였다고 해석하는 것은 과한 해석일 것이다.

ㄹ. 블레셋을 정복한 용사들 20:4-8(삼하 21:15-22)

이 부분(4-8절)은 다윗의 용사들이 블레셋과의 전쟁에서 블레셋의 거인들을 죽인 역사이다. 다윗이 피곤할 때 이스비브놉에게 위기를 당한 사건(삼하 21:15-17)은 이 부분에서 생략되고 있다. 다윗의 위대함을 드러내려는 의도로 보인다.

대상 20:4. 이 후에 블레셋 사람들과 게셀에서 전쟁할 때에 후사 사람 십브개가 키가 큰 자의 아들 중에 십배를 쳐죽이매 그들이 항복하였더라.

그 뒤에 게셀에서 블레셋 사람과 또 전쟁이 벌어졌다. 그 때에 후사(유다의 성읍 후사의 출신자) 사람 십브개가 거인족의 아들 중에 십배를 쳐 죽이자, 블레셋 사람들이 항복했다.

"이 후에"란 말은 사건을 배열하는데 사용된 접속사이다(19:1). "게셀"

('분깃'이란 뜻)이란 곳은 예루살렘과 욥바를 잇는 가도의 중간, 예루살렘의 서북서 30㎞ 지점에 있던 고대 팔레스틴의 성읍이다. 게셀의 소재에 대해서는 1871년 클레르몽-칸누(C.Clermont Canneau)가 아부 슈셰(Abu Shusheh) 마을 부근에 있는, 아랍어로 '델 에 자잘'(Tell ej-Jazar 혹은 Tell ej-Jazari)이라 불리는 구릉을 이 성읍으로 추정하였다. 삼하 21:18에는 '게셀'이 아니라 "곱"으로 기록되어 있고, '십배'가 아니라 "삽"으로 기록되어 있다. "십브개"(Sibbechai)는 유다의 세라족인 후사의 자손(4:4)으로 다윗의 30인 용사의 한 사람이었다(11:29). 이 사람의 승리는 바로 다윗의 승리였다.

대상 20:5. 다시 블레셋 사람들과 전쟁할 때에 야일의 아들 엘하난이 가드 사람 골리앗의 아우 라흐미를 죽였는데 이 사람의 창 자루는 베틀채 같았더라.

블레셋 사람과 또 한 차례의 전쟁이 벌어졌다. "야일"[287]('빛을 주는 분')의 아들 "엘하난"('하나님께서 자비롭게 여기신다'는 뜻)이 가드 사람 골리앗의 아우 라흐미를 죽였는데 라흐미의 창 자루는 베틀 채만큼이나 굵었다.

히브리 원문에는 본 절에 있는 "라흐미"란 이름이 없다. 따라서 히브리 원문의 이 부분을 직역하면 "엘하난이 골리앗을 죽였다"는 말이 된다. 그런데 이 같은 말("엘하난이 골리앗을 죽였다"는 말)은 다윗이 골리앗을 죽였다는 삼상 17:50의 기록과 모순된다. 한편 본문에는 "엘하난이 골리앗의 아우 라흐미를 죽였다"라고 기록되어 있다. 따라서 대부분의 학자들은 본 절의 내용이 정확하고 삼하 21:19을 필사자의 오기(誤記)로 여긴다(Clericus, Micaelis, Movers, Piscator, Thenius, K.&D., Payne, 김수홍의 사무엘하 등).[288] 카일(Keil)은 "따라서 우리는 역대기의 독법을 옳은 것으로 받아드려

287) "야일": 다윗의 용사 엘하낫의 부친이다. 엘하난은 가드 사람 골리앗의 아우 라흐미를 죽였다.

288) 그런데 소수의 사람들은 반대의 의견을 제시한다(Bertheau, Boettcher). 반대의 의견을 제시하는 의견을 들어보면 역사상 골리앗이 둘이 있었는데 하나는 다윗에게 죽었고 또 하나는

삼하 21:19도 이에 따라야 한다"고 주장한다. 그런고로 흠정역은 본 절에 "아우 라흐미"를 보충했고, 한글 개역개정판도 흠정역(KJV)을 따르고 있다. "창자루가 베틀 채 같음"은 골리앗도 그랬다(삼상 17:7). 형제가 대단한 용사였음을 알 수 있다.

대상 20:6. 또 가드에서 전쟁할 때에 그 곳에 키 큰 자 하나는 손과 발에 가락이 여섯씩 모두 스물넷이 있는데 그도 키가 큰 자의 소생이라.

또 블레셋의 가드(가사의 북쪽 32km 지점에 위치해 있는데 블레셋의 5대 성읍 중 하나)에서 전쟁이 벌어졌을 때에, 거인 하나가 나타났는데, 그는 손가락 발가락이 각각 여섯 개씩 모두 스물 넷이었다(레 11:18에 의하면 이런 기형자는 성전에서 봉사하지 못한다). 이 사람도 거인족의 자손 가운데 하나였다.

에스라가 이런 기형인 사람을 여기에 기록하여 다윗을 높인 것은 어느 모로나 다윗을 높이려는 의도에서 나온 것으로 보인다. 다윗은 그리스도의 예표로서 에스라는 다윗의 약점을 성경에서 생략하고 조그마한 장점도 숨기지 않고 드러낸다.

대상 20:7. 그가 이스라엘을 능욕하므로 다윗의 형 시므아의 아들 요나단이 그를 죽이니라.

그 장대한 자의 사람이 이스라엘을 조롱하므로 다윗의 형 "시므아"[289]의 아들 요나단이 그를 쳐 죽였다. 저자 에스라는 조금이라도 이스라엘을 능욕하

엘하난에게 죽었다고 추측한다. 그러나 이 견해는 신빙성이 없다. 왜냐하면 만약에 둘이 있었다고 하더라도 동일하게 거인이며 동일하게 큰 창을 가지고 다녔을 가능성은 거의 없기 때문이다. 그런데 또 다른 견해를 말하는 사람들이 있다. 엘하난을 다윗과 동일 인물로 보는 견해이다. 즉, 엘하난이 다윗의 본명이라는 것이다. 그러나 이런 견해는 받아드리기 어렵다. 왜냐하면 다윗과 엘하난이 적장(敵將)을 죽인 장소가 각각 '엘라 골짜기'(삼상 17:2)와 곱(18절)으로서 서로 차이가 있고 다르기 때문이다(디럭스 바이블 성경사전).

289) "시므아": 다윗의 형이며 이새의 셋째 아들이다(삼하 13:3; 대상 2:13; 20:7). 사무엘상 16:9, 17:13, 사무엘하 21:21, 역대상 2:13에는 '삼마'로 기록되어 있다. 시므아의 아들 요나단은 가드 전쟁에서 이스라엘을 능욕한 장대한 자의 소생을 죽였다

는 사람을 그냥 놓아두지 않고 벌 받은 것을 말한다. 에스라에게는 이스라엘은 하나님의 선택된 백성이었다.

대상 20:8. 가드의 키 큰 자의 소생이라도 다윗의 손과 그 신하의 손에 다 죽었더라.

이상의 세 사람들은 가드의 거인들이었으나 다윗과 그 부하들의 손에 모두 죽고 말았다. 외국인이 아무리 거인들이라 할지라도 다윗과 그 부하들의 손에 모두 죽을 수밖에 없었다는 것이다. 누구든지 이스라엘을 모독하는 자는 하나님의 벌을 받을 수밖에 없었다. 삼하 21:22에는 "이 네 사람이 가드의 장대한 자의 소생"이었다. 거인들은 4명이었으나 그들이 모두 다윗의 용사들에게 죽임을 당한 것이다.

제 21 장

E. 성전 건축을 준비하다 21-22장

본서 저자 에스라는 다윗 왕의 간음 사건을 기록하지 않고 건너뛰면서까지 다윗을 미화하다가 이제 본장에 와서 다윗 왕의 실수를 하나 기록한다. 즉, 다윗 왕이 인구 조사를 한 것을 기록한다. 그러나 에스라가 다윗 왕이 인구 조사를 한 것을 기록하지 않을 수 없었던 것은 인구조사라는 실수가 예루살렘 성전 건축의 직접적인 배경이 되었기 때문이다. 이 부분(21-22장)의 내용은 다윗의 인구조사와 그 결과 재앙이 임한 일(21:1-17), 예루살렘 성전 터가 된 오르난의 타작마당이 정해진 일(21:18-22:1), 다윗이 성전 건축을 준비하는 일(22:2-19) 등이다.

1. 다윗이 인구조사를 하고 재앙을 받다 21:1-17(삼하 24:1-25)

다윗이 인구조사를 하고(1-8절) 결과 재앙을 받았다(9-17절). 다윗의 인구 조사는 이스라엘에게 있어 세 번째이다. 첫 번째는 모세가 시내광야에서 조사한 것이었고(민 1장), 두 번째는 모세가 싯딤에서 조사한 것이었으며(민 26장), 세 번째는 본장의 경우이다.

ㄱ. 다윗이 인구 조사를 하다 21:1-8

다윗이 사단의 부추김을 받아 이스라엘 백성들의 인구를 조사한다.

대상21:1. 사탄이 일어나 이스라엘을 대적하고 다윗을 충동하여 이스라엘을 계수하게 하니라.

사탄이 이스라엘을 치려고 일어나서, 다윗을 부추겨, 이스라엘의 인구를 조사하게 하였다.

본 절의 병행 구절은 삼하 24:1이다. 그곳을 보면 여호와께서는 앞으로 다윗이 여호와를 전적으로 의지하지 않고 군대의 수를 의지하는 불신앙을 보이는 경우 "다시 이스라엘을 향하여 진노하사 그들을 치시려고 다윗을 격동시키사 가서 이스라엘과 유다의 인구를 조사하라"고 하신다. 여기 "다시"(יָסַף)라는 말은 21:1-14과 연결되는 말이다(Lange, RP Smith, Caird, 이상근, 김수홍목사의 삼하 24:1 주해 참조). 즉, 21:1-14에 의하면 기브온족의 원한 때문에 3년간 계속해서 이스라엘에 기근이 있었는데 "다시" 이스라엘에게 재앙을 내리신다는 것이다. 이스라엘에게 내리실 재앙은 과거에 이스라엘이 지은 죄[290] 때문이 아니라 앞으로 다윗이 인구조사를 하면(Lange) 재앙을 내리시겠다는 것이었다. 인구 조사는 하나님 보시기에 엄청나게 큰 죄이다. 하나님을 전적으로 의지하지 않고 세상의 방대한 군대의 힘을 믿겠다는 것이니 큰 죄에 속하는 것이다.

본 절의 문맥은 내용상 삼하 24:1과 일치하고 한 개의 차이점이 있는 듯이 보인다. 즉, 삼하 24:1에서는 다윗을 격동한 주체가 하나님이라고 말씀한 반면 본 절에서는 그 주체가 사단으로 기록되어 있다는 점이다. 그러나 이런 차이점을 두고 이 차이점이 큰 차이점이라고 말하면 안 될 것이다. 이유는 사단은 하나님의 통제 하에서 모든 활동을 하기 때문에 본 절의 사단의 활동이나 삼하 24:1의 표현이나 별 차이가 없는 것으로 보아야 한다.

대상 21:2. 다윗이 요압과 백성의 지도자들에게 이르되 너희는 가서 브엘세바에서부터 단까지 이스라엘을 계수하고 돌아와 내게 보고하여 그 수효를 알게 하라 하니.

그래서 다윗은 요압과 다른 군 지휘관들에게 '당신들은 브엘세바(헤브론의 서남쪽 43㎞, 연안 평야의 동단, 고대의 중요한 대상로를 끼고 있던

---

290) 혹자들은 과거에 이스라엘이 지은 어떤 숨은 죄라고 주장하기도 하고(Kimchi), 또 어떤 이들은 이스라엘이 압살롬과 세바의 반란에 동참한 죄라고 주장하나(K.&D., 호크마 주석, 그랜드 종합주석) 다윗이 인구 조사를 한 죄(Lange)라고 보는 것이 옳을 것이다.

성읍인데, 이스라엘의 남쪽 끝을 지칭하는 말)에서 단(본래의 이름은 '라이스' 또는 '레셈'이었으나, 단 지파가 이를 점령하고 조상의 이름을 따 단이라고 개명하였다. 이스라엘의 북쪽 끝을 지칭하는 단어)에 이르기까지 이스라엘 전역을 돌아다니면서 인구 조사를 하여 그 결과를 나에게 보고하시오'라고 명령하였다. 요압과 백성의 두목들은 9개월 20일간(삼하 24:9) 전국을 돌아다니면서 인구수를 조사하여 다윗 왕에게 보고했다.

대상 21:3. 요압이 아뢰되 여호와께서 그 백성을 지금보다 백배나 더하시기를 원하나이다 내 주 왕이여 이 백성이 다 내 주의 종이 아니니이까 내 주께서 어찌하여 이 일을 명령하시나이까 어찌하여 이스라엘이 범죄하게 하시나이까 하나.

요압은 인구수(數)를 조사하러 나가기 전에 다윗에게 한번 간하여 본다. 요압은 "백성을 지금보다 백배나 더하시기를 원하나이다 내 주 왕이여 이 백성이 다 내 주의 종이 아니니이까 내 주께서 어찌하여 이 일을 명령하시나이까 어찌하여 이스라엘이 벌 받을 일을 하시나이까"라고 만류하여 본다.

요압은 다윗에게 백성의 숫자를 백배나 더 많게 하실 수 있으신데 왜 인구 조사를 해서 범죄하려는 것이냐고 따진다. 이번의 인구 조사가 세 번째인데 과거 첫 번째 조사 때(삼하 19:5-9)는 그들의 여행과 숙소 등의 이유로 필요했고, 두 번째 인구조사 때는 반 세겔의 성전 세를 지불하기 위하여 필요했었는데 이번의 경우는 필요가 없었고 다만 다윗이 자기의 힘이 대단하다는 것을 알리기 위하여 인구 조사를 하는 것이니 하나님 앞에 죄가 되는 행동이었다. 다윗은 하나님의 힘보다는 군인들의 수를 더 의지하면서 왕의 역할을 감당하려고 했다. 우리는 범사에 하나님을 의지하여야 한다. 우리는 하나님을 우리의 힘으로 알고 살아야 한다.

대상 21:4. 왕의 명령이 요압을 재촉한지라 드디어 요압이 떠나 이스라엘 땅에 두루 다닌 후에 예루살렘으로 돌아와.

인구 조사를 하러 빨리 나가지 않고 항의만 하고 있는 요압에게 다윗은 가만히 있지 않았다. 재촉했다. 드디어 요압이 길을 떠나(삼하 24:4-8) 이스라엘 땅에 9개월 20일 동안(삼하 24:9) 다닌 후에 예루살렘으로 돌아왔다.

대상 21:5. 요압이 백성의 수효를 다윗에게 보고하니 이스라엘 중에 칼을 뺄 만한 자가 백십만 명이요 유다 중에 칼을 뺄 만한 자가 사십칠만 명이라.

드디어 요압은 예루살렘에 돌아와 수효를 다윗에게 보고했다. 보고 내용은 "이스라엘 중에 칼을 뺄만한 자가 110만 명이요 유다 중에 칼을 뺄만한 자가 47만 명"이었다. 삼하 24:9에는 이스라엘 80만, 유다 50만으로 합계 130만 명이었다. 이런 차이점을 해결하기 위해 성경기자가 참고한 자료와 구전의 차이 때문으로 보는 것이 타당할 것으로 보인다(K.&D., Lange). 그러나 아주 만족할만한 해결은 아직은 없다.

본 절의 수치는 출애굽 당시의 60만의 군사에 비해(민 2:32) 크게 늘어난 수치라 할 것이다.

대상21:6. 요압이 왕의 명령을 마땅치 않게 여겨 레위와 베냐민 사람은 계수하지 아니하였더라.

그러나 요압은 왕의 명령을 못마땅하게 여겨 레위와 베냐민은 이 조사에 빠뜨리고 포함시키지 않았다. 그러나 차이가 나는 이유를 이 외에서도 찾을 수 있을 것이다.

대상 21:7. 하나님이 이 일을 악하게 여기사 이스라엘을 치시매.

하나님은 다윗의 병적 조사의 일을 기쁘게 여기시지 않았기 때문에 이스라엘을 벌하셨다. 삼하 24:10의 병행구에는 "다윗이 그 마음에 자책했다"는 말이 있다. 다윗은 요압의 보고를 받고는 곧 그의 과오를 깨닫고 하나님께 자백한 것이다. 본 절의 "이스라엘을 치시매"라는 말은 하나님께서 이스라엘을 온역으로 치신 것을 말한다.

대상 21:8. 다윗이 하나님께 아뢰되 내가 이 일을 행함으로 큰 죄를 범하였나이다 이제 간구하옵나니 종의 죄를 용서하여 주옵소서 내가 심히 미련하게 행하였나이다 하니라.

그러자 다윗은 여호와께 이렇게 아뢰었다. '내가 이 일(병적 조사)로 큰 죄(하나님을 믿지 않고 군대의 힘을 믿는 죄)를 범했습니다. 이제 종의 죄를 용서(말끔히 씻어 주는 것)해 주소서. 내가 아주 미련한 짓을 하였습니다.' 다윗이 사단의 꾀임을 받는 동안에는 마음이 강퍅해서 죄를 회개할 줄 몰랐다. 그러나 이제 다윗은 사단이 떠나가고 성령의 감동으로 죄로부터 돌아서서 자기가 죄를 지은 줄을 깨닫게 되었다.

ㄴ. 인구 조사를 한 후 재앙을 만나다 21:9-17

하나님은 다윗이 회개했다 하더라도 죄의 결과에 대한 책임을 물으신다. 하나님은 다윗에게 3년간의 기근, 3개월간의 패배, 3일간의 온역이란 세 가지 벌 중에 하나를 택하라고 하신다. 다윗은 하나님께서 긍휼이 크신 것을 알고 3일간의 온역, 즉 하나님의 손에서 징계를 받기로 한다. 오늘 우리가 하나님의 긍휼이 크신 것을 알고 최소한의 벌을 택해야 할 것이다.

대상 21:9-10. 여호와께서 다윗의 선견자 갓에게 말씀하여 이르시되 가서 다윗에게 말하여 이르기를 여호와의 말씀이 내가 네게 세 가지를 내어 놓으리니 그 중에서 하나를 네가 택하라 내가 그것을 네게 행하리라 하셨다 하라 하신지라.

여호와께서는 다윗의 선견자(미리 보는 자) 갓(Gad, 다윗의 충실한 예언자, 21:18)에게 심부름을 시키신다. 다윗에게 가서 말하여 이르기를 여호와의 말씀이 내가 네게 세 가지 벌 중에 하나를 선택하게 하니 하나를 네가 택하라. 내가 그것을 네게 행하도록 하니 택하라고 하신다. 삼하 24:11에는 다윗이 회개의 밤을 지새운 후의 "아침에 일어날 때에" 갓이 찾아와서 다윗에게 세 가지 벌 중에 하나를 택하라고 했다.

대상 21:11-12. 갓이 다윗에게 나아가 그에게 말하되 여호와의 말씀이 너는 마음대로 택하라 혹 삼년 기근이든지 혹 네가 석 달을 적군에게 패하여 적군의 칼에 쫓길 일이든지 혹 여호와의 칼 곧 전염병이 사흘 동안 이 땅에 유행하며 여호와의 천사가 이스라엘 온 지경을 멸할 일이든지라고 하셨나니 내가 무슨 말로 나를 보내신 이에게 대답할지를 결정하소서 하니.

갓(Gad)은 하나님의 명령을 받고 다윗에게 나아가서 그에게 말하기를 여호와의 말씀에 너는 세 가지 벌 중에서 하나를 택하라고 말한다. 그 세 가지 벌은 삼년 기근(삼하 24:13에는 "7년 기근"이라 했으나 오기일 것이다) 혹은 3개월을 적군에게 패하여 적군의 칼에 쫓기든지 혹은 여호와의 칼(전염병)이 삼일 동안 이스라엘 땅에 유행하는 벌을 당하든지 심사숙고하여 하나를 택해 자기(Gad)에게 말하라고 한다. 이 3일간의 전염병을 당하게 하는 일은 여호와의 천사가 이스라엘 온 지경을 다니면서 이스라엘 사람들을 멸하는 방식이라고 한다. 갓은 다윗에게 이 세 가지 중에 하나를 택하면 그 하나가 무엇이든지 자신을 보내신 여호와께 보고 하겠다고 말한다.

그러니까 갓은 하나님의 명령에 따라 다윗에게 나아갔고 또 하나님의 명령대로 세 가지 재앙이 무엇인가를 다윗에게 말했으며 또 다윗이 그 세 재앙 중에 하나를 택하면 여호와 하나님께 그대로 보고하겠다고 말한다. 갓은 하나도 자기의 마음대로 하는 것이 없었다. 전적으로 여호와 하나님의 명령에 따라 행동하려 한다. 우리 역시 전적으로 하나님의 명령 따라 움직여야 할 것이다(눅 5:5).

대상 21:13. 다윗이 갓에게 이르되 내가 곤경에 빠졌도다 여호와께서는 긍휼이 심히 크시니 내가 그의 손에 빠지고 사람의 손에 빠지지 아니하기를 원하나이다 하는지라.

그러자 다윗은 이렇게 대답하였다. '세 가지 벌이 모두 우리 국민이 받기 힘든 벌이니 내 입장이 정말 난처하게 되었소. 하지만 나는 사람에게 벌을 받고 싶지는 않소. 여호와께서는 긍휼이 크신 분이시니 여호와의 손에 빠져 전염병이라는 벌을 받고 싶소'.

다윗은 사람에게 쫓겨 다니는 벌이 얼마나 힘든 일인가를 잘 알고 있었다. 다윗은 그것을 친히 압살롬의 난에서 경험했다. 그래서 다윗은 기근도 무섭고 사람에게 쫓겨 다니는 것도 힘든 것임을 알아서 3일 동안의 전염병을 택했다. 3일 동안의 전염병도 힘든 것은 알았지만 그러나 그것은 여호와의 손에 빠지는 것으로 알았다. 우리는 무슨 일을 만나든지 여호와의 긍휼이 크심을 알고 부르짖어야 할 것이다.

대상 21:14. 이에 여호와께서 이스라엘 백성에게 전염병을 내리시매 이스라엘 백성 중에서 죽은 자가 칠만 명이었더라.

문장 초두의 "이에"란 말은 '그리하여' 혹은 '그래서'라는 뜻이다. 본 절 해석은 '그리하여 주께서 이스라엘에 전염병을 내리시니 이스라엘 사람이 칠만 명이나 쓰러졌다'이다. 이 숫자는 대략의 숫자일 것이지만 애굽의 장자의 죽음 때만큼이나 엄청난 숫자였다(출 12:29).

대상 21:15. 하나님이 예루살렘을 멸하러 천사를 보내셨더니 천사가 멸하려 할 때에 여호와께서 보시고 이 재앙 내림을 뉘우치사 멸하는 천사에게 이르시되 족하다 이제는 네 손을 거두라 하시니 그 때에 여호와의 천사가 여부스 사람 오르난의 타작마당 곁에 선지라.

하나님께서는 예루살렘을 멸하시려고 천사를 보내셨는데 천사가 예루살렘을 멸망시키는 것을 보시고서 재앙 내리신 것을 뉘우치시고, 사정없이 죽이고 있는 그 천사에게 '그만하면 됐다. 이제 너의 손을 거두어라'고 중단시키셨다. 그 때에 주의 천사는 여부스 사람 오르난의 타작마당 곁에 서 있었다.

본 절의 "뉘우치사"(יִּנָּחֵם)란 말은 '뜻을 돌이키다', '동정하다'란 뜻(창 6:6; 출 32:14; 삿 2:18; 시 106:45)으로 전염병의 재앙이 3일간 계속되지 아니하고 도중에 중단된 것을 암시한다. 진정 여호와께서는 천사가 예루살렘을 멸하려 하는 것을 보시고 3일간 내려야 할 재앙 기간을 단축하여 본래의 계획을 수정하셨다. 하나님은 긍휼이 크셔서 3일간 내리셔야 할 것을 단축하신 것이었다. 우리가 이 세상에서 당하는 모든 어려움에 하나님의 긍휼을 불러들여야 한다.

"여호와의 천사가 여부스 사람 오르난의 타작마당 곁에 섰다"는 말에서 "여부스 사람"이란 '예루살렘 성의 원주민'을 뜻하는 말이다(11:4).

본 절의 "오르난"(Ornan)이 병행구절인 삼하 24:16에서는 "아라우나"로 소개되어 있는데 이들은 같은 사람이다. "오르난"은 히브리식 이름이며 "아라우나"는 여부스식 발음의 이름이다(K.&D., Lange, Ewald).

그리고 "오르난의 타작마당"은 예루살렘 동편 언덕에 위치해 있었는데 이곳은 훗날에 솔로몬 성전의 터가 되었다.

대상 21:16. 다윗이 눈을 들어 보매 여호와의 천사가 천지 사이에 섰고 칼을 빼어 손에 들고 예루살렘 하늘을 향하여 편지라 다윗이 장로들과 더불어 굵은 베를 입고 얼굴을 땅에 대고 엎드려.

다윗이 눈을 들어 보니 주의 사자(예수님 자신)가 하늘과 땅 사이에 중보자로 서서 칼을 빼어 예루살렘을 치려고 손에 들고 예루살렘을 겨누고 있었다. 그래서 다윗은 장로들과 함께 회개의 뜻으로 굵은 베 옷을 입고 얼굴을 땅에 대고 엎드렸다. 다윗은 이제 결사적인 심정으로 회개하면서 중보자 예수님에게 이스라엘을 용서해 달라고 부르짖으려고 한다.

대상 21:17. 하나님께 아뢰되 명령하여 백성을 계수하게 한 자가 내가 아니니이까 범죄하고 악을 행한 자는 곧 나이니이다 이 양 떼는 무엇을 행하였나이까 청하건대 나의 하나님 여호와여 주의 손으로 나와 내 아버지의 집을 치시고 주의 백성에게 재앙을 내리지 마옵소서 하니라.

다윗은 하나님께 아뢰기를 병적 조사를 하도록 명령한 것은 자기인데

7만 명이나 죽은 백성들이 무엇을 했나이까. 차라리 주님의 손으로 나 자신과 내 집안을 치시고 주의 백성에게는 전염병 재앙을 내리지 말아달라고 애원한다.

2. 오르난의 타작마당을 성전 터로 삼다 21:18-22:1

다윗이 장로들과 함께 죄를 자복하고 기도한 후 여호와의 천사(예수님)가 제사를 드리도록 명령하셔서 오르난의 타작마당을 사서 제사를 드린다. 다윗은 그 타작마당에서 제사를 드리면서 이곳이 하나님의 성전 터가 될 것을 선언한다.

대상 21:18. 여호와의 천사가 갓에게 명령하여 다윗에게 이르시기를 다윗은 올라가서 여부스 사람 오르난의 타작 마당에서 여호와를 위하여 제단을 쌓으라 하신지라.

다윗이 회개 기도를 한(17절) 후 여호와의 천사(구약 시대에 나타나신 예수님)는 갓에게 명령하여 다윗에게 이르라고 말한다. 여호와의 천사(예수님)는 갓을 통하여 "다윗은 올라가서 여부스 사람(가나안 7족의 하나이며 예루살렘의 선주민이었다, 1:13-16) 오르난의 타작마당에서 여호와께 제단을 쌓으라"는 명령을 내린다.

대상 21:19. 이에 갓이 여호와의 이름으로 이른 말씀대로 다윗이 올라가니라.

문장 초두의 "이에"(so)란 말은 '그래서' '그리하여'란 뜻이다. 다윗은 갓이 여호와의 말씀을 따라 명령했기에 즉시 타작마당으로 올라갔다. 다윗은 진정으로 회개했기에 즉시 순종했다. 우리가 회개하면 즉시 순종해야 한다.

대상 21:20. 그 때에 오르난이 밀을 타작하다가 돌이켜 천사를 보고 오르난이 네 명의 아들과 함께 숨었더니.

다윗이 오르난의 타작마당으로 올라올 때에 오르난은 네 아들과 함께 밀을 타작하고 있었는데 그는 몸을 돌이키다가 그의 타작마당 곁에 서 있는 천사를 보고 두려워서 그의 네 아들과 함께 숨었다. 구약 시대 사람들은 하나님이나 천사를 보면 죽는 것으로 생각하고 두려워했다(삿 6:22).

대상 21:21. 다윗이 오르난에게 나아가매 오르난이 내다보다가 다윗을 보고 타작 마당에서 나와 얼굴을 땅에 대고 다윗에게 절하매.

천사를 보고 숨어있던 오르난은 다윗이 그의 중신들과 함께 오르난의 타작마당을 사기 위해 오르난에게 다가가자 오르난이 바라보고 다윗인 것을 알아보고 역시 두려워하여 타작마당에서 나와 얼굴을 땅에 대고 다윗에게 절하였다.

오르난이 다윗을 보고 두려워한 이유는 오르난이 여부스 사람이라 다윗이 여부스 족을 점령한 점령군의 대장임을 보고 두려워한 것이다.

대상 21:22. 다윗이 오르난에게 이르되 이 타작하는 곳을 내게 넘기라 너는 상당한 값으로 내게 넘기라 내가 여호와를 위하여 여기 한 제단을 쌓으리니 그리하면 전염병이 백성 중에서 그치리라 하니.

다윗이 두려워 떨고 있는(앞 절) 오르난은 "어찌하여 내 주 왕께서 종에게 임하시나이까"(삼하 24:21)라고 말한다. 다윗은 두려워하고 있는 오르난에게 '이 타작 마당을 나에게 파시오. 값은 넉넉하게 지불하겠소. 내가 주의 제단(번제와 화목제)을 여기에 쌓으려 하오. 그러면 전염병이 백성에게서 그칠 것이오'라고 말했다.

다윗은 여호와께 제단을 쌓으면 전염병이 그칠 것으로 믿은 것이다. 다윗은 이 제단 위에서 올리는 제물들이 그가 병적 조사를 시킨 죄들을 대속할 줄로 믿은 것이다(막 10:45 주해 참조).

대상 21:23. 오르난이 다윗에게 말하되 왕은 취하소서 내 주 왕께서 좋게 여기시는 대로 행하소서 보소서 내가 이것들을 드리나이다 소들은 번제물로,

곡식 떠는 기계는 화목으로, 밀은 소제물로 삼으시기 위하여 다 드리나이다 하는지라.

왕의 말을 들은 오르난은 다윗에게 이렇게 말한다. '임금님, 돈을 지불하신다고 말하지 말고 타작마당을 그냥 가지십시오. 높으신 임금님께서 좋게 여기시는 대로 하십시오. 여기 불로 태워 바치는 번제물로는 소들이 있고 제물을 태울 땔감으로는 타작하는 기구가 있으며 또 곡식으로 드릴 소제로는 밀이 있습니다. 제가 이 모든 것을 왕에게 드리겠으니 자유롭게 쓰십시오'라고 말했다.

대상 21:24. 다윗 왕이 오르난에게 이르되 그렇지 아니하다 내가 반드시 상당한 값으로 사리라 내가 여호와께 드리려고 네 물건을 빼앗지 아니하겠고 값없이는 번제를 드리지도 아니하리라 하니라.

오르난의 호의적인 제안을 받은 다윗 왕은 오르난에게 이렇게 말하였다. '그렇게 해서는 안 되오. 내가 반드시 충분한 값을 내겠소. 그리고 주님께 드릴 것인데 내가 값을 내지도 않고, 당신의 물건을 그냥 가져가는 일은 절대로 하지 않겠소. 희생이 없는 제사를 드리지는 않겠소'라고 했다.

대상 21:25. 그리하여 다윗은 그 자리에서 금 육백 세겔을 달아 오르난에게 주고.

그래서 다윗은 그 터 값으로 금 600 세겔(7kg)을 오르난에게 주었다.

삼하 24:24에는 "은 50세겔로 타작마당과 소를 샀다"고 기록하고 있다. 본 절과 삼하 24:24 사이에는 너무 큰 차이가 있다. 이 차이를 해결하는 방법을 두고 1) "금과 은"이 바뀐 것으로 그 50세겔은 은 600세겔이었던 것으로 보아야 한다는 견해(Bochart, 이상근). 그러나 이 견해는 원문을 임의로 고쳐 해석하는 약점이 있다. 2) 본 절의 '금 600세겔'이라는 기록이 맞다는 견해(K.&D.). 이유는 아브라함도 가족의 묘지를 살 때 은 400세겔을 지불했는데 다윗이 은 50세겔을 지불했다는 것은 너무 적기 때문이라는 것이다.

3) "타작마당"은 좁은 것이니 그 값이 적고(은 50세겔), "성전 기지"는 넓은 땅이니만큼 그 값이 많다는 견해(금 600세겔)(RP Smith, 박윤선, 김수홍 목사의 삼하 24:24주해). 셋째 견해가 맞는 것으로 보아야 할 것이다.

대상 21:26. 다윗이 거기서 여호와를 위하여 제단을 쌓고 번제와 화목제를 드려 여호와께 아뢰었더니 여호와께서 하늘에서부터 번제단 위에 불을 내려 응답하시고.

다윗은 위와 같이 상당한 값을 주고 산 오르난의 타작마당에서 여호와께 제단을 쌓아 번제와 화목제를 드리고 여호와께 부르짖어 기도하였다. 하나님은 다윗의 제사를 기쁘게 받으셨다는 표적으로 하늘에서 불을 번제단 위에 내려 번제단 위의 제물을 태우고 다윗에게 응답하셨다.

"번제"는 제물 전체를 태워서 회개하고 헌신한다는 뜻으로 하나님께 드리는 제사이고(레 1장), "화목제"는 하나님께 감사하는 뜻으로 드리는 제사이다(레 3장).

대상 21:27. 여호와께서 천사를 명령하시매 그가 칼을 칼집에 꽂았더라.

다윗이 제사를 드리고 난후 여호와께서는 천사를 명하셔서 칼을 칼집에 꽂게 하셨다. 삼하 24:25에는 "이스라엘에게 내리는 재앙이 그쳤더라"고 말한다. 칼을 칼집에 꽂으니 재앙이 그친 것이다.

이 때 다윗이 제사 드린 오르난의 타작마당이 그 후 솔로몬의 성전 터가 되었다(K.&D., Lange). 다윗의 범죄를 대속하게 된 오르난의 타작마당이 성전 터가 된 것은 당연한 귀결이라 아니할 수가 없다.

대상 21:28. 이때에 다윗이 여호와께서 여부스 사람 오르난의 타작 마당에서 응답하심을 보고 거기서 제사를 드렸으니.

그 때에 다윗은 주께서 여부스 사람 오르난의 타작마당에서 그에게 응답하여 주심을 보고 거기에서 제사를 계속해서 드렸다. 다윗은 다른 곳으로 가서 제사를 드릴 이유가 없었다. 다윗은 그 한 곳에서 계속해서 제사를 드린 것이다. 그래서 훗날 솔로몬의 성전이 이곳에 생긴 것이다.

대상 21:29-30. 옛적에 모세가 광야에서 지은 여호와의 성막과 번제단이 그 때에 기브온 산당에 있었으나 다윗이 여호와의 천사의 칼을 두려워하여 감히 그 앞에 가서 하나님께 묻지 못하더라.

모세가 광야에서 만든 성막과 번제 단이 그 당시에 기브온 언덕에 있었으나(삼상 22:9-23; 대상 16:39) 다윗이 감히 그 곳에 가서 하나님께 경배하지 못한 것은 그가 여호와의 천사가 가진 칼을 두려워했기 때문이었다. 아무튼 다윗이 여호와의 칼을 두려워하여 기브온 산당에 가지 못했을 때는 법궤는 예루살렘 성막에 모셔두었고, 여호와의 회막은 기브온에 있었으며, 제사는 오르난의 타작마당에서 드렸으니 종교적 과도기였다. 이 오르난의 타작마당에서 제사를 드린 이후 이 모든 것이 통일되어 중앙 성소를 이룩했다.

제 22 장

대상 22:1. 다윗이 이르되 이는 여호와 하나님의 성전이요 이는 이스라엘의 번제단이라 하였더라.

그때 다윗은 이렇게 선언하였다. '바로 이곳이 내가 여호와의 성전을 짓고 이스라엘의 번제단을 쌓을 곳이구나!' 하였다.

다윗은 오르난의 타작마당에서 하나님께서 제사를 응답하신 일과 하나님의 불을 보고 감격하여 '바로 이곳이 내가 여호와의 성전을 짓고 이스라엘의 번제단을 쌓을 곳이구나!'라고 선언하였다. 이 선언은 곧 다윗의 성전 터 확정의 선언이었다.

3. 다윗이 성전건축을 준비하다 22:2-19

다윗이 성전 건축을 준비하는 이유는 병적 조사의 재앙도 지났고, 또 성전의 터전도 준비되었으므로 이제는 실제로 성전을 지어야할 단계가 되었기 때문이다. 이 부분(2-19절)의 내용은 건축 자재를 준비한 일(2-5절), 솔로몬에게 성전 건축을 부탁한 일(6-16절), 이스라엘 방백들에게 성전 건축을 부탁한 일(17-19절) 등이다.

ㄱ. 건축 자재를 준비하다 22:2-5

다윗은 많은 전쟁 중에서 전리품들을 얻게 되어 건축 준비에 쓸 수 있게 되었다. 다윗은 또 이스라엘의 석수를 시켜 성전 건축을 위해 돌을 다듬게 했고, 문짝 못과 거멀못에 쓸 철을 많이 준비했으며 무수한 놋을 준비했고, 또 백향목 목재를 준비하여 크고 웅장한 성전을 건축하게 되었다.

대상 22:2. 다윗이 명령하여 이스라엘 땅에 거류하는 이방 사람을 모으고

석수를 시켜 하나님의 성전을 건축할 돌을 다듬게 하고.

그리고 즉시 다윗은 이스라엘 땅에 있는 외국인을 불러 모으고 또 석수들을 시켜서, 하나님의 성전을 지을 돌들을 다듬도록 명령하였다.

"이방 사람"이란 원래 가나안 땅에 살던 원주민의 후손들(느디님 사람들)일 것으로 보인다(9:2). 이들은 이스라엘의 가나안 정복 때 포로된 자들이나 또는 이스라엘과 화해한 자들의 후손이었다. 이들은 평소에 나무를 패며 물을 길었던 자들이었으나(수 9:21, Lange, Wycliffe, Payne), 다윗이 이때에 성전 건축을 위해 소집한 것이다. 이들의 숫자는 솔로몬 시대에 153,600에 달했다(대하 2:17). 지구상에 남아 있는 사람들은 어디든지 사용된다는 것을 알 수 있다. 심지어 악한 자는 악한 날에 사용되는 것이 아닌가(잠 16:4).

"석수를 시켜 하나님의 성전을 건축할 돌을 다듬게 했다"는 말은 이방인들을 아무나 데려다가 돌 다듬는 석수로 만들어 일을 하게 했다는 말은 아니고, 이방인들 중에서 석수(石手)가 될 만한 사람들을 골라 성전 건축을 위해 잘라진 돌들을 아주 섬세하게 다듬는 기술자로 임명해서 돌을 다듬게 했다는 말일 것이다.

대상 22:3. 다윗이 또 문짝 못과 거멀못에 쓸 철을 많이 준비하고 또 무게를 달 수 없을 만큼 심히 많은 놋을 준비하고.

본 절은 다윗이 "문짝 못(문짝에 쓸 못)과 거멀못(목재와 목재 사이 또는 석재와 석재 사이를 연결시키는 못, 이상근)에 쓸 철을 많이 준비한 일"과 또 "무게를 달 수 없을 만큼 심히 많은 놋(놋쇠)을 준비한 일"을 기록한다. 그러니까 철을 준비한 일과 놋을 많이 준비했다는 것을 말한다. 다윗은 이것들을 전쟁 때 많이 전리품으로 얻어 놓았다(18:8). 다윗은 성령의 사람이었으니 미리 보는 사람이었다.

대상 22:4. 또 백향목을 무수히 준비하였으니 이는 시돈 사람과 두로 사람이 백향목을 다윗에게로 많이 수운하여 왔음이라.

또 백향목(송백나무)을 셀 수 없을 만큼 준비하였다. 이렇게 많이 준비하게 된 이유는 시돈 사람과 두로 사람이 이 송백나무를 다윗에게 운반하여 왔기 때문이다. 시돈 사람들과 두로 사람들은 다윗에게 백향목을 수운하여 왔고 다윗은 그 대신 그들에게 필요한 식량을 제공했다(왕상 5:12).

대상 22:5. 다윗이 이르되 내 아들 솔로몬은 어리고 미숙하고 여호와를 위하여 건축할 성전은 극히 웅장하여 만국에 명성과 영광이 있게 하여야 할지라 그러므로 내가 이제 그것을 위하여 준비하리라 하고 다윗이 죽기 전에 많이 준비하였더라.

다윗은 이렇게 혼잣말을 했다. '나의 아들 솔로몬이 젊은 청년(נַעַר-"젊은 청년")이고, 사회 경험이 부족하기(רַךְ-"경험이 부족한") 때문에 다윗 자신이 성전 건축을 위해서 심혈을 기울이겠다'는 것이었다. 그리고 '주를 위하여 건축할 성전은 아주 웅장하여야 하고, 그 화려한 명성이 온 세상에 떨쳐야 하니, 내가 성전 건축 준비를 해 두어야 하겠다'고 해서 '그는 죽기 전에 준비를 많이 해놓아야 하겠다'는 것이었다.

다윗은 본 절에서 성전 건축을 위해서 많이 준비해 놓아야 할 이유를 두 가지로 밝힌 것이다. 하나는 솔로몬이 아직도 젊은 청년이고 사회 경험이 부족하다는 것이었고 또 하나는 새로 건축될 성전은 엄청나게 크고 화려한 성전이 되어야 하니 다윗 자신이 재료 준비를 많이 해놓아야 하겠다는 것이었다.

오늘도 젊은 사람들은 지혜가 부족하고 경험이 부족한 것으로 알아 겸손하게 하나님께 지혜를 구하고 어른들에게서부터 경험을 구해야 할 것이다.

ㄴ. 다윗이 솔로몬에게 부탁하다 22:6-16

다윗은 솔로몬을 불러놓고 세 가지를 말하면서 성전을 건축하도록 부탁한다. 첫째, 다윗 자신은 전쟁을 많이 한 사람이기 때문에 성전을 건축할 수 없다는 것, 둘째, 하나님은 솔로몬에게 성전을 건축하도록 부탁하신 것, 셋째, 다윗 자신이 많이 준비해 놓았다는 것을 말씀한다.

대상 22:6. 다윗이 그의 아들 솔로몬을 불러 이스라엘 하나님 여호와를 위하여 성전 건축하기를 부탁하여.

그 후에 다윗이 그의 아들 솔로몬을 불러서 주 이스라엘의 하나님을 모실 성전을 지으라고 부탁한다. 다윗은 그가 죽기 조금 전 솔로몬을 불러 성전을 건축할 것을 부탁했다(K.&D., Lange, James Wolfendale). 다윗은 자기 아들 솔로몬 왕을 불러놓고 여호와를 위하여 성전 건축을 부탁한 것이다. 누구든지 "여호와를 위하여" 부탁하면 간절히 부탁하고 또 그 부탁을 받는 자는 신중히 받아야 하는 것이다.

대상 22:7. 다윗이 솔로몬에게 이르되 내 아들아 나는 내 하나님 여호와의 이름을 위하여 성전을 건축할 마음이 있었으나.

다윗 자신은 솔로몬에게 자신의 일생의 소원을 말한다. 즉, "내 아들아 나는 내 하나님 여호와의 이름을 위하여 성전을 건축할 마음이 있었다"고 말한다. 그런고로 다윗은 그 사실을 자기 아들에게 솔직히 말하고 성전 건축을 부탁하는 것이다. 그러나 그가 성전을 건축하지 못하고 자기 아들에게 부탁하게 된 것을 다음 절들에 말한다.

대상 22:8. 여호와의 말씀이 내게 임하여 이르시되 너는 피를 심히 많이 흘렸고 크게 전쟁하였느니라 네가 내 앞에서 땅에 피를 많이 흘렸은즉 내 이름을 위하여 성전을 건축하지 못하리라.

그러나 여호와께서는 나에게 이렇게 말씀하셨다. '너는 큰 전쟁들을 치르느라고 많은 피를 흘렸기 때문에 내 이름으로 불릴 성전을 짓지 못한다. 너는 내 앞에서 너무 많은 피를 땅에 흘렸다'. 다윗은 자신이 성전을 건축하기를 소원했으나 여호와께서 계시하신 말씀을 따른다. 여호와께서는 다윗이 전쟁하느라 피를 많이 흘렸으니 성전을 건축하지 못한다고 하신다. 피를 많이 흘린 것이 죄는 아니었다. 전쟁하는 것도 하나님의 명령에 의해서 했다(창 15:16). 그러나 다윗이 피를 많이 흘렸으니 평화의 성전을 건축할 수 없다는 것이었다.

대상 22:9. 보라 한 아들이 네게서 나리니 그는 온순한 사람이라 내가 그로 주변 모든 대적에게서 평온을 얻게 하리라 그의 이름을 솔로몬이라 하리니 이는 내가 그의 생전에 평안과 안일함을 이스라엘에게 줄 것임이니라.

본 절 초두의 "보라"란 말은 다음에 나오는 말이 대단히 중요하니 유의해 보라는 뜻으로 주의를 상기시키는 말이다. 본 절에서 중요한 내용이란 다름 아니라 하나님께서 다윗에게 아주 평안의 사람이 태어나게 하실 것이란 내용이다. 하나님께서 평안의 사람을 주시고 또 하나님께서 주위의 모든 대적으로부터 평안을 주시겠다는 것이며 그래서 아이의 이름을 솔로몬("평화로움"이라는 뜻)이라 지으라고 하신 것이다. 그리고 하나님은 그가 이 땅에 사는 동안 평화와 안정을 주실 것이라고 하신다.

대상 22:10. 그가 내 이름을 위하여 성전을 건축할지라 그는 내 아들이 되고 나는 그의 아버지가 되어 그 나라 왕위를 이스라엘 위에 굳게 세워 영원까지 이르게 하리라 하셨나니.

하나님은 다윗에게 '그(솔로몬)가 바로 내 이름으로 불릴 성전을 지을 사람이다. 그는 나의 아들이 되고 나는 그의 아버지가 되어 줄 것이다'. 솔로몬은 하나님과 부자관계가 될 것이라는 이 말씀에 더 할 수 없는 용기를 얻었을 것이다. 그리고 하나님은 '나는 그가 이스라엘을 영원히 다스리도록 그의 왕좌를 튼튼히 세워 줄 것이라'고 하신다(이는 다윗 언약을 반복하는 말이다. 17:11-14).

대상 22:11. 이제 내 아들아 여호와께서 너와 함께 계시기를 원하며 네가

형통하여 여호와께서 네게 대하여 말씀하신 대로 네 하나님 여호와의 성전을 건축하며(Now, my son, the Lord be with you, so that you may succeed in building the house of the Lord your God, as he has spoken concerning you-ESV).

다윗은 솔로몬을 향하여 내 아들아! "여호와께서 너와 함께 계시기를 원한다"고 축복한다. 여호와께서 함께하시는 것, 여호와께서 동행하시는 것만큼 큰 복은 없다(Wesley). 하나님께서 동행하셔서 솔로몬이 형통한 자가 되어 여호와께서 솔로몬에 대하여 말씀하신 대로 여호와의 이름으로 불릴 성전을 건축하기를 바란다는 것이었다.

대상 22:12. 여호와께서 네게 지혜와 총명을 주사 네게 이스라엘을 다스리게 하시고 네 하나님 여호와의 율법을 지키게 하시기를 더욱 원하노라.

본 절도 역시 다윗이 솔로몬을 향하여 축복하는 내용이다. 본 절은 다윗이 솔로몬을 위하여 두 가지로 비는 축복이다. 첫째, "여호와께서 네게 지혜와 총명을 주사 네게 이스라엘을 다스리게 하시기를" 빈다. 이 복은 솔로몬이 기브온에서 1,000 번제를 드렸을 때 하나님께서 솔로몬에게 주셨던 복이다(왕상 3:5-14). 솔로몬은 지혜와 총명을 구하여 백성들을 잘 다스리기를 구해서 하나님은 다른 복들도 주셨다. 둘째, "네 하나님 여호와의 율법을 지키게 하시기를 더욱 원한다"고 했다. 다윗은 솔로몬이 여호와의 율법을 지켜서 영원히 잘 되기를 축복했으나 그가 노년이 될수록 율법을 떠나고 말았다.

대상 22:13. 그 때에 네가 만일 여호와께서 모세를 통하여 이스라엘에게 명령하신 모든 규례와 법도를 삼가 행하면 형통하리니 강하고 담대하여 두려워하지 말고 놀라지 말지어다.

다윗은 솔로몬에게 성공하고 형통하게 되는 비결을 말한다. 그 비결은 여호와께서 모세를 시켜 이스라엘에게 명하신 율례와 규례를 지키면 성공할 것(신 4:1; 5:1; 7:4; 11:32)이라고 한다. 그리고 다윗은 율례와 규례를 지키는 가운데 마음을 굳게 먹고 용기를 가지고 아무것도 두려워하지 말라고 부탁한다(수 1:5-9). 다윗은 지난날 하나님께서 주신 율례와 규례를 지키지 않아 크게 고통을 당한 일이 있음을 상기하면서 솔로몬에게 부탁하는 것이다. 그는 밧세바와의 동침(삼하 11:1-5), 우리아를 모살한 일(삼하 11:14-25) 등을 어떻게 잊을 수 있겠는가. 오늘 우리도 하나님의 말씀을 지키는 것이 형통의 비결임을 알아야 할 것이다.

대상 22:14. 내가 환난 중에 여호와의 성전을 위하여 금 십만 달란트와 은 백만 달란트와 놋과 철을 그 무게를 달 수 없을 만큼 심히 많이 준비하였고 또 재목과 돌을 준비하였으나 너는 더할 것이며.

다윗은 솔로몬에게 성전 건축에 대한 열정을 더하고자 본 절의 말씀을 한다. 그는 '내가 힘들여 여호와의 성전을 위하여 금 십만 달란트(3,408톤)와 은 백만 달란트(34,080톤)와 놋과 철을 그 무게를 측량할 수 없을 만큼 심히 많이 준비하였고 또 재목과 돌을 준비해 놓았는데 솔로몬 너는 여기에다 더해서' 성전을 건축하라고 격려한다. 솔로몬은 다윗 왕의 권고를 받아들여 더 많은 재료를 준비했다(대하 2:1-18).

본 절의 "환난 중에"란 말은 '고난 중에' 혹은 '전쟁 중에'란 말로 해석할 수도 있으나 다윗이 성전 건축을 위해서 꼭 전쟁 중에만 준비한 것이 아니고 평소에도 열심히 준비한 것이 사실이니 '힘을 다하여' '힘들여' '아주 열심을 다하여'라는 뜻으로 해석하는 것이 더 바람직할 것으로 보인다. 특히 대상 29:2에도 "힘을 다하여"라는 말이 있다.

대상 22:15. 또 장인이 네게 많이 있나니 곧 석수와 목수와 온갖 일에 익숙한 모든 사람이니라.

다윗은 또 재료만 많이 준비되어 있는 것(앞 절)이 아니라 본 절에서는 실제로 건축에 필요한 "장인"이 많이 있다고 말한다. 본 절에서 장인이란 '석수, 목수, 온갖 일에 능숙한 사람들'을 지칭하는 말이다.

대상 22:16. 금과 은과 놋과 철이 무수하니 너는 일어나 일하라 여호와께서 너와 함께 계실지로다 하니라.

다윗은 다시 지금 건축 재료(금, 은, 놋, 철)가 무수하다는 말을 한다(14절). 그런고로 일어나 일을 하라고 독려한다. 그러면서 다윗은 여호와께서 솔로몬과 함께 계시기를 기원한다. 하나님께서 함께 하시면 반드시 형통하니 이제 시작하라고 권한다.

ㄷ. 방백들에게 부탁하다 22:17-19

다윗은 솔로몬에게만 부탁하는 것이 아니라 이제 방백들(신하들)에게도 부탁한다.

대상 22:17. 다윗이 또 이스라엘 모든 방백에게 명령하여 그의 아들 솔로몬을 도우라 하여 이르되.

다윗은 성전 건축은 왕만 수고해야 하는 것이 아니라 방백들(대신들, 나라의 정치 지도자들)도 함께 동참해야 하는 것으로 알아 방백들에게도 솔로몬을 도우라고 부탁한다.

대상 22:18. 너희 하나님 여호와께서 너희와 함께 계시지 아니하시느냐 사면으로 너희에게 평온함을 주지 아니하셨느냐 이 땅 주민을 내 손에 넘기사 이 땅으로 여호와와 그의 백성 앞에 복종하게 하셨나니.

본 절은 다윗이 방백들에게 솔로몬을 도우라 하면서 말한 내용이다. 말한 내용은 첫째, "너희 하나님 여호와께서 너희와 함께 계시니" 솔로몬을 도우라는 것이었다. 둘째, 하나님께서 함께 하신 결과 '사면으로 이스라엘에게 평온함을 주셨고

내가 주변 나라들을 정복할 수 있도록 하셨으므로 그들이 여호와와 여러분에게 복종하게 하셨다'고 말한다. 다윗은 이때에 이스라엘 안의 이방인들과 주위의 이방인들을 완전히 정복했다는 것을 선언한다.

대상 22:19. 이제 너희는 마음과 뜻을 바쳐서 너희 하나님 여호와를 구하라 그리고 일어나서 여호와 하나님의 성전을 건축하고 여호와의 언약궤와 하나님 성전의 기물을 가져다가 여호와의 이름을 위하여 건축한 성전에 들이게 하라 하였더라.

다윗은 방백들에게 성전을 건축하기 전에 먼저 "너희는 마음과 뜻을 바쳐서 너희 하나님 여호와를 구하라"고 권면한다. 여기 "너희는 마음과 뜻을 바치라"는 말은 "마음과 뜻을 하나님께 드리라"는 뜻이다. 사람은 잘못하면 마음을 다른데 드리기 쉽다. 그래서 우리는 우리의 마음을 하나님께 바쳐서 "하나님 여호와를 구해야" 한다. 이는 '기도를 통하여 하나님을 찾으라'는 말이다(창 25:22: 출 18:15; 대하 20:3).

"그리고 일어나서 여호와 하나님의 성전을 건축하라"고 권면한다. 하나님의 성전을 건축하는 일이야 말로 다윗의 평생의 소원이었다. 성전을 건축한 다음에 "여호와의 언약궤와 하나님 성전의 기물을 가져다가 여호와의 이름을 위하여 건축한 성전에 들이라"는 것이다. 당시 여호와의 언약궤는 예루살렘 성막에 있었고 회막은 기브온 산당에 있었다(대하 5:5).

F. 레위인의 조직 23-26장

다윗은 국내외의 모든 적들을 정복하고 신정왕국을 세우며 또 성전을 건축한 다음 이제는 그의 만년의 사역으로 레위인의 사역을 위해 레위인의 직무를 정하고(23장), 제사장의 24반열을 정하며(24장), 찬양대를 조직하고(25장), 문지기를 정한다(26장).

제 23 장

1. 레위인의 직무를 정하다 23:1-31

레위인의 조직과 직무를 정하는데 있어 다윗은 먼저 서론(1-6절)을 말하고, 레위인을 각 가문 별로 조직하며(7-23절), 특별히 성전 안에서의 직무를 밝힌다(24-31절).

ㄱ. 서론 23:1-6

다윗이 더 이상 나라 일을 돌보기 힘든 연령에 도달하여 왕위를 솔로몬에게 맡기고, 레위인을 계수하여 직무를 맡긴다. 이렇게 레위인에게 직무를 맡기는 이유는 나라를 든든히 서게 하기 위함이었다.

대상 23:1. 다윗이 나이가 많아 늙으매 아들 솔로몬을 이스라엘 왕으로 삼고.

다윗이 살아야 할 날들이 차서 늙었을 때 그의 아들 솔로몬을 이스라엘을 다스리는 왕으로 삼았다. 다윗은 30세에 헤브론에서 이스라엘 왕으로 등극하여 7년 반 동안 유다 지파의 왕이었고, 예루살렘으로 옮긴 후 33년간 이스라엘의 왕직을 수행하여 합계 40년 반 동안 왕위에 있었다. 솔로몬에게 왕위를 물려줄 때는 70세가 넘은 나이였다(왕상 1장). 모진 세월을 살았으나 본서에서는 일체 그런 말은 내 놓지 않는다. 저자가 다윗을 미화해야 했기 때문이다.

대상 23:2. 이스라엘 모든 방백과 제사장과 레위 사람을 모았더라.

다윗은 왕위를 솔로몬에게 물려주면서 솔로몬의 왕위가 원활하게 되게 하기 위해 성전 안에서 봉사해야 할 제사장과 레위 사람들을 불러 모아 직무를 맡긴 것이다. 본 절에 등장하는 "방백들"(고급관리들)은 제사장과 레위 사람들의 직무를 돕기 위해 소집했을 것이다.

대상 23:3. 레위 사람은 삼십 세 이상으로 계수하니 모든 남자의 수가 삼만 팔천 명인데.

30 살이 넘은 레위 사람의 인구를 계수하였는데, 남자의 수가 모두 38,000명이었다. 30세 이상을 계수하는 일은 모세 시대의 법이었다(민 4:3,23). 후에는 25세로 낮추었고(민 8:23-26), 다윗은 다시 20세로 낮추었다(24절,27절; 대하 31:17). 그런고로 본 절의 30세 이상 계수한 것은 모세 율법의 연령을 들어내었거나 아니면 필사자의 착오로 빚어진 것으로 보인다.

대상 23:4-5. 그 중의 이만 사천 명은 여호와의 성전의 일을 보살피는 자요 육천 명은 관원과 재판관이요 사천 명은 문지기요 사천 명은 그가 여호와께 찬송을 드리기 위하여 만든 악기로 찬송하는 자들이라.

38,000명(3절) 중의 24,000명은 여호와의 성전의 일을 보살피는 자였고, 6,000명은 관원(율법을 가르치는 서기관)과 재판관(종교문제를 재판하는 사람들)으로 일을 했다(이상 4절). 그리고 4,000명은 문지기(성전 문을 지키는 경비)로 일했고 또 4,000명은 여호와께 찬송을 드리기 위하여 만든 악기로 찬송하는 자들이었다(이상은 5절이었다).

대상 23:6. 다윗이 레위의 아들들을 게르손과 그핫과 므라리에 따라 각 반으로 나누었더라.

그런 다음 다윗은 레위의 아들들(24,000명)을 성전 일과 문지기 일과 찬양대 일로 나누고, 또 이들을 24반열로 나누어 봉사하게 나누되(7-23절), 레위의 세 아들 이름을 따서 게르손 계열, 고핫 계열, 므라리 계열로 나누었다. "게르손, 그핫, 므라리"에 대해 6:1주해 참조.

ㄴ. 레위인의 조직과 직무 23:7-23

레위인 24,000명을 24반열로 나누었는데 게르손 자손이 10반열(7-11절), 그핫 자손이 9반열(12-20절), 므라리 자손이 5반열이 되었다(21-23절).

7-11절: 게르손 자손.

대상 23:7. 게르손 자손은 라단과 시므이라.

게르손 족속에는 라단과 시므이가 있다는 말인데 그러나 다른 기록을 보면 게르손의 아들이 "립니"와 "시므이"라고 기록되어 있다(6:17; 출 6:17; 민 3:18). 그렇다면 본문의 "라단"은 "립니"의 자손으로 추측된다(Zoekler, Curtis, 이상근).

대상 23:8. 라단의 아들들은 우두머리 여히엘과 또 세담과 요엘 세 사람이요

라단의 아들은 족장 여히엘('하나님은 살아계시다'는 뜻)과 세담('감람'이란 뜻)과 요엘('여호와는 하나님이시다'는 뜻) 세 사람이다.

대상 23:9. 시므이의 아들들은 슬로밋과 하시엘과 하란 세 사람이니 이는 라단의 우두머리들이며.

시므이의 아들들은 슬로밋('평화로 충만하다'는 뜻)과 하시엘('하나님은 보신다'는 뜻)과 하란('산'이란 뜻) 세 사람이고, 이들 모두가 라단 가문의 족장들이다.

대상 23:10. 또 시므이의 아들들은 야핫과 시나와 여우스와 브리아이니 이 네 사람도 시므이의 아들이라.

시므이[291]의 아들들은 야핫('말다툼'이란 뜻)과 시나[292](뜻이 불명하다)와 여우스('바치는 자'라는 뜻)와 브리아('재앙을 받음'이라는 뜻)이다. 이 네 사람도 시므이의 아들들이고 게르손의 손자들이다.

대상 23:11. 그 우두머리는 야핫이요 그 다음은 시사며 여우스와 브리아는

---

291) "시므이": 게르손의 차남이다(7절).

292) "시나": 레위 지파 게르손 자손 시므이의 아들이다(대상 23:10,11). 역대상 23:11에는 '시사'로 표기되어 있다.

아들이 많지 아니하므로 그들과 한 조상의 가문으로 계수되었더라.

그 족장은 야핫이요 그 다음은 시사이며 여우스와 브리아는 아들이 많지 아니했기 때문에 합하여 한 족속으로 계수되었다.

12-20절: 그핫 자손, 그핫 족속은 모세와 아론의 족속이요, 제사장의 족속이었다.

대상 23:12. 그핫의 아들들은 아므람과 이스할과 헤브론과 웃시엘 네 사람이라.

그핫의 아들들은 아므람('고상한 백성'이란 뜻)과 이스할('그는 빛나다'라는 뜻)과 헤브론('연합'이란 뜻)과 웃시엘('하나님은 강하시다'는 뜻) 네 사람이다. 본 절은 다른 곳과 일치한다(6:2; 민 3:27).

대상 23:13. 아므람의 아들들은 아론과 모세이니 아론은 그 자손들과 함께 구별되어 몸을 성결하게 하여 영원토록 심히 거룩한 자가 되어 여호와 앞에 분향하고 섬기며 영원토록 그 이름으로 축복하게 되었느니라(The sons of Amram: Aaron and Moses. Aaron was set apart to dedicate the most holy things, that he and his sons forever should make offerings before the Lord, and minister to him and pronounce blessings in his name forever-ESV)**.**

아므람(그핫의 아들, 6:2)의 아들들은 아론('고상'이라는 뜻)과 모세('물에서 건져냄'이란 뜻)였다. "아론은 그 자손들과 함께 구별되어 몸을 성결하게 하여 영원토록 심히 거룩한 자가 되었다"는 말은 '아론과 그 아들들은 심히 거룩한 자로 드리도록 제사장으로 하나님에 의해 구별되었다'는 뜻이다(출 28:1; 레 8장). 하나님께서는 특별히 이들을 제사장직에 위임하기 위해 몸을 성결케 할 것을 요구하셨다. 레 8장에 보면 아론과 그의 아들들은 성결케 되기 위하여 먼저 결례를 행하고 머리와 몸에 관유를 발라야 했다. 그리고 하나님께 희생 제사를 드렸으며 희생 제물의 피를 취해 몸에 바르며 회막 안에서 꼬박 7주야를 지내야만 했다.

아론과 그의 아들들은 제사장이 되어 3대 직무를 수행해야 했다. 첫째, 하나님께 분향하고(제사를 주관하는 일), 둘째, 하나님을 섬기며(성소 안에서 봉사하는 일), 셋째, 백성들을 축복하는 임무(여호와의 이름으로 백성들에게 복을 선언하는 일, 민 6:22-27)를 해야 했다. 제사장직은 온 인류에게 자신을 단번에 하나님께 드림으로써 온 인류에게 진정한 복을 선사하신 예수 그리스도의 사역을 예표한다(히 8:1-6).

대상 23:14. 하나님의 사람 모세의 아들들은 레위 지파 중에 기록되었으니.

하나님의 사람(모세를 하나님의 사람이라고 부른 것은 성경에 다섯 번 더 나타난다. 신 33:1; 수 14:6; 대하 30:16; 스 3:2; 시 90:1) 모세의 아들들은 단순히 레위 지파에만 올라 있었다. “하나님의 사람”(אִישׁ הָאֱלֹהִים)이란 말은 성경에서 모세 이외에도 사무엘(삼상 2:27; 왕상 13:1), 엘리야(왕상 17:18), 엘리사(왕하 4:7) 및 무명의 예언자(삼상 2:27; 왕상 13:1)에게 붙여졌다. 그리고 신약 성경 목회서신에 두 번 나타난다(딤전 6:11; 딤후 3:17). 하나님의 사람이라고 하면 보통 예언자란 것을 표시하는 말이고 또 높은 신앙 자에 대한 별명이었다.

본 절에 “레위 지파 중에 기록되었다”는 말은 모세의 자손들은 레위지파로 봉사한 것이지 제사장의 반열에는 오르지 못했다는 뜻이다(이상근).

대상 23:15. 모세의 아들은 게르솜과 엘리에셀이라.

모세의 아들들은 게르솜(‘나그네’라는 뜻)과 엘리에셀[293](‘하나님은 구원자이심’이라는 뜻)이었다.

대상 23:16. 게르솜의 아들중에 스브엘이 우두머리가 되었고.

---

293) “엘리에셀”: 모세의 둘째 아들인데, 십보라의 소생이다(출 18:4; 대상 23:15,17).

게르솜의 아들들 가운데서는 스브엘[294]('하나님에게 붙잡힘'이란 뜻)이 족장이었다. 스브엘은 성전의 곳간을 맡았다(26:24).

대상 23:17. 엘리에셀의 아들들은 우두머리 르하뱌라 엘리에셀에게 이 외에는 다른 아들이 없고 르하뱌의 아들들은 심히 많았으며.

엘리에셀의 아들 가운데서는 르하뱌[295]('넓이'라는 뜻)가 족장이었다. 엘리에셀에게는 다른 아들이 없었지만, 르하뱌에게는 아들이 아주 많았다.

대상 23:18. 이스할의 아들들은 우두머리 슬로밋이요.

그핫의 둘째 아들 이스할(12절)의 아들 가운데서 족장은 슬로밋이었다. 24:22에는 "슬로못"으로 표기되어 있다.

대상 23:19. 헤브론의 아들들은 우두머리 여리야와 둘째 아마랴와 셋째 야하시엘과 넷째 여가므암이며.

그핫의 셋째 아들 헤브론(12절)의 아들 가운데서 그 가정의 족장은 여리야('여호와께서 보신다'는 뜻)이고, 그 다음은 아마랴('여호와께서 선언하신다'는 뜻)이며, 셋째는 야하시엘('하나님께서 보신다'는 뜻)이고, 넷째는 여가므암('근친자가 공고히 해주실 것을'이란 뜻)이었다. 이들 형제들은 모두 제사장을 도와 제사 업무를 맡았었다(24:23).

대상 23:20. 웃시엘의 아들들은 우두머리 미가와 그 다음 잇시야더라.

그핫의 넷째 아들 웃시엘(12절)의 아들 가운데서 족장은 미가('여호와와 같은 자가 누구냐'라는 뜻)이고, 그 다음은 잇시야('여호와께서 빌리신다'는

294) "스브엘": 모세의 손자이며 게르솜의 아들로서, 족장이며 다윗 왕 때 성전 곳간을 관리했다(대상 23:15,16; 26:24). 대상 24:20; 25:20에는 '수바엘'로 표기되어 있다.

295) "르하뱌": 레위 지파 조상의 족장인데, 엘리에셀의 아들이다. 그에게 형제는 없었으나 아들은 많았다(대상 23:17).

뜻)였다. 이상으로 레위인의 24반열 중에 그핫 자손이 9반열을 차지했다. 즉, 스브엘(16절), 르하뱌(17절), 슬로밋(18절), 여리야, 아마랴, 야하시엘(19절), 미가, 잇시야(본 절) 등이었다.

21-23절: 므라리 자손.

대상 23:21. 므라리의 아들들은 마흘리와 무시요 마흘리의 아들들은 엘르아살과 기스라.

레위의 셋째 아들 므라리(6절)의 아들들은 마흘리[296](뜻이 불명하다)와 무시(뜻이 불명하다)가 있었다. 마흘리의 아들로는 엘르아살('하나님께서 도우신다'는 뜻)과 기스('어려움'이라는 뜻)가 있었다.

대상 23:22. 엘르아살이 아들이 없이 죽고 딸만 있더니 그의 형제 기스의 아들이 그에게 장가들었으며(Eleazar died having no sons, but only daughters; their kinsmen, the sons of Kish, married them-ESV)**.**

엘르아살은 아들들이 없이 죽었고 딸들만 있었더니 그의 딸들은 기스의 아들인 그의 사촌들과 결혼하여 아버지의 집을 상속하였다. 이는 여자 상속법으로 딸이 아버지의 집을 상속하는데 그 때는 반드시 같은 지파의 사람과 결혼해야 했다(민 27:1-11; 36:1-9 주해 참조).

대상 23:23. 무시의 아들들은 마흘리와 에델과 여레못 세 사람이더라.

또 므라리의 둘째 아들 무시(21절)의 아들들로는 마흘리와 에델('때'라는 뜻)과 여레못('높은'이라는 뜻), 이렇게 세 사람이 있었다. 이상으로 므라리 자손은 엘르아살, 기스(21절), 마흘리, 에델, 여레못 등 5반열이었다.

이렇게 해서 게르손 자손이 10반열, 그핫 자손이 9반열, 므라리 자손이 5반열 도합 24반열이었다.

---

296) "마흘리": 레위 지파 므라리의 아들이며 므시의 형제이다. 그는 마흘리 사람인 레위 사람 가족의 창립자로 되어 있다(출 6:19; 민 3:20,33; 26:58; 대상 6:19; 스 8:18).

ㄷ. 성전에서 행하는 직무 23:24-31

이 부분(24-31절)에서는 레위인이 일할 수 있는 연령과 또 성소에서 섬기는 직무들을 말한다.

대상 23:24. 이는 다 레위 자손이니 그 조상의 가문을 따라 계수된 이름이 기록되고 여호와의 성전에서 섬기는 일을 하는 이십 세 이상 된 우두머리들이라.

레위의 후손을 가문별로 보면 이상과 같다. 이들은 각자의 가문별로 인구를 조사하여 이름이 기록된 레위의 자손으로서, 주의 성전에서 섬기는 일을 하는 스무 살이 넘은 각 가문의 족장들이었다.

그들의 연령은 원래는 30세 이상 50세까지였으나(민 4:3,23) 25세 이상으로 되었고(민 8:23-26), 다시 다윗에 의해 20세 이상으로 된 것이었다(3절 주해 참조). 이렇게 사람 수를 늘린 것은 성소의 업무가 많아졌기 때문인 것으로 보인다.

대상 23:25-26. 다윗이 이르기를 이스라엘 하나님 여호와께서 평강을 그의 백성에게 주시고 예루살렘에 영원히 거하시나니 레위 사람이 다시는 성막과 그 가운데에서 쓰는 모든 기구를 멜 필요가 없다 한지라.

다윗이 이렇게 말하였다. "이스라엘의 하나님 여호와께서 그의 백성에게 평강을 주시고(다시 말해 안식과 휴식을 주시고), 예루살렘이 건축되어 예루살렘에 영원히 계실 것이므로(이상 25절) 이제부터 레위인들은 성막을 메고 다니거나 거기에 소용되는 모든 기구를 가지고 다닐 필요가 없게 될 것이다" 고 말한다.

대상 23:27. 다윗의 유언대로 레위 자손이 이십 세 이상으로 계수되었으니.

그래서 다윗의 레위인에 대한 위의 마지막 지시(25-26절)에 따라 20세 이상의 레위 사람들을 대상으로 인구 조사를 실시하였다. 솔로몬과 이스라엘 백성들은 다윗의 유언을 충실하게 이행했다.

대상 23:28 그 직분은 아론의 자손을 도와 여호와의 성전과 뜰과 골방에서 섬기고 또 모든 성물을 정결하게 하는 일 곧 하나님의 성전에서 섬기는 일과.

여기 레위인이 할 일이 32절까지 하나하나 구체적으로 나열된다. 레위인들의 임무는 아론의 자손(제사장들)을 도와 주님의 성전과 뜰과 방을 보살피고 모든 거룩한 물건을 깨끗이 닦는 일, 곧 하나님의 성전에서 섬기는 일을 했다.

대상 23:29. 또 진설병과 고운 가루의 소제물 곧 무교전병이나 과자를 굽는 것이나 반죽하는 것이나 또 모든 저울과 자를 맡고.

또 상 위에 늘 차려 놓는 빵(제사상에 올려놓는 빵)과, 곡식제물의 밀가루와, 누룩을 넣지 않고 만든 빵(누룩을 넣지 않고 만든 과자)을 냄비로 굽는 일과, 반죽하는 일과, 저울질을 하고 자로 재는 모든 일을 맡았다.

대상 23:30. 아침과 저녁마다 서서 여호와께 감사하고 찬송하며.

또 아침저녁으로 여호와 앞에 나가 감사 찬송을 올리게 되어 있었다. 이 직책은 4,000명에 달하는 찬양대의 임무였다(5절).

대상 23:31. 또 안식일과 초하루와 절기에 모든 번제를 여호와께 드리되 그가 명령하신 규례의 정한 수효대로 항상 여호와 앞에 드리며.

안식일과 초하루와 그 밖의 모든 명절(유월절, 멕추절, 초막절 등 3대 절기를 위시하여 모든 절기 때)에 불로 태워 바치는 번제를 드리며 제사장들을 도와주었다. 이와 같이 그들은 정한 수대로 여호와 앞에서 섬겼다.

대상 23:32. 또 회막의 직무와 성소의 직무와 그들의 형제 아론 자손의 직무를 지켜 여호와의 성전에서 수종드는 것이더라.

이렇게 레위인들은 회막(만남의 장막)과 성소를 보살피는 일과, 그들의 형제 아론 자손을 도와 여호와의 성전에서 섬기는 책임을 맡았다. 아무튼 레위인의 책임은 제사장 책임 못지않게 중요했다. 하나님 앞에서의 책임은 높고 낮음의 차이가 없다. 무슨 일이든지 맡겨지는 대로 충성을 다해야 할 것이다.

제 24 장

2. 제사장의 24반열 24:1-31

제사장의 24반(1-19절)과 레위인의 24반(20-31절)을 나열하며 소개한다.

ㄱ. 제사장의 24반열 24:1-19

이 부분(1-19절)은 24반열을 거명했는데 먼저 엘르아살 계열에서 16명, 이다말 계열에서 8명을 거명한다(1-6절). 그런 다음 24반열 모두를 거명한다(7-19절).

1-6절: 엘르아살 계열과 이다말 계열의 족장들.

대상 24:1. 아론 자손의 계열들이 이러하니라 아론의 아들들은 나답과 아비후와 엘르아살과 이다말이라.

저자는 아론 자손(제사장이다)의 갈래는 다음과 같다고 말한다. 아론의 아들들은 나답('고상하다'는 뜻)과 아비후('아버지는 그 분이시다'는 뜻)와 엘르아살('하나님이 돕는 자'라는 뜻)과 이다말('손바닥의 땅'이란 뜻)이었다.

대상 24:2. 나답과 아비후가 그들의 아버지보다 먼저 죽고 그들에게 아들이 없으므로 엘르아살과 이다말이 제사장의 직분을 행하였더라.

나답과 아비후는 아버지보다 먼저 죽었다. 이유는 하나님께서 정하신 번제단의 불을 쓰지 않고 다른 불로 분향하다가 하나님의 진노를 사서 죽었고(레 10:1-3) 또 그들에게는 아들이 없었으므로, 셋째 아들인 엘르아살과 넷째 아들인 이다말이 제사장이 되어 직분을 행했다.

대상 24:3. 다윗이 엘르아살의 자손 사독과 이다말의 자손 아히멜렉과 더불어 그들을 나누어 각각 그 섬기는 직무를 맡겼는데(With the help of Zadok of the sons of Eleazar, and Ahimelech of the sons of Ithamar, David organized them according to the appointed duties in their service-ESV).

다윗 왕은 엘르아살의 후손인 사독과 이다말의 후손인 아히멜렉과 상의하여 아론의 자손들을 그들의 직무에 따라 여러 반으로 분류하였다.

"사독"과 "아히멜렉"에 대해서는 18:16 주해를 참조하라. 사독과 아히멜렉은 다윗 왕 말기의 대제사장들이었다. 다윗 왕 초기에는 본래 엘르아살의 후손 사독과 이다말의 후손 아비아달이 대제사장으로 봉사했으나(삼하 15:24; 20:25) 아비아달이 늙어 직무를 수행할 수 없어 그의 아들 아히멜렉이 대제사장직을 승계했다. 그런데 이들 사독과 아히멜렉은 다윗 왕이 제사장의 24반열 제도를 마련하는데 있어 각기 자기 집안의 대표자로서 영향력을 행사했다. 다시 말해 다윗은 중앙 성소의 제사장 직과 관련된 난제를 이 두 사람과 함께 숙고하였고, 제사장직을 수행할 사제들의 명단을 분류했다. 다윗이 이처럼 제사장들과 레위인들을 세밀히 분류한 것은 예루살렘 중앙 성소에 집중된 벅찬 업무를 효과적으로 수행하기 위함이었다. 사실 어떤 면에서 제사장직과 같은 고위직을 한 사람이 계속해서 담당한다면 이와 관련된 부정이 야기될 수도 있다. 요컨대 다윗이 레위인들을 이렇게 분류한 것은 분파의식을 조장하기 위한 것이 아니었다. 대신 각자가 맡은 직무를 잘 감당하여 성전 내에서 예배를 제대로 수행하라는 하나님의 명령에 따른 것이라 할 수 있다(호크마). 오늘 우리도 하나님께서 맡겨주신 직분을 올바로 감당할 수 있어야 할 것이다.

대상 24:4. 엘르아살의 자손 중에 우두머리가 이다말의 자손보다 많으므로 나눈 것이 이러하니 엘르아살 자손의 우두머리가 열여섯 명이요 이다말 자손은 그 조상들의 가문을 따라 여덟 명이라.

제사장의 24반열은 인구비례로 정했는데 엘르아살 자손 가운데서 족장이 될 만한 사람이 이다말 자손에서보다 더 많았으므로, 엘르아살 자손을 그 가문을 따라 열여섯 명의 족장으로, 그리고 이다말 자손은 그 가문을 따라 여덟 명의 족장으로 나누었다. 즉, 엘르아살 자손이 배나 많았다(K.&D., Curtis).

대상 24:5. 이에 제비 뽑아 피차에 차등이 없이 나누었으니 이는 성전의 일을 다스리는 자와 하나님의 일을 다스리는 자가 엘르아살의 자손 중에도 있고 이다말의 자손 중에도 있음이라.

비록 숫자적으로 보면 엘르아살 후손이 많아서 제사장을 많이 차지했으나 기타 직무의 분담은 제비를 뽑아 공정하게 해서 두 파에 차이 없이 정했다. "제비를 뽑는 것은" 하나님의 뜻을 아는 방법이었다(민 26:52-56; 수 7:14-19; 14:1-2; 삼상 14:42; 시 22:18; 잠 16:33; 행 1:24). 다윗 왕은 사독과 아히멜렉(3절)의 입회하에 공정하게 제비를 뽑게 했다.

본 절의 "피차에 차등이 없이 나누었다"는 말은 엘르아살 자손과 이다말 자손 간에 어떠한 차별도 없이 동등한 입장에서 제비를 뽑게 했다는 뜻이다. 다시 말해 이들은 동등한 지위에서 24반열의 순번을 정하였다는 의미이다.

"성전의 일을 다스리는 자와 하나님의 일을 다스리는 자"란 말은 동의어로 사용된 말이다. 이 둘은 결국 대제사장을 뜻하는 말이다. 따라서 본 절을 통해 우리는 당시 엘르아살 자손들, 이다말 자손들에게 각자 한명씩의 대제사장이 있었음을 알 수 있다.

그러나 솔로몬 때에 가서는 아비아달 가문의 제사장직이 폐위되었으므로 이다말 자손들의 제사장직이 끊기고 말았다(왕상 2:26,27). 그것은 바로 엘리 제사장 집안의 죄악 때문이었다(삼상 2:27-36).

대상 24:6. 레위 사람 느다넬의 아들 서기관 스마야가 왕과 방백과 제사장 사독과 아비아달의 아들 아히멜렉과 및 제사장과 레위 사람의 우두머리 앞에서 그 이름을 기록하여 엘르아살의 자손 중에서 한 집을 뽑고 이다말의

자손 중에서 한 집을 뽑았으니.

레위 사람 느다넬의 아들 서기관 스마야('듣는 자'라는 뜻)가 왕과 지도자들(대신들)과 제사장 사독과 아비아달의 아들 아히멜렉과 제사장과 레위 사람 가문의 지도자들이 지켜보는 앞에서, 엘르아살과 이다말 가문 가운데서 한 집씩 제비를 뽑아, 서기관 스마야가 그들의 이름을 기록하였다. 본 절은 선출방식을 보여준다.

이렇게 엄격히 제비를 뽑아 선출했으니 부정이 없었다. 선출하는 일에 부정이 없게 해야 한다. 오늘날 교회에서도 선거에 부정이 있어서는 안 된다는 것을 보여준다.

7-19절: 24반열의 이름을 모두 거명하다.

대상 24:7. 첫째로 제비 뽑힌 자는 여호야립이요 둘째는 여다야요.

첫째로 제비 뽑힌 사람은 여호야립('여호와께서 다투신다'는 뜻. 9:10주해 참조)이었고, 둘째는 "여다야"('여호와께서 칭찬하신다'는 뜻. 9:10주해 참조)였다. 9:10에도 여호야립이란 이름이 나오는데 그는 바벨론 포로기 이후의 인물로서 본 절의 여호야립과는 다른 사람이다. 9:10의 여호야립은 바벨론에서 귀환한 제사장의 명단이고, 본 절의 여호야립은 개인 이름이다. 다시 말해 이때의 여호야립과 여다야는 그대로 제사장의 가문을 형성하여 귀환 기까지 지속하였다고 본다(스 2:36; 느 7:39). 아무튼 본 절의 두 사람과 그 가문은 제사장 계열의 첫째와 둘째였다.

대상 24:8. 셋째는 하림이요 넷째는 스오림이요.

셋째는 하림[297]('가을'이란 뜻)이었고, 넷째는 스오림[298]('보리'라는 뜻)이었다. 하림 제사장 가문은 귀환 기 이후에도 존속했다.

---

297) "하림": 스룹바벨과 같이 바벨론 포로에서 귀환한 한 족속의 조상이다(느 7:24). 또 계약서에 날인한 백성의 두목이다(느 10:19). 에스라 2:18에는 '요라'로 되어 있다.

298) "스오림": 아론의 자손으로 다윗 시대에 성전 봉사 제 4반열에 뽑힌 제사장 족장이다(대상 24:1,6,8).

대상 24:9. 다섯째는 말기야요 여섯째는 미야민이요.

다섯째는 말기야[299]('나의 왕은 야아이시다'는 뜻)이었고, 여섯째는 미야민[300](뜻이 불명하다)이었다. 말기야 가문은 제사장 가문으로 포로 귀환기 이후에도 존속한 것으로 본다.

대상 24:10. 일곱째는 학고스요 여덟째는 아비야요.

일곱째는 학고스[301]('가시'라는 뜻)였고, 여덟째는 아비야[302]('여호와는 아버지시다'라는 뜻)였다.

아비야 반열은 신약에 나타난 유일한 제사장 반열이다. 이 반열은 세례요한의 부친인 사가랴의 반열이었다(눅 1:5).

대상 24:11. 아홉째는 예수아요 열째는 스가냐요.

아홉째는 예수아[303]('여호와가 구원하신다'는 뜻)였고, 열째는 스가냐[304]('여호와께서 거하신다'는 뜻)였다.

---

299) "말기야": 아론의 자손으로 그 가족은 다윗 시대에 번성하여 한 족속을 이루었고, 다윗이 제사장들에게 직무를 분담시켰을 때 제 5반차로 뽑혀 성전에 들어가 여호와를 섬겼다(대상 24:1,6,9). 분명히 그의 족속의 한 지파인 바스훌 사람은 스룹바벨과 더불어 포로에서 귀환했다(스 2:38). 또 19:12: 느헤미야 11:12의 제사장 계보에서는 바스훌을 거쳐 말기야까지 거슬러 올라간다. 예레미야 38:6(아마 1절도)의 왕자 말기야는 다른 사람이다.

300) "미야민": 아론의 자손으로 그의 가족은 다윗 시대까지는 한 족속이 되고 다윗이 제사장의 직분을 24반차로 나누었을 때 여섯 번째로 제비 뽑혔다(대상 24:1,6,9).

301) "학고스": 아론의 자손으로 그의 가족은 다윗 시대까지는 한 족속으로 번영하여 다윗의 제사장 구분에서는 24반차 중 제 7반차로 되었다(대상 24:1,6,10). 그의 자손은 스룹바벨과 같이 바벨론 포로에서 귀환했으나, 보계에서 자기의 이름을 발견하지 못했기 때문에 제사장직에서 제외되었다(스 2:61,62). 그러나 후에 제사장직에 오른 것 같다(느 3:21).

302) "아비야": 아론 계통 엘르아살의 자손이다. 그의 아들들은 다윗 시대에 한 족속을 이루었고 모든 제사장을 24반으로 나누었을 때 제 8반차의 구성원으로 되었다(대상 24:10).

303) "예수아": 아론의 자손으로 다윗 시대에 성전 봉사 제 9조의 제사장이며 족장이었다(대상 24:1,6,11).

304) "스가냐": 아론 자손의 제사장으로 다윗이 제사장을 24 반차로 나누어 성전 봉사를 하게 했을 때, 그의 반열은 10번째가 되었다. 스룹바벨을 따라 제 1차로 포로에서 귀환한 제사장의 한 사람이었다(느 12:3). 느헤미야 10:4과 12:14에는 '스바냐'로 되어 있다.

대상 24:12. 열한째는 엘리아십이요 열두째는 야김이요.

열한째는 엘리아십[305]('하나님께서 데리고 돌아오신다'는 뜻)이었고, 열두째는 야김[306]('그는 일으키신다'는 뜻)이었다. 야김은 성경에 다시 나타나지 않는다.

대상 24:13. 열셋째는 훕바요 열넷째는 예세브압이요.

열셋째는 훕바('덮음'이라는 뜻)였고, 열넷째는 예세브압[307]('아버지의 자리'라는 뜻)이었다. 훕바는 제사장의 이름으로는 성경에 다시 나타나지 않는다.

대상 24:14. 열다섯째는 빌가요 열여섯째는 임멜이요.

열다섯째는 빌가[308]('유쾌함'이라는 뜻)였고, 열여섯째는 임멜[309]('이야기 한다'는 뜻)이었다. 빌가는 빌개로도 불렸다(느 10:8). 그의 가문은 포로 귀환 기에도 제사장이었다(느 12:5).

대상 24:15. 열일곱째는 헤실이요 열여덟째는 합비세스요.

열일곱째는 헤실[310]('멧돼지'라는 뜻)이었고, 열여덟째는 합비세스[311]

---

305) "엘리아십": 아론의 자손으로 다윗 시대에 어느 제사장 가족의 조상이 된 사람인데, 제비를 뽑아 11번째의 수종을 든 제사장이다(대상 24:12).

306) "야김": 다윗 시대의 제사장이며 족장이다. 성전 봉사의 순서는 제 12반이었으며, 그 반장이었다(대상 24:12).

307) "예세브압": 아론의 자손으로 다윗 시대의 성전 봉사 제 14반차로 뽑힌 제사장 족장이었다(대상 24:13).

308) "빌가": 아론의 자손으로서 다윗 시대의 제사장이며, 성전 봉사의 순서는 제 15반장이었다(대상 24:14,19).

309) "임멜": 아론의 한 자손인데, 그의 가족은 다윗 시대까지 한 족속으로 번성하여 제 16반차의 제사장으로 여호와의 전에서 수종 들었다(대상 24:1,6,14). 예레미야 시대에 그의 대적이었던 여호와의 집 유사장(有司長)은 분명히 이 일족에 속할 것이다(렘 20:1). 그의 자손은 스룹바벨과 같이 바벨론 포로에서 귀환했다(스 2:37; 느 11:13). 이 가족의 제사장 두 사람은 바벨론 포로 귀환 후 에스라의 권고에 따라 이방인 아내와 이혼했다(스 10:20). 그 얼마 후 그의 다른 아들들은 영광스러운 예루살렘 성벽 중수 역사에 참가했다(느 3:29).

310) "헤실": 아론의 자손인데, 다윗 시대에 17번째로 여호와의 전에 들어가 제사장의 직분을 수행한 사람이다(대상 24:15).

('훑는다'는 뜻)였다. 합비세스라는 이름은 성경에 다시 나타나지 않는다.

대상 24:16. 열아홉째는 브다히야요 스무째는 여헤스겔이요.

열아홉째는 브다히야[312]('여호와께서 여신다'는 뜻)였고, 스무째는 여헤스겔[313]('하나님은 강하게 하신다'는 뜻)이었다. 여헤스겔은 성경에 다시 나타나지 않는다.

대상 24:17. 스물한째는 야긴이요 스물두째는 가물이요.

스물한째는 야긴[314]('그는 확립하신다'는 뜻)이었고 스물둘째는 가물[315]('상준다'는 뜻)이었다. 가물은 성경에 다시 나타나지 않는다.

대상 24:18. 스물셋째는 들라야요 스물넷째는 마아시야라.

스물셋째는 들라야[316]('여호와께서 구원하셨다'는 뜻)였고 스물넷째는 마아시야[317]('야호와의 구원'이란 뜻)였다.

대상 24:19. 이와 같은 직무에 따라 여호와의 성전에 들어가서 그의 아버지 아론을 도왔으니 이는 이스라엘의 하나님 여호와께서 명하신 규례더라.

이상의 제사장 24반열은 자기들이 맡은 직무를 따라 주의 성전에 들어가서 주 이스라엘의 하나님께서 그들의 조상 아론을 시켜서 지시하신 규례대로

---

311) "합비세스": 아론의 자손이다. 그의 자손은 열여덟 번째로 여호와의 전에 들어가 제사장의 직분을 수행하였다(대상 24:15).

312) "브다히야": 아론의 자손으로서 열 아홉째 제사장의 반열이 된 자이다(대상 24:16).

313) "여헤스겔": 아론의 자손으로 스무째 제사장의 반열이 된 자이다(대상 24:16).

314) "야긴": 다윗 시대의 제사장이며 족장이다. 성전 봉사의 순서는 제 21반이었다(대상 9:10,24:17). 느헤미야 11:10의 기사를 보면 바벨론 포로에서 귀환한 제사장으로서 성도 예루살렘에 거주하였다.

315) "가물": 다윗 왕 때의 제사장이다. 이는 아론의 자손으로서 제비로 제사장에 뽑힌 24명 중의 한 사람이다. 22번째로 뽑혔다(대상 24:17).

316) "들라야": 다윗 왕 때 성전에서 봉사한 24반장 중 제 23반장 이다(대상 24:18).

317) "마아시야": 아론의 자손으로 다윗 시대에 성전 봉사 제 24반차의 제사장이며, 족장이다(대상 24:18).

(출 28:40-43; 29:29-30; 30:7-10; 민 8:2-3) 한 주일씩(왕하 11:9; 대하 23:8) 직무를 수행하여 하나님께 봉사했다.

ㄴ. 레위인의 24반열 24:20-31

이 부분(20-31절)은 제사장을 돕는 레위인의 24반열을 나열한 것이다. 23:6-23의 명단과 거의 중복되고, 몇 사람의 새 이름이 보인다. 게르손의 족장이 생략되어 있다(23:7-11). 아마도 필사 자가 자료를 유실했기 때문일 것으로 보인다.

대상 24:20. 레위 자손 중에 남은 자는 이러하니 아므람의 아들들 중에는 수바엘이요 수바엘의 아들들 중에는 예드야며.

"레위 자손 중에 남은 자는 이러하다"는 말은 '아론 자손을 제외한 레위인들 가운데 성전에서 아론 자손을 도와 제사 직무를 수행하던 자들'[318]을 지칭한다. 다시 말해 나머지 레위의 후손은 다음과 같다는 것이다. 즉, 나머지 레위 자손은 아므람의 자손인 수바엘[319](''하나님에게 붙잡힘'이란 뜻')과 수바엘의 자손인 예드야('여호와께서 기뻐하신다'는 뜻)였다. 본 절 이하 25절까지는 그핫 족속의 아홉 반차를 재차 소개한 내용으로 23:12-20의 반복이다. 23:16에는 모세의 손자 "스브엘"(=수바엘)만 있었으나 본 절에서는 그의 아들 "예드야"(Jedeiah)가 새로 첨가되어 있다.

23:7-11에서는 므라리 자손 이전에 게르손 자손의 명단이 앞서 있었으나 본 절에서는 무슨 이유인지(대부분의 학자들이 그 이유를 말하지 못하고 필사자의 착오로 본다) 생략되고, 므라리 자손이 먼저 등장한다.

대상 24:21. 르하뱌에게 이르러는 그의 아들들 중에 우두머리 잇시야요.

르하뱌의 가문에서 족장 르하뱌의 자손인 잇시야[320]('여호와께서 빌리신

---

318) 그러나 본문맥 소속된 레위인들은 레위인 전체 인원(23:3) 중 일부분이며 뒤에 이어지는 두 장에서 그 나머지 레위인들의 임무가 소개되고 있다.

319) "수바엘": 모세의 손자이며 게르솜의 아들로서, 족장이며 다윗 왕 때 성전 곳간을 관리했다(대상 23:15,16; 26:24). 23:1;16에는 스브엘로 표기되어 있다.

다’는 뜻)였다. 르하뱌에 대해 23:17주해를 참조하라.

대상 24:22. 이스할의 아들들 중에는 슬로못이요 슬로못의 아들들 중에는 야핫이요.

이스할(그핫의 둘째 아들, 출 6:18)의 가문에서 슬로못[321]('평화'라는 뜻)과 슬로못의 자손인 야핫[322]('말다툼'이라는 뜻)이었다.

대상 24:23. 헤브론의 아들들은 장자 여리야와 둘째 아마랴와 셋째 야하시엘과 넷째 여가므암이요.

본 절 주해를 위해서는 23:19절 주해를 참조하라.

대상 24:24. 웃시엘의 아들들은 미가요 미가의 아들들 중에는 사밀이요.

웃시엘의 자손인 미가와, 미가의 자손인 사밀('보석'이라는 뜻)이었다. 사밀은 다윗 왕 때 활약한 사람이다. 본 절 주해를 위해서는 23:20 주해를 참조하라.

대상 24:25. 미가의 아우는 잇시야라 잇시야의 아들들 중에는 스가랴이며.

미가의 아우 잇시야('여호와께서 빌리신다'는 뜻)와 잇시야의 자손인 스가랴('여호와는 기억하신다'는 뜻)였다. 스가랴는 다윗 왕 때에 활약한 인물이다. 잇시야에 대해 23:20주해를 참조하다.

26-31절: 므라리의 아들들.

---

320) "잇시야": 레위 사람 르하뱌의 아들이며 족장이다. 다윗이 사울로 인해 시글락에 숨어 있을 때 그에게 충성하러 귀순한 용사 중 한 사람이었다(대상 12:6).

321) "슬로못": 레위 사람. 이스할의 아들(24:22). 대상 23:18에서는 '슬로밋'으로 표기되어있다.

322) "야핫": 레위 족속 그핫 자손의 슬로못의 아들이다. 남은 레위 자손의 24 반장(성전봉사) 중 한 사람이다(대상 24:22).

대상 24:26. 므라리의 아들들은 마홀리와 무시요 야아시야의 아들들은 브노이니.

므라리(레위의 셋째 아들)의 자손인 마홀리와 무시였고, 또 야아시야('여호와는 강하게 하신다'는 뜻, 므라리의 자손)의 아들인 브노('그의 자식'이란 뜻)였다. "마홀리와 무시"에 대해 23:21 주해를 참조하라.

대상 24:27. 므라리의 자손 야아시야에게서 난 자는 브노와 소함과 삭굴과 이브리요(The sons of Merari: of Ja-aziah, Beno, Shoham, Zaccur, and Ibri-RSV, ESV).

므라리의 자손 야아시야 가문에 브노('그의 아들'이란 뜻)와, 소함과, 삭굴('순결'이라는 뜻)과, 이브리가 있었다.

본 절의 "브노"(בְּנוֹ)라는 말이 '그의 아들'이라는 뜻이므로 사람 이름으로 보기 보다는 "야아시야의 아들"이라고 보아야 한다는 견해가 있다. 그래서 야아시야의 아들들은 3명이라는 견해를 가지고 있는 학자(Barker)가 있다고 강하게 주장하기도 하나 네명의 아들들(브노, 소함, 삭굴, 이브리)이 야아시야의 혈통을 받은 아들로 보아야 할 것이다(KJV, NKJV, NIV, NASB, RSV, ESV).

대상 24:28. 마홀리의 아들 중에는 엘르아살이니 엘르아살은 아들이 없으며.

마홀리 가문에는 엘르아살이 있는데 엘르아살에게는 아들이 없었다. 본 절 주해를 위해서는 23:21-22 주해를 참조하라.

대상 24:29. 기스에게 이르러는 그의 아들 여라므엘이요.

기스 가문에 기스의 아들 여라므엘('하나님이여, 긍휼히 여기소서'라는 뜻)이 있었다. "마홀리의 둘째 아들" 기스 가문(23:21)에 기스의 아들이 있었다는 것 이다. 기스에는 엘르아살의 딸과 결혼하여 그 가문을 상속한 또 하나의 아들이 있었다는 내용이다(23:22).

대상 24:30. 무시의 아들들은 마흘리와 에델과 여리못이니 이는 다 그 조상의 가문에 따라 기록한 레위 자손이라.

무시의 자손으로 마흘리와 에델과 여리못이 있었는데, 이들이 가문별로 등록된 레위 자손이었다. 본 절의 주해를 위해 23:23주해를 참조하라.

대상 24:31. 이 여러 사람도 다윗 왕과 사독과 아히멜렉과 제사장과 레위 우두머리 앞에서 그들의 형제 아론 자손처럼 제비 뽑혔으니 장자의 가문과 막내 동생의 가문이 다름이 없더라.

그들(레위인 24반열)도 그들의 형제인 아론 자손과 마찬가지로 다윗 왕과 사독과 아히멜렉(두 대제사장들)과 제사장과 레위 사람 가문의 족장들 앞에서 제비를 뽑았다(6절). 가문의 종가이든 가장 작은 집이든 공평하게 제비를 뽑아 선택했다.

제 25 장

3. 찬양대 25:1-31

찬양대는 아삽과 헤만과 여두둔의 3족에 의해 조직되었고, 그 직무는 악기들을 타서 하나님께 찬미하는 것이었다(1-7절). 그리고 찬양대의 반열은 앞서 거론한 288명을 무조건 제비 뽑아 공정하게 24반열로 나누었다(8-31절).

ㄱ. 찬양대의 조직과 직무 25:1-7

찬양대의 조직은 아삽과 헤만과 여두둔의 3족에 의해 되었고, 직무는 악기들을 연주하며 하나님을 찬양하는 일이었다. 이와 같은 찬양대는 성전 예배에서 중요시했다.

대상 25:1. 다윗이 군대 지휘관들과 더불어 아삽과 헤만과 여두둔의 자손 중에서 구별하여 섬기게 하되 수금과 비파와 제금을 잡아 신령한 노래를 하게 하였으니 그 직무대로 일하는 자의 수효는 이러하니라.

다윗과 레위 지도자들은 아삽과 헤만과 여두둔의 자손 중에서 수금과 비파와 제금에 맞추어 노래로 여호와를 찬양할 사람들을 뽑아 세웠다. 그들의 이름과 그 직무는 다음과 같다.

본문 초두의 "군대 지휘관들"(שָׂרֵי הַצָּבָא)이란 말은 '지도자' 혹은 '방백'이란 뜻이다(23:2; 24:6). 이 말은 다윗의 통치에 조력(助力)한 각 지파의 우두머리들을 가리킨다고 볼 수 있다. 다윗은 아마도 군대장관과 그 외 방백들과 상의하여 찬양대를 조직했을 것으로 보인다. 다윗은 결코 독단적으로 무슨 일을 경영하지 않았다.

"아삽과 헤만과 여두둔"의 주해에 대해서 6:33-47 주해 참조하라. 이

3족의 순서는 처음(15:19)에는 "헤만, 아삽, 여두둔"의 순서였으나, 본 절에서는 "아삽"이 앞서 있다. 순서가 이렇게 뒤바뀐 것은 "헤만과 여두둔"이 기브온 성막에서 봉사했으나, "아삽"은 예루살렘에서 법궤 앞에서 섬겼기에(16:37) 그의 위치가 앞선 것으로 보인다.

"수금과 비파와 제금" 등 악기의 주해를 위해서 13:8 주해를 참조하라. 찬양대는 이와 같은 악기들을 가지고 하나님을 찬미했다. "신령한 노래를 하게 하였다"는 말은 하나님의 크신 감동을 받아 감동된 노래, 감동된 시구(詩句)를 쏟아냈음을 의미한다.

"그 직무대로 일하는 자의 수효는 이러하니라"는 말은 '그들의 섬김에 따라서 일하는 자의 수효는 다음과 같다'는 뜻이다. 다시 말해 아삽의 네 아들(2절), 여두둔의 여섯 아들(3절), 헤만의 열네 아들, 곧 24반열의 우두머리들을 지칭하는 것으로 추정된다(Curtis).

대상 25:2. 아삽의 아들들은 삭굴과 요셉과 느다냐와 아사렐라니 이 아삽의 아들들이 아삽의 지휘 아래 왕의 명령을 따라 신령한 노래를 하며.

아삽의 아들은 삭굴('순결'이란 뜻)과 요셉[323]('그는 더하실 것이다'라는 뜻)과 느다냐('여호와의 선물'이라는 뜻)와 아사렐라('하나님께 올바른'이란 뜻)였다. 이 아삽의 아들들은 왕의 지시에 따라 아삽의 지휘 아래 신령한 노래를 불렀다.

본 절의 "아사렐라"는 14절에서는 "여사렐라"로 표기되어 있다. 본 절의 "신령한 노래"란 말은 '예언함'이란 뜻이다. 이들 아삽의 아들들은 아삽의 지휘아래 왕의 명령을 따라 예언적인 찬양을 불렀다.

대상 25:3. 여두둔에게 이르러서는 그의 아들들 그달리야와 스리와 여사야와

323) "요셉": 다윗 시대에 악대 총지휘자의 한 사람인 아삽의 아들이었다. 그는 부친에 속하여 왕의 명령을 좇아 신령한 노래를 불렀다. 그는 또한 악대를 24반으로 나눌 때 첫째 반으로 제비 뽑혔다(대상 25:2,9).

시므이와 하사뱌와 맛디디야 여섯 사람이니 그의 아버지 여두둔의 지휘 아래 수금을 잡아 신령한 노래를 하며 여호와께 감사하며 찬양하며.

여두둔의 가문에는 여섯 아들 그달리야('하나님은 나의 크심'이라는 뜻)와 스리('만들어 내는 자'라는 뜻)와 여사야('여호와는 구원하신다'는 뜻)와 하사뱌('여호와께서 고려하신다'는 뜻)와 맛디디야('여호와의 선물'이란 뜻) 등 여섯이 있었다. 그들은 수금을 타면서 주께 감사하며 찬양하며 예언하는 그들의 아버지 여두둔의 지도를 받았다.

본 절의 여두둔의 아들은 실제로 다섯 명이다. 한 사람이 빠져 있는데 이는 필사자의 착오에 의한 것으로 보인다. 그 빠진 한명은 "시므이"(뜻은 불명하다)였다(17절).

대상 25:4. 헤만에게 이르러는 그의 아들들 북기야와 맛다냐와 웃시엘과 스브엘과 여리못과 하나냐와 하나니와 엘리아다와 깃달디와 로맘디에셀과 요스브가사와 말로디와 호딜과 마하시옷이라.

헤만 가문에는 헤만의 아들들인 북기야('여호와로 인하여 황폐해진'이란 뜻)와 맛다냐('여호와의 선물'이란 뜻)와 웃시엘('하나님은 강하심'이란 뜻)과 스브엘('하나님에게 붙잡힘'이라는 뜻)과 여리못('뛰어나다'란 뜻)과 하나냐('여호와는 자비하시다'는 뜻)와 하나니('여호와는 자비하심'이란 뜻)와 엘리아다('하나님은 아신다'는 뜻)와 깃달디('내가 말하였다'는 뜻)와 로맘디에셀('내가 도움을 얻겠다'는 뜻)과 요스브가사('하나님은 쓰라린 운명을 바꾸어 주시리라'는 뜻)와 말로디('나의 충만한 것'이란 뜻)와 호딜('풍부'란 뜻)과 마하시옷('관찰력'이란 뜻)이 있었다. 이름들은 모두 다 좋은 뜻으로 보인다. 어느 미국인의 이름도 "바울"("Paul")이란 이름을 가지고 있었지만 한 생애 동안 교도소에서 삶을 유지하고 있는 이가 있었다. 이름도 잘 지어야 하지만 본인이 예수님을 잘 믿어야 하는 것이다.

대상 25:5. 이는 다 헤만의 아들들이니 나팔을 부는 자들이며 헤만은 하나님

의 말씀을 가진 왕의 선견자라 하나님이 헤만에게 열네 아들과 세 딸을 주셨더라

이들은 모두 왕의 선견자 헤만의 아들들이었다. 그의 뿔을 높이 들어 주시겠다는 하나님의 말씀대로, 하나님께서는 헤만에게 열 네 아들과 세 딸을 주셨다.

문장 초두의 "이는"("these")이란 말은 앞 절(4절)에 등장하는 헤만의 열네 아들과 세 딸을 지칭하는 말이다.

"나팔을 부는 자들"(הָרִים קָרֶן)이란 말은 본래 '뿔을 높이 든다'는 의미로 사용되지만(KJV, ASV, YLT) 본 절에서는 '명예(위상)를 높이신다'라는 뜻으로 해석된다(RSV, K.&D.). 본 절에서 하나님께서 헤만을 높이신 증거는 그에게 14아들과 3딸을 주신 것이다. 우리가 주님을 높일 때 주님은 우리의 뿔(명예, 위상)을 높여주신다(시 18:2).

"하나님의 말씀을 가진 왕의 선견자"(חֹזֵה הַמֶּלֶךְ בְּדִבְרֵי הָאֱלֹהִים)란 말은 '하나님의 말씀을 통하여 무슨 유익을 주는 선견자'라는 뜻이다. 그 유익이란 나라의 중대한 사건에 관해서 하나님의 뜻이 무엇인가를 알려주고 하나님의 계획을 알려주며 혹은 하나님의 섭리를 알려주는 것 같은 유익일 것으로 보인다. 그리고 "선견자"란 말은 나단과 같이 전문적인 선지자라는 뜻이 아니라 왕궁에서 나라의 중대사를 만나 왕에게 하나님의 뜻이 무엇일까를 알려주고 또 무엇이 유익일까를 조언해주는 역할을 감당하는 자를 가리킬 것이다.

대상 25:6. 이들이 다 그들의 아버지의 지휘 아래 제금과 비파와 수금을 잡아 여호와의 전에서 노래하여 하나님의 전을 섬겼으며 아삽과 여두둔과 헤만은 왕의 지휘 아래 있었으니.

이들(찬양 대원들, 2-5절) 모두는 그들의 아버지(아삽과 헤만과 여두둔)의 지도를 받아 성전에서 심벌즈와 비파와 수금을 잡아 여호와의 전에서 노래를 부르고 성전 예배에 참여했으며 아삽과 여두둔과 헤만은 왕의 지시를 직접 받는 사람들이었다.

여기 세 찬양대장들은 다윗왕의 직접 수하에 속했다. "제금과 비파와 수금"에 대해 1절; 13:8 주해 참조. 저들은 이런 악기들을 연주하면서 하나님을 찬미했다.

대상 25:7. 그들과 모든 형제 곧 여호와 찬송하기를 배워 익숙한 자의 수효가 이백팔십팔 명이라.

본 절에서 본서 저자 에스라는 여호와를 찬양하기 위해서 전문적으로 훈련받은 자들과 그들의 형제의 수를 말한다.

그들(여호와를 찬송하는 법을 익숙하게 배운 자들)과 그들의 친족의 수는 모두 288 명이었다. "그들"이란 말은 문맥으로 보아 '여호와를 찬양하는 법을 배운 능숙한 사람들'을 지칭한다.

본 절의 "288인"은 찬양대 24반열에 12명씩(24 X 12) 배치한 숫자인 것으로 보인다. 아삽과 여두둔과 헤만의 아들들 24명(9-31절)이 각각 11명의 찬양 대원을 거느려 각 반차가 12명으로 구성되어 있음을 알 수가 있다 (Lange, Curtis).

본 절의 "익숙한 자"(מֵבִין)란 말은 '가르치는 자' 혹은 '선생'이란 뜻이다. 따라서 288명은 여호와를 찬송하기 위해 뽑힌, 다른 레위인들을 가르치는 선생들이었다. 이들을 포함하여 하나님을 찬양하기 위해 다윗이 소집한 레위인의 총수는 모두 4,000명이었다(23:5, 호크마 주석).

ㄴ. 찬양대의 24 반열 25:8-31

이 부분(8-31절)의 찬양대의 24반열이란 앞서 진술한 288명을 제비뽑아 똑같이 24반열로 나눈 것을 말한다. 다윗은 제사장들도 24반열로 나누었고 (24:5-19), 레위인들도 24반열(24:20-31)로 나눈 것처럼 찬양대도 24반열로 나누었다. 이렇게 24반으로 나눈 이유는 한 주간씩 교대하면서 봉사하기 위함이었다.

대상 25:8. 이 무리의 큰 자나 작은 자나 스승이나 제자를 막론하고 다 같이 제비 뽑아 직임을 얻었으니.

이 무리가 제비를 뽑아서 책임을 맡을 때에는, 큰 자(나이 많은 자)나 작은 자(나이 적은 자)나, 스승이나 배우는 사람이나 구별을 두지 않았다.

본 절의 요점은 다윗이 반열로 나눌 때는 온전히 제비를 뽑아서 결정했다는 것을 말한다. 결코 다윗의 감정이나 기분에 따라서 반열을 나눈 것이 아니라 하나님의 뜻을 알아보는 제비뽑기에 의해서 결정했다는 것을 강조한다.

본 절 초두의 "무리"란 말은 문맥으로 보아 다윗 왕에 의해서 선별된 4,000명의 찬양대원들인 것으로 보인다. 그리고 "큰 자나 작은 자"란 말은 '나이가 많은 자나 나이가 작은 자나 또는 사회적으로 큰 자나 작은 자'를 뜻하는 것으로 보아야 한다. 아무튼 다윗 시대는 공평을 중요시했다. 공평을 중시하는 것은 오늘날에도 아주 중요하다.

대상 25:9. 첫째로 제비 뽑힌 자는 아삽의 아들 중 요셉이요 둘째는 그달리야이니 그와 그의 형제들과 아들들 십이 명이요.

첫째로 제비 뽑힌 사람은 아삽 가문의 요셉(아삽의 둘째 아들)이 뽑혔고, 둘째는 그달리야(여두둔의 첫째 아들)가 뽑혔는데 그 형제들과 아들 열둘이 뽑혔다. 뽑힌 인원수는 이들 반장을 포함하여 각 반이 똑같이 12명씩이었다.

대상 25:10. 셋째는 삭굴이니 그의 아들들과 형제들과 십이 명이요.

셋째는 삭굴('순결'이라는 뜻, 아삽의 첫째 아들)과 그 아들들과 형제들 합해서 열두 명이 뽑혔다.

대상 25:11. 넷째는 이스리이니 그의 아들들과 형제들과 십이 명이요.

넷째는 이스리(여두둔의 둘째 아들)와 그 아들과 형제 열두 명이었다.

이스리는 3절에서는 "스리"로 표기되어 있다.

대상 25:12. 다섯째는 느다냐니 그의 아들들과 형제들과 십이 명이요.

다섯째는 느다냐(아삽의 셋째 아들)와 그 아들과 형제 12 명이 뽑혔다.

대상 25:13. 여섯째는 북기야니 그의 아들들과 형제들과 십이 명이요.

여섯째는 북기야(헤만의 맏아들)와 그 아들과 형제들 12 명이 뽑혔다.

대상 25:14. 일곱째는 여사렐라니 그의 아들들과 형제들과 십이 명이요.

일곱째는 여사렐라(아삽의 넷째 아들)와 그 아들과 형제들 12 명이 뽑혔다.

대상 25:15. 여덟째는 여사야니 그의 아들들과 형제들과 십이 명이요.

여덟째는 여사야(여두둔의 셋째 아들)와 그 아들들과 형제들 12 명이 뽑혔다.

대상 25:16. 아홉째는 맛다냐니 그의 아들들과 형제들과 십이 명이요.

아홉째는 맛다냐(헤만의 둘째 아들)와 그 아들들과 형제들 12 명이 뽑혔다.

대상 25:17. 열째는 시므이니 그의 아들들과 형제들과 십이 명이요.

열째는 시므이(여두둔의 막내 아들)와 그 아들과 형제들 도합 12 명이었다. 그런데 3절에서는 그 이름이 빠져 있다. 3절 주해를 참조하라.

대상 25:18. 열한째는 아사렐이니 그의 아들들과 형제들과 십이 명이요.

열한째는 아사렐(헤만의 셋째 아들)과 그 아들들과 형제들 도합 12 명이었다. 본 절의 "아사렐"은 4절에서는 "웃시엘"로 불리고 있다.

대상 25:19. 열두째는 하사뱌니 그의 아들들과 형제들과 십이 명이요.

열두째는 하사뱌(여두둔의 넷째 아들)와 그 아들들과 형제들 12 명이었다.

대상 25:20. 열셋째는 수바엘이니 그의 아들들과 형제들과 십이 명이요.

열셋째는 수바엘(헤만의 넷째 아들)과 그 아들들과 형제들 도합 12 명이었다.

대상 25:21. 열넷째는 맛디디아니 그의 아들들과 형제들과 십이 명이요.

열넷째는 맛디디아(여두둔의 다섯째 아들)와 그 아들들과 형제들 도합 12 명이었다.

대상 25:22. 열다섯째는 여레못이니 그의 아들들과 형제들과 십이 명이요.

열다섯째는 여레못(헤만의 다섯째 아들)과 그 아들들과 형제들 12 명이었다.

대상 25:23. 열여섯째는 하나냐니 그의 아들들과 형제들과 십이 명이요.

열여섯째는 하나냐(헤만의 여섯째 아들)와 그 아들들과 형제들 도합 12 명이었다.

대상 25:24. 열일곱째는 요스브가사니 그의 아들들과 형제들과 십이 명이요.

열일곱째는 요스브가사(헤만의 열한째 아들)와 그 아들들과 형제들 도합 12 명이었다.

대상 25:25. 열여덟째는 하나니니 그의 아들들과 형제들과 십이 명이요.

열여덟째는 하나니(헤만의 일곱째 아들)와 그 아들들과 형제들 도합 12 명이었다.

대상 25:26. 열아홉째는 말로디니 그의 아들들과 형제들과 십이 명이요.

열아홉째는 말로디(헤만의 열둘째 아들)와 그 아들들과 형제들 도합 12 명이었다.

대상 25:27. 스무째는 엘리아다니 그의 아들들과 형제들과 십이 명이요.

스무째는 엘리아다(헤만의 여덟째 아들)와 그 아들들과 형제들 도합 12 명이었다. 본 절의 "엘리아다"의 축약형은 "엘랴다"이다(삼하 5:16).

대상 25:28. 스물한째는 호딜이니 그의 아들들과 형제들과 십이 명이요.

스물한째는 호딜(헤만의 열셋째 아들)과 그 아들들과 형제들 도합 12 명이었다.

대상 25:29. 스물두째는 깃달디니 그의 아들들과 형제들과 십이 명이요.

스물두째는 깃달디(헤만의 아홉째 아들)와 그 아들들과 형제들 도합 12 명이었다.

대상 25:30. 스물셋째는 마하시옷이니 그의 아들들과 형제들과 십이 명이요.

스물셋째는 마하시옷(헤만의 열넷째 아들)과 그 아들들과 형제들 도합 12 명이었다.

대상 25:31. 스물넷째는 로맘디에셀이니 그의 아들들과 형제들과 십이 명이었더라.

스물넷째는 로암디에셀(헤만의 열째 아들)과 그 아들들과 형제들 도합 열 두 명이 뽑혔다. 이는 마지막 반이었다.

제 26 장

4. 문지기와 기타 사람들 26:1-32

여러 반들, 곧 레위인의 24반열(23장), 제사장의 24반열(24장), 찬양대의 24반열(25장)을 만든 다윗은 이제 이 부분(1-32절)에 와서 성전의 문지기 반들(1-19절)과 레위인들에게 여러 임무들을 맡긴다(20-32절).

ㄱ. 문지기 26:1-19

다윗은 문지기 반을 만들어 성전의 문들을 주야간에 지키게 했다. 성전에 들어오고 나갈 수 있는 자들을 안내하고 자격이 없는 자들을 통제했는데 그 숫자가 4,000명이었다(23:5). 이 문지기에 대한 기사는 앞에서 여러 번 언급되었는데(9:17-27; 15:23-24; 16:37-39; 23:5), 이 부분(1-19절)의 내용은 문지기의 반열(1-11절)과 그들이 배치되어 있는 지점들을 말해 준다(12-19절).

대상 26:1. 고라 사람들의 문지기 반들은 이러하니라 아삽의 가문 중 고레의 아들 므셀레먀라.

고라 집안의 성전 문을 지키는 반들은 다음과 같았다. 아삽[324]('모으는 자'라는 뜻)의 가문 중 고레('광고 집'이라는 뜻)의 아들 므셀레먀('여호와께서 갚으신다'는 뜻)였다.

"고라"는 레위의 둘째 아들 그핫의 후손으로 아론의 대제사장직을 탐내다가 저주를 받은 인물이다(민 16:9,10). 그러나 그때에 그의 아들들은 저주에서 면제되어 므셀레먀에까지 이를 수 있었다. 다음으로 고라의 후손 아삽

---

324) "아삽": "에비아삽"이라고도 하며, 고라의 증손이다(9:19).

(Asaph)은 "에비아삽"으로 표기되어 있다. 한편 므셀레먀(Why:m]l,v,m])는 '여호와는 나의 구원'이란 뜻이다.

대상 26:2-3. 므셀레먀의 아들들인 맏아들 스가랴와 둘째 여디야엘과 셋째 스바댜와 넷째 야드니엘과 다섯째 엘람과 여섯째 여호하난과 일곱째 엘여호에내이며.

므셀레먀의 아들인 맏아들 스가랴[325]('여호와께서 기억하신다'는 뜻)와, 둘째 여디야엘과, 셋째 스바댜('여호와는 심판하신다'는 뜻)와, 넷째 야드니엘('하나님께서 주셨다'는 뜻)과, 다섯째 엘람('젊은 사람'이란 뜻)과, 여섯째 여호하난('여호와는 은혜로우심'이란 뜻)과, 일곱째 엘여호에내('여호와에게 내 눈이 돌려졌다'는 뜻)였다.

대상 26:4-5. 오벧에돔의 아들들은 맏아들 스마야와 둘째 여호사밧과 셋째 요아와 넷째 사갈과 다섯째 느다넬과 여섯째 암미엘과 일곱째 잇사갈과 여덟째 브울래대이니 이는 하나님이 오벧에돔에게 복을 주셨음이라.

오벧에돔의 아들은 맏아들 스마야('듣는 자'란 뜻), 둘째 여호사밧('여호와께서 주신다'는 뜻), 셋째 요아('여호와는 형제'라는 뜻), 넷째 사갈('짐'이라는 뜻), 다섯째 느다넬('하나님께서 주신다'는 뜻), 여섯째 암미엘('하나님 친족의 하나'라는 뜻), 일곱째 잇사갈('고용하다'라는 뜻), 여덟째 브울래대('여호와는 상급이시다'는 뜻)였다. 하나님께서 오벧에돔에게 이와 같이 복을 주셨다는 것이다. 여기 "하나님께서 오벧에돔에게 이와 같이 복을 주셨다"는 말은 본 문맥과 관련하여 보면 하나님께서 오벧에돔에게 많은 자손을 주신 것을 말하며, 또 그 자손들이 모두 성전 문지기의 직무를 수행함으로 그의 가문이 문지기 가문 가운데 가장 큰 가문으로 성장한 것을 지칭하는 것으로 보아야 할 것이다. 그런고로 진정한 복은 하나님께서 주시는 것이다. 13:14;

---

325) "스가랴": 9절에 보면 이들뿐 아니라 므셀레먀의 형제까지 합하여 므셀레먀 가족 중 성전 문지기의 반장으로 활약한 자들은 모두 18명이었다.

삼하 6:11 주해 참조.

대상 26:6. 그의 아들 스마야도 두어 아들을 낳았으니 그들의 조상의 가문을 다스리는 자요 큰 용사라(Also to his son Shemaiah were sons born who were rulers in their fathers' houses, for they were men of great ability-ESV)**.**

오벳에돔의 아들 스마야(오벳에돔의 맏아들)도 아들들을 낳았는데 그들은 용맹스러운 사람들이었으므로 그들 가문의 지도자가 되었다.

"아들들을 낳았다"(נוֹלַד)는 말을 직역하면 '그가 태어났다'인데 이는 스마야가 자신의 의지와 뜻대로 아들들을 낳은 것이 아니라 '하나님의 뜻과 섭리에 의해서 아들들을 낳았다'는 뜻이다. 이런 점에서 역대기 기자는 하나님께서 오벳에돔에게 복을 주셨다고 말하고 있다(5절).

"그들의 조상의 가문을 다스리는 자요 큰 용사"라는 말은 '그들의 조상들의 집에서 다스리는 자들이다. 이유는 그들은 강한 용사들이기 때문이다'이다. 그러니까 아들들이 조상들의 집에서 다스리는 자들이 된 이유는 그들이 강한 용사들이었기 때문이라는 것이다. 여기 "다스리는 자"(הַמִּמְשָׁלִים)란 말은 '문지기들을 다스리는 자'라는 뜻이다. 그들이 문지기들을 다스리는 자들이 된 이유(כִּי)는 그들이 강한 용사들이었기 때문이다. 여기 "강한 용사들"이란 말은 '문지기들을 잘 통솔하는 통솔력이 뛰어난 사람들'이라는 뜻으로 보아야 할 것이다. 스마야의 아들들은 통솔력이 뛰어난 사람들이었기 때문에 문지기들을 다스리는 자들이 되었다는 것이다.

대상 26:7. 스마야의 아들들은 오드니와 르바엘과 오벳과 엘사밧이며 엘사밧의 형제 엘리후와 스마갸는 능력이 있는 자이니(The sons of Shemaiah: Othni, Repha-el, Obed, and Elzabad, whose brothers were able men, Elihu and Semachiah-ESV)**.**

오벳에돔의 맏아들(4절) 스마야의 아들들은 오드니('여호와의 사자'라는 뜻)와 르바엘('하나님께서 낫게 하신다'는 뜻)과 오벳('종'이란 뜻)과 엘사밧('하나님은 주심'이란 뜻)이다. 엘사밧의 형제 엘리후('그는 나의 하나님'이라는 뜻)와 스마갸('여호와는 지지된다'는 뜻)는 유능한 사람들이었다.

"능력이 있는 자"란 말은 '능력의 아들들' 혹은 '용사의 아들들'이란 뜻으로 엘리후와 스마갸가 능력이 있는 자란 뜻이다. 이들은 타고날 때부터 하나님으로부터 능력을 가지고 태어났다는 것을 뜻한다. 그래서 이들이 통솔력이 있어 다른 문지기들을 위한 지도적 입장에 선 것으로 보인다(6절). 이들은 자연 은총으로 이렇게 능력을 타고 난 것이다. 오벳에돔의 손자들이 이렇게 통솔력을 가지고 태어난 것을 보면 하나님의 은총이 천대까지 이른다는 말이 성취된 것으로 보인다(출 20:6). 오늘 우리가 능력을 가지고 태어나지 않았어도 좋다. 이유는 예수 그리스도께서 능력의 주님이시기 때문이다. 우리는 예수님에게서 큰 능력을 받을 수 있는 사람들이다.

대상 26:8. 이는 다 오벧에돔의 자손이라 그들과 그의 아들들과 그의 형제들은 다 능력이 있어 그 직무를 잘하는 자이니 오벧에돔에게서 난 자가 육십이 명이며.

이들(4-7절)은 모두 오벳에돔의 자손들이었다. 그들과 그 아들들과 형제들은 맡은 일을 할 수 있는 능력(문지기 직무를 잘 수행할 수 있는 능력)을 가진 용맹스러운 사람들이었다. 오벳에돔 집안에 속한 사람은 62 명[326]이었다.

"능력이 있어 그 직무를 잘하는 자"란 말은 '지도력이 있어 문지기 역할을 잘 하는 자들'이란 뜻이다. 우리는 우리가 맡고 있는 직무를 잘 감당하기 위해서 능력을 구해야 한다. 여자들이 집안일을 하는 데도 하나님으로부터 힘을 구해서 해야 한다.

---

326) 16:38에는 68명으로 기록되어 있다.

대상 26:9. 또 므셀레먀의 아들과 형제 열여덟 명은 능력이 있는 자라.

므셀레먀의 아들들과 형제들도 용맹스러운 사람들이며 모두 18 명이었다. 본서 저자는 2,3절과 연관하여 므셀레먀의 아들들과 형제들의 총수를 본 절에서 밝힌다. 2,3절에서 밝힌 아들들이 7명이니, 나머지 형제들이 11명이었을 것이다. 이 형제들이 어떠한 자들이었는지는 본서 저자가 밝히지는 않았으나 한 가지 분명한 사실은 이 모든 18명의 사람들이 "능력이 있는 자였다"고 말한다. 이 능력은 문지기 일을 잘 감당할 수 있는 능력을 가진 것을 말하는 것이다.

대상 26:10-11. 므라리 자손 중 호사에게도 아들들이 있으니 그의 장자는 시므리라 시므리는 본래 맏아들이 아니나 그의 아버지가 장자로 삼았고 둘째는 힐기야요 셋째는 드발리야요 넷째는 스가랴이니 호사의 아들들과 형제들이 열세 명이더라.

10절과 11절은 므라리 자손 중 호사[327]('도피처'라는 뜻)에 대해 말한다. 호사에게도 아들들이 있었다고 한다. 호사의 장자는 시므리('주시하는'이라는 뜻)였다. 시므리는 본래 장자가 아니었으나 그의 아버지가 장자로 삼았다.

11절은 호사의 둘째 아들부터 넷째 아들까지 이름을 댄다. 둘째는 힐기야('하나님은 분깃이다'는 뜻)였고, 셋째는 드발리야('여호와는 성결하시다'는 뜻)였으며, 넷째는 스가랴('여호와께서 기억하신다'는 뜻)였다. 호사의 아들들과 형제들이 13 명이었는데 이들이 모두 문지기였다.

12-19절: 문지기로 배치되어 있는 지점.

대상 26:12. 이상은 다 문지기의 반장으로서 그 형제처럼 직임을 얻어 여호와의 성전에서 섬기는 자들이라.

본서 저자는 본 절에서 1-11절에서 소개했던 성전 문지기 24반열에 해당

---

327) "호사": 레위 사람 므라리 자손인데, 그의 아들과 형제들은 합해서 13명이었다. 여호와의 궤가 예루살렘에 도착한 후에는 문지기가 되었다(대상 16:38; 26:10-19).

하는 므셀레먀와 오벧에돔, 그리고 호사 집안의 후손들에 대한 내용을 최종적으로 정리하고 있다.

"이상은"('이들은')이란 말은 문맥으로 보아 앞에 나온 1-11절의 93명의 레위인 성전 문지기들을 지칭한다(8,9,11절). 그들은 성전 문지기의 반장들로서 다른 레위인들처럼 성전에서 섬기는 직분을 맡았는데, 4,000명의 문지기(23:5)를 거느렸으니 각자가 43명씩을 맡은 셈이었다.

대상 26:13. 각 문을 지키기 위하여 그의 조상의 가문을 따라 대소를 막론하고 다 제비 뽑혔으니.

그들은 큰 가문이나 작은 가문을 가리지 않고, 그들의 가문을 따라 제비를 뽑아, 각 문을 맡았다.

"각 문을 지키기 위하여"란 말은 성전 안으로 이르는 동서남북 4대 문을 포함한 모든 문을 가리키는 말이다(Lange). 이런 해석을 얻을 수 있는 방법은 14-18절에 나오는 '동방', '남방', '서방', '북방' 그리고 '큰 길'과 같은 말에 의해 알 수 있다.

그리고 "대소를 막론하고"란 말은 '각 가문에 속한 자손들의 수의 차이를 막론하고'란 뜻이다. 다시 말해 오벧에돔에 속한 자손의 수는 62명이었는데, 호사의 자손들은 불과 13명이었다(11절). 이런 차이에도 불구하고 그들은 공평하게 제비를 뽑은 것이었다. 이전에 제사장들이나 성전의 레위인들, 그리고 악사들의 경우에는 교대의 순번을 정하기 위하여 제비를 뽑았었다(24,25장). 그러나 문지기의 경우에는 근무할 장소를 정하기 위해 제비를 뽑았다. 다윗 왕은 성전 문지기들의 결정 장소까지 하나님의 손에 맡긴 것이었다.

대상 26:14. 셀레먀는 동쪽을 뽑았고 그의 아들 스가랴는 명철한 모사라 모사를 위하여 제비 뽑으니 북쪽을 뽑았고.

셀레먀는 동쪽 문에서 문지기를 하도록 뽑혔고, 그의 아들 스가랴는 슬기로운 참모인데, 사람들이 제비를 뽑은 결과 북쪽 문에서 일하도록 뽑혔다.

본 절의 셀레먀는 "므셀레먀"의 단축형이다(1절). 그는 동방 문을 지키도록 제비 뽑혔다. 그의 맏아들 스가랴는 북방 문을 지키도록 제비 뽑혔다. "명철한 모사"란 말은 '지혜로운 모사'란 뜻이다. 스가랴는 문지기일 뿐 아니라 왕의 모사도 되었다.

대상 26:15. 오벧에돔은 남쪽을 뽑았고 그의 아들들은 곳간에 뽑혔으며.

문지기가 가장 많은 오벧에돔(4,8절)은 남쪽 문을 지키도록 제비 뽑혔고, 그의 아들들은 곳간을 지키도록 제비 뽑혔다.

여기 곳간은 제물들을 보관하는 장소였다. 곳간은 남방 문 곁에 있었다(느 12:25). 오벧에돔 부자(父子)는 서로 가까운 장소에서 직무를 수행했다.

대상 26:16. 숩빔과 호사는 서쪽을 뽑아 큰 길로 통한 살래겟 문 곁에 있어 서로 대하여 파수하였으니(For Shuppim and Hosah it came out for the west, at the gate of Shallecheth on the road that goes up. Watch corresponded to watch-ESV).

본 절은 숩빔과 호사가 성전 서쪽 문을 맡기로 한 것을 기록하고 있다. 본 절은 "숩빔과 호사가 서쪽을 뽑았다"고 말한다. 즉, 숩빔과 호사가 제비를 뽑아 서쪽 문을 맡게 되었다는 뜻이다.

그런데 학자들은 숩빔과 호사라는 두 사람이 함께 서쪽 문을 맡게 되었다고 보지 않고 "숩빔"(שֻׁפִּים)이라는 말은 1) 므라리 가문 출신의 또 한명의 우두머리 문지기였을 것이라고 추측한다(Payne). 그러나 또 한명의 우두머리는 본 문맥에서 필요치 않다. 이유는 본 문맥에서는 다만 24반열에 해당되는 이름들만이 필요하기 때문이다. 그런고로 한명의 우두머리 문지기였을 것이라는 추측은 필요 없는 추측이다. 2) 앞 절(15절)의 "곳간"(אֲסֻפִּים-아숩핌)이란 말이 필사자의 착오로 숩빔이 되었다고 보는 것이다(K.&D., Barker).

일고할만한 견해이다. 3) 우리는 숩빔이란 가문의 "숩빔"이 서쪽 문의 문지기로 제비 뽑힌 것으로 보는 것이다.

"큰 길로 통한 살래겟 문 곁"은 숩빔과 호사가 배치되어 있는 성전 서쪽 문 곁에 있는 문이었다. 다시 말해 성전 서쪽 문 근처에 큰 길로 올라가는 살래겟 문이 있었다. "서로 대하여 파수하였다"는 말은 숩빔과 호사가 살래겟 문의 문지기와 서로 나란히 문지기 역할을 감당하고 있는 모습을 말하는 것이다. 우리는 교회에서 서로 나란히 우리의 역할을 감당해야 한다는 것을 보여준다. 한 사람이 다른 사람을 누를 필요가 없고 서로 좋은 관계를 가지고 봉사해야 할 것이다.

대상 26:17. 동쪽 문에 레위 사람이 여섯이요 북쪽 문에 매일 네 사람이요 남쪽 문에 매일 네 사람이요 곳간에는 둘씩이었다.

17절과 18절은 제비를 뽑아서 성전의 각문에 배치된 문지기의 인원수를 진술한다. 동쪽 문에 배치된 사람이 6명, 남북(南北) 문에 배치된 사람이 4명씩, 낭실 서편 큰 길에 4명, 두 곳간에 2명씩, 그리고 낭실(행각)에 2명, 도합 24명이 배치되었음을 말한다.

본 절(17절)을 해석하면 "이렇게 배치하여(2-16절) 레위 사람이 동쪽 문에 여섯 사람이 배치되었고, 북쪽 문에 매일 네 사람이 배치되었으며, 남쪽 문에 매일 네 사람이 배치되었고, 곳간에는 각각 두 사람씩 배치되었으며, 서쪽 문의 회랑(행각)에 네 사람이 배치되었고, 길 가의 회랑에 두 사람이 배치되었다"는 것이다.

동쪽의 성전 문에 6명, 북쪽과 남쪽의 성전 문에는 각각 4명의 레위인을 둔 것은 동쪽 문이 중요함을 보여주는 것이다. 그리고 동쪽 문과 북쪽 문은 모두 므셀레먀 집안의 레위인들에게 주어진 구역이다(14절).

"곳간"이란 말은 '창고들'이란 뜻이다. 창고들에는 총 4명의 레위인을 두었는데, 이는 성전에는 창고가 하나가 아니라 둘이었다는 것을 말해준다. 그런고로 두 군데의 창고에 두 명씩 문지기가 필요했다.

대상 26:18. 서쪽 뜰에 있는 큰 길에 네 사람 그리고 뜰에 두 사람이라.

본 절은 뜰(낭실)과 뜰(낭실)의 서쪽 큰 길에 배치된 문지기들의 인원수를 소개하고 있다. 본 절의 "뜰"(פַּרְבָּר)이란 말은 "뜰" "정원" "왕실" 등의 뜻을 가지는 명사로 "낭실" "뜰"이란 말이다. 혹자는 이곳 낭실에 살래겟 문 근처의 식량과 여러 도구들을 보관했을 것이라고 말한다(Lange). 또한 낭실 서편 큰 길에 네 명의 문지기가 배정되어 이곳과 서로 협력하였을 것으로 보인다. 다시 말해 이곳에 두 사람이 있었고 서쪽 문, 곧 살래겟 문 곁에 네 사람이 있었으니 호사 가족 중에서는 매일 6명이 그 직무를 수행했을 것이다(16절). 이러한 숫자를 보면 각 가족의 문지기들이 24반열의 제도에 따라 그 임무를 수행하였다는 사실을 보여준다. 다시 말해 므셀레먀 가족에서 10명, 오벧에돔 가족에서 8명, 호사 가족에서 6명 등 도합 24명의 문지기들이 각기 맡은 위치에서 봉사했다.

대상 26:19. 고라와 므라리 자손의 문지기의 직책은 이러하였더라.

고라의 자손과 므라리 자손의 문지기의 직책은 이상과 같이 일을 나누어 맡았다. 본 절은 1-19절의 결론으로 1절의 서문과 상응한다. 고라 자손(1-9절)과 므라리 자손(10-18절)의 문지기들이 위와 같은 반열로 그들의 임무를 수행했다는 내용이다.

ㄴ. 기타 레위인들 26:20-32

위와 같이 제사장(24:1-19), 레위인(24:20-31), 찬양대(25장), 문지기(26:1-19) 등 레위인들의 중요한 임무를 말한 후 이제 그 외에 남은 직책을 살핀다. 남은 직책이란 성전 곳간의 관리자(20-28절)와 성전 밖에서의 봉사자인 것이다(29-32절).

대상 26:20. 레위 사람 중에 아히야는 하나님의 전 곳간과 성물 곳간을 맡았으며.

레위 사람 가운데 아히야는 하나님의 성전 곳간과 성물 곳간을 맡았다.여기 "아히야"를 두고 고유명사로 보아야 하느냐 아니면 일반 명사로 보아 "문지기들(1-19절)의 형제들"이라고 보아야 하느냐는 문제가 있다. 1) 그냥 "아히야"로 보아야 한다는 주장이 있다(KJV, NKJV, RSV, ESV, 개정판, 개역개정판). 2) "그들의 형제들"이라고 보아야 한다는 주장이 있다(LXX, NASB, NIV). 제일 큰 이유는 70인역(LXX)에 "그들의 형제들"이라고 번역되어 있고 또 "아히야"라는 이름은 본 절 이하에 나오는 사람들과는 달리 23:7-23에 언급된 레위인 족장들의 명단에 들어있지 않은 명단이다. 따라서 본 절에 나오는 아히야를 고유명사로 취급하지 않아야 한다는 것이다. 2번의 주장이 지지자는 적으나 문맥상 더 합리하게 보인다.

레위인들의 형제들은 "하나님의 전 곳간과 성물 곳간을 맡았다"는 말은 제비뽑기로 하나님의 전 곳간과 성물 곳간을 맡아 자기들의 임무를 수행했다는 것이다.

대상 26:21. 라단의 자손은 곧 라단에게 속한 게르손 사람의 자손이니 게르손 사람 라단에게 속한 가문의 우두머리는 여히엘리라.

게르손 자손인 라단[328] 자손 곧 게르손 사람 라단('즐거움'이란 뜻) 가문의 족장은 여히엘리('살아계신 여호와'라는 뜻, 23:8)였다.

대상 26:22. 여히엘리의 아들들은 스담과 그의 아우 요엘이니 여호와의 성전 곳간을 맡았고.

여히엘리의 아들들은 스담[329]('올리브나무'라는 뜻)과 그 아우 요엘('여호와는 그의 하나님'이라는 뜻)이며 이들은 주의 성전 곳간(여호와의 성전의 저장고들)을 맡았다. 두 아들은 하나님의 성전의 창고들을 책임지고 있었다.

대상 26:23. 아므람 자손과 이스할 자손과 헤브론 자손과 웃시엘 자손 중에.

---

328) "라단": 라단은 레위의 장자 게르손의 장자 립리의 후손이다(23:7 주해 참조).
329) "스담": 라단의 아들. 세담과 동일인이다(대상 26:22).

또 아므람과 이스할과 헤브론과 웃시엘의 자손들도 이 직무를 맡았다(6:2 주해 참조). 이 네 아들들은 그핫의 아들들이었다(6:2).

대상 26:24. 모세의 아들 게르솜의 자손 스브엘은 곳간을 맡았고.

모세의 손자요 게르솜의 아들인 스브엘('하나님께 붙잡혔다'는 뜻)이 모든 창고의 총 관리인이 되었다. 스브엘은 대상 24:20에는 '수바엘'로 표기되어 있다.

대상 26:25. 그의 형제 곧 엘리에셀에게서 난 자는 그의 아들 르하뱌와 그의 아들 여사야와 그의 아들 요람과 그의 아들 시그리와 그의 아들 슬로못이라.

그의 아우인 엘리에셀(모세의 둘째 아들이며 게르솜의 아들, 23:15)에게는 그의 아들 르하뱌('주의 확장'이라는 뜻, 23:17 주 참조)와, 르하뱌의 아들 여사야('여호와는 구원하심'이라는 뜻)와, 여사야의 아들 요람('여호와는 높여지셨다'는 뜻)과, 요람의 아들 시그리('유명한'이라는 뜻)와, 시그리의 아들 슬로못('평화로 충만하다'는 뜻)이 있었다.

대상 26:26. 이 슬로못과 그의 형제는 성물의 모든 곳간을 맡았으니 곧 다윗 왕과 가문의 우두머리와 천부장과 백부장과 군대의 모든 지휘관이 구별하여 드린 성물이라.

이 슬로못('평화'라는 뜻)과 위에 거명된 그의 형제들은 성물을 보관한 모든 곳간(보물창고)을 관리했다. 이 성물은 다윗 왕과 족장들과 천부장과 백부장과 군대 지휘관들이 전리품에서 구별하여 바친 물건들이었다.

대상 26:27. 그들이 싸울 때에 노략하여 얻은 물건 중에서 구별하여 드려 여호와의 성전을 개수한 일과.

그들은 전쟁에서 빼앗은 물건들을 여호와의 성전 건축과 수리를 위하여 구별하여 바쳐서 후일에 솔로몬이 성전 건축하는 일에 사용했다.

대상 26:28. 선견자 사무엘과 기스의 아들 사울과 넬의 아들 아브넬과 스루야의 아들 요압이 무엇이든지 구별하여 드린 성물은 다 슬로못과 그의 형제의 지휘를 받았더라.

또 슬로밋과 그 형제들은 이스라엘의 마지막 사사였고 선견자(25:5; 삼상 9:9)였던 사무엘과 기스의 아들 이스라엘의 첫 왕 사울과 넬의 아들 아브넬과 스루야의 아들 요압이 무엇이든지 구별하여 여호와께 바친 모든 예물을 맡아 관리하였다. 본 절은 다윗 이외에 다른 지도자들이 예물을 바친 것을 말한다.

29-32절: 성전 밖에서의 봉사자들.

대상 26:29. 이스할 자손 중에 그나냐와 그의 아들들은 성전 밖에서 이스라엘의 일을 다스리는 관원과 재판관이 되었고.

이스할(그핫의 둘째 아들) 사람의 자손 중 그나냐('준비'라는 뜻)와 그의 아들들은 성전 밖에서(성전 바깥의 일들) 서기관과 재판관으로서 이스라엘의 일반 행정을 담당하였다. 이들은 성전 세와 십일조를 거두는 일도 맡았다(느 11:16).

대상 26:30. 헤브론 자손 중에 하사뱌와 그의 동족 용사 천 칠백 명은 요단 서쪽에서 이스라엘을 주관하여 여호와의 모든 일과 왕을 섬기는 직임을 맡았으며.

헤브론(그핫의 셋째 아들) 사람 하사뱌('여호와께서 고려하신다'는 뜻, 헤브론 자손, 그무엘의 아들로 레위인의 관장이었다)와 그의 형제 가운데서 유능한 사람 1,700명은 요단 강으로부터 지중해까지의 요단 서쪽 이스라엘을 지키며, 여호와께 속한 모든 일과 왕을 섬기는 일(성전 세와 국세를 거두어 드렸다는 뜻)을 담당하였다.

대상 26:31. 헤브론 자손 중에서는 여리야가 그의 족보와 종족대로 헤브론 자손의 우두머리가 되었더라 다윗이 왕 위에 있은 지 사십 년에 길르앗 야셀에서 그들 중에 구하여 큰 용사를 얻었으니.

헤브론 사람의 족장은 여리야(레위인 24반열의 한 반장이었다. 23:19)였다. 다윗이 통치한 지 사십 년이 되던 해(다윗의 통치 마지막 해였다. 삼하 5:4-5)에, 헤브론의 족보와 가문을 따라, 길르앗의 야셀(요단 동편 갓의 성읍이었고 또 레위인의 성읍이었다. 6:81)에서 사람들을 조사하여 큰 용사를 찾아냈다. 다윗은 이곳에서 여리야('여호와는 보신다'는 뜻)를 위시하여 그의 종족인 용사들의 큰 집단을 찾아냈다.

대상 26:32. 그의 형제 중 이천칠백 명이 다 용사요 가문의 우두머리라 다윗 왕이 그들로 르우벤과 갓과 므낫세 반 지파를 주관하여 하나님의 모든 일과 왕의 일을 다스리게 하였더라.

여리야(앞 절)의 형제 중 2,700명은 모두 군인 용사였고, 또 가문의 족장들이었는데, 다윗 왕이 그들로 요단 동편의 땅(르우벤 지파, 갓 지파, 므낫세 반지파)을 주관하여 여호와의 성전의 일과 나라의 일을 수행하게 했다. 하사뱌와 그의 동족 1,700명이 요단 서편을 주관한 것처럼(30절), 여리야와 그의 2,700명은 동편을 주관하게 한 것이다. 다윗은 아랫사람들을 아주 신중하게 발탁하여 일을 시켰다. 이것도 역시 하나님께서 동행한 증표였다.

동편은 두 지파 반이었는데 더 많은 사람을 배정했다. 요단강 동편이 더 불안정한 상태였던 것을 말해준다. 이것도 역시 다윗의 지혜의 결과였다.

제 27 장

G. 다윗의 고관들 27:1-34

27장은 다윗을 보필하여 다윗 왕국을 건설하고 번영하게 하는데 크게 공헌한 고관들을 드러낸다. 즉, 모든 가문의 우두머리와 장관들(1-15절), 각 지파를 관할하는 족장들(16-24절), 재무를 관리하는 관원들(25-31절), 다윗의 모사들을 열거한다(32-34절).

1. 모든 가문의 우두머리와 장관들 27:1-15

본서 저자는 23-26장에서 다윗의 성전 예배를 위한 조직을 말했는데, 이제는 나라의 조직을 말한다. 저자는 첫 번째 조직으로 군대 조직을 말하다. 군을 12반열로 하여 각 반이 한 달씩 담당하게 했다. 그리고 각 반은 똑같이 24,000명씩으로 구성했다.

대상 27:1. 이스라엘 자손의 모든 가문의 우두머리와 천부장과 백부장과 왕을 섬기는 관원들이 그들의 숫자대로 반이 나누이니 각 반열이 이만 사천 명씩이라 일 년 동안 달마다 들어가며 나왔으니.

여기 1절은 이 부분(1-15절)의 서론이다. "모든 가문의 우두머리"란 '각 가문의 족장' 혹은 '각 가문의 수령'이란 뜻이다. 이 모든 가문의 우두머리(족장)가 각 반열의 반장이 되었다. "천부장과 백부장"은 반장의 통솔 하에 군을 통솔한 지휘관들이었다. 그리고 "왕을 섬기는 관원들"은 '군대의 병참 업무를 담당한 자들'을 지칭한다. 그리고 "그들의 숫자대로 반이 나뉘었다"는 말은 '그들의 수에 따라 반이 나뉘었다'는 뜻이다.

그리고 "각 반열이 이만 사천 명씩이라 일 년 동안 달마다 들어가며 나왔다"는 말은 '이스라엘의 군대가 24,000명씩 12개의 반열로 분배되어 자신들의 임무 순서가 되면 교대로 나가서 성실하게 근무했다는 것'을 드러내는 말이다.

대상 27:2. 첫째 달 반의 반장은 삽디엘의 아들 야소브암이요 그의 반에 이만 사천 명이라.

첫째 달에 복무할 제일 반은 삽디엘('하나님의 은사'라는 뜻)의 아들 야소브암('백성은 돌아오리라'는 뜻)의 지휘 아래 있었다. 그가 거느리는 반은 24,000명이었다.

야소브암은 삼하 23:8에는 다그몬 사람 요셉밧세벳이라고 표기되었다. 그는 한 때에 창으로 800명을 쳐 죽였다(대상 11:11; 12:6; 27:2).

대상 27:3. 그는 베레스의 자손으로서 첫째 달 반의 모든 지휘관의 우두머리가 되었고.

야소브암(2절)은 베레스('파괴'라는 뜻)의 자손으로서, 정월에 복무하는 모든 부대 지휘관의 우두머리였다.

베레스(Perez)는 유다와 그의 며느리 다말 사이에 태어난 쌍동 아이의 형이었다(창 38:24-30; 46:12). 다말에게서 쌍동이가 출생한 것은 유다와 다말의 부끄러움을 환기시키는 것이라고 칼빈(Calvin)은 말한다. 쌍동이의 출생은 보통 일이 아니고 하나의 놀랄 만한 일이다. 그것은 무엇을 생각하게 하는 일이다. 베레스는 딴 족속의 창시자가 되었으며 그에게서 두 종족이 생겼다(민 26:20,21; 대상 2:4,5). 베레스는 예수의 조상이다(룻 4:12-22; 마 1:3; 눅 3:33). 다윗도 베레스의 자손이었다(마 1:3-6).

대상 27:4. 둘째 달 반의 반장은 아호아 사람 도대요 또 미글롯이 그의 반의 주장이 되었으니 그의 반에 이만 사천 명이요.

둘째 달에 복무할 둘째 반의 지휘관은 아호아 사람(베냐민 사람 벨라의 아들 아호아[대상 8:4]에게서 나온 사람들(삼하 23:9; 28,대상 11:12,29; 27:4) 도대[330]('하나님의 사랑을 받은 자'라는 뜻)이며 또 미글롯('멸시하다'는 뜻)이 그 반의 부지휘관이었다. 그가 지휘하는 반도 24,000 명이었다.

미글롯은 다윗 왕의 군단의 한 주장이다, 미글롯은 2월반에 속했으며, 도대가 그 반장이었다. 반원은 24,000 명으로서 1년 동안 달마다 체번(替番)하여 들어가 봉사했다(대상 27:4).

대상 27:5. 셋째 달 군대의 셋째 지휘관은 대제사장 여호야다의 아들 브나야요 그의 반에 이만 사천 명이라.

셋째 달에 복무할 셋째 반의 지휘관은 여호야다(제사장의 족장, 12:27)의 아들 브나야('여호와께서 세워주신다'는 뜻)였다. 그의 반에는 24,000 명이었다. 브나야는 둘째 용사의 한 사람이었다. 그리고 다윗의 시위대 장관이었고, 솔로몬을 위한 군대장관이었다(11:22 주해 참조).

대상 27:6. 이 브나야는 삼십 명 중에 용사요 삼십 명 위에 있으며 그의 반 중에 그의 아들 암미사밧이 있으며.

본 절은 앞 절에 나오는 브나야에 대한 계속 설명이다. 브나야[331]는 30인 용사에 속하고, 그 중에서 둘째 3용사였으므로 30인 위에 있는 자였다.

대상 27:7. 넷째 달 넷째 지휘관은 요압의 아우 아사헬이요 그 다음은 그의

---

330) "도대"보다 그의 아들 "엘르아살"이 더 유명하여 30용사 중에 야소브암 다음 가는 인물이었는데(11:12), 도대의 아들 엘르아살이 필사자의 실수로 그 이름이 빠진 것으로 본다(K.&D., Curtis, Lange).

331) "브나야": 유다의 갑스엘(수 15:21) 출신이다. 대제사장 여호야다의 아들이며(삼하 23:20; 대상 27:5) 다윗의 시위대장관으로서 세 용사 중의 한 사람이다(삼하 23:20,21; 대상 11:22,23). 그는 그렛 사람과 블렛 사람을 관할했고(삼하 8:18), 다윗 군단 제 3반(3월)의 장관(長官)으로서 2만 4천 명을 지휘했다(대상 27:5,6). 그는 압살롬과 아도니야의 반역 때에도 충실하게 다윗을 좇았다(삼하 15:18,20,23; 왕상 1:10). 또 왕명에 따라 솔로몬을 인도하여 기혼으로 내려가서 왕위 계승을 하게 하였다(왕상 1:38). 그는 솔로몬 왕을 보호하여 아도니야(왕하 2:25), 요압(왕상 2:29-34), 시므이(왕상 2:46)를 죽여 요압을 대신하여 군대장관이 되었다(왕상 2:35).

아들 스바댜이니 그의 반에 이만 사천 명이요.

넷째 달에 복무할 넷째 반의 지휘관은 요압의 아들 아사헬[332]('하나님이 만드신다'는 뜻)이었다. 그의 아들 스바다('여호와께서 심판하신다'는 뜻)가 부지휘관이었다. 그의 반에는 24,000 명이었다.

대상 27:8. 다섯째 달 다섯째 지휘관은 이스라 사람 삼훗이니 그의 반에 이만 사천 명이요.

다섯째 달에 복무할 다섯째 반의 지휘관은 이스라 사람(다윗의 용사 삼훗의 출신지를 보여주는 이름, 대상 27:8) 삼훗[333]('그곳에'라는 뜻)이었다. 그의 반에 24,000 명이 있었다.

대상 27:9. 여섯째 달 여섯째 지휘관은 드고아 사람 익게스의 아들 이라이니 그의 반에 이만 사천 명이요.

여섯째 달에 복무할 여섯째 반의 지휘관은 드고아 사람[334] 익게스('유익하다'는 뜻)의 아들 이라('성읍'이란 뜻)였다. 그의 반에 24,000 명이었다.

대상 27:10. 일곱째 달 일곱째 지휘관은 에브라임 자손에 속한 발론 사람 헬레스이니 그의 반에 이만 사천 명이요.

일곱째 달에 복무할 일곱째 반의 지휘관은 에브라임 자손인 발론 사람[335]

---

332) 다윗의 누이 스루야의 아들 삼형제 중 막내 아들이다. 다윗의 30 용사 중 한 사람이며, 군중(軍中)의 큰 용사로서, 그의 발이 들노루 같이 빠른 것으로 유명했다(대상 2:16; 삼하 2:18; 23:24; 대상 11:26).

333) "삼훗": 이스라엘 사람인데, 다윗 군단의 5월 제 5반열의 장관으로서, 2만 4천의 군사를 거느렸다(대상 27:8). 사무엘하 23:25에는 "삼마"로 되어 있다.

334) 드고아(대하 20:20) 들에 있던 유대의 성읍 이름인데 계도의 형식상 유다의 자손 아스훌의 아들로 되어 있다(대상 2:24; 4:5). 이 성읍이 가장 잘 알려져 있는 것은 선지자 아모스의 고향으로서이다(암 1:1). 요압은 이 성읍의 슬기있는 여인의 지혜를 이용하여(삼하 14:2-) 르호보암은 이 요해를 견고하게 하였다(대하 11:6).

335) "발론 사람": 다윗의 용사 헬레스(대상 11:27; 27:10, 발론 사람)와 아히야(대상 11:36)에 대해 '불론 사람'으로 말하고 있다. 그러나 삼하 23:26의 병행기사에서 헬레스는 '발디 사람'으로 불리고 있다.

헬레스('힘'이라는 뜻)였다. 그의 반열에 24,000 명이었다.

대상 27:11. 여덟째 달 여덟째 지휘관은 세라 족속 후사 사람 십브개이니 그의 반에 이만 사천 명이요.

여덟째 달에 복무할 여덟째 반의 지휘관은 세라 족속(시므온의 가족장 세라에서 나온 가족들, 민 26:13,20)에 속한 후사 사람[336] 십브개('매이다'라는 뜻)였다. 그의 반에 24,000명이었다. 십브개는 블레셋의 거인을 죽인자다(삼하 21:18).

대상 27:12. 아홉째 달 아홉째 지휘관은 베냐민 자손 아나돗 사람 아비에셀이니 그의 반에 이만 사천 명이요.

아홉째 달에 복무할 아홉째 반의 지휘관은 베냐민 지파의 아나돗 사람(예루살렘 북북동의 성읍 아나돗의 주민을 지칭하는 말) 아비에셀('하나님은 도움이시다'는 뜻)이었다. 그의 반에 24,000명이었다.

대상 27:13. 열째 달 열째 지휘관은 세라 족속 느도바 사람 마하래이니 그의 반에 이만 사천 명이요.

열째 달에 복무할 열째 반의 지휘관은 세라 족속(시므온의 가족 중 세라에서 나온 가족들을 지칭한다)에 속한 느도바 사람 마하래('급하고 맹렬함'이라는 뜻)였다. 그의 반에 24,000 명이었다. "느도바 사람"이란 유다의 성읍 느도바(스 2:22; 느 7:26)의 출신자를 지칭하는 말이다.

대상 27:14. 열한째 달 열한째 지휘관은 에브라임 자손에 속한 비라돈 사람 브나야이니 그의 반에 이만 사천 명이요.

열한째 달에 복무할 열한째 반열의 지휘관은 에브라임 자손인 비라돈

---

336) "후사 사람"이란 유다의 성읍 후사의 출신자(삼하 21:18; 23:27; 대상 11:29; 20:4; 27:11)를 지칭하는 말이다. 이 성읍은 베들레헴 남서의 성읍 후-산(Husan)으로 추정된다.

사람 브나야였다. 그의 반에 24,000 명이었다. "비라돈 사람"이란 '에브라임의 성읍 비라돈의 출신자'를 지칭한다. 본 절의 브나야(Benaiah)는 3월에 복무할 군대의 지휘관과 동명이인이다. 이 브나야 역시 30인 용사였다(11:31 주해 참조).

대상 27:15. 열두째 달 열두째 지휘관은 옷니엘 자손에 속한 느도바 사람 헬대니 그 반에 이만 사천 명이었더라.

열두째 달에 복무할 열두째 반의 지휘관은 옷니엘 자손의 느도바 사람 헬대[337]('주님의 세계'라는 뜻)였다. 그의 반에 24,000 명이었다. 옷니엘은 이스라엘 최초의 사사였고, 갈렙의 조카였다(삿 1:13; 수 15:16). 이렇게 매월 복무할 사람들을 정해 놓은 것은 아주 잘 된 조직으로 볼 수 있다. 다윗 왕은 그의 만년에 접어들어 종교분야 뿐 아니라 나라의 일반적인 분야까지 완전히 조직을 정비하여 아들 솔로몬에게 물려주는 것을 볼 수 있다.

2. 각 지파를 관할하는 자들 27:16-24

지금까지 저자는 이스라엘의 상비군 제도를 언급했는데 이제 본 절 이하로부터 24절까지는 이스라엘의 각 지파를 관할한 관장들을 소개하고 있다.

대상 27:16. 이스라엘 지파를 관할하는 자는 이러하니라 르우벤 사람의 지도자는 시그리의 아들 엘리에셀이요 시므온 사람의 지도자는 마아가의 아들 스바댜요.

"이스라엘 지파를 관할하는 자는 이러하니라"는 말은 16절-24절의 서문에 해당한다. "관할하는 자"란 말은 '우두머리' 또는 '지도자'라는 뜻이다. 본서 저자는 지금까지(1-15절) 이스라엘의 군대 조직을 말했으나 이제부터는

337) "헬대"는 옷니엘 자손에 속한 느도바 사람이다. 다윗의 용사이며 12월을 담당하는 열둘째 장관이다(대상 27:15). 대상 11:30에는 '헬렛', 삼하 23:29에는 '헬렙'이라고 표기되어 있다.

민간 지도자를 거론하려는 것이다.

"르우벤 사람의 지도자는 시그리의 아들 엘리에셀('하나님은 구원자이시다'는 뜻)이요 시므온 사람의 지도자는 마아가의 아들 스바댜('여호와는 심판하신다'는 뜻)"라고 한다.

대상 27:17. 레위 사람의 지도자는 그무엘의 아들 하사뱌요 아론 자손의 지도자는 사독이요.

레위 지파의 지도자는 그무엘('하나님의 무리'라는 뜻)의 아들 하사뱌('여호와는 고려하신다'는 뜻)였고, 아론 지파의 영도자는 사독('대제사장 사독')이었다. 레위 지파에는 관장이 두 명(일반 레위인을 위한 관장은 하사뱌였고, 제사장을 위한 관장은 사독이었다)이 있었다. 하사뱌는 요단 서편을 관장했던 그핫의 셋째 아들인 헤스본의 자손인 하사뱌로 본다(26:30 주해 참조). 본 절의 "사독"은 대제사장 사독이었다(6:53 주해 참조).

대상 27:18. 유다의 지도자는 다윗의 형 엘리후요 잇사갈의 지도자는 미가엘의 아들 오므리요.

유다 지파의 영도자는 다윗의 형 엘리후('그는 나의 하나님'이란 뜻, 다윗의 장형, 2:3)였고, 잇사갈 지파의 영도자는 미가엘('누가 하나님과 같으냐'는 뜻)의 아들 오므리('여호와를 숭배하는 자'라는 뜻)였다.

대상 27:19. 스불론의 지도자는 오바댜의 아들 이스마야요 납달리의 지도자는 아스리엘의 아들 여레못이요.

스불론 지파의 영도자는 오바댜('주님의 종'이라는 뜻)의 아들 이스마야('여호와께서 들으신다'는 뜻)였고, 납달리 지파의 영도자는 아스리엘('하나님은 우리의 도우심이다'는 뜻)의 아들 여레못('높은'이란 뜻)이었다.

대상 27:20. 에브라임 자손의 지도자는 아사시야의 아들 호세아요 므낫세

반 지파의 지도자는 브다야의 아들 요엘이요.

에브라임 지파의 영도자는 아사시야('여호와의 강하심'이란 뜻)의 아들 호세아('구원'이란 뜻)였고, 므낫세 반쪽 지파의 영도자는 브다야('여호와께서 속해주심'이란 뜻)의 아들 요엘('여호와는 그의 하나님'이란 뜻)이었다.

대상 27:21. 길르앗에 있는 므낫세 반 지파의 지도자는 스가랴의 아들 잇도요 베냐민의 지도자는 아브넬의 아들 야아시엘이요.

요단 동편의 길르앗에 있는 므낫세 반쪽 지파의 영도자는 스가랴의 아들 잇도('사랑스러운 자'라는 뜻)였고, 베냐민 지파의 영도자는 아브넬('부친은 등불'이란 뜻)의 아들 야아시엘('하나님은 강하게 하심'이란 뜻)이었다. 본 절의 아브넬은 이스보셋의 군대장관이었다(삼하 2:12).

대상 27:22. 단은 여로함의 아들 아사렐이니 이들은 이스라엘 지파의 지휘관이었더라.

단 지파의 영도자는 여로함('그가 긍휼히 여기시기를'이라는 뜻)의 아들 아사렐('하나님이 도우신다'는 뜻)이었다. 이들(지금까지 말한 영도자들을 지칭)이 이스라엘 각 지파의 영도자들이었다.

여기 지금까지 말한 지도자들의 배열을 보면 한편으로는 질서도 있고 또 한편으로는 그 배열의 질서를 찾을 수가 없다. 분명한 것은 레아의 아들 6명이 출생순으로 되어 있는 것은 질서가 있는 것으로 보인다. 다음에 질서를 잃은 것은 라헬의 지파들보다 라헬의 시녀의 둘째 아들인 납달리가 먼저 나타나고 그 후에 라헬의 지파인 요셉의 두 지파와 베냐민이 나타나며 맨 나중에 라헬의 시녀 빌하의 큰 아들인 단이 나타나고, 레아의 시녀 실바의 두 아들인 "갓과 아셀"은 생략되었다. 이 마지막 두 지파가 생략된 것은 필사자의 실수였을 것으로 보인다.

대상 27:23. 이스라엘 사람의 이십 세 이하의 수효는 다윗이 조사하지 아니하

였으니 이는 여호와께서 전에 말씀하시기를 이스라엘 사람을 하늘의 별 같이 많게 하리라 하셨음이라.

본 절은 다윗이 20세 이하의 인구를 조사하지 않은 이유를 말한다. 다윗은 인구 조사를 하는(21장) 중에도 하나님을 믿는 신앙이 있었다는 것을 저자가 드러내려는 것이었다. 다시 말해 다윗은 "여호와께서 전에 말씀하시기를 이스라엘 사람을 하늘의 별 같이 많게 하리라 하신 것을" 믿고 있었다는 것이다. 다윗은 여호와께서 1천 년 전에 아브라함에게 주신 언약(창 15:5; 22:17)을 믿고 있었다. 우리는 하나님의 언약을 굳게 믿어야 할 것이다.

대상 27:24. 스루야의 아들 요압이 조사하기를 시작하고 끝내지도 못해서 그 일로 말미암아 진노가 이스라엘에게 임한지라 그 수효를 다윗 왕의 역대지략에 기록하지 아니하였더라.

스루야(다윗의 누이)의 아들 요압이 인구조사를 시작하였으나, 이 일 때문에, 주께서 이스라엘에게 진노하셨으므로, 총 인구조사를 끝마치지 못했다. 그래서 인구조사의 결과를 다윗 왕의 실록(왕실 일지)에 기록하지 못했다.

총 인구조사를 끝마치지 못했다는 말은 인구 조사를 한 것이 죄가 되어 하나님으로부터 벌을 받아 결국은 레위인의 인구와 베냐민 지파의 인구를 조사하지 못했다(21:6)는 것을 뜻한다. 결과적으로 다윗은 그 인구수를 그의 역대지략에 기록하지 못했다. 다윗의 인구 조사는 다윗이 사단의 꼬임에 빠져 사람의 수를 믿고자 한 것이었다. 우리는 세상의 그 어떤 사람이나 세력 등을 믿는 믿음을 버리고 오로지 하나님만 믿어야 할 것이다.

그리고 여기 한 가지 말할 것은 다윗이 인구조사를 끝내기 전에 하나님께서 벌을 주신 것은 하나님께서 다윗을 사랑하신 증거이다. 인구 조사를 끝내기 전에 하나님께서 벌을 주신 것은 그 인구 조사와 벌이 관계가 있다는 것을 보여주신 것이다. 만약에 인구 조사를 끝낸 후 오랜 시간이 지난 후에 벌이 왔다면 인구 조사를 했기 때문에 벌이 왔다는 것을 알지 못하여 잘못을 돌이키지 않았을 것이다. 하나님께서 우리를 사랑하시면 우리가 잘못한 일을 끝내기전이나 아니면 끝내자마자 벌하신다.

3. 왕의 재산을 관할하는 자들 27:25-31

이 부분(25-31절)은 왕의 재산(왕의 곳간, 왕을 위해 농업에 종사하는 사람들, 왕의 포도원, 왕의 가축 등 재무의 일)을 맡은 관원들을 다룬다.

대상 27:25. 아디엘의 아들 아스마웻은 왕의 곳간을 맡았고 웃시야의 아들 요나단은 밭과 성읍과 마을과 망대의 곳간을 맡았고.

아디엘의 아들 아스마웻은 궁중 창고(왕의 사유물을 보관하는 곳간)를 맡았고, 웃시야('나의 힘은 여호와'라는 뜻)의 아들 요나단('여호와께서 주신다'는 뜻)은 밭과 성읍과 마을과 요새에 있는 곳간을 맡았다.

"밭과 성읍과 마을과 요새에 있는 곳간을 맡았다"는 말은 '이스라엘 전체의 밭에 있는 곳간, 그리고 도시들 안에 있는 곳간, 촌에 있는 곳간, 산지에 있는 왕의 소유지의 산물을 간직하는 곳간들'을 관리하고 있었음을 말한다. 이 말은 곧 이스라엘 왕의 개인 저장 창고들이 왕실만 아니라 이스라엘 전역에 산재해 있었음을 말해준다. 이처럼 곳곳에 산재해 있는 수많은 곳간들을 관리하는 책임자로 '요나단'이 임명되었다.

대상 27:26. 글룹의 아들 에스리는 밭 가는 농민을 거느렸고.

글룹의 아들 에스리('나의 조력'이란 뜻)는 밭에서 일하는 농민을 관리하였다. 앞 절(25절)에 언급한 두 사람은 이미 저장해놓은 물건을 관리하는 사람들이었지만 이제 본 절에서부터 30절까지 진술하는 자들은 그 물건을 생산해내는 사람들이나 또는 생산지를 감독하는 사람들이다. 그 중에 먼저 본 절의 밭 가는 농민은 왕에게 고용된 소작농을 의미한다. 이스라엘은 지금까지는 유목을 주로 해왔으나 이제부터는 농업 인구가 존재했음을 보여준다. 유목 생활보다는 농경생활이 훨씬 더 안정스런 산업이었다. 에스리는 당시 다윗왕의 농경 자를 거느린 사람이었다.

대상 27:27. 라마 사람 시므이는 포도원을 맡았고 스밤 사람 삽디는 포도원의 소산 포도주 곳간을 맡았고.

라마(베냐민 경내의 성읍) 사람 시므이('들음'이라는 뜻)는 포도원을 맡아 관리했고, 스밤(북쪽 경계지대의 성읍) 사람 삽디('분깃'이라는 뜻)는 포도원에서 포도주 곳간을 관리했다. '포도주 곳간을 관리했다'는 말은 '포도원의 소출인 포도주의 곳간을 맡아 관리했다'는 뜻이다.

대상 27:28. 게델 사람 바알하난은 평야의 감람나무와 뽕나무를 맡았고 요아스는 기름 곳간을 맡았고.

게델[338]('울타리'라는 뜻) 사람 바알하난('주님은 은혜로우심'이라는 뜻)은 평야(세벨라 지역을 말하는 것이다)의 올리브 나무와 뽕나무(열매는 식용이 되었고, 그 나무는 목재로 사용되었다)를 맡아 관리했고, 요아스('여호와는 강하시다'는 뜻)는 기름 곳간을 맡아 관리했다. 여기 "기름 곳간을 맡았다"는 말은 '감람나무 열매에서 짜낸 기름을 창고에 보관해 관리했다'는 뜻이다.

대상 27:29. 사론 사람 시드래는 사론에서 먹이는 소 떼를 맡았고 아들래의 아들 사밧은 골짜기에 있는 소 떼를 맡았고.

사론 사람(갈멜산 남방에서 욥바까지 전개되는 평원의 땅 사론의 주민이나 출신자를 일컫는 말, 대상 27:29) 시드래('나의 보호'라는 뜻)는 사론(갈멜산 남쪽에서 욥바까지 뻗은 유명한 연안 평야)에서 기르는 소 떼를 맡아 관리했고, 아들래('하나님의 공의'라는 뜻)의 아들 사밧('재판'이라는 뜻)은 골짜기에 있는 소 떼를 맡아 관리했다. 본 절의 사론을 요단 동편에 위치한 사론 평야(5:16)와 혼동해서는 안 될 것이다.

대상 27:30. 이스마엘 사람 오빌은 낙타를 맡았고 메로놋 사람 예드야는

---

338) 유다 남부에 있던 가나안 사람의 성읍이다(수 12:13). 벧가델(대상 2:51)과 동일지이다. 위치는 불명이다. 이 성읍 출신자는 '게델 사람'이라고 불렸다(대상 27:28).

나귀를 맡았고 하갈 사람 야시스는 양 떼를 맡았으니.

이스마엘 사람 오빌('우는 자'라는 뜻)은 낙타를 맡아 관리했고, 메로놋 사람 예드야('여호와께서 기뻐하신다'는 뜻)는 나귀를 맡아 관리했으며, 하갈 사람 야시스('일어난다'는 뜻)는 양 떼를 맡아 관리했다. "이스마엘 사람"이란 아브라함과 애굽여인 하갈 사이에서 난 이스마엘의 자손(창 37:25,27,28; 39:1; 삿 8:24)을 칭하는 말이고, "메로놋 사람"이란 메르놋(위치 불명)의 출신자(대상 27:30; 느 3:7)를 말한다. 그리고 "하갈 사람"이란 다윗의 양떼를 관리한 야시스 출신족(대상 27:31)을 말한다.

대상 27:31. 다윗 왕의 재산을 맡은 자들이 이러하였더라.

이들(25-30절, 12명)이 다윗 왕의 재산을 관리하는 사람들이었다. 본서 저자 에스라가 12명의 재산 관리자들을 말한 것은 12라는 숫자가 완전을 상징하는 숫자였기 때문인 듯하다.

4. 다윗을 섬기는 사람들 27:32-34

재산 관리자들을 거명한 저자는 이제 다윗을 섬기는 사람들(다윗 왕의 모사, 자문관들)을 거명한다(8:15-17; 삼하 8:16-18; 20:23-26).

대상 27:32. 다윗의 숙부 요나단은 지혜가 있어서 모사가 되며 서기관도 되었고 학모니의 아들 여히엘은 왕자들의 수종자가 되었고.

다윗의 삼촌(숙부) 요나단('여호와께서 주신다'는 뜻)은 지혜가 있어서 고문 역할을 했으며 서기관이 되었다. 그리고 학모니('지혜자'라는 뜻)의 아들 여히엘('하나님은 살아계시다'는 뜻)은 왕자들의 수종자(가정교사)가 되었다.

대상 27:33. 아히도벨은 왕의 모사가 되었고 아렉 사람 후새는 왕의 벗이 되었고.

아히도벨[339]('어리석음의 형제'라는 뜻)은 왕의 모사(자문관)가 되었고, 아렉 사람 후새[340]('급속하다'는 뜻)는 왕의 친구로서 그의 고문이 되었다. 본 절의 "아렉 사람"이란 요단 유역의 성읍 아다롯 부근의 주민을 지칭한다. 주님 안에서 친구가 된다는 것은 아름다운 것이고 주님의 일을 더 영화롭게 하는 것임에 틀림없다.

대상 27:34. 브나야의 아들 여호야다와 아비아달은 아히도벨의 뒤를 이었고 요압은 왕의 군대 지휘관이 되었더라.

브나야('여호와께서 세워주신다'는 뜻)의 아들 아호야다('여호와께서 아신다'는 뜻)와 아비아달('부유하신 아버지'라는 뜻)은 아히도벨('어리석음의 형제'라는 뜻)의 후임자가 되고, 요압('여호와는 아버지시다'라는 뜻, 2:17 주 참조)은 왕의 군대 총사령관이 되었다. "브나야"는 둘째 3용사의 한 사람이었고, 다윗의 시위 대장이었으며, 솔로몬의 군대 장관이었다(11:22 주해 참조). 브나야는 "여호야다"의 아들이었는데, 브나야의 아들 역시 "여호야다"였다. 브나야는 그의 아들에게 조부의 이름을 붙여 '여호야다 II세'로 했을 것이다(Lange). 요압은 군대 장관으로 다윗 다음 가는 나라의 제 2인자였다.

---

339) "아히도벨"은 서남 유다의 길로 사람인데, 다윗의 모사(謀士)이다. 반역 음모에 그의 지혜가 필요했든지, 압살롬은 그를 길로에서 초청했다. 압살롬이 부왕 다윗을 반역하여 예루살렘에 입성했을 때, 모든 백성의 심리를 다윗으로부터 압살롬에게 전환시키는 술책으로 다윗의 후궁들을 백주에 옥상에서, 더구나 백성들의 환시 하에 동침하라는 모략을 압살롬이 받아들여 천인공노할 범행을 저지르게 했다(삼하 15:12; 16:20-23).

340) "후새"는 아렉 사람으로 다윗의 훌륭한 친구 중 한 사람이다. 압살롬의 반역시 왕을 충실하게 섬겨 아히도벨의 계획을 깨뜨렸다(삼하 15:32-37,16:16-18,17:5-16, 대상 27:33). 즉, 후새는 압살롬에게 아첨하는 태도를 취하여 그의 신용을 얻은 후 내정의 비밀을 탐지하여 다윗에게 내통하였다. 아히도벨의 간단하고도 정확한 작전 계획과, 후새의 복잡한 인해전술 중 택일할 책임을 가진 압살롬은, 전자의 성공할 전술을 버리고, 후자의 실패할 인해전술을 낫게 생각하였다. 이는 "여호와께서 압살롬에게 화를 내리려 하사 아히도벨의 좋은 모략을 파하기로 작정하셨"기 때문이다(삼하 17:14).

제 28 장

H. 다윗이 마지막으로 백성에게 훈계하고 죽다 28-29장

다윗은 죽음을 앞두고 백성에게 훈계하고(28:1-8), 솔로몬에게 훈계하며(28:9-21), 성전을 위해 헌물을 드리고(29:1-9), 감사 기도하며(29:10-19), 솔로몬을 즉위시키며(29:20-25), 마지막으로 죽는다(29:26-30).

1. 다윗이 백성을 훈계하다 28:1-8

다윗은 죽기 전에 각 지파의 어른과 왕을 섬기는 반장들과 천부장들과 백부장들과 및 왕과 왕자의 모든 소유와 가축의 감독과 내시와 장사와 모든 용사를 예루살렘으로 소집해서 마지막 훈계를 준다. 훈계의 내용은 앞으로 성전을 세우라는 것이었고, 여호와의 율법을 성실하게 지키라는 것이었다.

대상 28:1. 다윗이 이스라엘 모든 고관들 곧 각 지파의 어른과 왕을 섬기는 반장들과 천부장들과 백부장들과 및 왕과 왕자의 모든 소유와 가축의 감독과 내시와 장사와 모든 용사를 예루살렘으로 소집하고.

다윗이 이스라엘의 모든 대표 지도자, 곧 각 지파의 지도자(27:16-22)와, 왕을 섬기는 12반열의 지휘관(27:1-15)과, 천부장들과, 백부장들(각 군단장 휘하의 군 지휘관들), 왕과 왕자의 재산과 가축을 관리하는 사람들(27:25-31)과, 궁중의 환관들과, 뛰어난 무사들, 모든 전쟁 용사(11:10-47)를 예루살렘으로 불러 모았다. 아마도 빠짐없이 불렀을 것이다. 다윗은 일을 철저하게 하는 신앙인이었다.

대상 28:2. 이에 다윗 왕이 일어서서 이르되 나의 형제들, 나의 백성들아

내 말을 들으라 나는 여호와의 언약궤 곧 우리 하나님의 발판을 봉안할 성전을 건축할 마음이 있어서 건축할 재료를 준비하였으나.

다윗 왕이 모든 사람을 불러 놓은 다음 그들 앞에 서서 다음과 같이 말한다. "내 형제들과 내 나라 백성 여러분, 내 말을 들으십시오. 나는 우리 하나님의 발판과도 같은 여호와의 법궤를 안전하게 모실 성전을 건축할 마음이 간절해서 성전 건축에 필요한 모든 자재를 다 갖추어 놓았습니다".

다윗은 여호와의 법궤를 "하나님의 발판"이라고 한다. 하나님께서 법궤 위,즉 속죄소에 임재하시기 때문이다(출 25:20-21). 다윗은 백성들을 앞에 불러 놓고 성전을 건축할 마음이 있어서 성전을 건축할 재료를 준비해 놓았는데 하나님께서 막으셨다고 말씀한다.

대상 28:3. 하나님이 내게 이르시되 너는 전쟁을 많이 한 사람이라 피를 많이 흘렸으니 내 이름을 위하여 성전을 건축하지 못하리라 하셨느니라.

그러나 하나님께서는 나에게 '너는 군인으로서 많은 피를 흘렸으므로, 나의 이름을 위하여 성전을 건축할 수 없다'고 말씀해 주셨다.

다윗은 성전을 건축할 마음이 간절했고 또 재료도 다 준비해 놓았으나 하나님께서 다윗의 성전 건축을 막으셨다. 이유는 전쟁을 많이 하는 중 피를 많이 흘렸다는 이유였다. 그러나 하나님께서 다윗이 전쟁을 하고 또 피를 흘린 것을 두고 죄를 지었다고 하신 적은 없으셨다. 다윗이 전쟁을 하고 피를 흘린 것은 하나님을 대리하여 한 것이었다(창 15:16; 왕상 21:26). 22:8 주해 참조. 본 절의 하나님의 말씀의 주해를 위해서 많은 주석가들은 다윗이 성전을 건축하지 못한 것은 그가 전쟁도 하고 또 성전도 건축하는 것을 하나님께서 원하시지 않는다는 것이었다. 전쟁을 하는 사람은 전쟁을 하고 성전을 짓는 사람은 성전을 지어야 한다는 하나님의 논리이다. 한 사람이 모든 것을 다 하는 것보다는 여러 사람이 나누어서 일을 해야 한다는 것을 보여주신 말씀이다. 하나님께서 우리에게 주신 은사는 대략 19가지인데 그 많은 은사를 한 사람이 다 받지 못하는 경우와 같다. 전쟁하는 은사와 성전 짓는 은사는 달라서 전쟁하는 은사는 다윗이 가지고 전쟁을 해야 했고 성전 짓는 은사는 솔로몬이 가지고 사용해야 했다.

대상 28:4. 그러나 이스라엘 하나님 여호와께서 전에 나를 내 부친의 온 집에서 택하여 영원히 이스라엘 왕이 되게 하셨나니 곧 하나님이 유다 지파를 택하사 머리를 삼으시고 유다의 가문에서 내 부친의 집을 택하시고 내 부친의 아들들 중에서 나를 기뻐하사 온 이스라엘의 왕을 삼으셨느니라.

본 절은 하나님께서 다윗 자신을 택하셔서 이스라엘 왕으로 세우셨다는 것을 강변한다. 하나님께서는 다윗 자신이 속한 유다 지파를 택하셨고(5:2; 창 49:8), 또 유다 가문에서 자기의 부친의 가문을 택하셨으며(삼상 16:1) 자기 부친의 아들들 중에서 자신을 기뻐하셔서(삼상 16:13) 영원히 이스라엘 왕이 되게 하셨다(17:14)고 말한다. 본 절의 "택하셨다"는 말씀이나 "기뻐하셨다"는 말씀은 동의어로 쓰였다.

대상 28:5. 여호와께서 내게 여러 아들을 주시고 그 모든 아들 중에서 내 아들 솔로몬을 택하사 여호와의 나라 왕 위에 앉혀 이스라엘을 다스리게 하려 하실 새.

앞 절(4절)에서는 다윗이 하나님께서 자기를 택하셔서 이스라엘 왕으로 삼으셨다는 것을 말씀했는데, 본 절에서는 하나님께서 다윗에게 여러 아들을 주신 중에 솔로몬을 택하셔서 이스라엘 왕위에 앉혀 이스라엘을 다스리게 하셨다는 것을 말씀한다.

대상 28:6. 내게 이르시기를 네 아들 솔로몬 그가 내 성전을 건축하고 내 여러 뜰을 만들리니 이는 내가 그를 택하여 내 아들로 삼고 나는 그의 아버지가 될 것임이라.

솔로몬을 택하셔서 이스라엘 왕으로 삼으신 하나님께서는 다윗에게 말씀하시기를 "솔로몬 그가 내 성전을 건축하고 내 여러 뜰을 만들 것이다".

이유는 "여호와께서 솔로몬을 택하여 하나님의 아들로 삼고 나(여호와)는 솔로몬의 아버지가 되어야 했기 때문이라"고 하신다.

대상 28:7. 그가 만일 나의 계명과 법도를 힘써 준행하기를 오늘과 같이 하면 내가 그의 나라를 영원히 견고하게 하리라 하셨느니라.

솔로몬이 '지금처럼 나(여호와)의 계명과 나의 규례를 힘써 지키면, 나는 그의 나라를 길이길이 굳게 세워 줄 것이라'고 하신다.

솔로몬은 왕으로 즉위한 초기에는 여호와의 계명과 규례를 잘 지켰다. 그러나 세월이 지남에 따라 이방인 왕비들의 유혹에 빠져 죄의 길로 들어섰다. 여호와께서는 솔로몬에게 초기의 율법 지킴을 귀히 여기셨다. 우리는 초심을 잃지 말아야 한다. 여기 "계명"과 "규례"란 말은 모세의 율법을 지칭하는 말인데 좀 더 자세히 말하자면 "계명"은 율법의 한 조문 한 조문을 따로 뜻하는 말이고, "규례"는 그 계명을 위한 규례를 말하는 것이다.

대상 28:8. 이제 너희는 온 이스라엘 곧 여호와의 회중이 보는 데에서와 우리 하나님이 들으시는 데에서 너희 하나님 여호와의 모든 계명을 구하여 지키기로 하라 그리하면 너희가 이 아름다운 땅을 누리고 너희 후손에게 끼쳐 영원한 기업이 되게 하리라.

다윗은 백성들에게 "여호와의 회중이 보는 데에서와 우리 하나님이 들으시는 데에서 너희 하나님 여호와의 모든 계명을 구하여 지키기로 하라"고 말한다. 하나님 앞에서 뿐 아니라 백성들이 보는 앞에서도 여호와의 모든 계명을 잘 지키기로 하라고 권고한다. 그렇게 하는 경우 백성들은 이 아름다운 땅에서 번영할 뿐 아니라 가나안 땅을 후손들에게 끼쳐 영원한 기업이 되게 할 것이라고 말한다.

2. 솔로몬에게 훈계하다 28:9-21

백성들에게 훈계한 다윗은 이제 솔로몬 개인에게 훈계한다.

대상 28:9. 내 아들 솔로몬아 너는 네 아버지의 하나님을 알고 온전한 마음과 기쁜 뜻으로 섬길지어다 여호와께서는 모든 마음을 감찰하사 모든 의도를 아시나니 네가 만일 그를 찾으면 만날 것이요 만일 네가 그를 버리면 그가 너를 영원히 버리시리라.

"나의 아들 솔로몬아, 너는 네 아버지의 하나님을 바로 알고, 온전한 마음과 기쁜 마음으로 정성을 다하여 섬겨라. 여호와께서는 모든 사람의 마음을 살피시고 모든 생각과 의중을 헤아리신다. 네가 그를 찾으면 그가 너를 만나 주시지만 네가 그를 버리면 그도 너를 영원히 버리실 것이다".

본 절의 "알라"(דַּע)는 말은 '알게 되라' '체험적으로 알라'는 말이다. 우리가 하나님을 알되 체험적으로 알아야 할 것이다. 그리고 우리가 주의해야 할 것은 "여호와께서 모든 사람의 마음을 살피시고 모든 생각과 의도를 아신다"는 말씀에 귀를 기울여야 한다. 하나님은 우리 한 사람을 철저하게 다 아신다는 것은 아주 중요한 말씀이다. 우리가 하나님 앞에서 우리의 마음을 살펴야 할 것이다. 그리고 "우리가 여호와를 찾으면 여호와께서 우리를 만나 주신다는 말씀"도 정신을 차려 알아야 할 것이다. 우리는 하나님께서 우리를 만나주실 때까지 하나님을 찾아야 할 것이다.

대상 28:10. 그런즉 이제 너는 삼갈지어다 여호와께서 너를 택하여 성전의 건물을 건축하게 하셨으니 힘써 행할지니라 하니라.

다윗은 솔로몬에게 앞 절에 근거하여 "그러므로 너는 조심하여라. 여호와께서 성전을 짓기 위해 너를 택하셨으므로 너는 마음을 굳게 먹고 그 일을 잘 수행하라"고 권고한다. 막중한 사명을 받은 사람이니 조심해서 일을 수행하라는 것이다. 우리 각자는 맡은 일에 죽도록 충성해야 할 것이다(고전 15:58).

대상 28:11. 다윗이 성전의 복도와 그 집들과 그 곳간과 다락과 골방과 속죄소의 설계도를 그의 아들 솔로몬에게 주고.

다윗은 솔로몬에게 본 절부터 18절까지 성전을 지을 재료를 다 준비해 놓았다고 말해준다. 다윗은 본 절에서는 성전의 부분들(복도, 집들, 곳간, 다락, 골방, 속죄소)의 설계도를 그의 아들 솔로몬에게 건네주면서 성전을 건축할 것을 권면한다. 본 절의 "집들"이란 말은 "성소와 지성소"를 지칭한다. "곳간"이란 '보물 창고'를 의미한다(왕상 6:5; 스 7:20). "다락"은 '지성소 뒤에 있는 다락방'을 말한다(대하 3:8-9). 그리고 "골방"이란 '다락에 연결되어 있는 안쪽 방으로 모두 30개가 있고 제사장의 숙소와 성물의 보관소'로 사용되었다. "지성소"란 '법궤의 덮개'를 지칭하고 거기에 하나님께서 임재하시는 곳이다. 다윗은 자재들만 준비한 것이 아니라 설계도까지 하나님으로부터 받아서 솔로몬에게 건네주었다. 다윗의 열심은 특심했다.

대상 28:12. 또 그가 영감으로 받은 모든 것 곧 여호와의 성전의 뜰과 사면의 모든 방과 하나님의 성전 곳간과 성물 곳간의 설계도를 주고,

다윗은 또 솔로몬에게 성전 건축을 독려하기 위해 자기가 영감으로 받은 각 부분(성전의 뜰, 사면의 모든 방, 하나님의 성전 곳간, 성물 곳간)의 설계도를 건네준다.

다윗은 본 절에서는 성전의 부속 건물의 뜰과 건물을 거론한다. 본 절의 "성전의 뜰들"이란 '제사장의 뜰', '남자의 뜰', '여자의 뜰' 등을 지칭한다. 그리고 "사면의 모든 방"이란 '뜰 사면에 있는 방들'을 지칭한다. 그리고 "성전 곳간"은 '성전 용 성물의 곳간'을 가리킨다. 그리고 "성물 곳간"은 일반 백성들이 바치는 제물을 두는 제물을 쌓아두는 곳간을 가리킨다(26:28).

대상 28:13. 또 제사장과 레위 사람의 반열과 여호와의 성전에서 섬기는 모든 일과 여호와의 성전을 섬기는 데에 쓰는 모든 그릇의 양식을 설명하고 (for the divisions of the priests and of the Levites, and all the work of the service in the house of the Lord; for all the vessels for the service in the house of the Lord-ESV).

다윗은 앞 절(12절)에서 여호와의 전의 뜰과 사면의 모든 방에 대해 말했는데 이제 본 절에서는 그 장소에서 이루어지는 일들을 설명하고 있다(K.&D., Lange, Barler, Curtis). 본 절은 “또 제사장이나 레위인들에게 분배받은 역할은 무엇이며, 여호와의 성전에서 제사(예배)는 어떻게 드리고, 여호와의 성전 제사(예배)에서 쓸 기구들은 어떻게 만들 것인지에 대하여 설명해 주었다”. 다윗은 성전 건축에 필요한 모든 것을 솔로몬에게 가르쳐 주었다.

대상 28:14. 또 모든 섬기는 데에 쓰는 금 기구를 만들 금의 무게와 모든 섬기는 데에 쓰는 은 기구를 만들 은의 무게를 정하고,

다윗은 또 제사(예배)에 쓰이는 여러 가지 금 기구를 만드는 데 금을 얼마나 쓸 것인지, 제사(예배)에 드리는 여러 가지 은 기구들을 만드는 데 은을 얼마나 쓸 것인지를 명시해 주었다. 금 중량, 은 중량까지 모두 성령님의 지시에 따라 정했다(12절).

대상 28:15. 또 금 등잔대들과 그 등잔 곧 각 등잔대와 그 등잔을 만들 금의 무게와 은 등잔대와 그 등잔을 만들 은의 무게를 각기 그 기구에 알맞게 하고

다윗은 또 솔로몬에게 금(金) 등잔대들(성소 안에 둘 일곱 가지의 금 등대들)을 어떻게 만들 것인지와 각 등잔대를 어떻게 만들 것인지, 그 등잔을 만드는데 들어가는 무게가 얼마나 될 것인지, 은(銀) 등잔대도 마찬가지로 각 등잔대와 그 은 등잔의 무게를 어떻게 해야 할지를, 그 등잔대의 용도에 따라 알려 주었다.

대상 28:16. 또 진설병의 각 상을 만들 금의 무게를 정하고 은상을 만들 은도 그렇게 하고,

다윗은 또 진설병 제사상(이스라엘 12지파를 위한 12개의 떡을 진설한 상) 하나하나에 금을 얼마나 쓰며, 은으로 만들 제사상 하나하나에 은을 얼마나 쓸 것인지도 알려주었다. 본 절의 "은 상"은 뜰 안에 놓았다고 한다 (Lange).

대상 28:17. 갈고리와 대접과 종지를 만들 순금과 금 잔 곧 각 잔을 만들 금의 무게와 또 은 잔 곧 각 잔을 만들 은의 무게를 정하고.

다윗은 또 고기를 건질 때에 쓰는 갈고리(출 27:3)와, 대접(희생의 피를 받아 뿌리는 그릇)과 종지(주전자)를 만드는 데 필요한 순금과, 금잔 곧 각 잔을 만드는 데 필요한 금의 무게와, 은 잔 곧 각 은잔을 만드는 데 필요한 은의 무게도 솔로몬에게 알려 주었다.

대상 28:18. 또 향단에 쓸 순금과 또 수레 곧 금 그룹들의 설계도대로 만들 금의 무게를 정해 주니 이 그룹들은 날개를 펴서 여호와의 언약궤를 덮는 것이더라.

다윗은 또 향단(분향단)을 만드는 데 필요한 정련된 금의 무게와, 수레 곧 날개를 펴서 주의 언약궤를 덮고 있는 그룹을 금으로 만드는 데 필요한 설계도도 알려 주었다. 모세 때부터 두 개의 그룹들은 언약궤의 뚜껑, 곧 시은소위에서 마주 대하도록 만들었다(출 25:18-20; 37:7-9). 이 그룹들의 모습은 그 날개를 위로 펴서 시은소를 위에서 덮고 있는 모양을 취했다. 여기 "향단"은 지성소 입구에 두는 정금 향단으로 매일 분향하는 곳이다(출 30:1-10; 대하 26:16).

대상 28:19. 다윗이 이르되 여호와의 손이 내게 임하여 이 모든 일의 설계를 그려 나에게 알려 주셨느니라.

다윗은 솔로몬에게 이렇게 말하였다. "이 모든 설계에 관한 것은 주께서 친히 손으로 써서 나에게 알려 주셨다"고 했다. 여기 여호와의 손이 내게 임했다고 말한 것은 설계를 손으로 그려야 했기 때문이다. 왕하 3:15 주해 참조.

대상 28:20. 또 그의 아들 솔로몬에게 이르되 너는 강하고 담대하게 이 일을 행하라 두려워하지 말며 놀라지 말라 네가 여호와의 성전 공사의 모든 일을 마치기까지 여호와 하나님 나의 하나님이 너와 함께 계시사 네게서 떠나지 아니하시고 너를 버리지 아니하시리라.

다윗은 위와 같이 솔로몬에게 지시하고 나서 강하고 담대하게(수 1:9 참조) 성전을 건축하라고 권면한다. 두려워하지 말고 놀랄 필요가 없는 이유는 하나님께서 끝까지 함께 하실 것이기 때문이라고 한다. 솔로몬과 함께 하시면서 솔로몬에게서 떠나지 아니하시고 버리지 아니하실 것이라고 힘을 실어준다. 하나님께서 함께 하시는 것만큼 복된 것은 없다.

대상 28:21. 제사장과 레위 사람의 반이 있으니 하나님의 성전의 모든 공사를 도울 것이요 또 모든 공사에 유능한 기술자가 기쁜 마음으로 너와 함께 할 것이요 또 모든 지휘관과 백성이 온전히 네 명령 아래에 있으리라.

앞 절(20절)은 다윗이 하나님께서 솔로몬을 떠나지 아니하시고 함께 하실 것이라고 힘을 실어주었는데 본 절에서는 제사장과 레위 사람의 반열이 솔로몬을 도울 것이고 또 모든 공사의 전문가들이 기쁜 마음으로 솔로몬의 성전 건축을 도울 것이며 또 솔로몬이 왕으로서 명령 한마디 하면 모든 지휘관과 백성들이 온전히 순종할 것이라고 말해준다.

제 29 장

3. 성전 건축을 위해 헌물하다 29:1-9

다윗 왕은 이미 성전 건축 헌물을 드렸고 또 자기가 가지고 있는 사유재산도 드렸으며(1-5절) 백성들에게도 권하여 백성들도 기쁜 마음으로 많이 드렸다는 것을 말한다(6-9절).

대상 29:1. 다윗 왕이 온 회중에게 이르되 내 아들 솔로몬이 유일하게 하나님께서 택하신바 되었으나 아직 어리고 미숙하며 이 공사는 크도다 이 성전은 사람을 위한 것이 아니요 여호와 하나님을 위한 것이라.

다윗은 온 회중에게 또 두 가지를 계속해서 말한다(28:1 참조). 첫째, "하나님께서 유일하게 선택하신 나의 아들 솔로몬은 아직 어리고 경험도 부족하다는 것"을 말한다(22:5 주해 참조). 둘째, "거기에 비해서 이 공사는 너무나 크다"고 말하면서 헌신을 요구한다. 여기 "너무 크다"는 말은 "이 성전은 사람의 집이 아니고, 주 하나님께서 임재하실 성전이기 때문에" 크다고 한 것이다. 그러니까 다윗은 솔로몬은 아직 어리고 경험이 없는 사람임을 말하고 성전 건축은 너무 방대하다는 것을 비교하여 말한다.

대상 29:2. 내가 이미 내 하나님의 성전을 위하여 힘을 다하여 준비하였나니 곧 기구를 만들 금과 은과 놋과 철과 나무와 또 마노와 가공할 검은 보석과 채석과 다른 모든 보석과 옥돌이 매우 많으며.

다윗은 자기가 온 힘을 기울여, 하나님의 성전을 지으려고 준비하였다고 말하면서 종류로는 대략 10가지 정도라고 한다. 곧 "금 기구들을 만들 금"과,

"은 기구들을 만들 은"과, "동 기구들을 만들 동"과, "철 기구들을 만들 철"과, "목재 기구들을 만들 목재"와, "마노"와 "박을 보석"과 "꾸밀 보석"과 "여러 가지 색깔의 돌"과 "그 밖의 여러 보석"과 "옥돌"(대리석)을 많이 준비했다고 말하면서 성전 건축에 협조할 것을 부탁한다.

본 절의 "마노"란 대제사장의 예복과 흉배에 장식하는 것이었다(출 25:7; 35:9,27). 그리고 "가공할 검은 보석"이란 제사장의 의복이나 다른 기구에 장식을 위해 박을 보석을 말한다. 그리고 "채석"이란 치석한 석재를 말한다. 그리고 "다른 보석"은 귀중한 보석을 이름이다. "옥돌"이란 '흰 대리석'을 지칭한다(K.&D., Lange).

또 내가 하나님의 성전을 사모하기 때문에 내가 성전을 지으려고 준비한 이 모든 것(전리품들) 외에, 나에게 있는 사유 재산도 하나님의 성전을 짓는 데에 바쳤다고 말한다.

대상 29:4. 곧 오빌의 금 삼천 달란트와 순은 칠천 달란트라 모든 성전 벽에 입히며.

오빌(유명한 은산지)의 금 3,000 달란트(102톤)와, 정련해서 만든 순은(純銀) 7,000 달란트(239톤)를 바쳐 성전의 벽에 입혔다고 말한다.

대상 29:5. 금, 은 그릇을 만들며 장인의 손으로 하는 모든 일에 쓰게 하였노니 오늘 누가 즐거이 손에 채워 여호와께 드리겠느냐 하는지라.

본 절은 앞 절에 이어 금과 은을 어떻게 사용했는지 말한다. 사용한 사용처로는 금 은 그릇을 만들게 했고 또 장인의 손으로 하는 모든 일에 쓰게 했다고 말한다. 그러니 오늘 누가 즐겁게 손에 채워서 여호와께 드려 보라고 권장하다. 교회에서 목사가 헌물할 것을 말하면 사람들의 마음속에서는 "아멘" 소리가 갑자기 적어지나 실제로는 큰 소리로 아멘하고 많이 드려야 할 것이다.

대상 29:6. 이에 모든 가문의 지도자들과 이스라엘 모든 지파의 지도자들과 천부장과 백부장과 왕의 사무관이 다 즐거이 드리되.

본 절 초두의 "이에"(then)란 말은 '다윗의 말이 끝나자'란 뜻이다. 다윗의 권고가 끝나자 "모든 가문의 지도자들과 이스라엘 모든 지파의 지도자들과 천부장과 백부장과 왕의 사무관이 다 즐거이 드렸다"는 것이다. 28:1; 27:25-30 주해 참조.

대상 29:7. 하나님의 성전 공사를 위하여 금 오천 달란트와 금 만 다릭은 만 달란트와 놋 만 팔천 달란트와 철 십만 달란트를 드리고.

"모든 가문의 지도자들과 이스라엘 모든 지파의 지도자들과 천부장과 백부장과 왕의 사무관"(6절)이 하나님의 성전 공사를 위하여 금 5,000 달란트와 금 10,000다릭(1톤 300kg), 은 10,000달란트와 놋 18,000달란트와 철 100,000달란트를 드렸다.

대상 29:8. 보석을 가진 모든 사람은 게르손 사람 여히엘의 손에 맡겨 여호와의 성전 곳간에 드렸더라.

또 보석이 있는 모든 사람은 게르손 사람 여히엘('하나님은 살아계시다'는 뜻)이 관리하는 주의 성전 곳간에 가져다 바치게 했다. "여히엘"에 대해서는 26:21 주해를 참조하라.

대상 29:9. 백성들은 자원하여 드렸으므로 기뻐하였으니 곧 그들이 성심으로 여호와께 자원하여 드렸으므로 다윗 왕도 심히 기뻐하니라.

백성들이 기꺼이 주께 예물을 바쳤으므로, 그들이 이렇게 기꺼이 바치게 된 것을 백성도 기뻐했고 다윗 왕도 크게 기뻐하였다는 내용이다. 이 양편의 기쁨은 하나님께서 주신 기쁨이었다. 힘껏 헌물하면 헌물한 자와 헌물을 권고한 자 모두 기쁜 법이다.

4. 다윗이 감사 기도를 드리다 29:10-19

다윗은 자신이 성전 건축을 위해서 헌금을 했고(1-5절) 또 백성들도 헌금을 했으므로(6-9절) 감격하여 하나님께 감사기도를 드리며, 솔로몬의 성전 건축을 위해 기도한다(10-19절).

대상 29:10. 다윗이 온 회중 앞에서 여호와를 송축하여 이르되 우리 조상 이스라엘의 하나님 여호와여 주는 영원부터 영원까지 송축을 받으시옵소서.

그리하여(wherefore) 다윗은 온 회중 앞에서 여호와를 찬양한다. "우리 선조 이스라엘을 보살펴 주시던 하나님, 옛 부터 받으시던 찬양, 앞으로도 길이길이 찬양을 받으시기를 바란다"고 빈다. 우리의 감사와 찬양은 영원해야 할 것이다.

대상 29:11. 여호와여 위대하심과 권능과 영광과 승리와 위엄이 다 주께 속하였사오니 천지에 있는 것이 다 주의 것이로소이다 여호와여 주권도 주께 속하였사오니 주는 높으사 만물의 머리이심이니이다.

"여호와여! 우리 주님은 위대하시고(하나님의 주권이 우주와 만방에 미친다는 뜻) 능력이 한이 없으시며 모든 영광이 주께 속하였고 승리와 존귀가 다 모두 주께 속해 있습니다. 하늘과 땅에 있는 모든 것이 다 주의 것입니다. 그리고 여호와여! 이 나라의 주권도 주의 것이며, 주께서는 만물을 주장하시는 머리 되신 분이시니 찬양을 받으소서!"라고 찬양했다.

대상 29:12. 부와 귀가 주께로 말미암고 또 주는 만물의 주재가 되사 손에 권세와 능력이 있사오니 모든 사람을 크게 하심과 강하게 하심이 주의 손에 있나이다.

다윗은 사람이 부하게 되고 존귀하게 되는 것이 주께로부터 나오고, 주께서 만물을 다스리시는 것을 보니 주의 손에 권세와 능력이 있으시니, 사람이 위대해지고 강하게 되는 것도 주의 손에 달려 있다고 찬양한다. 우리는 우리 스스로 무엇이 되려고 해서는 안 될 것이다.

대상 29:13. 우리 하나님이여 이제 우리가 주께 감사하오며 주의 영화로우신 이름을 찬양하나이다.

"우리 하나님이시여! 우리가 주께서 절대 주권자이신 하나님을 발견하고 또 여호와께서 자신을 높게 하셨고 크게 하신 것을 생각하고 계속해서 감사하고 주의 영광스러운 이름을 찬양한다"고 말한다.

대상 29:14. 나와 내 백성이 무엇이기에 이처럼 즐거운 마음으로 드릴 힘이 있었나이까 모든 것이 주께로 말미암았사오니 우리가 주의 손에서 받은 것으로 주께 드렸을 뿐이니이다.

다윗은 '자신과 자신의 백성은 실제로 아무것도 주께 드릴 힘이 없었으나 주께서 모든 것을 선물로 주셨기에 우리가 주께 받은 것으로 주께 드렸을 뿐이라'고 찬양한다. 우리가 여호와께 무엇을 드리는 것은 주께로부터 받았기에 드리는 것이다.

대상 29:15. 우리는 우리 조상들과 같이 주님 앞에서 이방 나그네와 거류민들이라 세상에 있는 날이 그림자 같아서 희망이 없나이다.

다윗은 자신과 백성들 모두가 조상들이나 마찬가지로 주님 앞에서 정처 없이 지나가는 나그네들이나 임시 거류민들과 같다고 말하며 또 세상에 살고 있는 인생의 날도 잠깐 존재하다가 금방 사라지는 그림자와 같아서 희망도 없이 떠도는 존재라고 말한다. 인생은 하나님 앞에서 '잠깐 보이다가 없어지는 안개'(약 4:14)에 불과하다. "풀이 마르고 꽃이 떨어지는 것처럼"(벧전 1:24) 우리는 언젠가는 마르는 날이 있고 떨어지는 날이 있는 존재이다.

대상 29:16. 우리 하나님 여호와여 우리가 주의 거룩한 이름을 위하여 성전을

건축하려고 미리 저축한 이 모든 물건이 다 주의 손에서 왔사오니 다 주의 것이니이다.

인생이 하나님 앞에서는 한 없이 순간적임을 말한(앞 절) 다윗은 본 절에서는 인생과는 구별되는 거룩하신 하나님을 위하여 자신과 백성들이 성전을 건축하려고 미리 헌물을 저축했다고 고백하면서 헌물이 다 주님으로부터 왔음을 말한다. 우리는 우리의 것이 하나도 없음을 고백하고 모두 주님으로부터 받은 것임을 고백하면서 살아야 할 것이다(롬 11:36).

대상 29:17. 나의 하나님이여 주께서 마음을 감찰하시고 정직을 기뻐하시는 줄을 내가 아나이다 내가 정직한 마음으로 이 모든 것을 즐거이 드렸사오며 이제 내가 또 여기 있는 주의 백성이 주께 자원하여 드리는 것을 보오니 심히 기쁘도소이다.

다윗은 자신이 의지하는 하나님이 인생의 마음을 감찰하시고 인생이 정직하기를 기뻐하시는 줄을 안다고 말한다. 그래서 다윗은 자기도 정직한 마음으로 성전 건축 헌물을 즐거이 드리게 되었고 또 주님의 백성들이 기쁨으로 자원하여 드리는 것을 보고 심히 기쁘다고 하나님 앞에 고백한다. 우리 역시 기쁨으로 우리의 물질을 바쳐야 할 것이다.

대상 29:18. 우리 조상들 아브라함과 이삭과 이스라엘의 하나님 여호와여 주께서 이것을 주의 백성의 심중에 영원히 두어 생각하게 하시고 그 마음을 준비하여 주께로 돌아오게 하시오며.

다윗은 '이스라엘 민족의 조상 아브라함과 이삭과 야곱(이스라엘)의 하나님(조상들과 언약을 하셨고 또 언약을 지키시는 하나님)을 부르면서 주의 백성 이스라엘 민족이 마음 가운데 품은 정직함으로 기쁘게 헌물을 드리는 이 마음이 언제까지나 계속 되도록 지켜 주시고, 그들의 마음이 항상 주를 향하게 해달라'고 부탁한다.

대상 29:19. 또 내 아들 솔로몬에게 정성된 마음을 주사 주의 계명과 권면과 율례를 지켜 이 모든 일을 행하게 하시고 내가 위하여 준비한 것으로 성전을 건축하게 하옵소서 하였더라.

다윗은 하나님께 '자기 아들 솔로몬에게 정성된 마음(순전한 마음, 온전한 마음, 완벽한 심리 상태, 하나님의 계명을 온전히 좇는 마음)을 주셔서, 주의 계명과 법도와 율례를 지키게 하시며 자기가 준비한 것으로 성전을 건축하게 해달라'고 간구한다. "계명과 법도와 율례"란 '율법'을 지칭한다(28:7 주해 참조). 본 절의 "이 모든 일"이란 '계명과 법도와 율례'를 강조하는 말이다(K.&D.). 다윗이 솔로몬으로 하여금 "이 모든 일"(계명과 법도와 율례)을 행하게 해주십사하는 기도를 드리는 이유는 솔로몬이 하나님의 말씀을 지키는 것이 대업을 이루는 기초가 되었기 때문이다. 하나님의 말씀을 순종하지 않으면 큰일을 할 수 없게 된다.

5. 솔로몬이 즉위하다 29:20-25

이스라엘 백성은 다윗의 권면을 듣고 기뻐했으며(10-19절) 여호와를 송축했고(20절) 또 제사를 드린다(21-22a). 그리고 솔로몬에게 기름을 부어 이스라엘 왕으로 삼는다(22b-25절).

대상 29:20. 다윗이 온 회중에게 이르되 너희는 너희 하나님 여호와를 송축하라 하매 회중이 그의 조상들의 하나님 여호와를 송축하고 머리를 숙여 여호와와 왕에게 절하고.

그런 다음 다윗은 온 회중에게 "당신들은 당신들의 하나님을 찬양하라"고 말한다. 그러자 온 회중이 조상의 하나님 여호와를 찬양하고, 여호와와 다윗 왕에게 무릎을 꿇어 경배하였다. 백성들이 왕에게도 경배한 것은 다윗이 하나님을 대리하여 통치하는 자였기 때문이다. 우리는 이 땅의 교회에서도 그리스도를 대리하여 복음을 전하는 종들에게도 존경을 표해야 할 것이다.

대상 29:21. 이튿날 여호와께 제사를 드리고 또 여호와께 번제를 드리니 수송아지가 천 마리요 숫양이 천 마리요 어린 양이 천 마리요 또 그 전제라 온 이스라엘을 위하여 풍성한 제물을 드리고.

그 다음날 백성이 주님께 희생 제물들을 드리고 또 번제를 드렸다. 수소 1,000 마리와 숫양 1,000 마리와 어린 양 1,000 마리와 곁들여 전제(출 29:40; 30:9; 레 23:13) 등의 풍성한 제물로 온 이스라엘을 위하여 화목제를 드렸다. 이스라엘 백성들이 하나님께 희생제물을 드리면서 동시에 화목제물까지 드린 것은 하나님 앞에서 서로 음식을 나누며 기뻐해야 했기 때문이다(22a절).

대상 29:22a. 이 날에 무리가 크게 기뻐하여 여호와 앞에서 먹으며 마셨더라.

이스라엘 백성들은 전제를 드린 다음 온 이스라엘을 위하여 풍성한 제물(화목제물)을 드리고(앞 절) 무리들이 기쁜 마음으로 먹고 마셨다.

대상 29:22b. 무리가 다윗의 아들 솔로몬을 다시 왕으로 삼아 기름을 부어 여호와께 돌려 주권자가 되게 하고 사독에게도 기름을 부어 제사장이 되게 하니라.

그런 다음 백성들은 다윗의 아들 솔로몬을 다시 왕으로 삼아 그에게 기름을 부어, 주께서 쓰실 지도자가 되게 하고, 사독에게 기름을 부어 제사장으로 세웠다.

다윗은 앞에서 솔로몬을 왕 삼은 것을 말씀했는데(23:1) 여기 또 한 번 언급한다. 본 절에서는 백성들이 주로 솔로몬에게 기름을 부어 왕 삼은 것을 거론한다. 그리고 백성들은 사독에게도 기름을 부어 제사장을 삼은 것을 거론한다. 다윗 시대에 사독과 아비아달 두 사람이 대제사장이었으나 아비아달은 아도니야의 음모에 가담했기 때문에 제거되었다. 그래서 사독이 홀로 대제사장이 되었다(왕하 2:26-27).

대상 29:23. 솔로몬이 여호와께서 주신 왕위에 앉아 아버지 다윗을 이어 왕이 되어 형통하니 온 이스라엘이 그의 명령에 순종하며.

솔로몬이 그의 아버지 다윗을 계승하여 여호와께서 주신 왕위에 앉아 모든 일을 성공적으로 잘 수행하니 모든 이스라엘 백성이 그의 명령에 순종하였다.

솔로몬이 "여호와께서 주신 왕위에 앉았다"는 말은 원문 상으로 '여호와의 보좌에 앉았다'는 것을 가리킨다. 이 말은 무엇보다도 1) 그가 여호와의 나라의 통치자가 되었다는 말이고, 2) 그가 여호와의 언약 가운데서 이스라엘 왕이 되었다는 것을 내포한다.

대상 29:24. 모든 방백과 용사와 다윗 왕의 여러 아들들이 솔로몬 왕에게 복종하니.

온 이스라엘 사람들이 솔로몬의 명령에 순종했을(앞 절) 뿐 아니라 '모든 지도자들과 군대의 지휘자들과 다윗 왕의 여러 아들들이 솔로몬 왕에게 복종했다'. 아도니아까지도 솔로몬에게 굴복했으니 말이다(왕상 1:53). 이 모든 말씀들은 솔로몬의 왕위가 견고했던 것을 뜻한다(왕상 2:12,46).

대상 29:25. 여호와께서 솔로몬을 모든 이스라엘의 목전에서 심히 크게 하시고 또 왕의 위엄을 그에게 주사 그전 이스라엘 모든 왕보다 뛰어나게 하셨더라.

여호와께서 온 이스라엘 사람들의 눈에 띌 만큼 솔로몬을 크게 높여 주셨고, 그 이전의 어떤 이스라엘 왕도 누리지 못한 왕국의 영화(부귀영화)를 그에게 베풀어 주셨다. 그러니까 크게 하시고 높여주시는 일은 여호와께서 하시는 일이다.

6. 다윗이 죽다 29:26-30

본서 저자는 다윗이 40년 동안 왕위에 있으면서 부하고 존귀했다는 것을 말하고 드디어 죽음에 이른 것을 말한다.

대상 29:26. 이새의 아들 다윗이 온 이스라엘의 왕이 되어.

다윗은 베들레헴의 목자 이새의 마지막 아들로 태어나 목자로 살다가 기름 부음을 받고 40년간 이스라엘을 통치했는데 헤브론에서 7년 반, 예루살렘에서 33년을 다스렸다. 그는 약속의 땅 전역을 차지한 믿음의 왕이었고 메시야의 그림자였다.

대상 29:27. 이스라엘을 다스린 기간은 사십 년이라 헤브론에서 칠 년간 다스렸고 예루살렘에서 삼십삼 년을 다스렸더라.

그는 나이 30세 때 왕이 되어 이스라엘을 다스린 기간은 40년이었다. 헤브론에서 7년 반을 다스렸고, 예루살렘에서 33년을 다스렸다.

대상 29:28. 그가 나이 많아 늙도록 부하고 존귀를 누리다가 죽으매 그의 아들 솔로몬이 대신하여 왕이 되니라.

그가 백발이 되도록 부와 영화를 누리다가 수명이 다하여 죽었다. 그리고 그의 아들 솔로몬이 그의 뒤를 이어 왕위에 올랐다. 다윗은 이스라엘 민족의 이상형의 왕으로 살다가 죽음을 맞이한 것이다.

사람이 부하게 살다가 죽는 것은 죄가 되지는 않는다. 다윗처럼 믿음으로 살면서 하나님만 바라보며 사는 중에 부하게 하는 것은 꺼려해야 하는 삶은 아니다. 그리고 우리도 다윗처럼 그의 사명을 다한 후 후임자가 있어 물려주고 죽는 것은 바람직한 일로 보아야 한다.

대상 29:29. 다윗 왕의 행적은 처음부터 끝까지 선견자 사무엘의 글과 선지자 나단의 글과 선견자 갓의 글에 다 기록되고.

본서 저자 에스라는 다윗의 모든 일과 업적이 처음부터 끝까지 선견자 사무엘의 글(삼상 1-24장)과 선지자 나단의 글과 선견자 갓의 글에 다 기록되었다고 말한다. 그리고 사무엘상 후반부와 삼하 일부분에 기록된 다윗의 행적이 나단과 갓에 의해서도 기록되어 있다고 하나 이들의 기록은 전해지지 않고 있다는 것이다(대하 9:29).

본 절에는 "선견자" 또는 "선지자"라는 말과 관련하여 모두 세 단어가 사용되었다. 1) 사무엘을 지칭할 때 사용된 "선견자"(רֹאֶה)라는 말. 이 낱말은 '눈으로 바라보는 자'라는 표현인데 주로 하나님의 사람이 하나님의 계시를 보는 측면에 강조점을 둔 표현이다. 2) 갓과 관련하여 사용된 "선견자"(הַחֹזֶה)라는 낱말. 이 낱말은 '인지하는 자'라는 뜻으로 주로 하나님의 사람이 하나님의 계시를 인지하는 측면에 강조점을 둔 표현이다. 3) 나단과 관련하여 사용된 "선지자"(נָבִיא)라는 낱말. 이는 '대언자'라는 뜻으로 주로 하나님의 말씀을 선포하는 측면에 강조점을 둔 표현이다. 삼상 9:9 주해를 참조하라.

대상 29:30. 또 그의 왕 된 일과 그의 권세와 그와 이스라엘과 온 세상 모든 나라의 지난날의 역사가 다 기록되어 있느니라.

다윗 왕의 통치 미화와 권세(용맹스러운 행적)와 그의 주변 정세(다윗이 주변 국가와 벌였던 전쟁 및 외교 관계), 그리고 이스라엘은 물론 그 인접국들(블레셋과 에돔, 모압, 암몬)에 관한 일까지 자세히 기록되어 있다는 것이다.

-역대상 주해 끝-

역대기 하 주해

제 1 장

역대하는 솔로몬의 역사(대하 1-9장)와 유다 왕들의 역사(10-36장)를 기록한 책이다. 에스라가 기록했기에 자연스레 제사장 입장에서 기록했고 크게 나누면 솔로몬의 역사와 유다 왕들의 역사로 두 구분된다.

I. 솔로몬의 역사 1-9장

역대하 1-9장의 솔로몬의 역사는 에스라가 기록했기에 솔로몬의 성전 건축에 치중해서 기록하고 있다. 이 부분(1-9장)의 내용은 솔로몬이 즉위한 일(1장), 성전을 건축한 일(2-7장). 솔로몬이 크게 유명하게 된 일들이 기록되어 있다(8-9장).

A. 솔로몬이 즉위하다 1:1-17(왕상 1-2장)

솔로몬이 왕위에 즉위한 다음 기브온으로 가서 1,000번제를 드린다(1-6절). 번제를 드리고 난 다음 밤에 하나님께서 솔로몬에게 나타나셔서 소원을 물으시니 솔로몬은 백성들을 잘 다스릴 수 있는 지혜를 구한다(7-13절). 하나님께서 솔로몬이 지혜를 구한 사실을 기뻐하셔서 지혜도 주시고 또 부귀영화도 주신다고 하여 솔로몬은 부해지고 많은 병거와 마병의 군비도 갖춘다(14-17절).

1. 기브온 1,000 번제를 드리다 1:1-6

솔로몬이 왕으로 즉위한 후 기브온 산당으로 가서 1,000번제를 드린다.

대하 1:1. 다윗의 아들 솔로몬의 왕위가 견고하여 가며 그의 하나님 여호와께서 그와 함께 하사 심히 창대하게 하시니라.

하나님 여호와께서 다윗과 함께 하셨기에 솔로몬의 왕위가 튼튼하게 되어 가게 하셨고, 또 솔로몬을 크게 높여 주셨다. 하나님께서 함께 하신 것이 솔로몬의 왕위가 튼튼하게 된 원인이고 또 솔로몬이 크게 높아진 원인이 되었다. 결코 솔로몬 홀로 잘해서 왕위가 견고하여 진 것이 아니었다. 하나님께서 함께 하시면 우리의 모든 일에 형통함이 미치는 것이다.

솔로몬이 왕위를 계승하기 전에는 압살롬이 왕위를 노렸고 또 아도니아도 왕위를 노려 반역을 도모했으나(왕상 1-2장) 모두 실패하고 말았다.

대하 1:2. 솔로몬이 온 이스라엘의 천부장들과 백부장들과 재판관들과 온 이스라엘의 방백들과 족장들에게 명령하여.

솔로몬은 온 이스라엘 곧 천부장들과 백부장들과 재판관들과 온 이스라엘의 지도자들과 각 가문의 족장들을 불러 기브온 산당으로 가자고 명령한다. 혼자 가는 것보다 함께 가는 것이 나라를 튼튼하게 하는 일에 도움이 되었다. "천부장들과 백부장들과 재판관들과 온 이스라엘의 지도자들과 각 가문의 족장들"에 대해서 대상 13:1; 27:1; 28:1 주해 참조.

대하 1:3. 솔로몬이 온 회중과 함께 기브온 산당으로 갔으니 하나님의 회막 곧 여호와의 종 모세가 광야에서 지은 것이 거기에 있음이라.

본 절은 솔로몬이 이스라엘의 지도자들, 곧 천부장들과 백부장들과 재판관들과 온 이스라엘의 지도자들과 각 가문의 족장들과 함께 기브온 산당으로 간 이유를 말한다. 이유는 "하나님의 회막 곧 여호와의 종 모세가 광야에서 지은 것이 거기에 있었기" 때문이다.

"기브온"은 "언덕"이란 뜻이다. 예루살렘 서북쪽 대략 8km 지점에 위치해 있다. 이곳에는 모세가 광야에서 하나님의 지시를 받아 건설한 회막이 있었다. 그때의 법궤는 다윗이 예루살렘에 모셔다가 성막에 안치해 두었으나 회막은 아직 기브온에 있었다. 솔로몬의 성전이 완성되기 전에는 나라의 큰 행사는 그곳에서 열렸다.

본 절에는 모세를 여호와의 종이라고 묘사한다. 모세는 인간적으로 볼 때에는 민족의 위대한 해방자요, 하나님의 율법을 전달해 준 자였으나 하나님 편에서 보면 하나님의 종이었다. 오늘 우리도 역시 하나님의 종들이다.

대하 1:4. 다윗이 전에 예루살렘에서 하나님의 궤를 위하여 장막을 쳐 두었으므로 그 궤는 다윗이 이미 기랏여아림에서부터 그것을 위하여 준비한 곳으로 메어 올렸고.

회막은 기브온에 있었으나 하나님의 궤는 다윗이 일찍이 예루살렘에 궤를 모실 장막을 치고 기랏여아림에서 그리로 올려다 두었다. 다윗은 기랏여아림의 아비나답의 집에 머물고 있던 법궤를 새 수레에 싣고 오다가 웃사가 죽었기에 오벧에돔의 집에 머물게 했고(대상 13:1-14), 다시 그 집에서 법궤를 메고 예루살렘에 와서 예비된 장막에 모셨다(대상 16:1-6).

대하 1:5. 옛적에 훌의 손자 우리의 아들 브살렐이 지은 놋제단은 여호와의 장막 앞에 있더라 솔로몬이 회중과 더불어 나아가서.

본 절은 브사렐('하나님의 그늘'이라는 뜻)이 지은 놋 제단(번제 단)이 있는 곳을 설명한다. 그 놋 제단은 여호와의 장막 전면에 있었다. 그래서 솔로몬은 회중과 더불어 그곳에 나아가서 1,000번제를 드렸다. 브사렐이 유명한 사람이므로 조부와 부(父)의 이름까지 남겨놓는다. 조부는 "훌"이었고 부는 "우리"였다. 브사렐은 유다 지파 갈렙족속이었다(대상 2:8-20,50).

대하 1:6. 여호와 앞 곧 회막 앞에 있는 놋 제단에 솔로몬이 이르러 그 위에 천 마리 희생으로 번제를 드렸더라.

회중과 함께 더불어 놋 제단으로 나아온 솔로몬은 거기 주님 앞, 곧 회막 앞에 있는 놋 제단으로 올라가 번제물 천 마리를 바쳤다. 본 절의 "여호와 앞"이란 회막 앞에 있는 놋단을 일컫는 말이다. "번제"란 '희생'을 완전히 태워드리는 제사로 온전한 헌신을 뜻하는 말이다. 1,000마리 희생으로 번제를 드리는 제사를 끝내기까지는 많은 시간이 들었을 것이다.

2. 솔로몬이 지혜를 구하다 1:7-13(왕상 3:4-15)

솔로몬이 1,000번제를 드린 그날 밤에 하나님께서 솔로몬에게 나타나셔서 무엇을 구하느냐고 물으신다. 솔로몬은 백성을 잘 다스리기 위해 지혜를 구했는데 하나님은 솔로몬이 지혜를 구한 것을 기뻐하셔서 그의 소원대로 지혜와 지식을 주시고 솔로몬이 구하지 않는 부귀영화도 주시기로 약속하신다.

대하 1:7. 그 날 밤에 하나님이 솔로몬에게 나타나 그에게 이르시되 내가 네게 무엇을 주랴 너는 구하라 하시니.

솔로몬이 1,000마리 희생으로 번제를 드린 그날 밤 하나님께서 솔로몬에게 나타나셔서 "내가 너에게 무엇을 주기를 바라느냐? 나에게 구하라"고 말씀하신다(왕상 3:5). 하나님께서 이렇게 즉시 나타나셔서 응답하신 것은 바로 솔로몬이 구한 것을 주시겠다는 뜻을 보이신 것이다. 만일 하나님께서 오래 계시다가 나타나신다면 하나님의 응답이 솔로몬의 구함과 별로 관련이 없음 같이 보였을지도 모를 일이다.

대하 1:8. 솔로몬이 하나님께 말하되 주께서 전에 큰 은혜를 내 아버지 다윗에게 베푸시고 내가 그를 대신하여 왕이 되게 하셨사오니.

솔로몬은 하나님의 말씀, 즉 "내가 네게 무엇을 구하랴 너는 구하라"는 말씀을 듣고 이렇게 대답하였다. "주께서는 내 아버지에게 전에 크신 은혜를 베푸시더니 이제는 아버지를 대신하여 나를 왕으로 삼으셨다"고 두 가지를 감사한다.

대하 1:9. 여호와 하나님이여 원하건대 주는 내 아버지 다윗에게 허락하신 것을 이제 굳게 하옵소서 주께서 나를 땅의 티끌 같이 많은 백성의 왕으로 삼으셨사오니.

"여호와 하나님! 이제 나의 아버지 다윗에게 하신 약속(다윗 언약)을 그대로 이루어 주옵소서, 주께서 나를 땅의 티끌 같이 많은 백성의 왕으로 삼으셨으니 다윗에게 하신 약속을 이루어주시라"고 부탁한다. 여기 "땅의 티끌 같이 많은 백성"이란 '셀 수 없이 많은 백성'이란 뜻이다. 이렇게 많은 백성의 왕으로 삼으셨으니 이 백성을 잘 다스릴 지혜를 주시라는 기도를 할 예정인 것이다.

대하 1:10. 주는 이제 내게 지혜와 지식을 주사 이 백성 앞에서 출입하게 하옵소서 이렇게 많은 주의 백성을 누가 능히 재판하리이까 하니.

솔로몬에게 엄청난 은혜를 주셔서 막중한 사명을 맡기셨으니 "여호와께서는 이제 솔로몬에게 지혜와 지식을 주셔서 이 백성들을 잘 다스릴 수 있게 하도록 해주옵소서"라고 기도한다. 그리고 "이렇게 많은 백성을 누가 능히 재판할 수 있는가"고 여쭙는다(왕상 3:9 주해 참조). "지혜"란 '관찰, 경험, 반성에 의해 얻어지는, 적절한 생활에 대한 지식과 감정'을 말하고(사물을 바로 판단하는 분별력), "지식"이란 '사물에 관한 확실한 인식, 만물의 진가를 아는 일' 등을 뜻한다. "백성 앞에서 출입하게 하옵소서"란 말은 '백성을 다스리고 재판하게 하여 달라'는 것이다.

대하 1:11. 하나님이 솔로몬에게 이르시되 이런 마음이 네게 있어서 부나 재물이나 영광이나 원수의 생명 멸하기를 구하지 아니하며 장수도 구하지 아니하고 오직 내가 네게 다스리게 한 내 백성을 재판하기 위하여 지혜와 지식을 구하였으니.

본 절은 하나님께서 솔로몬에게 칭찬하신 말씀이다. 지혜를 구하는 것은 참으로 좋은 것이라고 칭찬하신다. 부나 재물이나 영광이나 원수의 생명 멸하기를 구하지 않고 백성들을 잘 다스리기 위해 지혜와 지식을 구한 것은 잘한 일이라고 하신다. 오늘 우리는 세상 사람이 구하는 것이나 구하는 사람이 되어서는 안 될 것이다. 보다 근본적으로 하나님의 마음에 드는 것을 구해야 할 것이다.

대하 1:12. 그러므로 내가 네게 지혜와 지식을 주고 부와 재물과 영광도 주리니 네 전의 왕들도 이런 일이 없었거니와 네 후에도 이런 일이 없으리라 하시니라.

솔로몬이 하나님의 백성들을 잘 다스릴 수 있는 지혜를 구하였은즉 하나님께서 솔로몬에게 지혜와 지식을 주시겠다고 하시며 솔로몬에게 부와 재물과 영광도 주시겠다고 하신다(마 6:33 참조). 하나님께서는 솔로몬이 지혜와 지식에 있어 전무후무한 왕이 되리라 하신대로 실제로 솔로몬은 전무후무(前無後無)한 왕이 되었다(왕상 4:20-28).

대하 1:13. 이에 솔로몬이 기브온 산당 회막 앞에서부터 예루살렘으로 돌아와서 이스라엘을 다스렸더라.

"이에"(then)란 말은 '솔로몬이 1,000마리 희생을 드린 다음'이란 뜻이다. 솔로몬은 기브온 산당에 있는 회막에서 떠나 예루살렘으로 돌아와서 이스라엘을 본격적으로 다스렸다. 왕상 3:16-28에는 솔로몬이 창기들의 아들들에 대한 유명한 재판이 진행된 것을 기록하고 있다. 이는 솔로몬이 하나님으로부터 지혜를 받았다는 것을 보여준 실례였다. 오늘 우리는 실제로 주님의 뜻대로 살아가는데 필요한 지혜를 구해야 할 것이다.

3. 솔로몬의 부귀영화가 극하다 1:14-17(왕상 10:26-29)

솔로몬이 기브온 산당에서 1,000희생을 드린 후에 하나님의 요청에 의하여 지혜를 구한 다음 실제로 부귀를 누리게 된 것을 보여준 기록이다.

대하 1:14. 솔로몬이 병거와 마병을 모으매 병거가 천사백 대요 마병이 만 이천 명이라 병거성에도 두고 예루살렘 왕에게도 두었으며.

솔로몬이 병거와 기병을 확보하여 모으니 병거가 1,400대, 기병이 12,000명에 이르렀다. 솔로몬은 그들을 병거성(외양간이 있고 병거와 마병들을 주둔시키는 성읍)과 왕이 있는 예루살렘에다가 배치하였다. 병거성은 므깃도 성, 하솔성, 벧호론 성, 아라바의 다말성 등에 있었다.

대하 1:15. 왕이 예루살렘에서 은금을 돌 같이 흔하게 하고 백향목을 평지의 뽕나무 같이 많게 하였더라.

왕의 덕분에 예루살렘에는 은(銀)과 금이 돌처럼 흔하게 되었고(왕상 10:27) 백향목(최상의 건축목재)은 평원 지대의 뽕나무만큼이나 많았다. 뽕나무는 성지의 평야에 많았다.

대하 1:16. 솔로몬의 말들은 애굽과 구에에서 사들였으니 왕의 무역상들이 떼로 값을 정하여 산 것이며.

솔로몬은 말들을 애굽과 구에(오늘날의 터키의 남부지역에 있는 시실리야로 추정된다. 유진 H. 메릴)에서 수입하였는데 왕실 무역상들을 시켜 대대적으로 구에에서 사들여 왔다. 모세는 "왕 된 자는 말을 많이 두지 말 것이요 말을 많이 얻으려고 그 백성을 애굽으로 돌아가게 말 것이라"고 한말(신 17:16)을 어기고 들여왔다. 결국 솔로몬은 잘못되기 시작했다.

대하 1:17. 애굽에서 사들인 병거는 한 대에 은 육백 세겔이요 말은 백오십 세겔이라 이와 같이 헷 사람들의 모든 왕들과 아람 왕들을 위하여 그들의 손으로 되팔기도 하였더라.

병거(전차)도 이집트에서 사왔는데 그 값은 병거 1 대에 은(銀) 600세겔

(약 6,8kg), 말은 1.7kg의 은을 주고 샀다. 본 절의 "헷 사람들의 모든 왕들과 아람 왕들을 위하여"란 말은 솔로몬이 위와 같이 병거와 말을 되팔기도 했다는 뜻이다.

"헷 족속"은 '함의 아들인 가나안의 자손'이었다(창 10:15). 고대 세계에 애굽, 바벨론과 아울러 중근동 세계에 영향을 준 민족이었다. 그들은 동(東)은 유브라데에서 서(西)는 소아시아의 서쪽 끝 서머나(스미르나)에 이르기까지의 광대한 지역에 그 문화적 유물을 남기고 있다.

"아람"은 헬라어 구약성경(70인역)이나 영어성경의 어떤 것은 아람을 '수리아(시리아)'(Suriva, Syria)라 번역한다. 아람의 땅은 정치적, 지리적 통일체를 이루고 있던 것도 아니고 '아람 사람'이 집중적으로 거주하고 있던 지방을 가리키기 때문에 명확하게 그 경계를 정할 수는 없다. 구약성경에서 아람은 대략 다음 지역에 상당한다. 초승달과 같이 생긴 비옥한 지대를 지나는 요단강의 동안(東岸) 유역과 팔레스틴의 동북부로부터 티그리스(힛데겔), 유프라테스(유브라데) 유역에 이르기까지의 지역이다.

제 2 장

B. 솔로몬이 성전을 건축하다 2-7장(왕상 6-7장)

하나님께서 다윗을 세우신 것은 전쟁하여 나라를 흥왕케 하라는 것이었고 솔로몬을 세우신 것은 성전을 건축하라는 것이었다. 이 부분(2-7장)의 내용은 성전 건축을 위한 준비(2장), 성전 건축 자체(3-4장), 성전을 봉헌한 일을 기록한 것이다(5-7장).

1. 건축 준비를 하다 2:1-18

솔로몬은 성전 건축을 위해 먼저 건축에 종사할 일꾼들을 징집했고(1-2절),두로 왕 후람에게 두 가지(공교한 장인, 백향목 자재)를 간청했으며(3-10절), 두로 왕 후람이 답장을 해왔고(11-16절), 다시 일꾼들의 수를 챙긴 일이다(17-18절).

ㄱ. 일꾼들을 징집하다 2:1-2

솔로몬은 성전을 건축할 것을 결심하고 짐꾼과 산에서 돌을 떠낼 자와 감독자를 징집했다.

대하 2:1. 솔로몬이 여호와의 이름을 위하여 성전을 건축하고 자기 왕위를 위하여 궁궐 건축하기를 결심하니라.

솔로몬은 여호와의 이름을 위하여 성전을 건축하고 자기 왕위를 위하여 궁전을 짓기로 결심했다. "여호와의 이름을 위하여"란 말에 대해 대상 22:7,10,19; 28:3; 29:16 등을 참조하라. "자기 왕위를 위하여"란 말은 '자기의 부귀와 존영을 위해'란 뜻이다(1:12,15). 솔로몬은 그의 신분에 걸맞게 궁궐을 건축하고자 했다.

대하 2:2. 솔로몬이 이에 짐꾼 칠만 명과 산에서 돌을 떠낼 자 팔만 명과 일을 감독할 자 삼천 육백 명을 뽑고.

성전을 건축하기로 결심한 솔로몬은 짐꾼(짐을 지는 자) 70,000명, 산에서 돌을 떠내는 석수 80,000명, 그들을 감독할 사역 반장 3,600명을 뽑았다. 본 절과 18절에서는 3,600명으로 표기되어 있으나 왕상 5:16에는 3,300명으로 표기되어 있다.[341] 이 모든 노무자는 모두 이방인들이었다(17절). 애굽의 피라밋 하나를 세우는 데는 36만 명의 일꾼이 20년간 투입되었다고 한다(Pliny).

ㄴ. 성전 건축을 위해 후람에게 간청하다 2:3-10

솔로몬은 자신이 준비해야 할 일을 준비한(2절) 다음 이제는 두로 왕 후람에게 성전 건축을 위해 숙련 공 한 사람과 레바논의 백향목 등 자재를 보내달라고 간청한다.

대하 2:3. 솔로몬이 사절을 두로 왕 후람에게 보내어 이르되 당신이 전에 내 아버지 다윗에게 백향목을 보내어 그가 거주하실 궁궐을 건축하게 한 것 같이 내게도 그리 하소서.

솔로몬은 또 두로의 후람 왕에게 사신을 보내어 다음과 같이 부탁을 한다. "내 선친 다윗이 친히 거처할 궁을 지을 때에 임금님께서 백향목을 보내 주신 것처럼 내게도 백향목을 보내주기를 바란다"고 전한다. 다윗 왕 때 후람은 백향목만 아니라 석수와 목수까지 보내어 다윗의 새 궁전을 건축하

341) 본 절의 감독할 자가 3,600명이란 말은 왕상 5:16에서 3,300명이라고 했는데 이는 필사자의 오류로 돌리기도 하지만(Thenius), 대부분의 주석가들은 분류 방식의 차이로 돌린다(Baehr, K.&D., Patterson, Hammond). 다시 말해 이들은 열왕기가 제시하는 감독관의 총수는 본 절의 3,300명에다가 왕상 9:23의 550명을 더하면 도합 3,850명이 된다. 이 수는 역대기에서 제시된 2:18의 3,600명과 대하 8:10의 250명을 합한 숫자와 같다. 그러므로 감독관의 총수는 왕하와 대하의 기록이 일치한다는 것이다. 단지 왕상 9:23은 직위의 차이 즉 하급 감독과 상급 감독으로, 역대기(대하 2:18; 8:10)는 출신의 차이 즉 가나안인 감독과 이스라엘인 감독으로 분류한 것이다. 결과적으로 솔로몬의 건축 사역의 관리로 발탁된 총 수효는 3,850명인데, 이중 3,300명은 하급관리이고, 550명은 고급 관리이다. 또한 3,850명의 관리 중 3,600명은 가나안 족속 출신 관리이고, 250명은 이스라엘 출신 관리이다(The Expositors Bible Commentary). 일고할 만한 견해로 보인다.

여 주었다. 솔로몬은 다윗 때처럼 또 한 번 도와 성전을 건축하여 달라고 부탁한 것이다.

대하 2:4. 이제 내가 나의 하나님 여호와의 이름을 위하여 성전을 건축하여 구별하여 드리고 주 앞에서 향 재료를 사르며 항상 떡을 차려 놓으며 안식일과 초하루와 우리 하나님 여호와의 절기에 아침저녁으로 번제를 드리려 하오니 이는 이스라엘의 영원한 규례니이다.

이제 나는 주 나의 하나님의 이름을 모실 성전을 지어 바치고, 그분 앞에서 해야 할 일들(향기로운 향을 사르고 늘 빵을 차려 놓으며 안식일과 초하루와 우리 하나님 여호와께서 정하여 주신 절기-유월절, 오순절, 초막절 등 10여종의 절기-에 아침저녁으로 번제물을 바치는 일 등)을 해야 한다고 말한다. 이렇게 하는 것은 이스라엘이 언제까지나 지켜야 할 규례이니 도와 달라고 말한다. 본 절의 "초하루"란 말은 '월삭'을 뜻한다(민 28:11-15). 월삭에도 여호와께 번제를 드렸다.

대하 2:5. 내가 건축하고자 하는 성전은 크니 우리 하나님은 모든 신들보다 크심이라.

"내가 큰 성전을 건축하려고 하는 이유는 우리 하나님이 다른 어느 신들보다도 위대하시기 때문이라"는 것이다. 우리 하나님께서 위대하시고 크신 분이니 당연히 성전도 크고 장려하다는 것을 알린다. 우리 하나님의 크심은 형언할 길이 없다(출 18:11; 신 10:17).

대하 2:6. 누가 능히 하나님을 위하여 성전을 건축하리요 하늘과 하늘들의 하늘이라도 주를 용납하지 못하겠거든 내가 누구이기에 어찌 능히 그를 위하여 성전을 건축하리요 그 앞에 분향하려 할 따름이니이다.

솔로몬은 후람에게 지구상에 아무라도 하나님을 위하여 성전을 건축해 드릴 사람은 없다고 말한다. 이유는 하늘도, 하늘 위의 하늘마저도 그분을 모시기에 좁을 것은 확실하고 또 솔로몬 자신도 아무것도 아닌데 어떻게 감히 하나님의 성전을 지어드릴 수가 있겠느냐고 말한다. 다만 성전을 지어서 그 앞에 분향이나 해드리려는 생각이라고 말한다. 솔로몬은 본 절의 말씀을 그의 성전 봉헌의 기도에서도 언급하고 있다(6:18; 왕상 8:27).

대하 2:7. 이제 청하건대 당신은 금, 은, 동, 철로 제조하며 자색 홍색 청색 실로 직조하며 또 아로새길 줄 아는 재주 있는 사람 하나를 내게 보내어 내 아버지 다윗이 유다와 예루살렘에서 준비한 나의 재주 있는 사람들과 함께 일하게 하고.

솔로몬은 하나님의 위대하심을 후람에게 말한(앞 절) 다음 후람에게 "금, 은, 동, 철로 제조하며 자색 홍색 청색 실로 직조하며 또 아로새길 줄 아는 재주 있는 사람 하나"를 보내달라고 부탁한다. 그래서 자신의 선친 다윗이 준비해 놓은 재주 있는 기능공들과 함께 일하게 하겠다고 말한다.

대하 2:8. 또 레바논에서 백향목과 잣나무와 백단목을 내게로 보내소서 내가 알거니와 당신의 종은 레바논에서 벌목을 잘 하나니 내 종들이 당신의 종들을 도울지라.

솔로몬은 또 한 가지를 후람에게 부탁한다. 그것은 레바논[342]에서 백향목과 잣나무와 백단목도 보내 주기 바란다는 내용이었다. 솔로몬은 후람이 나무를 잘 베는 기술자들을 거느리고 있음을 알고 있다고 말한다. 그들을 보내주면 솔로몬의 부하들이 그들과 함께 일하게 할 것이라고 말한다.

대하 2:9. 이와 같이 나를 위하여 재목을 많이 준비하게 하소서 내가 건축하려 하는 성전은 크고 화려할 것이니이다.

솔로몬은 자기가 크고 화려한 성전을 지으려고 한다고 거듭 강조한다(5

---

342) "레바논": 팔레스틴 북부에 솟은 수리아의 산맥인데, 오늘날의 제벨 리브난(Jebel Libnon)이다.

절). 그러니 숙련공을 보내주고(7절) 또 재목을 많이 보내주기 바란다고 말한다.

대하 2:10. 내가 당신의 벌목하는 종들에게 찧은 밀 이만 고르와 보리 이만 고르와 포도주 이만 밧과 기름 이만 밧을 주리이다 하였더라.

솔로몬은 후람이 솔로몬의 청탁을 들어주는 경우 두로의 벌목하는 종들에게 찧은 밀 20,000섬(4,400킬로리터)과 보리 20,000섬(4,400킬로리터), 그리고 포도주 20,000말(440킬로리터)과 감람기름 20,000말[343](440킬로리터)을 보내주겠다고 약속한다.

ㄷ. 후람으로부터 응답을 받다 2:11-16

후람은 솔로몬이 약속한 말을 듣고 감사해서 기쁨으로 수락해주는 답을 보내준다.

대하 2:11. 두로 왕 후람이 솔로몬에게 답장하여 이르되 여호와께서 자기 백성을 사랑하시므로 당신을 세워 그들의 왕을 삼으셨도다.

두로 왕 후람은 솔로몬 왕의 부탁을 받고 다음과 같은 회답을 보낸다. "여호와께서 자기 백성을 사랑하시기 때문에 당신을 그들의 왕으로 세우신 것이요"라고 회답해 왔다.

두로 왕 후람이 이 말을 한 것은 하나의 정치적인 말이 아니라 사실상 자신도 기뻐서 한 말이었다. 베니게에는 농토가 부족하여 식량문제가 심각했는데 솔로몬이 많은 식량을 주겠다고 약속한 일은 기쁜 소식이 아닐 수 없었다.

---

343) 본 절의 "기름 2만 말"과는 달리 왕상 5:11에는 "맑은 기름 20고르"를 주기로 했다고 말씀한다. 이 차이를 두고 일부 비평주의 학자들은 역대기의 진정성을 의심하기도 한다. 그러나 본 절에 솔로몬이 약속한 내용물은 솔로몬이 후람에게 준 사례 품과는 별도로 후람의 일꾼들에게 준 지불한 품값으로 보아야 하는 것이다. 이러한 사실은 본 절 서두에 '당신의 벌목하는 종에게'라는 말이 언급되어 있어 더욱 명확한 것으로 보아야 할 것이다. 다시 말해 왕상 5:11은 솔로몬이 후람에게 그 궁정의 식물로 준 것이고, 본문은 '두로의 벌목공들에게' 준 것으로 보는 것이 맞다고 보는 것이다(Barker).

대하 2:12. 후람이 또 이르되 천지를 지으신 이스라엘의 하나님 여호와는 송축을 받으실지로다 다윗 왕에게 지혜로운 아들을 주시고 명철과 총명을 주시사 능히 여호와를 위하여 성전을 건축하고 자기 왕위를 위하여 궁궐을 건축하게 하시도다.

후람은 앞에 말한 것 외에 또 다음과 같이 기뻐서 답한다. 이 답은 하나님을 세 가지로 찬양하고 있다. "이스라엘의 하나님 여호와는 찬양받으실 분이고, 하늘과 땅을 만드신 분이시며, 다윗 왕에게 만사를 현명하게 처리할 줄 아는 지혜로운 아들을 후계자로 주셔서, 여호와께 집을 지어 바치고 자신의 왕궁을 짓게 하신 분이시라"고 하나님을 찬양하고 있다. 후람은 상대국의 왕 때문에 상대국의 신을 찬양한 것이다.

대하 2:13. 내가 이제 재주 있고 총명한 사람을 보내오니 전에 내 아버지 후람에게 속하였던 자라.

하나님 찬양을 마친(12절) 후람은 이제 솔로몬의 주된 관심에 대해 언급한다. 이제 재주 있고 총명한 사람을 보내겠다고 한다. 그 사람은 "내 아버지 후람에게 속하였던 자"(חוּרָםאָבִי)라는 것이다. 이 "후람아비"(חוּרָםאָבִי)란 히브리어는 둘로 갈라서 "후람"(חוּרָם)이란 말과 "아비"(אָבִי)란 말을 해석해 보면 "아비"는 '부친'이란 뜻도 있지만 '장인' 또는 '전문가'라는 뜻도 있다. 그리고 "후람"(חוּרָם)이란 말은 사람 이름이니 "후람아비"는 '후람이라는 금속 가공의 전문가'라는 뜻이다(왕상 7:13,14). 후람 왕은 솔로몬에게 후람이란 사람이 금속 가공의 전문가였는데 그 사람을 솔로몬에게 보내주겠다고 했다.

대하 2:14. 이 사람은 단의 여자들 중 한 여인의 아들이요 그의 아버지는 두로 사람이라 능히 금, 은, 동, 철과 돌과 나무와 자색 청색 홍색 실과 가는 베로 일을 잘하며 또 모든 아로새기는 일에 익숙하고 모든 기묘한

양식에 능한 자이니 그에게 당신의 재주 있는 사람들과 당신의 아버지 내 주 다윗의 재주 있는 사람들과 함께 일하게 하소서.

본 절은 후람 왕이 후람이라는 금속 전문가를 솔로몬에게 보내면서 그 사람이 어떤 사람인가, 그리고 그가 잘 하는 일이 무엇인가를 설명한다. 후람이란 사람은 "단의 여자들 중 한 여인의 아들이요 그의 아버지는 두로 사람이라"고 말한다. 그 숙련공의 어머니는 단 여자라고 말하니 이스라엘 사람들과 일하기가 좋은 입장이라는 것을 말한다.

그리고 그 사람은 "능히 금은(金銀)과 놋쇠와 쇠와 보석과 나무를 다룰 줄 알며, 자주색과 청색 모시와 홍색 실을 짤 줄 알며, 가는 베실로 일을 잘 하며 모든 조각을 잘 합니다. 어떠한 것을 부탁 받더라도 모든 모양을 다 만들어 낼 수 있는 사람이니, 왕의 기능공들과, 또 내 상전이시며 임금님의 선왕이신 다윗의 기능공들과 함께 일을 하게 하소서"라고 자신있게 추천한다. 후람은 다윗을 말할 때 "내 상전이시며 임금님의 선왕이시라"고 존대한다.

대하 2:15. 내 주께서 말씀하신 밀과 보리와 기름과 포도주는 주의 종들에게 보내소서.

후람은 한 사람의 숙련공을 소개한 다음 "솔로몬 왕께서 약속하신 밀과 보리와 기름과 포도주는 내 일꾼들을 통해 보내 주소서"라고 요청한다.

대하 2:16. 우리가 레바논에서 당신이 쓰실 만큼 벌목하여 떼를 엮어 바다에 띄워 욥바로 보내리니 당신은 재목들을 예루살렘으로 올리소서 하였더라.

식물을 일꾼들을 통해 보내 달라고 다짐한 다음 후람은 자기들 측에서 할 일을 말한 다음 이스라엘 측에서 할 일을 하라고 말한다. 먼저 두로 측에서 할 일은 "우리가 레바논에서 당신이 쓰실 만큼 벌목하여 떼를 엮어 바다에 띄워 욥바(남 팔레스틴의 중요한 항구)로 보낼 것"이라고 한다. 이 수운의 경로는 훗날 400년 후에 귀환민들이 성전을 재건할 때도 답습한 경로였다(스 3:7 참조).

ㄹ. 성전 건축을 위해 일꾼들을 모으다 2:17-18

여기 두 절(17-18절)에 거론된 노무자에 대해서는 이미 거론되었다(1-2절). 이 부분(17-18절)에 다시 확인한 것뿐이다.

대하 2:17. 전에 솔로몬의 아버지 다윗이 이스라엘 땅에 사는 이방 사람들을 조사하였더니 이제 솔로몬이 다시 조사하매 모두 십오만 삼천 육백 명이라.

본 절에 기록된 153,600명(이방인 종들)은 다윗 때 조사한(대상 21장) 숫자였고 또 솔로몬 때도 다시 조사한 숫자이다. 이렇게 두 번이나 조사했으니 성전 건축을 시작할 수 있었다.

대하 2:18. 그 중에서 칠만 명은 짐꾼이 되게 하였고 팔만 명은 산에서 벌목하게 하였고 삼천 육백 명은 감독으로 삼아 백성들에게 일을 시키게 하였더라.

153,600명 가운데서 70,000 명은 짐꾼으로 뽑고, 80,000 명은 산에서 돌을 떠내게 하였으며 3,600명을 뽑아서 백성이 하는 일을 감독하게 하였다는 것이다.

제 3 장

2. 성전을 건축하다 3-4장(왕상 6-7장)

3장-4장은 성전 건축 자체를 다룬다. 내용은 건축의 장소와 시기(3:1-2), 성전의 규모와(3:3-17) 성전의 기구들은 어떤 것들이 있는가(4:1-10). 후람이 만든 기구들은 무엇이 있는가(4:11-18). 금제품들은 어떤 것들이 있는가(4:19-22)를 다룬다.

ㄱ. 성전을 짓기 시작한 장소와 시기 3:1-2

건축의 장소는 예루살렘의 모리아 산이었고, 건축 시기는 그의 즉위 4년 2월 2일이었다. 건축 기간은 만 7년이었다(왕상 6:38).

대하 3:1. 솔로몬이 예루살렘 모리아 산에 여호와의 전 건축하기를 시작하니 그 곳은 전에 여호와께서 그의 아버지 다윗에게 나타나신 곳이요 여부스 사람 오르난의 타작마당에 다윗이 정한 곳이라.

솔로몬은 예루살렘 모리아 산(아브라함이 하나님의 지시에 의해 그의 독자 이삭을 바친 곳, 창 22:2,12)에 여호와의 성전을 짓기 시작하였다. 그 곳은 전에 여호와께서 그의 아버지 다윗에게 나타나셨던 곳이었다. 본래는 여부스 사람 오르난의 타작마당이었는데 다윗이 그곳을 성전 터로 사 놓았던 곳이다.

솔로몬은 자기의 조상 아브라함에게 나타나신 모리아산, 자기의 부친 다윗에게 나타나신 오르난의 타작마당에 여호와의 성전을 짓기 시작했다.

대하 3:2. 솔로몬이 왕위에 오른 지 넷째 해 둘째 달 둘째 날 건축을 시작하였더라.

솔로몬이 성전을 짓기 시작한 때는, 솔로몬이 왕위에 오른 지 4 년째 되는 해 둘째 달 초이틀이었다. 왕상 6:1의 병행구에는 "이스라엘 자손이 애굽 땅에서 나온지 480년이요, 솔로몬이 이스라엘 왕이 된지 4년 시브월 곧 2월에"라고 표기되어 있다. 2월은 종교력이고, 민간력으로는 8월이었다. 시브월은 가나안 명이고 바벨론 명으로는 '아야르 월'이었고 태양력으로는 4-5월이었다. 솔로몬이 즉위하고 즉시 시작하지 않고 4년의 세월을 끈 것은 성전 건축 준비로 썼을 것이다.

ㄴ. 성전의 크기 3:3-17

이 부분(3-17절)은 성전의 크기를 말하고 있다. 성전의 지대(3절), 낭실(현관)의 크기(4절), 성전 내부(5-7절), 지성소의 크기(8-9절), 두 그룹의 크기(10-13절), 성소와 지성소 사이의 휘장(14절), 성전 앞의 두 기둥 등의 크기를 말한다.

대하 3:3. 솔로몬이 하나님의 전을 위하여 놓은 지대는 이러하니 옛날에 쓰던 자로 길이가 육십 규빗이요 너비가 이십 규빗이며.

솔로몬이 건축하는 하나님의 성전의 지대(기초)는 다음과 같았다. 옛날에 쓰던 자(포로기 이전에 쓰던 자)로 재서 성전의 길이가 60자(31.62m), 너비가 20자(10.54m)였다.

한 규빗은 팔꿈치에서 손가락 끝까지 약 45cm이고, 그 외 "신성 규빗"은 1손바닥 넓이를 더한 7손바닥 넓이로 약 52.7cm로 추측된다. 본 절의 "옛적 법"이란 포로기 이전에 쓰던 법으로 그 때에는 신성 규빗을 사용했다.

대하 3:4. 그 성전 앞에 있는 낭실의 길이가 성전의 너비와 같이 이십 규빗이요 높이가 백이십 규빗이니 안에는 순금으로 입혔으며.

성전 앞 현관은 길이가 성전의 너비와 같이 20자였고, 높이는 120자였는데 현관 안벽은 순금으로 입혔다.

본 절의 "낭실"이란 '현관'(KJV, RSV)을 뜻한다. 왕상 6:3에는 "낭실(현관)의 장(長)은 20규빗이요, 광(廣)은 전(殿) 앞으로부터 10규빗"으로 표기되어 있고, 고(높이)에 대한 말은 없다. 왕상 6:2에는 성전의 높이가 30규빗이었으므로 본 절에 표기되어 있는 현관의 높이가 120규빗이나 되는 것은 건물과 균형이 맞지 않아 필사자의 오기라는 설명이 있다(K.&D., Barker). 그러나 후세의 헤롯 성전의 현관의 높이는 100규빗이나 되었다.

현관의 내부를 "정금으로 입혔다"는 말은 병행구절인 왕상 6:3에는 없는 말이다. 솔로몬이 성전을 정금으로 장식한 것과는 달리 훗날 요시야가 퇴락한 성전을 수리했을 때는 정금을 사용했다는 기록이 없다(왕하 22:3-7). 아마도 이는 분열 왕국 기간 동안 애굽 왕 시삭이 예루살렘을 침략하여 성전의 모든 보물들을 모두 약탈해 가버렸기 때문일 것이다(왕상 14:26). 또 그 후에도 수차례 외적이 침입하여 남은 것을 모두 노략해 가버렸기 때문에(왕하 14:14; 18:15; 16:24) 여력이 없었던 탓도 있었을 것이다.

대하 3:5. 그 대전 천장은 잣나무로 만들고 또 순금으로 입히고 그 위에 종려나무와 사슬 형상을 새겼고.

솔로몬은 또 대전(본당) 천장(안벽)에 잣나무 판자를 대고, 순금으로 입혔으며, 그 위에 종려나무 가지와 사슬 모양을 새겼다. "종려나무"는 '아름다움'을 상징하고(아 7:7-8), "사슬"은 '영광'을 상징한다(시 45:13).

대하 3:6. 또 보석으로 성전을 꾸며 화려하게 하였으니 그 금은 바르와임 금이며.

본관 안(內)은 번쩍이는 보석으로 꾸몄고, 금박을 입혀 화려하게 했는데, 그 금은 바르와임에서 들여 온 것이었다.

"보석"은 다윗이 준비한 것이었고(대상 29:2), 솔로몬이 준비한 것이었다(1:12,15; 왕상 10:11). "바르와임"(Parvaim)은 솔로몬의 성전 장식에 쓰인 금의 산지로서 기록되어 있는 곳이다(6절). 남아라비아의 예멘에 있는 파르와(Farwa)와 동일시된다(Curtis, Sprenger, 디럭스 바이블 성경사전).

대하 3:7. 또 금으로 성전과 그 들보와 문지방과 벽과 문짝에 입히고 벽에 그룹들을 아로새겼더라.

솔로몬은 성전과 그 안의 들보와 문지방과 벽과 문짝에 금박을 입혔고, 벽에는 그룹들(천사들의 모양)을 아로새겼다. 다시 말해 성전 내부를 전체 금으로 입혔다는 뜻이다. 왕상 6:29에 의하면 "그룹들과 종려와 핀 꽃 형상"을 아로 새겼다고 말한다.

대하 3:8. 또 지성소를 지었으니 성전 넓이대로 길이가 이십 규빗이요 너비도 이십 규빗이라 순금 육백 달란트로 입혔으니.

솔로몬은 또 지성소[344)](거룩한 것들의 거룩한 곳)를 지었다. 그 길이는 성전의 너비와 같은 20규빗(9m)이었고, 너비도 20규빗(9m)이었다. 육백 달란트(약 20톤)의 순금 금박을 내부에 입혔다.

대하 3:9. 못 무게가 금 오십 세겔이요 다락들도 금으로 입혔더라.

지성소를 짓는데 있어 못의 무게가 금 50세겔(571g)이었고 다락들도 금으로 입혔다. 지성소를 짓는데 있어 사용했던 못도 금이었다. 못 자체는 쇠로 만들었고 금으로 입힌 것으로 보인다(K.&D.). 다락은 지성소 뒤에 있는 다락방(대상 28:11)으로 그곳도 금으로 입혔다.

대하 3:10. 지성소 안에 두 그룹의 형상을 새겨 만들어 금으로 입혔으니.

본 절부터 13절까지는 지성소 안의 두 그룹에 대하여 설명하고 있다. 지성소의 그룹은 감람나무로 조각하여 모양을 만들었고, 그 위를 금으로 입힌 것이었다(왕상 6:23 참조).

---

344) 지성소는 성전에서 중심부분이고 법궤를 모신 곳이었다. 이곳은 오직 대제사장만이 1년에 한 차례씩 속죄일에 예복을 갖추어 입고 그리고 속죄의 피를 가지고 들어갈 수 있는 곳이었다.

대하 3:11. 두 그룹의 날개 길이가 모두 이십 규빗이라 왼쪽 그룹의 한 날개는 다섯 규빗이니 성전 벽에 닿았고 그 다른 날개도 다섯 규빗이니 오른쪽 그룹의 날개에 닿았으며.

본 절은 지성소안의 두 그룹의 날개 길이에 대해 설명한다. 두 그룹의 날개를 편 길이를 서로 연결시키면 20규빗(9m)이었다. 첫째 그룹의 한쪽 날개 길이는 5규빗(2.3m)이었는데, 그 끝이 성전 벽에 닿았고, 다른 쪽 날개 역시 그 길이가 5규빗(2.3m)이었는데, 그것은 다른 그룹의 날개에 닿았다.

대하 3:12. 오른쪽 그룹의 한 날개도 다섯 규빗이니 성전 벽에 닿았고 그 다른 날개도 다섯 규빗이니 왼쪽 그룹의 날개에 닿았으며.

둘째 그룹의 한쪽 날개 길이가 역시 5규빗이었는데, 그 끝이 성전 벽에 닿았고, 다른 쪽 날개 역시 그 길이가 5규빗이었는데, 그것은 첫 번째 그룹의 날개에 닿았다는 것이다.

대하 3:13. 이 두 그룹이 편 날개가 모두 이십 규빗이라 그 얼굴을 내전으로 향하여 서 있으며.

지성소의 두 그룹들이 날개를 편 길이를 서로 연결시키면 20규빗이었다. 그 두 그룹들은 성전 내전(본관) 쪽을 바라보고 그 날개가 벽과 벽에 닿았다.

대하 3:14. 청색 자색 홍색 실과 고운 베로 휘장 문을 짓고 그 위에 그룹의 형상을 수놓았더라.

솔로몬은 또 청색 실과 자주색 실과 홍색 실과 고운 베로 휘장(지성소와 성소 사이의 휘장, 출 26:31)을 짜고, 그 위에 그룹(천사)들의 모양을 수놓았다. 왕상 6:31의 병행 구에 의하면 여기에는 감람나무로 만든 두 개의 문짝이 있었다. 그 문짝 안쪽에 이 휘장을 쳤을 것으로 보인다. 이 휘장은 "청색, 자색, 홍색"의 고운 실로 짜고(2:7 참조), 그 위에 또 그룹의 형상을 수놓았다. 이 휘장은 예수 그리스도의 그림자로 예수님이 십자가에서 운명하셨을 때

이 휘장이 둘로 찢어졌었다(마 27:51).

대하 3:15. 성전 앞에 기둥 둘을 만들었으니 높이가 삼십오 규빗이요 각 기둥 꼭대기의 머리가 다섯 규빗이라.

그리고 솔로몬은 성전 앞에 기둥 둘을 만들었다. 높이가 35규빗이었고, 각 기둥 꼭대기의 머리가 5규빗이었다. 왕상 7:15에는 "놋 기둥 둘을 만들었으니 그 높이는 각각 18규빗이었다. 각각 12규빗 되는 줄을 두를만했다"고 말한다. 오늘 이 역대기의 본문을 필사자의 과오로 보는 견해가 있다(K.&D., Curtis). 여기 5규빗 되는 머리는 장식용이었다(왕상 7:16; 렘 52:22).

대하 3:16. 성소 같이 사슬을 만들어 그 기둥머리에 두르고 석류 백 개를 만들어 사슬에 달았으며.

솔로몬은 또 목걸이 모양의 사슬을 만들어(Curtis) 두 기둥머리에 둘렀고, 석류 모양 백 개를 만들어서 그 사슬에 달았다.

본 절의 "성소 같이"(בַּדְּבִיר)란 말은 '성소 안에'란 말로 해석된다. 그런데 두 기둥은 성소 밖 낭실에 있는 기둥이었다. 따라서 본 절에서 "성소 안에"란 말이 언급될 이유가 없다. 그래서 혹자는 "바데빌"(בַּדְּבִירךְ)을 '목걸이' 또는 '가락지'를 뜻하는 (דְּבִירךְ, 라비드)의 오기일 것이라고 추측한다(K.&D.). 이것이 옳은 추측이라면 본 절은 '목걸이 같은 사슬을 만들어'라는 말이 될 것이다(Curtis).

"석류 백 개"란 말은 각 기둥의 꼭대기 머리에 장식한 석류 모양의 조각품 숫자를 가리킨다(왕상 7:18; 렘 52:22,23). 그런데 그 조각품들을 성전 앞 두 기둥에 장식했던 것은 "석류"가 '왕성한 생명력' 또는 '여호와의 복과 은총'을 상징하기 때문이었을 것이다(출 28:33; 왕상 7:18).

대하 3:17. 그 두 기둥을 성전 앞에 세웠으니 왼쪽에 하나요 오른쪽에 하나라

오른쪽 것은 야긴이라 부르고 왼쪽 것은 보아스라 불렀더라.

이렇게 솔로몬은 성전 본관 앞에 두 기둥을 세웠는데, 하나는 오른쪽에, 다른 하나는 왼쪽에 세웠다. 오른쪽에 세운 것은 야긴('저가 세우리라'는 뜻)이라고 부르고, 왼쪽에 세운 것은 보아스('그에게 능력이 있다'는 뜻)라고 불렀다. 이 두 기둥은 이 성전을 하나님께서 세우셨으니 이 성전에서 제사를 드리는 사람마다 하나님으로부터 세움을 받는다는 것이고 하나님에게 능력이 있어 하나님을 의지하는 사람마다 하나님의 능력을 받는다는 것을 가르치는 것이었다.

제 4 장

ㄷ. 성전 안의 기구들 4:1-10(왕상 7:23-51)

이 부분(1-10절)은 놋 제단을 만든 일(1절), 놋 바다를 만든 일(2-5절), 물두멍을 만든 일(6절), 금 등대를 만든 일(7절), 상과 대접을 만든 일(8절), 두 뜰을 만든 일(9-10절)을 다룬다.

대하 4:1. 솔로몬이 또 놋으로 제단을 만들었으니 길이가 이십 규빗이요 너비가 이십 규빗이요 높이가 십 규빗이며.

솔로몬이 또 놋으로 제단을 만들었는데, 그 길이가 20규빗(9m)이었고, 너비가 20 규빗(9m)이었으며 높이가 10규빗(4.5m)이었다.

모세의 회막을 위한 놋 제단의 규격은 길이가 5규빗, 너비가 5규빗, 높이가 3규빗이었으나(출 27:1), 본 절의 회막의 번제단은 엄청나게 크다. 모세의 번 제단은 조각목으로 만들었고, 놋으로 입혔으나, 솔로몬의 번 제단은 청동으로 만들었다.

대하 4:2. 또 놋을 부어 바다를 만들었으니 지름이 십 규빗이요 그 모양이 둥글며 그 높이는 다섯 규빗이요 주위는 삼십 규빗 길이의 줄을 두를 만하며.

본 절부터 5절까지는 놋 바다(큰 놋대야)를 부어 만든(주조한) 일을 기록한다. 그 다음에 후람은 또 놋쇠를 부어서 바다 모양 물통을 만들었는데, 그 바다 모양 물통은, 그 지름이 10규빗(4,5m), 높이가 5규빗(2,3m), 둘레가 30규빗(13,5m)이었으며, 둥근 모양을 한 큰 놋대야였다. 이 물통을 “바다”라고 표현한 것은 물통이 컸기 때문에 붙인 이름이었다. 이 큰 놋대야의 용도는 제사장과 레위인이 봉사에 앞서 몸을 씻어 결례를 하기 위함이었다.

대하 4:3. 그 가장자리 아래에는 돌아가며 소(박) 형상이 있는데 각 규빗에 소가 열 마리씩 있어서 바다 주위에 둘렸으니 그 소(박)는 바다를 부어 만들 때에 두 줄로 부어 만들었으며(Under it were figures of gourds, for ten cubits, compassing the sea round about; the gourds were in two rows, cast with it when it was cast-ESV)**.**

본 절은 놋으로 만든 바다(물탱크) 옆에 돌아가며 장식이 있었던 것을 보여준다. "그 가장자리 아래에는 돌아가며 소 형상이 있었다"는 말은 '그 큰 놋대야 모양의 바다 가장자리 아래로는 돌아가면서, 놋쇠로 만든 황소 모양이 있었다'는 뜻이다. 여기 "소"란 말이 왕상 7:24에는 "박"이라고 표기되어 있다. "박"(פְּקָעִים)과 "소"(בְּקָרִים)의 히브리어 표기가 비슷하므로 본문 쪽이 필사자의 오사(誤寫)로 보인다(O.Zoekler, Payne). 그래서 ESV(RSV)도 본문을 번역할 때 "박"(gourds)으로 번역한 것으로 보인다. "박"이란 '조롱박 모양'을 한 것을 뜻한다. "박"은 박 모양을 한 일종의 기둥 장식(KJV, knop)이었다.

"각 규빗(for ten cubits)에 소가 열 마리씩 있어서 바다 주위에 둘렸으니"란 말은 '10규빗에 소(박)가 열 마리씩 있어 큰 놋대야 주위에 둘렸다'는 뜻이다. "그 소(박)는 바다를 부어 만들 때에 두 줄로 부어 만들었다"는 말은 '그 소들(박들)은 큰 놋대야를 부어 만들 때 함께 부어서 만든 것이었다'는 뜻이다.

대하 4:4. 그 바다를 놋쇠 황소 열두 마리가 받쳤으니 세 마리는 북쪽을 향하였고 세 마리는 서쪽을 향하였고 세 마리는 남쪽을 향하였고 세 마리는 동쪽을 향하였으며 바다를 그 위에 놓았고 소의 엉덩이는 다 안으로 향하였으며.

본 절은 이 놋으로 만든 바다(물탱크)의 받침은 12마리의 소였다는 것을 말씀한다. 즉, 열두 마리의 놋으로 만든 소들이 바다 모양을 하고 있는 물통(물탱크)을 떠받치고 있었는데, 세 마리는 북쪽을 바라보고, 세 마리는 서쪽을 바라보고, 세 마리는 남쪽을 바라보고, 세 마리는 동쪽을 바라보고 서 있었는데, 소들의 등으로 바다 모형(물탱크)을 떠받치고 있었다. 이 소들은 모두 엉덩이를 안쪽으로 향하고 있었다.

본 절의 12마리의 소들은 이스라엘 12지파를 상징하는 것이었다. 12지파가 협력하여 하나님의 회막을 지탱하고 있다는 것을 보여주고 있는 것이었다(민 2장; 왕상 7:25).

대하 4:5. 바다의 두께는 한 손 너비만 하고 그 둘레는 잔 둘레와 같이 백합화의 모양으로 만들었으니 그 바다에는 삼천 밧을 담겠으며.

그 놋쇠로 만든 바다 모양 물통(물탱크)의 두께는 한손 너비(7.4cm)만 했다. 그 바다(물탱크)의 가장자리는 잔의 가장자리와 비슷하게 꽃무늬를 새겨 놓았다. 그 바다(물탱크)의 용량은 물을 삼천 밧(44킬로리터) 정도를 담을 수 있는 것이었다. 왕상 7:26에는 2천 밧이라고 표기되어 있다. 본 절이 필사자의 과실로 보인다(이상근).

대하 4:6. 또 물두멍 열 개를 만들어 다섯 개는 오른쪽에 두고 다섯 개는 왼쪽에 두어 씻게 하되 번제에 속한 물건을 거기서 씻게 하였으며 그 바다는 제사장들이 씻기 위한 것이더라.

솔로몬은 또 씻을 물을 담는 대야 열 개를 만들되 놋으로 만들었고 놋대 위에 얹었다. 성전 앞에 다섯은 오른쪽에 두고, 다섯은 왼쪽에 두어, 번제물을 씻는 데에 사용하게 하였다. 그러나 바다 모양을 한 물통에 담긴 물은 제사장들이 씻을 물이었다.

물두멍의 크기와 재료 등 세부 사항에 대해서는 왕상 7:27-39에 상세히 나와 있다. 역대기의 저자 에스라는 본 절에서 물두멍의 세부적인 구조보다는 물두멍을 만든 목적과 쓰인 용도에 더욱 관심을 보이고 있다. 이 물두멍은 본래 모세 당시의 성막에서는 제사장들이 손발을 씻는 데 사용했던 것이다(출 30:18-21). 그러나 솔로몬 성전에서는 놋 바다의 양편에 다섯씩 놓고 희생제물을 씻는 데 사용했다.

대하 4:7. 또 규례대로 금으로 등잔대 열 개를 만들어 내전 안에 두었으니 왼쪽에 다섯 개요 오른쪽에 다섯 개이며.

솔로몬은 또 금 등잔대 열 개를 규격대로 만들어서 본당 안에 두었는데, 다섯은 오른쪽에, 다섯은 왼쪽에 두었다.

모세의 회막의 금 등대는 한 개였으나 여기 성전의 등대는 10개였다. 본 절은 솔로몬이 개수에 있어서는 모세의 옛 전통을 따르지 않았으나 금 등대를 만드는 방법이나 모양에 있어서는 정식을 그대로 따랐음을 볼 수 있다(출 25:31-40). 각 등대에는 일곱 등잔을 달 수 있는 일곱 가지가 있었다. 이는 하나님의 능력으로 성도들의 심령을 밝히시는 성령의 역사를 상징한다.

대하 4:8. 또 상 열 개를 만들어 내전 안에 두었으니 왼쪽에 다섯 개요 오른쪽에 다섯 개이며 또 금으로 대접 백 개를 만들었고.

본 절은 성소 안의 상과 대접에 대해 말씀한다. 솔로몬은 또 상 열 개를 만들어서 본당 안에 두었는데, 다섯은 오른쪽에, 다섯은 왼쪽에 두었다. 그는 또 금 쟁반 100 개를 만들었다.

성소 안의 진설병의 상이 10개씩이나 되는 것이 이상하다. 대상 28:16에도 진설병이 복수로 되어 있다. 그럼에도 불구하고 역시 진설병의 상일 것이다(Payne). 금 대접 100개에 대해서도 이견이 있는 것으로 보이나 음료수나 포도주 등을 붓기 위해 사용된 그릇으로 추측된다(Barker, Payne, K.&D., Zoekler, Lange).

대하 4:9. 또 제사장의 뜰과 큰 뜰과 뜰 문을 만들고 그 문짝에 놋을 입혔고.

본 절은 성전의 두 뜰에 대해 말한다. "제사장의 뜰"은 일반 대중에게는 제한된 뜰로 "안뜰"이라 했다. 여기 "큰 뜰"은 '바깥뜰'이며 일반 대중을 위한 뜰이었다. 솔로몬은 또 제사장이 드나드는 뜰(왕상 6:36)과 일반 대중을 위한 큰 뜰을 만들고(왕상 7:12), 큰 뜰 대문에는 문짝들을 만들어서 달고, 놋쇠를 입혔다. "제사장의 뜰"은 돌 세 켜와 백향목 판자 한 켜로 둘러쳐 있었다(왕상 6:36; 7:12; 왕항 21:5).

대하 4:10. 그 바다는 성전 오른쪽 동남방에 두었더라.

바다 모양의 물통(물탱크)은 성전의 오른쪽 동남쪽 모퉁이에 두었다. 여기 놋 바다의 위치는 왕상 7:39과 일치한다. 성전 앞 현관에서 바라볼 때 우편 동남방에 있었다.

ㄹ. 후람이 만든 기구들 4:11-18

이 부분(11-18절)은 두로 왕 후람이 솔로몬 성전의 일을 마쳤다는 것을 말씀한다. 왕상 7:40-47과 병행한다.

대하 4:11. 후람이 또 솥과 부삽과 대접을 만들었더라 이와 같이 후람이 솔로몬 왕을 위하여 하나님의 성전에서 할 일을 마쳤으니.

"후람은 또 솥과 부삽과 대접을 만들었다. 이렇게 후람은 솔로몬 왕이 하나님의 성전에다가 해 놓으라고 부탁한 모든 일을 완성했다". 후람이 만든 것은 그의 숙련공인 단 지파의 여인의 아들(2:14)이 만든 것이었다. 여기 세 가지(솥과 부삽과 대접)는 모두 번제단에 부속된 기구들이었다. "솥"은 '희생제물을 삶는 가마'였고(삼상 2:14), "부삽"은 '제단에서 재를 제거하는 삽'이었으며, "대접"은 '희생의 피를 받아 뿌리거나 그 제물을 담는 그릇'이었다.

대하 4:12. 곧 기둥 둘과 그 기둥 꼭대기의 공 같은 머리 둘과 또 기둥 꼭대기의 공 같은 기둥머리를 가리는 그물 둘과.

본 절의 것들도 역시 후람이 완성한 것들이었다. 즉, 그가 완성한 것들은 기둥 둘과 그 두 기둥 꼭대기에 얹은 둥근 공 모양을 한 기둥머리 둘과 또 그 두 기둥 꼭대기에 있는 기둥머리에 씌운 그물 2개였다.

본 절의 “기둥 둘”이란 성전 앞면에 세운 야긴과 보아스 두 기둥이었다(3:15-17). “그 기둥 꼭대기의 공 같은 머리 둘”은 ‘두 기둥의 꼭대기가 공같이 둥근 것’을 가리키는 말이다. 그리고 “그물”은 바둑판처럼 엮은 격자로 기둥머리를 장식하는 것이었다.

대하 4:13. 또 그 그물들을 위하여 만든 각 그물에 두 줄씩으로 기둥 위의 공 같은 두 머리를 가리는 석류 사백 개와.

본 절은 기둥 꼭대기에 있는 공 모양을 한 기둥머리에 씌운 각 그물에다가 두 줄로 장식한 석류 400개를 만들었다는 것이다. 좀 더 간단히 말해서 “이 두 그물에 두 줄로 달린 석류가 400개였다”는 뜻이다. 본 절의 “그물”이란 ‘격자식으로 만든 장식’을 의미한다. 다시 말해 ‘바둑판 모양’이라는 뜻이다.

왕상 7:20의 병행 구에는 “이 두 기둥머리에 있는 그물 곁 곧 그 머리의 공같이 둥근 곳으로 돌아가며 각기 석류 200개가 줄을 지었더라”고 표기되어 있다. 그러면 기둥머리 공을 장식하는 격자식 그물에 한 줄기에 100개씩 두 줄의 석류로 장식해서 한 기둥에 200개씩, 두 기둥에 400의 석류였다는 말이다.

대하 4:14. 또 받침과 받침 위의 물두멍과(He made the stands also, and the basins upon the stands-ESV).

본 절은 10개의 물두멍(6절)과 그것들을 받치는 10개의 받침대를 언급한다. 후람이 또 만든 것은 받침대들과 받침대 위에 놓을 대야들이었다. 본 절의 받침대들은 물두멍을 손쉽게 옮길 수 있도록 만든 ‘이동식 받침대’를 말하는 것으로 놋으로 만든 것이었다(왕상 7:27-39). 받침대의 크기는 길이와 너비가 각각 4규빗(1.82m), 높이가 3규빗(1.37m), 그 받침대 밑에는 4개의 바퀴가 달려 있었다. 이 규격은 직경이 1.82m인 물두멍의 크기에 맞춘 것이었다(6절). 이 받침대들은 물두멍의 숫자에 맞춰 10개를 만들었다(6절).

아무튼 역대기 저자 에스라는 영적인 방면을 더욱 중요시하여 저술하였고, 중요하지 않다고 생각되는 것에 관해서는 아예 생략하거나 아주 간단히 기록했다. 이에 반해 열왕기 저자는 물두멍 받침대에 있어서 조차 비교적 자세하게 기록했다(왕상 7:27-39). 물두멍 받침에 대해서 더 자세히 알고자 하면 그곳 주해를 참조하라.

대하 4:15. 한 바다와 그 바다 아래에 소 열두 마리와.

후람은 또 바다 모양 물통(물탱크) 한 개와 그 바다 모양 물통 아래에 받쳐 놓은 황소 모양의 12마리를 완성했다. 본 절 주해를 위해서는 2-4절 주해를 참조하라.

대하 4:16. 솥과 부삽과 고기 갈고리와 여호와의 전의 모든 그릇들이라 후람의 아버지가 솔로몬 왕을 위하여 빛나는 놋으로 만들 때에.

솥과 부삽(11절 주 참조)과 고기 갈고리(고기를 삶을 때 사용하는 갈고리)였다. 이런 일의 전문가인 후람('후람이라는 금속 가공의 전문가', 2:13 주)이 주의 성전에서 쓸 것으로 솔로몬에게 바친 모든 기구는 광택 나는 놋쇠로 만든 것들이었다. 후람이라고 이름하는 숙련공이 놋으로 위의 물건들을 만들었다.

대하 4:17. 왕이 요단 평지에서 숙곳과 스레다 사이의 진흙에 그것들을 부어 내었더라.

본 절은 성전 비품들을 만들기 위해 요단 계곡의 차진 흙으로 먼저 그릇들의 틀을 만들고 거기에 놋을 부어 성전 비품들을 만들었다는 것을 진술한다. 본 절 내용은 솔로몬 왕은 이 기구들(성전 비품들)을 숙곳과 스레다 사이에 있는 요단 계곡의 진흙에 부어서 만들게 하였다.

본 절의 "요단 평지"는 요단계곡의 넓고 비옥하며 차진 흙이 많은 곳이다. 그리고 "숙곳"은 '우릿간'이란 뜻이고, 이스라엘 백성이 라암셋을 출발한 후 처음으로 숙영한 곳이다(출 12:37; 13:20; 민 33:5,6). 델라 동부 와디

두밀라드(Wadi Tumilat)에 있는 델 엘 마슈드(Tell el-Mashut, 상[像]의 구릉)와 동일시된다. 그리고 "스레다"(Zeredah)는 '요해'라는 뜻인데, 요단 저지대에 있던 성읍인데, 성전의 놋그릇을 부어 만든 곳이다(대하 4:17). 열왕기상 7:46의 사르단과 동일지이다.

대하 4:18. 이와 같이 솔로몬이 이 모든 기구를 매우 많이 만들었으므로 그 놋 무게를 능히 측량할 수 없었더라.

본 절은 11-17절의 결론이다. 솔로몬 왕이 후람이라는 기술자를 시켜서 이 모든 기구를 너무나 많이 만들었으므로, 여기에 사용된 놋쇠의 무게는 아무도 측량할 수 없었다.

ㅁ. 금으로 만든 제품들 4:19-22

이 부분(19-22절)에 금으로 만든 제품들을 보면 금단과 진설병상(19절), 등대와 화저(20-21절), 불집게와 주발(22절) 등이 기록되어 있다. 왕상 7:48-51과 병행한다.

대하 4:19. 솔로몬이 또 하나님의 전의 모든 기구를 만들었으니 곧 금 제단과 진설병 상들과.

솔로몬이 또 하나님의 성전 안에다가 둘 기구를 만들었으니, 곧 금 제단과, 빵을 늘 차려 놓는 상들을 만들었다. "금 제단"은 '성소에 있던 분향단'으로 모세는 조각목으로 만들어 금을 입혔으나(출 30:1), 솔로몬은 백향목으로 만들었고 금을 입혔다(왕상 6:20). 그리고 "진설병 상들"은 역시 성소에 만들어 놓았는데 숫자가 10개였다(8절). 진설병 상들을 이렇게 많이 만든 것은 오늘날 모든 성도들이 생명의 떡이신 그리스도의 말씀을 풍성하게 먹으라는 표지였다.

대하 4:20. 지성소 앞에서 규례대로 불을 켤 순금 등잔대와 그 등잔이며.

지성소 앞에 규례대로 켜 놓을 순금 등잔들과, 등잔대들을 만들었다.

여기 "정금 등대"는 '성소에 두었던 등대'를 지칭한다. "규례대로 불을 켠다"는 말은 출 27:20-21에 기록된 대로 해가 질 때에 불을 켜고, 아침이 되어 불을 껐음을 뜻하는 말이다. "등대"는 일곱 가지의 등대로 모든 가지 끝에 불을 결 등잔이 있었고 가지 중간 중간에 꽃 모양의 장식품이 있었으며 모두 정금으로 만들었다(출 21:31-40, 이상근).

대하 4:21. 또 순수한 금으로 만든 꽃과 등잔과 부젓가락이며.

순금으로 만든 꽃장식과 등잔과 부집게를 만들었다. "순수한 금"이란 '아무 것도 섞이지 않는 금'을 말한다. 성전의 집기들을 순수한 금으로 만든 것은 우리 성도들도 순수하게 믿음만으로 활동해야 할 것을 보여준다(K.&D.). 본문의 "꽃"이란 그냥 꽃을 말하는 것이 아니라 "꽃 장식"을 말하는 것으로 등잔의 가지에 부착된 장식용으로 살구꽃 모양이었다(출 25:33; 왕상 7:49). "등잔"은 등대의 가지 끝에 있는 불 켜는 기구를 지칭한다. 그리고 "부젓가락"은 불을 결 때 사용하는 도구이다.

대하 4:22. 또 순금으로 만든 불집게와 주발과 숟가락과 불 옮기는 그릇이며 또 성전 문 곧 지성소의 문과 내전의 문을 금으로 입혔더라.

순금으로 만든 심지 다듬는 집게와 대접(유향을 담는 그릇)과 숟가락과 불 옮기는 그릇과 또 성전 문, 곧 성전의 맨 안쪽 지성소의 문들과 성전 본관의 문들을 금으로 입혔다. 이 문들도 정금으로 입혔다.

지성소의 문과 성소의 문은 감람나무와 잣나무로 만든 다음에 금으로 입혔다(3:7; 왕상 6:31-35). 이 중에 지성소의 문은 내실을 향해 있었으며 지성소의 문장(3:14)을 보호하는 역할을 했다.

제 5 장

3. 성전을 봉헌하다 5-7장(왕상 8-9장)

성전 건축이 완성된 후 법궤를 새 성전으로 모신 일(5:1-10), 성전에 하나님의 영광이 가득히 나타났던 일(5:11-14), 솔로몬이 성전의 봉헌 사를 드린 일(6:1-11), 솔로몬이 봉헌기도를 드린 일(6:12-42), 하나님께서 불로 응답하신 일(7:1-3), 솔로몬이 봉헌 제사를 드린 일(7:4-10), 하나님께서 솔로몬에게 나타나신 일(7:11-22) 등이 기록되었다.

ㄱ. 법궤를 안치하다 5:1-10

성전이 완성된 후 솔로몬은 그 부친 다윗이 예루살렘에 옮겨둔 법궤를 모시고 와서 새 성전의 지성소에 안치한다.

대하 5:1. 솔로몬이 여호와의 전을 위하여 만드는 모든 일을 마친지라 이에 솔로몬이 그의 아버지 다윗이 드린 은과 금과 모든 기구를 가져다가 하나님의 전 곳간에 두었더라.

솔로몬이 여호와의 전을 위하여 만들어야 하는 모든 일을 마친 후에 솔로몬이 그의 아버지 다윗이 거룩하게 드린 은과 금과 모든 기구를 가져다가 하나님의 성전 창고에 두었다.

본 절은 솔로몬이 성전을 건축한(3-4장) 다음 결구로 나오는 글이다. 솔로몬은 그의 즉위 제 4년 2월 2일에 착공하여(3:2; 왕상 6:1) 제 11년 8월에 완공했다(왕상 6:38). 만 7년 6개월이 소요되었다.

다윗이 바친 금은과 여러 가지 자재는 성전 건축에 사용하고도 남았으므로 솔로몬은 그 모든 남은 것을 신축한 새 성전 창고에 넣어 두었다. 다윗이 준비한 것이 심히도 많았다는 것을 알 수 있다.

대하 5:2. 이에 솔로몬이 여호와의 언약궤를 다윗 성 곧 시온에서부터 메어 올리고자 하여 이스라엘 장로들과 모든 지파의 우두머리 곧 이스라엘 자손의 족장들을 다 예루살렘으로 소집하니.

그런 다음에 솔로몬은 여호와의 법궤를 다윗 성, 곧 시온에서 성전으로 옮기려고 이스라엘의 모든 장로들과 각 지파의 지도자들과 족장들을 예루살렘으로 소집했다.

"시온"은 '요해'라는 뜻으로 하나님의 거룩한 산을 말하는데 '예루살렘 동편의 언덕의 남단'이었다. 여기 "메어 올리고자 했다"는 말은 성전이 높게 건축되었기 때문에 생긴 말이다. 솔로몬은 법궤를 메어 올리고자 하여 "이스라엘 장로들과 모든 지파의 우두머리 곧 이스라엘 자손의 족장들을 다 예루살렘으로 소집했다"(대상 13:1; 15:25).

대하 5:3. 일곱째 달 절기에 이스라엘 모든 사람이 다 왕에게로 모이고.

이스라엘의 모든 사람(남자)이 일곱째 달 절기(초막절)에 왕 앞에 모였다. 본 절의 "일곱째 달 절기"란 병행구인 왕상 8:2에는 "에단임월 곧 7월 절기"라고 표기하고 있다. "일곱째 달 절기"는 종교력으로는 7월, 민간력으로는 1월, 그리고 태양력으로는 9-10월이었고, 7월 15일부터 21일까지 이스라엘 사람들이 지키는 3대 절기의 하나로 온 국민이 예루살렘에 모여 지키는 초막절을 지칭하는 절기였다. 그리고 "에단임월"이란 단어는 가나안 사람들이 사용하는 낱말이었고, 바벨론 사람들이 쓰던 말은 "티쉬리월"이라고 했다. 솔로몬은 이때에 하나님의 언약궤를 새 성전으로 옮기려 했다. 그래서 모든 사람이 왕 앞에 모인 것이었다. 여기 모든 사람이란 말은 모든 남자들을 지칭하는 말이다.

대하 5:4. 이스라엘 장로들이 이르매 레위 사람들이 궤를 메니라.

이스라엘의 모든 장로(2절)가 모이니 레위 사람들(그핫 자손들)이 궤를 메어 옮겼다. "장로"는 국민들의 대표였으니 장로들이 예루살렘에 도착하니 레위 사람들이 궤를 메고 옮긴 것이다. 여기 "레위 사람들"이란 레위의 둘째 아들 그핫 자손이 메게 되어 있어서 그핫 자손을 지칭하는 말이다(민 3:21-37).

대하 5:5. 궤와 회막과 장막 안에 모든 거룩한 기구를 메고 올라가되 레위인 제사장들이 그것들을 메고 올라가매.

법궤(다윗 성 시온에 있었다)와 회막(기브온에 있었다)과 장막 안에 있는 거룩한 기구를 모두 옮겨왔는데, 제사장들과 레위 사람들이 그것을 날랐다. "레위인 제사장들"이란 '모두 그핫 자손인 제사장과 그 외 그핫 사람들'을 지칭하는 말이다.

대하 5:6. 솔로몬 왕과 그 앞에 모인 모든 이스라엘 회중이 궤 앞에서 양과 소로 제사를 드렸으니 그 수가 많아 기록할 수도 없고 셀 수도 없었더라.

솔로몬 왕과 왕 앞에 모인 모든 이스라엘 회중이 궤 앞에서 양과 소를 셀 수도 없고 기록할 수도 없을 만큼 많이 잡아서 제사를 드렸다는 말은 법궤를 시온에서 번제 단이 있는 곳까지 모셔온 다음 지성소에 안치하기 전에 양과 소로 화목제를 드렸다는 뜻이다. 오늘날 교회도 어떤 일을 시도할 때 먼저 감사예배를 드리는 것과 같다.

대하 5:7. 제사장들이 여호와의 언약궤를 그 처소로 메어 들였으니 곧 본전 지성소 그룹들의 날개 아래라.

성전 앞뜰에서 화목제를 드린 다음 그핫 자손 제사장들은 여호와의 법궤를 성전 안으로 메어 들여 지성소의 그룹 날개 아래 두었다. "그룹들의 날개 아래"에 대해 3:10-13 주해 참조.

대하 5:8. 그룹들이 궤 처소 위에서 날개를 펴서 궤와 그 채를 덮었는데.

그룹들은 궤가 놓인 자리 위에 날개를 펼쳐서 궤와 채의 위를 덮고 서 있었는데(3:11-13) 그 날개들이 법궤와 법궤를 멜 때 사용하는 채를 덮고 있었다.

대하 5:9 그 채가 길어서 궤에서 나오므로 그 끝이 본전 앞에서 보이나 밖에서는 보이지 아니하며 그 궤가 오늘까지 그 곳에 있으며.

그 두 개의 채들(poles)은 법궤보다 길어서 그 끝이 지성소의 정면에 있는 성소에서도 보였다. 그러나 성소 밖에서는 보이지 않았다. 그 채는 오늘날까지 그 곳에 그대로 놓여 있다. 여기 "그곳에 그대로 놓여 있다"는 말은 본서가 기록되던 귀환기였던 주전 450년을 말하는 것이 아니라, 이 말은 본서의 저자가 이와 같이 기록된 자료를 그대로 여기 옮겼기 때문에 생긴 결과인 것이다. 법궤는 예루살렘이 바벨론에게 망한 이후 찾지 못했다.

대하 5:10. 궤 안에는 두 돌판 외에 아무것도 없으니 이것은 이스라엘 자손이 애굽에서 나온 후 여호와께서 그들과 언약을 세우실 때에 모세가 호렙에서 그 안에 넣은 것이더라.

궤 속에는 호렙 산(시내 산)에서 모세가 넣어 둔 두 돌판 외에는 아무것도 없었다. 이 두 돌판은 이스라엘 자손이 애굽에서 나온 다음에 여호와께서 호렙 산에서 그들과 언약을 세우실 때에, 모세가 거기에 넣은 것이었다. 사실은 그들이 광야를 행진하면서 하늘에서 내려오는 만나를 담은 금 항아리(출 16:32-34)와 아론의 싹 난 지팡이(민 17:10)가 함께 보관되어 있었는데(히 9:4), 두 가지는 없어지고 두 돌판만 남게 되었다.

ㄴ. 성전에 영광이 가득 차다 5:11-14

11-14절의 말씀은 법궤를 지성소에 안치한 다음 찬양대가 하나님을 찬양할 때 구름이 성전에 가득했고 여호와의 영광이 가득했던 것을 기록한 내용이다.

대하 5:11. 이때에는 제사장들이 그 반열대로 하지 아니하고 스스로 정결하게

하고 성소에 있다가 나오매.

이때에는 제사장의 24반열(대상 24:1-19)을 초월하여 제사장들이 그 몸을 정결하게 하고 봉사했다는 뜻이다. 이는 큰 행사에 많은 제사장이 필요했기 때문이기도 했을 것이고(K.&D.), 또 이런 큰 역사적인 행사에 모든 제사장이 참여하기를 원했기 때문이었을 것이다. 이 부분(11-14절) 중에 11-13절은 열왕기의 병행 구에는 없는 기사이다.

대하 5:12. 노래하는 레위 사람 아삽과 헤만과 여두둔과 그의 아들들과 형제들이 다 세마포를 입고 제단 동쪽에 서서 제금과 비파와 수금을 잡고 또 나팔 부는 제사장 백이십 명이 함께 서 있다가.

찬양대 역시 24반열이 있었으나(대상 25:8-31) 이를 초월하여 "아삽과 헤만과 여두둔(25:1 참조) 등 세 사람의 대장과 그 지휘를 받는 대원들이 총동원되어 찬양을 불렀다는 것이다. 즉, 노래하는 레위 사람들인 아삽과 헤만과 여두둔과 그들의 아들들과 친족들이 모두 모시옷을 입고 제금(심벌즈)과 비파(거문고)와 수금을 들고 제단 동쪽에 늘어서고 그들과 함께 나팔 부는 제사장 120명도 함께 서 있었다.

대하 5:13. 나팔 부는 자와 노래하는 자들이 일제히 소리를 내어 여호와를 찬송하며 감사하는데 나팔 불고 제금 치고 모든 악기를 울리며 소리를 높여 여호와를 찬송하여 이르되 선하시도다 그의 자비하심이 영원히 있도다 하매 그 때에 여호와의 전에 구름이 가득한지라.

나팔 부는 사람들과 노래하는 사람들이 일제히 한 목소리로 주께 찬양과 감사를 드렸다. 나팔과 심벌즈와 그 밖의 악기가 한데 어우러지고, "주님은 선하시다. 그 인자하심이 영원하시도다" 하고 소리를 높여 주님을 찬양할 때에 주의 성전에는 구름이 가득 찼다.

"그의 자비하심이 영원히 있도다"는 말은 시편에 많이 등장하는 구절이다(시 23:6; 86:5; 135:3; 136편). "주의 성전에는 구름이 가득 찼다"는 말은

'여호와의 성전에 하나님의 임재와 영광으로 충만했다'는 뜻이다. 찬양과 감사가 있는 곳에 하나님이 임하시고 그 영광이 임하는 법이다.

대하 5:14. 제사장들이 그 구름으로 말미암아 능히 서서 섬기지 못하였으니 이는 여호와의 영광이 하나님의 전에 가득함이었더라.

제사장들이 성전안의 구름으로 말미암아 서서 섬기기가 힘든 형편이 되었는데 그 이유는 여호와의 영광이 하나님의 성전에 가득하였기 때문이다. 이는 모세도 회막을 건립한 후 구름 때문에 회막에 들어가지 못한 경우와 유사했다(출 4:35). 찬양과 감사는 하나님의 임재를 부르고 영광을 부른다는 것을 알 수 있다. 우리가 찬양하는 삶, 감사하는 삶이 얼마나 중요한지를 보여준다.

제 6 장

ㄷ. 솔로몬이 봉헌사를 말하다 6:1-11

솔로몬이 성전 건축을 완성하고 그 전 안의 비품들을 다 만든 다음 이제는 성전을 하나님께 바치는 봉헌 사를 드린다(1-11절). 왕상 8:12-21과 병행한다.

대하 6:1. 그 때에 솔로몬이 이르되 여호와께서 캄캄한 데 계시겠다 말씀하셨사오나.

본 절 초두의 "그 때에"(then)란 말은 "짙은 구름이 성전에 나타난 때에"(5:14; 왕상 8:12)란 뜻이다. 그 때에 "여호와께서 캄캄한 데 계시겠다"는 말은 '여호와께서 캄캄한 곳에 계시기를 원하신다'는 뜻인데 성경 어느 곳에도 여호와께서 그런 소원을 표시한 곳은 없다. 이 말씀은 '솔로몬이 여호와께서 캄캄한 곳에 계시기를 원하신다는 말씀을 많이 하신 것으로 알고 있다'는 뜻이다. 이유는 '캄캄한 곳에 계시기를 원하신다'는 말씀은 '구름 가운데 나타나시기를 원하신다'는 말씀이기 때문이다(출 19:9; 20:21; 레 16:2; 신 4:11; 5:22). 하나님은 구름 외에 불 가운데, 우레 가운데, 연기 가운데 자신을 나타내신다(출 13:21; 19:9,18). 하나님은 캄캄한 구름 가운데 나타나셔서 영광을 나타내신다. 하나님께서 이렇게 캄캄한 곳(구름 가운데)에 나타나셔서 자신을 계시하시는 것은 구약 계시의 어두운 면을 보여주는 것이다. 그러나 하나님께서는 신약에 와서 아주 예수 그리스도를 보내어 자신을 밝히 보여주셨다(김수홍의 왕상 8:12 주해).

대하 6:2. 내가 주를 위하여 거하실 성전을 건축하였사오니 주께서 영원히 계실 처소로소이다 하고.

솔로몬은 '이제 주께서 여기에 계시도록 내가 이 웅장한 집을 지었습니다. 이 집은 주께서 영원히 계실 곳입니다'라고 했다. 솔로몬은 이 성전에 캄캄한 구름이 충만함을 보고 하나님께서 이 성전에 임재하실 것을 확신하고 감사하는 마음으로 내가 주를 위하여 거하실 성전을 건축하였사오니 주께서 영원히 계실 처소라고 말씀드린 것이었다. 그러나 그것은 그들이 하나님의 율법을 준수하는 조건에서였다. 만약 그들이 율법을 저버리면 하나님께서도 저들과 이 전을 버리셔서 멸망케 하시는 것이었다.

대하 6:3. 얼굴을 돌려 이스라엘 온 회중을 위하여 축복하니 그 때에 이스라엘의 온 회중이 서 있더라.

그런 다음에 솔로몬 왕은 구름이 가득한 성전을 바라보며 하나님께 감사한 후 몸을 돌이켜 그의 뒤에 서 있는 이스라엘 온 회중을 위하여 그들에게 복을 빌어 주며 다음과 같이 말했다.

대하 6:4. 왕이 이르되 이스라엘 하나님 여호와를 송축할지로다 여호와께서 그의 입으로 내 아버지 다윗에게 말씀하신 것을 이제 그의 손으로 이루셨도다 이르시기를.

솔로몬 왕은 이스라엘 군중을 향하여 여호와를 찬양하자고 말한다. 찬양해야 할 이유는 "여호와께서 그의 입으로 내 아버지 다윗에게 말씀하신 것(다윗 언약)을 이제 그의 손으로 이루셨기" 때문이라 한다. 하나님께서 이루신 일(5-10절)을 생각할 때에 찬양하지 않을 수 없다는 것이었다. 오늘 우리도 범사에 하나님을 찬양하고 감사해야 할 것이다. 이유는 하나님께서 우주를 창조해 주셨고 또 우리를 죄 가운데서 구원하시기 위해 아들 예수님을 보내셨기 때문이다.

대하 6:5. 내가 내 백성을 애굽 땅에서 인도하여 낸 날부터 내 이름을 둘 만한 집을 건축하기 위하여 이스라엘 모든 지파 가운데서 아무 성읍도 택하지

아니하였으며 내 백성 이스라엘의 주권자가 될 사람을 아무도 택하지 아니하였더니.

본 절은 여호와께서 "이스라엘 백성을 애굽 땅에서 인도하여 낸 날" 이후 다윗 때까지 여호와의 성전을 건축할 만한 성읍을 이스라엘 아무 지파 가운데서도 택하지 아니했다는 말씀과 또 이스라엘의 주권자가 될 사람을 택하지 아니했다는 말씀을 하신다. 이스라엘 민족이 출애굽한 때부터 다윗 때까지는 540년이라는 긴 세월동안(광야 생활 40년+가나안 정착 후 500년) 하나님은 예루살렘을 택하지 아니하셨고 다윗 같은 주권자를 만나지 못하셨다.

대하 6:6. 예루살렘을 택하여 내 이름을 거기 두고 또 다윗을 택하여 내 백성 이스라엘을 다스리게 하였노라 하신지라.

그러나 본 절에서는 여호와께서 여호와의 이름을 둘 곳으로 예루살렘을 택하셔서 성전을 짓게 하셨고 또 이스라엘 백성을 다스릴 사람으로 다윗을 택하셨다는 것이다.

대하 6:7. 내 아버지 다윗이 이스라엘의 하나님 여호와의 이름을 위하여 성전을 건축할 마음이 있었더니.

솔로몬은 자기 아버지 다윗이 이스라엘의 하나님 여호와의 성전을 건축할 마음이 있었으나 하나님께서 허락하지 않으셔서 성전을 건축하지 못했다는 것을 말한다(9절).

다윗은 성전을 건축하기 원하여 전쟁에서 많은 전리품을 모았으며 성전의 설계도까지 그려 솔로몬에서 주기도 했다(대상 28:12-19). 그리고 다윗은 성전을 건축할 마음을 선지자 나단에게 표하기도 했다(삼하 7:1-3).

대하 6:8. 여호와께서 내 아버지 다윗에게 이르시되 네가 내 이름을 위하여 성전을 건축할 마음이 있으니 이 마음이 네게 있는 것이 좋도다.

솔로몬은 여호와께서 자기 아버지 다윗에게 이르시기를 네가 내 이름을 위하여 성전을 지으려는 마음을 품은 것은 아주 좋은 일이다(삼하 7:11-16). 하나님은 다윗의 마음을 받으셨다. 하나님은 오늘 우리의 마음이 어떠냐를 잘 아신다. 우리의 마음을 드려야 한다.

대하 6:9. 그러나 너는 그 성전을 건축하지 못할 것이요 네 허리에서 나올 네 아들 그가 내 이름을 위하여 성전을 건축하리라 하시더니.

솔로몬은 여호와께서 자기의 아버지에게 그 성전을 건축하지 못할 것이고 자기 아버지 다윗이 낳을 아들이 여호와의 이름을 위하여 성전을 건축하리라고 말씀해 주셨다는 것을 말씀한다(삼하 7:13). 다윗이 성전을 건축하지 못할 이유는 다윗은 많은 전쟁에서 많은 피를 흘린 사람으로서 다윗은 전쟁의 사람이기 때문이라고 하신다. 피를 흘린 것이 죄가 되기 때문이란 말은 아니다. 전쟁하는 일과 성전을 짓는 일은 전혀 다른 은사에 속한다는 뜻이었다.

대하 6:10. 이제 여호와께서 말씀하신 대로 이루셨도다 내가 여호와께서 말씀하신 대로 내 아버지 다윗을 대신하여 일어나 이스라엘 왕위에 앉고 이스라엘의 하나님 여호와의 이름을 위하여 성전을 건축하고.

솔로몬은 여호와께서 말씀하신 대로 약속을 여호와 자신이 이루셨고, 또 자기 아버지 다윗의 뒤를 이어서 이렇게 자신이 이스라엘의 왕위를 이어서 이스라엘의 하나님의 이름을 위하여 성전을 지었다고 말한다.

대하 6:11. 내가 또 그 곳에 여호와께서 이스라엘 자손과 더불어 세우신 언약을 넣은 궤를 두었노라 하니라.

솔로몬은 자신이 여호와의 성전만 건축한 것이 아니라 그 성전 안의 지성소에 "여호와께서 이스라엘 자손과 더불어 세우신 언약을 넣은 궤를 두었다"고 말한다. 솔로몬이 여기서 언약궤를 언급하는 것은 언약궤가 성전의 중심이 된다는 뜻이다.

ㄹ. 솔로몬이 봉헌기도를 드리다 6:12-42(왕상 8:22-53)

솔로몬은 성전 건축을 완료한 후 여러 가지 면으로 봉헌 기도를 한다. 먼저 기도 준비를 하고(12-13절), 주께서 언약을 지키신 것을 감사하며(14-15절), 다윗 언약을 확실히 지켜주시기를 기도하고(16-17절), 성전을 향한 기도를 들으시라는 간청을 한다(18-21절). 그런 다음 난처한 일곱 가지 경우를 당하여 기도하면 들어주시라는 간청을 한다. 1) 맹세하는 경우(22-23절), 2) 패전한 경우(24-25절), 3) 비가 오지 않을 경우(26-27절), 4) 재앙을 만났을 경우(28-31절), 5) 이방인이 기도하는 경우(32-33절), 6) 출전하는 경우(34-35절), 7) 포로 되었을 경우(36-39절) 응답해 주시라는 기도이다(40-42절).

대하 6:12. 솔로몬이 여호와의 제단 앞에서 이스라엘의 모든 회중과 마주 서서 그의 손을 펴니라.

본 절과 다음 절은 솔로몬이 기도하기 위해 준비를 한 것을 기록한 것을 말한다. 솔로몬은 여호와의 번제 단 앞에서 이스라엘의 모든 회중과 마주 서서 그의 손을 펴고 솔로몬은 하나님을 향하여 기도했다.

대하 6:13. 솔로몬이 일찍이 놋으로 대를 만들었으니 길이가 다섯 규빗이요 너비가 다섯 규빗이요 높이가 세 규 빗이라 뜰 가운데에 두었더니 그가 그 위에 서서 이스라엘의 모든 회중 앞에서 무릎을 꿇고 하늘을 향하여 손을 펴고.

솔로몬이 일찍이 놋쇠로 길이 5규빗(2m 60cm), 너비 5규빗(2m 60cm), 높이 3규빗(약 1m 56cm)인 놋 단을 만들어 뜰 가운데 놓았는데, 바로 그 놋 단에 올라서서 이스라엘 온 회중 앞에서 무릎을 꿇고 하늘을 바라보며 두 팔을 들어 펴고 기도했다. 히브리인의 기도 자세는 세 가지가 있었는데 1) 서서 기도하는 자세(막 11:25; 눅 18:11), 2) 무릎 꿇어 기도하는 자세(단

6:10; 눅 22:41; 행 7:60; 20:36; 21:5; 엡 3:15), 3) 엎드려 기도하는 자세(스 10:1; 눅 18:13) 등이었다.

대하 6:14. 이르되 이스라엘의 하나님 여호와여 천지에 주와 같은 신이 없나이다 주께서는 온 마음으로 주의 앞에서 행하는 주의 종들에게 언약을 지키시고 은혜를 베푸시나이다.

본 절과 다음 절(15절)은 여호와께서 언약을 지키신 것을 감사한다. 솔로몬은 이렇게 기도하였다. "주 이스라엘의 하나님 여호와여! 하늘에나 땅에나 그 어디에도 주와 같은 하나님은 없습니다. 주님은 온 마음을 다 기울여 주의 뜻을 따라 사는 주의 종들에게는 언약을 지키시고 은혜를 베푸시는 분이십니다"라고 기도했다. 여기서 한 가지 주의할 것은 하나님은 그의 율법을 지키고 전심으로 주의 말씀대로 행하는 자에게 언약을 지키시고 은혜를 베푸신다고 고백하고 있음을 알 수 있다.

대하 6:15. 주께서 주의 종 내 아버지 다윗에게 허락하신 말씀을 지키시되 주의 입으로 말씀하신 것을 손으로 이루심이 오늘과 같으니이다.

"주께서는 주의 종인 내 아버지 다윗에게 약속하신 것을 지키셨으며 주께서 친히 그에게 말씀하신 것을 오늘 이렇게 친히 이루어 주셔서" 감사한다고 고백한다. 다시 말해 하나님께서 약속하신대로 성전을 완성하셨다는 것이다.

대하 6:16. 이스라엘의 하나님 여호와여 주께서 주의 종 내 아버지 다윗에게 말씀하시기를 네 자손이 그들의 행위를 삼가서 네가 내 앞에서 행한 것 같이 내 율법대로 행하기만 하면 네게로부터 나서 이스라엘 왕위에 앉을 사람이 내 앞에서 끊어지지 아니하리라 하셨사오니 이제 다윗을 위하여 그 허락하신 말씀을 지키시옵소서.

솔로몬은 본 절과 다음 절에서 하나님께서 다윗 언약을 확실히 지켜주시기를 기도한다. 솔로몬은 "여호와께서 자기 아버지 다윗에게 말씀하시기를 이스라엘 자손이 그들의 행위를 삼가서 다윗이 여호와 앞에서 행한 것같이 여호와의 율법대로 행하기만 하면 네게로부터 나서 이스라엘 왕위에 앉을 사람이 여호와 앞에서 끊어지지 아니하리라고 약속하셨으니 이제 언약을 지켜 주시옵소서"라고 기도했다. 이 기도의 내용을 보면 이 언약 역시 그들이 하나님의 말씀을 다윗처럼 지킬 때 이스라엘 왕위에 앉을 사람이 여호와 앞에서 끊어지지 아니하리라는 언약이었다. 그러나 다윗같이 행하는 사람은 없었다. 이스라엘 민족은 결국 이 언약을 지키지 못하고 바벨론 포로로 갔었다. 먼 훗날 다윗의 자손 예수 그리스도께서 오셔서 이 언약을 지키신 것이다(삼하 7:16 주해 참조).

대하 6:17. 그런즉 이스라엘 하나님 여호와여 원하건대 주는 주의 종 다윗에게 하신 말씀이 확실하게 하옵소서.

솔로몬이 기도하기를 "이스라엘의 하나님 여호와여, 주의 종 내 아버지에게 말씀하신 이 모든 약속이 이제 이루어지게 하소서"라고 기도했다. 이 기도는 훗날 예수 그리스도께서 오셔서 이루셨다.

대하 6:18. 하나님이 참으로 사람과 함께 땅에 계시리이까 보소서 하늘과 하늘들의 하늘이라도 주를 용납하지 못하겠거든 하물며 내가 건축한 이 성전이오리이까.

본 절부터 21절까지 솔로몬은 성전을 향한 기도를 들으시라는 간청을 한다(18-21절). 본 절은 솔로몬이 "하나님이 참으로 사람과 함께 땅 위에 계시겠습니까? 저 하늘, 저 하늘 위의 하늘이라도 주님을 모시기에 부족한데, 내가 지은 이 성전이야 더 말해 무엇 하겠습니까?"라고 말씀드린다. "하늘과 하늘들의 하늘"에 대해 2:6 주해 참조. 초자연에 속하신 하나님이 인간이 건축한 성전에 계시겠느냐는 겸손의 말이었다.

대하 6:19. 그러나 나의 하나님 여호와여 주의 종의 기도와 간구를 돌아보시

며 주의 종이 주 앞에서 부르짖는 것과 비는 기도를 들으시옵소서.

본 절은 전반절과 후반절의 내용이 같다. 다시 말해 "나의 하나님 여호와여 주의 종의 기도와 간구를 돌아보소서"라는 말과 "주의 종이 주 앞에서 부르짖는 것과 비는 기도를 들으시옵소서"라는 말의 내용이 같다는 것이다. "기도"(תְּפִלַּת)라는 말은 '일반적인 기도'라는 뜻이고, "간구"(תְּחִנַּת)라는 말은 '특별한 제목을 가지고 간절히 드리는 기도'를 지칭한다. 그리고 "부르짖는 것"(הָרִנָּה)이란 말은 '간구의 모습'을 뜻한다. 이런 낱말들을 종합해보면 간곡한 기도의 반복을 들어달라는 뜻이다. 우리는 무의미한 중언부언은 하지 말아야 하지만 이런 간곡한 기도는 한없이 드릴 수 있는 것이다.

대하 6:20. 주께서 전에 말씀하시기를 내 이름을 거기에 두리라 하신 곳이 성전을 향하여 주의 눈이 주야로 보시오며 종이 이곳을 향하여 비는 기도를 들으시옵소서.

여호와께서 전에 말씀하시기를 "내 이름을 거기에 두리라"고 하신 말씀은 성경에서 찾을 수 없으나 그 뜻은 도처에 보인다(신 12:5,11; 14:23). 여호와께서는 여호와의 이름을 성전에 두리라 하셨으니 이 성전을 향하여 주의 눈이 주야로 보시오며 종이 이 성전을 향하여 비는 기도를 들어주시라고 한다.

성전은 보이지 아니하시는 여호와께서 현현하신 곳이니 그 성전을 향하여 기도하는 것을 들으시라는 내용이다. 우리는 오늘날 하나님을 완전히 계시하시는 예수님을 믿고 기도해야 할 것이다.

대하 6:21. 주의 종과 주의 백성 이스라엘이 이곳을 향하여 기도할 때에 주는 그 간구함을 들으시되 주께서 계신 곳 하늘에서 들으시고 들으시사 사하여 주옵소서.

주의 종인 나(솔로몬)와 주의 백성 이스라엘이 이곳을 바라보며 기도할 때에 주께서 계시는 곳(하늘)에서 들으시고 죄를 용서해 달라는 것이다.

"주께서 계시는 곳 하늘에서"란 말이 여덟 번이나 반복되고 있다(21,23,25,27,30,33,35,39절). 여호와는 하늘에 계신 분이시라는 것, 그러나 여호와는 우리를 위하여 성전에 이름을 두고 계시는 분이시다.

대하 6:22-23. 만일 어떤 사람이 그의 이웃에게 범죄하므로 맹세시킴을 받고 그가 와서 이 성전에 있는 주의 제단 앞에서 맹세하거든 주는 하늘에서 들으시고 행하시되 주의 종들을 심판하사 악한 자의 죄를 정하여 그의 행위대로 그의 머리에 돌리시고 공의로운 자를 의롭다 하사 그 의로운 대로 갚으시옵소서.

"만일 어떤 사람이 남을 해친 죄로 고발되어 이 성전 제단 앞에 끌려와서 그런 죄를 짓지 않았다고 맹세하도록 권유를 받으면(이상 22절) 주님께서 하늘에서 들으시고 주의 종들을 심판하셔서 실제로 죄를 지은 자의 죄를 정하여 그의 행위대로 갚아주시고 만일 죄를 지은 일이 없다면 그런 자를 의롭다고 하셔서 그 의로운 대로 갚아 주시라"(이상 23절)는 호소를 하는 것이다. 하나님의 심판은 현세에서도 얼마든지 실현되는 것이다. 그런고로 우리는 세상에서 사람들과 아옹다옹 싸울 필요가 없다(롬 12:19).

대하 6:24-25. 만일 주의 백성 이스라엘이 주께 범죄하여 적국 앞에 패하게 되므로 주의 이름을 인정하고 주께로 돌아와서 이 성전에서 주께 빌며 간구하거든 주는 하늘에서 들으시고 주의 백성 이스라엘의 죄를 사하시고 그들과 그들의 조상들에게 주신 땅으로 돌아오게 하옵소서.

"이스라엘 민족이 주님께 범죄하면 반드시 적국 앞에 패하게 되어 있는데 그 때 패하게 된 사람이 주님 앞에 회개하고 주님께로 돌아와 이 성전에서 빌며 간구하는 경우(이상 24절) 주님은 하늘에서 들으시고 이스라엘의 죄를 사하시고 그들에게 주신 땅으로 돌아오게 해 달라"(이상 25절)는 것이다. 우리는 세상에서의 패배 후에도 얼마든지 승리의 길로 갈 수 있음을 알아야 할 것이다.

대하 6:26-27. 만일 그들이 주께 범죄함으로 말미암아 하늘이 닫히고 비가 내리지 않는 주의 벌을 받을 때에 이곳을 향하여 빌며 주의 이름을 인정하고 그들의 죄에서 떠나거든 주께서는 하늘에서 들으사 주의 종들과 주의 백성 이스라엘의 죄를 사하시고 그 마땅히 행할 선한 길을 가르쳐 주시오며 주의 백성에게 기업으로 주신 주의 땅에 비를 내리시옵소서.

솔로몬은 다시 "만일"로 시작한다. 그러나 이 말은 실제로 일어나는 일이다. 하나님께 죄를 범하면 하늘이 닫히는 일, 비가 내리지 않는 일은 비일비재하게 일어나는 일이다. 솔로몬의 소원은 사람들이 죄를 지어 주님으로부터 벌을 받고 이 성전을 향하여 기도하며 회개하고 실제 죄로부터 떠나는 경우(이상 26절), 주님께서는 하늘에서 들으시고 주의 종들과 주의 백성 이스라엘의 죄를 사하시고 어떻게 행해야 할지를 가르쳐 주시고 이스라엘 땅에 비를 내리시고 살길을 주시라(27절, 왕상 18장)는 내용이다.

대하 6:28-29. 만일 이 땅에 기근이나 전염병이 있거나 곡식이 시들거나 깜부기가 나거나 메뚜기나 황충이 나거나 적국이 와서 성읍들을 에워싸거나 무슨 재앙이나 무슨 질병이 있거나를 막론하고 한 사람이나 혹 주의 온 백성 이스라엘이 다 각각 자기의 마음에 재앙과 고통을 깨닫고 이 성전을 향하여 손을 펴고 무슨 기도나 무슨 간구를 하거든.

28-29절도 "만일"로 시작한다. 만일 죄를 지어 각종 재앙(기근, 전염병, 곡식이 시들고, 깜부기가 나며, 메뚜기나 황충이 나고, 적군이 와서 점령하고, 재앙이 일어나고 질병에 감염되는 경우)을 만나서(이상 28절), 이스라엘 민족이 다 각각 각자의 마음에 재앙의 원인과 또 재앙으로부터 오는 고통을 깨닫고 이 성전을 향하여 기도하는 경우(29절) 주님께서 해결해 주시라는 애원이다(30절 이하).

대하 6:30. 주는 계신 곳 하늘에서 들으시며 사유하시되 각 사람의 마음을 아시오니 그의 모든 행위대로 갚으시옵소서 주만 홀로 사람의 마음을 아심이

니이다.

솔로몬은 이스라엘 민족 중 누구든지 재앙을 만나서 성전을 향하여 손을 펴고 무슨 기도나 무슨 간구를 하거든(29절) 주님께서는 하늘에서 들으시며 용서하시라고 간구한다. 여호와는 각 사람의 마음을 세밀하게 아시니 모든 사람의 행위대로 갚으시되 회개하는 사람을 용서하시라고 부탁한다.

대하 6:31. 그리하시면 그들이 주께서 우리 조상들에게 주신 땅에서 사는 동안에 항상 주를 경외하며 주의 길로 걸어가리이다.

회개하는 자를 용서하시면 이스라엘 백성은 주께서 우리 조상에게 주신 이 땅 위에서 사는 동안 언제나 주님을 경외하며 주의 길을 따라 살 것이라고 아뢴다.

대하 6:32-33. 주의 백성 이스라엘에 속하지 않은 이방인에게 대하여도 그들이 주의 큰 이름과 능한 손과 펴신 팔을 위하여 먼 지방에서 와서 이 성전을 향하여 기도하거든 주는 계신 곳 하늘에서 들으시고 모든 이방인이 주께 부르짖는 대로 이루사 땅의 만민이 주의 이름을 알고 주의 백성 이스라엘처럼 경외하게 하시오며 또 내가 건축한 이 성전을 주의 이름으로 일컫는 줄을 알게 하옵소서.

이 부분(32-33절)은 이방인들이 주님의 위대하신 이름과 능하신 손과 펴신 팔을 위하여 먼 지방에서 와서 이 성전을 향하여 기도하는 경우(이상 32절), 주님께서 하늘에서 이방인의 기도를 들으셔서 이루어주시고, 또 땅의 만민이 주님의 이름을 알고 주님의 백성들이나 마찬가지로 주님을 경외하게 하시며 솔로몬이 건축한 이 성전이 주님의 성전임을 알게 하옵소서(이상 33절)라고 간구한다.

그 응답의 목적은 "땅의 만민이 주의 이름을 알고 주의 백성 이스라엘처럼 경외하게 하시라"고 애원한다(왕상 41:43). 민 15:14-15; 사 43:19-20; 56:3,7-8). 하나님은 유대인의 하나님이시고 이방인의 하나님이시다(롬

3:29). 기독교가 전하는 구원의 보편성은 구약에 뿌리를 박고 있다(시 87:1-7, 박윤선).

대하 6:34-35. 주의 백성이 그 적국과 더불어 싸우고자 하여 주께서 보내신 길로 나갈 때에 그들이 주께서 택하신 이 성과 내가 주의 이름을 위하여 건축한 성전 있는 쪽을 향하여 주께 기도하거든 주는 하늘에서 그들의 기도와 간구를 들으시고 그들의 일을 돌보시옵소서.

이스라엘 군대가 출전할 때 주님께서 인도하시는 길로 가고 있을 때 이스라엘 군대가 주님께서 택하신 이 성읍, 즉 예루살렘과 또 주님의 이름을 위하여 솔로몬이 건축한 성전 쪽 방향을 향하여 주님께 기도하거든 주님은 하늘에서 그들의 기도와 간구를 들으시고 그들에게 승리를 주시라는 애원이다.

대하 6:36-37. 주께 범죄하지 아니하는 사람이 없사오니 그들이 주께 범죄하므로 주께서 그들에게 진노하사 그들을 적국에게 넘기시매 적국이 그들을 사로잡아 땅의 원근을 막론하고 끌고 간 후에 그들이 사로잡혀 간 땅에서 스스로 깨닫고 그들을 사로잡은 자들의 땅에서 돌이켜 주께 간구하기를 우리가 범죄하여 패역을 행하며 악을 행하였나이다 하며.

솔로몬은 주님께 대하여 범죄하지 않는 사람이 없는 것을 주님께 솔직하게 고백하면서 이스라엘 백성들이 범죄하였기에 주님께서 그들에게 진노하사 그들을 적국에게 넘기셔서 적국의 군인들이 이스라엘 백성들을 사로잡아 적국으로 간 후 외국에 흩어져(이상 36절) 그들이 사로잡혀 간 땅에서 자기들이 죄를 지어 이렇게 사로잡혀 왔음을 깨닫고 그들을 사로잡은 자들의 땅에서 돌이켜(주님을 향하여 U-turn하여) 주님께 간구하기를 우리가 범죄하여 패역을 행하며 악을 행했다고 기도하면 그들의 기도를 들어주시라는 부탁이다. 사람들이 자기의 잘못을 깨닫고 주님께 돌이킨다는 것은 얼마나 중요한 일인지 모른다. 우리는 깨닫고 돌이켜야 한다.

대하 6:38. 자기들을 사로잡아 간 적국의 땅에서 온 마음과 온 뜻으로 주께 돌아와서 주께서 그들의 조상들에게 주신 땅과 주께서 택하신 성과 내가 주의 이름을 위하여 건축한 성전 있는 쪽을 향하여 기도하거든.

이스라엘 민족이 사로 잡혀 간 땅에서 전심으로 주님께 돌아와서 (U-turn 하여) 이스라엘 나라와 예루살렘 성과 성전 있는 쪽을 향하여 기도하는 경우 주님께서는 그들의 기도를 들으셔서 그들을 돌보아 주시라는 간구를 한다. 누구든지 자기의 잘못을 깨닫고 주님께로 돌아와 기도하면 살길이 열리는 법이다. 먼저 죄를 깨닫는 것이고, 다음 돌이키는 것이며, 세밀하게 자복하면 살길이 열리게 마련이다.

대하 6:39. 주는 계신 곳 하늘에서 그들의 기도와 간구를 들으시고 그들의 일을 돌보시오며 주께 범죄한 주의 백성을 용서하옵소서.

솔로몬은 이스라엘 민족이 죄를 지어 외국으로 끌려가는 재앙을 당하는 경우 죄를 깨닫고 주님께로 돌이켜 죄를 자복하면 주님께서 계신 하늘에서 그들의 기도와 또 간절한 기도를 들으셔서 그들을 본국으로 돌려보내시오며 주님께 죄를 지은 백성을 용서해 주시라는 부탁을 한다. "그들의 일을 돌보시라"는 말은 '원상으로 회복시켜 주시라'는 부탁이다. 우리가 죄를 깨닫고 돌이켜 간절히 기도하면 원상으로 회복된다.

대하 6:40. 나의 하나님이여 이제 이곳에서 하는 기도에 눈을 드시고 귀를 기울이소서.

솔로몬은 "나의 하나님이여! 이제 이곳 성전에서 드리는 기도에 눈을 들어 살펴주시고 귀를 기울여 들어주시라"고 간구한다.

대하 6:41. 여호와 하나님이여 일어나 들어가사 주의 능력의 궤와 함께 주의 평안한 처소에 계시옵소서 여호와 하나님이여 원하옵건대 주의 제사장들에게 구원을 입게 하시고 또 주의 성도들에게 은혜를 기뻐하게 하옵소서.

솔로몬은 "여호와 하나님이시여!, 일어나셔서 주의 능력을 발휘하는 궤가 안치된 이 성전에 들어와 주의 평안한 처소에 머무소서. 여호와 하나님이시여!, 주의 제사장들에게 구원의 옷을 입히시고 주의 성도들이 주의 구원을 기뻐하게 하소서"라고 기도한다.

솔로몬은 그동안 여호와 하나님은 줄 곳 하늘에 계신 것으로 말해 왔으나 이제는 주님의 능력의 궤와 함께 성전에 계시라고 묘사한다. 이렇게 묘사할 수 있는 이유는 법궤가 하늘을 대신하는 것이기 때문이었다.

대하 6:42. 여호와 하나님이여 주의 기름 부음 받은 자에게서 얼굴을 돌리지 마시옵고 주의 종 다윗에게 베푸신 은총을 기억하옵소서 하였더라.

솔로몬은 하나님께 기도하기를 하나님께서 기름 부어 왕을 삼은 자신을 버리지 말아주시라고 애원한다. 자신을 버리지 말아 주시라고 애원하면서 그는 하나님께서 주의 종 다윗에게 베푸신 은총을 기억해 달라고 애원한다. 다윗에게 베푸신 은총(다윗 언약)을 기억하셔서 그 아들 된 솔로몬에게 계속해서 은혜를 베풀어 달라고 한 것이다.

제 7 장

ㅁ. 하나님께서 불로 응답하시다 7:1-3

1-3절은 솔로몬이 성전을 봉헌하는 기도를 드렸을 때 하나님께서 응답하신 것을 기록한 부분이다. 이 부분은 열왕기에는 없다. 하나님은 불로 응답하셨고, 하나님의 영광이 성전에 가득했으므로 제사장들이 성전에 들어가지 못했으며, 백성들은 하나님을 찬미했다.

대하 7:1. 솔로몬이 기도를 마치매 불이 하늘에서부터 내려와서 그 번제물과 제물들을 사르고 여호와의 영광이 그 성전에 가득하니.

솔로몬이 기도를 마치자 하늘에서 불이 내려와 번제물과 제물들을 살라 버렸고, 주의 영광이 그 성전에 가득 했다. "불"은 하나님께서 나타나셨다는 것을 알리는 표시이며 하나님의 능력을 표현하는 것이었다(창 15:17; 출 3:2; 9:24; 왕상 18:38). 그러나 조심할 것은 사단의 사자도 불을 하늘로부터 내리는 일이 있으니(계 13:13) 신자들은 이적을 행한다는 사람들을 조심해야 될 것이다. 모세가 하나님의 능력으로 10가지 재앙을 내리게 할 때에 애굽의 술사들도 처음 세 가지 능력(지팡이로 뱀을 만든 일, 하수로 피가 되게 한 일, 개구리로 애굽 땅을 덮게 한 일 등)을 행했다. 그러므로 신자들은 기적보다는 하나님의 말씀을 근거하고 기적들을 분별해서 그 유래를 바로 알아야 할 것이다(박윤선).

"그 번제물과 제물들을 사른 것"은 하늘에서 불이 내려와서 한 일이다. 불이 번제물과 제물들을 사른 것은 하나님께서 솔로몬이 지은 성전과 그의 기도를 기쁘게 받으셨다는 증거이다(레 9:24; 왕상 18:38; 대상 21:26).

"여호와의 영광이 그 성전에 가득 했다"는 말은 '구름이 성전에 가득했다'는 뜻이다(대하 5:13-14). 출 19:16; 40:35 참조. 로린슨(Rawlinson)은 출

40:35을 주해하면서 "여호와의 영광"이란 말과 "구름"이란 말이 동의어로 사용되었다고 말한다. 그러나 일반적인 구름을 뜻하는 것은 아니다. "여호와의 영광"이란 '여호와의 위대하심, 여호와의 완전하심, 영광스러움'이 구름의 형태로 성막에 충만했던 것을 뜻한다.

대하 7:2. 여호와의 영광이 여호와의 전에 가득하므로 제사장들이 여호와의 전으로 능히 들어가지 못하였고.

그래서 주의 영광(여호와의 위대하심, 여호와의 완전하심, 여호와의 영광스러움)이 주의 성전에 가득 찼으므로, 제사장들(성전 안으로 들어갈 수 있는 사람들이었다)도 주의 성전 안으로 들어갈 수가 없었다. 하나님의 영광스러운 임재 앞에서 죄성을 지닌 인간이 감히 접근하지 못한 것이다. 바울 사도는 자신은 죄인 중에 괴수라고 말했다(딤전 1:15).

대하 7:3. 이스라엘 모든 자손은 불이 내리는 것과 여호와의 영광이 성전 위에 있는 것을 보고 돌을 깐 땅에 엎드려 경배하며 여호와께 감사하여 이르되 선하시도다 그의 인자하심이 영원하도다 하니라.

앞 절은 여호와의 영광이 성전에 가득했기 때문에 제사장들이 취한 반응을 기록했는데 본 절은 성전 낙성식에 참석했던 이스라엘 모든 자손의 반응을 기록한 것이다.

불이 내리는 것과 주의 영광(주의 위대하심, 주의 크심)이 성전에 가득 찬 것을 보고 이스라엘 모든 자손은 돌을 깎아 포장한 광장(빛나는 돌로 만든 석판)에 엎드려 경배하면서 주께 감사하여 이르기를 "주님은 선하시도다. 그 인자하심이 영원하다"라고 하나님을 찬미했다. 이 찬미 내용은 언약에 충실하신 여호와를 찬양할 때 쓰이는 후렴구이다(5:13; 시 106:1; 136:1).

ㅂ. 왕과 백성들이 헌당 제사를 드리다 7:4-10(왕상 8:62-66)

이 부분(4-10절)은 왕과 백성들이 헌당식을 드리고 또 7일간의 초막절을 드리면서 기뻐하는 장면을 묘사한 것이다.

대하 7:4. 이에 왕과 모든 백성이 여호와 앞에 제사를 드리니.

문장 초두의 "이에"란 말은 '그런 다음에'란 뜻이다. 다시 말해 여호와께서 불로 응답하신(1-3절) 다음에 왕과 모든 백성이 주 앞에 제사를 드렸다는 것이다. 본 절에서 말하는 제사는 성전 헌당식의 마지막 제사였다(K.&D.). 이 제사는 법궤를 안치할 때 드렸던 제사처럼(5:6), 번제와 화목제였을 것이다(이상근).

대하 7:5. 솔로몬 왕이 드린 제물이 소가 이만 이천 마리요 양이 십이만 마리라 이와 같이 왕과 모든 백성이 하나님의 전의 낙성식을 행하니라.

솔로몬 왕은 소 22,000마리와 양 120,000마리를 제물로 바쳤다. 이와 같이 왕과 모든 백성이 하나님의 성전을 낙성식(목적물을 봉헌하는 예식)을 행했다. 예물의 숫자가 너무 많으므로 이의를 제기하는 학자가 있으나(Thenius, Montgomery) 열왕기상의 병행구(왕상 8:63)와 동일하므로 이 제물의 숫자가 바른 것이다.

대하 7:6. 그 때에 제사장들은 직분대로 모셔 서고 레위 사람도 여호와의 악기를 가지고 섰으니 이 악기는 전에 다윗이 레위 사람들에게 여호와께 감사하게 하려고 만들어서 여호와의 인자하심이 영원함을 찬송하게 하던 것이라 제사장들은 무리 앞에서 나팔을 불고 온 이스라엘은 서 있더라.

"그 때에 제사장들은 직분대로 모셔 서고 레위 사람도 여호와의 악기를 가지고 섰다"는 말은 '낙성식을 행할 때 제사장과 레위사람들이 각자 사무 분담을 하여 질서 있게 봉사했다'는 뜻이다. 그 때에 레위인들의 손에 들려 있던 "악기들"은 '이전에 다윗이 레위 사람들에게 여호와께 감사하게 하려고 만들어서 여호와의 인자하심이 영원함을 찬송하게 하던 악기였다'는 것이다. 이 때에 나팔을 분 제사장은 120명이었다(5:12).

대하 7:7. 솔로몬이 또 여호와의 전 앞뜰 가운데를 거룩하게 하고 거기서 번제물과 화목제의 기름을 드렸으니 이는 솔로몬이 지은 놋 제단이 능히 그 번제물과 소제물과 기름을 용납할 수 없음이더라.

낙성식을 드리는 날 솔로몬 왕은 성전 앞뜰의 가운데를 임시로 거룩하게 구별하고 거기서 불로 태워 바치는 번제와 곡식으로 드리는 소제와 그리고 화목제(감사제)의 기름을 드렸다. 그렇게 한 이유는 봉헌식에 드려진 제물이 너무 많아 솔로몬이 만든 놋 제단 하나로는 그 모든 것을 다 드릴 수가 없었기 때문이었다.

대하 7:8. 그 때에 솔로몬이 칠 일 동안 절기를 지켰는데 하맛 어귀에서부터 애굽 강까지의 온 이스라엘의 심히 큰 회중이 모여 그와 함께 하였더니.

그 때에 또 솔로몬 왕은 7일 동안 절기를 지켰는데, 하맛 어귀에서부터 애굽 접경을 흐르는 강(솔로몬 왕국의 남방 경계선)에까지 이르는 넓은 지역에 사는 대단히 큰 회중인 온 이스라엘이 그와 함께 모였다.

병행 구 왕상 8:65에는 "7일 7일 합 14일"이라고 표기되어 있다. 그 때는 7월 8-22일까지였고, 첫 7일간(7월 8-14일)은 성전 낙성식을 거행했으며, 다음 7일간(7월 15-22일)은 초막절로 지키는 기간이었다. 이 초막절이 끝나는 날은 "절기 끝날, 곧 큰 날"이었다(요 7:37).

"하맛"(Hamath)은 '요해'라는 뜻이고, 수리아 중부의 성읍인데 오론테스(Orontes) 강을 끼고 있으며, 현금의 하마(Hama)와 동일지이다. '대(大)하맛'(암 6:2)이라 불리듯이, 수리아의 중요한 도시이며, 소아시아에서 남쪽으로 뻗은 대통상로가 있고, 하맛 왕국의 수도로서 번영하였다. 솔로몬 때의 이스라엘의 판도는 하나님께서 아브라함에게 허락하신 경계가 다 한번 성취한 경계로(창 15:18) 이스라엘의 이상적 경계였다. 본 절은 우리가 하나님께 영광을 돌리면 하나님께서 우리에게 주시는 복이 어떤 것인가를 보여주는 좋은 실례이다.

대하 7:9. 여덟째 날에 무리가 한 성회를 여니라 제단의 낙성식을 칠 일 동안 행한 후 이 절기를 칠 일 동안 지키니라(On the eighth day they held a solemn assembly; for they had observed the dedication of the altar seven days and the feast seven days-ESV).

여기 "제 8일"은 낙성 예식이 끝난 다음 날인 7월 15일을 지칭한다. 따라서 여기 "한 성회"란 7월 15일부터 22일까지 거행되는 장막절 절기를 지칭한다(민 29:12-38). "제단의 낙성식을 칠 일 동안 행한 후 이 절기를 칠 일 동안 지켰다"는 말은 이스라엘 전역에서 모여든 백성들이 여호와께 감사를 드리기 위한 행사에 2주간 계속적으로 참여하였음을 의미한다. 그런데 그들이 이처럼 성전 봉헌을 위해 반달 가량을 자신들의 집이 아닌 타향 예루살렘의 성전에서 머물렀던 것은 억지로가 아니라 자발적으로 행한 것이었다. 이것은 그들의 기쁨이 극에 달했음을 암시하는 것으로서 성전 건축이 얼마나 그들의 숙원 사업이었는가를 알게 해준다(스 6:22; 느 12:43, 그랜드 종합주석).

대하 7:10. 일곱째 달 제이십삼일에 왕이 백성을 그들의 장막으로 돌려보내매 백성이 여호와께서 다윗과 솔로몬과 그의 백성 이스라엘에게 베푸신 은혜로 말미암아 기뻐하며 마음에 즐거워하였더라.

솔로몬 왕이 백성들을 그들의 장막으로 돌려보낸 것은 7월 23일이었다. 백성은 여호와께서 다윗과 솔로몬과 주의 백성 이스라엘에게 베푸신 은혜 때문에 진심으로 기뻐하며 마음에 즐거움을 가지고 돌아갔다.

ㅅ. 여호와께서 다시 솔로몬에게 나타나시다 7:11-22(왕상 9:1-9)

솔로몬 왕이 성전을 건축하고 낙성식을 마친 후 여호와 하나님은 밤에 솔로몬에게 나타나셔서 그 성전에 관하여 알려주실 것을 알려주신다. 그 내용은 어떻게 하면 복을 받고 저주를 받느냐를 말씀하신 것이다. 그것은 모세의 축복과 저주의 경고(신 28장)와 같은 것이었다.

대하 7:11. 솔로몬이 여호와의 전과 왕궁 건축을 마치고 솔로몬의 심중에 여호와의 전과 자기의 궁궐에 그가 이루고자 한 것을 다 형통하게 이루니라.

솔로몬은 즉위 후 24년에 주의 성전과 왕궁을 다 완성하고(3:2; 8:1), 주의 성전과 그의 왕궁에 대하여 그가 마음속으로 계획했던 모든 것을 성공적으로 다 이루었다. 두 가지를 다 완성한 후 여호와께서 솔로몬에게 경고하신 것이다.

대하 7:12. 밤에 여호와께서 솔로몬에게 나타나사 그에게 이르시되 내가 이미 네 기도를 듣고 이곳을 택하여 내게 제사하는 성전을 삼았으니.

여호와께서 밤에 솔로몬에게 나타나셔서 이렇게 말씀하셨다. "내가 이제 네 기도를 듣고 이곳을 택하여 내가 제사를 받는 성전으로 삼았다"고 하신다. 왕상 9:2에는 "전에 기브온에서 나타나심 같이"라는 말이 묘사되어 있다. 이번에도 솔로몬에게 나타나셨다는 것이다. 본문의 "이곳을 택하여"라는 말은 '이곳을 지정하여'라는 뜻이다(신 12:5). 다시 말해 '이 성전을 지정하여' 여호와께 제사하는 성전으로 삼으셨다는 뜻이다.

대하 7:13-14. 혹 내가 하늘을 닫고 비를 내리지 아니하거나 혹 메뚜기들에게 토산을 먹게 하거나 혹 전염병이 내 백성 가운데에 유행하게 할 때에 내 이름으로 일컫는 내 백성이 그들의 악한 길에서 떠나 스스로 낮추고 기도하여 내 얼굴을 찾으면 내가 하늘에서 듣고 그들의 죄를 사하고 그들의 땅을 고칠지라.

13-14절은 이스라엘 민족이 악을 행했기에 여호와께서 하늘을 닫고 비를 내리지 아니하시거나 혹 메뚜기들에게 토산을 먹게 하시거나 혹 전염병이 이스라엘 백성 가운데에 유행하게 하실 때에(이상 13절), 여호와의 백성이 그들이 저지른 악한 길에서 떠나 스스로 겸손하고 기도하여 여호와께 돌아오

면 하나님께서 비를 주시고 메뚜기들을 제거하시며 전염병으로부터 그들을 고쳐주실 것이라고 하신다(이상 14절). 우리의 살 길은 하나님께로 돌아가는 것이다. "여기 그들의 땅을 고칠지라"는 말은 '여호와께서 자기 백성을 고쳐 주실 것이라'는 뜻이다

대하 7:15. 이제 이곳에서 하는 기도에 내가 눈을 들고 귀를 기울이리니.

이제 나는 이곳에서 눈을 떼지 않고 백성들이 이곳에서 드리는 기도에 대하여 눈을 뜨고 살필 것이며 귀담아듣겠다(6:40)고 하신다. 이렇게 살피시는 여호와를 향하여 기도하지 않고 우리가 무슨 딴 행동을 할 것인가.

대하 7:16. 이는 내가 이미 이 성전을 택하고 거룩하게 하여 내 이름을 여기에 영원히 있게 하였음이라 내 눈과 내 마음이 항상 여기에 있으리라.

본 절은 이스라엘 백성들이 예루살렘 성전에서 기도해야 할 이유(עַתָּה)를 말하고 있다. 이유는 여호와께서 이미 예루살렘 성전을 택했고(지정했고) 또 거룩하게 하여(구별하여) 여호와의 이름을 성전에 영원히 있게 하셨기 때문이라고 하신다. 여기 '예루살렘 성전을 택했고 또 거룩하게 하였으며 여호와의 이름을 여기에 영원히 있게 하였다'는 말은 구약 성전의 중보적 성격을 말하는 것이다. 구약 성전은 보이지 않으시는 하나님께서 보이는 형태로 나타나셔서 계신 것을 보여주는 것이다. 오늘 신약 시대 사람들은 보이지 않으시는 하나님께서 보이는 형태로 나타나신 예수 그리스도의 이름을 믿고 여호와 하나님께 기도하면 살 길이 열리는 것이다. 그런 점에서 구약의 성전은 예수 그리스도의 예표이다.

"내 눈과 내 마음이 항상 여기에 있으리라"는 말씀은 '하나님의 눈과 하나님의 마음이 항상 예루살렘 성전에서 떼지 않으리라'는 말씀이다. 예루살렘 성전 안에서 기도하거나 혹은 예루살렘 성전을 향하여 기도하는 것은 결코 헛되지 않다는 말씀이다. 우리가 예수님의 이름을 의지하고 기도하는 일은 반드시 이루어진다는 것을 알 수 있다.

대하 7:17-18. 네가 만일 내 앞에서 행하기를 네 아버지 다윗이 행한 것과 같이 하여 내가 네게 명령한 모든 것을 행하여 내 율례와 법규를 지키면 내가 네 나라 왕위를 견고하게 하되 전에 내가 네 아버지 다윗과 언약하기를 이스라엘을 다스릴 자가 네게서 끊어지지 아니하리라 한 대로 하리라.

17절과 18절은 솔로몬과 이스라엘 백성들이 다윗이 행한 것과 같이 여호와의 모든 것을 행하여 여호와의 율례와 법규를 지키면(이상 17절) 여호와께서 솔로몬의 왕위를 튼튼하게 하되 여호와께서 다윗에게 언약하신 대로 이스라엘을 다스릴 자가 끊어지지 아니하고 계속되게 해주시겠다고 하신다 (이상 18절).

다윗은 여호와 신앙의 표본이었음을 17절에서 말한다(왕상 3:14; 11:4; 14:8). "율례와 법규"란 말은 본 절에서 동의어로 사용되었다. 두 낱말은 율법을 지칭한다(대상 28:7 주 참조).

대하 7:19. 그러나 너희가 만일 돌아서서 내가 너희 앞에 둔 내 율례와 명령을 버리고 가서 다른 신들을 섬겨 그들을 경배하면.

본 절의 "그러나"라는 말은 무서운 말이다. 앞의 두 절(17절,18절)과 달리 행동하면 비참한 결과가 나타날 것이란 것을 뜻한다. 본 절은 20절,21절,22절의 서론으로 '솔로몬을 포함하여 이스라엘 백성들이 만일 돌아서서 여호와께서 솔로몬과 백성들 앞에 둔 율법을 버리고 가서 다른 우상을 섬겨 그들을 경배하는 경우' 20절,21절,22절에서 지적하는 바와 같이 이스라엘 민족에게 비참한 일들이 생길 것이란 경고가 나온다.

대하 7:20. 내가 너희에게 준 땅에서 그 뿌리를 뽑아내고 내 이름을 위하여 거룩하게 한 이 성전을 내 앞에서 버려 모든 민족 중에 속담거리와 이야깃거리가 되게 하리니.

본 절은 이스라엘 민족이 다른 나라로 포로 되어 갈 것이고, 여호와의 이름을 위하여 거룩하게 구별한 이 성전이라도 여호와께서 버리시겠다고 하신다. 그래서 타민족 중에서 이스라엘 민족과 예루살렘 성전이 우스갯거리가 되게 하시겠다고 하신다. 다시 말해 소금이 그 맛을 잃으면 밖에 버려져 사람들에게 밟히는 신세가 되는 것과 같이 그렇게 된다는 것이다.

대하 7:21-22. 이 성전이 비록 높을지라도 그리로 지나가는 자마다 놀라 이르되 여호와께서 무슨 까닭으로 이 땅과 이 성전에 이같이 행하셨는고 하면 대답하기를 그들이 자기 조상들을 애굽 땅에서 인도하여 내신 자기 하나님 여호와를 버리고 다른 신들에게 붙잡혀서 그것들을 경배하여 섬기므로 여호와께서 이 모든 재앙을 그들에게 내리셨다 하리라 하셨더라.

21 절과 22절은 앞 절(20절)에 진술되어 있는바 버림을 당한 예루살렘 성전이 왜 버림을 당해야 했는지 더 자세히 진술한다. 버림을 당해야 한 이유는 "그들이 자기 조상들을 애굽 땅에서 인도하여 내신 자기 하나님 여호와를 버리고 다른 신들에게 붙잡혀서 그것들을 경배하여 섬기므로 여호와께서 이 모든 재앙을 그들에게 내리셨다"고 하리라는 것이다. 이방사람들도 우상을 섬기지만 그들은 이스라엘 민족이 우상에 붙잡혀서 섬긴 것을 아주 비웃어 말하기를 이스라엘 민족이 여호와를 버리고 다른 신들을 섬기는 것에 매료되어서 우상을 섬김으로 예루살렘 성전이 이 모양이 되었다고 서로 이야기 할 것이라는 것이다. 하나님을 버린다는 것은 무서운 결과를 가져오는 것이다.

제 8 장

C. 솔로몬의 이름이 드러나다 8-9장(왕상 9-10장)

이 부분(9-10장)은 후람이 솔로몬에게 되돌려준 성읍들을 건축한 일(8:1-2), 솔로몬이 성읍들을 건축한 일(8:3-6), 이방인의 노무자를 징발한 일(8:7-10), 바로의 딸이 다윗 성에서 살 수 없게 한일(8:11), 낭실 앞에 쌓은 여호와의 제단 위에서 번제를 드린 일(8:12-13), 각 직분 자들이 다윗의 규례를 따라 섬긴 일(8:14-15), 성전 공사를 결점 없이 끝낸 일(8:16), 후람의 종들이 솔로몬에게 금을 가져온 일(8:17-18), 스바 여왕이 내방한 일(9:1-12), 솔로몬의 부귀영화(9:13-28), 솔로몬이 죽은 일(9:29-31)이 진술한다.

1. 후람이 솔로몬에게 되돌려준 성읍들을 건축하다 8:1-2

솔로몬이 성전과 왕궁을 건축한 후 후람이 솔로몬에게 되돌려준 성읍들을 건축한다.

대하 8:1. 솔로몬이 여호와의 전과 자기의 궁궐을 이십 년 동안에 건축하기를 마치고.

솔로몬이 여호와의 성전과 자기의 궁궐을 20년 동안에 건축하기를 마쳤다(왕상 6:38-7:1). 모든 건축은 솔로몬 통치 4년(B.C. 966) 경에 시작하여 B.C. 946년경에 종료되었다.

대하 8:2. 후람이 솔로몬에게 되돌려 준 성읍들을 솔로몬이 건축하여 이스라엘 자손으로 하여금 거기에 거주하게 하니라.

곧 이어 솔로몬은 후람 왕에게서 되돌려 받은 성읍들을 개축하여 거기에 이스라엘 자손들로 하여금 살게 하였다. 두로 왕 후람이 솔로몬의 성전과 궁궐 건축에 큰 지원(백향목, 금 은 등 재료와 기술자들)을 보내주었다. 솔로몬은 그에게 갈릴리 지방의 가까운 북방의 성읍 20개를 후람에게 주었다(왕상 9:11). 그런데 후람은 솔로몬으로부터 선물로 받은 성읍들을 솔로몬에게 되돌려주었다. 이유는 후람이 보기에 "가볼"(황폐한 땅)이었기 때문이었다(왕상 9:11-14; 삼하 24:7; 왕하 15:29). 후람이 이렇게 솔로몬에게 되돌려준 성읍들을 솔로몬이 재건하여 이스라엘 자손으로 하여금 거하게 했다.

2. 솔로몬이 성읍들을 건축하다 8:3-6

이 부분(3-6절)도 역시 솔로몬이 여호와의 성전을 건축한 뒤에 하나님으로부터 받은 복으로 외국 성읍들을 점령하여 건축한 것을 기록한 것이다.

대하 8:3. 솔로몬이 가서 하맛소바를 쳐서 점령하고.

솔로몬은 또 하맛소바로 가서 그 성읍을 점령하였다. 여기 "하맛소바"는 솔로몬이 점령한 성읍으로 다드몰 부근에 있었다(8:4). 이 "하맛소바"는 소바 왕국에 접해 있는 하맛 왕국이었다. "하맛"(Hamath)은 아람 사람들의 왕국으로 다윗 때에 이스라엘과 동맹을 맺은 이래 계속 조공을 바쳐 왔다(삼하 8:9-12). 그리고 "소바"(Zobah)는 다메섹의 동북 방향, 하맛의 남쪽에 위치한 수리아 사람들의 왕국인데(대상 18:3), 여기서 두 지역을 '하맛소바'라는 한 이름으로 부르게 된 것은 에스라 시대 때에 이 지역이 페르시아 제국에 의해 하나로 합쳐졌기 때문이다(Expositor's Bible Commentary). 그런데 솔로몬이 하맛을 친 것은 그들이 이제까지 바쳤던 공물을 거부하고 반역을 꾀하였기 때문일 것이다(K.&D.).

대하 8:4. 또 광야에서 다드몰을 건축하고 하맛에서 모든 국고성들을 건축하고.

솔로몬 왕은 또 광야에 다드몰을 건축하고, 모든 양곡 저장 성읍들을 하맛에다가 건축하였다. 여기 “광야”란 오론테스 강과 유브라데 강 중간의 ‘수리아 광야’로 다드몰은 그 광야 안에 있었다(Barker). 그리고 “다드몰”은 다메섹과 유브라데 강 상류의 중간 지역에 위치한 요충지였다. 그리고 “하맛”은 이스라엘의 최북단의 성읍이었고(7:8), “국고성들”은 그 인근의 조공을 수집하여 저장하고, 또 국경 수비대에 지급하는 역할을 담당하는 성읍이었다(이상근).

대하 8:5. 또 윗 벧호론과 아랫 벧호론을 건축하되 성벽과 문과 문빗장이 있게 하여 견고한 성읍으로 만들고.

또 윗 벧호론과 아래 벧호론에 성벽을 쌓고 문들을 만들어 달고 문빗장을 질러 두 도시들을 요새 성읍들로 만들었다. 왕상 9:17에는 “솔로몬이 게셀과 아래 벧호론을 건축했다”고 진술한다. “벧호론”은 ‘호론 신의 집’이라는 뜻이고, 유대의 세벨라(평지)에 있던 두 성읍 이름인데, 상호 3㎞을 상거하고 있으며, 180m의 낙차가 있어 상·하의 형용에 의해 구별되었다(대상 7:24). 벧호론은 예루살렘 북방 18km 지점에 위치해 있는데, 계곡을 두고 서로 나누어져 동편을 “윗 벧호론”[345], 서편을 “아랫 벧호론”[346]이라고 한다. 솔로몬은 이 두 곳을 수축하여 요새화했다.

대하 8:6. 또 바알랏과 자기에게 있는 모든 국고성들과 모든 병거성들과 마병의 성들을 건축하고 솔로몬이 또 예루살렘과 레바논과 그가 다스리는 온 땅에 건축하고자 하던 것을 다 건축하니라.

또 솔로몬은 자기에게 속한 바알랏[347](‘여주인들’이라는 뜻)과 왕실의

---

345) 위 벧호론(수 16:5; 21:22; 대하 8:5)은 오늘날의 베잇 우르 엘 포가(Beit'Ur el-Foqa)와 동일시된다. 이 아래 벧호론에서 윗 벧호론에 올라가는 비탈은 벧호론의 ‘올라가는 비탈’(수 10:10), 그것을 반대 입장에서는 벧호론의 ‘내려가는 비탈’이라고 불렀다(수 10:11).

346) 아랫 벧호론(수 16:3; 18:13; 왕상 9:17; 대하 8:5)은 오늘날의 베잇 우르에 다흐다(Beit'Ur et-Tah-ta)와 동일시된다.

347) “바알랏”: 단 지파의 성읍인데(수 19:44), 솔로몬은 이 요해를 견고히 하였다(왕상 9:18; 대하 8:6). 바알라 산의 바로 남쪽에 있는 가드라(Qatra)와 동일시된다.

양곡 저장 성읍들(창 41:35; 출 1:11; 대하 17:12)과 병거 주둔 성읍들과 군마 주둔 성읍들(왕상 4:26)을 세웠다. 솔로몬에게는 당시에 병거가 1,400승, 마병이 12,000명이나 되었으므로(1:14) 병거 주둔성읍들과 군마 주둔성읍들을 여러 곳에 가지고 있었을 것이다. 그래서 솔로몬은 예루살렘과 레바논과 그의 전 영토에 그가 계획한 모든 것을 다 만들었다.

3. 이방인들 중에서 일꾼들을 모으다 8:7-10(왕상 9:20-21)

솔로몬은 자기가 하고자 하는 건축 사업을 다 이루기 위해서는 많은 일꾼들이 필요했는데, 그 일꾼들을 주로 가나안 원주민들 중에서 충당해서 사용했다.

대하 8:7-8. 이스라엘이 아닌 헷 족속과 아모리 족속과 브리스 족속과 히위 족속과 여부스 족속의 남아 있는 자 곧 이스라엘 자손이 다 멸하지 않았으므로 그 땅에 남아 있는 그들의 자손들을 솔로몬이 역군으로 삼아 오늘에 이르렀으되.

8절에 기록된 다섯 민족(헷 족속[348], 아모리 족속[349], 브리스 족속[350], 히위 족속[351], 여부스 족속[352])은 이스라엘 자손이 다 멸하지 못한 민족이었

---

348) "헷족속": 헷 사람은 가나안의 선주민의 일반적 명칭으로서 기록되고(창 27:46; 28:15), 팔레스틴 남부에도 살고 있었다(창 23:3-; 25:10; 49:32).

349) "아모리 족속": 구약에 있어서 실제로는 가나안 사람과 동의어로서 사용되고 있다(창 14:7,13,15:16; 48:22; 신 3:8,9; 4:47; 20:17; 삿 6:10; 삼상 7:14; 왕상 21:26; 왕하 21:11등). 또한 해변 지방 및 평원에 사는 가나안 사람과 구별하는 때에는 '산지에 거하는 아모리 족속'(신 1:44; 민 13:29; 신 1:19-), 또는 팔레스틴 주민과 구별하여 시혼의 지배하에 있던 요단강 동의 사람들을 가리켜 씌어졌다(민 21장; 신1:4; 4:46; 왕상 4:19; 시135:11;136:19).

350) "브리스 족속": 가나안 선주민 중의 중요한 일 분파(창 13:7; 34:30; 삿 1:4,5). 이스라엘이 추방한 민족에 기록되어 있다(창 15:20; 출 3:8,17; 23:23; 신 20:17; 수 11:3; 삿 3:5; 왕상 9:20; 스 9:1).

351) "히위 족속": 가나안의 아들이다(창 10:17; 대상 1:15). 그들은 세겜 등 중앙 팔레스틴에 거주하고 있었는데(수 9:1), 호리 사람(후리사람)과 혈족관계가 있었든지 어떤 경우에는 그것과 동일시할 수도 있다는 설이 있다. 솔로몬 시대에는 대규모의 시설사업 위해, 팔레스틴 거주의 히위 사람 및 타민족을 강제적으로 노역에 종사하게 했다(왕상 9:20-22).

352) "여부스 족속": 여부스 족속은 다윗이 예루살렘을 정복하기까지 이 성읍의 지배자였다. 여부스라는 지명은 사사기 19:10에 '곧 예루살렘'이라고 주석을 달아 쓰였고, 역대상 11:4에는

다. 여기에 기르가스 민족[353]과 가나안 족속을 더 하면 가나안 7족이 되는 것이다(창 15:20-21; 신 7:1; 삼상 5:6). 솔로몬이 남아있는 가나안 원주민을 일꾼으로 삼아서 일을 시켰다.

대하 8:9. 오직 이스라엘 자손은 솔로몬이 노예로 삼아 일을 시키지 아니하였으니 그들은 군사와 지휘관의 우두머리들과 그의 병거와 마병의 지휘관들이 됨이라.

솔로몬은 가나안 원주민 중에 남아 있는 사람을 일꾼으로 삼았지만 이스라엘 족속은 노예로 삼아 일을 시키지 않았는데, 그 이유는 이스라엘 민족은 어느 방면에서든지 지휘관이 되었거나 우두머리가 되었기 때문이었다. 이스라엘 민족을 노예나 노무자로 삼지 말라는 것은 율법이 정한 바였다(레 25:39-43).

대하 8:10. 솔로몬 왕의 공장을 감독하는 자들이 이백오십 명이라 그들이 백성을 다스렸더라.

솔로몬 왕의 공장(물품을 만드는 일을 전문으로 하는 사람)을 지휘한 관리 책임자들은 250명이었다. 그들은 백성을 감독하는 권한을 가진 사람들이었다. 왕상 9:23에는 "감독하는 두목이 550인"이라고 기록되어 있다. 이런 차이는 감독하는 자들의 분류를 따른 차이이다. 역사의 하급 감독관이 3,600명이었고(2:2), 그 위의 상급 감독관이 550명, 또 그 위의 감독관이 250명, 최고 감독관은 아도니람이었다(왕상 5:14).

예루살렘은 "곧 여부스에 이르니 여부스 토인이 거기 거하였더라"라고 설명되어 있다. 이것들로부터 다음과 같은 사정이 분명해질 것이다. 즉, 여부스는 예루살렘 본래의 이름이 아니고, 이 성읍을 전에 지배하고 있던 사람들의 명칭에서 따온 이름이다.

353) "기르가스 족속": 가나안 선주민의 하나(창 10:16; 15:21; 신 7:1; 수 3:10; 24:11; 대상 1:14; 느 9:8). 그들은 여리고 시민과 협력하여 이스라엘 백성에 대항했다. 요단강서의 여리고 부근의 한 지역에 살고 있던 백성으로 여겨진다.

4. 솔로몬이 바로의 딸을 다윗성에 머물지 못하게 하다 8:11

대하 8:11. 솔로몬이 바로의 딸을 데리고 다윗 성에서부터 그를 위하여 건축한 왕궁에 이르러 이르되 내 아내가 이스라엘 왕 다윗의 왕궁에 살지 못하리니 이는 여호와의 궤가 이른 곳은 다 거룩함이니라 하였더라.

솔로몬은 바로의 딸과 정략결혼을 하고 그녀를 다윗 성에 두어 그의 궁이 완성되기까지 기다리게 했다(왕상 3:1). 이제는 그녀를 위한 궁이 완성되었으므로 다윗 성에서 데려다가 왕비의 궁에서 살게 하였다. 솔로몬은 이스라엘 왕 다윗의 궁이 주의 법궤를 모신 거룩한 곳이므로 그녀의 궁이 다윗의 궁에 가까이 있으므로 이방인 아내가 거기에서 살아서는 안 된다고 말했다. 본서 저자 에스라는 이방인 여자가 거기에서 살아서는 안 된다고 생각했다. 다분히 종교적인 사고방식이었다.

5. 낭실 앞에 쌓은 여호와의 제단 위에서 번제를 드린 일 8:12-13

왕상 9:25의 묘사보다 이 부분(12-13절)에서는 제단의 번제에 대하여 더 자세히 진술하고 있다.

대하 8:12. 솔로몬이 낭실 앞에 쌓은 여호와의 제단 위에 여호와께 번제를 드리되.

그 때에(then) 솔로몬은, 자기가 성전 전면의 낭실(현관) 앞에 세운 주의 제단에서 여호와께 번제(헌신제)를 드렸다. 솔로몬이 성전을 건축하기 이전에는 기브온 산당에서 제사를 드렸으나(1:3-6), 이제는 성전의 번제[354] 단에서 제사를 드렸다.

대하 8:13. 모세의 명령을 따라 매일의 일과대로 안식일과 초하루와 정한

---

354) "번제": 희생제물로서의 동물을 제단 위에서 제단의 거룩한 불로 태워, 희생제물 전부가 연기로서 하늘에 올라감으로써, 예배자의 심혼이 하나님께 바쳐짐을 상징하는 가장 중요한 제사방법의 하나.

절기 곧 일 년의 세 절기 무교절과 칠칠절과 초막절에 드렸더라.

솔로몬은 모세의 명령대로 매일 드리는 제사 외에도 안식일과 매월 초하루(안식일과 월삭에도 번제를 드렸다)와 또 연례적으로 지키는 세 명절, 곧 누룩을 넣지 않은 빵을 먹는 무교절[355](4월 말경의 봄의 절기, 포로기 이후에는 바벨론 명인 니산월 15일부터 21일까지 7일간 지켰다)과 오순절이라고도 부르는 칠칠절[356](맥추절)과 그리고 초막절[357](수장절)에도 번제를 드렸다.

6. 각 직분 자들이 다윗의 규례를 따라 섬기게 한 일(8:14-15)

솔로몬은 각 직분 자들이 다윗의 규례를 따라 섬기게 했다.

대하 8:14. 솔로몬이 또 그의 아버지 다윗의 규례를 따라 제사장들의 반열을 정하여 섬기게 하고 레위 사람들에게도 그 직분을 맡겨 매일의 일과대로 찬송하며 제사장들 앞에서 수종들게 하며 또 문지기들에게 그 반열을 따라 각 문을 지키게 하였으니 이는 하나님의 사람 다윗이 전에 이렇게 명령하였음이라.

솔로몬은 또 자기의 아버지 다윗이 정한 법을 좇아, 제사장들을 반열 따라 차례대로 봉사하게 하였고, 레위 사람에게도 직책을 맡겨서 날마다 찬송하는 일과 제사장들을 보좌하는 일을 시켰다. 그는 또 문지기들을 반열 따라 여러 문을 지키게 하였다. 하나님의 사람 다윗이 명령한 그대로였다.

---

355) "무교절": 누룩 넣지 않은 떡의 절기로도 불린다(출 23:15). 히브리 명 니산월(正月-가나안曆의아빕월, 태양력 3-4月)의 15-21일의 1주간을 지키는 축절, 즉 유월절 다음날부터 7일 동안, 누룩 없는 빵을 구워 먹으며, 지키는 절기이다(출 12:17; 23:15; 34:18; 레 23:6; 신 16:16; 대하8:13; 30:13,21; 35:17; 스 6:22).

356) "칠칠절": 유대인의 3대 절기의 하나로, 유월절에서 7주째 즉 제 50일째에 지킨 밀 거둔 첫 이삭(열매)을 드린 절기(신 16:9-12)였다. 따라서 '초실절' '맥추의 초실절'(출 34:22), 또는 '맥추절'(출 23:16)로도 불린다

357) "초막절": 유월절(무교절)과 칠칠절(오순절, 맥추절, 초실절)과 함께 이스라엘 백성(히브리인)의 3대 축절의 하나. 최대의 축제(슥 14:16,18). "수장절"이라고도 부른다(Feast of in-gathering, 출 23:16; 34:22). 새 번역의 요 7:2에는 '장막절'이라고도 번역하고 있다. 이 절기에 관한 규정은, 레 23:34-43; 민 29:12-40에 자세히 기록되어있다.

본 절의 "다윗의 규례"란 다윗이 제정한바 제사장(대상 24장)과 레위인 찬양대(대상 25장)와 문지기(대상 26장)의 24반열을 지칭한다. 그 반열을 따라 이들이 성전에서 하나님 앞에 섬기게 한 것이다. 그리고 본 절의 "하나님의 사람 다윗"이란 말은 구약에서 모세를 위시하여(신 33:1) 사무엘(삼상 9:8), 엘리야(왕상 17:18), 엘리사(왕하 4:7) 등에게 적용된 명칭이었다. 신약에는 목회서신에 두 번 나타난다(딤전 6:11; 딤후 3:17).

대하 8:15. 제사장들과 레위 사람들이 국고 일에든지 무슨 일에든지 왕이 명령한 바를 전혀 어기지 아니하였더라.

이와 같이 솔로몬은 제사장들과 레위인들에게 업무를 맡기는 일이나 국고에 관한 일(성물을 간직한 성전의 곳간에 관한 일)이나 무슨 일에든지 다윗이 지시한 것에서 조금도 벗어나지 않았다. 신정 체제에서는 왕의 권위는 절대적이었다.

7. 성전 공사를 결점 없이 끝낸 일 8:16

대하 8:16. 솔로몬이 여호와의 전의 기초를 쌓던 날부터 준공하기까지 모든 것을 완비하였으므로 여호와의 전 공사가 결점 없이 끝나니라.

이 날로 주의 성전 기초를 쌓던 날(오르난의 타작마당에 그 지대를 놓던 날)부터 시작하여 그 공사가 완성되기까지 솔로몬의 모든 건축 공사가 잘 진행되었으니 여호와의 온 성전이 비로소 완공되었다.

8. 후람의 종들이 솔로몬에게 금을 가져온 일 8:17-18

성전 건축에 충성한 솔로몬에게 하나님께서는 후람의 도움을 받게 하셔서 금을 얻게 하신다. 왕상 9:26-28과 병행한다.

대하 8:17. 그 때에 솔로몬이 에돔 땅의 바닷가 에시온게벨과 엘롯에

이르렀더니.

그 때에(then) 솔로몬이 에돔 땅의 성읍인 에시온게벨 항구와 엘롯 항구로 가게 되었다는 것이다. "에돔 땅의 바닷가"는 '홍해 물가'를 지칭한다(왕상 9:26). "에시온게벨"은 아카바 만두(灣頭)의 에돔에 속한 성읍이다. 이스라엘 백성은 이 부근에서 숙영한 일이 있었다(민 33:35,36; 신 2:8). 솔로몬은 이곳을 항구로 하여 동방 제국과의 통상의 문호로 삼았다(왕상 9:26; 대하 8:17). 그 후 한 때 황폐화하였으나 요사밧이 이를 부흥시키고 해상 통상의 기지로 삼았다. "엘롯"은 아카바 만에 솔로몬이 건설한 해항이다. 에시온게벨의 새이름 엘랏과 동일지이다(대하 8:17). 에시온게벨과 엘롯은 아카바 만두에 나란히 서 있는 항구도시였다. 이곳은 사해 남단에서 약 160km의 거리이다. 솔로몬은 이곳에서 배들을 지었다(왕상 9:26).

대하 8:18. 후람이 그의 신복들에게 부탁하여 배와 바닷길을 아는 종들을 보내매 그들이 솔로몬의 종들과 함께 오빌에 이르러 거기서 금 사백오십 달란트를 얻어 솔로몬 왕에게로 가져왔더라.

솔로몬이 에돔 땅의 바닷가 에시온게벨과 엘롯에 이르자(앞 절) 후람이 신하들을 시켜서 솔로몬에게 상선(商船)들을 보내고, 바다에 노련한 부하들도 보냈다. 그들은 솔로몬의 부하들과 함께 오빌(금의 명산지, 대상 29:4; 욥 22:24; 28:16)로 가서 거기에서 금 450달란트(약 15톤)를 실어다가 솔로몬에게 바쳤다. 솔로몬에게는 엄청난 부가 찾아왔다(롬 8:32).

제 9 장

9. 스바 여왕이 내방한 일을 드러내다 9:1-12(왕상 10:1-13)

스바 여왕이 큰 부(富)를 솔로몬에게 가져온다. 하나님을 사랑하는 사람에게 다른 것들이 주어진다는 큰 실례이다.

대하 9:1. 스바 여왕이 솔로몬의 명성을 듣고 와서 어려운 질문으로 솔로몬을 시험하고자 하여 예루살렘에 이르니 매우 많은 시종들을 거느리고 향품과 많은 금과 보석을 낙타에 실었더라 그가 솔로몬에게 나아와 자기 마음에 있는 것을 다 말하매.

스바 여왕이 솔로몬의 명성을 듣고 여러 가지 어려운 질문으로 그를 시험해 보려고 예루살렘으로 그를 찾아왔다. 그는 많은 수행원을 데리고, 또 여러 가지 향료와 많은 금과 보석들을 낙타에 싣고 왔다. 그는 솔로몬에게 이르자 마음속에 품고 있는 온갖 것들을 다 물어 보았다.

"스바"라는 곳이 어디인가를 두고 견해가 갈린다. 1) 아프리카 중앙 동부, 애굽과 수단의 남방이고, 나일강의 상류지방이며, 아라비아의 스바에서 홍해 건너편인 "이디오피아"(Ethiopia)라는 견해(Josephus, 이상근). 2) 아라비아 반도의 서남쪽, 현재의 사베안(Sabaeans) 왕국을 지칭한다는 견해(K&D, Harmond, Barker, 박윤선). 이 지방의 개척자는 욕산의 아들 "스바"였다(창 25:3; 욥 1:15; 6:19). 둘째 번 견해를 취해둔다. 김수홍 목사의 왕상 10:1주해 참조. 스바의 여왕이 솔로몬의 명성을 듣고, 여러 가지 어려운 질문을 가지고 그를 시험하여 보려고, 예루살렘으로 그를 찾아왔다. 그는 많은 수행원을 데리고, 또 여러 가지 향료와 많은 금과 보석들을 낙타(옛날의 유명한 교통수단)에 싣고 그가 솔로몬에게 이르자, 마음속에 품고 있는 온갖 것들을 다

물어 보았다. 하나님은 솔로몬을 위하여 다른 나라의 왕까지도 동원하셔서 부를 더해 주셨다.

대하 9:2. 솔로몬이 그가 묻는 말에 다 대답하였으니 솔로몬이 몰라서 대답하지 못한 것이 없었더라.

솔로몬이 스바 여왕의 질문에 대답하지 못한 것이 없었다. 이는 솔로몬이 하나님에게 지혜를 구한 결과였다(1:12; 왕상 3:5-14). 우리는 세상 것을 구하기보다는 하나님의 지혜를 구해야 할 것이다.

대하 9:3. 스바 여왕이 솔로몬의 지혜와 그가 건축한 궁과.

본 절과 다음 절(4절)은 스바 여왕이 솔로몬을 찾아와서 무엇을 보았는지를 진술한다. 먼저 솔로몬의 지혜가 비상한 것을 알게 되었다. 그리고 솔로몬이 건축한 왕궁의 장대함과 화려함을 보게 되었다.

대하 9:4. 그의 상의 음식물과 그의 신하들의 좌석과 그의 신하들이 도열한 것과 그들의 공복과 술 관원들과 그들의 공복과 여호와의 전에 올라가는 층계를 보고 정신이 황홀하여.

다음으로 스바 여왕은 솔로몬 왕이 먹는 풍성한 요리 종류를 보고 놀랐다. 왕의 하루의 식물은 밀가루 90석, 소 30마리, 양 100마리, 그 외 수사슴, 노루, 새 등이었다(왕상 4:22-23). 다음으로 또 신하들이 둘러앉은 모습과 그의 관리들이 일하는 모습과 그들이 입은 제복과 술잔을 받들어 올리는 시종들과 또 솔로몬이 제물을 드리기 위하여 성전 입구를 통하여 들어가는 계단이 특별계단으로서 매우 예술적으로 꾸며졌기 때문에 그것을 보고 넋을 잃었다.

대하 9:5. 왕께 말하되 내가 내 나라에서 당신의 행위와 당신의 지혜에 대하여 들은 소문이 진실하도다.

스바 여왕은 여러 가지를 보면서 놀라 솔로몬 왕께 말하기를 "내가 내 나라에서 당신의 업적과 당신의 지혜에 대하여 들은 소문이 사실이라"고 말한다. 솔로몬에 대하여 스바 나라에까지 온 솔로몬의 여러 가지 업적들과 솔로몬의 놀라운 지혜에 대하여 소문을 들은바 있었는데 그것들이 모두 참이었다고 고백한다.

대하 9:6. 내가 그 말들을 믿지 아니하였더니 이제 와서 본즉 당신의 지혜가 크다 한 말이 그 절반도 못 되니 당신은 내가 들은 소문보다 더하도다.

스바 여왕은 자기의 본국에서 들은 바, 솔로몬이 이룩한 업적들과 지혜에 대한 소문을 믿을 수가 없었는데 이제 여기에 와서 실제로 본 것과 비교하니 절반도 채 되지 않으니 솔로몬 왕이 이루어놓은 업적과 지혜가 소문으로 들은 것보다 훨씬 더 하다고 고백한다.

대하 9:7. 복되도다 당신의 사람들이여, 복되도다 당신의 이 신하들이여, 항상 당신 앞에 서서 당신의 지혜를 들음이로다.

솔로몬 왕의 업적과 지혜를 들은 스바 여왕은 솔로몬 주위에서 매일 솔로몬을 보고 사는 사람들이 참으로 복된 것을 알려준다. 스바 여왕이 여기 "복되도다 당신의 사람들이여!"라는 말을 두 번 연거푸 한 것을 보면 참 진심에서 한 말이다. 여기 "복 되도다"(אַשְׁרֵי)란 말은 '행복하도다'란 뜻이다. '행복하다'는 말은 하나님의 은총을 받은 상태를 뜻하는 말인데 솔로몬 주위에서 솔로몬의 지혜를 듣는 것은 하나님께서 솔로몬에게 주신 지혜를 듣는 것이니 행복이 아닐 수 없었다. 솔로몬 주위의 사람들은 "항상" 솔로몬의 지혜를 듣고 사니 얼마나 행복한 사람들인지 모른다.

대하 9:8. 당신의 하나님 여호와를 송축할지로다 하나님이 당신을 기뻐하시고 그 자리에 올리사 당신의 하나님 여호와를 위하여 왕이 되게 하셨도다 당신의 하나님이 이스라엘을 사랑하사 영원히 견고하게 하시려고 당신을

세워 그들의 왕으로 삼아 정의와 공의를 행하게 하셨도다 하고.

스바 여왕은 솔로몬 주위의 사람들이 행복하다는 것을 알려주었고(앞절) 본 절에서는 솔로몬의 지혜를 들은 스바 여왕은 솔로몬의 하나님을 찬송하자고 권고한다. 하나님을 찬양해야 할 이유는 하나님께서 솔로몬을 기뻐하시고 왕의 위치에 올리셔서 왕이 되게 하신 것이니 찬양해야 한다는 것이다. 그리고 하나님께서 이스라엘을 사랑하셔서 영원히 견고하게 하시려고 솔로몬을 세워 이스라엘의 왕으로 삼아 정의와 공의를 행하게 하셨으니 하나님을 찬양해야 한다는 것이었다. 본문의 "정의"와 "공의"란 말은 동의어로 '바르게 행하는 것'을 뜻한다(시 22:31; 58:1).

대하 9:9. 이에 그가 금 백이십 달란트와 매우 많은 향품과 보석을 왕께 드렸으니 스바 여왕이 솔로몬 왕께 드린 향품 같은 것이 전에는 없었더라.

본 절 초두의 "이에"(then)란 말은 '그런 다음에'라는 뜻이다. 다시 말해 하나님을 찬양해야 한다고 말한 다음에 스바 여왕은 금 12달란트(약 4톤)와 매우 많은 향품과 보석을 솔로몬에게 건네주었다. 이런 많은 양의 금과 향품과 보석을 솔로몬 왕께 드린 사람은 전에는 없었다는 것이다(왕상 10:10). 당시 스바 나라의 부유함을 보여주는 것이기도 하지만 하나님께서 스바 여왕을 통하여 부(富)를 주신 것을 보여주는 것이었다.

대하 9:10. (후람의 신하들과 솔로몬의 신하들도 오빌에서 금을 실어 올 때에 백단목과 보석을 가져온지라.

본 절과 다음 절(11절)은 저자가 스바 여왕에 대해서 말하다가 중간에 후람의 신하들과 솔로몬의 신하들도 오빌에서 금을 실어왔고 또 백단목과 보석을 가져왔다는 것을 괄호 구에 넣어서 솔로몬에게 많이 들어 온 것을 말하려고 삽입한 것이다. 아무튼 솔로몬에게는 많은 부(富)가 몰려온다는 것을 드러내고 있다.

대하 9:11. 왕이 백단목으로 여호와의 전과 왕궁의 층대를 만들고 또 노래하는 자들을 위하여 수금과 비파를 만들었으니 이 같은 것들은 유다 땅에서 전에는 보지 못하였더라).

앞 절에 백단목[358])이 들어온 것이 어떻게 사용되었는지를 드러내고 있다. 즉, "여호와의 전과 왕궁의 층대를 만들었다"고 말한다. 그리고 또 "노래하는 자들(찬양대원들)을 위하여 수금과 비파를 만들었다"는 것을 드러낸다. 수금과 비파에 대해서는 대상 13:8 주해 참조. 이 백단목을 지금까지 보지 못했다는 말은 그 나무가 아주 희귀했다는 것을 뜻한다.

대하 9:12. 솔로몬 왕이 스바 여왕이 가져온 대로 답례하고 그 외에 또 그의 소원대로 구하는 것을 모두 주니 이에 그가 그의 신하들과 더불어 본국으로 돌아갔더라.

옛날의 왕들의 방문에는 선물 교환으로 시작하고 또 끝냈다. 솔로몬 왕은 스바 여왕에게 가져온 선물 못지않게 푸짐한 선물을 주었고 또 그녀가 요구하는 것은 무엇이든지 다 주었다. 그런 다음 스바 여왕과 그 수행원들은 자기 나라로 돌아갔다.

10. 솔로몬의 부귀영화 9:13-28(왕상 10:14-25)

솔로몬의 부귀영화는 이미 진술한 것만으로도 알아볼 수 있었으나 이 부분(13-28절)에서는 더욱 자세히 진술한다.

대하 9:13. 솔로몬의 세입금의 무게가 금 육백육십육 달란트요.

솔로몬 왕이 무역하는 사람들과 상인들에게서 거둬들이는 세금 외에도 매년 그에게 들어오는 금은 666달란트(약 23톤)나 되었다. 여기 "세입금"이란 각국에서 가져오는 조공과 각국 왕들이 주는 선물들이었을 것이다.

---

358) "백단목": 솔로몬 왕이 오빌에서 운반하여다가(왕상 10:11-12; 대하 9:10,11), 또는 레바논에서 보내오게 하여(대하 2:8), 성전 및 궁전의 계단, 악기의 재료로 사용한 나무의 이름.

대하 9:14. 그 외에 또 무역상과 객상들이 가져온 것이 있고 아라비아 왕들과 그 나라 방백들도 금과 은을 솔로몬에게 가져온지라.

그 밖에 관세 수입과 외국과의 무역에서 벌어들인 것이 있고, 아라비아의 왕들(솔로몬에게 조공을 바친 아라비아의 왕들)과 국내의 지방장관들이 솔로몬에게 보내오는 금과 은도 있었다. 이는 앞 절의 금 666달란트 외에 이런 자들이 바친 것이 또 있었다는 말이다.

대하 9:15. 솔로몬 왕이 쳐서 늘인 금으로 큰 방패 이백 개를 만들었으니 방패 하나에 든 금이 육백 세겔이며.

솔로몬 왕이 금을 두드려 펴서 입힌 큰 방패(전신을 가릴 수 있는 것으로 나무로 만들고, 가죽으로 입혔다)를 200개나 만들었는데, 방패 하나에 들어간 금만 해도 600세겔(6.85kg)이나 되었다. 200개이니까 1,370kg이나 되는 많은 금이었다. 이는 솔로몬의 부를 보여주는 것이었다.

대하 9:16. 또 쳐서 늘인 금으로 작은 방패 삼백 개를 만들었으니 방패 하나에 든 금이 삼백 세겔이라 왕이 이것들을 레바논 나무 궁에 두었더라.

솔로몬이 또 금을 두드려 펴서 입힌 작은 방패(가슴만 가리는 휴대용 방패)를 300개를 만들었는데, 그 방패 하나에 들어간 금은 300 세겔(1.7kg)이었다. 왕은 이 방패들을 레바논 수풀 궁(레바논의 백향목으로 지었기 때문에 그렇게 불리었다)에 두었다.

대하 9:17. 왕이 또 상아로 큰 보좌를 만들고 순금으로 입혔으니.

본 절부터 19절까지 진술한 것은 솔로몬의 상아 보좌로 그가 재판할 때 앉았던 것으로 보인다(왕상 7:7). 솔로몬은 또 상아로 큰 보좌를 만들고, 겉에 순금을 입혔다. "상아"는 고금을 통하여 귀중품으로 알려져 있으며, 당시 유브라데강 상류 지방에서 다시스의 상고들을 통하여 수입해 왔다(21절). "상아로 큰 보좌를 만들고 순금으로 입혔다"는 말은 나무로 의자를 만들고 그 위에 상아와 정금으로 입히고, 장식한 것으로 이해된다.

대하 9:18 그 보좌에는 여섯 층계와 금 발판이 있어 보좌와 이어졌고 앉는 자리 양쪽에는 팔걸이가 있고 팔걸이 곁에는 사자가 하나씩 섰으며.

그 보좌로 오르는 층계는 여섯 계단이 있었으며, 보좌에 붙은 발 받침대는 금으로 만든 것이었다. 솔로몬의 보좌는 6층계의 높이였다. 그 보좌의 뒤에는 왕의 권위를 상징하는 둥근 아치형이 있고 앉는 자리 양쪽에는 팔걸이가 있고, 팔걸이 양 옆에는 사자 모양의 상이 하나씩 서 있었다. 사자 모양의 상이 서 있다는 말은 왕의 권위를 상징하는 것이었다(잠 30:30-31).

대하 9:19. 또 열두 사자가 있어 그 여섯 층계 양쪽에 섰으니 어떤 나라에도 이같이 만든 것이 없었더라.

또 12 개의 사자 형상이 여섯 개의 계단 양쪽에 서 있었다. 일찍이 어느 나라에서도 이렇게는 만들지 못하였다. 여기 "12개의 사자 상"은 '이스라엘 12지파'를 상징한다(출 19:6). 이 12개의 사자는 팔걸이 곁에 있는 두 사자와도 구별되고 그 크기며 모양도 차이가 있었을 것이다(이상근). 보좌의 여섯 층계에 좌우 12사자가 있었으니 매 층마다 좌우에 한 마리씩의 사자가 서 있었다는 뜻이다. 그 광경은 웅대하고 찬란하여 그 앞에 서게 되면 위압을 느꼈을 것이다. "어떤 나라에도 이같이 만든 것이 없었다"는 말은 적어도 그 때까지 이런 식의 보좌(규모, 형태, 화려함 등)가 어느 나라에도 없었다는 뜻이다(K.&D.).

대하 9:20. 솔로몬 왕이 마시는 그릇은 다 금이요 레바논 나무 궁의 그릇들도 다 순금이라 솔로몬의 시대에 은을 귀하게 여기지 아니함은.

솔로몬 왕이 마시는 데 쓰던 모든 그릇은 금으로 만들어졌고, 레바논 수풀 궁에 있는 그릇도 모두 순금으로 만든 것이었다. 솔로몬 시대에는, 은(銀)은 귀금속 축에도 들지 못했다. 솔로몬의 부귀영화가 대단했다는 것을 보여준다. 왕상 10:27에 의하면 "은을 돌같이" 여겼다고 진술한다.

대하 9:21. 왕의 배들이 후람의 종들과 함께 다시스로 다니며 그 배들이 삼 년에 일 차씩 다시스의 금과 은과 상아와 원숭이와 공작을 실어옴이더라.

본 절은 앞 절의 "은을 귀하게 여기지 않게 된" 현실적인 이유(yKi)를 설명하고 있다. 즉, 솔로몬 왕의 배들이 후람의 일꾼들을 태우고 다시스로 다니며 3년에 한 번씩 금(金)과 은(銀)과 상아(코끼리의 상악 앞니가 크게 발달한 것)와 원숭이와 공작새 들을 실어 왔기 때문이었다.

본 절의 다시스[359]의 배들(왕상 10:22; 22:48)이 오빌의 배들(8:17-18)과 동일한 것인지(K.&D.) 아니면 서로 다른 배들인지(Rawlinson, Hammond) 의문이 있다. 다른 배들로 보는 것이 합리적이다. 이유는 스웨즈 운하가 개통되기 전에 에시온게벨에서 멀리 아프리카 남단을 돌아서 스페인의 다시스까지 무역하는 것은 불가능했다고 보아야 할 것이다(이상근).

대하 9:22. 솔로몬 왕의 재산과 지혜가 천하의 모든 왕들보다 큰지라.

솔로몬왕은 세상의 그 어느 왕보다도 부유하고 지혜로웠다. 솔로몬 왕의 부귀영화(13-21절)를 설명하다가 본 절에 와서는 솔로몬의 재산과 지혜를 함께 언급하고 있는데 그것은 그가 하나님께 지혜를 구했기 때문에 하나님께서 솔로몬에게 덤으로 재산을 주셨다는 것을 드러내기 위함이다.

대하 9:23-24. 천하의 열왕이 하나님께서 솔로몬의 마음에 주신 지혜를 들으며 그의 얼굴을 보기 원하여 각기 예물을 가지고 왔으니 곧 은 그릇과 금 그릇과 의복과 갑옷과 향품과 말과 노새라 해마다 정한 수가 있었더라.

세상의 모든 왕들이 솔로몬을 찾아와서 하나님께서 솔로몬에게 주신

---

359) "다시스의 배": 솔로몬은 베니게(페니키아)왕 후람의 협력을 얻어 선대(船隊)를 조직하고, 홍해를 왕복하여 동방과의 교역을 했다(왕상 10:22-대하 9:21). 이것을 '다시스의 배'로 부른 것은 '정동(精銅) 선대(船隊)'(refinery fleet)의 뜻이다.

지혜에 대하여 들으며 솔로몬의 얼굴을 보기 원하여 각기 예물을 가지고 솔로몬에게 왔다는 것을 드러낸다. 그 예물은 여러 가지였다. "은 그릇, 금 그릇, 의복, 갑옷, 향품, 말, 노새"를 가지고 왔는데 그것도 한번만 가지고 온 것이 아니고 해마다 똑 같은 양의 물건들을 가지고 왔다. 그러니까 이 부분(23-24절)은 솔로몬의 재산과 지혜가 관련이 있다는 것을 드러내는 말이다. 솔로몬의 지혜는 기브온에서 하나님으로부터 받은 지혜였다(왕상 3:12-13). 하나님의 지혜가 먼저 오니 재산이 뒤따라온 것이다. 이는 예수님이 우리에게 임하시니 필요한 일용 양식이 오는 것과 같다(롬 8:32). 세상의 열 왕들이 해마다 "정한 수"를 바친 것은 조공을 바친 것을 뜻한다.

대하 9:25. 솔로몬의 병거 메는 말의 외양간은 사천이요 마병은 만 이천 명이라 병거성에도 두고 예루살렘 왕에게도 두었으며.

솔로몬의 병거(兵車, 왕상 10:26에 1,400대)를 끄는 말들을 매어 두는 마구간만 하더라도 4,000칸이나 되었다. 그리고 마병(馬兵)은 12,000명에 이르렀다. 솔로몬은 그들을 병거 주둔성(駐屯城)에도 두었고 왕이 있는 예루살렘에다가 나누어서 배치하였다. 본 절은 솔로몬의 어마어마한 군비를 말한다.

대하 9:26. 솔로몬이 유브라데 강에서부터 블레셋 땅과 애굽 지경까지의 모든 왕을 다스렸으며.

본 절은 솔로몬이 지배한 영역을 드러내고 있다. 솔로몬이 지배한 영역은 북쪽으로는 유브라데 강까지 뻗쳐 있었고 서편은 지중해안의 블레셋 땅, 그리고 남쪽은 애굽 지경까지의 모든 왕들을 다스렸다(7:8 주 참조). 이는 다윗이 정복한 땅을 솔로몬이 유지하면서 통치한 것으로 이스라엘의 황금기의 영역이었다(삼하 8:11; 왕상 4:20; 대상 18:11-13). 오늘 우리가 철저한 신앙으로 살면 우리 개인도 주위에 넓은 영향을 끼치며 살 수 있다는 것을 보여주며 또 국가적으로도 세상에 큰 영향을 끼치면서 살 수 있다는 것을 보여준다.

대하 9:27. 왕이 예루살렘에서 은을 돌 같이 흔하게 하고 백향목을 평지의 뽕나무 같이 많게 하였더라.

본 절 주해를 위해서는 1:15주해를 참조하라. 지혜를 구하여 살면 하나님께서 지혜도 주실 뿐 아니라 부도 풍부하게 주신다는 것을 보여준다.

대하 9:28. 솔로몬을 위하여 애굽과 각국에서 말들을 가져왔더라.

솔로몬은 군마를 애굽에서 뿐 아니라 모든 나라에서 수입해 들여왔다. 1:16-17 주해 참조. 솔로몬은 신 17:16-17의 율법을 정면으로 어기고 말았다. 사람은 초심을 잃기 쉽다는 것을 보여준다.

11. 솔로몬의 죽음에 대해 언급하다 9:29-31(왕상 11:41-43)

본서 저자 에스라는 솔로몬의 시종행적이 지상의 역사서에 남게 되었다는 것을 말하고 또 그의 죽음이 온 것을 말하며 그의 아들 르호보암이 대를 이은 것을 말한다.

대하 9:29. 이 외에 솔로몬의 시종 행적은 선지자 나단의 글과 실로 사람 아히야의 예언과 선견자 잇도의 묵시 책 곧 잇도가 느밧의 아들 여로보암에 대하여 쓴 책에 기록되지 아니하였느냐.

에스라가 본서에 쓴 것 말고 솔로몬의 나머지 행적은 처음부터 끝까지 선지자 나단[360]의 역사책과 실로 사람 아히야[361]의 예언서와 잇도[362]의

---

360) "나단": 다윗과 솔로몬 두 시대의 예언자였고 또 사가였다(삼하 7:1-17; 12:1; 왕상 1:11; 대상 29:29 주해 참조).

361) "아히야": 왕국의 분열과 여로보암의 등극과 죽음 등을 예언한 실로의 예언자였다(왕상 1:29; 14:2).

362) "잇도": 선견자로서 다음 책을 썼다. 여로보암에게 대하여 쓴 묵시책(대하 9:29, 이 책에는 솔로몬의 행적이 기록되어 있다), 르호보암의 행적 기록을 포함한 족보 책(대하 12:15), 아비야 왕의 행적을 쓴 주석 책(대하 13:22) 등이 있다.

묵시 책 곧 잇도가 느밧의 아들 여로보암에 대하여 쓴 책에 기록되어 있다고 말하고 있다. 왕상 11:41에는 "솔로몬의 실록에 기록되지 아니하였느냐"라고 했으나 본서에는 그 기록된 책들을 일일이 전하고 있다.

대하 9:30. 솔로몬이 예루살렘에서 온 이스라엘을 다스린 지 사십 년이라.

본 절은 솔로몬이 예루살렘에서 온 이스라엘을 다스린 지 사십 년이라는 것을 밝힌다. 솔로몬은 자기 부친 다윗처럼(대상 29:27) 40년을 통치한 것을 밝힌다. 그 연대는 B.C. 970-930년경이다. 사울과 다윗, 솔로몬의 통치연대는 각각 40년씩 120년이 된다. 그 연대는 B.C. 1060-930년경으로 보고 있다. 솔로몬의 죽음은 솔로몬의 나이 60세 정도로 본다. 그는 화려하게 또 부유하게는 살았으나 너무 힘들게 세상을 살았다. 부인이 총 1,000명이었으니 말이다.

대하 9:31. 솔로몬이 그의 조상들과 함께 자매 그의 아버지 다윗의 성에 장사되고 그의 아들 르호보암이 대신하여 왕이 되니라.

솔로몬이 그의 조상들과 함께 죽어서 그의 아버지 다윗의 성(예루살렘 성)에 묻혔다(대상 11:7). 그의 아들 르호보암('백성을 반성케 하다'는 뜻)이 그의 뒤를 이어 왕이 되었다. 르호보암은 암몬 사람 나아마가 솔로몬에게 낳은 아들이다(왕상 14:21,31; 대하 12:13; 마 1:7). 영명한 왕의 아들이었으나 소심한 자였다.

제 10 장

II. 유다 열왕의 역사 10-36장

역대기 저자 에스라는 솔로몬의 죽고, 솔로몬의 아들 르호보암이 즉위한 후 나라가 양분되자 북 왕국이 우상의 나라였기 때문에 북 왕국 사를 생략해 버리고 만다. 에스라는 남 왕국 왕들만 기술하여 후대에 물려준다. 에스라는 남 왕국의 르호보암 왕으로부터 시작하여 B.C. 586년 바벨론 포로 때까지의 왕들의 역사만 등장시킨다.

르호보암의 역사(10-12장), 아비야의 역사(13:1-22), 아사의 역사(14-16장), 여호사밧의 역사(17-20장), 여호람의 역사(21:1-20), 아하시야의 역사(22:1-9), 아달랴의 역사(22:10-12), 요아스의 역사(23-24장), 아마샤의 역사(25:1-28), 웃시야의 역사(26:1-23), 요담의 역사(27:1-9), 아하스의 역사(28:1-27), 히스기야의 역사(29-32장), 므낫세의 역사(33:1-20), 아몬의 역사(33:21-25), 요시야의 역사(34-35장), 여호아하스의 역사(36:1-4), 여호야김의 역사(36:5-8), 여호야긴의 역사(36:9-10), 시드기야의 역사와 유다의 최후(36:11-21), 성전 재건에 관해 고레스가 명령을 내린 일(36:22-23) 등을 기록한다.

A. 르호보암의 역사 10-12장(왕상 12:1-24; 14:12-14)

르호보암이 즉위하자 나라가 남북으로 분국 된 일(10장), 르호보암이 다스린 일(11-12장)이 진술된다.

1. 이스라엘이 나누어지다 10:1-19

솔로몬의 우상숭배로 하나님께서는 다음 세대에 가서 나라가 양분되리라고 하신대로 아들 르호보암이 즉위한 후(즉위한 일은 9:31에 진술되어 있다) 하나님께서는 나라를 둘로 나누신다. 먼저 북쪽의 10지파는 르호보암에게 국민들의 부담을 가볍게 해줄 것을 요구한다(1-5절). 르호보암은 국민들의 요구를 거부한다(6-15절). 결국 북쪽 10지파는 여로보암을 왕으로 옹립하여 나라가 둘로 나누어진다(16-19절).

ㄱ. 백성들이 르호보암에게 세금 경감을 요구하다 1:1-5

대하 10:1. 르호보암이 세겜으로 갔으니 이는 온 이스라엘이 그를 왕으로 삼고자 하여 세겜에 이르렀음이더라.

모든 이스라엘 사람들(유다 지파와 베냐민 지파를 제외한 10지파 사람들)이 르호보암[363])을 왕으로 즉위시키기 위해 세겜[364])으로 가면서 르호보암을 세겜으로 모셔 갔다. 그들은 아마도 두 마음이었을 것이다. 하나는 솔로몬 왕이 아들 르호보암을 왕으로 세운 아들이었으니 왕으로 추대해야 한다는 생각과 또 다른 하나의 마음은 솔로몬 시대에 국민들의 부담이 컸으니 그 아들 대에는 부담을 줄여보자는 생각이었을 것이다. 그래서 세금을 덜어주지 않으면 북쪽 지파 사람들은 르호보암을 왕으로 추대하지 않고 다른 사람(2절의 여로보암)을 왕으로 삼으려는 계획을 가지고 있었다. 그는 결국 남 왕국의 초대 왕으로 등극하는 수밖에 없었다. 41세에 즉위하여 17년간 통치했다.

---

363) "르호보암": BC 931년 경 솔로몬 왕이 죽자 이스라엘 12지파의 대표자들은 법적 상속자인 그를 왕으로 추대하기 위해 세겜에 모였다. 유다와 북부, 동부 족속 간에는 여러 가지 원인(遠因)으로 질투와 냉담이 증대하고 있었다. 가까이는 솔로몬의 영화를 위한 중세(重稅) 때문에 고통을 당하였다. 그들은 이 기회를 포착하여 신왕에게 그들의 불만을 크게 하소연하였다. 그 대변자는 여로보암이었다. 그는 원래 솔로몬 왕의 신하로서 유능한 인물이며, 실로의 선지자 아히야가 10지파의 왕이 될 것을 예언한 그 인물이다(왕상 11:31). 르호보암은 3일간의 여유를 얻어 솔로몬의 고문이었던 노신(老臣)들에게 하문하였다. 그러나 그는 그들의 조언을 따르지 않고, 그와 함께 자란 젊은이들의 말을 듣고 백성들의 요구를 물리쳤을 뿐만 아니라, 이전보다도 더 무거운 세금을 포고하였다. 이것은 그의 기량을 잘 나타내고 있다. 그 결과는 즉시 나타났다. 10지파가 그에 대한 충성을 포기하고 각기 집으로 돌아갔다. 그리하여 다윗 왕가는 영원히 그들을 잃어버리고 말았다.

364) "세겜": 에발산과 그리심산 사이에 위치하고 있다(수 20:7). 이곳은 여로보암 왕의 수도였다(왕상 12:25).

12:13주해 참조.

대하 10:2. 느밧의 아들 여로보암이 전에 솔로몬 왕의 낯을 피하여 애굽으로 도망하여 있었더니 이 일을 듣고 여로보암이 애굽에서부터 돌아오매.

느밧[365]의 아들 여로보암이 솔로몬 왕의 정책을 비판하다가 피하여 애굽에서 망명 생활을 하고 있는 중에 온 이스라엘 백성들이 세겜에 모였다는 소식을 들었다. 그는 소식을 듣고 왕으로 추대 받으려고 애굽에서 돌아왔다. 그는 북 왕국의 왕으로 추대 받은 후 계속해서 우상을 숭배하는 사람으로서 북 왕국을 우상 숭배의 나라로 만들었다.

대하 10:3. 무리가 사람을 보내어 그를 불렀더라 여로보암과 온 이스라엘이 와서 르호보암에게 말하여 이르되.

무리가 사람을 보내어 여로보암을 애굽에서 불러다가 그를 앞세워 르호보암에게 가서 이렇게 말하였다. 무리가 그를 앞세운 것은 그가 벌써 북쪽 10지파의 대표가 되어 있었던 것을 증명한다.

대하 10:4. 왕의 아버지께서 우리의 멍에를 무겁게 하였으나 왕은 이제 왕의 아버지께서 우리에게 시킨 고역과 메운 무거운 멍에를 가볍게 하소서 그리하시면 우리가 왕을 섬기겠나이다.

'왕의 아버지께서는 우리에게 무거운 멍에(노역)를 메우셔서 우리가 아주 힘든 삶을 살아왔는데 이제 왕께서는, 왕의 아버지께서 우리에게 메우신 중노동과 그가 우리에게 지우신 이 무거운 세금을 가볍게 해주시면 우리가 임금님을 섬기겠다'고 홍정을 했다. 이 홍정이 곧장 통할 리는 없었다. 르호보암은 다음처럼 말을 했는데 이렇게 된 데는 하나님의 섭리가 있었다.

---

365) "느밧": "느밧의 아들 여로보암"이라는 성구로만 사용하는데, 북 이스라엘 제일의 왕 여로보암의 아비를 가리킨다(왕상 11:26; 12:2,15; 15:1; 16:3,26,31; 21:22; 22:52; 왕하 3:3,9:9 등).

대하 10:5. 르호보암이 그들에게 대답하되 삼 일 후에 다시 내게로 오라 하매 백성이 가니라.

르호보암이 그들에게 말하였다. '사흘 뒤에 나에게 다시 오라'고 하니 백성들은 이 말을 듣고 돌아갔다. 르호보암이 이렇게 삼일의 말미를 청한 것은 백성들에게 신중을 기한다는 것을 보여주기 위함이었고 또 다른 편으로는 그의 신하들의 자문을 구하기 위함이었다. 세겜에서 예루살렘까지는 약 60km였으므로 하루 길이니 3일간의 여유가 필요했다. 그가 3일간의 여유를 청한 것은 잘 한 일이었으나 그 3일간을 잘못된 방향으로 썼기 때문에 나라가 둘로 나누어진 것이다.

ㄴ. 르호보암이 백성들의 요구를 거부하다 10:6-15

대하 10:6. 르호보암 왕이 그의 아버지 솔로몬의 생전에 그 앞에 모셨던 원로들과 의논하여 이르되 너희는 이 백성에게 어떻게 대답하도록 권고하겠느냐 하니.

르호보암 왕은 그의 아버지 솔로몬이 살아 있을 때에 그의 아버지를 섬긴 원로들(노인들)과 상의하였다. '이 백성에게 내가 어떻게 대답을 하여야 할지 충고를 듣고 싶다'고 말을 했다. 르호보암이 먼저 노인들과 상의한 것은 잘한 일이었으나 그들의 의견을 버린 것은 망하는 길로 들어선 것이다.

대하 10:7. 그들이 대답하여 이르되 왕이 만일 이 백성을 후대하여 기쁘게 하고 선한 말을 하시면 그들이 영원히 왕의 종이 되리이다 하나.

그 원로들은 르호보암에게 이렇게 대답하였다. '임금님께서 이 백성에게 너그럽게 대해 주시고 백성을 반기셔서 그들에게 좋은 말로 대답해 주시면 이 백성은 평생 임금님을 잘 섬길 것이라'고 대답했다. 겸손한 마음을 가지고 섬기는 자세로 살면 손해될 것이 없는데 높은 마음을 가지고 남에게 불친절하게 대하면 유익이 전혀 없는 것이다.

대하 10:8. 왕은 원로들이 가르치는 것을 버리고 그 앞에 모시고 있는 자기와 함께 자라난 젊은 신하들과 의논하여.

그러나 르호보암은 그 노인들의 조언을 무시하고 대신 자기와 함께 자란 젊은 보좌관들에게 다음과 같이 대답했다. 젊은이들의 의견은 아무래도 설익은 데가 있기 마련이다. 젊은이들은 노인들의 교도를 중요하게 여겨야 할 것이다. 더욱이 노인들 중에서 여호와 신앙을 가지고 있는 분들의 의견에 귀를 기울여야 할 것이다.

대하 10:9. 이르되 너희는 이 백성에게 어떻게 대답하도록 권고하겠느냐 백성이 내게 말하기를 왕의 아버지께서 우리에게 메운 멍에를 가볍게 하라 하였느니라 하니.

르호보암은 젊은 자문관을 자기 앞에 모셔 놓고 노인들의 가르침에 대해서 못 마땅한 듯 소개했다. 노인들은 내게 '왕의 아버지께서 우리에게 메운 멍에(노역과 과중한 세금)를 가볍게 하라고 했다'고 말을 내뱉었다. 르호보암은 나라가 두 동강이 났을 때에 노인들의 충고를 버린 것을 천 번도 더 후회했을 것이다. 우리는 항상 하나님의 인도를 구해야 할 것이다. 하나님의 인도를 구했더라면 노인들의 충고를 따르려는 감동을 받았을 것이다.

대하 10:10-11. 함께 자라난 젊은 신하들이 왕께 말하여 이르되 이 백성들이 왕께 아뢰기를 왕의 아버지께서 우리의 멍에를 무겁게 하였으나 왕은 우리를 위하여 가볍게 하라 하였은즉 왕은 대답하시기를 내 새끼손가락이 내 아버지의 허리보다 굵으니 내 아버지가 너희에게 무거운 멍에를 메게 하였으나 이제 나는 너희의 멍에를 더욱 무겁게 할지라 내 아버지는 가죽 채찍으로 너희를 치셨으나 나는 전갈 채찍으로 하리라 하소서 하더라.

젊은이들의 자문(충고)은 노인들의 충고를 따를 필요가 없다고 권고한다. 이유는 "내 새끼손가락이 내 아버지의 허리보다 굵으니(이상 10절) 내 아버지가 백성들에게 무거운 멍에를 메게 하였으나 이제 나는 백성들의 멍에를 더욱 무겁게 할 것이라"고 대답하라는 것이었다. 다시 말해 "내 아버지는 가죽 채찍으로 백성들을 치셨으나 나는 전갈 채찍으로 하리라"고 대답하라는 것이었다(이상 11절).

젊은이들의 충고는 르호보암이 여러모로 부왕보다 나으니 부왕이 백성들의 멍에(노역과 세금)를 무겁게 했다지만 르호보암 왕은 부왕보다 훨씬 나은 인물이니 멍에를 훨씬 무겁게 해야 마땅하지 않느냐고 대답하라는 것이었다. 나라가 두 동강이 나려니 이런 젊은이들의 충고가 통한 것이었다. 오늘도 무엇이 되지 않을 개인이나 가정이나 국가에는 이런 충고(주장)가 따라오는 것이다.

대하 10:12. 삼 일 만에 여로보암과 모든 백성이 르호보암에게 나왔으니 이는 왕이 명령하여 이르기를 삼 일 만에 내게로 다시 오라 하였음이라.

르호보암 왕이 백성들에게 사흘 뒤에 다시 오라고 했으므로(5절) 여로보암과 온 백성이 사흘째 되는 날에 르호보암 왕 앞에 나아왔다. 이들은 르호보암의 좋은 대답을 기대하고 세겜에 다시 모였을 것이다. 그러나 르호보암은 나라를 두 동강이 나게 하는 젊은이들의 자문을 따라 아주 포악하게 대답하고 만다. 솔로몬의 우상숭배는 엄청난 죄로서 나라가 두 동강이 나게 하는 일에 크게 일조한 것이다. 오늘도 죄가 있는 곳에 분열이 있기 마련이다. 가정이나 교회나 국가에 죄가 있으면 반드시 의견의 분열이 있기 마련이고 또 실제로 물리적인 분열이 생기게 마련이다.

대하 10:13. 왕이 포학한 말로 대답할 새 르호보암이 원로들의 가르침을 버리고.

왕은 원로들의 충고를 버리고 다음 절과 같이 백성들에게 가혹하게 대답하였다. 우리는 항상 우리 자신들이 큰 죄를 짓고 있는 것은 아닌지 살펴야 할 것이다.

대하 10:14. 젊은 신하들의 가르침을 따라 그들에게 말하여 이르되 내 아버지는 너희의 멍에를 무겁게 하였으나 나는 더 무겁게 할지라 내 아버지는 가죽 채찍으로 너희를 치셨으나 나는 전갈 채찍으로 치리라 하니라.

르호보암 왕은 결정적으로 젊은 신하들의 자문을 따른다. 왕은 그들에게 "내 아버지는 너희의 멍에를 무겁게 하였으나 나는 더 무겁게 할지라 내 아버지는 가죽 채찍으로 너희를 치셨으나 나는 전갈 채찍으로 치리라"고 한다. 왕은 동의 절(내 아버지는 너희의 멍에를 무겁게 하였으나 나는 더 무겁게 할지라는 문장, 내 아버지는 가죽 채찍으로 너희를 치셨으나 나는 전갈 채찍으로 치리라는 문장)을 사용하여 분명히 자기 아버지 솔로몬보다 더 백성들이 지고 있는 멍에를 더 무겁게 하겠다고 말한다.

"전갈"이란 팔레스틴에 만도 10종이나 되는 독충으로 (신 8:15; 왕상 12:11; 겔 2:6; 눅 10:18; 계 9:5,10), 최대의 것은 체장 15-20cm나 되고, 특히 시내 반도에 많이 있다(신 8:15). 몸은 두흉부와 복부로 나뉘는데, 복부는 가늘고 길다. 등은 푸른빛을 띤 갈색, 배는 누렇고 배 끝에 독침이 있으며 발은 네 쌍인데, 그 위에 큰 한 쌍의 집게발을 가지고 있다.

대하 10:15. 왕이 이같이 백성의 말을 듣지 아니하였으니 이 일은 하나님께로 말미암아 난 것이라 여호와께서 전에 실로 사람 아히야로 하여금 느밧의 아들 여로보암에게 이르신 말씀을 응하게 하심이더라.

르호보암 왕이 앞 절과 같이 잔인하게 말하게 된 이유는 하나님께서 실로 사람 아히야를 통하여 느밧의 아들 여로보암에게 이르신 말씀을 응하게 하시려고 르호보암으로 하여금 그런 못된 말을 하게 만드셨다.

ㄷ. 나라가 둘로 나누어지다 10:16-19

대하 10:16. 온 이스라엘은 왕이 자기들의 말을 듣지 아니함을 보고 왕에게 대답하여 이르되 우리가 다윗과 무슨 관계가 있느냐 이새의 아들에게서 받을 유산이 없도다 이스라엘아 각각 너희의 장막으로 돌아가라

다윗이여 이제 너는 네 집이나 돌보라 하고 온 이스라엘이 그들의 장막으로 돌아가니라.

온 이스라엘(북쪽 10지파를 지칭하는 말)이 르호보암 왕이 자기들의 말을 듣지 않는 것을 보고 왕에게 이제 끝장내는 말을 한다. 즉, "우리가 다윗과 무슨 관계가 있느냐 이새의 아들에게서 받을 유산이 없도다"라고 말한다. 본 절도 역시 두 개의 동의절("우리가 다윗과 무슨 관계가 없다"는 구절과 "이새의 아들에게서 받을 유산이 없다"는 구절은 동의 절이다)로 구성되어 있다. 이렇게 동의 절을 반복한 것은 강조하기 위함이다. 그러니 이제는 북쪽 10지파 사람들은 각자 자기들의 집으로 돌아가라고 한다. 그리고 다윗 왕가(르호보암 왕)는 네 집(유다 지파와 베냐민 지파)이나 돌아볼 일이지 북쪽 10지파와는 전혀 관계가 없어졌다는 것이다. 그렇게 말한 다음 북쪽 지파 사람들은 각기 그들의 장막으로 돌아갔다.

대하 10:17. 그러나 유다 성읍들에 사는 이스라엘 자손들에게는 르호보암이 그들의 왕이 되었더라.

그렇지만 유다 성읍들에 사는 이스라엘 자손들에게는 르호보암 왕이 그들(다윗 지파 사람들, 베냐민 지파 사람들, 그리고 유다 지파의 남부 지역을 차지한 시므온 지파 사람도 르호보암의 왕국에 속했다)을 다스리는 왕이 되었다.

대하 10:18. 르호보암 왕이 역꾼의 감독 하도람을 보냈더니 이스라엘 자손이 저를 돌로 쳐 죽인지라 르호보암 왕이 급히 수레에 올라 예루살렘으로 도망하였더라.

그 후에 르호보암 왕이 사역군의 총 감독관이었던 하도람을 이스라엘 사람에게 보냈으나 그들은 그를 돌로 쳐 죽였다. 그래서 르호보암은 급히 자기 수레를 타고 예루살렘으로 도망쳐 왔다. 왕상 12:18에는 "아도람"(하도람과 같은 이름)이라 기록되어 있다. "하도람"은 다윗 시대(삼하 29:24)와 솔로몬 시대(왕상 4:6)의 역군의 감독관이었다. 르호보암이 하도람을 북쪽 지파 사람들에게 보낸 것은 북쪽 지파 사람들의 배신을 무마하기 위한 술책이었다. 그러나 이미 쫓아 보냄을 받은 사람들이 되돌아올 이유는 없었다. 때늦은 후회였다. 보냄을 받은 하도람은 이스라엘 자손에 의해 돌로 침을 당했다. 르호보암 왕은 감역관 하도람이 죽은 소식을 듣고 민심을 읽어 신변의 위협을 느껴 수레에 올라 예루살렘으로 도망했다. 때늦은 수습은 참으로 힘든 것이었다.

대하 10:19. 이에 이스라엘이 다윗의 집을 배반하여 오늘날까지 이르니라.

그때부터 북쪽 지파 사람들은 계속 다윗의 집안(다윗 왕가)을 배척하였다. 여기 "오늘날까지"란 말은 본서가 기록된 귀환기를 말함이 아니라 저자가 사용한 기록을 그대로 옮긴 것이었다(왕상 8:8 주 참조).

제 11 장

2. 르호보암의 공적 11-12장

이 부분(11-12장)은 나라가 나누어 진 후의 르호보암의 치적을 기록한 것이다. 르호보암이 출병을 중지한 일(11:1-4), 국방을 강화한 일(11:5-12), 북 왕국의 제사장과 레위인을 받아 준 일(11:13-17), 르호보암의 가족을 기술한 일(11:18-23), 애굽 왕 시삭이 침범한 일(12:1-12), 결론(12:13-16)을 진술한다.

ㄱ. 출병을 중지하다 11:1-4

르호보암 왕은 배신한 북쪽 10지파를 다시 돌아오게 하려고 무력으로 회수하려 출병을 시도했으나 예언자 스마야의 권고를 받아들여 출병을 중지한다.

대하 11:1. 르호보암이 예루살렘에 이르러 유다와 베냐민 족속을 모으니 택한 용사가 십팔만 명이라 이스라엘과 싸워 나라를 회복하여 르호보암에게 돌리려 하더니.

르호보암 왕은 예루살렘으로 돌아오는 길로 유다와 베냐민 지파에서 18만 명의 정예병을 소집하고 전쟁을 일으켜 이스라엘 북쪽 10지파들을 회수하려고 하였다. 본 절에 "유다와 베냐민"을 언급한 것을 보면 남 왕국에 남은 지파가 두 지파였음을 알 수 있다. 베냐민은 사울의 지파였으므로 늘 유다와는 반목 관계에 있었으나(삼하 20:1절 참조), 그 지리적 여건이 유다와 밀접했고 예루살렘도 유다와 베냐민의 경계지대였으므로(수 18:28), 유다와 합세했을 것으로 보인다. 그러나 벧엘, 길갈, 여리고 등 베냐민의 성읍들은 북 왕국에 가담했으므로 베냐민 지파는 이 때 분열한 셈이다(이상근).

대하 11:2. 여호와의 말씀이 하나님의 사람 스마야에게 임하여 이르시되.

그러나 르호보암이 18만 군인을 출병하려 할 때에 주께서 하나님의 사람 스마야에게 말씀하셨다. "스마야"는 르호보암이 18만 대군으로 일거에 이스라엘을 격파하고 통일 국가를 형성하려 했으나 하나님께서 전쟁을 못하게 지시하셨다. 이로써 동족상잔의 비극은 모면하게 되었지만, 남북조의 분열은 영구화 되었다(왕상 12:22-24; 대하 11:2-4). 그로부터 5년 후 애굽 왕 시삭이 예루살렘을 침공할 때 방백들이 국무회의로 모였다. 그때 하나님께서는 또다시 선지자 스마야를 통하여 "너희가 나를 버렸으므로 나도 너희를 버려 시삭의 손에 붙였노라"고 하셨다. 이 말을 들은 왕과 방백들은 스스로 겸비하였다. 하나님께서는 그들의 겸비의 상태를 보시고 예루살렘을 구출하였다. 인명피해는 없었고 다만 물품만 피탈되었을 뿐이다. 이렇게 그들은 겸손히 회개하므로 고통이 덜어졌다(대하 12:5-8).

대하 11:3-4. 솔로몬의 아들 유다 왕 르호보암과 유다와 베냐민에 속한 모든 이스라엘 무리에게 말하여 이르기를 여호와께서 이같이 말씀하시기를 너희는 올라가지 말라 너희 형제와 싸우지 말고 각기 집으로 돌아가라 이 일이 내게로 말미암아 난 것이라 하셨다 하라 하신지라 그들이 여호와의 말씀을 듣고 돌아가고 여로보암을 치러 가던 길에서 되돌아왔더라.

3절과 4절은 하나님의 사람 스마야가 유다 왕 르호보암과 유다와 베냐민에게 속한 모든 이스라엘 무리에게 말씀하신 내용이다. 그런데 스마야는 자기 속에 있는 말을 전한 것이 아니라 여호와의 말씀을 대언한 것이다. 하나님께서 스마야를 통하여 '너희는 북쪽 10지파를 향하여 올라가지 말라 너희 형제와 싸우지 말고 각기 집으로 돌아가라 이 일이 내게로 말미암아 난 것이라"고 말해주었다. 이때에 르호보암과 유다와 베냐민 군인들이 여호와의 말씀을 듣고 돌아간 것은 잘한 일이었다. 우리는 범사에 여호와의 말씀을 들으며 살아야 할 것이다.

ㄴ. 국방을 강화하다 11:5-12

르호보암은 북쪽 지파들을 치러가는 것을 포기하고 국방을 강화했다. 5-12절은 열왕기에는 없는 구절이다.

대하 11:5. 르호보암이 예루살렘에 살면서 유다 땅에 방비하는 성읍들을 건축하였으니.

르호보암 왕은 예루살렘에 자리 잡고 살면서 유다 땅에 방비하는 성읍들을 만들었다. 11절에 보면 새로운 도시를 건설한 것이 아니라 이미 있는 성읍들을 더욱 강화한 것이었다. 6절부터 10절에 보면 15성읍을 더욱 강화한 것을 볼 수 있다.

대하 11:6. 곧 베들레헴과 에담과 드고아와.

베들레헴 도시(예루살렘 남방 8km 지점), 에담(베들레헴에서 서남쪽으로 3km 지점) 도시, 드고아(베들레헴 남방 8km 지점) 도시를 더욱 튼튼하게 만들었다. 드고아는 예언자 아모스의 고향이었다(대상 4:5; 암 1:1)

대하 11:7. 벧술과 소고와 아둘람과.

벧술(베들레헴 서남방 18km 지점이었고 헤브론 서북 약 6km 지점이었다) 도시, 소고(예루살렘 서남 14km 지점) 도시, 아둘람(베들레헴의 서남 약 20km 지점) 도시를 더욱 강화했다. 아둘람의 가까운 곳에는 동굴이 많아 다윗은 이곳에서 사울을 피하기도 했다(삼상 22:1-2).

대하 11:8. 가드와 마레사와 십과.

가드[366](블레셋의 5대 도시 중 대표적인 성읍) 도시, 마레사(헤브론의 서북 21km 지점에 위치한 성읍) 도시, 십(헤브론 동남 6km 지점에 위치함) 도시를 강화했다.

---

366) “가드”: 다윗에게 점령된 성읍이었다(대상 18:1).

대하 11:9. 아도라임과 라기스와 아세가와.

아도라임(헤브론의 서남 8km 지점에 위치함) 도시, 라기스(예루살렘 서남쪽 48km 지점, 헤브론 서쪽 24km 지점에 위치함) 도시, 아세가(베들레헴 서쪽 26km 지점에 위치함) 도시를 강화했다.

대하 11:10. 소라와 아얄론과 헤브론이니 다 유다와 베냐민 땅에 있어 견고한 성읍들이라.

소라(예루살렘 서방 24km 지점에 위치함) 도시, 아얄론(예루살렘 서북 22km 지점에 위치함) 도시, 헤브론 도시를 강화했다. 헤브론은 예루살렘과 브엘세바의 중간 지대이다. 이렇게 15개의 도시를 더 튼튼하게 만든 것은 남쪽의 애굽과 서쪽의 블레셋을 방비하기 위함이었고 혹시 미래의 북 이스라엘의 공격에 대비하기 위함이었다.

대하 11:11. 르호보암이 그 방비하는 성읍들을 더욱 견고하게 하고 지휘관들을 그 가운데에 두고 양식과 기름과 포도주를 저축하고.

르호보암 왕은 이 도시들을 완전 더 튼튼하게 하고 각 성마다 지휘관을 두어 다스리게 하였으며 식량과 감람기름과 포도주를 비축하고 창과 방패 등 무기들을 갖추어 견고하게 해 두었다. 르호보암 왕은 북쪽 지파를 잃은 다음 남쪽의 두 지파를 가지고도 나라의 꼴을 유지하려고 안간 힘을 쓴 것이다. 그는 북쪽 10지파를 잃고 때늦은 후회를 하면서도 유다를 튼튼하게 하는 일에 최선을 다했다. 우리는 늦게라도 정신을 차려 모든 일을 돌아보아야 할 것이다.

대하 11:12. 모든 성읍에 방패와 창을 두어 매우 강하게 하니라 유다와 베냐민이 르호보암에게 속하였더라.

르호보암 왕은 각 성읍마다 병기고에 방패와 창을 마련하여 두어 성읍들을 크게 강화하였다. 이렇게 하여 유다와 베냐민은 르호보암의 통치하에 들어가게 되었다. 우리는 자기 가족과 나라를 잘 다스려야 할 것이다.

ㄷ. 제사장들과 레위인들이 유다로 오다 11:13-17

르호보암 왕은 북쪽 나라에 살게 된 제사장들과 레위인들, 그리고 여호와 신앙에 열심 했던 일반 신자들이 북쪽의 여로보암 왕의 우상숭배 정책에 염증을 내어 북쪽을 떠나 남쪽으로 발길을 돌릴 때 기쁨으로 받아 주었다.

대하 11:13-14. 온 이스라엘의 제사장들과 레위 사람들이 그들의 모든 지방에서부터 르호보암에게 돌아오되 레위 사람들이 자기들의 마을들과 산업을 떠나 유다와 예루살렘에 이르렀으니 이는 여로보암과 그의 아들들이 그들을 해임하여 여호와께 제사장의 직분을 행하지 못하게 하고.

북쪽 이스라엘 나라의 전국에 있던 제사장들과 레위 사람들이 모두 자기들이 살던 지역을 떠나 남쪽 나라 르호보암 왕에게로 왔다. 레위 사람들이 목장과 소유지를 버리고(생계 포기), 유다와 예루살렘으로 온 것은, 북쪽 나라 여로보암 왕과 그의 아들들이 벧엘과 단에 금송아지를 세우고 적극적으로 우상숭배를 권했기 때문이었고(왕상 12:27-33), 제사장들과 레위인들에게 주를 섬기는 제사장 직분을 수행하지 못하게 했기 때문이다. 본서 저자 에스라는 제사장이었기 때문에 종교 문제에 관해서는 특종기사로 다루었다.

북쪽 나라 여로보암 왕과 그 아들들은 남쪽 나라의 르호보암이 노역을 시키고 세금을 많이 거두어들인다고 반대하여 북쪽 편에 들어갔으나 가장 악독한 우상 숭배 정책을 택하여 펴는 것은 더욱 큰 죄를 저지르는 일이었다. 왕상 12:31에는 "그(여로보암)가 또 산당들을 짓고 레위자손 아닌 보통 백성으로 제사장을 삼았다"고 말한다. 그러므로 그들은 4대만 그 왕위를 지키고, 그 가족이 몰살당하고 말았다(왕상 16:15-20).

대하 11:15. 여로보암이 여러 산당과 숫염소 우상과 자기가 만든 송아지 우상을 위하여 친히 제사장들을 세움이라.

본 절은 앞 절(14절)에 이어 북쪽의 제사장들과 레위인들이 자기들의 생계를 버리고 남쪽으로 온 이유를 설명하고 있다. 북쪽의 여로보암 왕은 따로 제사장들을 세워서 여러 산당(산이나 언덕 위 높은 곳에서 우상숭배를 위하여 준비한 곳)에서 숫염소 우상(남자의 생식을 주관하는 '판'[Pan] 신을 지칭한다)과 자기가 만든 송아지 우상(두개의 금송아지로 벧엘과 단에 두어 백성들로 하여금 섬기게 했다)을 섬기게 했기 때문이었다(왕상 12:28-32 주 참조).

대하 11:16. 이스라엘 모든 지파 중에 마음을 굳게 하여 이스라엘의 하나님 여호와를 찾는 자들이 레위 사람들을 따라 예루살렘에 이르러 그들의 조상들의 하나님 여호와께 제사하고자 한지라.

북쪽 나라 이스라엘 모든 지파에서 이스라엘의 하나님 여호와를 진심으로 찾는 사람들은 그들 조상의 하나님 여호와께 자유로이 제사를 드리기 위해서 레위 사람들을 따라 예루살렘으로 모여들었다. 이렇게 해서 남 왕국은 신앙적으로 강성하게 되니 국가적으로 더욱 강하게 되었다. 오늘 기독교가 강성한 나라들은 모두 강국이 된 것을 볼 수 있다(Operation World에서).

대하 11:17. 그러므로 삼 년 동안 유다 나라를 도와 솔로몬의 아들 르호보암을 강성하게 하였으니 이는 무리가 삼 년 동안을 다윗과 솔로몬의 길로 행하였음이더라.

북쪽에서 내려온 신앙인들은 남쪽의 유다 나라를 강성하게 하고, 솔로몬의 아들 르호보암의 왕권을 확고하게 하여 주었다. 그러나 그것은 삼 년 동안뿐이었다. 르호보암이 다윗과 솔로몬의 본(다윗의 완벽한 신앙노선)을 받아 산 것이 삼 년 동안이었기 때문이다. 3년쯤 지나서 남쪽 나라의 신앙이 약화되었을 때 국력도 약화되어 애굽의 시삭의 침략을 받았다(12:1-12). 오늘 이념의 벽을 넘자고 크게 떠드는 무리가 있다. 그 말이 신앙의 벽을 허물어버리자는 말이라면 큰 죄를 짓는 말이다. 우리가 어떻게 공산주의와 사회주의를 용납할 수가 있겠는가(고후 6:14-18). 용납하면 우리가 망하게 되니 그럴 수는 없는 일이다.

ㄹ. 르호보암의 가족들 11:18-23

르호보암 왕이 많은 처첩을 얻어 많은 자녀를 낳아서 그들을 남쪽 나라 유다에 널리 퍼져 살게 하여 왕권을 든든하게 했다는 내용이다.

대하 11:18. 르호보암이 다윗의 아들 여리못의 딸 마할랏을 아내로 삼았으니 마할랏은 이새의 아들 엘리압의 딸 아비하일의 소생이라.

르호보암은 마할랏을 아내로 맞이하였다. 마할랏은 아버지 여리못[367]('뛰어남'이라는 뜻)과 어머니 아비하일[368]('노래'라는 뜻) 사이에서 태어난 딸이었다. 그의 아버지 여리못은 다윗의 아들이었고, 그의 어머니 아비하일은 이새의 아들인 엘리압의 딸이었다.

대하 11:19. 그가 아들들 곧 여우스와 스마랴와 사함을 낳았으며.

르호보암이 마할랏과의 사이에서 세 아들 여우스('탐식'이란 뜻)와 스마랴('순종하는 자'라는 뜻)와 사함('혐오'라는 뜻)이 태어났다.

대하 11:20. 그 후에 압살롬의 딸 마아가에게 장가 들었더니 그가 아비야와 앗대와 시사와 슬로밋을 낳았더라.

그 후에 르호보암은 압살롬의 딸 마아가('압제하다'라는 뜻)와 결혼했는데 마아가가 낳은 아들들은 아비야[369]('하나님의 뜻'이라는 뜻), 앗대('기회'라는 뜻), 시사('풍부'라는 뜻), 슬로밋('나의 평안'이란 뜻)이었다. 압살롬의 딸이라고 말할 때 "딸"(בַּת)은 '손녀'를 뜻한다. 압살롬의 딸 다말과 기브아 사람 우리엘의 딸이다(13:2 참조).

대하 11:21. 르호보암은 아내 열여덟 명과 첩 예순 명을 거느려 아들 스물여덟 명과 딸 예순 명을 낳았으나 압살롬의 딸 마아가를 모든 처첩보다 더 사랑하여.

---

367) "여리못": 다윗의 아들이며, 마할랏의 부친, 르호보암의 장인이다(대하 11:18).

368) "아비하일": 르호보암이 아내 마할랏의 모친이며, 다윗의 형 엘리압의 딸이다(대하 11:18).

369) "아비야": 그는 르호보암의 후계자였다(13:1 주 참조).

르호보암은 아내 18 명과 첩 60 명을 거느렸고, 그들에게서 아들 28 명과 딸 60 명을 두었지만, 그는 다른 아내들이나 첩들보다 압살롬의 딸 마아가를 더욱 사랑하였다. 르호보암은 너무 많은 처첩을 거느렸고 또 자녀들을 낳은 것이 나라를 굳건하게 하는 방편으로 삼았지만 또 다른 편으로는 나라의 화근이 되었다. 세상 것에 너무 마음을 빼앗기는 것은 좋은 일이 못된다. 단순하게 하여 주님을 사랑하는 삶을 사는 것이 중요하다. 르로보암은 그 많은 처첩 중에 압살롬의 손녀 마아가를 가장 사랑했고 마아가의 아들 아비야를 자신의 후계자로 삼았다.

대하 11:22. 르호보암은 마아가의 아들 아비야를 후계자로 세웠으니 이는 그의 형제들 가운데 지도자로 삼아 왕으로 세우고자 함이었더라.

르호보암은 마아가의 아들 아비야에게 인위적으로 장자 권을 주었는데 그 이유는 자기 왕위를 물려주기 위함이었다. 출생 순이 아니라 인간적인 방법을 동원하여 아비야를 머리로 삼아 왕위를 계승시키려 했다. 왕위 계승 때문에 형제간 분쟁을 막기 위함이었다.

대하 11:23. 르호보암이 지혜롭게 행하여 그의 모든 아들을 유다와 베냐민의 온 땅 모든 견고한 성읍에 흩어 살게 하고 양식을 후히 주고 아내를 많이 구하여 주었더라.

르호보암은 지혜롭게도 아비야를 일찍이 왕세자로 정해놓고 그 외 다른 아들들에게는 유다와 베냐민 전 지역과 요새 성읍들을 나누어 맡기고 양식도 넉넉하게 대어 주었으며 아내들도 많이 구해 주었다.

그래서 아비야가 통치할 때 반란을 일으키지 않게 만들어 놓았다. 이런 정책을 쓰면 아비야 때에는 반란이 없지만 다른 아들과 딸들은 세상에 도취되어 하나님 신앙을 멀리 할 수밖에 없게 된다. 오늘 세상 사람들도 일남일녀로 살지 않고 많은 여자들을 주위에 두고 살려고 한다. 르호보암이나 오늘 세인들은 하나님께서 아담 한 사람을 위해 여자 한 사람을 만든 줄을 모르고 산다.

제 12 장

ㅁ. 애굽 왕 시삭이 침입하다 12:1-12(왕상 14:22,25-28)

북쪽 10지파에서 제사장들과 레위인들 그리고 참된 신앙인들이 남쪽으로 내려와 남쪽의 신앙을 부흥시킨 후 3년쯤 지나서 남쪽 나라의 신앙이 약화되었을 때 국력도 동시에 약화되어 애굽의 시삭이 대군을 거느리고 예루살렘을 침범해서 성전과 왕국의 보물들이며 솔로몬이 만든 금 방패를 탈취하여 떠나갔다.

대하 12:1. 르호보암의 나라가 견고하고 세력이 강해지매 그가 여호와의 율법을 버리니 온 이스라엘이 본받은지라.

르호보암의 왕위가 튼튼해지고 세력이 커지자 모든 사람이 그렇듯이 여호와의 율법을 저버렸다. 그래서 온 이스라엘도 그를 본받게 되었다. 이것이 바로 애굽왕 시삭이 유다를 침범한 이유이다. 왕상 14:22에 "유다가 여호와 보시기에 악을 행하되 그의 조상들이 행한 모든 일보다 뛰어나게 하여 그 범한 죄로 여호와를 노엽게 했다". 뛰어나게 죄를 범했으니 여호와께서 그냥 계시지 않고 애굽 왕 시삭을 일으키신 것이다.

대하 12:2. 그들이 여호와께 범죄하였으므로 르호보암 왕 제 오년에 애굽 왕 시삭이 예루살렘을 치러 올라오니.

왕과 백성들이 여호와께 범죄한 결과로 르호보암 왕이 즉위한 지 5 년째(B.C. 925)가 되던 해에 애굽의 시삭[370](Shishak) 왕이 예루살렘을 치러

370) "시삭": 일반적으로 '세숑크'(Sheshonk)로 기록되어 있다. 이것은 애굽 제 22왕조의 창립자인 5세숑크 1세(Sheshonk Ⅰ, BC 945- 924)를 가리킨다. 아비도스(Abydos)에서 발견된

올라왔다. 애굽 왕 시삭(Shishak)은 애굽의 22왕조의 창설자인 "세숀크 1세"(Sheshonk I)(B.C. 935-914)였는데 그는 새 왕조의 창설자였으므로 이전 왕조의 사위인 솔로몬에게 호의적이지 않았다. 그는 호전적인 사람이고, 패권적인 사람으로 그의 신전의 벽에는 그가 침입한 성읍 명들이 많이 있었다. 그 중에도 유다의 성읍 이름들이 많이 있었다. 그는 여로보암이 애굽으로 피신했을 때 여로보암을 보호했다(왕상 11:40). 그의 딸이 여로보암의 아내가 되었다고 한다. 이때 그가 유다를 친 것도 여로보암을 돕기 위한 하나의 수단이었다. 아무튼 시삭의 예루살렘 침공은 범죄한 유다에 대한 하나님의 징계였다(K.&D.).

대하 12:3. 그에게 병거가 천이백 대요 마병이 육만 명이며 애굽에서 그와 함께 온 백성 곧 리비아와 숙과 구스 사람이 헤아릴 수 없이 많더라.

시삭은 병거 1,200대, 기마병 60,000명, 거기에다가 이루 헤아릴 수 없이 많은 리비아(16:8; 나 3:9)와 숩[371](Sukkiims)과 구스(에티오피아) 군대를 이끌고 애굽에서 쳐들어 왔다.

대하 12:4. 시삭이 유다의 견고한 성읍들을 빼앗고 예루살렘에 이르니.

애굽 왕 시삭은 유다 지방의 요새 성읍들을 점령하고 예루살렘까지 진군하여 왔다. 시삭의 승전을 기념하는 "카르낙(Karnak)"의 신전 벽면에는 그가 정복한 성읍 180개의 이름이 있었다. 거기에는 르호보암이 요새화한 견고한 성읍들도 포함되어 있다고 한다(11:5-10).

비문에 의하면, 그는 네므렛이라는 앗수르의 정복자의 아들이라고 한다. 그리하여 그는 루비아 계통의 지방 영주의 자손으로서 헤라클레오폴리스(Heracleopolis)에서 세력을 얻어 부바스티(Bubastis)를 수도로 하여 애굽을 통일하고 원정을 시도했다. 그는 무인 기질의 임금으로서 세력 획득에 급급하고 있었다. 여로보암이 솔로몬에게 반역을 꾀하다가 그에게 쫓겨 애굽 왕 시삭에게로 망명하였다(왕상 11:40. 디럭스 바이블 성경사전에서).

371) "숩": 애굽의 동방 홍해지대의 산지족이다(K.&D.).

대하 12:5. 그 때에 유다 방백들이 시삭의 일로 예루살렘에 모였는지라 선지자 스마야가 르호보암과 방백들에게 나아와 이르되 여호와께서 이같이 말씀하시기를 너희가 나를 버렸으므로 나도 너희를 버려 시삭의 손에 넘겼노라 하셨다 한지라.

시삭과 그 군대가 예루살렘을 침입했을 때에 유다 지도자들이 시삭에게 쫓겨 예루살렘에 모여 있었는데, 예언자 스마야가 르호보암과 지도자들을 찾아 와서 이렇게 말하였다. "너희가 나(여호와)를 버리고 우상숭배를 택했으니 나도 너희를 버려 시삭의 손에 내주겠다"(1-2절)고 하신다.

대하 12:6. 이에 이스라엘 방백들과 왕이 스스로 겸비하여 이르되 여호와는 의로우시다 하매.

문장 초두의 "이에"(then)란 말은 '그런 다음에'란 말로 앞 절(5절)의 "너희가 나를 버렸으므로 나도 너희를 버려 시삭의 손에 넘겼노라"는 말씀을 하신 다음에 "이스라엘 방백들과 왕이 스스로 겸비하여 말하기를 여호와는 의로우시다"는 말을 했다는 것이다. "유다의 지휘관들과 르호보암 왕이 스스로 겸비했다"는 말은 '무릎을 꿇다' 혹은 '회개했다'는 뜻으로 보아야 한다(왕상 21:27-29). 유다의 지휘관들과 왕은 하나님의 말씀을 들었을 때 아주 낮아졌고 또 "여호와는 의로우시다"고 말을 했다. 자기들은 잘못되었고 여호와는 옳다고 말을 한 것이다. 우리는 어떤 불행한 처지를 만나도 우리는 겸비한 마음으로 여호와는 의로우시다고 말을 해야 할 것이다.

대하 12:7. 여호와께서 그들이 스스로 겸비함을 보신지라 여호와의 말씀이 스마야에게 임하여 이르시되 그들이 스스로 겸비하였으니 내가 멸하지 아니하고 저희를 조금 구원하여 나의 노를 시삭의 손을 통하여 예루살렘에 쏟지 아니하리라.

여호와께서 유다 왕과 지휘관들이 스스로 낮아지고 회개한 것을 보셨기 때문에 스마야에게 이렇게 말씀하신다. 즉, "그들이 스스로 겸비하였으니 내가 멸하지 아니하고 저희를 조금 구원하여 나의 노를 시삭의 손을 통하여 예루살렘에 쏟지 아니하리라"고 하셨다. 그들이 겸비하게 되었으니 하나님의 진노를 애굽 왕 시삭을 통하여 예루살렘에 다 쏟지는 않겠다고 하신다.

여호와는 우리가 어떤 처지에 있는지를 보시는 분이시다. 우리가 교만한 것도 아시고 겸손한 것도 아시며 회개한 것도 아신다. 우리는 매일 낮은 마음을 품고 살기를 힘써야 할 것이다. 그리고 본문의 "내가 멸하지 아니하고 저희를 조금 구원한다"는 말은 '아주 구원하지도 않고 또 완전히 구원받지도 못한 상태'를 뜻하는 말이다. 다시 말해 르호보암과 지휘관은 시삭에게 큰 타격을 받기는 하겠지만 아주 멸망당하지는 않을 것이란 뜻이다. 오늘 우리가 알 것은 우리의 믿음을 따라 우리가 구원을 받기도 하고 혹은 구원을 받지 못하기도 한다. 하나님의 진노를 받지 않는 비결은 우리의 회개에 있다.

대하 12:8. 그러나 그들이 시삭의 종이 되어 나를 섬기는 것과 세상 나라들을 섬기는 것이 어떠한지 알게 되리라 하셨더라.

그들이 아주 망하지는 않겠지만(6절) 그러나 그들이 시삭의 종이 될 것이다. 그래서 그들이 여호와를 섬기는 것과 세상 사람이나 세상 나라들을 섬기는 둘 중에 어느 것이 나은지 알게 될 것이라고 하신다. 여호와를 섬기는 것이 백번 낫고 천번 나은 것은 당연한 일이다. 여호와를 섬기면 자유를 누리며 번영하지만 세상 나라를 섬기면 억압을 당하고 조공을 바쳐야 하며 비참한 삶을 살게 되는 것이다. 우리는 여호와를 섬겨 자유롭게 살며 지극히 복된 삶을 살아야 할 것이다.

대하 12:9. 애굽 왕 시삭이 올라와서 예루살렘을 치고 여호와의 전 보물과 왕궁의 보물을 모두 빼앗고 솔로몬이 만든 금 방패도 빼앗은지라.

애굽의 시삭 왕이 올라와서 예루살렘을 치고 여호와의 성전 보물과 왕실 보물을 하나도 남기지 않고 다 털어 갔다. 그리고 솔로몬이 만든 금 방패들도 약탈해 갔다. 솔로몬의 금 방패는 한 개에 금 600세겔씩이나 들여 만든

200개의 금 방패와 작은 방패 300개였다(9:15-16 주해 참조).

대하 12:10. 르호보암 왕이 그 대신에 놋으로 방패를 만들어 궁문을 지키는 경호 책임자들의 손에 맡기매.

르호보암 왕은 "솔로몬이 만든 금 방패를 빼앗긴" 다음 그 대신에 놋으로 방패를 만들어 궁문을 지키는 경호 책임자들의 손에 맡겨서 경호하게 했다. 본 절의 형편은 솔로몬 시대의 찬란했던 영화가 우상숭배로 인해 이제는 기울어간다는 것을 보여주는 것이었다. 죄는 개인에게나 국가에게나 쇠잔을 가져다가 주는 요물이다.

대하 12:11. 왕이 여호와의 전에 들어갈 때마다 경호하는 자가 그 방패를 들고 갔다가 경호실로 도로 가져갔더라.

르호보암 왕이 만든 놋 방패를 가지고 경호원들이 왕을 경호했다. 즉, 왕이 여호와의 성전에 들어갈 때마다 경호원들은 그 놋 방패를 들고 가서 경호하다가 다시 경비실로 가져오곤 하였다.

대하 12:12. 르호보암이 스스로 겸비하였고 유다에 선한 일도 있으므로 여호와께서 노를 돌이키사 다 멸하지 아니하셨더라.

르호보암 왕이 스스로 겸비했기 때문에(잘못을 뉘우쳤기 때문에) 주께서는 그에게 진노를 다 쏟지는 않으시고 그를 완전히 멸하지는 않으셨다. 그래서 유다 나라는 형편이 좋아져서 북쪽 나라 보다는 오래 지속되었다. 우리는 겸손하게 처신할수록 복된 것을 알아야 할 것이다.

ㅂ. 르호보암이 죽다 12:13-16(왕상 14:29-31)

솔로몬의 범죄와 르호보암의 범죄로 인하여 르호보암은 평생 힘들게 지냈지만 그래도 하나님의 은혜로 자연사를 맞이하게 되었다.

대하 12:13. 르호보암 왕은 예루살렘에서 스스로 세력을 굳게 하여 다스리니

라 르호보암이 왕위에 오를 때에 나이가 사십일 세라 예루살렘 곧 여호와께서 이스라엘의 모든 지파 중에서 택하여 그의 이름을 두신 성에서 십칠 년 동안 다스리니라 르호보암의 어머니의 이름은 나아마요 암몬 여인이더라.

르호보암 왕은 예루살렘에서 세력을 굳혀 왕의 직무를 수행하였다. "세력을 굳게 했다"는 말은 '애굽 왕 시삭이 침공한 이후 르호보암 왕은 사태를 잘 수습하여 왕위가 흔들리지 않게 했다'는 것이다. 르호보암이 왕위에 올랐을 때에 그는 41세였다. 그는 여호와께서 이스라엘 모든 지파 가운데서 택하여 당신의 이름을 두신 도성 예루살렘에서 17년간 다스렸다. 본 절의 "그의 이름을 두신 성"이란 말은 '여호와의 성전을 건축한 성'이란 뜻이다. 르호보암은 17년간 다사다난의 시간을 보냈다. 여호와 신앙을 강화했다가 또 해이해져서 벌을 받기도 하면서 힘들게 살았다. 르호보암의 어머니 나아마는 암몬 사람이었다. "나아마"는 솔로몬이 취한 여인 중 하나였다(11:1).

대하 12:14. 르호보암이 악을 행하였으니 이는 그가 여호와를 구하는 마음을 굳게 하지 아니함이었더라.

르호보암은 악을 행하면서 살았다. 이유는 그가 주의 뜻을 찾는 일에 마음을 쓰지 않았기 때문이었다. 누구든지 여호와를 찾는 일에 마음을 쓰지 않으면 결국은 악을 행하게 되는 것이다. 여호와를 열심히 구하지 않는 것 자체가 악이고 또 구하지 않으면 다른 부수적인 여러 가지 악을 짓게 마련이다.

대하 12:15. 르호보암의 처음부터 끝까지의 행적은 선지자 스마야와 선견자 잇도의 족보책에 기록되지 아니하였느냐 르호보암과 여로보암 사이에 항상 전쟁이 있으니라.

본 절은 두 가지를 진술한다. 하나는 "르호보암의 처음부터 끝까지의 행적이 선지자 스마야와 선견자와 선견자 잇도의 족보 책(역사서)에 기록되었다"는 것을 말하고(왕상 14:29), 또 하나는 "르호보암과 여로보암 사이에 항상 전쟁이 있었다"는 것을 말한다. 르호보암도 여호와를 열심히 찾는 타입이 아니었고 또 여로보암은 우상숭배의 대가(大家)였으니 두 나라 사이에 계속 전쟁이 있을 수밖에 없었다. 죄가 있는 곳에는 분쟁과 전쟁이 있는 법이다.

대하 12:16. 르호보암이 그의 조상들과 함께 누우매 다윗 성에 장사되고 그의 아들 아비야가 그를 대신하여 왕이 되니라.

르호보암 왕이 죽어서 그의 조상들과 함께 다윗 성에 안장되니 그의 아들 아비야가 그의 뒤를 이어 왕이 되었다. 르호보암의 죽음에 대해서는 9:31 주해 참조. 사람이 결국은 죽을 것이니 마구 살지 말고 여호와만 바라고 또 여호와만 구하면서 살아야 할 것이다. "아비야"에 대해서 13:1 주해 참조.

제 13 장

B. 아비야의 역사 13:1-22(왕상 15:1-8)

본장(13장)은 남 왕국의 제2대 왕인 아비야의 역사를 진술한다. 한마디로 북 왕국의 여로보암 왕과의 전쟁에 대해 진술했고 아비야가 점점 강성해 갔다는 것을 진술한다.

1. 아비야가 즉위하다 13:1-2

여로보암 왕 제 18년에 아비야가 유다 왕이 되었다는 내용을 진술한다.

대하 13:1. 여로보암 왕 열여덟째 해에 아비야가 유다의 왕이 되고.

이스라엘의 여로보암 왕 제 18년에 아비야가 유다 왕이 되었다는 내용이다. 여로보암(B.C.930-910) 제 18년은 B.C. 912-913년경이다. "아비야"는 '나의 아버지이시다'는 뜻이고, 왕상 15:1에는 "아비얌"(Abijam)이라고 기술되어 있다. 르호보암에게는 28명의 아들과 60명의 딸들이 있었는데, 르호보암은 그 중에 아비야가 장남은 아니었지만 그를 왕으로 삼은 것은 르호보암이 그를 더욱 사랑하였기 때문이었다(11:21-22 주해 참조).

대하 13:2. 예루살렘에서 삼 년 동안 다스리니라 그의 어머니의 이름은 미가야요 기브아 사람 우리엘의 딸이더라 아비야가 여로보암과 더불어 싸울 새.

아비야는 즉위한 후 예루살렘에서 3년을 통치했다. 그의 어머니는 기브아 사람 우리엘의 딸 미가야였다. 11:20에서 설명한바와 같이 아비야의 모친은 마아가로서 압살롬의 손녀였다. 따라서 본 절의 "미가야"는 "마아가"의 오기

일 가능성이 크다(K.&D., Barker, Zoekler). "마아가"(Maachah)는 '압제한다'는 뜻이고, 압살롬의 딸 다말(11:21)과 기브아 사람 우리엘 사이에 태어난 딸이었다.

아비야와 여로보암 사이에 전쟁이 벌어졌다. "아비야와 여로보암의 전쟁"은 그의 아버지 르호보암의 전쟁(12:5)을 계승한 전쟁이었다. 세상은 한편 전쟁터라고 할 수 있다.

2. 북 왕국과 전쟁하다 13:3-20

이 부분(3-20절)은 남 왕국 아비야와 북 왕국 여로보암 사이에 있었던 전쟁에 대해 기술한다. 내용은 북 왕국에 대해 아비야가 연설하는 내용(3-12절)과 아비야의 승리를 기술하는 내용(13-20절)이다.

대하 13:3. 아비야는 싸움에 용감한 군사 사십만 명을 택하여 싸움을 준비하였고 여로보암은 큰 용사 팔십만 명을 택하여 그와 대진한지라.

아비야는 전쟁에 용감한 군인 40만을 뽑아 싸우러 나갔고, 여로보암 역시 정예군인 80만을 뽑아서 대진했다. 이렇게 남 왕국의 군인 숫자와 북 왕국의 군인 숫자를 기록한 것은 싸움의 승패는 숫자에 있는 것이 아니라 하나님에게 달려 있다는 것을 보여주기 위함이었을 것이다. 그래서 여호와께서는 전쟁은 여호와께 속했다고 말씀하신다. 하나님을 의지하는 사람은 항상 승리하기 마련이다.

대하 13:4. 아비야가 에브라임 산 중 스마라임 산 위에 서서 이르되 여로보암과 이스라엘 무리들아 다 들으라.

전쟁을 하기 전에 아비야가 연설을 한다. 즉, 아비야가 에브라임(북 왕국 대표 지파) 산 중 스마라임 산(베냐민 땅으로 에브라임과의 접경지대에 있다) 위에 서서 이르되 "여로보암과 이스라엘 무리들아 다 들으라"고 연설한다. 연설 내용은 북 왕국 여로보암이 반역을 일으킨 것을 꾸짖고 또 북 왕국이 우상 숭배한 것을 꾸짖는 내용이며, 하나님을 의지하고 있는 남 왕국과 전쟁을 해서는 안 된다는 것을 역설하는 내용이다.

대하 13:5. 이스라엘 하나님 여호와께서 소금 언약으로 이스라엘 나라를 영원히 다윗과 그의 자손에게 주신 것을 너희가 알 것 아니냐.

'이스라엘의 하나님 여호와께서 다윗과 파기될 수 없는 소금언약을 맺으시고, 이스라엘을 다윗이 다스릴 나라로 영원히 그와 그의 자손에게 주신 것을 당신들이 분명히 알 터인데 이렇게 전쟁을 일으키다니 있을 수 없는 일이라'고 꾸짖는다.

본 절의 "소금 언약"이란 '영원히 파기될 수 없는 언약'이란 뜻이다. 언약이란 말에 "소금"이란 말이 들어가지 않아도 영원히 파기할 수 없는 언약이란 뜻이지만 "소금"이란 말을 넣으면 절대로 파기할 수 없는 언약을 강조하는 말이다(민 18:19; 레 2:13; 막 9:49). 우리는 하나님과의 관계에 있어서 소금 언약으로 묶여 있는 사람들이다. 아비야는 다윗 왕국이야말로 영원하다는 것을 강조하고 나선다. 여로보암이 배반한 것이 언약 파기라는 것이다.

대하 13:6. 다윗의 아들 솔로몬의 신하 느밧의 아들 여로보암이 일어나 자기의 주를 배반하고.

다윗의 아들 솔로몬의 신하 느밧의 아들 여로보암이 일어나 자기의 주를 배반한 것은 언약을 깨뜨린 일이라는 것을 본 절에서 드러내고 있다. 여로보암이 르호보암을 배반한 것은 언약을 깨뜨린 일이었다.

대하 13:7. 난봉꾼과 잡배가 모여 따르므로 스스로 강하게 되어 솔로몬의 아들 르호보암을 대적하였으나 그 때에 르호보암이 어리고 마음이 연약하여 그들의 입을 능히 막지 못하였었느니라.

북쪽 10지파의 대표 여로보암과 또 지파 사람들이 언약을 파기하고 배반할 때의 형편을 드러낸다. 북쪽 지파는 "난봉꾼(무용지물의 깡패들)과 잡배(인간답지 못한 무리들)가 모여 따르므로 스스로 강하게 되어 솔로몬의 아들 르호보암을 대적하였다”는 것이다.

그런 반면 남쪽 지파는 “그때에 르호보암이 어리고 마음이 연약하여 그들의 입을 능히 막지 못하였다”는 것이다. 여로보암과 지파사람들이 르호보암을 배반할 때 르호보암은 아직 어린 사람(경험이 부족한 사람)이었고 마음이 연약하여 북쪽 지파 사람들의 입을 막지 못했었다는 것이다.

대하 13:8. 이제 너희가 또 다윗 자손의 손으로 다스리는 여호와의 나라를 대적하려 하는도다 너희는 큰 무리요 또 여로보암이 너희를 위하여 신으로 만든 금송아지들이 너희와 함께 있도다.

“너희는 숫적으로도 많고 또 여로보암이 너희의 신이라고 만들어 준 금송아지들이 너희와 함께 있다”고 해서 지금 다윗의 자손이 맡아 다스리는 주의 나라를 감히 대적하고 있다. 북쪽 나라가 인간적으로 아무리 유리한 입장에 있고 강하게 보여도 다윗의 자손이 맡아 다스리는 나라를 대적하는 것은 큰 잘못이라는 것이다.

대하 13:9. 너희가 아론 자손인 여호와의 제사장들과 레위 사람들을 쫓아내고 이방 백성들의 풍속을 따라 제사장을 삼지 아니하였느냐 누구를 막론하고 어린 수송아지 한 마리와 숫양 일곱 마리를 끌고 와서 장립을 받고자 하는 자마다 허무한 신들의 제사장이 될 수 있도다.

아비야는 북쪽 지파가 하는 행위가 잘못되었다고 지적하고 있다. 첫째, “여호와의 제사장들과 레위 사람들을 쫓아냈다”는 것을 말한다. 제사장들과 레위 사람들을 쫓아냈다는 것은 하나님을 쫓아냈다는 것을 의미한다. 둘째, “이방 백성들의 풍속을 따라 제사장을 삼았다”고 말한다. 좀 더 자세히 말하면 “누구를 막론하고 어린 수송아지 한 마리와 숫양 일곱 마리를 끌고 와서 장립을 받고자 하는 자마다 허무한 신들의 제사장이 될 수 있게 했다”는 것이다. 이는 큰 죄에 속하는 일이었다(출 29:35-37 주해 참조).

대하 13:10. 우리에게는 여호와께서 우리 하나님이 되시니 우리가 그를 배반하지 아니하였고 여호와를 섬기는 제사장들이 있으니 아론의 자손이요 또 레위 사람들이 수종들어.

북쪽 나라는 하나님의 소금 언약을 깨뜨려 버렸지만 남쪽 나라 유다는 여호와께서 하나님이 되시니 여호와 하나님을 배반하지 아니했고 또 여호와를 섬기는 제사장들이 있으니 남쪽 나라는 아론의 자손이고 또 레위 사람들이 하나님을 수종들어 받드는 나라이니 복을 받을 것이란 뜻이다.

대하 13:11. 매일 아침 저녁으로 여호와 앞에 번제를 드리며 분향하며 또 깨끗한 상에 진설병을 놓고 또 금 등잔대가 있어 그 등에 저녁마다 불을 켜나니 우리는 우리 하나님 여호와의 계명을 지키나 너희는 그를 배반하였느니라.

아비야는 '남쪽 나라 유다가 아론의 자손이요 또 레위 사람들이 수종들어(앞절) 매일 아침저녁으로 여호와 앞에 번제(헌신제)를 드리며 성소의 금향로에서 분향도 하며 또 깨끗한 진설상에 12개의 진설병을 놓고 또 일곱 가지로 된 금 등잔대가 있어 그 등에 저녁마다 불을 켜고 있으니 우리는 우리 하나님 여호와의 계명을 지키나 너희(북 왕국)는 그를 배반하였다'고 꾸짖는다.

대하 13:12. 하나님이 우리와 함께 하사 우리의 머리가 되시고 그의 제사장들도 우리와 함께 하여 전쟁의 나팔을 불어 너희를 공격하느니라 이스라엘 자손들아 너희 조상들의 하나님 여호와와 싸우지 말라 너희가 형통하지 못하리라.

아비야는 '하나님이 우리와 함께 계셔서 우리를 주장하시는 머리가 되시며' 또 '하나님께서 쓰시는 그의 제사장들도 우리와 함께 하여 전쟁의 나팔을 불어 북 왕국을 공격하고 있으니 우리 남 왕국을 치는 것은 여호와를 치는 것과 다름없는 것이니 우리 남 왕국을 치려는 생각을 버리라. 남 왕국을 치면 형통하지 못하게 될 것이라'고 경고한다.

여기 "제사장들이...전쟁의 나팔을 분다"는 말은 '제사장들이 전쟁을 시작하라는 나팔을 불면 하나님께서 기억하셔서 승리케 해주시기로 약속하셨는데(민 10:9; 수 6:5; 삿 7:20) 북쪽 나라는 가짜 제사장만 있어 전쟁에 절대로 승리할 수 없다는 말이다.

대하 13:13. 여로보암이 유다의 뒤를 둘러 복병하였으므로 그 앞에는 이스라엘 사람들이 있고 그 뒤에는 복병이 있는지라.

아비야가 여호와 신앙을 발표하고 있는 동안 여로보암은 유다군의 배후에 복병만 했다. 복병도 하나님의 지시에 의한 것이면 하나의 전술이 될 수 있으나 인간적인 잔꾀를 가지고 복병한 것은 모두 헛일이 될 수밖에 없다. 불신의 전술은 모두 패할 수밖에 없다.

대하 13:14. 유다 사람이 뒤를 돌아보고 자기 앞 뒤의 적병으로 말미암아 여호와께 부르짖고 제사장들은 나팔을 부니라.

여로보암 군이 유다 나라 군대의 뒤에 복병을 둔 것이 유다의 군대에게 큰 위협이 되어 유다 군은 앞뒤의 적병을 보자 "여호와께 부르짖고 제사장들은 나팔을 불었다". 첫째, 여호와께 부르짖은 것은 승리하는 비결이었다. 그리고 둘째, 나팔을 부는 것도 승리의 비결이었다(민 10:9; 수 6:5; 삿 7:20).

대하 13:15. 유다 사람이 소리 지르매 유다 사람이 소리 지를 때에 하나님이 여로보암과 온 이스라엘을 아비야와 유다 앞에서 치시니.

유다 사람이 여호와 하나님을 향하여 부르짖을 때 하나님께서 역사하셔서 온 이스라엘 군대를 치셨다. 부르짖는 것은 기도와 같은 효력이 있다. 여호와를 떠난 북쪽 이스라엘의 많은 군사(3절)와 복병 술(13절)이 무슨 소용이 있을 것인가.

대하 13:16. 이스라엘 자손이 유다 앞에서 도망하는지라 하나님이 그들의 손에 넘기셨으므로.

하나님께서 유대 군인들의 손에 북쪽 이스라엘을 패하게 하셨으므로 북쪽 이스라엘 군대가 유다 군인들 앞에서 맥을 추지 못하고 다 도망했다. 전쟁은 하나님께 속한 것이다(삼상 17:47; 대하 20:15; 시 24:8).

대하 13:17. 아비야와 그의 백성이 크게 무찌르니 이스라엘이 택한 병사들이 죽임을 당하고 엎드러진 자들이 오십만 명이었더라.

하나님께서 역사하셔서 아비야와 그의 백성이 이스라엘을 크게 무찔렀다. 그래서 북쪽 이스라엘의 택한 병사들이 죽임을 당하고 엎드러진 자들이 50만 명이나 되었다.

대하 13:18. 그 때에 이스라엘 자손이 항복하고 유다 자손이 이겼으니 이는 그들이 그들의 조상들의 하나님 여호와를 의지하였음이라.

남북이 전쟁할 때 북쪽 이스라엘 군이 항복하고 유다 군이 이긴 것은 유다가 조상의 하나님을 의지했기 때문이다.

대하 13:19. 아비야가 여로보암을 쫓아가서 그의 성읍들을 빼앗았으니 곧 벧엘과 그 동네들과 여사나와 그 동네들과 에브론과 그 동네들이라.

아비야 군대가 이스라엘 군대 50만 명(17절)을 죽인 다음 또 여로보암을 쫓아가서 이스라엘의 성읍들을 빼앗았다. 그 성읍들은 "벧엘[372](예루살렘 북쪽 약 16km 지점)과 그 주변 마을들과 여사나[373](벧엘 북방 5km 지점)와 그 주변 마을들과 에브론[374](벧엘 동북쪽 6km 지점)과 그 주변 마을들"이었다. 여기 세 도시들을 보면 남쪽 나라 아비야 군대는 국경을 북쪽으로 확장한 것을 볼 수 있다.

---

372) "벧엘": 에브라임의 성읍이다. 구약 시대의 예배 역사에 있어서 중요한 성읍이다. 현재는 예루살렘에서 약 16 쯤 위치에 있다. 팔레스틴 북부로 통하는 주요 도로의 동쪽에 있는데, 작은 성읍 베이틴(Bei\tin)과 동일시된다.

373) "여사나": 현재 아인신자(Ain Sinja)로 보인다.

374) "에브론": 유다 왕 아비야가 여로보암 I세를 격파하고 점령한 성읍 중 하나이다(대하 13:19). 예루살렘의 북쪽 20km 에 타이이베(et-Taiyibeh)와 동일시된다. 이것은 오브라(수 18:23; 삼상 13:17), 에브라임(삼하 13:23), 예수님께서 잠간 물러가 시간을 보낸 에브라임(요 11:54)과 동일지이다.

대하 13:20. 아비야 때에 여로보암이 다시 강성하지 못하고 여호와의 치심을 입어 죽었고.

이스라엘의 여로보암 왕은 아비야 왕이 살아 있는 동안 다시 힘을 회복하지 못하고 왕의 자리를 쟁탈한지 22년 만(B.C. 910년 경)에 여호와께서 치시자 죽고 말았다(왕상 14:20). 한동안 악역을 한 사람은 결국 하나님의 벌을 받아 죽는다. 그의 왕조는 4대만에 그 자손이 몰살당해서 넘어지고 말았다(왕상 16:9-12).

3. 아비야가 강성하다 13:21-22

아비야는 신앙의 사람으로 하나님께서 그를 강성하게 해주셔서 강성했다.

대하 13:21. 아비야는 점점 강성하며 아내 열넷을 거느려 아들 스물둘과 딸 열여섯을 낳았더라.

여로보암과는 달리 유다의 아비야왕은 아주 막강해졌다. 그는 14명의 아내를 거느렸고 22명의 아들과 16명의 딸을 낳았다. 구약 시대에는 많은 아내와 자녀는 복과 번영으로 간주되었다. 그러나 우리 신약 시대 사람들은 아내를 많이 두어서는 안 될 것이다. 하나님은 아담을 위하여 부인을 하나만 만드신 것을 깊이 명심해야 할 것이다.

대하 13:22. 아비야의 남은 사적과 그의 행위와 그의 말은 선지자 잇도의 주석 책에 기록되니라.

아비야 통치 때의 남은 사적(다른 사건들)과 그의 치적과 그의 언행은 예언자 잇도의 역사책에 기록되어 있다. 잇도에 대해 12:15; 9:29 주 참조.

제 14 장

C. 아사의 역사 14-16장(왕상 15:9-24)

14-16장은 유다의 제 3대왕 아사의 역사를 기록한 것으로 아사가 첫 번째 종교개혁을 한 일(14:1-8), 구스 세라를 이긴 일(14:9-15), 아사랴가 예언한 일(15:1-7), 아사가 두 번째 종교개혁한 일(15:8-19), 바아사와 전쟁한 일(16:1-6), 하나니가 책망한 일(16:7-10), 아사가 죽은 일(16:11-14) 등을 기록하고 있다.

1. 아사가 처음 시도한 종교개혁 14:1-8

아사가 즉위한 후 종교개혁을 하고(1-5절), 국방을 강화한 일이 진술된다(6-8절).

대하 14:1. 아비야가 그의 조상들과 함께 누우매 다윗 성에 장사되고 그의 아들 아사가 대신하여 왕이 되니 그의 시대에 그의 땅이 십 년 동안 평안하니라.

아비야 왕이 죽어서 그의 조상들과 함께 죽어서 다윗 성에 장사되었고 그의 아들 아사('치료'란 뜻)가 그의 뒤를 이어 왕이 되었다. 아사가 다스리던 10 년 동안은 나라가 조용하였다. "10년 동안 평안하니라"는 말은 그의 통치 초기 10년간(B.C. 910-900) 평온했다는 뜻으로 남 왕국과 북 왕국의 바아사 사이에 있던 전쟁(왕상 15:16)은 아사의 통치 초기는 아닌 것으로 보인다.

대하 14:2. 아사가 그의 하나님 여호와 보시기에 선과 정의를 행하여.

그 땅에 평안이 있었던(1절) 이유는 아사가 하나님 여호와 보시기에 선과 정의를 행했기 때문이었다. 아사가 여호와 보시기에 선과 정의를 행한 것은 2-4절에 진술되어 있다(K.&D.). 열왕기와 역대기의 "선"이란 여호와 하나님을 순종하고 율법을 준수하며 우상을 배격하는 것을 가리킨다(이상근). 아사는 우상숭배라고 생각되는 모든 것을 폐지시켰다. 이방신을 섬기는 제단, 산당, 주상, 아세라 상을 찍어버렸고(3절), 유다 사람들에게 하나님 여호와를 찾게 하며 율법과 명령을 행하게 독려했다(4절). 오늘도 신약시대의 우상을 제하고 여호와를 찾으면 평안을 누릴 수가 있다.

대하 14:3. 이방 제단과 산당을 없애고 주상을 깨뜨리며 아세라 상을 찍고.

아사는 이방 제단과 산당을 없애고, 석상을 깨뜨리며, 아세라 목상을 부수었다. "이방 제단"이란 '이방신을 섬기는 제단'을 말하고, "산당"[375]이란 높은 곳의 제단을 지칭한다(각주를 참조하라). "주상"(t/bXeM')이란 '예배처에 세워두던 돌들'을 지칭한다(출 34:13; 왕하 3:2). 주상은 본래 성전이 없던 고대 시대에 어떤 장소를 성스럽게 구별하고 특별한 신의 역사를 기념하기 위해 사용되던 돌들이었다(창 28:22). 그러나 율법에는 이런 주상들을 세우는 것을 금할 뿐 아니라(신 16:22) 파괴하라고 명하고 있다(신 7:5; 12:3). 주상이 점차 우상화되고 또 이방의 바알종교와 연관되어 큰 타락의 원인이 되었기 때문이었다. "아세라"란 '가나안의 여신'이었다. 원래 나무로

375) "산당": 신을 예배하는 장소를 가리키는 용어로 처음에는 산이나 구릉의 정상을 예배의 장소로 한데서, 이 이름이 생겨난 것인데(민 22:41; 왕상 11:7; 14:23), 후에는 푸른 나무 아래, 때로는 시중에도 인공적으로 산당이 설치되어 예배의 장소로 사용되었다. 다시 후대에는 그러한 곳에 세워진 제단도 이 이름으로 불렀다(왕하 17:9; 23:5,8). 그것은 또한 골짜기 가운데도 세워졌다(렘 7:31사당; 겔 6:3). 고대의 이스라엘 사람의 하나님 예배는, 이러한 곳에서 행해지고, 사무엘, 다윗 시대에는 여기에 올라가 제사가 행해졌다(삼상 9:12-25; 10:5,13). 이 습관은 솔로몬 왕의 시대에까지 계속되고, 기브온에 큰 산당이 있었던 것이 기록되어 있다(왕상 3:2-4; 대상 16:39; 21:29; 대하 1:3,13). 산당은 가나안 사람이 가지고 들어온 것인데, 이스라엘 백성은 가나안 입국 후, 그 영향을 받아 각처에 산당을 세운 것으로 여겨진다. 길르앗의 미스바(삿 11:11), 단(삿 18:29), 벧엘(창 12:8; 삿 20:26등), 중부 이스라엘의 미스바(삿 20:1; 삼상 7:6), 기타 라마, 길갈, 놉, 베들레헴, 헤브론, 브엘세바 등에도 분명히 산당이 있었던 것으로 여겨진다(디럭스 바이블 성경사전에서).

숭배했으나 기둥(주상)으로 바뀌었다. 앗수르의 성목숭배도 이와 동류로 보고 있다.

대하 14:4. 유다 사람에게 명하여 그 조상들의 하나님 여호와를 찾게 하며 그의 율법과 명령을 행하게 하고.

아사는 자기만 아니라 유다 모든 백성에게 명령을 내려서 조상들의 하나님의 뜻을 찾고 하나님의 율법과 명령을 실천하게 했다. 아사의 선한 정치였다.

대하 14:5. 또 유다 모든 성읍에서 산당과 태양 상을 없애매 나라가 그 앞에서 평안함을 누리니라.

아사의 선함은 예루살렘을 넘어 유다 모든 성읍에서 산당과 태양 상을 없애고 하나님을 찾게 했기 때문에 나라가 그 앞에서 평안함을 누리게 했다. 본 절의 "태양 상"이란 '태양신을 섬기는 우상시설'을 뜻한다. 본서 34:3,4과 레 26:30에는 태양 상이 바알 숭배와 깊은 연관이 있는 것으로 나타난다. 옛날 사람들은 태양이 하나의 피조물인줄 모르고 태양이 큰 힘이나 있는 것처럼 태양을 섬겼다.

대하 14:6. 여호와께서 아사에게 평안을 주셨으므로 그 땅이 평안하여 여러 해 싸움이 없은지라 그가 견고한 성읍들을 유다에 건축하니라.

여호와께서 아사에게 평안을 주셨으므로 나라가 조용하였고, 여호와께서는 여러 해 동안 아무도 그에게 싸움을 걸어오지 못하게 했다. 그래서 아사는 유다 지방에 견고한 성읍들을 만들 수 있었다. 아사의 조부 르호보암이 쌓아 놓은 것(11:5-12)을 애굽왕 시삭이 올라와 파괴했고 아사가 그것들을 다시 재건했다.

대하 14:7. 아사가 일찍이 유다 사람에게 이르되 우리가 우리 하나님 여호와

를 찾았으므로 이 땅이 아직 우리 앞에 있나니 우리가 이 성읍들을 건축하고 그 주위에 성곽과 망대와 문과 빗장을 만들자 우리가 주를 찾았으므로 주께서 우리 사방에 평안을 주셨느니라 하고 이에 그들이 성읍을 형통하게 건축하였더라.

아사가 일찍이 유다 사람들에게 이르기를 "우리가 우리 하나님 여호와를 찾았으므로 이 땅이 아직 우리 앞에 있나니 우리가 이 성읍들을 건축하고 그 주위에 성곽과 망대와 문과 빗장을 만들자"고 격려했다. 아사는 다시 유다 백성들에게 "우리가 여호와를 찾았으므로 주께서 우리 사방에 평안을 주셨느니라"고 말했다. 여호와를 찾으면 여호와께서 평안함을 주신다는 것은 성경의 일관된 주장이다. 아사 왕은 이렇게 평안할 때 성읍을 튼튼하게 건축하자고 말하며 실제로 건축했다.

대하 14:8. 아사의 군대는 유다 중에서 큰 방패와 창을 잡는 자가 삼십만 명이요 베냐민 중에서 작은 방패를 잡으며 활을 당기는 자가 이십팔만 명이라 그들은 다 큰 용사였더라.

아사 시대의 남 왕국의 군인 수는 모두 58만명(유다 군인이 30만, 베냐민 군인이 28만)이었다. 유다 군인은 큰 방패(전신을 가리는 방패)를 잡았고 베냐민 군인은 작은 방패(가슴을 가리는 방패)를 잡았다. 또 삿 20:15-16에 의하면 유다인의 특징은 창을 잘 쏘는 것이었고, 베냐민은 활을 잘 쏘는 것이었다(대상 8:40; 12:2).

2. 구스 사람 세라의 침입을 물리치다 14:9-15

아사가 종교개혁을 한 후 여호와는 아사 군의 위력을 보여주시기 위해 구스(에디오피아)의 대군을 일으키게 하여 아사에게 몰려오게 하셨다. 그러나 아사는 여호와를 의지하여 구스 군을 물리치게 하신다.

대하 14:9. 구스 사람 세라가 그들을 치려하여 군사 백만 명과 병거 삼백

대를 거느리고 마레사에 이르매.

구스(에티오피아) 사람 세라(당시 애굽과 에디오피아를 같이 통치한 제 22왕조의 시삭의 후계자인 오소르콘 II세[Osorkon II세])가 유다를 치려고 백만 대군에 병거 삼백 대를 이끌고 쳐들어 와서 마레사에 이르렀다. 종교개혁을 했을 때는 아무리 큰 군대가 몰려와도 그들은 아무 것도 아닌 것으로 치부된다. 100만 대군에 병거(전쟁에 쓰는 수레) 300대를 이끌고 쳐들어 왔어도 그 세력은 아무 것도 아닌 것이다. "마레사"(Mareshah)에 대해 11:8 주해 참조.

대하 14:10. 아사가 마주 나가서 마레사의 스바다 골짜기에 전열을 갖추고.

그러자 아사와 군인들은 마레사 군인들과 맞서 싸우기 위해 나가서 마레사 근처의 스바다 골짜기에 진을 쳤다. "스바다 골짜기"[376)]는 마레사 가까이 있고, 경사지에서 유다의 중앙에 이르는 계곡이다(Robinson).

대하 14:11. 아사가 그의 하나님 여호와께 부르짖어 이르되 여호와여 힘이 강한 자와 약한 자 사이에는 주밖에 도와 줄 이가 없사오니 우리 하나님 여호와여 우리를 도우소서 우리가 주를 의지하오며 주의 이름을 의탁하옵고 이 많은 무리를 치러 왔나이다 여호와여 주는 우리 하나님이시오니 원하건대 사람이 주를 이기지 못하게 하옵소서 하였더니.

아사 왕은 구스(에티오피아) 사람 세라와 싸우기 전에 여호와께 부르짖는다. "여호와여! 힘이 강한 자와 약한 자 사이에는 주밖에 도와 줄 이가 없사오니 우리 하나님 여호와여 우리를 도우소서 우리가 주를 의지하오며 주의 이름을 의탁하옵고 이 많은 무리를 치러 왔나이다"라고 부르짖는다. 아사는 자기들의 군사력이 약한 것을 인정한다. 여기 "힘이 강한 자"는 구스의 세라 군대이고, "약한 자"는 아사 군대라는 것을 인정하고 하나님의 도우심을

---

376) "스바다 골짜기": 마레사 부근의 골짜기인데, 유대왕 아사가 에디오피아군을 격파한 곳이다(14:10). 마레사의 북(北)을 흐르는 와디 에 사휘예(Wadi es-Safiyeh)와 동일시된다.

구한다. 우리는 세상의 다른 세력과 싸울 때 우리의 힘이 약하다는 것을 여호와께 고해야 한다. 우리가 주를 의지할 때는 상대방이 아무리 강하다고 해도 아무 것도 아니다. 세상 모든 세력은 새 발의 피에 지나지 않는다. 아사는 또 "여호와여 주는 우리 하나님이시오니 원하건대 사람이 주를 이기지 못하게 하옵소서"라고 아뢰었다. 여기 "사람이 주를 이기지 못하게 하옵소서"라는 부르짖음은 세라의 100만 군인이 아사 군인의 도움이신 주님을 이기지 못하게 해주시라는 부르짖음이다. 이런 기도야 말로 강력한 기도이다.

대하 14:12. 여호와께서 구스 사람들을 아사와 유다 사람들 앞에서 치시니 구스 사람들이 도망하는지라.

여호와께서 아사의 부르짖음을 들으셔서 아사와 유다 사람 앞에서 에티오피아 군대를 치시자 그들은 도주하고 말았다. 여호와는 그를 의지하는 자의 기도를 들으시고 이기게 하신다. 적군들은 도망하지 않을 수 없게 된다. 군대의 수나 무력의 강함은 기도하는 사람들 앞에서 아무 것도 아니다.

대하 14:13. 아사와 그와 함께 한 백성이 구스 사람들을 추격하여 그랄까지 이르매 이에 구스 사람들이 엎드러지고 살아남은 자가 없었으니 이는 여호와 앞에서와 그의 군대 앞에서 패망하였음이라 노략한 물건이 매우 많았더라.

아사와 그를 따르는 군대가 그랄(블레셋의 성읍, 가사 남방 24km 지점이고 마레사의 서남쪽 약 32km 지점)에 이르기까지, 구스 군대(에티오피아 군대)를 추격하며 무찔렀다. 에티오피아 군은 여호와 앞에서와 주의 군대(유다 군대) 앞에서 패망하고 말았으므로, 한 사람도 살아남지 못하였다. 유다 군은 대단히 많은 전리품을 얻게 되었다. 이는 대승이 아닐 수 없었다.

대하 14:14. 여호와께서 그랄 사면 모든 성읍 백성을 두렵게 하시니 무리가 그의 모든 성읍을 치고 그 가운데에 있는 많은 물건을 노략하고.

여호와께서 그랄 주변의 모든 성읍 백성들을 두렵게 하셨다. 그랄 사람들까지 유다 군대 앞에서 벌벌 떠는 수밖에 없었다. 이유는 그랄 사면의 모든 성읍 백성들은 구스 군대가 주둔하고 있는 동안 구스 군대를 도와 유다 군대를 적대한 것으로 보인다. 그래서 유다 군이 그 모든 성읍을 치고 약탈하였다. 그 성읍들 안에는 전리품으로 가져 갈 물건들이 많이 있어서 노략하게 되었다.

대하 14:15. 또 짐승 지키는 천막을 치고 양과 낙타를 많이 이끌고 예루살렘으로 돌아왔더라.

또 가축들을 지키는 자들의 천막(가축들의 막사)을 습격하여 많은 양과 낙타를 사로잡아 예루살렘으로 돌아왔다. 유다 군대는 적의 군대만 치려고 했으나 양과 낙타까지 사로잡아 돌아오게 되었다. 하나님을 의지한 아사 군대는 큰 승리를 거둔 것이다.

제 15 장

3. 아사랴가 예언하다 15:1-7

아사 왕이 구스(에디오피아)의 세라 대군을 물리치고 돌아오자 예언자 아사랴가 아사 왕에게 복과 저주의 길이 사람 앞에 있음을 말하고, 앞으로 여호와를 계속해서 찾을 것을 주문한다.

대하 15:1. 하나님의 영이 오뎃의 아들 아사랴에게 임하시매.

하나님의 영이 오뎃의 아들 아사랴를 감동시켰다. 여기 "하나님의 영"은 '성령'을 말한다(창 1:2; 삼상 10:6; 대상 12:18; 대하 20:14). 이상의 구약 성구들을 보아 성령님은 구약 시대에도 성부, 성자와 함께 활약하셨음을 알 수 있다. 창 1:26 주해 참조.

"오뎃"(Oded, '부흥자'라는 뜻)은 '아사랴의 부친'이다. "아사랴"(Azariah)는 구약 성경에 종종 나타난다(21:2; 23:1; 대상 2:8; 스 7:3; 느 7:7). 그러나 "오뎃의 아들 아사랴"란 표현은 이곳에만 나타난다. 이렇게 "아사랴"를 "오뎃의 아들 아사랴"로 표기한 것은 "대제사장 요하난의 아들 아사랴"(대상 6:10)와 구별하기 위해 본 절의 아사랴를 "오뎃의 아들 아사랴"로 표기한 것으로 보인다[377].

---

377) 그러나 고대 역본들(Vulgate, LXX)에는 "오뎃의 아들 아사랴"를 단지 '오뎃'이라고만 표기하고 있다. 그런고로 혹자는 본 절을 '아사랴의 아들 오뎃'이라고 표기해야 옳다고 주장한다(Movers). 그러면서 그 근거로 본 장 8절에서 '오뎃의 아들 아사랴' 대신 '선지자 오뎃'이라고 언급되어 있음을 예로 든다. 그렇지만 8절에서 '선지자 오뎃' 뒤에는 '--의 아들 아사랴'가 필사자의 실수로 빠졌거나 '오뎃'이란 이름이 잘못 언급된 것으로 보인다(Pulpit Commentary). 따라서 위의 주장의 사실성 여부를 확인하기가 어렵다.

대하 15:2. 그가 나가서 아사를 맞아 이르되 아사와 및 유다와 베냐민의 무리들아 내 말을 들으라 너희가 여호와와 함께 하면 여호와께서 너희와 함께 하실지라 너희가 만일 그를 찾으면 그가 너희와 만나게 되시려니와 너희가 만일 그를 버리면 그도 너희를 버리시리라.

아사랴가 나가서 아사를 맞아 이르기를 "아사와 및 유다와 베냐민의 무리들아!"라고 부른 다음 선지자의 말을 들으라고 말한다. "너희가 여호와와 함께 하면 여호와께서 너희와 함께 하실 것이라"고 말한다. 여기 "여호와와 함께 하면"이란 말은 '하나님을 찾으면'이라는 뜻이다. 우리가 하나님을 찾으면 하나님께서도 우리를 찾아 은혜를 주시며 복을 주신다는 것이다. 아사랴는 앞에 말한 것을 다시 반복하여 말한다. 즉, "너희가 만일 그를 찾으면 그가 너희와 만나게 되시려니와 너희가 만일 그를 버리면 그도 너희를 버리시리라"고 말한다. 이것은 신자의 과거 경험이고 현재의 경험이며 미래의 경험일 것이다. 우리는 항상 하나님을 찾아야 할 것이다.

대하 15:3. 이스라엘에는 참 신이 없고 가르치는 제사장도 없고 율법도 없은 지가 오래 되었으나.

"이스라엘에는 참 신이 없었던" 때가 있었는데 그것은 사사시대, 이스라엘의 멸망의 때, 포로 기에는 백성들이 참 신을 인지하지 못했었다. 그 때에 이스라엘에 참신을 인지하지 못했던 이유는 하나님을 가르치는 제사장이 없었고 또 율법을 가르치는 제사장이 없었기 때문이었다.

대하 15:4. 그들이 그 환난 때에 이스라엘 하나님 여호와께로 돌아가서 찾으매 그가 그들과 만나게 되셨나니.

이스라엘 백성들이 하나님을 멀리 떠나 하나님을 인지하지 못하고 제사장도 없고 율법도 없었던 때에는(3절) 자연적으로 환난을 만나기 마련인데 그런 때에 이스라엘 백성들이 "하나님 여호와께로 돌아가서 찾으매 하나님이 그들과 만나 주셨다"는 것이다. 이런 원리는 어느 시기에도 들어맞는 원리이다. 하나님을 멀리 떠나 환난을 만날 때에 그 환난의 원인을 알고 하나님께 부르짖으면 하나님께서 만나주신다는 것이다.

대하 15:5. 그 때에 온 땅의 모든 주민이 크게 요란하여 사람의 출입이 평안하지 못하며.

"그 때에"(in those times)란 말은 다시 "하나님이 버리신" 때를 말한다(3절 참조). "온 땅의 모든 주민"이란 가나안 땅을 메소보다미아인, 모압인, 가나안인, 미디안인, 암몬인, 블레셋인 등이 지배한 상태를 지칭한다. 이들이 가나안 땅을 지배하여 크게 요란하여 가나안 사람의 활동이 평안하지 못하던 시기를 가리킨다(Barler, K.&D.).

대하 15:6. 이 나라와 저 나라가 서로 치고 이 성읍이 저 성읍과 또한 그러하여 피차 상한 바 되었나니 이는 하나님이 여러 가지 고난으로 요란하게 하셨음이라.

본 절은 앞 절(5절)의 "요란한" 상태를 더 구체적으로 설명하는 구절이다. "이 나라와 저 나라가 서로 치고 이 성읍이 저 성읍과 또한 그러하여 피차 상한 바" 된 이유는 "하나님께서 여러 가지 고난으로 요란하게 하셨기 때문"이다. 이스라엘과 외국인이 서로 치고 또 이스라엘 안의 도시들이 서로 치는 이유는 이스라엘이 하나님을 떠나 하나님으로부터 심판을 받게 되기 때문이다. 그런고로 이런 일이 생길 때는 한 시 빨리 하나님께 돌아가야 하는 것이다.

대하 15:7. 그런즉 너희는 강하게 하라 너희의 손이 약하지 않게 하라 너희 행위에는 상급이 있음이라 하니라.

그런고로 이스라엘은 하나님을 가까이 하여(종교개혁을 하여) 마음을 강하게 해야 하고 손이 약하지 않게 해야 하는 것이다(8절). 그렇게 하나님을 가까이하여 마음을 강하게 하고 손을 강하게 하면 상급이 따른다. 그 상급이란 9절에서 알려준다(9절).

4. 아사가 둘째 번 시도한 종교개혁 15:8-19

아사랴의 말씀을 듣고 감동을 받은 아사 왕은 더욱 박차를 가하여 종교개혁을 시도하여 전심을 다하여 여호와를 섬기고 우상을 배격했으며 자기의 어머니가 아세라 신을 섬겼으므로 폐위시켰다.

대하 15:8. 아사가 이 말 곧 선지자 오뎃의 예언을 듣고 마음을 강하게 하여 가증한 물건들을 유다와 베냐민 온 땅에서 없애고 또 에브라임 산지에서 빼앗은 성읍들에서도 없애고 또 여호와의 낭실 앞에 있는 여호와의 제단을 재건하고.

아사가 이 말 곧 선지자 오뎃의 아들 아사랴(1절)의 예언을 듣고 마음을 강하게 하여 가증한 물건들(우상들)을 유다와 베냐민 온 땅에서 없앴고 또 에브라임 산지에서 빼앗은 성읍들에서도 없앴다. 그러면서 한편 아사는 여호와의 성전 앞에 있는 낭실(현관) 앞에 있는 여호와의 번제 단을 중수했다. 그러니까 아사는 제거할 것을 제거했고 중수할 것을 중수했다.

대하 15:9. 또 유다와 베냐민의 무리를 모으고 에브라임과 므낫세와 시므온 가운데에서 나와서 저희 중에 머물러 사는 자들을 모았으니 이는 이스라엘 사람들이 아사의 하나님 여호와께서 그와 함께 하심을 보고 아사에게로 돌아오는 자가 많았음이더라.

아사가 전 국민을 모아 감사의 제사를 드리고 또 저희의 신앙을 격려했다. "유다와 베냐민(원래 유다의 백성들이었다)의 무리를 모았고" 또 "에브라임과 므낫세와 시므온 가운데에서 나와서 저희 중에 머물러 사는 자들(이들은 북 왕국 사람들로서 여로보암의 우상숭배 정책에 반대하여 남 왕국으로 넘어온 자들이었다)을 모았다". 북 왕국 사람들이 이렇게 남 왕국으로 넘어온 이유는 "아사의 하나님 여호와께서 그와 함께 하심을 보고 아사에게로 돌아오는 자가 많았기" 때문이었다. 우리는 우리의 이웃이 하나님께서 우리와 함께 하시는 것을 보여주어야 한다. 그것이 전도이다.

대하 15:10. 아사 왕 제 십 오년 셋째 달에 그들이 예루살렘에 모이고.

아사 왕(B.C.910-869재위) 제 15년은 주전 895년이었는데 그해 3월에 그들이 예루살렘에 모였다. 아사 왕이 이렇게 전 국민을 예루살렘에 모은 이유는 전승(戰勝)에 대한 감사와 77절을 지키기 위함이었다. 바로 이때는 구스(에디오피아)의 세라와의 전쟁이 끝난 후였고 또 아사 왕의 초기 10년간은 평안했으니(14:1) 아사가 구스와 전쟁한 때는 아사의 통치 10년에서 15년 사이였을 것이다. 3월은 "시완월"이었고 민간력으로는 9월, 태양력으로는 5-6월경이었다. 이달 6일경에 77절이 시작된다. 아사는 77절을 지키면서 구스 전 승리의 감사제를 드린 것이다(이상근).

대하 15:11. 그 날에 노략하여 온 물건 중에서 소 칠백 마리와 양 칠천 마리로 여호와께 제사를 지내고.

그 날 그들은 그들이 구스와의 전쟁에서 노략하여 온 전리품 가운데서 소 700마리와 양 7,000마리를 주님께 희생 제물로 잡아 화목제를 드렸고 제사 후에 그 제물을 백성들에게 나누어 먹게 했을 것이다.

대하 15:12. 또 마음을 다하고 목숨을 다하여 조상들의 하나님 여호와를 찾기로 언약하고.

마음을 다하고 목숨을 다하여 힘을 다하여 조상들의 하나님 여호와를 사랑하고 찾기로 언약했다(신 6:4-5). "언약"에 대해 대상 11:3 주해 참조.

대하 15:13. 이스라엘 하나님 여호와를 찾지 아니하는 자는 대소 남녀를 막론하고 죽이는 것이 마땅하다 하고.

이스라엘 하나님 여호와를 마음을 다하고 목숨을 다하여 조상들의 하나님을 찾지 않는 자, 곧 우상을 숭배하는 자는 대소 남녀를 막론하고 죽이는 것이 마땅하다고 결론을 내렸다. 이런 결론을 내리면 한동안 사람들은 하나님을 열심히 찾게 마련이다.

대하 15:14. 무리가 큰 소리로 외치며 피리와 나팔을 불어 여호와께 맹세하매.

무리는 여호와를 찾아 구하기로 큰 소리로 외치면서 피리와 나팔을 불면서 즐겁게 여호와께 맹세했다. 그들은 여호와의 백성으로 새로운 결심으로 새 출발을 했다.

대하 15:15. 온 유다가 이 맹세를 기뻐한지라 무리가 마음을 다하여 맹세하고 뜻을 다하여 여호와를 찾았으므로 여호와께서도 그들을 만나 주시고 그들의 사방에 평안을 주셨더라.

온 유다 백성들이 위의 12-14절의 맹세를 기쁜 마음으로 했다. 그들은 마음을 다하여 진심에서 맹세했고, 뜻을 다하여 여호와를 찾았으므로 여호와께서도 그들을 만나주셨다. 우리가 여호와를 찾으면 찾아진다는 것을 보여주는 실례이다. 그들이 찾은 하나님은 나라 안에 평안을 주셨다.

대하 15:16. 아사 왕의 어머니 마아가가 아세라의 가증한 목상을 만들었으므로 아사가 그의 태후의 자리를 폐하고 그의 우상을 찍고 빻아 기드론 시냇가에서 불살랐으니.

본 절과 다음 절(17절)은 아사 왕의 어머니가 아세라 신(가나안의 여신)을 섬겼으므로 태후(황제의 살아 있는 어머니)의 위를 폐한 것(왕이나 왕비 등의 위를 폐하는 일)을 진술한다. 본 절에 대한 병행 구는 왕상 15:13-15에 있다. 본 절의 아사 왕의 어머니 "마아가"는 압살롬의 딸(손녀)로 르호보암의 아내였고, 아비야의 모후였으며, 아사의 조모였다(11:20). 히브리어에서는 어머니와 할머니를 같은 단어로 묘사하고 딸과 손녀를 같은 낱말로 묘사하고 있다.

아사는 마아가의 태후의 자리를 폐하고 그녀의 아세라 우상을 찍고 빻아 기드론 시냇가에서 불살랐다. 아사는 육신의 어머니의 위를 폐했으니 육정을 초월한 단호한 개혁이었음을 보여준다. 우상을 "찍었다"는 말, "빻았다"는 말, "불살랐다"는 말 등이 철저한 개혁이었음을 보여준다. 우리는 철저한 개혁을 해야 할 것이다. 본 절의 "기드론 시내"란 예루살렘 동편의 시내를 지칭한다.

대하 15:17. 산당은 이스라엘 중에서 제하지 아니하였으나 아사의 마음이 일평생 온전하였더라.

본 절의 "산당"은 '불법적으로 예배를 드렸던 높은 언덕들'을 지칭한다. 아사는 산당을 "이스라엘" 중에서 제하지 않았다. 여기 "이스라엘"이란 말은 문맥에 의해서 남쪽 나라 유다를 지칭하는 말이다. 아사는 산당을 제거해야 했으나 제하지 아니했어도 그의 마음이 일평생 여호와를 떠나지 않고 온전히 여호와 신앙을 지켰다(14:2 주해 참조).

대하 15:18. 그가 또 그의 아버지가 구별한 물건과 자기가 구별한 물건 곧 은과 금과 그릇들을 하나님의 전에 드렸더니.

아사는 또 그의 아버지가 구별한 물건과 자기가 구별한 물건 곧 은과 금과 그릇들을 하나님의 전에 드렸다. "그의 아버지 아비야가 구별한 물건"이란 '아비야가 여로보암을 격파하고 얻은 전리품'(13:18)일 것이고, "자기가 구별한 물건"이란 '아사가 구스(에디오피아) 전에서 얻은 막대한 전리품'을 지칭한다(14:12-15; 15:11, K.&D.). 아사는 그 모든 전리품들을 하나님의 성전에 드렸다. 이렇게 드려야 했던 이유는 자기 아버지 르호보암 왕이 애굽 왕 시삭으로부터 탈취당한 성전과 왕궁의 보물을 보충하기 위함이었다. 사실 이런 사건이 일어나지 않았어도 우리는 무엇이든지 성전에 바쳐야 하는 것이다.

대하 15:19. 이 때부터 아사 왕 제 삼십 오년까지 다시는 전쟁이 없으니라.

이 때부터 아사 왕 제 35년까지 다시는 전쟁이 없었다는 말은 다음 절(16:1)에 36년에 이르러 다시 전쟁이 있었다는 것을 말하기 위함이다. 그런데 여기 문제가 되는 것은 북 왕국의 바아사는 아사 왕 3년에 즉위하여(왕상 15:33) 26년에 죽었음을 알 수 있다(왕상 16:8). 그러므로 본 절의 35년은 25년이란 말의 오기로 보아야 한다. 이는 필사자의 착오이다(K.&D., Barker). 아사 왕은 즉위 후 10년간은 평안했고(14:1), 제 11년에 구스와의 전쟁이 일어나서 제 15년 이전에 승리로 끝났고(15:10), 그 때부터 제 26년까지 평안했으며(15:19), 제 26년이 되어 이스라엘의 바아사와의 전쟁이 시작된 것으로 보인다(16:1).

제 16 장

5. 이스라엘 왕 바아사와 전쟁하다　16:1-6(왕상 15:17-22)

남 왕국 아사 왕이 북 왕국의 바아사와의 전쟁은 바아사의 도전에서 시작된 것이었다. 즉, 바아사가 선제 공격을 하여 라마를 공격해서 생긴 전쟁이었고, 아사는 아람의 벤하닷과 동맹을 맺어 바아사 군대를 격퇴한다. 이 전쟁은 아사가 하나님을 의지하지 않고 세상 세력을 의지했다는 점에서 큰 과오였다.

대하 16:1. 아사 왕 제 삼십육 년에 이스라엘 왕 바아사가 유다를 치러 올라와서 라마를 건축하여 사람을 유다 왕 아사에게 왕래하지 못하게 하려 한지라.

아사 왕 제 36년에 이스라엘 왕 바아사가 유다를 치러 올라와서 라마를 건축하여 사람을 유다 왕 아사에게 왕래하지 못하게 하려 했다.

아사 왕 "제 36년"은 "제 25년"의 오기(誤記)이다(15:19 주해 참조). 이스라엘 왕 바아사가 유다를 치러 올라와서 라마(높은 곳이란 뜻, 예루살렘에서 북쪽으로 8km 지점에 위치해 있음)를 건축하여 사람을 유다 왕 아사에게 왕래하지 못하게 하려한 것은 북 왕국의 경건한 백성들이 각종 절기(유월절, 칠칠절, 초막절 등)에 예루살렘 성전으로 여호와를 경배하기 위해 가는 것을 차단하고 또 남 왕국을 언제인가 공격하려는 시도였다.

대하 16:2. 아사가 여호와의 전 곳간과 왕궁 곳간의 은금을 내어다가 다메섹에 사는 아람 왕 벤하닷에게 보내며 이르되.

아사는 바아사의 이런 시도를 의식하고 여호와께 의지해서 라마 건축하는 것을 중단시켰어야 했는데 어떤 인간적인 방법을 동원한 것은 큰 과오였다. 즉, 아사가 여호와의 전 곳간과 왕궁 곳간의 은금을 내어다가 다메섹에 사는 아람 왕 벤하닷에게 보내며 말하기를 다음 3절과 같은 시도를 한 것이다. 오늘 우리는 범사에 여호와 하나님만 의지해야 할 것이다.

아사가 벤하닷에게 보낸 은금(銀金)은 아비야가 여로보암에게서 취한 것과 그 자신이 구스에게서 취한 것이었다(15:58). 또 아사가 여호와의 성전에 일단 바친 헌금을 도로 취하여 아람에게 바친 것도 큰 죄였다. 아사는 이런 일을 해서 하나니의 책망을 받았다(7-10절).

아람 왕 "벤하닷"(Benhadad I)(B,C. 900-860통치)은 배후에 앗수르 제국의 위협을 느끼면서 남방으로 통로를 얻고자 이스라엘의 남북 간의 갈등을 이용하여 어부지리를 취하며, 이 때에도 남 유다의 막대한 금품을 받고 북 왕국의 갈릴리 바다의 부근을 공략했다(이상근).

대하 16:3. 내 아버지와 당신의 아버지 사이에와 같이 나와 당신 사이에 약조하자 내가 당신에게 은금을 보내노니 와서 이스라엘 왕 바아사와 세운 약조를 깨뜨려 그가 나를 떠나게 하라 하매.

아사 왕은 자기 머리로 잔꾀를 부린다. "내 아버지와 당신의 아버지 사이에와 같이 나와 당신 사이에 약조하자 내가 당신에게 은금을 보내노니 와서 이스라엘 왕 바아사와 세운 약조를 깨뜨려 그가 나를 떠나게 해달라"고 한다. 북 왕국 군대가 떠나는 일은 하나님에게 의뢰해서 이루어져야 하는데 세상 세력을 의지해서 이루려한다. 아사도 나쁜 꾀를 써서 일을 이루려 했지만 아람 왕 벤하닷도 양다리를 걸친 사람이었다. 양다리를 걸치고 세상을 살아가는 사람도 결국은 양다리를 걸치고 살다가 망한다.

대하 16:4. 벤하닷이 아사 왕의 말을 듣고 그의 군대 지휘관들을 보내어 이스라엘 성읍들을 치되 이욘과 단과 아벨마임과 납달리의 모든 국고 성들을 쳤더니.

벤하닷은 이제 아사 왕의 은금을 받았으니 아사 왕의 말을 들어야 했다. "그의 군대 지휘관들을 보내어 이스라엘 성읍들을 치되 이욘과 단과 아벨마임과 납달리의 모든 국고 성들을 쳤다". "이욘"(Ijon)은 단의 서 북편에 있고, 현재의 '에드듭빈'(Ed-dibbin)이다. "단"(Dan)은 원래는 "라이스"라는 이름을 가지고 있었는데 단지파가 점령하여 붙여진 이름이었다(삿 18:27-31). "아벨마임"(Abelmaim)은 왕상 15:20에는 "아벨마아가"라고 묘사되어 있다. 레바논 산맥 기슭에 있는 납달리 지파의 성읍이다(삼상 20:14). "납달리"(Naphtali)는 갈릴리 바다 서북편의 지역으로 이스라엘의 최북단에 위치해 있다. "모든 국고성"이란 국가의 식량을 저축해 둔 곳간들이 있는 성읍들을 지칭한다. 벤하닷은 아사로부터 받은 돈 때문에 자기의 의지와는 상관없이 그곳들에게 가서 그 성읍들을 부순 것이었다.

대하 16:5. 바아사가 듣고 라마 건축하는 일을 포기하고 그 공사를 그친지라.

바아사가 듣고 라마 건축하는 일을 포기하고 그 공사를 그쳤다. 라마를 건축하는 일을 포기하고 중단했다. 왕상 15:21에는 "바아사가 듣고 라마를 건축하는 일을 중단하고 디르사에 거주하니라"고 말하고 있다. "디르사"(Tirzah)는 당시 북 왕국의 수도였는데 세겜 북방 약 10km 지점에 있었다. 당시 바아사는 그의 병력을 라마 건축에 동원하고 있었는데 아람군대가 이스라엘을 공격하여 갈릴리 지방을 석권하고 수도 디르사를 향해 진군할 태세였으므로 바아사는 라마에서 철수하여 디르사 방위에 전력을 기울이게 되었다. 바아사는 공연히 남 왕국을 공격하다가 어려움을 당했고 아사는 하나님을 의지하지 않고 세상 세력을 의지하다가 하나님으로부터 책망을 듣게 되었다. 오늘도 세상 사람들은 필요 없는 일을 많이 하고 있다.

대하 16:6. 아사 왕이 온 유다 무리를 거느리고 바아사가 라마를 건축하던 돌과 재목을 운반하여다가 게바와 미스바를 건축하였더라.

아사 왕이 온 유다 무리를 거느리고 가서 바아사가 라마를 건축하던 돌과 재목을 운반하여다가 게바와 미스바를 건축했다. 아사가 이렇게 유다의 온 무리를 거느리고 가서 바아사가 라마를 건축하던 돌과 재목을 가져다가 게바와 미스바를 건축한 이유는 이스라엘 군대의 재 침입을 막기 위함이었다. 인간적으로는 재빠른 동작이었으나 하나님으로부터 책망을 들은 것은 당연한 일이었다.

"게바"(Geba)는 라마의 동북편 6km 지점이고 남 왕국을 위한 북단 경계였다(수 18:24). "미스바"(Mizpah)는 예루살렘 북방 8km의 고지대이다.

6. 하나니가 책망하다 16:7-10

선견자 하나니는 아사가 하나님을 의지하지 않고 아람의 벤하닷 군대를 의지한 것을 책망한다(7-9절). 아사는 책망을 받고 노여워하여 하나니를 옥에 가두었다. 아사가 선견자의 책망을 받고 노여워한 것은 마음이 높았기 때문이었다(10절). 마음이 높은 사람들은 다른 사람들의 책망을 잘 받지 않고 잘 노한다.

대하 16:7. 그 때에 선견자 하나니가 유다 왕 아사에게 나와서 그에게 이르되 왕이 아람 왕을 의지하고 왕의 하나님 여호와를 의지하지 아니하였으므로 아람 왕의 군대가 왕의 손에서 벗어났나이다.

그 무렵 하나니 선견자(선지자와 동의어)가 유다 왕 아사에게 와서 책망한다(7-9절). 즉, "임금님께서 아람 왕을 의지하시고, 임금님의 하나님 여호와를 의지하지 않으셨으므로, 이제 아람 왕의 군대는 임금님의 손에서 벗어나 버렸습니다". 아사 왕은 범사에 하나님을 의지해야 했는데 아람 왕을 의지했으니 큰 죄라는 것을 알려주었다. 그래서 이제 아람 왕의 군대가 왕의 손에서 벗어나게 되었다는 것이다. 다시 말해 아람을 정복하지 못하고 아사 왕의 손에서 벗어나 유다를 괴롭힐 것이란 뜻이다. 우리가 사람을 의지하면 바로 그 사람한테 괴롭힘을 당하는 것을 알고 절대로 사람을 의지해서는 안 될 것이다.

대하 16:8. 구스 사람과 룹 사람의 군대가 크지 아니하며 말과 병거가 심히 많지 아니하더이까 그러나 왕이 여호와를 의지하였으므로 여호와께서 왕의 손에 넘기셨나이다.

하나니의 책망의 연속이다. 하나니는 아사 왕이 실제로 경험한 것을 예로 들어 상대방의 군대가 아무리 막강해도 하나님만 의지하면 승리할 수 있다는 것을 말한다. 즉, 구스(에디오피아) 군대가 컸고 또 룹 사람의 군대가 컸는데도 하나님을 의지하니 여호와께서 아사 왕에게 넘기셨다는 것을 말한다(14:9-15). 상대방의 세력이 아무리 커도 하나님 앞에서는 새 발의 피도 안 된다는 것이다. 본 절의 "룹 사람"(Lubims)은 "훕 사람"(12:3)과 같이 리비아인을 지칭한다(Lange).

대하 16:9. 여호와의 눈은 온 땅을 두루 감찰하사 전심으로 자기에게 향하는 자들을 위하여 능력을 베푸시나니 이 일은 왕이 망령되이 행하였은즉 이 후부터는 왕에게 전쟁이 있으리이다 하매.

하나니는 아사에게 '여호와께서는 그 눈으로 온 땅을 두루 살피셔서, 전심전력으로 주님께 매달리는 이들을 힘 있게 해주셔서 승리하게 하십니다. 이번 일을 처리하시는데 있어서는 임금님께서는 어리석게 행동하셨습니다. 세상 세력에게 돈을 주고 도움을 받을 생각을 하셨으니 그게 말이나 되는 일입니까. 이제부터 임금님께서는 전쟁에 휘말리실 것입니다'라고 했다.

대하 16:10. 아사가 노하여 선견자를 옥에 가두었으니 이는 그의 말에 크게 노하였음이며 그 때에 아사가 또 백성 중에서 몇 사람을 학대하였더라.

하나니의 책망을 받고 아사는 우선 화를 냈다. 그리고 선견자 하나니를 옥에 가두었다. 아사가 이렇게 한 이유는 하나니의 말에 크게 노하였기 때문이다. 그 뿐 아니라 아사가 또 백성 중에서 몇 사람을 학대했다. 백성 중에 몇 사람이 아사의 행동에 불만을 품었기에 아사가 학대한 것으로 보인다.

아사가 이렇게 노한 것은 자기가 무엇을 잘 못한 것인지 알지 못해서였고 또 그가 마음이 높아서 선견자의 책망을 받고 화를 낸 것이었다. 다윗은 나단의 책망을 듣고 회개했다(삼하 12:7-15).

7. 아사가 죽다 16:11-14(왕상 15:23-24)

아사도 결국은 그의 조상을 따라 죽었다.

대하 16:11. 아사의 처음부터 끝까지의 행적은 유다와 이스라엘 열왕기에 기록되니라.

아사의 행적은 처음부터 끝까지 '유다(왕상 14:29)와 이스라엘(왕상 14:19) 열왕기'에 기록되어 있다. 본 절의 유다와 이스라엘 열왕기란 궁중의 매일의 사건들을 기록한 궁중 실록을 지칭한다.

대하 16:12. 아사가 왕이 된 지 삼십구 년에 그의 발이 병들어 매우 위독했으나 병이 있을 때에 그가 여호와께 구하지 아니하고 의원들에게 구하였더라.

아사가 왕이 된 지 39 년이 되던 해에, 발에 병이 나서 위독하게 되었다. 그렇게 아플 때에도 그는 주님을 찾지 아니하고 의사들을 찾았다. 아사의 치세(B.C. 910-869) 39년은 B.C. 867년경이다. 왕상 15:23에는 "그가 늘그막에 발에 병이 들었더라"고 묘사하고 있다.

본서 저자 에스라는 아사 왕이 발병이 났을 때 먼저 하나님을 의지해서 기도했더라면 고침을 받을 수 있었을 터인데 하나님을 의지하지 않고 의원들에게 병을 고쳐달라고 한 것이 잘 못된 처사였다는 것을 말한다. 세상 의사에게 의지하는 것 자체가 잘 못된 것이 아니라 하나님께 의지하지는 않고 의사들에게 병을 고쳐달라고 구한 것이 잘못된 행위였다. 의원들은 하나님이 쓰시는 도구임을 알고 우리는 먼저 하나님께 세세하게 구해야 할 것이다. 우리가 세상에 살 때에 가끔 병이 나는 것은 반드시 죄 값이라고 할 수 없는 경우가 있을 것이다. 하나님께 의지하는지 하나님께서 시험하는 경우를 만나기도 할 것이다.

대하 16:13. 아사가 왕위에 있은 지 사십일 년 후에 죽어 그의 조상들과 함께 누우매.

아사가 죽어서 그의 조상과 함께 잠드니(9:31; 12:16; 14:1) 그가 왕이 된 지 41 년이 되던 해였다. 그는 남쪽 나라 유다 왕으로 41년의 치세기간을 가졌다. 그는 선한 왕으로 분류되었으나 가끔 비 신앙적 행위를 가졌었다.

대하 16:14. 다윗 성에 자기를 위하여 파 두었던 묘실에 무리가 장사하되 그의 시체를 법대로 만든 각양 향 재료를 가득히 채운 상에 두고 또 그것을 위하여 많이 분향하였더라.

아사가 다윗 성에 자기를 위하여 파 두었던 묘실에 무리가 장사해 주었다. 본 절의 기록은 왕상 15:24보다 더 자세하다. 아사의 시신을 향 제조법대로 만든 각종 향 재료를 가득히 채운 침상에 그를 눕혀서 장사했고 또 그 시신을 위하여 많이 분향해서 장사를 지냈다(21:19; 34:5).

제 17 장

D. 여호사밧의 역사 17-20장

남 왕국의 제 4대 왕인 여호사밧은 네 사람의 선한 왕들(아사, 여호사밧, 히스기야, 요시야) 중에 속하는 왕이었는데 유다 왕국에서 가장 화려한 시대를 열었던 왕이었다. 여호사밧은 나라를 신앙으로 튼튼하게 했고(17:1-19), 아합과 동맹관계를 맺었으며(18:1-34), 종교 개혁을 했고(19:1-11), 여호사밧이 다른 민족과 전쟁을 했으며(20:1-30), 마지막으로 여호사밧의 행적(20:31-37)이 펼쳐진다.

1. 나라를 신앙으로 튼튼하게 하다 17:1-19

여호사밧은 견실한 신앙으로 나라를 튼튼하게 했다(1-9절). 결국은 나라가 번영해 갔다(10-19절).

ㄱ. 나라를 신앙으로 튼튼하게 하다 17:1-9

여호사밧은 견실한 신앙의 토대위에서 국방을 공고히 했고(1-6절), 또 백성들에게 여호와의 율법으로 무장시켰다(7-9절).

대하 17:1. 아사의 아들 여호사밧이 대신하여 왕이 되어 스스로 강하게 하여 이스라엘을 방어하되.

아사의 아들 여호사밧이 아사의 뒤를 이어 왕이 되었는데, 그는 이스라엘의 침략을 막으려고 국방을 튼튼하게 하였다. 여호사밧(Jehoshaphat)은 유다의 제 4대 왕이었고 35세에 즉위하여 25년간 통치했다. 그는 유다의 선한 네 명의 왕들 중 하나였으며 그의 치세는 유다의 많은 왕들 중에서 가장 번영한 시대를 열었다.

대하 17:2. 유다 모든 견고한 성읍에 군대를 주둔시키고 또 유다 땅과 그의 아버지 아사가 정복한 에브라임 성읍들에 영문을 두었더라.

여호사밧은 요새화된 유다의 모든 성읍에 군대를 주둔시켰고, 유다 전국과 그의 아버지 아사가 정복한 에브라임 여러 성읍에 영문(수비대)을 두었다. "영문을 두었다"는 말은 '군대를 주둔시켜 방어했다'는 뜻이다.

대하 17:3-4. 여호와께서 여호사밧과 함께 하셨으니 이는 그가 그의 조상 다윗의 처음 길로 행하여 바알들에게 구하지 아니하고 오직 그의 아버지의 하나님께 구하며 그의 계명을 행하고 이스라엘의 행위를 따르지 아니하였음이라.

3-4절은 "여호와께서 여호사밧과 함께 하신" 이유가 진술된다. 첫째, "여호사밧이 그의 조상 다윗의 처음 길(초창기의 정직한 삶)을 행하여 바알들에게 구하지 아니하고(3절) 오직 그의 아버지(아사)의 하나님께 구했기" 때문이었다. 둘째, "그의 아버지의 계명을 행하고 이스라엘의 행위를 따르지 아니하였기" 때문이었다.

대하 17:5. 그러므로 여호와께서 나라를 그의 손에서 견고하게 하시매 유다 무리가 여호사밧에게 예물을 드렸으므로 그가 부귀와 영광을 크게 떨쳤더라.

그러므로 여호와께서는 여호사밧이 다스리는 나라를 굳건하게 해주셨다. 온 유다 백성이 여호사밧에게 선물을 바치니 그의 부귀와 영광이 대단하였다. 오늘 우리가 하나님을 구하며 하나님의 계명대로 행하면 우리는 영육으로 부해지며 또 하나님께서 주시는 영광 중에서 살게 되는 것이다.

대하 17:6. 그가 전심으로 여호와의 길을 걸어 산당들과 아세라 목상들도 유다에서 제거하였더라.

여호사밧이 오직 여호와께서 지시하신 길을 걷기로 다짐하고 유다에서 산당과 아세라(15:16 주해 참조) 목상을 없애 버렸다. 왕상 22:43에서는

"산당은 폐하지 아니하였다"고 묘사한다. 이는 산당 폐지 작업이 완성되지 못한 것을 뜻하는 말이다. 산당을 완전히 폐한 시대는 히스기야와 요시야 시대였다(31:1; 34:3). 우리는 개인과 가정에서 신앙 개혁을 철저히 단행해야 할 것이다.

대하 17:7. 그가 왕위에 있은 지 삼 년에 그의 방백들 벤하일과 오바댜와 스가랴와 느다넬과 미가야를 보내어 유다 여러 성읍에 가서 가르치게 하고.

여호사밧은 왕이 된 지 삼 년째 되는 해에, 5명의 지도자들인 벤하일과 오바댜('여호와의 종'이라는 뜻)와 스가랴('여호와는 나의 의이다'라는 뜻)와 느다넬과 미가야('하나님과 같다'는 뜻)를 유다 여러 성읍에 보내어 백성들에게 율법을 가르치게 하였다.

대하 17:8. 또 그들과 함께 레위 사람 스마야와 느다냐와 스바댜와 아사헬과 스미라못과 여호나단과 아도니야와 도비야와 도바도니야 등 레위 사람들을 보내고 또 저희와 함께 제사장 엘리사마와 여호람을 보내었더니.

여호사밧은 5명의 지도자들(7절)과 함께 9명의 레위 사람들, 곧 스마야와 느다냐와 스바댜와 아사헬과 스미라못과 여호나단과 아도니야와 도비야와 도바도니야 등, 이런 레위 사람들을 보내고, 또 그들과 함께 2인의 제사장 엘리사마와 여호람을 보냈다. 여호사밧은 참으로 백성들의 신앙 교육에 열심을 다했다. 오늘 우리의 현실은 이런 교육을 국민들에게 강요할 수 없는 입장에 처한 것이 안타깝다. 종교를 차별해서는 안 된다는 법이 있기 때문이다. 종교를 차별해서는 안 된다는 법 때문에 기독교를 교회 이외의 다른 기관에서 말할 수 없게 되었다. 만일 기독교를 일반 방송국에서 말하면 불교인들이 들고 일어난다.

대하 17:9. 그들이 여호와의 율법 책을 가지고 유다에서 가르치되 그 모든 유다 성읍들로 두루 다니며 백성들을 가르쳤더라.

7명의 지도자들, 9명의 레위인들, 2명의 제사장들은 하나님의 율법 책(모세 5경)을 가지고 유다 전국을 돌면서 백성을 가르쳤다. 그들은 유다의 모든 성읍을 다 돌면서 백성을 가르쳐서 백성들로 하여금 하나님을 더욱 알게 해주었다.

ㄴ. 나라를 번영시키다 17:10-19

여호사밧이 돈독한 여호와 신앙을 가지고 나라를 다스렸으므로 여호와께서는 남 유다에게 큰 복을 주셨다. 주위 나라 사람들이 남 유다에 대하여 두려움을 가지게 하셨고 또 예물과 조공을 보내어 그는 번영하게 되었다. 아무튼 남 왕국 역사에서 그 때만큼 평온하고 번영한 때가 없었다.

대하 17:10. 여호와께서 유다 사방의 모든 나라에 두려움을 주사 여호사밧과 싸우지 못하게 하시매.

여호사밧이 돈독한 신앙을 가졌을 뿐 아니라 사람을 파견하여 백성들에게 하나님의 율법을 가르쳤기 때문에 하나님께서 기뻐하셔서 여호와께서 유다 사방의 모든 나라에 두려움을 주사 여호사밧과 싸우지 못하게 하셨다(20장). 이런 체험은 오늘 우리에게도 주시는 경험이다.

대하 17:11. 블레셋 사람들 중에서는 여호사밧에게 예물을 드리며 은으로 조공을 바쳤고 아라비아 사람들도 짐승 떼 곧 숫양 칠천칠백 마리와 숫염소 칠천칠백 마리를 드렸더라.

첫째, "블레셋 사람들(이스라엘의 가장 큰 숙적)도 여호사밧에게 예물을 드리며 은으로 조공을 바쳤다". 둘째, "아라비아 사람들(베드윈들)도 짐승 떼 곧 숫양 7,700마리와 숫염소 7,700마리를 드렸다".

대하 17:12. 여호사밧이 점점 강대하여 유다에 견고한 요새와 국고성을 건축하고.

"여호사밧이 점점 강성하여 유다에 견고한 요새와 국고 성(나라의 창고)

을 건축했다". 여호사밧이 점점 강성하여 간 것은 하나님의 도우심으로 평화로운 가운데서 강성해간 것이다. 여호사밧은 하나님의 도우심으로 평화를 얻었고 또 강성해갔다. 그래서 여호사밧은 견고한 요새들을 만들 수도 있었고 나라의 창고들도 지을 수 있었다.

대하 17:13. 유다 여러 성에 공사를 많이 하고 또 예루살렘에 크게 용맹스러운 군사를 두었으니.

여호사밧은 이처럼 유다 여러 성읍에 전쟁에 필요한 많은 물자를 저장해 놓았고, 예루살렘에는 전투 병력과 용사들을 배치하여 놓았다.

대하 17:14. 군사의 수효가 그들의 족속대로 이러하니라 유다에 속한 천부장 중에는 아드나가 으뜸이 되어 큰 용사 삼십만 명을 거느렸고.

본 절부터 19절까지는 유다 군대가 족속별(가계별)로 잘 조직되어 있었음을 보여준다. 그 중 유다 지파는 그 조직이 셋으로 분류되어 있었고 베냐민 지파는 둘로 분류되어 있었는데 아드나, 여호하난, 아마시야가 유다 지파이고, 엘리아다와 여호사밧이 베냐민 지파였다. 본 절의 "천부장"은 군대의 지휘관이다. 이때의 천부장은 군대의 지휘관으로서 경우에 따라 수 10만을 거느릴 수도 있었다. "아드나"는 대상 12:20에 보면 다윗을 따랐던 므낫세 지파의 천부장 중에도 "아드나"(Adnah)라는 이름을 가진 군대 장관이 있었는데, 그러나 그 아드나와 본 절의 아드나와는 동명이인이 분명하다. 왜냐하면 다윗 당시와 여호사밧 시대 사이에는 100년 이상의 시대적 간격이 있었기 때문이다.

대하 17:15. 그 다음은 지휘관 여호하난이니 이십팔만 명을 거느렸고.

다음으로는 지휘관(방백, 장관, 왕하 9:5) 여호하난('여호와는 은혜로우시다'는 뜻)이 28만 명을 거느렸다.

대하17:16. 그 다음은 시그리의 아들 아마시야니 그는 자기를 여호와께 즐거이 드린 자라 큰 용사 이십만 명을 거느렸고.

그 다음으로는 시그리의 아들 아마시야(Amasiah, "여호와께서 품으셨다"는 뜻)가 용사 20만 명을 거느렸다. 그는 자기를 여호와께 즐거이 드린 헌신 자였다. 본 절의 "즐거이 드리다"는 말은 '자원하다' '바치다'는 뜻(출 25:2; 대상 29:14)으로 이는 아마시야가 자신을 온전히 바치기로 작정했음을 보여준다.

대하 17:17. 베냐민에 속한 자 중에 큰 용사 엘리아다는 활과 방패를 잡은 자 이십만 명을 거느렸고.

본 절과 다음 절(18절)은 베냐민에 속한 두 용사의 활동상을 보여준다. 즉, 베냐민 가문에서는 큰 용사 엘리아다(Eliada)가 활과 방패를 잡은 사람 20만 명을 거느렸다는 것이다. 베냐민은 원래 활을 잘 쏘는 백성이었다(14:8 주 참조). 대상 12:2 주해 참조.

대하 17:18. 그 다음은 여호사밧이라 싸움을 준비한 자 십팔만 명을 거느렸으니.

다음으로는 여호사밧[378]('하나님의 심판'이란 뜻)이 무장한 병사 18만 명을 거느렸다. 이상에서 보듯 유다 지파에서 총 3군 78만 명이었고, 베냐민 지파에서 총 2군 38만 명의 군사로 합계 여호사밧의 군사는 모두 116만 명에 이르렀다. 아사 왕 때의 군사 58만 명(14:8)에 비해 2배나 되었다. 그런고로 여호사밧 시대가 가장 막강한 시대로 보는 것이다.

대하 17:19. 이는 다 왕을 모시는 자요 이 외에 또 온 유다 견고한 성읍들에 왕이 군사를 두었더라.

---

378) "여호사밧"은 베냐민의 제 2군의 군대 장관이었다.

이들 116만 명은 모두 왕을 모시는 군인들이었다. 왕은 이 밖에도 유다 전역의 견고한 성읍들(요새)에 군인들을 배치하였다.

"이(these)는 다 왕을 모시는 자"라는 말에 대한 해석에는 세 가지가 있다. 1) 14-18절에서 묘사한 5명의 장수들이 다 왕을 모시는 사람들이었다는 견해(카리스종합주석). 이 견해는 문맥이 허락하지 않는 것 같다. 다시 말해 하반 절의 "군사"와 대비되는 것을 상반 절에서 찾아야 하는 것으로 보인다. 2) 116만 명의 군대를 다 예루살렘에 둔 것은 아니라는 견해(호크마 주석). 이 주장은 116만 명은 유다의 모든 성읍에 배치된 전체 군대의 수를 가리키는 것이라고 말한다. 이 견해는 문맥에 어긋나는 것으로 보인다. 3) 여호사밧 군대는 116만 명으로 모두 예루살렘에서 왕을 모셨는데 그 외에 또 온 유다의 견고한 성읍들에 나라를 수비하는 장병들을 두었다는 견해(Barker, 이상근). 3번의 견해가 문맥에 맞는 것으로 보인다.

제 18 장

2. 아합과 동맹관계를 맺다 18:1-34(왕상 22:1-36)

이 부분(1-34절)은 여호사밧이 아합과 동맹한 일(1-3절), 아합은 여호사밧에게 길르앗 라못으로 출전하기를 권하고, 여호사밧은 예언자에게 묻기를 부탁하여

미가야의 예언을 듣는다(4-27절). 아합은 예언자의 권고를 듣지 않고 출전했다가 전사한 일(28-34절) 등이 진술된다.

ㄱ. 아합과 동맹하다 18:1-3

여호사밧이 부귀와 영광이 극에 달했을 때 아합과 혼인관계를 맺는다. 이는 여호사밧의 큰 실수였다. 아합은 여호사밧을 꾀어 길르앗 라못의 잃어버린 땅을 회복하기로 계획한다.

대하 18:1. 여호사밧이 부귀와 영광을 크게 떨쳤고 아합 가문과 혼인함으로 인척 관계를 맺었더라.

여호사밧은 재물을 많이 모으고, 큰 영예를 얻었다. 그는 아합 가문과 혼인 관계를 맺었다. 즉, 여호사밧의 아들 여호람과 아합의 딸 아달랴가 결혼하여(왕하 8:18), 여호사밧은 아합과 사돈관계가 되었다. 이야말로 여호사밧의 엄청난 실수였다. 이 실수 때문에 여호사밧은 길르앗 라못에서 죽음의 위협을 당했고, 예언자 예후의 책망을 받았다(19:1-3). 또 더욱 큰 아픔은 후대에 그의 자손이 아달랴에게 죽임을 당했다(22:10-12). 이런 실수를 하지 않는 비결은 항상 자신의 부족과 죄를 깨달으며 낮은 자세로 처신해야 할 것이다.

대하 18:2. 이 년 후에 그가 사마리아의 아합에게 내려갔더니 아합이 그와 시종을 위하여 양과 소를 많이 잡고 함께 가서 길르앗 라못 치기를 권하였더라.

사돈 관계를 맺은 몇 해 후에 여호사밧이 사마리아의 아합에게 내려갔었는데 아합이 그와 시종을 위하여 양과 소를 많이 잡고 함께 가서 길르앗 라못 치기를 권했다.

"길르앗 라못"은 갈릴리 바다 동남 40km, 요단강 동편 40km이며 아주 중요한 요새였다. 요단 동편 지역의 중심지로서 '라마'라고도 불린다(왕하 8:29; 대하 22:6). 이곳은 갓 지파의 성읍으로 도피성이 설치되었으며(신 4:43; 수 20:8; 대 6:80), 솔로몬의 12행정구 중의 하나이다(왕상 4:13). 아합은 아람 사람에게 이곳을 빼앗겼으며(왕상 22:3), 아합이 길르앗 라못의 정복을 위하여 자문을 했는데 1) 유다 왕의 동의(왕상 22:4)와 2) 거짓 선지자들의 조언(왕상 22:6-12), 3) 미가야의 조언과 예언(왕상 22:13-28)이 있었다. 이스라엘과 유다가 이곳으로 올라가 싸웠으나 아합이 전사했으며(왕상 22:29-36; 대하 18장), 요람 왕이 이곳을 되찾았다(왕하 8:28,29; 9:14,15; 대하 22:5; 대하 22:6, 바이블렉스에서).

대하 18:3. 이스라엘 왕 아합이 유다 왕 여호사밧에게 이르되 당신이 나와 함께 길르앗 라못으로 가시겠느냐 하니 여호사밧이 대답하되 나는 당신과 다름이 없고 내 백성은 당신의 백성과 다름이 없으니 당신과 함께 싸우리이다 하는지라.

이스라엘의 아합 왕이 여호사밧 왕에게 물었다. "길르앗의 라못을 치러 나와 함께 올라가시겠습니까?" 여호사밧이 대답하였다. "내 생각이 바로 임금님의 생각이고, 내가 통솔하는 군대가 곧 임금님의 군대입니다. 우리는 임금님과 함께 싸우러 나가겠습니다"라고 대답했다. 여호사밧이 "내 생각이 바로 임금님의 생각이고, 내가 통솔하는 군대가 곧 임금님의 군대입니다. 우리는 임금님과 함께 싸우러 나가겠다"고 말한 것은 여호사밧의 큰 실수였다. 악한 왕과 밀착한다는 것은 큰 죄에 속하는 일이다. 여호사밧은 이런 죄 때문에 예언자의 책망을 받았다(19:1-2). 우리는 우상숭배자와 악인과는 거리를 두어야 한다(고후 6:15-17).

ㄴ. 미가야가 예언하다 18:4-27

여호사밧은 출전하기 전에 아합 왕에게 물어볼만한 예언자가 없느냐고 묻는다. 아합은 400명의 예언자를 불러와 길한 예언을 하게 한다(4-11절). 그러나 한 사람 미가야는 아합이 전사할 것이라고 예언을 한다(12-22절). 아합은 미가야를 감금해놓고 출전한다(23-27절).

대하 18:4. 여호사밧이 또 이스라엘 왕에게 이르되 청하건대 먼저 여호와의 말씀이 어떠하신지 오늘 물어 보소서 하더라.

그러면서도 여호사밧은 이스라엘 왕에게 또 말했다. "그러나 먼저 주님의 뜻을 알아봄이 좋을 듯하다"고 말한다. 여호사밧은 여호와 신앙이 있는 왕인고로 먼저 여호와의 뜻을 알아보고자 했다. 우리는 범사에 주님의 뜻을 알아보아야 한다.

대하 18:5. 이스라엘 왕이 이에 선지자 사백 명을 모으고 그들에게 이르되 우리가 길르앗 라못에 가서 싸우랴 말랴 하니 그들이 이르되 올라가소서 하나님이 그 성읍을 왕의 손에 붙이시리이다 하더라.

그러자 이스라엘 왕은 400 명이나 되는 예언자들을 모아 놓고 그들에게 물었다. "우리가 길르앗의 라못을 치러 올라가는 것이 좋겠소, 아니면 그만두는 것이 좋겠소?" 그러자 예언자들이 대답했다. "올라가세요. 하나님께서 그 성을 임금님의 손에 넘겨주실 것이라"고 대답한다. 이렇게 400명이나 되는 예언자들이 이구동성으로 거짓 예언을 하는 것(21절)은 옛날이나 지금이나 동일하다.

대하 18:6. 여호사밧이 이르되 이 외에 우리가 물을 만한 여호와의 선지자가

여기 있지 아니하니이까 하니.

400명의 예언자의 예언을 들으면서 여호사밧은 무언지 이상한 느낌을 받아서 이들이 거짓 예언자일지도 모른다는 생각을 가진 것이다. 그래서 여호사밧은 "이 외에 우리가 물을 만한 여호와의 선지자가 여기 있지 아니하니이까"라고 묻는다.

대하 18:7. 이스라엘 왕이 여호사밧에게 이르되 아직도 이믈라의 아들 미가야 한 사람이 있으니 그로 말미암아 여호와께 물을 수 있으나 그는 내게 대하여 좋은 일로는 예언하지 아니하고 항상 나쁜 일로만 예언하기로 내가 그를 미워하나이다 하더라 여호사밧이 이르되 왕은 그런 말씀을 마소서 하니.

여호사밧의 질문을 받은 아합 왕은 "여호와의 뜻을 물어 볼만한 사람으로서 이믈라의 아들 미가야라고 하는 예언자가 있기는 합니다. 그러나 나는 그 사람이 싫습니다. 그는 한 번도 나에게 무엇인가 길한 것을 예언한 적이 없고, 언제나 흉한 것만을 예언하곤 했습니다"하고 대답했다. 여호사밧이 다시 제안하였다. "임금께서 예언자를 두고 그렇게 말씀하시면 안 됩니다"라고 말한다.

대하 18:8. 이스라엘 왕이 한 내시를 불러 이르되 이믈라의 아들 미가야를 속히 오게 하라 하니라.

그러자 이스라엘 왕은 한 내시(거세한 자)를 불러 이렇게 명령한다. "이믈라의 아들 미가야[379]('누가 여호와와 같은가'라는 뜻)를 속히 데려 오라"고 명령한다.

대하 18:9. 이스라엘 왕과 유다 왕 여호사밧이 왕복을 입고 사마리아 성문 어귀 광장에서 각기 보좌에 앉았고 여러 선지자들이 그 앞에서

---

379) "미가야": 이믈라의 아들 선지자 미가야(왕상 22:8-26; 대하 18:7-25).

예언을 하는데.

그 때에 이스라엘 왕과 유다의 여호사밧 왕은 왕복을 입고(위엄을 갖추기 위함임) 사마리아 성문 어귀 타작마당[380]에 마련된 보좌에 앉아 있었고 예언자들은 모두 그 두 왕 앞에서 예언을 하고 있었다.

대하 18:10. 그나아나의 아들 시드기야는 철로 뿔들을 만들어 가지고 말하되 여호와께서 이같이 말씀하시기를 왕이 이것들로 아람 사람을 찔러 진멸하리라 하셨다 하고.

그 예언자들 가운데서 그나아나의 아들 시드기야는 자신이 만든 철 뿔[381]들("뿔"은 힘을 상징한다)을 가지고 나와서 말하였다. "여호와께서 이렇게 말씀하십니다. '너 아합은 철로 만든 이 뿔을 가지고 아람 사람들을 찌르되, 그들이 모두 파멸될 때까지 그렇게 할 것이다'고 하십니다" 했다. 시드기야는 거짓 선지자들 중에 유별나게 아첨을 했다. 이런 사람들은 어느 시대에나 있다.

대하 18:11. 여러 선지자들도 그와 같이 예언하여 이르기를 길르앗 라못으로 올라가서 승리를 거두소서 여호와께서 그 성읍을 왕의 손에 넘기시리이다 하더라.

그러자 다른 예언자들도 모두 그와 같은 예언을 했다. "길르앗의 라못으로 진군하십시오. 승리는 임금님의 것입니다. 여호와께서 이미 그 성을 임금님의 손에 넘기셨습니다"고 했다. 거짓말은 그 때나 오늘이나 우리 사회에 충만하다. 박윤선 목사는 신학생들과 목사들에게 우리에게는 다른 덕은 없어도 반드시 진실해야 한다고 항상 외치셨다. 진실하면 하나님께서 언젠가 반드시 쓰신다고 자주 외치셨다.

---

380) "타작마당": 여기서는 재판같은 공무도 행해졌다(룻 4:1; 삼하 15:2).
381) "철 뿔": 막강한 군사력을 상징한다.

대하 18:12. 미가야를 부르러 간 사자가 그에게 말하여 이르되 선지자들의 말이 하나 같이 왕에게 좋게 말하니 청하건대 당신의 말도 그들 중 한 사람처럼 좋게 말하소서 하니.

미가야를 데리러 간 신하가 미가야에게 말하였다. "이것 보십시오, 다른 예언자들이 모두 하나같이 왕의 승리를 예언하였으니, 예언자께서도 그들이 한 것처럼 왕의 승리를 예언하시는 것이 좋을 것이오"라고 거짓말을 주문했다. 오늘 세상은 다른 이들의 마음을 위해서 거짓말을 하는 것이 좋다고 말해준다.

대하 18:13. 미가야가 이르되 여호와께서 살아 계심을 두고 맹세하노니 내 하나님께서 말씀하시는 것 곧 그것을 내가 말하리라 하고.

미가야가 대답하였다. "여호와께서 살아 계심을 두고 맹세하지만, 나는 다만 내 하나님께서 말씀하신 것만을 말하겠다"고 했다. 우리는 하나님께서 말씀하신 것만을 말하는 사람들이 되어야 할 것이다. 그러려면 하나님의 말씀이 우리 속에 있도록 언제든지 말씀을 묵상하고 있어야 한다.

대하 18:14. 이에 왕에게 이르니 왕이 그에게 이르되 미가야야 우리가 길르앗 라못으로 싸우러 가랴 말랴 하는지라 이르되 올라가서 승리를 거두소서 그들이 왕의 손에 넘긴 바 되리이다 하니.

미가야가 왕 앞에 나오자, 왕이 그에게 물었다. "미가야는 대답하시오. 우리가 길르앗의 라못을 치러 올라가는 것이 좋겠소, 아니면 내가 그만두는 것이 좋겠소?" 미가야가 대답하였다. "올라가십시오. 승리는 임금님의 것입니다. 그들은 이미 임금님의 손에 넘어온 것이나 다름없습니다"고 했다. 미가야가 이렇게 거짓으로 예언을 해준 것은 미가야에게 심부름을 갔던 사람의 말을 들어 아합을 떠보느라 했다. 미가야는 절대로 거짓 예언을 할 사람이 아니었다.

대하 18:15. 왕이 그에게 이르되 여호와의 이름으로 진실한 것 이외에는 아무것도 말하지 말라고 내가 몇 번이나 네게 맹세하게 하여야 하겠느냐 하니.

그러나 왕이 그에게 다시 말하였다. "당신이 여호와의 이름으로 나에게 말을 할 때에는 진실을 말해야 한다고 누차 일렀는데, 내가 얼마나 더 똑같은 말을 되풀이해야 하겠소?"라고 책망하듯 말했다. "네게 맹세하게 하여야 하겠느냐"는 말은 '맹세로 말해야 진실을 말한다'는 것이다.

대하 18:16. 그가 이르되 내가 보니 온 이스라엘이 목자 없는 양 같이 산에 흩어졌는데 여호와의 말씀이 이 무리가 주인이 없으니 각각 평안히 자기들의 집으로 돌아갈 것이니라 하셨나이다 하는지라.

본 절은 이제 미가야의 본연의 예언이다. 미가야가 말하기를 "내가 보니 온 이스라엘이 목자 없는 양 같이 산에 흩어졌는데 여호와의 말씀이 이 무리가 주인이 없으니 각각 평안히 자기들의 집으로 돌아갈 것이니라"고 하셨다는 것이었다.

"내가 보니"란 말은 '예언자인 미가야가 하나님의 계시를 보았다'는 뜻이다. "목자 없는 양같이 산에 흩어졌다"는 말은 '목자격인 아합이 전사하여 백성들은 산으로 들로 흩어져서 이제는 각각 평안히 자기들의 집으로 돌아갈 것이라'는 뜻이다. 현재 아합의 백성들은 아합의 압제와 고통을 당하다가 아합이 전사하게 되니 백성들은 마음에 평안을 느끼면서 각기 집으로 돌아가게 된다는 것이다.

대하 18:17. 이스라엘 왕이 여호사밧에게 이르되 저 사람이 내게 대하여 좋은 일로 예언하지 아니하고 나쁜 일로만 예언할 것이라고 당신에게 말씀하지 아니하였나이까 하더라.

이스라엘 왕이 여호사밧에게 말한다. "보십시오, 그는 나에게 늘 길한 것은 예언하지 않고, 흉한 것만을 예언한다고 말씀드리지 않았습니까?" 이번에도 예외 없이 아주 나쁜 일이 일어날 것이라고 말합니다. 아합은 자기가 죄를 지어 예언자가 나쁘게 예언하는 줄은 모르고 예언자가 습성적으로 자기에게 항상 나쁘게 예언하는 줄로 알고 원망한다. 우리가 하나님 앞에서 바로 서 있으면 왜 하나님께서 예언자에게 나쁜 계시를 주시겠는가? 오늘 우리가 하나님 앞에 바로 서서 복을 넘치게 받아야 할 것이다.

대하 18:18. 미가야가 이르되 그런즉 왕은 여호와의 말씀을 들으소서 내가 보니 여호와께서 그의 보좌에 앉으셨고 하늘의 만군이 그의 좌우편에 모시고 섰는데.

미가야는 이제 말을 계속한다. "그러므로 이제 여호와의 말씀을 들으십시오. 내가 보니, 여호와께서 보좌에 앉아계시고, 그 좌우에는 하늘의 모든 군대가 둘러 서 있는 것을 보고 있습니다". "이제 여호와의 말씀을 들으십시오"라는 말은 '이제부터 미가야의 본연의 예언을 들어보라'는 뜻이다. "내가 보니"란 말은 '하나님께서 보여주시는 계시를 내가 보고 있다'는 뜻이다. "여호와께서 보좌에 앉아계시고"란 말은 이 땅위의 두 보좌, 즉 아합의 보좌, 여호사밧의 보좌는 아무 것도 아닌 정도로 하나님께서 엄청난 보좌 가운데 앉아 계시는 것을 보고 있다는 뜻이다. 그리고 "하늘의 만군이 그의 좌우편에 모시고 섰다"는 말은 하나님의 보좌 주위에 천사들, 그룹들, 천사장, 하늘의 만군이 서 계시는 장엄한 광경을 보고 있다는 뜻이다. 이 천상의 하나님은 땅위의 모든 것들을 지배하고 계신 분이시다.

대하 18:19. 여호와께서 말씀하시기를 누가 이스라엘 왕 아합을 꾀어 그에게 길르앗 라못에 올라가서 죽게 할까 하시니 하나는 이렇게 하겠다 하고 하나는 저렇게 하겠다 하였는데.

여호와께서 물으시기를 "누가 이스라엘의 아합 왕을 꾀어내어, 그로 하여금 길르앗 라못으로 올라가게 하여 거기에서 죽게 하겠느냐?"라고 하자 그들은 이렇게 하겠다 또는 저렇게 하겠다고 저마다 자기들의 의견을 말했다.

"누가 이스라엘 왕 아합을 꾀어...죽게 할까"라는 말은 '하나님의 일을 누가 할까' 하고 질문하시는 것이다. 하나님은 그가 하시려는 일을 보통으로는 누구를 시켜서 하신다. 누구를 시켜서 하시지 않고 직접 하나님께서 친히 하시기도 하시나 보통으로는 누구를 시켜서 하신다.

본 절은 또한 모든 일은 하나님의 주관 하에서 결정된다는 것을 보여준다. 사람의 죽음조차도 하나님의 수중에 있다는 것을 보여준다. 우리의 생사는 전적으로 하나님께 달려 있다. 그리고 성공 실패도 하나님께 달려 있다.

대하 18:20. 한 영이 나와서 여호와 앞에 서서 말하되 내가 그를 꾀겠나이다 하니 여호와께서 그에게 이르시되 어떻게 하겠느냐 하시니(Then a spirit came forward and stood before the LORD, saying, 'I will entice him.' And the LORD said to him, 'By what means?'-ESV)**.**

한 영이 주님 앞에 나서서 말하기를 '내가 가서 그를 꾀어내겠습니다'라고 하자 여호와께서 그에게 물으시기를 '어떻게 그를 꾀어내겠느냐?'고 물으신다. 즉, 어떤 방식으로 그를 유혹하겠느냐는 질문이다. 이에 대한 답은 다음 절에 나온다. 본 절의 "한 영"(a spirit)이 무엇인지를 두고 견해가 갈린다. 1) 예언자의 영(K.&D., Baehr, 이상근). 2) 성령(LXX, Luther). 3) 사단(고대 주경가들, Matthew Henry, Thomas, 호크마주석, 카리스종합주석). 3번의 견해가 바른 것으로 본다. 이유는 다음 절에서 이 영은 "거짓말하는 영"으로 묘사되어 있기 때문이다. 욥 1:6에서는 이가 곧 "사단"이라고 묘사되어 있다. 이는 "거짓의 아비"로서 하나님의 장중에 있음을 알 수 있다.

대하 18:21. 그가 이르되 내가 나가서 거짓말하는 영이 되어 그의 모든 선지자들의 입에 있겠나이다 하니 여호와께서 이르시되 너는 꾀겠고 또 이루리라 나가서 그리하라 하셨은즉.

그러자 그가 대답하기를 '내가 나가서 아합의 모든 예언자들이 모두 거짓말을 하도록 시키겠다'고 하자 여호와께서 말씀하신다. '그를 꾀어라.

틀림없이 성공할 것이다. 가서 곧 그렇게 해라'고 하신다.

하나님은 사단이 하는 일을 중단시키지 않으시고 그냥 두신다. 하나님은 악한 자를 악한 날에 사용하신다. 하나님은 가룟 유다가 예수님을 넘기려 할 때 그냥 두셨다.

400명의 예언자들이 아합에게 "길르앗 라못에 가서 승전하소서"라고 말한 것은 모두 거짓말이었다는 것이다. 우리가 사단에게 유혹을 받지 않는 방법은 진실하면 되는 것이다. 하나님은 진실한 자를 사단의 꾀임에 넘어가지 않게 하신다. 성도의 최선의 정책은 진실이다.

대하 18:22. 이제 보소서 여호와께서 거짓말하는 영을 왕의 이 모든 선지자들의 입에 넣으셨고 또 여호와께서 왕에게 대하여 재앙을 말씀하셨나이다 하니.

'그러므로 이제 보십시오, 이미 여호와께서 거짓말하는 영(사단)을, 여기에 있는 임금님의 400명의 예언자들의 입에 들어가게 하셨으니, 여호와께서는 임금님께 재앙을 선언하신 것입니다'라고 말한다. 지상의 이단자들은 모두 사단의 영을 받은 자들이다. 그런데 이단자의 교주가 점점 더 힘이 세어지고 그를 추종하는 이단의 단체가 더 커지는 이유는 그 이단의 교주와 단체한테 기성교회가 더 잘 방어하도록 섭리하신 것이다. 우리 한국 교회도 더 위험한 단계에 들어가는 것을 볼 수 있다.

대하 18:23. 그나아나의 아들 시드기야가 가까이 와서 미가야의 뺨을 치며 이르되 여호와의 영이 나를 떠나 어디로 가서 네게 말씀하더냐 하는지라.

미가야가 18절부터 22절까지 말하자 그나아나의 아들 시드기야가 다가와서, 미가야의 뺨을 치며 말하였다. "여호와의 영이 언제 나를 떠나서, 어느 길로 너에게 건너가서 말씀하시더냐?"고 말했다. 시드기야는 자기가 여호와의 영을 소유하고 사역하는 줄로 착각했다.

이단자들은 자기들이 여호와의 영을 소유하고 사역하는 줄로 착각한다.

자기의 영이 여호와의 영인지 사단의 영인지 아는 방법은 아주 간단하다. 성경을 읽어보면 안다. 성경을 읽으면서 성경이 하나님의 말씀으로 인정되면 자기가 하나님의 영을 소유하고 있는 것이고, 성경이 하나님의 말씀으로 인정되지 않으면 자기가 소유하고 있는 영이 하나님의 영이 아니고 사단의 영임을 알 수 있다(요일 4:1).

대하 18:24. 미가야가 이르되 네가 골방에 들어가서 숨는 바로 그 날에 보리라 하더라.

미가야가 이르기를 "네가 골방으로 들어가 숨는 바로 그 날에, 너는 모든 것을 알게 될 것이라"고 한다. 이스라엘이 전쟁에 패하고 아합 왕이 전사(戰死)하여 화가 거짓 예언자들에게 미치는 경우 거짓 예언자들은 골방에 들어가 숨게 될 터인데 그 때 바로 미가야의 예언이 옳았다는 것을 알게 될 것이라는 것이다. 거짓 예언자들이 일찍이 자기들의 예언이 사단의 충동에 의해 된 것이라는 것을 알았더라면 얼마나 좋았을까. 거짓 예언자들에게 패배의 책임이 돌아가는 것을 보고 골방에 들어가서야 깨닫는다는 것은 늦은 것이다.

대하 18:25. 이스라엘 왕이 이르되 미가야를 잡아 시장 아몬과 왕자 요아스에게로 끌고 돌아가서.

이스라엘 왕이 명령하기를 "미가야를 잡아 아몬 시장과 요아스 왕자에게로 끌고 가도록 하라"고 했다. "시장 아몬"과 "왕자 요아스"에 대해서는 왕상 22:26의 주해를 참조하라. "시장"이란 말은 '한 성읍의 책임자', 즉 '시장'을 지칭하고, "왕자"는 시장과 함께 죄인을 다루는 책임자를 뜻한다. 아합은 자기가 패배하기 이전인 고로 미가야를 잡아 죄인을 다루는 책임자들에게 맡겨 옥에 가두라고 큰 소리를 쳤다. 사람은 자기가 앞으로 어떻게 될지도 모르고 큰 소리를 친다.

대하 18:26. 왕이 이같이 말하기를 이 놈을 옥에 가두고 내가 평안히 돌아올 때까지 고난의 떡과 고난의 물을 먹게 하라 하셨나이다 하니.

"그리고 내가 명령을 내리는데, 이 놈을 감옥에 가두고, 내가 평안히 돌아올 때까지 빵과 물을 죽지 않을 만큼만 먹이라고 하여라"고 한다. 여기 "고난의 떡과 고난의 물을 먹이라"는 말은 '질이 좋지 않은 식물과 질이 좋지 않은 물을 주되 그것도 죽지 않을 정도의 소량을 주어 죽지 않고 생명을 유지시키고 있으라'는 뜻이다. 예언자를 옥에 가두고 고문하고 함부로 대하는 것을 두려운 줄 모르는 세상 사람들은 잠시 후에 어떤 일이 벌어질지 모르는 것이다.

대하 18:27. 미가야가 이르되 왕이 참으로 평안히 돌아오시게 된다면 여호와께서 내게 말씀하지 아니하셨으리이다 하고 또 이르되 너희 백성들아 다 들을지어다 하니라.

미가야가 이르기를 "임금님께서 정말로 평안히 돌아오실 것이라면, 여호와께서 나에게 이런 말씀을 하지 않으셨을 것입니다"고 말한다. 그리고 또 미가야는 한 마디 덧붙인다. "여기 사마리아 성문 어귀에서 미가야와 아합 사이에 오고 간 대화를 들은 모든 백성은 내 말을 잘 기억하여 두기를 바라오!"라고 했다.

아합 왕이 평안히 돌아오지 못할 터이니까 여호와께서 미가야에게 아합의 패전을 예고하신 것이란 뜻이다. 우리는 오늘도 성경을 통하여 우리에게 들려주시는 말씀과 여호와의 영음(영적 음성)에 촉각을 곤두세워야 할 것이다. 우리는 기도를 많이 하는 중에 여호와의 깊은 영음을 들으며 살아야 할 것이다.

ㄷ. 아합이 전사하다 18:28-34(왕상 22:29-35)

예언자의 예언을 무시한 아합은 이제 다음 수순으로 찾아온 것은 죽음밖에 없었다. 그는 죽지 않기 위하여 전장에 나가서 변장까지 했으나 죽음을 피할 수는 없었다. 죽음을 피한다는 것은 하나님의 섭리를 인간의 의지로 벗어나는 것이었다.

대하 18:28. 이스라엘 왕과 유다 왕 여호사밧이 길르앗 라못으로 올라가니라.

이스라엘의 아합 왕과 유다의 여호사밧 왕은 아람과 싸우려고 길르앗의 라못으로 올라갔다. 아합은 자기의 죽음의 장소를 찾아간 것이다. 그런데 여호사밧은 선한 왕인데도 아합의 죽음의 장소를 향하여 함께 걸어간 것은 참으로 유감 된 일이 아닐 수 없었다. 오늘도 예수님을 잘 신앙하는 사람들이 우상숭배자들과 밀착하여 살아가는 사람들은 어떤 불행을 만나는 것을 많이 볼 수 있다. 여호사밧은 아람과의 전쟁에서 혼이 났고(31절), 또 전쟁이 끝난 후 예루살렘에 돌아간 후 예언자 예후에게 책망을 받는 수모를 당했다 (19:2).

대하 18:29. 이스라엘 왕이 여호사밧에게 이르되 나는 변장하고 전쟁터로 들어가려 하노니 당신은 왕복을 입으소서 하고 이스라엘 왕이 변장하고 둘이 전쟁터로 들어가니라.

이스라엘의 아합 왕이 여호사밧에게 말하였다. "나는 변장을 하고 싸움터로 들어갈 터이니 임금님께서는 왕복을 그대로 입고 나가십시오"라고 했다. 그런 다음에 이스라엘 왕은 변장을 하였고 그들은 죽음의 장소인 싸움터로 들어갔다.

아합 왕이 "변장을 하고 싸움터로 들어가겠다"는 말은 자신이 아람 군대의 표적이었으니 아람 군대의 화살을 피해보겠다는 심산이었다. 또 아합 왕이 여호사밧 왕에게 "왕복을 입고" 전장에 들어가라는 말은 아람 군대의 시선을 여호사밧 왕에게 돌려보려는 아주 비열한 생각에서였다. 아합이 아무리 머리를 짜서 무슨 일을 해놓아도 아합이 하나님의 벌을 피할 수는 없는 일이었다.

대하 18:30. 아람 왕이 그의 병거 지휘관들에게 이미 명령하여 이르기를

너희는 작은 자나 큰 자나 더불어 싸우지 말고 오직 이스라엘 왕하고만 싸우라 한지라.

본 절은 아람 왕이 그의 병거 지휘관들에게 이스라엘 왕하고만 싸우라는 명령이 기록되어 있다. 아람 왕의 배후에는 하나님의 섭리가 있었다. 세상에서 되어지는 모든 일 배후에는 하나님의 섭리가 있음을 알 수가 있다. 아람 왕은 아합 왕만 죽이면 전쟁이 끝날 줄 안 것이다. 그리고 아람 왕은 아벡 전쟁에서 당한 모욕을 설욕하기 위함이었다(왕상 20:22-34).

대하 18:31. 병거의 지휘관들이 여호사밧을 보고 이르되 이가 이스라엘 왕이라 하고 돌아서서 그와 싸우려 한즉 여호사밧이 소리를 지르매 여호와께서 그를 도우시며 하나님이 그들을 감동시키사 그를 떠나가게 하신지라.

병거(전쟁에 쓰는 수레) 지휘관들이 여호사밧을 보고 "저자가 이스라엘 왕이라" 하며, 그와 싸우려고 달려들었다. 여호사밧이 기겁을 하여 소리를 치니 주님께서 그를 도우셨다. 하나님께서 그들을 그에게서 떠나가게 하신 것이다.

여호사밧이 이 전쟁에서 한번 놀랜 것은 악인과 너무 밀착된 것에 대한 하나님의 경고였다. 시편 1:1에 "복 있는 사람은 악인들의 꾀를 따르지 않아야 한다"고 말씀하고 있다. 우리는 공산주의자들이나 사회주의자들과 너무 밀착하여 살지 않아야 할 것이다.

대하 18:32. 병거의 지휘관들이 그가 이스라엘 왕이 아님을 보고 추격을 그치고 돌아갔더라.

병거 지휘관들은 그가 이스라엘 왕이 아님을 알고 그를 추적하기를 그만두고 돌아섰다. 아람의 병거 지휘관들이 금방 여호사밧이 이스라엘의 아합 왕이 아닌 것을 알아서 추격을 그치고 돌아선 것은 하나님의 뜻이었다. 하나님의 뜻은 여호사밧으로 하여금 우상숭배자 아합과 밀착하여 따른 것이 죄임을 알게 하는 것이었는데 하나님의 그런 뜻이 이루어진 후에는 금방 떠나간 것이다.

대하 18:33. 한 사람이 무심코 활을 당겨 이스라엘 왕의 갑옷 솔기를 쏜지라 왕이 그의 병거 모는 자에게 이르되 내가 부상하였으니 네 손을 돌려 나를 진중에서 나가게 하라 하였으나.

그런데 한 군인이 무심코 활을 당겼는데 그 화살이 이스라엘 왕을 명중시켰다. 화살이 갑옷 솔기(가슴막이 이음새 사이)를 뚫고 들어간 것이다. 왕은 자기의 병거를 운행하는 부하에게 말하였다. "돌아서서 이 싸움터에서 빠져 나가자. 내가 부상을 입었다"고 소리를 쳤다.

"한 군인이 무심코 활을 당겼는데 그 화살이 이스라엘 왕을 명중시켰다"는 말은 세상에 절대로 우연이라는 것이 없음을 보여주는 말이다. 성경에 우연이라는 말이 7회 정도로 쓰여 졌는데 그것은 사람보기에 우연히 보여서 그렇게 기록한 것이지 실제로는 세상의 모든 것을 하나님께서 섭리하시는 것을 알 수 있다.

대하 18:34. 이 날의 전쟁이 맹렬하였으므로 이스라엘 왕이 병거에서 겨우 지탱하며 저녁때까지 아람 사람을 막다가 해가 질 즈음에 죽었더라.

그러나 그 날은 특히 싸움이 격렬하였으므로 이스라엘 왕은 아람 군대를 맞이하여 그의 병거 안에서 저녁때까지 겨우 힘을 지탱하다가 해가 질 즈음에 죽고 말았다.

"이 날의 전쟁이 맹렬하였던" 것은 아합 왕이 고생하기에 안성맞춤인 날이었다. 그는 "병거에서 겨우 지탱하며 저녁때까지 아람 사람을 막다가" 출혈이 심하여 더 견디지 못하고 죽고 말았다. 그는 우상숭배를 한 사람, 하나님의 종들을 죽인 사람, 각양 나쁜 짓을 한 사람이었다. 하나님께서 그를 꼼짝없이 코너에 몰려서 죽게 하셨다.

제 19 장

3. 여호사밧의 개혁 19:1-11

길르앗 라못에서 여호사밧은 큰 깨달음을 가지고 예루살렘에 돌아온다. 아합과 함께 했다가는 더 큰일이 일어날지 모른다는 깨달음을 가지고 돌아온 여호사밧은 예언자 예후의 책망을 받고(1-3절), 각성하여 내치에 힘을 쓴다(4-11절).

ㄱ. 선견자 예후가 책망하다 19:1-3

길르앗 라못에서 아람군대로부터 혼이 난 여호사밧이 돌아오자 선견자 예후의 책망을 받는다. 이 사건은 열왕기에 병행구가 없다.

대하 19:1. 유다 왕 여호사밧이 평안히 예루살렘에 돌아와서 그의 궁으로 들어가니라.

유다의 여호사밧 왕이 예루살렘에 있는 그의 궁으로 무사히 돌아와서 그가 자기의 궁 안으로 들어가면서 감개가 무량했을 것이다.

그가 길르앗 라못의 전쟁터에 참여하여 전쟁에 패했고 또 사돈 아합이 죽었으며 또 자신도 아합과 같이 죽었을지도 모르는 위기를 당했으나 하나님의 도우심으로 살아난 것을 생각하면서 하나님께 감사 또 감사를 하면서 궁 안으로 들어갔을 것이다.

대하 19:2. 하나니의 아들 선견자 예후가 나가서 여호사밧 왕을 맞아 이르되 왕이 악한 자를 돕고 여호와를 미워하는 자들을 사랑하는 것이 옳으니이까 그러므로 여호와께로부터 진노하심이 왕에게 임하리이다.

하나니의 아들 예후 선견자가 나가서, 왕을 찾아가서 말하였다. “임금님께서는 악한 자를 돕고 주님을 싫어하는 자들의 편을 드는 것이 옳다고 생각하십니까? 임금님께서 그렇게 하셨으므로 주님의 진노가 임금님께 내릴 것입니다"라고 따끔한 질책을 가했다.

본 절의 "악한 자"와 "여호와를 미워하는 자"는 동의어로 쓰였으며 이는 아합을 지칭하는 말이다. 여호사밧은 선한 사람이었는데 악한 아합과 같은 사람을 도운 것이 큰 결점이었으며 실책이었다. 이와 같은 실책 때문에 여호사밧은 하나님으로부터 진노를 당했다. 그는 이미 길르앗 라못 전쟁에서 1차 생명의 위협을 당하였고, 그 후에 모압과 암몬의 침략을 받았으며(20장), 또 그가 만든 배가 파선을 당했다(20:36-37).

대하 19:3. 그러나 왕에게 선한 일도 있으니 이는 왕이 아세라 목상들을 이 땅에서 없애고 마음을 기울여 하나님을 찾음이니이다 하였더라.

"그러나 임금님께서는 선한 일도 하셨습니다. 아세라 목상을 이 땅에서 없애 버리시고, 마음을 오로지 하나님 찾는 일에 쏟으신 일도 있으십니다"고 했다. 예후는 먼저 책망했고(앞 절), 본 절에서는 여호사밧을 격려한다. 예후의 견책은 여호사밧을 회개시키기 위한 것이지 결코 절망케 하려는 것은 아니었다. 전도자는 강단에서 사람들의 회개를 촉구하고 격려함에 이르러야 한다.

ㄴ. 여호사밧의 개혁 19:4-11

선견자 예후의 책망을 받고 크게 각성한 여호사밧은 전국을 순행하면서 재판관을 두어 여호와를 두려워하는 마음으로 재판하라고 부탁한다(4-7절). 예루살렘에는 최고의 재판소를 설치한다(8-11절).

대하 19:4. 여호사밧이 예루살렘에 살더니 다시 나가서 브엘세바에서부터 에브라임 산지까지 민간에 두루 다니며 그들을 그들의 조상들의 하나님 여호와께로 돌아오게 하고.

여호사밧은 예루살렘에 살면서 브엘세바(유다의 최남단의 성읍)에서부터 에브라임 산간지역(남 왕국의 북방경계지)에 이르기까지 민정을 살피러 다녔으며, 백성들을 여호와 그들의 조상의 하나님께 돌아오게 하였다. 백성들을 하나님께로 돌아오게 하는 일은 최고의 선한 일이었다.

여기 "에브라임 산지"는 남 왕국의 북방 경계지역이었다. 이곳은 남북으로 나누어질 때 원래는 북 왕국으로 분류되었으나 아비야가 여로보암에게서 벧엘을 빼앗을 때(13:19), 에브라임 산지도 남 왕국으로 편입되었다. "브엘세바에서부터 에브라임 산지까지 민간에 두루 다녔다"는 말은 남 왕국 전체를 두루 다녔다는 말이다. 이는 마치 남북이 분국 되기 전 "브엘세바에서부터 단까지"라고 하는 말과 같은 말이다(대상 21:2).

여호사밧은 전국을 두루 다니며 "백성들을 그들의 조상들이 믿던 하나님 여호와께로 돌아오게 했다". 여호사밧은 전도자가 되어 훌륭한 일을 해냈다. 정치가가 이런 일을 하는 것은 쉽지 않은 일이었다.

대하 19:5. 또 유다 온 나라의 견고한 성읍에 재판관을 세우되 성읍마다 있게

여호사밧이 두 번째로 잘한 일은 "유다 온 나라의 견고한 성읍에 재판관을 세우되 성읍마다 세운 일"이었다. 여호사밧은 각 요새화된 성읍에 재판관을 세우면서 다음 절들처럼 그들의 자세까지 올바르게 잡아 주었다. 유다에 재판관을 둔 것은 모세시대부터 있어오던 일이었으나(신 16:18-20), 여호사밧 때에 재판관을 세운 것은 아주 제도화했고 또 전문화한 것이었다.

19:6. 재판관들에게 이르되 너희가 재판하는 것이 사람을 위하여 할 것인지 여호와를 위하여 할 것인지를 잘 살피라 너희가 재판할 때에 여호와께서 너희와 함께 하심이니라.

여호사밧은 그들에게 이르기를 "그대들이 맡은 재판을 할 때에 삼가 조심하여 하시오. 그대들이 하는 재판은 단순히 사람을 기쁘게 하는 것이 아니라, 그대들이 재판할 때에 그대들과 함께 계시는 주님을 기쁘시게 하는 것임을 명심하시오"라고 일렀다.

"그대들이 재판할 때에 그대들과 함께 계시는 주님을 기쁘시게 하는 것이란" 말은 '그들이 하는 재판은 하나님의 재판이란' 뜻이다. 즉, '하나님이 재판장이시고(시 7:11; 딤후 4:8) 하나님을 위한 재판이란 점에서(출 18:15-16; 21:6; 22:8; 신 1:17; 17:19) 그대들이 재판할 때에 여호와께서 하시는 재판이란 것이다.

대하 19:7. 그런즉 너희는 여호와를 두려워하는 마음으로 삼가 행하라 우리의 하나님 여호와께서는 사람들 앞에서 불의함도 없으시고 치우침도 없으시고 뇌물을 받는 일도 없으시니라 하니라.

재판관들이 하는 재판이 하나님께서 친히 관여하시는 재판이기 때문에 첫째, "여호와를 두려워하는 마음으로 삼가 행하라"는 것이었다. 이렇게 조심해야 할 이유는 "우리의 하나님 여호와께서는 사람들 앞에서 불의함도 없으시고 치우침도 없으시고 뇌물을 받는 일도 없으시기" 때문이다. 하나님은 사람들 앞에서 불의함도 없으시고 한쪽으로 치우침도 없으시며, 또 뇌물을 받으시는 일도 없으시니 하나님을 대리하여 재판하는 재판관도 사람들 앞에서 전혀 불의함이 없어야 한다는 것이다.

대하 19:8. 여호사밧이 또 예루살렘에서 레위 사람들과 제사장들과 이스라엘 족장들 중에서 사람을 세워 여호와께 속한 일과 예루살렘 주민의 모든 송사를 재판하게 하고.

여호사밧은 6절과 7절에서는 요새화된 각 지방 성읍에서 재판관을 세우고 나서 그들의 자세를 잡아준 것을 언급했는데 본 절에서는 예루살렘에서도 레위인들과 제사장들과 이스라엘 가문의 족장들 가운데서 사람을 뽑아 재판관으로 임명하여 여호와께 속한 종교건과 예루살렘에 사는 모든 주민의 민사 사건들을 재판하게 하였다.

대하 19:9. 그들에게 명령하여 이르되 너희는 진실과 성심을 다하여 여호와를 경외하라.

여호사밧은 재판관들에게 명령을 내려 "그대들은 재판을 하는데 있어 주님을 두려워하는 마음을 가지고 하되 성실하게 그리고 온 마음을 다하여 수행해야 합니다"고 부탁했다. 하나님을 두려워하는 마음을 가지고 재판하는 것이 제일 기본이고 거기에 방법으로는 진실이 빠져서는 안 되고, 온 마음을 가지고 하기를 부탁한다고 했다.

대하 19:10. 어떤 성읍에 사는 너희 형제가 혹 피를 흘림이나 혹 율법이나 계명이나 율례나 규례로 말미암아 너희에게 와서 송사하거든 어떤 송사든지 그들에게 경고하여 여호와께 죄를 범하지 않게 하여 너희와 너희 형제에게 진노하심이 임하지 말게 하라 너희가 이렇게 행하면 죄가 없으리라.

여호사밧은 "어느 지방 성읍에 사는 동포가 사람을 죽이거나 혹 법이나 계명이나 율례나 규례를 어겨서 너희 예루살렘 재판관들에게 송사를 제기해 오면, 재판관들은 그들에게 경고하여 여호와께 범죄하지 않도록 하시오. 그렇지 않으면, 주님의 진노가 그대들 재판관들과 그대들의 동포에게 내릴 것이오. 내가 시킨 대로 하면 그대들에게 죄가 없을 것이오"라고 주의를 주었다.

피를 흘렸을 경우, 즉 사람을 죽였을 경우 고의적 살인인지 혹은 과실치사인지 분간하여 고의적 살인인 경우 엄벌하고 과실치사인 경우 도피성으로 보내야 했다. "율법이나 계명(율법의 한 조문 한 조문을 뜻한다)이나 율례(율법을 위한 조문들)나 규례(율법을 위한 조문들)"를 어긴 경우는 전체적으로 율법을 어긴 것을 뜻한다.

재판관들은 율법을 어겨서 송사하는 사건만을 다루는 것이 아니라 사람들로 하여금 "여호와께 죄를 범하지 않게 하는 것이" 중요하다는 것이다. 죄를 범하면 재판관들과 또 백성들에게 하나님의 진노하심이 임하는 고로 죄를 범하지 않게 하는 것이 중요하다는 것을 강조해야 한다.

대하 19:11. 여호와께 속한 모든 일에는 대제사장 아마랴가 너희를 다스리고 왕에게 속한 모든 일은 유다 지파의 어른 이스마엘의 아들 스바댜가 다스리고 레위 사람들은 너희 앞에 관리가 되리라 너희는 힘써 행하라 여호와께서 선한 자와 함께 하실지로다 하니라.

여호사밧이 나라의 일을 분담하는 일에 대하여 말한다. "여호와 하나님께 예배드리는 모든 문제는, 대제사장 아마랴[382]가 최종 권위를 가지고 결정을 내려야 하며, 왕에게 속한 모든 문제에 관련된 것은, 유다 지파의 우두머리 이스마엘의 아들 스바댜(여호사밧이 백성을 가르치기 위해 보낸 사람, 17:8)가 최종 권위를 가지고 결정을 내려야 하오. 레위 사람들은 법정에서 결정된 사항들이 실행되는 것을 감독하는 관리의 책임을 져야 할 것이다. 용기를 내어 이 모든 지시를 잘 실행하시오. 주님께서는 공의를 이루는 사람들의 편을 드신다는 것을 명심하시오"라고 한다.

"여호와께서 선한 자와 함께 하실 것이라"는 말은 '여호와께서는 선하게 하는 자와 함께 하시니 일을 잘 하라'는 뜻이다. 우리는 여호와께서 선한 일에 힘쓰는 자와 함께 하시는 것을 알고 항상 선한 일에 힘을 써야 할 것이다.

---

382) "아마랴": 여호사밧 왕 때의 대제사장.

제 20 장

4. 여호사밧이 다른 민족과 전쟁하다 20:1-30

이 부분(1-30절)의 내용은 모압과 암몬의 연합군이 여호사밧을 공격한 일(1-4절), 여호사밧과 온 국민이 전쟁을 앞두고 여호와께 기도한 일(5-13절), 여호와께서 응답하신 일(14-19절), 여호사밧 군대가 승리를 거둔 일(20-30절)이 진술된다.

1-4절: 모압군과 암몬군이 침공해 오다.

대하 20:1. 그 후에 모압 자손과 암몬 자손들이 마온 사람들과 함께 와서 여호사밧을 치고자 한지라.

본 절의 "그 후"란 18-19장 사건이 벌어진 "이후"라는 뜻이다. 여호사밧이 나라를 개혁한 후 "모압 자손과 암몬 자손들이 마온 사람들과 함께 와서 여호사밧을 치고자 한" 것은 그들이 패하기 위해 덤벼든 것을 뜻한다. 다윗 시대에도 이렇게 주위 민족들이 패하기 위하여 덤벼든 예들이 많았다. 모압 사람들과 암몬 사람들이 덤벼든 때는 여호사밧 통치 18-19년경으로 보는 것이다(K.&D.). "모압 자손과 암몬 자손들이 마온 사람들과 함께" 온 것은 함께 하면 이길 것으로 생각한 것이다. 그러나 하나님을 철저히 의지하는 여호사밧을 이길 수는 없는 일이었다.

모압 자손과 암몬 자손은 다 같이 롯의 딸들을 통하여 퍼진 자손들이었다(창 19:31-38). 모압 족속은 롯의 큰 딸을 통하여 세상에 퍼진 민족이고(창 19:37), 암몬 족속은 롯의 작은 딸을 통해 세상에 퍼진 민족이다(창 19:38).

두 족속은 다 같이 요단강 동편에 살던 민족들이었다. 두 족속은 다 같이 다윗에게 정복된 민족들이었고, 이스라엘이 남북으로 나누어진 후로는 북쪽의 이스라엘에게 속했었으나(삼하 8:2), 북쪽 나라 이스라엘이 아람에게 패하고 아합이 전사한(18장) 후로는 이스라엘로부터 독립했는데 이 때 연합하여 유다 왕국을 침범해 온 것이다. 모압은 그 후에도 북 왕국을 침범한 일이 있었다(왕하 3:23).

두 족속과 함께 유다 왕국을 침범한 "마온 사람들"은 세일 산에 거주하는 민족이었고, 이들은 에돔 근처 세일 산 부근의 한 아랍 족속이었다(대하 26:7). 모압, 암몬 족속과 함께 유다 왕 여호사밧을 공격하였으나 패하였고(20:1,2,23-29), 히스기야 때 시므온 사람에게 진멸되었다(대상 4:39-41). 또한 웃시야가 그들을 쳤다(26:7). 바벨론 포로 이후에는 느디님 사람들에게 속한 것으로 언급된다(스 2:43,50,54; 느 7:52). "마온 사람"은 모우님의 단수형이다(삿 10:12).

대하 20:2. 어떤 사람이 와서 여호사밧에게 전하여 이르되 큰 무리가 바다 저쪽 아람에서 왕을 치러 오는데 이제 하사손다말 곧 엔게디에 있나이다 하니.

"어떤 사람들이 여호사밧에게 전하러" 온 것은 여호사밧에게 기도하도록 시간을 주려는 하나님의 섭리였다. 갑자기 덤벼든 것보다 미리 어떤 사람이 알리러 온 것은 하나님의 큰 사랑이 아닐 수 없었다. 본 절 해석을 보면 "어떤 전령들이 와서 여호사밧에게 큰 부대가 사해 건너편 에돔에서 임금님을 치러 왔습니다. 그들은 이미 하사손다말 곧 엔게디로 쳐들어 왔습니다"라고 알려주었다. 여기 "바다 저쪽"은 사해 동 남편을 지칭한다. "아람에서"란 "에돔에서"라는 단어의 오기로 본다(ESV, RSV, K,&D, Curtis, Barker, 박윤선, 이상근, 표준 새 번역). 에돔이 맞는 학설이라고 하면 여기 침략군은 모압, 암몬, 마온, 에돔 족속이었다. 세상에 아무리 많은 사람, 많은 민족이 연합해 보아도 하나님을 이길 수는 없는 일이다.

"하사손다말"은 "엔게디"의 옛 이름이다. "엔게디"는 사해 서쪽 중앙 유다 광야이며(수 15:62), 하솔 다말과 동일지역이며(대하 20:2), 아모리 족속이 그 곳 성읍에 거하였다(창 14:7). 엔게디는 유다 지파에게 할당되었다(수 15:62). 다윗이 한 때 사울을 피하여 이곳 동굴에 숨었으며(삼상 23:29; 삼상 24:1-2), 이곳에서 다윗이 사울을 죽일 수 있었는데도 다윗이 사울을 살려주었다. 유다 왕 여호사밧(B.C. 873-849) 때 모압, 암몬, 에돔 왕들이 여기 모여 유다를 치다가 패했다(20:2).

대하 20:3. 여호사밧이 두려워하여 여호와께로 낯을 향하여 간구하고 온 유다 백성에게 금식하라 공포하매.

여호사밧이 전령들의 보고를 받고 놀라서 여호와께 낯을 향하여 간구했다. 그리고 온 유다 백성에게 금식 령을 내렸다. 지도자는 이렇게 본인 자신도 죽도록 여호와께 간구하고 백성들에게도 위험을 알리고 기도해야 한다는 것을 보여주고 있다. 금식은 죄를 회개하며 간구 할 일을 목표를 정하고 간절히 구하는 것을 말한다. 왕이나 백성이나 전적으로 금식하면서 여호와께 간구한 것이다. 이것이 바로 나라를 살리는 기도이다.

대하 20:4. 유다 사람이 여호와께 도우심을 구하려 하여 유다 모든 성읍에서 모여와서 여호와께 간구하더라.

유다 백성이 왕의 금식 령을 듣고 유다 각 성읍에서 예루살렘으로 모여와서 여호와께 간구했다. 백성들이 이 정도로 동조한 것은 여호사밧의 종교개혁의 결과였다. 우리는 흩어져서 개인적으로 기도하고 또 모여 기도해야 한다.

대하 20:5. 여호사밧이 여호와의 전 새 뜰 앞에서 유다와 예루살렘의 회중 가운데 서서.

여호사밧이 주님의 성전 새 뜰 앞에 모인 유다와 예루살렘 회중 가운데 서서 참으로 애절한 기도를 드렸다. 그 내용은 다음 절에 있다.

"새 뜰"이란 성전의 구조 중 일반인이 출입할 수 있는 큰 뜰을 지칭한다

(왕상 7:12). 일반인의 뜰을 새 뜰이라 부른 것은 여호사밧이 이 뜰을 수축하여 확장했기 때문으로 본다(K.&D.).

대하 20:6. 이르되 우리 조상들의 하나님 여호와여 주는 하늘에서 하나님이 아니시니이까 이방 사람들의 모든 나라를 다스리지 아니하시나이까 주의 손에 권세와 능력이 있사오니 능히 주와 맞설 사람이 없나이다.

여호사밧은 "우리 조상들의 하나님 여호와여! 주님은 하늘에 계시는 하나님이 아니십니까? 세계 만민의 모든 나라를 다스리는 분이 아니십니까? 권세와 능력이 주님께 있으시니 아무도 주님께 맞설 사람이 없습니다"라고 부르짖는다.

하나님은 하늘에 계신 하나님으로 우주를 창조하신 분이시고 주장하시는 분이시며 섭리하시는 분이시다. 그리고 그 하나님은 이방의 모든 나라들을 통치하시는 하나님이시다. 그리고 그 하나님에게는 권세와 능력이 한량없으시니 지구상 어느 누구도 그리고 어느 나라도, 어느 세력도 하나님을 맞설 수가 없다고 기도한다. 여호사밧이 이렇게 말한 것은 하나님께서 유다 나라에 승리를 주실 수 있으시다는 것을 믿는다는 뜻이었다.

대하 20:7. 우리 하나님이시여 전에 이 땅 주민을 주의 백성 이스라엘 앞에서 쫓아내시고 그 땅을 주께서 사랑하시는 아브라함의 자손에게 영원히 주지 아니하셨나이까.

여호사밧은 "우리 하나님이시여!(기도의 대상을 분명히 한다) 주님께서는 전에 이 땅에 사는 사람들을 주님의 백성 이스라엘 앞에서(여호수아 군대 앞에서) 쫓아내시고 그 땅을 주님의 사랑하시는 아브라함의 자손에게 영원히 주신 분이 아니십니까?"라고 부르짖는다. 하나님은 이방 사람들을 쫓아내시고 이 땅을 아브라함의 자손에게 주셨으니 지금도 계속해서 아브라함의 자손인 자신들이 살게 해주시기를 위한 기도를 드리는 것이다.

대하 20:8. 그들이 이 땅에 살면서 주의 이름을 위하여 한 성소를 주를 위해 건축하고 이르기를.

여호사밧은 자기의 조상들이 이 땅에 살면서 행한 일을 여호와 하나님께 말씀드린다. 즉, "조상들이 이 땅에 살면서 주님의 이름을 드러내려고 한 성소를 지어 바치고 성전 봉헌을 하면서 드린 기도가 다음과 같이 요약되어 나타난다"(6:28-30; 7:13-15). 여호사밧은 전쟁의 위협 앞에서 이 기도를 언급함으로써 하나님께서 성전에서 드린 자신의 기도를 들어주실 것을 기대한다. 솔로몬이 그곳에서 드린 기도에 대한 응답으로서 하나님께서 당신의 영광으로 성전을 가득 채우신 일이 있기 때문이다(7:1-3). 결국 여호사밧은 하나님의 약속에 근거하여 구원을 호소하고 있는 것이다. 여호사밧은 하나님께서 자기의 기도에 응답할 것을 확신했음이 분명하다(K.&D.).

대하 20:9. 만일 재앙이나 난리나 견책이나 전염병이나 기근이 우리에게 임하면 주의 이름이 이 성전에 있으니 우리가 이 성전 앞과 주 앞에 서서 이 환난 가운데에서 주께 부르짖은즉 들으시고 구원하시리라 하였나이다.

"만일 전쟁이나 전염병이나 기근과 같은 재난이 닥쳐온다면 하나님 앞, 곧 주님의 이름을 빛내는 이 성전 앞에 모여 서서 재난 가운데서 주님께 부르짖겠고 그러면 주님께서 들으시고 구원하여 주실 것이라고 말씀하신 일이 있습니다". 인간들이 당할만한 그 어떤 어려움을 당한다 해도 주님의 이름을 드러내는 이 성전 앞 곧 주 앞에 서서 하나님께 부르짖을 때 주님께서는 들으시고 구원해 주실 것이라고 하셨다는 것을 말한다. 이런 말을 하는 것은 하나님을 위함이 아니라 여호사밧과 백성들의 신앙을 위한 말이었다.

대하 20:10. 옛적에 이스라엘이 애굽 땅에서 나올 때에 암몬 자손과 모압 자손과 세일 산 사람들을 침노하기를 주께서 용납하지 아니하시므로 이에 돌이켜 그들을 떠나고 멸하지 아니하였거늘.

"그런데 암몬 자손과 모압 자손과 세일 산에 사는 사람들이 우리를 저렇게 공격하여 왔습니다. 옛적에 이스라엘이 애굽에서 나올 때에, 주님께서는 이스라엘이 그들의 땅으로 들어가는 것을 허락하지 않으셨습니다. 그런고로 우리 조상들은 그들을 멸하지 않고 돌아 섰습니다".

여호사밧은 이제 연합군이 적반하장(賊反荷杖) 격으로 우리를 공격하여 배신하고 있다는 것을 여호와께 보고한다(민 20:14-21; 신 2:5-9). 여호사밧의 이 기도는 여호와께서 그들을 보복하셔야 한다는 애원이었다.

대하 20:11. 이제 그들이 우리에게 갚는 것을 보옵소서 그들이 와서 주께서 우리에게 주신 주의 기업에서 우리를 쫓아내고자 하나이다.

여호사밧은 지금까지 연합군을 물리쳐 주시라는 기도를 드렸는데, 본 절에서는 이제는 주님께서 그들의 행패를 보시라고 애원한다. 즉, "그런데 이제 그들이 우리에게 앙갚음을 하는 것을 보십시오. 주님께서 우리에게 유산으로 주신 주님의 땅에서 우리를 쫓아내려 하고 있습니다"라고 말씀드린다.

대하 20:12. 우리 하나님이여 그들을 징벌하지 아니하시나이까 우리를 치러 오는 이 큰 무리를 우리가 대적할 능력이 없고 어떻게 할 줄도 알지 못하옵고 오직 주만 바라보나이다 하고.

"우리 하나님이시여! 우리 편을 드시는 하나님, 그들에게 벌을 내리지 않으시렵니까? 우리를 치러 온 저 큰 대군을 대적할 능력이 우리에게는 없고, 어찌할 바도 알지 못하고, 그래서 주님만 바라보고 있을 뿐입니다"라고 아뢴다. 하나님께 애원하는 기도야 말로 세상 사람들 보기에는 아주 유치해 보이고 말도 되지 않는 논리를 펴는 것 같이 보인다. 그러나 하나님께서는 그런 기도를 더욱 흠향하신다. 여호사밧은 116만이라는 군 병력이 있었으나 (17:13-19) 그것을 전혀 의지하지 않고 연합군을 전혀 감당할 수 없는 것을 어찌할 수 없음을 실감하면서 애원한다.

대하 20:13. 유다 모든 사람들이 그들의 아내와 자녀와 어린이와 더불어 여호와 앞에 섰더라.

유다 모든 백성은 그들의 아내와 자녀들까지도 모두 주님 앞에 나와서 있었다. 이들은 자기들은 어떻게 할 줄 모르고 주님만 바라보고 서 있었다. 세상적으로 보기에는 이처럼 처량한 모습은 없는 것이다. 우리는 세상이 우리를 어떻게 보든지 주님만 바라보아야 하는 것이다.

14-19절: 여호사밧의 간구에 대해 하나님께서 응답하시다.

대하 20:14. 여호와의 영이 회중 가운데에서 레위 사람 야하시엘에게 임하셨으니 그는 아삽 자손 맛다냐의 현손이요 여이엘의 증손이요 브나야의 손자요 스가랴의 아들이더라.

그 때에 마침 회중 가운데는 야하시엘이라는 레위 사람이 있었는데 그에게 여호와의 영이 내리셨다. 그의 아버지는 스가랴이고 할아버지는 브나야이고 증조는 여이엘이고 고조는 맛다냐였다.

하나님은 여호사밧과 백성들의 기도에 응답하시기 위해 야하시엘이라는 레위 사람을 준비하셨다. 하나님은 우리의 기도에 대하여 반드시 응답하신다. 여호와의 영은 야하시엘에게 임했는데 이는 다윗이 세운 악사인 아삽의 자손이었고 헤만과 여두둔과 더불어 다윗의 찬양대의 대장들이었다(대상 6:38; 25:1). 아삽의 시 제 83편은 본문의 역사와 동시대의 작품이란 유력한 견해가 있다(Hengsternberg, K.&D., Barker, 이상근).

대하 20:15. 야하시엘이 이르되 온 유다와 예루살렘 주민과 여호사밧 왕이여 들을지어다 여호와께서 이같이 너희에게 말씀하시기를 너희는 이 큰 무리로 말미암아 두려워하거나 놀라지 말라 이 전쟁은 너희에게 속한 것이 아니요 하나님께 속한 것이니라.

야하시엘이 이르기를 "온 유다와 예루살렘에 사는 사람들과 여호사밧 임금님이여! 들으시기 바랍니다. 주님께서 여러분에게 말씀하십니다. '적군이 아무리 많다 하여도, 당신들은 두려워하거나 겁내지 말라. 이 전쟁은 너희가 하는 것이 아니라, 나 하나님이 맡아 하는 것이다"고 하신다. 오늘도 전쟁은 하나님께 속한 것인데 사람들은 그 사실을 알지 못하고 심히 두려워 떤다.

대하 20:16-17. 내일 너희는 그들에게로 내려가라 그들이 시스 고개로 올라올 때에 너희가 골짜기 어귀 여루엘 들 앞에서 그들을 만나려니와 이 전쟁에는 너희가 싸울 것이 없나니 대열을 이루고 서서 너희와 함께 한 여호와가 구원하는 것을 보라 유다와 예루살렘아 너희는 두려워하지 말며 놀라지 말고 내일 그들을 맞서 나가라 여호와가 너희와 함께 하리라 하셨느니라 하매.

"당신들은 내일 그들을 마주하여 내려가라. 적군은 시스 고개[383](이곳이 바로 승리의 장소라는 것이다)로 올라올 것이다. 여루엘 들[384] 맞은편에서 당신들이 그들을 만날 것이다. 그런데 이 전쟁에서는 당신들이 싸울 것이 없다. 당신들은 대열만 정비하고 굳게 서서, 나 여호와가 당신들에게 승리를 가져다주는 것을 보기나 해라. 유다와 예루살렘 사람들아!, 너희는 두려워하지 말고 겁내지 말라. 내일 적들을 맞아 싸우러 나가는 시늉만 해라. 나 여호와가 당신들과 함께 있겠다"고 하신다. 전쟁을 맞이하여 특별히 할 일이 없다는 것이다. 그저 전쟁하는 척 시늉만 내고 있으면 여호와 하나님께서 다 전쟁을 해주신다니 이처럼 재미있는 일이 또 있을까. 우리는 싸우지 않고 승리한다는 것을 알아야 한다. 다시 말해 우리는 모두 부전승(不戰勝)의 사람들이다.

383) "시스 고개": 이곳은 모압, 암몬의 연합군이 예루살렘의 여호사밧 왕을 공격하기 위해 엔게디에서 올라간 암석의 고개길(대하 20:16)이며, 드고아의 남 동쪽에서 사해로 향하여 뻗은 와디하사로 추측된다.

384) "여루엘 들": 이곳은 사해 서쪽에 있는 광야이며(대하 20:16), 유다 백성이 이 곳에서 침략자들(모압 자손, 암몬 자손, 세일산 사람)이 진멸당하는 것을 목격하였다(20:16,17,22-24).

대하 20:18. 여호사밧이 몸을 굽혀 얼굴을 땅에 대니 온 유다와 예루살렘 주민들도 여호와 앞에 엎드려 여호와께 경배하고.

여호사밧이 몸을 굽혀 얼굴을 땅에 대니, 온 유다 백성과 예루살렘 주민들도 여호와 하나님 앞에 엎드려 경배했다(출 14:13 참조).

대하 20:19. 그핫 자손과 고라 자손에게 속한 레위 사람들은 서서 심히 큰 소리로 이스라엘 하나님 여호와를 찬송하니라.

그핫 자손과 고라 자손에게 속한 레위 사람들은 서서 목소리를 높여 이스라엘의 하나님 여호와를 찬양하였다. "그핫 자손과 고라 자손"이란 '그핫 자손인 고라 자손'이란 뜻이다(대상 6:22,37-38 참조). "그핫 자손"은 레위의 세 아들 중 둘째 아들의 자손이었다. 모세와 아론도 이 가문에 속했다(대상 6:1 참조).

20-30절: 여호사밧이 승리하다.

대하 20:20. 이에 백성들이 아침에 일찍이 일어나서 드고아 들로 나가니라 나갈 때에 여호사밧이 서서 이르되 유다와 예루살렘 주민들아 내 말을 들을지어다 너희는 너희 하나님 여호와를 신뢰하라 그리하면 견고히 서리라 그의 선지자들을 신뢰하라 그리하면 형통하리라 하고.

백성들은 다음날 아침 일찍이 일어나서 여루엘로 나가기 위해 드고아 들(베들레헴 남쪽 8km 지점)로 나갔다(16절 주해 참조). 나갈 때에 여호사밧이 나서서 격려한다. "유다와 예루살렘 주민들아! 내가 하는 말에 귀를 기울이세요. 우리의 하나님을 믿읍시다. 그리고 흔들리지 맙시다. 그리고 주님께서 보내신 예언자들을 신뢰합시다. 그리하면 우리는 반드시 이깁니다"라고 했다.

대하 20:21. 백성과 더불어 의논하고 노래하는 자들을 택하여 거룩한 예복을 입히고 군대 앞에서 행진하며 여호와를 찬송하여 이르기를 여호와께 감사하

세 그의 인자하심이 영원하도다 하게 하였더니.

여호사밧은 백성들과 의논해서(찬양대원들과 의논했을 것이다) 노래하는 자들(레위인들)을 택하여 찬양대 가운(gown)을 입혀 군대 앞에서 행진하게 하며 여호와를 찬송하게 했다. 찬송의 내용은 "여호와께 감사하세 그의 인자하심이 영원하도다"라는 내용이었다(대상 16:34 주해 참조). 이 찬송이야 말로 바로 하나님으로 하여금 역사하게 하는 찬송이었다.

대하 20:22. 그 노래와 찬송이 시작될 때에 여호와께서 복병을 두어 유다를 치러 온 암몬 자손과 모압과 세일 산 주민들을 치게 하시므로 그들이 패하였으니.

노래하는 사람들이 그렇게 노래를 부르니 여호와께서 복병을 두어 유다를 치러 온 암몬 자손과 모압 자손과 세일 산 주민들을 치게 하셔서 그들을 대파하셨다. 여기 "복병"이란 '암몬 자손과 모압 자손과 세일 산 주민들 사이에서 생겨난 복병'이었다. 하나님은 이 복병을 사용하셔서(세 족속으로 하여금 서로 치게 하셔서) 연합군을 대파하셨다.

대하 20:23. 곧 암몬과 모압 자손이 일어나 세일 산 주민들을 쳐서 진멸하고 세일 주민들을 멸한 후에는 그들이 서로 쳐 죽였더라.

본 절은 하나님께서 복병을 두어 세 민족을 망하게 하신 것을 설명한다. 즉, "암몬과 모압 자손이 일어나 세일 산 주민들을 쳐서 진멸하게 하셨고" 다음에는 "세일 주민들을 멸하신 후에는 그들(암몬 자손과 모압 자손)이 서로 쳐 죽이게" 하셨다(삿 7:22-23; 삼상 14:20). 오늘도 하나님의 교회를 어지럽히는 단체들은 그들 자체에 복병이 생겨 서로 쳐서 망하게 하시는 일을 자주 보게 된다.

대하 20:24. 유다 사람이 들 망대에 이르러 그 무리를 본즉 땅에 엎드러진 시체들뿐이요 한 사람도 피한 자가 없는지라.

유다 사람들은 들판이 내려다보이는 망대에 이르러 그 무리들(세 민족들)을 보니 적군이 하나도 살아남지 못하고 모두 주검이 되어 땅에 엎어져 있는 것을 볼 수 있었다. 여기 "들 망대"란 사람이 만든 망대가 아니라 들의 높은 지대를 지칭하는 말이다. 유다 사람들이 들의 높은 지대에 올라 적진을 바라보니 적들이 피차 살육하여 온 들판에 그들의 시체로 가득한 것을 보게 되었다. 하나님의 큰 역사였다.

대하 20:25. 여호사밧과 그의 백성이 가서 적군의 물건을 탈취할 새 본즉 그 가운데에 재물과 의복과 보물이 많이 있으므로 각기 탈취하는데 그 물건이 너무 많아 능히 가져갈 수 없을 만큼 많으므로 사흘 동안에 거두어들이고.

여호사밧이 백성을 데리고 가서 적군의 전리품을 거두어들였다. 전리품 가운데는 상당히 많은 물건과 옷과 귀중품이 있었다. 그래서 각자가 마음껏 탈취하였다. 그런데 그 전리품이 너무 많아 운반할 수가 없었다. 전리품이 이처럼 많아서, 그것을 다 거두어들이는 데에는 3일이나 걸렸다. 엄청난 수확이었다. 세 민족이 가지고 있던 전리품이 이렇게 많았던 이유는 세상의 믿지 않는 사람들은 세상 것들을 챙기고 살며 또 전장에 나갈 때도 세상의 물건을 아주 많이 가지고 갔기 때문이었다. 전리품이 이렇게 많았던 이유는 세 족속의 사람들이 전장에 많이 참석했다는 것을 보여주는 일이기도 했다.

대하 20:26. 넷째 날에 무리가 브라가 골짜기에 모여서 거기서 여호와를 송축한지라 그러므로 오늘날까지 그 곳을 브라가 골짜기라 일컫더라.

유대 백성들은 적군의 전리품을 3일 동안 거두어들이고(앞 절) 4일째 되던 날에 그들은 브라가 골짜기에 모여서 거기서 주님을 찬양하였다. 오늘날도 사람들은 그 곳을 '찬양 (브라가) 골짜기'라고 부른다. "브라가 골짜기"란 베들레헴 근처 드고아 남쪽의 한 지역으로 여호사밧 왕이 모압과 암몬 연합군에게 이긴 후 여호와께 송축한 골짜기(대하 20:26)였다. 여호사밧의 골짜기와 같은 곳으로 여겨진다(욜 3:2; 욜 3:12). 찬송은 지나가는 시간에 잠시 동안 드릴 수도 있으나 이렇게 날을 택하여 시간을 잡아 찬송해야 하는 것이다.

대하 20:27. 유다와 예루살렘 모든 사람이 다시 여호사밧을 선두로 하여 즐겁게 예루살렘으로 돌아왔으니 이는 여호와께서 그들이 그 적군을 이김으로써 즐거워하게 하셨음이라.

유다와 예루살렘 모든 사람이 여호사밧을 앞세우고 기쁨에 넘쳐 예루살렘으로 개선하였다. 이것은 주님께서 원수들을 쳐서 이겨서 유다 백성을 기쁘게 해주셨기 때문이었다. 우리가 여호와 하나님께 부지런히 기도 생활을 할 때 우리에게 자주 찾아오는 즐거움을 만나게 마련이다.

대하 20:28. 그들이 비파와 수금과 나팔을 합주하고 예루살렘에 이르러 여호와의 전에 나아가니라.

유대 백성들과 예루살렘 주민들이 거문고와 수금과 나팔(대상 13:8 참조)을 합주하며 예루살렘에 이르러 여호와의 성전에 나가 감사의 경배를 드렸다. 그들은 길을 걸으면서 감사 찬양 했고 또 성전에 들어와서는 감사의 경배를 드린 것이다.

대하 20:29. 이방 모든 나라가 여호와께서 이스라엘의 적군을 치셨다 함을 듣고 하나님을 두려워하므로.

이방 모든 나라 사람들이 여호와 하나님께서 이스라엘의 원수들을 치셨다는 소문을 듣고 하나님을 두려워했다. 그래서 주위의 모든 나라들은 유다 사람들을 감히 침범할 수 없었다. 우리가 세상에서 하나님을 힘입어 살 때 세인들이 하나님을 두려워하여 우리를 함부로 취급하지 못하게 되는 것이다.

대하 20:30. 여호사밧의 나라가 태평하였으니 이는 그의 하나님이 사방에서 그들에게 평강을 주셨음이더라.

여호사밧이 다스리는 동안 나라가 태평하였다. 이유는 하나님께서 사방으로 여호사밧의 나라 백성들에게 평안함을 주셨기 때문이다. 하나님의 나라에 하나님께서 평안함을 주시면 이웃 나라가 감히 건드릴 마음을 품지 못하게 되는 법이다.

5. 여호사밧의 행적 20:31-37(왕상 22:41-50)

저자 에스라는 여호사밧의 치세를 요약하며(31-34절), 그가 건조한 상선이 난파한 사건을 기록한다(35-37).

대하 20:31. 여호사밧이 유다의 왕이 되어 왕위에 오를 때에 나이가 삼십오 세라 예루살렘에서 이십오 년 동안 다스리니라 그의 어머니의 이름은 아수바라 실히의 딸이더라.

여호사밧이 유다의 왕이 되었을 때가 35세였다. 그는 예루살렘에서 25년 동안 다스렸다. 그의 어머니 아수바는 실히의 딸이었다. 여호사밧이 35세에 왕이 되었고 25년을 통치했으니 그는 60세에 죽은 셈이다. 그는 선한 왕에 속한다. 그의 어머니 "아수바"에 대해서는 특별히 알려진 바가 없다. "실히"는 유다 왕 여호사밧의 외조부였다.

대하 20:32. 여호사밧이 그의 아버지 아사의 길로 행하여 돌이켜 떠나지 아니하고 여호와 보시기에 정직하게 행하였으나.

여호사밧은 자기의 아버지 아사가 걸어 간 길에서 벗어나지 아니하고, 그 길을 그대로 걸어 떠나지 아니하고 여호와 보시기에 정직하게 행하였다. 여호사밧은 그의 부친 아사의 길로 행하였고 아사는 다윗의 길로 행하였으니 (왕상 15:11) 결국 여호사밧은 다윗의 길로 행한 셈이다. 17:3,4 주해 참조.

본 절의 "정직하게 행했다"는 말은 '바르게 행했다'는 뜻이다. 좌로나 우로나 치우치지 아니하고 여호와 보시기에 옳고 곧게 행했다는 뜻이다. 전도자나 성도들은 다른 덕은 약해도 정직을 잃어서는 안 된다. 정직하면 언제인가 큰 은혜를 입게 된다(박윤선).

대하 20:33. 산당만은 철거하지 아니하였으므로 백성이 여전히 마음을 정하여 그들의 조상들의 하나님께로 돌아오지 아니하였더라.

본 절은 여호사밧이 여호와 보시기에 정직하게 행했으나 산당을 철거하지 않아서 백성들이 여전히 마음을 정하여(마음을 정했다는 말은 하나님께로 돌아오지 않기로 마음을 정했다는 뜻이다) 조상들이 믿던 하나님께로 돌아오지 아니했다는 것을 강조하고 있다. 산당을 철거했어야 했는데 철거하지 않은 약점이 그에게 있었다는 것을 지적하는 말이다. 그러나 여호사밧이 산당을 철거했다는 기록도 있다(17:6 주해 참조). 그런고로 여호사밧은 산당을 일부는 철거하고 일부는 철거하지 않았다는 말이 된다. 그는 예루살렘 부근의 산당은 철거했으나 지방에 있는 산당은 철거하지 않은 것이다.

본 절의 "백성들이 여전히 마음을 정했다"는 말은 '백성들이 하나님께로 돌아오지 않기로 마음을 정했다'는 뜻이다. 지방 사람들은 하나님께로 돌아오지 않기로 고집을 세우는 사람들이 많았던 모양이다. 그래서 여호사밧이 산당을 온전히 다 철거 하지 않은 것으로 보인다.

대하 20:34. 이 외에 여호사밧의 시종 행적은 하나니의 아들 예후의 글에 다 기록되었고 그 글은 이스라엘 열왕기에 올랐더라.

여호사밧의 나머지 역사는 처음부터 끝까지 하나니의 아들 예후의 역사책에 모두 다 기록되었고 그것은 이스라엘 열왕기에 올랐다.

본 절은 두 가지를 말하고 있다. 하나는 "여호사밧의 나머지 역사는 처음부터 끝까지 하나니의 아들 예후(예언자이며 역사가)의 역사책에 모두 다 기록되었다"는 것이고, 또 하나는 여호사밧의 나머지 역사는 "이스라엘 열왕기에(열왕기란 궁중의 매일의 사건들을 기록한 궁중 실록을 지칭한다) 올랐다"는 것이다. 그러니까 여호사밧의 나머지 역사는 두 곳(예후의 역사책, 이스라엘 열왕기)에 올라가 있다는 것을 말한다. "예후"에 대하여는 19:2 주해 참조. 이스라엘 열왕기에 대해서는 16:11; 32:32 주해 참조.

대하 20:35. 유다 왕 여호사밧이 나중에 이스라엘 왕 아하시야와 교제하였는데 아하시야는 심히 악을 행하는 자였더라.

유다의 여호사밧 왕이 훗날 이스라엘의 아하시야(아합의 아들) 왕과 동맹을 맺은 일이 있었는데 아하시야는 악행을 많이 저지른 왕이었다.

본 절의 "나중에"라는 말이 아주 막연한 시기인 것으로 보이나 아하시야의 통치 기간이 1년이었으니 아하시야의 통치 기간만 계산하게 되면 "나중에"란 말이 언제인지 알려지게 마련이다. 이 시기는 아마도 남 유다의 여호사밧이 암몬과 모압 족속의 연합군과의 전투에서 승리한 이후인 것임을 알 수 있다. 암몬과 모압과 마온의 연합군이 여호사밧을 공격한 것은 B.C. 853년이었다. 그리고 아하시야의 통치는 B.C. 853년에서 852년까지 약 1년 남짓한 기간에 이루어졌다. 그러니까 여호사밧이 아하시야와 교제한 때는 B.C. 853년에서 B.C. 852년 사이였다. 이 때에 여호사밧이 이스라엘 왕 아하시야와 교제를 했는데 그 교제 기간이 비록 짧았지만 아하시야가 심히 악을 행하는 자였기 때문에 여호사밧은 하나님으로부터 징계를 받게 되었다.

대하 20:36. 두 왕이 서로 연합하고 배를 만들어 다시스로 보내고자 하여 에시온게벨에서 배를 만들었더니.

아하시야의 권유로 여호사밧이 다시스(9:21주 참조)를 왕래할 상선을 만들었다. 배를 만든 곳은 에시온게벨이었다. 세상에서 "연합"이라는 것이 다 좋은 것은 아니다. 여호사밧이 악한 왕 아하시야와 연합하는 것은 징계를 받을 일이었다. 두 왕이 연합해서 한 일은 배를 만드는 일이었다. 상선(商船)을 만들어 다시스로 보내 금을 수입해 오기 위함이었다.

배를 만든 곳은 에시온게벨이었다. 이렇게 장소까지 기록한 것은 본서의 기록이 역사적으로 확실함을 드러내기 위함이었다.

대하 20:37. 마레사 사람 도다와후의 아들 엘리에셀이 여호사밧을 향하여 예언하여 이르되 왕이 아하시야와 교제하므로 여호와께서 왕이 지은 것들을

파하시리라 하더니 이에 그 배들이 부서져서 다시스로 가지 못하였더라.

그 때에 마레사 사람 도다와후('여호와의 사랑을 받은 자'라는 뜻)의 아들 엘리에셀[385]이 여호사밧에게 와서 "임금님께서 아하시야와 동맹을 맺으셨으므로 여호와께서 임금님이 만드신 상선을 부수실 것이라"고 예언하였다. 그의 예언대로 그 배는 부서져서 다시스로 가지 못하였다. 교제하지 않아야 하는 사람들과 마구 교제하는 사람들이 있다. 이는 주로 자기 유익을 위해서이다. 그러나 결국은 자기 이익도 챙기지 못하고 벌만 받는다.

본 절의 "마레사"란 유다지파의 성읍이다(수 15:44). 여호사밧을 책망한 예언자 엘리에셀이 이 성읍 출신이다.

---

385) "엘리에셀": 이는 마레사 사람이며 선지자로, 여호사밧 왕을 책망하며 예언하였다(대하 20:37).

제 21 장

E. 여호람의 역사 21:1-20(왕하 8:16-24)

유다 왕 여호람은 유다의 여러 왕들 중에서 가장 악한 왕에 속한다. 그가 악했던 것은 아합과 이세벨 부부의 딸 아달랴를 아내로 삼았고, 그의 아들들을 죽였으며, 또 그의 관리들도 죽였다. 결과 에돔 왕이 그의 손에서 벗어났고, 블레셋 등 외세가 침범하였으며 그는 엘리야의 탄핵을 받고 죽었다. 이 부분(1-20절)은 여호람이 즉위한 일(1-7절), 에돔과 립나가 배반한 일(8-10절), 엘리야가 탄핵한 일(11-15절), 외세가 침입한 일과 그가 죽는 일(16-20절) 등이 진술된다.

1. 여호람이 즉위하다 21:1-7

여호람이 즉위한 일과 그가 다스린 일을 서론적으로 말한다.

대하 21:1. 여호사밧이 그의 조상들과 함께 누우매 그의 조상들과 함께 다윗 성에 장사되고 그의 아들 여호람이 대신하여 왕이 되니라.

본 절은 두 가지를 진술한다. 하나는 "여호사밧이 그의 조상들과 함께 누우매 그의 조상들과 함께 다윗 성에 장사된"(9:31; 12:16; 14:1) 것과 또 하나는 "여호사밧의 아들 여호람이 대신하여 왕이 된" 것이 진술된다. "여호람"(Jehoram)은 북 이스라엘의 아합의 아들 요람 왕 제 5년에 즉위했다(그 때는 남북 왕이 모두 여호람-요람-이었다). 그가 즉위하기 전에 여호사밧의 섭정으로 5-6년간 통치했다. 그는 즉위한 후 8년을 통치하여 그의 통치기간은 B.C. 853-841 년경이었다.

대하 21:2. 여호사밧의 아들 여호람의 아우들 아사랴와 여히엘과

스가랴와 아사랴와 미가엘과 스바댜는 다 유다 왕 여호사밧의 아들들이라.

여호사밧의 아들들, 즉 여호람의 아우들 아사랴와 여히엘과 스가랴와 아사랴와 미가엘과 스바댜는 다 유다 왕 여호사밧의 아들들 6명이었는데 그들을 여기에 기록한 이유는 이들이 모두 형 여호람 왕에게 죽임을 당했기 때문이다(4절). 여호람은 자기의 6명의 동생들을 죽였는데 이처럼 악한 왕은 남쪽나라 유다에는 없었는데 그가 이처럼 악하게 된 이유는 아합과 이세벨의 딸 아달랴가 아내가 되었기 때문이다. 부인은 우리의 인격의 반(半)을 형성하는 것이니 부인을 맞이하는 일은 너무도 중요하다. 악한 부인을 맞이하느니 차라리 결혼을 안 하는 것이 나을 것이다.

대하 21:3. 그의 아버지가 그들에게는 은금과 보물과 유다 견고한 성읍들을 선물로 후히 주었고 여호람은 장자이므로 왕위를 주었더니.

여호람의 아버지 여호사밧은 여호람의 아우들에게는 은금과 보물과 요새화된 유다의 성읍들을 선물로 후하게 주었고 여호람은 맏아들이었으므로 왕의 자리를 주었다.

여호사밧이 여호람의 아우들에게 은금과 보물과 요새화된 유다의 성읍들을 선물로 후하게 주어 그 성읍들을 다스리게 한 것은 일면 배려 차원에서 한 일이었으나 훗날 여호람이 그의 아우들을 무참히 죽인 것을 보면 물질이나 성읍을 주어 형에 대해 반역을 막으려 한 것은 헛일임이 드러났다. 우리는 가정의 화목을 위하여 물질을 나누어 주는 것보다 기도해야 하는 것을 알 수 있다.

여호사밧이 그의 장자 여호람이 장자라고 해서 왕위를 준 것은 여호사밧의 실수였다. 왕의 자격이 있는 사람을 택하여 왕으로 삼아야 하는 것이다. 아들들 중에는 여호람보다 선한 자가 있었다(13절 하반 절, 박윤선). 우리는 선한 왕이었던 여호사밧이 만년에 실수를 한 것을 보면 참으로 실수하시지 않는 예수님을 바라본다는 것이 얼마나 다행스러운 일인지 감사할 뿐이다.

대하 21:4. 여호람이 그의 아버지의 왕국을 다스리게 되어 세력을 얻은 후에 그의 모든 아우들과 이스라엘 방백들 중 몇 사람을 칼로 죽였더라.

그러나 여호람은 아버지의 뒤를 이어 왕위에 올라 세력이 강해지자, 자기 아우들을 모두 죽였고, 이스라엘 지도자들 중에 얼마도 함께 칼로 쳐 죽였다. 여호람이 남 왕국 유다에서 세력을 얻은 후에 그의 모든 아우들과 이스라엘 방백들 중 몇 사람을 죽인 시점은 세력을 얻은 후였다. 세력이 있어야 아우들과 방백들을 죽일 수 있었기 때문이었을 것이다. 죽인 이유는 아우들과 방백들이 여호람 내외가 아직도 계속해서 우상숭배를 해서 우상숭배를 반대했기 때문으로 보인다(K.&D., Zoekler). 아우들은 경건했고 그와 반면에 여호람과 그의 아내는 아합 가문의 영향으로 우상숭배를 하니 주위 사람들이 반대했다.

대하 21:5. 여호람이 왕위에 오를 때에 나이가 삼십이 세라 예루살렘에서 팔 년 동안 다스리니라.

여호람이 왕위에 즉위했을 때에 그는 32세였다. 그는 예루살렘에서 8년 동안 다스렸다. 여호람의 통치기간은 참으로 짧았다. 그는 짧은 기간 동안 악의 정상을 달렸다. 이는 부인이 악했기 때문이었다.

대하 21:6. 그가 이스라엘 왕들의 길로 행하여 아합의 집과 같이 하였으니 이는 아합의 딸이 그의 아내가 되었음이라 그가 여호와 보시기에 악을 행하였으나.

여호람은 아합의 딸을 아내로 맞아들였기 때문에 아합 가문이 행한 대로 곧 이스라엘 왕들이 간 길을 갔다. 이와 같이 하여, 그는 주님께서 보시기에 악한 일을 했다. 남 왕국의 왕이 자기의 6명의 아우들을 죽이는 악한 일을 한 것은 전대미문의 악이었는데 이런 악을 거리낌 없이 행한 데는 부인의 몫이 너무도 컸다. 우상 숭배란 무지한 일이 아닐 수 없다.

대하 21:7. 여호와께서 다윗의 집을 멸하기를 즐겨하지 아니하셨음은 이전에 다윗과 더불어 언약을 세우시고 또 다윗과 그의 자손에게 항상 등불을 주겠다고 말씀하셨음이더라.

그러나 여호와 하나님께서는 다윗 왕가를 멸망시키려고 하지 않으셨다. 이유는 일찍이 여호와께서 그의 종 다윗과 언약을 맺으시고, 다윗과 그 자손에게서 왕조의 등불이 영원히 꺼지지 않게 하시겠다고 약속하셨기 때문이다.

여호람처럼 악한 왕은 찾아볼 수 없을 만큼 심히 악했으나 여호와께서 다윗 왕가를 멸망시키려 하지 않으셨다. 이유는 여호와께서 다윗과 언약을 맺으셨기 때문이었다. 즉, "다윗과 그의 자손에게 항상 등불을 주겠다고 말씀하셨기 때문"이었다. 다윗이 귀해서가 아니라 하나님께서 다윗에게 약속하셨기(삼하 7:13-16; 삼하 21:17; 왕상 15:4; 왕하 8:19) 때문에 다윗 왕가를 멸하시지 않으신 것이다.

2. 에돔과 립나가 배반하다 21:8-10

여호람이 여호와를 떠나서 우상숭배를 했으므로 그 죄 값으로 유다의 수중에 있던 에돔과 립나가 유다의 수중에서 떠나고 만다.

대하 21:8. 여호람 때에 에돔이 배반하여 유다의 지배 하에서 벗어나 자기 위에 왕을 세우므로.

여호람 왕이 유다를 다스리는 동안에 에돔이 유다에 반기를 들어 자기들의 왕을 따로 세웠다. 여기 "에돔"은 에서의 별명이며, 에돔, 에돔인(족속), 에돔의 영토를 가리키는데 사용되었다. 이 이름은 장자권보다 붉은 죽을 더 원했던 에서에게 붙여졌다(창 25:30; 창 36:1). 그의 후손들은 그의 이름들 중에서 어떤 것(창 36:9, 에돔, 혹은 렘 49:8; 렘 49:10, 에서)으로 지칭되었거나 혹은 그가 정착했던 산 세일로 지칭되었다(참조: 대하 20:22-23). 에돔인들은 자신들이 도착했을 때 이미 그 땅에 정착해 있던 몇 몇 백성들을 융합시켰다(신 2:22, 호리 등). 성경에서 그 지역은 그 곳의 거주민인 에돔인의 이름을 취했다. 이 단어는 98회 나온다(바이블렉스에서). 이들은 다윗에게 정복당했고(삼하 8:13-14), 여호사밧도 섭정 왕을 통해 에돔을 통치했다(왕상 22:47). 하지만 이들이 자신들의 왕을 세우고 여호람을 배반했다. 여호람의 죄 값이었다.

대하 21:9. 여호람이 지휘관들과 모든 병거를 거느리고 출정하였더니 밤에 일어나서 자기를 에워싼 에돔 사람과 그 병거의 지휘관들을 쳤더라.

여호람은 지휘관들을 이끌고 모든 병거(전쟁용 수레)를 모두 출동시켰다가, 병거 지휘관들과 함께 에돔 군대에게 포위를 당했다. 그러나 밤에 에돔 군대의 포위망을 뚫고 빠져 나와 본국으로 돌아왔다. 여호람과 그의 군대가 이 지경이 된 것은 그의 죄 때문이었는데 그는 그 사실도 알지 못했다. 죄를 지은 사람은 되는 일이 없게 마련이다.

대하 21:10. 이와 같이 에돔이 배반하여 유다의 지배하에서 벗어났더니 오늘까지 그러하였으며 그 때에 립나도 배반하여 여호람의 지배 하에서 벗어났으니 이는 그가 그의 조상들의 하나님 여호와를 버렸음이더라.

이와 같이 에돔은 유다에 반역하여 그 지배를 벗어나 오늘날까지 이르렀고, 그 때에 립나 성읍도 배반하여 여호람의 지배에서 벗어났다. 그가 이런 변을 당한 것은 그 조상들의 하나님 여호와를 저버렸기 때문이다.

본서 저자 에스라가 두 곳(에돔과 립나)이 유다에 반역하고 여호람의 지배 하에서 벗어난 것은 여호람이 자기 조상들의 하나님 여호와를 버렸기 때문이라고 말한다. 그런데 에스라는 에돔과 립나 성읍이 유다를 버려 배반한 상태가 "오늘날까지 이르렀다"고 말한다. 다시 말해 에스라가 본서를 기록한 후 포로기에 이르렀다고 말한다.

본서가 진술하는 "립나" 성읍이 어디냐는 것은 분명하지 않으나 광야에서 이스라엘 백성이 진 쳤던 곳 중의 하나(민 33:20-21)였다. 이 성읍은 원래 막게다와 라기스 사이의 평지에 있던 가나안인의 성읍이었으나 여호수아가

정복하였으며(수 10:29-32; 수 10:39; 수 12:15), 유다 지파에게 분배되었다(수 15:42). 후에 유다 지파가 레위 사람의 성읍으로 주었다(수 21:13; 대상 6:57). 립나의 주민은 유다왕 요람의 시대에 유다를 배반하였다(왕하 8:22; 대하 21:10).

3. 여호람의 죄와 엘리야의 책망 21:11-15

여호람은 유다 여러 산에 산당을 세우고 예루살렘 주민으로 하여금 음행하게 했으므로 북 왕국의 엘리야가 그를 책망했다. **대하 21:11. 여호람이 또 유다 여러 산에 산당을 세워 예루살렘 주민으로 음행하게 하고 또 유다를 미혹하게 하였으므로.**

여호람은 또 유다의 여러 산에 산당을 세우고 예루살렘 주민에게 음행을 하게 하였고 유다 백성을 그릇된 길로 가게 하였다.

여호람이 "또 유다 여러 산에 산당을 세운" 것은 자기의 아내(아합과 이세벨의 딸)의 영향이었다. 그의 조부와 부친은 산당을 제거했으나 여호람은 아내의 영향 아래서 유다의 여러 산에 여러 산당을 만들었다.

여호람이 "예루살렘 주민에게 음행을 하게" 했다는 말은 참으로 부끄러운 짓을 행하게 했다는 뜻이다. 여기 "음행하게 했다"는 말은 '이성간의 불의한 교제를 하게 했다'는 것을 지칭하는 말로 유다 민족이 하나님만 섬겨야 했는데 하나님을 떠나 산당에 만들어 놓은 각종 우상을 위하고 경배하며 섬겼다는 것을 뜻한다.

여호람은 "또 유다를 미혹하게 하였다". 여기 "또 유다를 미혹하게 했다"는 말은 여호람이 자기의 권력을 가지고 유다 백성들로 하여금 잘못된 길로 가도록 강요했다는 뜻이다. 우상숭배를 하게 했고 또 각종 우상 관련 일을 시킨 것을 뜻한다. 우리는 권력을 잡으면 사람을 바른 길로 인도해야 하는데 그 권력을 이용하여 백성들을 잘못된 길로 인도한다는 것은 자기도 불행으로 빠져드는 것이며 백성들도 불행하게 만드는 것이다.

대하 21:12. 선지자 엘리야가 여호람에게 글을 보내어 이르되 왕의 조상 다윗의 하나님 여호와께서 이같이 말씀하시기를 네가 네 아비 여호사밧의 길과 유다 왕 아사의 길로 행하지 아니하고.

그래서 북 왕국의 엘리야 예언자가 그에게 다음과 같은 글을 보냈다. "임금님의 조상 다윗의 하나님 여호와께서 이렇게 말씀하시기를 '당신이 유다 왕 당신의 아버지 여호사밧이 가던 길과 당신의 할아버지 아사가 가던 길을 따르지 아니하니 이 어찌 된 일이오"라는 글이다.

그런데 본 절의 엘리야가 북 왕국의 엘리야냐 아니면 동명이인이 여기 나타났느냐를 두고 견해가 갈린다. 본 절에 나타난 엘리야는 1) 동명이인이라는 견해(Curtis, Madsen, Murphy). 2) 북 왕국에서 활동했던 대예언자 엘리야란 견해(Josephus, K.&D., Payne, Barker, 박윤선, 이상근). 2번의 견해가 바른 것으로 받아들여야 할 것이다. 왕상 19:3,8; 왕하 1:17에 의하면 엘리야가 유다 왕 여호람의 시대에도 살아온 것이 분명하다. 그리고 본문의 엘리야란 단어에 정관사("그"라는 말)가 붙어 있는 것은 분명히 "그 선지자", 즉 그 동안 역사했던 엘리야란 사람을 지칭하는 것으로 보아야 할 것이다.

엘리야가 여호람에게 "글을 보내어 말했다"는 말은 여호람의 악행이 아주 심각했음을 보여주는 것이다. 여호람이 유다의 여러 산에 산당을 세우고 예루살렘 주민으로 하여금 우상과 음행을 하게 한 일이 큰일이라는 것을 보여준다. 참으로 가공할만한 일이었다. 하나님은 엘리야를 시켜 여호람을 책망하기로 하신 것이다.

"왕의 조상 다윗의 하나님"이란 말은 다윗을 구약의 표준 신앙인으로 보는 표현이다. 다시 말해 다윗이 믿던 하나님이란 뜻이다. 우리 모두는 다윗처럼 하나님을 믿어야 한다. 여호람은 "여호사밧이 가던 길과 그의 할아버지 아사가 가던 길을 따르지 아니했던" 사람이었다. 그의 아내의 영향이었다. 남자들은 여자들의 행위에 크게 영향을 받는 것을 볼 수 있다. 남자들은 여자의 나쁜 행위에 영향을 받지 않도록 조심해야 할 것이다.

대하 21:13. 오직 이스라엘 왕들의 길로 행하여 유다와 예루살렘 주민들이 음행하게 하기를 아합의 집이 음행하듯 하며 또 네 아비 집에서 너보다 착한 아우들을 죽였으니.

엘리야는 여호람 왕에게 "오히려 이스라엘 왕들이 걷던 길을 따라가고 있구나. 유다와 예루살렘 주민으로 음행을 하게 하기를 마치 아합 왕가가 하듯 하였구나. 또 당신은 당신의 아버지 집에서 난 자녀들, 곧 당신보다 착한 아우들을 죽였으니 한심 하구나"라고 꾸짖었다. 본 절에서 엘리야가 꾸짖은 것은 두 가지였다. 하나는 이스라엘의 악한 왕들의 길을 따라 간 것이었고, 둘째, 여호람은 자기보다 더 착한 아우들을 죽였다는 것이다. 여기 "너보다 착한 아우들을 죽였다"는 말을 보면 여호람의 아우들은 우상숭배를 하지 않았고 여호와를 믿고 따랐음을 보여준다.

대하 21:14. 여호와가 네 백성과 네 자녀들과 네 아내들과 네 모든 재물을 큰 재앙으로 치시리라.

본 절과 다음 절은 엘리야가 여호람의 죄 값으로 받을 재앙을 말씀한다. 본 절에 기록한 재앙은 여호와께서 "당신의 백성과 자녀들과 아내들과 모든 재산에 큰 재앙을 내리겠다"고 하신다. 그러니까 여호람과 관련된 모든 사람들(백성들, 자식들, 아내들)과 재산에 큰 재앙으로 치시겠다는 것이다. 하나님을 떠나고 우상숭배를 하면 큰 재앙을 내린다는 것을 알 수 있다.

대하 21:15. 또 너는 창자에 중병이 들고 그 병이 날로 중하여 창자가 빠져나오리라 하셨다 하였더라.

엘리야는 여호람을 향해 "당신은 창자에 중병이 들겠고 그 병이 날로 중하여 창자가 빠져나오리라"고 하셨다. 결국은 창자에 중병이 들겠고 그 병이 날로 중해져서 탈장이 되어 빠져나오리라는 것이었다. 창자에 중병이 들어서 얼른 죽지 않고 오래 앓다가 탈장이 되어 죽는 것(19절)은 여호람의 회개를 위함이었다. 오래 앓는 중에 자신이 지은 죄를 생각하게 되고 회개하기에 이르는 것이다. 오늘도 회개가 필요한 사람들은 하나님께서 기회를 주시는 것을 목도하게 된다.

4. 외침(外侵)을 당하고 여호람이 죽다 21:16-20

이 부분(16-20절)은 여호람이 죄 값으로 외침을 당하여 죽는다는 것을 진술한다.

대하 21:16. 여호와께서 블레셋 사람들과 구스에서 가까운 아라비아 사람들의 마음을 격동시키사 여호람을 치게 하셨으므로.

"여호와께서 블레셋 사람들과 구스(에디오피아)에서 가까운 아라비아 사람들의 마음을 격동시키신 것"은 여호와께서 재앙을 내리실 때에 사람이나 세상 세력을 쓰시는 것을 보여준다. 본 절의 "블레셋 사람들"이란 '이스라엘의 최대의 적'이었다. 그리고 "아라비아 사람들"이란 '가나안과 홍해 중간의 광야에 살던 유목민'이었다. 이 두 민족(블레셋 사람들, 아라비아 사람들)은 여호사밧 시대에는 유다의 속국으로 유다에게 조공을 바치던 민족이었으나 (17:11), 이제는 반역하여 여호람을 치러 온 것이다. 하나님은 사람에게 재앙을 내리실 때 세상 세력을 쓰신다.

대하 21:17. 그들이 올라와서 유다를 침략하여 왕궁의 모든 재물과 그의 아들들과 아내들을 탈취하였으므로 막내아들 여호아하스 외에는 한 아들도 남지 아니하였더라.

그들이 유다로 쳐 올라 와서 왕궁의 모든 재물을 탈취하였고, 여호람의 아들들과 아내들까지 잡아 갔으므로 막내아들 아하시야 이외에는 아무도 남겨 두지 않았다.

블레셋 사람들과 아라비아 사람들은 하나님의 쓰임을 받아 유다로 침입하여 유다 왕궁의 모든 재물과 또 사람들(여호람의 아들들과 아내들)을 탈취해 갔으므로 막내아들 여호아하스 외에는 남은 사람이 없었다. 이는 엘리야의 예언대로 된 것이었다(14절). 이 때 남은 여호아하스가 유다의 남은 등불(왕위 계승자)이 된 것이다(22:1).

대하 21:18. 이 모든 일 후에 여호와께서 여호람을 치사 능히 고치지 못할 병이 그 창자에 들게 하셨으므로.

이런 모든 일이 있은 후에 주님께서 여호람에게 벌을 내리셔서, 그의 창자에 불치의 병이 들게 하셨다.

여기 "이런 모든 일이 있은 후에"란 말은 '시간이 꽤 걸렸다'는 것을 보여준다. 다시 말해 16-17절의 일들이 있은 다음에 여호와의 재앙이 여호람에게 왔다는 것을 보여준다.

그런데 여호와께서 여호람을 치셔서 "능히 고치지 못할 병"이 그 창자에 들게 하셨다는 말은 그 창자에 든 병이 하나님의 재앙으로 왔다는 것을 보여준다. 여호람의 창자에 든 병이 궤양, 대장염, 고질적 설사, 이질 등과 같은 병으로 추측되어 왔는데(레이몬드 B 딜라드) 실제로 무슨 병이었는지 알 수는 없다. 2년에 걸친 긴 세월 동안 고생한 것은 회개를 독촉하기 위함이었다. 하나님은 우리를 사랑하사 고치지 못할 병에 걸려 고생하게 하신다.

대하 21:19. 여러 날 후 이 년 만에 그의 창자가 그 병으로 말미암아 빠져나오매 그가 그 심한 병으로 죽으니 백성이 그들의 조상들에게 분향하던 것 같이 그에게 분향하지 아니하였으며.

여호람은 오랫동안, 이 불치의 병으로 꼬박 2년을 앓다가 창자가 몸 밖으로 빠져 나와서 심한 통증에 시달리다가 죽고 말았다. 백성은 왕들이 죽으면 으레 향을 피웠으나 여호람을 위해서는 향을 피우지 않았다.

여호람이 "오랫동안, 꼬박 2년 동안 그 불치의 병을 앓은 것"은 그의 죄가 컸던 것을 보여주는 신호였다. 이 불치의 병으로 여호람이 오래 앓았던 것은 하나님께서 여호람으로 하여금 죄를 깊이 자복하는 시간을 주기 위함이었다. 하나님은 우리에게 죄를 자복할 수 있는 기회를 주신다. 우리는 병에 걸려가지고 죄를 자복할 것이 아니라 평상시 늘 죄를 자복해야 할 것이다.

"백성이 그들의 조상들에게 분향하던 것 같이 그에게 분향하지 아니한 것"은 '백성들이 그의 죽음을 맞이해서 슬퍼하지 않았다는 것'을 보여주는 것이었다. 향을 피우는 것은 슬픔을 표하는 하나의 장례절차였는데 그것을 피우지 않은 것은 슬픈 것이 없다는 뜻이었다. 여호람의 악정을 싫어했던 군중들은 그가 죽은 후에 그를 높이지 않았고 슬퍼하지 않았다.

대하 21:20. 여호람이 삼십이 세에 즉위하고 예루살렘에서 팔 년 동안 다스리다가 아끼는 자 없이 세상을 떠났으며 무리가 그를 다윗 성에 장사하였으나 열왕의 묘실에는 두지 아니하였더라.

본 절은 여호람의 죽음을 묘사하는 말이다. 그는 32세에 즉위하고 예루살렘에서 8년 동안 통치하다가 아껴주는 자 없이 세상을 떠나고 말았다. 그리고 무리가 그를 다윗 성, 즉 예루살렘 성에 매장했으나(9:31; 12:16; 14:1; 21:1) 열 왕들이 함께 묻히는 묘실에는 두지 않았다. 모두 그의 악정의 결과였다. 그도 이런 결과가 올 줄은 기대하지 않았다. 하나님을 떠나고 우상숭배를 해서 잘 되는 사람이 세상에 어디에 있는가.

제 22 장

F. 아하시야의 역사 22:1-9(왕하 8:25-27,28-29; 9:16-26; 10:11-14)

아하시야 왕 때는 유다 역사에서 암흑의 역사를 이룩했다고 할 것이다. 이 부분(1-9절)은 먼저 아하시야의 통치의 개요가 진술되었고(1-4절), 북쪽 나라 이스라엘 왕 요람과 함께 길르앗 라못으로 출전한 일(5-6절), 예후에게 죽임을 당한 일(7-9절) 등이 진술된다.

1-4절: 아하시야가 통치한 일을 개설하다,

대하 22:1. 예루살렘 주민이 여호람의 막내아들 아하시야에게 왕위를 계승하게 하였으니 이는 전에 아라비아 사람들과 함께 와서 진을 치던 부대가 그의 모든 형들을 죽였음이라 그러므로 유다 왕 여호람의 아들 아하시야가 왕이 되었더라.

예루살렘 사람들이 여호람의 막내아들 아하시야를 왕으로 삼아 왕위를 계승하게 하였다. 그럴 수밖에 없었던 것은 전에 아라비아 사람들과 함께 진영에 쳐들어 왔던 침략군들에게 아하시야의 형들이 다 피살되었으므로(21:17) 여호람의 아들 아하시야가 유다의 왕이 되었다. 아하시야가 즉위한 때는 북 왕국 요람의 12년이었으며(왕사 8:25), B.C. 841년경이었다. 아하시야는 단 1년만 왕위에 있다가 예후가 혁명을 일으켜 북 왕국의 요람 왕을 죽일 때 함께 죽임을 당했다(왕하 9:27).

대하 22:2. 아하시야가 왕이 될 때에 나이가 사십이 세라 예루살렘에서 일 년 동안 다스리니라 그의 어머니의 이름은 아달랴요 오므리의 손녀더라.

아하시야가 왕이 될 때에 나이가 22세였다. 그는 예루살렘에서 1년밖에 다스리지 못하였다. 그의 어머니는 아달랴였고 오므리의 손녀였다. 아하시야가 1년밖에 통치하지 못한 이유는 그 집안의 죄가 복을 날려 버렸기 때문이다.

본문의 "42세"란 표기는 잘못된 것이다. 그의 아버지 여호람이 죽을 때가 40세 정도였기 때문이다(21:20). 왕하 8:26의 표기 "22세"가 바른 진술이다. 본문은 본서 사본 기자의 오기로 보아야 한다. 아하시야의 모친 아달랴(Athaliah)는 북 왕국 제 3 왕조의 창설자인 "오므리"의 손녀였고, 아합과 이세벨의 딸이었다. 아달랴는 그 어머니와 더불어 천하에 없는 악녀로 학자들은 그녀를 "제 2의 이세벨"이라고 부른다. 그녀는 여호야다의 반정 때 죽임을 당했다(23장).

대하 22:3. 아하시야도 아합의 집 길로 행하였으니 이는 그의 어머니가 꾀어 악을 행하게 하였음이라.

아하시야 역시 아합 가문의 길을 따라가지 않을 수 없었다. 이유는 그의 어머니가 그를 꾀어 악을 행하게 하였기 때문이다. 자녀에게는 어머니의 영향이 제일 강하니 어머니들은 태교부터 시작해서 자녀 교육을 잘 시켜야 한다.

"아합의 집"은 땅위에서 가장 악한 집이었는데 아합 집중에서 그 아버지의 영향보다는 어머니의 영향이 컸기 때문에 아하시야가 제대로 성장할 수 없는 환경이었다.

대하 22:4. 그의 아버지가 죽은 후에 그가 패망하게 하는 아합의 집의 가르침을 따라 여호와 보시기에 아합의 집 같이 악을 행하였더라.

아하시야는 아합 가문을 따라 주님 앞에서 악을 행하였다. 그는 아버지가 죽은 다음에 아합 가문 사람들의 의견을 따라 다스리다가 그만 망하고 말았다.

아하시야는 아버지가 죽은 후에 어머니와 외가 쪽의 가르침을 따라 여호와 보시기에 아합의 집같이 악을 행했다. 아버지가 죽는 바람에 어머니 쪽

말과 어머니 쪽 영향만 받았다는 뜻이다. 그런데 아합 집의 가르침이란 "패망하게 하는 가르침"이라고 본서 저자는 말한다. 그 가르침을 받으면 반드시 패망한다는 것이었다. 망할 수밖에 없는 이유는 우상숭배를 했기 때문이다. 오늘도 우상숭배를 하는 사람들은 망할 수밖에 없다. 우리는 주위의 환경이 변하더라도 우상 숭배만큼은 피해야 할 것이다. 다시 말해 하나님보다 세상 사랑하는 일을 피해야 우리가 살 수 있는 것이다.

대하 22:5. 아하시야가 아합의 집의 가르침을 따라 이스라엘 왕 아합의 아들 요람과 함께 길르앗 라못으로 가서 아람 왕 하사엘과 더불어 싸우더니 아람 사람들이 요람을 상하게 한지라.

본 절부터 9절까지는 아하시야가 패망케 하는 아합 집의 가르침을 따라 행동하다가 망한 사실을 증명하고 있다. 먼저 본 절은 "아하시야가 아합의 집의 가르침을 따라 이스라엘 왕 아합의 아들 요람(처남)과 함께 길르앗 라못으로 가서 아람 왕 하사엘과 더불어 싸우더니 아람 사람들이 요람을 상하게" 했다는 말을 하고 있다. 왜 아하시야가 이 악인의 집안을 따라 길르앗 라못으로 가서 아람 왕 하사엘과 더불어 싸웠는지 이해가 가지 않는다. 너무 심한 악인들과는 거리를 두라고 성경은 말씀하고 있다(시 1:1,2; 고후 6:14-18). 아합 집과 어울린다는 것은 있을 수 없는 일이었다. 아합 집과 아하시야가 연합해서 아람 군대와 싸우다가 결국은 아합 집의 요람이 부상을 당하고 만 것이다.

대하 22:6. 요람이 아람 왕 하사엘과 싸울 때에 라마에서 맞아 상한 것을 치료하려 하여 이스르엘로 돌아왔더라 아합의 아들 요람이 병이 있으므로 유다 왕 여호람의 아들 아사랴가 이스르엘에 내려가서 방문하였더라.

요람은 아람 왕 하사엘과 라마에서 싸울 때에 입은 부상을 치료하려고, 이스르엘로 돌아갔다. 그 때에 아합의 아들 요람이 병이 들었으므로, 유다의 여호람 왕의 아들 아하시야가 병문안을 하려고 이스르엘로 내려갔다.

본 절은 두 가지를 말한다. 하나는 아합 집의 요람이 아람 왕 하사엘과 전쟁하다가 부상을 당해서 이스르엘로 돌아왔다는 이야기와 또 한 가지는 유다 왕 아하시야가 이스르엘로 내려가서 병문안을 했다는 이야기이다. 사람이 병문안을 하는 것이 예의이지만 아하시야가 병문안을 갔다가 망하게 된 것이다(7-8절).

우리는 이 땅에 살면서 악인들과 함께 지구상에서 살아야 하지만 너무 가까이 지내는 것은 하나님께서 기뻐하시는 것은 아니라는 것을 알아야 한다.

본 절의 "라마"란 말은 '길르앗 라못'을 지칭한다. 그리고 "이스르엘"은 '갈멜산 동편의, 갈릴리 바다까지 펼쳐진 비옥한 광야'를 지칭하는 말이다. 그리고 "아사랴"라는 말은 '아하시야'의 오기이다(K.&D. Curtis). 우리는 공산주의자들이나 사회주의자들과 지구상에서 공존할 수밖에 없으나 너무 가깝게 지내서는 안 될 것임을 알아야 할 것이다.

대하 22:7. 아하시야가 요람에게 가므로 해를 입었으니 이는 하나님께로 말미암은 것이라 아하시야가 갔다가 요람과 함께 나가서 님시의 아들 예후를 맞았으니 그는 여호와께서 기름을 부으시고 아합의 집을 멸하게 하신 자이더라.

아하시야가 이스르엘로 요람에게 문병을 갔다가 오히려 해를 입게 되었는데(왕하 9-10장), 이렇게 문병을 가게 된 것은 하나님의 섭리였다. 아하시야가 병문안을 하러 갔다가 뜻밖에도 요람과 함께 나가서 님시의 아들 예후와 맞닥뜨리게 되었다. 예후는 이미 여호와께서 아합 왕가를 멸망시키시려고 기름 부어 뽑아 세운 사람이었다.

본문의 "님시의 아들"은 '님시의 손자, 여호사밧의 아들 예후'를 지칭하는 말이다(왕하 9:2). 여기 "님시의 아들 예후"는 '님시의 손자 여호사밧의 아들'이다(왕하 9:2). 그럼에도 불구하고 본 절이 "님시의 아들"로 표현된 것은 '자손'에 해당하는 히브리어 '벤'이란 말이 '아들'이란 의미로도 사용되기 때문이다. “예후”는 아합 왕조를 전복하고 큰 혁명을 일으켰다(왕하 9-10장, 김수홍 목사의 열왕기상하 주해에서).

대하 22:8. 예후로 하여금 아합의 집을 심판하게 하실 때에 유다 방백들과 아하시야의 형제들의 아들들 곧 아하시야를 섬기는 자들을 만나서 죽였고.

예후는 길르앗 라못 진지에서 기름 부음을 받고(왕하 9:6) 아합 왕가를 징벌하면서(왕상 9:21-26) 또 유다 군대의 지휘관들과 아하시야의 형제의 아들들을 만나 닥치는 대로 죽였다(왕하 10:12-14).

본문의 “형제의 아들들”이란 말은 해석상 논란이 많은 구절이다. 1) ‘조카’라는 해석(표준새번역, 공동번역). 2) ‘친척’이라는 해석(NEB), 3) ‘친척의 아들들’이라는 해석(NIV). 4) ‘형제의 아들들’이라는 해석(KJV, RSV, NASB, ESV, 한글 개역, 개역개정) 등 다양하다. 이 중에서 4번의 해석이 바른 해석으로 보아야 할 것이다. 다시 말해 본 절이 바른 해석이다. 왜냐하면 아하시야의 형제들은 모두 블레셋인들과 아라비아인들에 의해 죽임을 당했기 때문이다(대하 21:17; 22:1). 그리고 본 절의 아하시야의 형제들의 아들들이 예후로 말미암아 죽임을 당한 이유는 아하시야의 형제들의 아들들이 아합 왕실의 친속들로서 이세벨의 우상숭배에 깊이 빠져 있었기 때문이다. 그들이 일찍부터 아합 왕실과 깊이 교제한 것이 마침내 화근이 되고 말았다. 끝까지 회개하지 않는 자와 친근히 지내는 자들은 마침내 그 악인과 함께 하나님의 심판을 받게 된다(박윤선). 요이 1:10-11 참조.

대하 22:9. 아하시야는 사마리아에 숨었더니 예후가 찾으매 무리가 그를 예후에게로 잡아가서 죽이고 이르기를 그는 전심으로 여호와를 구하던 여호사밧의 아들이라 하고 장사하였더라 이에 아하시야의 집이 약하여 왕위를 힘으로 지키지 못하게 되니라.

아하시야는 사마리아(북 왕국 이스라엘의 수도)로 가서 숨어 있었으나, 예후가 그를 찾아 나섰다. 마침 예후의 부하들이 아하시야를 붙잡아 예후에게로 데리고 왔다. 예후가 그를 죽이니 사람들은 "그가 마음을 다하여 주님만 찾은 여호사밧의 아들이었다" 하면서 그를 묻어 주었다. 그리고 나니 아하시야의 가문에는 왕국을 지켜 갈 만한 능력을 가진 사람이 아무도 없었다.

아하시야가 죽임을 당한 후에 사람들이 한 말 "그가 마음을 다하여 주님만 찾은 여호사밧의 아들이었다"는 말은 '아주 경건했던 여호와만 찾았던 여호사밧의 아들이 왜 이 모양, 이 꼴이 되었느냐'는 뜻일 것이다.

아하시야도 죽고 형제들도 죽었으며 아들들도 죽고 나니 아하시야의 가문에는 왕국을 지켜 갈 만한 능력을 가진 사람이 아무도 없었다. 비참하게 망한 것이다. 오늘 우리가 개인이 살고 가정도 살며 나라도 사는 방법은 예수 그리스도를 철저히 믿으며 따르는 것이다. 그러면 우리는 세계 위에 뛰어난 민족이 되는 것이다.

G. 아달랴의 역사 22:10-12(왕하 11:1-3)

아하시야 왕이 죽자 그 어머니 아달랴가 다른 왕자들을 죽이고 6년간 나라를 통치한다. 왕자들이 죽임을 당할 때 요아스의 고모 여호사브앗이 요아스를 빼내 6년간 침실에 숨겨 기른다.

대하 22:10. 아하시야의 어머니 아달랴가 자기의 아들이 죽은 것을 보고 일어나 유다 집의 왕국의 씨를 모두 진멸하였으나.

아하시야의 어머니 아달랴는 자기 아들 아하시야가 예후에게 죽임 당하는 것을 보고, 유다 집의 왕족을 죽이기 시작하였다.

여기 "아달랴"(hy:l]t'[}, Athaliah)는 유대 왕위에 오른 유일한 여왕으로 그녀는 아합과 이세벨의 딸이다(왕하 8:26; 11:2,20; 대하 22:2,10-11; 23:12-13,21; 대하 24:7; 왕하 11:1,3,13-14; 대하 22:12). 이 아달랴는 그 어머니 이세벨의 우상숭배와 잔인한 성격을 그대로 계승한 여성이었다. 잔인한 성격의 사람들은 훗날 어떤 변을 당할는지 알지 못하고 마구 행동한다. 사람이 온유하기만 해도 자기의 육신 생명에 유익이 있다. 본문의 "왕국의 씨"란 '자신의 손자들'을 지칭한다. 아달랴는 아들이 무참하게 죽은 것을 보고 자기의 손자들을 모두 죽이고 자기가 나라의 통치자가 되었다. 한없이 잔인한 여성이었다.

대하 22:11. 왕의 딸 여호사브앗이 아하시야의 아들 요아스를 왕자들이 죽임을 당하는 중에서 몰래 빼내어 그와 그의 유모를 침실에 숨겨 아달랴를 피하게 하였으므로 아달랴가 그를 죽이지 못하였더라 여호사브앗은 여호람 왕의 딸이요 아하시야의 누이요 제사장 여호야다의 아내이더라.

왕자들이 죽임을 당하는 가운데서도 왕의 딸 여호사브앗(여호세바)이 아하시야의 아들 요아스를 몰래 빼내어 유모와 함께 침실에 숨겨 아달랴에게서 화를 면하게 하였으므로 아달랴가 요아스를 죽이지 못하였다. 여호세바(여호사브앗)는 여호람 왕의 딸이요, 여호야다 제사장의 아내였다. 아하시야에게는 누이가 되는 사람이었다.

본문의 "여호사브앗"(Jehoshabeath)은 다른 책에서는 여호세바(Jehosheba)라고 한다(왕하 11:3). 그녀는 여호람과 이세벨의 딸이 아니며, 후궁에서 난 딸이었으며, 제사장 여호야다의 아내였으며 요아스의 고모였다. 요아스를 빼내어 숨긴 것은 대제세장 부부가 꾸민 일이었다. 이 부부는 어린 요아스를 유모와 함께 성전에 숨겨 6년을 성전 침실에서 살게 했다. 세상에는 이처럼 죽이는 사람이 있고 숨겨주는 사람이 있다.

대하 22:12. 요아스가 그들과 함께 하나님의 전에 육 년을 숨어 있는 동안에 아달랴가 나라를 다스렸더라.

요아스가 유모와 함께 6년 동안을 하나님의 성전에 숨어 제사장 여호야다의 보호를 받으며 지내는 동안에 아달랴가 나라를 다스렸다. 아달랴의 통치기간은 B.C. 841-835년으로 추정한다.

제 23 장

H. 요아스의 역사 23-24장

여호야다의 반정(反政)으로 요아스가 왕위에 오른 뒤에 여호야다의 지도를 받는 동안에는 요아스는 성전을 수축하며 선정을 베풀었으나 여호야다가 죽은 후에는 하나님을 떠나버렸고 심지어 여호야다의 아들을 죽이는 일까지 했다. 사람이 이렇게 된 데는 사람의 영향을 받다가 사람의 영향이 없어지면 악하게 된 것이다. 사람은 사람의 영향을 받아 살 것이 아니라 성경을 끊임없이 읽고 살아야 하는 것임을 알 수 있다. 요아스가 배교한 후에 그의 최후는 아람군대의 침범을 받으며, 백성들의 반역으로 암살을 당했다. 이 부분의 내용은 요아스가 여호야다의 반정에 힘입어 왕이 된 일(23:1-15), 바알 신을 박멸한 일(23:16-21), 요아스가 성전을 수리한 일(24:1-14), 여호야다가 죽은 후 요아스가 배교한 일(24:15-19), 스가랴가 순교한 일(24:20-22), 요아스가 죽은 일(24:23-27) 등이 진술된다.

1. 여호야다의 반정에 힘입어 왕이 되다 23:1-15

여호야다는 어린 요아스를 성전에 숨겨서 기른 지 6년이 지났을 때 여호야다는 반정을 일으켜 성전에 있는 요아스를 왕위에 즉위시키고 아달랴를 죽인다.

대하 23:1. 제 칠년에 여호야다가 용기를 내어 백부장 곧 여로함의 아들 아사랴와 여호하난의 아들 이스마엘과 오벳의 아들 아사랴와 아다야의 아들 마아세야와 시그리의 아들 엘리사밧 등과 더불어 언약을 세우매.

요아스를 성전에 숨겨 기른 지 제 7년이 되어 제사장 여호야다(요아스의 고모부)는 드디어 용단을 내려 군대 지휘관들인 백부장들, 곧 여로함의 아들 아사라('여호와께서 도우셨다'는 뜻)와, 여호하난의 아들 이스마엘('하나님께서 들으셨다'는 뜻)과, 오벳의 아들 아사랴와, 아다야의 아들 마아세야('여호와의 일'이란 뜻)와, 시그리의 아들 엘리사밧('하나님께서 판단하셨다'는 뜻) 등과 언약을 맺었다. 일을 꾸미는 최초의 일이 언약을 맺는 것이었다. 언약이 없으면 나중에 딴 소리를 하게 된다.

대하 23:2. 그들이 유다를 두루 다니며 유다 모든 고을에서 레위 사람들과 이스라엘 족장들을 모아 예루살렘에 이른지라.

이들 5명의 백부장들은 유다의 모든 성읍으로 두루 돌아다니며 레위 사람들과 이스라엘 각 가문의 족장들을 은밀하게 모아서 예루살렘으로 데리고 왔다. 그들과 언약을 세워서 요아스를 왕위에 앉히고자 한 것이었다.

대하 23:3. 온 회중이 하나님의 전에서 왕과 언약을 세우매 여호야다가 무리에게 이르되 여호와께서 다윗의 자손에게 대하여 말씀하신 대로 왕자가 즉위하여야 할지니.

그들이 모두 하나님의 성전에 모여 왕의 아들 요아스와 언약을 맺었다. 여호야다가 그들에게 이르기를 "여기에 왕세자가 계신데 이 분이 왕이 되셔야 하는 분입니다. 이것은 다윗 자손이 왕이 되어야 한다는 주님의 약속을 따르는 것입니다"라고 했다. 제사장 여호야다는 요아스를 백성에게 보이면서 이 요아스를 왕위에 모셔야 할 분이라고 그 정당성을 설명한다. 오늘 우리도 여호와의 말씀대로 모든 일들을 해나가야 할 것이다.

대하 23:4-5. 이제 너희는 이와 같이 행하라 너희 제사장들과 레위 사람들 곧 안식일에 당번인 자들의 삼분의 일은 문을 지키고 삼분의 일은 왕궁에 있고 삼분의 일은 기초 문에 있고 백성들은 여호와의 전 뜰에 있을지라.

여호야다는 계속해서 "이제 여러분이 하여야 할 일을 말하겠습니다.

이번 안식일에 맡은 일을 하러 오는 당번 제사장들과 레위 사람들은 여기 성전에 도착하여, 삼분의 일은 성전 문을 지키고 또 삼분의 일은 왕궁을 지키고, 나머지는 '기초 문'(수르 문, 왕하 11:6)을 지키십시오. 그리고 일반 백성은 주님의 성전 뜰로 모이기를 바라오"라고 했다. "수르 문"은 호위대 뒤에 있었다.

대하 23:6. 제사장들과 수종드는 레위 사람들은 거룩한즉 여호와의 전에 들어오려니와 그 외의 다른 사람은 들어오지 못할 것이니 모든 백성은 여호와께 지켜야 할 바를 지킬지며.

"제사장들과 그들을 돕는 레위 사람들 외에는 어느 누구도 성전 안으로 들어오지 못합니다(민 3:5-10). 거룩하게 구별된 제사장들과 레위 사람들만 주님의 성전 안으로 들어오고 그 밖의 일반 백성은 주님께서 지시하신 대로 성전 밖에 서 있어야 합니다"라고 말했다. 여호야다는 이런 반정거사에서도 여호와의 규례를 잊지 않았다.

대하 23:7. 레위 사람들은 각각 손에 무기를 잡고 왕을 호위하며 다른 사람이 성전에 들어오거든 죽이고 왕이 출입할 때에 경호할지니라 하니.

여호야다는 계속해서 "레위 사람들은 제각기 병기를 들고 왕을 호위하시기를 바랍니다. 임금님께서 드나드실 때에는 반드시 경호하도록 하시기를 바랍니다. 그리고 어느 누구라도 이 성전 안으로 들어오려고 하면 모두 죽여야 합니다"라고 말했다. 왕하 11:11에는 "호위병이 각각 손에 병기를 잡고" 호위하라고 말한다. "다른 사람이 성전에 들어오는 경우 그것은 아달랴 측 사람이니" 죽이라는 것이었다.

대하 23:8. 레위 사람들과 모든 유다 사람들이 제사장 여호야다가 명령한 모든 것을 준행하여 각기 수하에 안식일에 당번인 자와 안식일에 비번인 자들을 거느리고 있었으니 이는 제사장 여호야다가 비번인 자들을 보내지

아니함이더라.

레위 사람들과 모든 유다 사람들은 여호야다가 명령한 것을 그대로 다 준행했다. 즉, 제사장 여호야다가 안식일에 맡은 일을 끝낸 사람들마저 집으로 돌아가지 못하게 붙들어 두었으므로 지휘관들은 안식일 당번인 사람들과 비번인 사람들을 다 데리고 있었다. 이 날만큼은 당번이나 비번을 물론하고 집에 돌아가지 못하게 하고 다 그날에 해야 할 일을 하게 했다.

대하 23:9. 제사장 여호야다가 하나님의 전 안에 있는 다윗 왕의 창과 큰 방패와 작은 방패를 백부장들에게 주고.

제사장 여호야다는 하나님의 전 안에 있는 다윗 왕의 창과 큰 방패와 작은 방패(이 무기들은 다윗이 전쟁 때 노획한 무기들이었다. 삼하 8:7-12)를 백부장들에게 주면서 일단 유사시에 사용하도록 배려했다.

대하 23:10. 또 백성들에게 각각 손에 무기를 잡고 왕을 호위하되 성전 오른쪽에서부터 성전 왼쪽까지 제단과 성전 곁에 서게 하고.

여호야다는 또 일반 백성에게도 무기를 들려 성전 남쪽(성전 좌편)에서 북쪽(성전 우편) 끝에 이르기까지 전 지역에 그들을 배치시키고, 제단 근처에 서나 성전 안에서 왕을 경호하게 하였다. 철저히 경호하여 아달랴 측 사람들을 막았다.

대하 23:11. 무리가 왕자를 인도해 내어 면류관을 씌우며 율법책을 주고 세워 왕으로 삼을새 여호야다와 그의 아들들이 그에게 기름을 붓고 이르기를 왕이여 만세 수를 누리소서 하니라.

아달랴를 축출할 준비를 마친(1-10절) 다음 이제 본 절은 본격적으로 왕자를 성전에서 인도해 내어 왕으로 즉위시키는 일이 진행되는 것을 묘사한다. 즉, 여호야다와 그의 아들들이 요아스를 데리고 와서, 그에게 왕관을 씌우고, 왕의 직무를 규정한 율법 책을 그에게 주고 기름을 부어 왕으로 삼고 이르기를 "임금님 만세!" 하고 외쳤다.

왕의 직무를 규정한 율법 책을 요아스에게 준 것은 그 율법 책에 있는 대로 통치하라는 뜻이었다. 율법 책에 있는 대로만 통치했더라면 만사가 형통했을 터인데 요아스는 제사장 여호야다가 죽은 후에는 하나님을 떠나고 말았다.

대하 23:12. 아달랴가 백성들이 뛰며 왕을 찬송하는 소리를 듣고 여호와의 전에 들어가서 백성에게 이르러.

아달랴는 백성들이 뛰어 다니는 소리, 왕을 찬양하는 소리를 듣고, 부랴부랴 주님의 성전에 모여 있는 백성에게로 갔다. 아달랴는 우상을 숭배하는 사람이었으므로 성전에 가지 않았는데 오늘은 웬일로 성전에서 백성들이 웅성웅성하는 소리를 듣고 여호와의 성전에 들어가서 백성에게 이르러 보니 다음 절과 같은 일들이 벌어지는 것을 보고 큰 일이 난 것을 알게 되었다.

대하 23:13. 보매 왕이 성전 문기둥 곁에 섰고 지휘관들과 나팔수들이 왕의 곁에 모셔 서 있으며 그 땅의 모든 백성들이 즐거워하여 나팔을 불며 노래하는 자들은 주악하며 찬송을 인도하는지라 이에 아달랴가 그의 옷을 찢으며 외치되 반역이로다 반역이로다 하매.

아달랴가 성전 안에서 이루어지는 광경을 보니, 요아스 왕이 성전 어귀 기둥 곁(3:17)에 서 있고, 관리들과 나팔수들이 왕을 모시고 서 있으며, 나라의 모든 백성이 기뻐하며 나팔을 불고 있으며 성전의 찬양대원들이 각종 악기로 찬양을 인도하고 있었다. 아달랴는 분을 참지 못하고 옷을 찢으며 "반역이다! 반역이다!" 하고 외쳤다. 사실인즉 그녀가 반역자였다(이상근).

대하 23:14. 제사장 여호야다가 군대를 거느린 백부장들을 불러내어 이르되 반열 밖으로 몰아내라 그를 따르는 자는 칼로 죽이라 하니 제사장의 이 말은 여호와의 전에서는 그를 죽이지 말라 함이라.

제사장 여호야다가 군대를 거느린 백부장들을 불러내어 그들에게 명령을 내렸다. "저 여자를 대열 밖으로 끌어내시오. 저 여자를 따르는 사람도 모두 칼로 쳐 죽이시오"라고 했는데 여호야다의 이 말은 주님의 성전 안에서는 그 여자를 죽이지 말라는 말이었다. 우상숭배자이며 살인자인 아달랴의 피로 성전을 더럽게 하지 말라는 것이었다(K.&D.).

대하 23:15. 이에 무리가 그에게 길을 열어 주고 그가 왕궁 말문 어귀에 이를 때에 거기서 죽였더라.

그래서 여호야다의 명령을 받은 그들은 그 여자를 이끌고 왕궁 '말의 문'(馬門) 어귀로 들어가 거기에서 그 여자를 처형하였다. 여기 "말문 어귀"란 '마굿간으로 들어가는 길'을 지칭하는 말이다. 성전에서 왕궁으로 통하는 길은 여호야다의 호위병들이 지키고 있었기 때문에 아달랴는 왕의 말 마굿간으로 통하는 길을 택해 달아났다. 말이 다니는 길은 성전 내에 있었기 때문에 오히려 왕궁으로 들어가기가 쉬웠다. 따라서 이 길은 말을 타고 동편에서 성으로 들어오는 성의 외곽에 있는 문으로서 궁전의 마굿간으로 통하게 되기 때문에(렘 31:40) 호위병에 의해 제지를 받을 염려가 없다고 아달랴가 생각했을 것으로 보인다(호크마주석). 그러나 아달랴는 말이 다니는 길에서 수치스럽게 죽임을 당했다(Hobbs, 김수홍).

2. 바알 신을 박멸하다 23:16-21(왕하 11:17-20)

여호야다가 자기와 모든 백성과 왕 사이에 언약을 세워 여호와의 백성이 되리라 하고, 또 온 국민이 바알의 신당으로 가서 그 신당을 부수고 그 제단 앞에서 바알의 제사장 맛단을 죽인 후 여호와의 성전을 지켜 부정한 자를 들이지 않는 등의 종교개혁을 단행한 다음 요아스를 왕궁으로 인도한다.

대하 23:16. 여호야다가 자기와 모든 백성과 왕 사이에 언약을 세워 여호와의 백성이 되리라 한지라.

그런 다음에 여호야다는 자신과 백성과 왕이 주님의 백성이 되는 언약을 세웠다. 본 절과 병행구인 왕하 11:17을 종합하여 보면 여호야다는 두 가지 언약[386)]을 세운 것으로 보인다. 첫째, 왕과 백성이 함께 여호와의 율법을 성실하게 준행할 것을 언약한 것이다. 이것은 모세의 시내 산 언약(출 24:3-8)을 재확인한 것이었다. 둘째, 왕과 백성 사이의 언약으로 왕은 여호와의 율법으로 백성을 다스리고, 백성은 왕에게 순종할 것을 약속한 언약이었다.

대하 23:17. 온 국민이 바알의 신당으로 가서 그 신당을 부수고 그의 제단들과 형상들을 깨뜨리고 그 제단 앞에서 바알의 제사장 맛단을 죽이니라.

여호와와 언약을 세우고 난 다음에 모든 백성이 그 언약을 근거하고 바알 신전으로 몰려가서 그 신전을 허물고 제단들을 뒤엎고 신상들을 완전히 부수어 버렸다. 또 그들은 거기 제단 앞에서 바알의 맛단(Mattan, 이 이름은 베니게에 흔한 이름이다) 제사장을 죽였다.

대하 23:18. 여호야다가 여호와의 전의 직원들을 세워 레위 제사장의 수하에 맡기니 이들은 다윗이 전에 그들의 반열을 나누어서 여호와의 전에서 모세의 율법에 기록한 대로 여호와께 번제를 드리며 자기들의 정한 규례대로 즐거이 부르고 노래하게 하였던 자들이더라.

여호야다는 주님의 성전을 돌보는 직원들을 세웠고 그들을 레위 사람 제사장들로 하여금 관리하도록 맡겼다. 이 직원들은 모세의 율법에 기록된

---

386) "언약": '언약, 계약, 조약, 협정, 법령, 서약, 동맹'을 의미한다. 구약성경에서 이 단어는 약 280회 이상 나온다. 베리트(언약)는 다양한 종류의 협약을 뜻하는 일반적 구약성경 용어이다. 이러한 협약들에는 다음과 같은 의미들이 포함된다. 법적 효력이 있는 것으로 간주되는(삼상 20:8) 두 친구 간의 계약(삼상 18:3) 자신들의 권익 범위(창 21:22 이하, 창 26:26 이하; 왕상 5:12), 또는 화평 조건(왕상 20:34)을 정하는 두 주권자 간의 계약, 그 백성들까지도 포함하는 두 왕 사이의 계약, 두 부족이 언약을 맺기도 하였다(수 15:9). 이 단어는 이스라엘과 그 종들 사이의 계약에 대해서도 사용된다(렘 38:8 이하). 왕이 자신의 신하들과 계약을 맺을 때(왕하 11:4[역자주. 이 계약은 아마도 여호야다와 호위병 사이의 개인적 협약이었을 것이다]), 또는 계약에 의해 한 사람이 다른 사람의 신하가 되었을 때(삼상 11:1) 그 상황은 약간 달랐다. 아브넬이 다윗과 맺은 계약은(삼하 3:12 이하) 아브넬 뿐만 아니라 온 이스라엘도 다윗의 백성으로 만들고자 하는 것이었다(삼하 3:21, 바이블렉스 8.0).

대로 주님께 번제를 드리고, 즐거운 노래로 주님을 찬양하고, 본래 다윗이 성전 안에서 일하는 레위 사람 제사장들에게 맡긴 임무였다.

본 절은 여호야다가 아하시야와 아달랴의 우상숭배 정책으로 말미암아 지켜지지 않던 하나님께 대한 바른 예배를 회복하기 위해 모세의 율법과 다윗의 정한 규례대로 다시 관리들을 임명한 것을 보여주는 구절이다.

대하 23:19. 또 문지기를 여호와의 전 여러 문에 두어 무슨 일에든지 부정한 모든 자는 들어오지 못하게 하고.

여호야다는 또한 주님의 성전 문마다 문지기를 두어 부정한 사람은 아무도 들어오지 못하게 하였다. 문지기는 성전 사방의 문들과 곳간을 지키는 직분으로 레위인들이 맡았고 부정한 자가 성전 안으로 들어오지 못하게 막는 것이었다(대상 26:1-9참조).

대하 23:20. 백부장들과 존귀한 자들과 백성의 방백들과 그 땅의 모든 백성을 거느리고 왕을 인도하여 여호와의 전에서 내려와 윗 문으로부터 왕궁에 이르러 왕을 나라 보좌에 앉히매.

여호야다는 백부장들과 귀족들과 백성의 지도자들과 그 땅의 모든 백성들과 함께 왕을 호위하여 주님의 성전에서 데리고 나와서, 윗 문을 지나 왕궁으로 가서 왕을 왕이 앉는 보좌에 앉혔다.

여호야다는 요아스를 나라의 왕위에 앉히기 위해 6년의 기나긴 세월동안 참으로 마음 졸이는 시간을 보냈고 실제로 아달랴를 몰아내고 왕을 세우는데 있어 많은 고생을 했다. 하나님의 일을 하는데 있어 우리가 고생을 많이 해야 하는 것을 보여준다. 본문의 "윗 문"이란 "성전의 문"이다(27:3). 이는 아마도 성전과 왕궁을 서로 연결하는 통로였을 것이다.

대하 23:21. 그 땅의 모든 백성이 즐거워하고 성중이 평온하더라 아달랴를 무리가 칼로 죽였었더라.

그 땅의 모든 백성들은 기뻐하였다. 아달랴가 살해된(15절) 후로 도성의 사람들은 6년 만에 맞이하는 왕정에 평온을 되찾았다. 문제의 인물이 해결되면 한 사회는 평정을 되찾는 법이다.

제 24 장

3. 요아스가 성전을 수리하다 24:1-14(왕하 12:1-16)

본서 저자는 요아스 왕이 즉위하자 성전을 수리한 일을 진술한다(1-14절). 저자는 먼저 요아스에 대하여 개략을 말하고(1-3절), 성전을 수리한 일(4-16절)을 진술한다.

1-3절: 요아스에 대하여 개략을 말하다.

대하 24:1. 요아스가 왕위에 오를 때에 나이가 칠 세라 예루살렘에서 사십 년 동안 다스리니라 그의 어머니의 이름은 시비아요 브엘세바 사람이더라.

본 절은 세 가지를 말한다. 첫째, 요아스('실망하는 자'라는 뜻)가 왕위에 오를 때가 7세였다는 것을 말한다. 대제사장 여호야다가 요아스의 1세 때 아달랴의 숙청에서 빼내어 성전에 숨겨 6년을 기른 후 7세 때에 성전에서 꺼내어 왕위에 등극시켰다. 요아스는 유다 왕국 제 8대 왕으로 북 왕국 예후(B.C. 835-796)의 7년에 즉위해서 40년간 통치했다.

둘째, 요아스가 40년 동안 예루살렘에서 나라를 다스렸다는 것을 말한다. 장기 집권한 왕이었음을 드러낸다.

셋째, 요아스의 어머니 측에 대해 말한다. 그의 어머니의 이름은 시비아('사슴'이라는 뜻)요 브엘세바[387] 사람이라는 것을 말한다.

---

387) "브엘세바": 브엘세바는 유다 왕국의 최남단 성읍이며(삿 20:1), 아브라함에 의해 브엘세바로 명명되었다(창 21:31). 이 성읍은 처음에 유다 지파에게 분배되었으나(수 15:28), 후에는 시므온 지파에게 주어졌다(수 19:2). 하갈이 사라를 피하여 이곳 들에서 방황하다가 기적적으로 이곳에서 우물을 보았다(창 21:14-19). 아브라함이 이곳에서 블레셋 왕 아비멜렉과 언약을 세웠으며(창 21:30,31,:33,34), 이곳에 에셀나무를 심고 여호와의 이름을 불렀다(창 21:33). 또 그가 이삭을 제물로 바친 후 이곳에 거주했다(창 22:19). 이삭도 이곳에 거한 적이 있었다(창 26:23-25). 야곱이 아내를 얻기 위해 이곳에서 하란으로 갔으며(창 28:10), 애굽으로 갈 때 이곳에서 제물을

대하 24:2. 제사장 여호야다가 세상에 사는 모든 날에 요아스가 여호와 보시기에 정직하게 행하였으며.

여호야다 제사장이 살아 있는 동안에는 요아스가 여호와 보시기에 올바르게 다스렸다. 여호야다는 요아스에게는 절대적인 제사장이었다. 여호야다 제사장이 세상에 사는 모든 날 동안에는 요아스가 여호와 보시기에 정직하게 행했다는 것은 요아스가 제사장의 가르침을 잘 따랐다는 것을 보여주는 말이다. 그러나 제사장이 130세에 별세한(15절) 후에는 달라졌다는 것을 뜻한다. 요아스는 하나님을 떠나 우상숭배를 했으며 여호야다의 아들을 죽이는 일까지 감행했다(17-22절). 우리는 사람의 영향도 잘 받아야 하나 성경의 교훈 아래에 있어야 한다. 항상 성경을 읽으면서 한 생애를 바르게 살아야 한다.

대하 24:3. 여호야다가 그를 두 아내에게 장가들게 하였더니 자녀를 낳았더라.

여호야다는 왕에게 두 아내에게 장가들게 하였다. 그래서 왕과 그 두 아내 사이에서 아들딸들이 태어났다. 본 절은 열왕기에는 없는 구절이다. 여호야다는 요아스의 두 아내를 고를 때에 북 왕국 아합의 아내 이세벨 같은 여자를 택하지 않기 위해 애를 많이 썼을 것이다. 좋지 않은 아내가 집안에 들어오면 집안이 망하는 것으로 알고 신중에 신중을 기했을 것이다. 여호야다는 요아스 왕으로 두 아내를 취하여 자녀를 많이 낳게 하여 왕가가 융성해지기를 꾀했다.

4-16절: 성전을 수리하다.

대하 24:4. 그 후에 요아스가 여호와의 전을 보수할 뜻을 두고.

요아스가 여호와의 성전을 보수할 뜻을 가졌던 것은 아마도 그가 성전에

드렸다(창 46:1).

서 숨어 지냈기 때문에 성전에 대한 애착이 작용했을 것이고 또 아달랴의 우상숭배로 성전이 방치되어 훼손되었기 때문이었을 것이다. 또 더욱 큰 요인은 여호야다의 감동적인 교훈이 작용했을 것이다. 우리는 개혁의 좋은 뜻을 품고 실행해야 할 것이다.

대하 24:5. 제사장들과 레위 사람들을 모으고 그들에게 이르되 너희는 유다 여러 성읍에 가서 모든 이스라엘에게 해마다 너희의 하나님의 전을 수리할 돈을 거두되 그 일을 빨리 하라 하였으나 레위 사람이 빨리 하지 아니한지라.

요아스 왕은 제사장들과 레위 사람들을 불러 모으고 일차적으로 그들에게 이르기를 "유다의 여러 성읍으로 두루 다니면서, 모든 이스라엘 사람들에게서 해마다 수리비를 거두어 하나님의 성전을 보수하도록 하시오. 지체하지 말고 곧 실시하시오"라고 했으나 레위 사람들이 곧바로 움직이지 아니했다.

병행구절인 왕하 12:4-5에는 "주님의 성전에 들어오는 모든 헌금, 곧 일반 헌금과 의무적으로 부과된 헌금과 자원하여 주님의 성전에 가져 오는 헌금을 모두 제사장들이 각 담당 회계로부터 받아서, 성전에 수리할 곳이 발견되는 대로 그 수리할 곳을 모두 고치도록 하십시오"라고 말했다는 것이다. 그런데도 요아스 왕 23년이 되기까지 그 명령이 실행되지 않았다(왕하 12:6). 왕이 아무리 젊어도(요아스 왕이 그때 30세쯤 밖에 되지 않았다) 왕명은 빨리 시행되어야 했다.

대하 24:6. 왕이 대제사장 여호야다를 불러 이르되 네가 어찌하여 레위 사람들을 시켜서 여호와의 종 모세와 이스라엘의 회중이 성막을 위하여 정한 세를 유다와 예루살렘에서 거두게 하지 아니하였느냐 하니.

왕이 여호야다 대제사장을 불러 추궁하기를 "대제사장은 왜 레위 사람들에게 유다와 예루살렘에서 세금을 거두어들이라고 요구하지 않았소? 그 세금은 주님의 종 모세와 이스라엘 회중이 증거의 장막을 위하여 백성에게 부과한 것이 아니오?"라고 했다.

부과한 반 세겔의 세금은 얼마든지 거두어들일 수 있었는데도 대제사장 여호야다는 빨리 실행하지 않고 늦추고 있었다. 온 백성의 신앙이 느슨해진 탓이었을 것이다. 악녀 아달랴가 바알을 숭배하고 있는 동안 백성들은 여호와 신앙도 약해졌고 동시에 성전에 대한 의무도 감당할 힘을 잃고 있었던 것으로 보인다.

대하 24:7. 이는 그 악한 여인 아달랴의 아들들이 하나님의 전을 파괴하고 또 여호와의 전의 모든 성물들을 바알들을 위하여 사용하였음이었더라.

본 절은 성전 수리를 늦추어서는 안 되는 이유를 요아스가 말하고 있다. 그 사악한 여인 아달랴가 자기 아들들을 시켜서 하나님의 성전을 부수었고 또 그 안에 있던 성물들까지 꺼내다가 바알에게 바치게 하였기 때문에 성전 보수를 서둘러야만 하였다.

본 절의 "아달랴의 아들들"이 누구냐를 두고 견해가 갈린다. 1) 아달랴의 추종자들이라는 견해(Barnes). 일고를 요하는 견해이다. 2) 아하시야와 그 동생들이라는 견해(21:17, K.&D.). 2번의 견해가 더 합리적인 것으로 보인다. 이들 아하시야의 아들들이 살아있는 동안, 즉 여호람 시대에 성전을 파괴한 것으로 보인다. 아달랴의 아들들은 아하시야를 제외하고는 모두 블레셋 사람들과 아라비아 사람들에 의해서 죽임을 당했다. 이들은 성전을 파괴한 후 하나님의 벌로 죽임을 당한 것으로 보인다(21:17참조).

대하 24:8. 이에 왕이 말하여 한 궤를 만들어 여호와의 전 문 밖에 두게 하고.

요아스는 헌금을 거두어들이는 방법을 바꾸어 헌금 궤를 만들어 여호와의 성전 문 밖에 두게 했다. 즉, "왕은 명령을 내려 궤 하나를 여호와의 성전 문 밖에 놓게 했다". 이렇게 헌금 궤를 만들어 성전 전면에 두면 자유롭게 헌금할 수 있게 되었다. 요아스의 명령에 의하여 여호야다가 만들어 헌금 궤 뚜껑에 구멍을 뚫었다. 이 헌금 궤를 놓는 장소는 성전 앞면 어귀 우편인 번제단 옆에 두게 했다(왕하 12:9).

대하 24:9. 유다와 예루살렘에 공포하여 하나님의 종 모세가 광야에서 이스라엘에게 정한 세를 여호와께 드리라 하였더니.

이와 같이 헌금(성전세)을 거두는 궤를 만든 다음 요아스는 "유다와 예루살렘에 공포하여 하나님의 종 모세가 광야에서 이스라엘에게 정한 세를 여호와께 드리라"고 명령했다. 이 구절도 역시 열왕기에는 없는 구절로 에스라가 본서에만 기록하고 있다.

대하 24:10. 모든 방백들과 백성들이 기뻐하여 마치기까지 돈을 가져다가 궤에 던지니라.

지도자들과 백성이 모두 기꺼이 돈을 가지고 와서 궤가 가득 찰 때까지 거기에 돈을 던져 넣었다. 본 절의 "마치기까지"란 말의 뜻이 무엇인지에 대해 견해가 갈린다. 1) 모든 사람이 바치기까지라고 하는 견해(Bertheau). 2) 헌금 궤가 가득 차기까지라는 견해(NIV, NRSV, Zoekler, Curtis). 히브리어 원문을 보면 "그 궤에 가득차기까지"라고 해석된다. 그리고 문맥으로 보아 2번의 견해가 바른 것으로 보인다.

본서 저자 에스라는 유다의 백성들이 성전 수리를 위한 헌금 활동에 얼마나 적극적으로 참여하였는지를 명백히 밝혀 후세인들을 격려하고 있다.

대하 24:11. 레위 사람들이 언제든지 궤를 메고 왕의 관리에게 가지고 가서 돈이 많은 것을 보이면 왕의 서기관과 대제사장에게 속한 관원이 와서 그 궤를 쏟고 다시 그 곳에 가져다 두었더라 때때로 이렇게 하여 돈을 많이 거두매.

헌금 궤가 차면 레위 사람들이 그 궤를 왕궁 관리들(왕의 일을 처리하는 사람들)에게로 가지고 갔는데, 거기에 많은 액수의 돈이 찬 것을 그들에게 보여 주면, 왕실 서기관[388]과 대제사장의 관리[389]가 와서 그 궤의 돈을 계산하였다. 그리고 나면 레위 사람들은 다시 그 궤를 성전 밖 제자리에 가져다 놓곤 하였다. 본문의 "때때로"란 말은 '궤에 돈이 가득 찰 때마다'라는 뜻이다(K.&D.). 그러니까 궤에 돈이 찰 때마다 쏟고 와서 다시 궤를 그 자리에 둔 것이다.

대하 24:12. 왕과 여호야다가 그 돈을 여호와의 전 감독자에게 주어 석수와 목수를 고용하여 여호와의 전을 보수하며 또 철공과 놋쇠공을 고용하여 여호와의 전을 수리하게 하였더니.

왕과 여호야다가 그 돈을 여호와의 성전 공사 총 감독관들에게 넘겨주면 그들은 주님의 성전을 새롭게 단장할 석수와 목수를 고용하고 또 여호와의 성전을 보수할 기능공들, 곧 쇠나 놋쇠를 다룰 기술자들을 고용하여 여호와의 성전을 수리하게 했다.

본문의 "여호와의 전 감독자"는 성전 수축의 총감독자들을 지칭하는데 34:12에 의하면 이들은 레위인 므라리 자손 중 야핫과 오바댜 또 그핫 자손들 중 스가랴와 무술람이었다. 여호야다는 헌금을 그들 성전 총 감독자들에게 주면 그들은 석수, 목수, 철공, 놋쇠 공들에게 주어 성전 공사를 하게 했다.

대하 24:13. 기술자들이 맡아서 수리하는 공사가 점점 진척되므로 하나님의 전을 이전 모양대로 견고하게 하니라.

일을 맡아 수고하는 기술자들이 부지런히 일을 하는데다가 그들이 하는 일마저도 잘 진전이 되어 하나님의 성전은 본래의 설계대로 견고하게 세워졌다. 성전이 본래의 모습을 되찾았다는 것은 큰 기쁨이 아닐 수 없었다. 우리 몸의 성전도 하루가 다르게 성령께서 주장하시는 전으로 변화되어 가야 할 것이다.

---

388) "왕의 서기관": 왕실 서기관은 헌금액수를 기록하고 문서화하는 업무 수행자를 지칭한다.

389) 대제사장에게 속한 관원: 대제사장에게 속한 관원은 헌금을 가져다가 여호와의 성전 인건비로 쓰게 하는 업무를 담당하는 사람을 지칭한다.

대하 24:14. 공사를 마친 후에 그 남은 돈을 왕과 여호야다 앞으로 가져왔으므로 그것으로 여호와의 전에 쓸 그릇을 만들었으니 곧 섬겨 제사 드리는 그릇이며 또 숟가락과 금은 그릇들이라 여호야다가 세상에 사는 모든 날에 여호와의 전에 항상 번제를 드렸더라.

공사를 맡은 사람들이 공사를 마친 뒤에 남은 돈을 왕과 여호야다에게 가져 왔으므로 왕이 그 남은 돈으로 주님의 성전에서 쓸 그릇을 만들었는데 곧 예배 때에 쓸 그릇이며 번제를 드릴 때에 쓸 그릇과 숟가락과 금 그릇이나 은(銀) 그릇을 마련하게 하였다. 왕하 12:13에는 본문과 상충되는 듯한 말씀이 있다. 즉, "여호와의 성전에 드린 그 은으로 그 성전의 은 대접이나 불집게나 주발이나 나팔이나 아무 금 그릇이나 은 그릇도 만들지 아니했다"고 진술하고 있다. 그러나 왕하 12:13이나 본 절의 기록이 서로 상충되는 것이 아니라 왕하 12:13의 말씀은 성전 수축이 끝나기까지는 성전의 그릇들을 만들지 않았다는 말씀이고, 본 절은 성전 수축이 끝난 후에는 성전의 그릇들을 만들었다는 것을 진술한다.

여호야다가 살아 있는 동안에는 주님의 성전에서 번제를 드리는 일이 멈추지 않았다. 참으로 경건한 제사장이었다. 우리는 평생 주님 앞에 예배하는 일을 게을리 하지 않아야 할 것이다.

4. 여호야다가 죽고 요아스가 배교하다 24:15-19

여호야다는 130세를 누리고 죽은 후 요아스 왕은 보통 사람들과 같이 여호와를 버리고 우상을 섬긴다. 뼈아픈 일이 아닐 수 없다. 이런 기사는 열왕기에는 나타나지 않는다.

대하 24:15. 여호야다가 나이가 많고 늙어서 죽으니 죽을 때에 백삼십 세라.

여호야다가 늙어 나이가 차서 죽으니 그가 세상에서 누린 햇수는 130년이었다. 여호야다가 오래 살면서 한 일은 개혁이었다. 그는 83세에 요아스를 성전에 숨겨 6년을 교육해서 7세에 왕으로 즉위시켰고 동시에 악녀 아달랴를 축출했으며 그리고 요아스 왕과 함께 성전을 수축하는 일을 했고 또 그는 평생 성전에서 번제를 드리는 일을 멈추지 않았다. 개혁자로서 꾸준한 신앙인이었으니 그의 130년의 향수도 뜻이 깊은 향수였다. 오늘날 사람들은 과학의 발달로 100세 시대를 맞이했다고 야단인데 그런 장수가 얼마나 의미가 있을 것인가. 오늘날 사람들의 100세수는 과학에 의한 장수인가 아니면 말씀에 의한 장수인가.

대하 24:16. 무리가 다윗 성 여러 왕의 묘실 중에 장사하였으니 이는 그가 이스라엘과 하나님과 그의 성전에 대하여 선을 행하였음이더라.

여호야다가 평생 이스라엘 백성과 하나님과 여호와의 성전을 위하여 수축의 일을 하였다고 해서 사람들은 그를 '다윗 성' 왕실 묘지에 안장하였다. 그는 왕이 아니었는데 왕들이 묻히는 왕실 묘지에 묻혔다. 하나님께서 그를 알아주시니 사람들도 그를 알아준 것이다.

대하 24:17. 여호야다가 죽은 후에 유다 방백들이 와서 왕에게 절하매 왕이 그들의 말을 듣고.

여호야다 제사장이 죽으니 유다 방백들(지도자들)이 왕을 부추겨서 자기들의 말을 듣도록 하였다. 그래서 요아스는 배교에 이르고 만다. 이런 지도자들은 아마도 아달랴의 영향을 크게 받은 사람들로서 여호야다가 죽자 자기들의 본색을 드러내어 요아스 왕을 유혹하여 하나님을 떠나 우상을 섬기도록 만들었다.

대하 24:18. 그의 조상들의 하나님 여호와의 전을 버리고 아세라 목상과 우상을 섬겼으므로 그 죄로 말미암아 진노가 유다와 예루살렘에 임하니라.

백성들의 유혹에 빠진 요아스 왕은 조상의 하나님의 성전을 버리고 아세라 목상(15:16 주해 참조)과 우상을 섬겼으므로 요아스의 죄 때문에 유다와 예루살렘에 하나님의 진노가 내렸다. 하나님께서 남국 유다와 예루살렘에게 선지자를 보내신 것을 보면 알 수 있다. 본문의 "아세라"는 남신 바알 신(17:3)에 대한 여신이었다.

대하 24:19. 그러나 여호와께서 그들에게 선지자를 보내사 다시 여호와에게로 돌아오게 하려 하시매 선지자들이 그들에게 경고하였으나 듣지 아니하니라.

그러나 여호와께서는 요아스와 백성을 주님께로 돌이키도록 경고하시려고 예언자들을 보내셨지만 백성은 예언자의 말 듣기를 거절하였다. 요아스와 백성들에게 스가랴(20-22절)를 보내셨으나 그들은 스가랴의 말씀을 듣지 않았다. 오늘 신약 시대에도 하나님은 죄를 지은 사람들에게 반드시 경고하고 처리하신다.

5. 스가랴가 순교하다 24:20-22

하나님은 여호야다의 아들 스가랴가 유다의 배교와 우상숭배를 공격했으나 요아스는 성전 뜰에서 그를 돌로 쳐 죽인다.

대하 24:20. 이에 하나님의 영이 제사장 여호야다의 아들 스가랴를 감동시키시매 그가 백성 앞에 높이 서서 그들에게 이르되 하나님이 이같이 말씀하시기를 너희가 어찌하여 여호와의 명령을 거역하여 스스로 형통하지 못하게 하느냐 하셨나니 너희가 여호와를 버렸으므로 여호와께서도 너희를 버리셨느니라 하나.

그 때에 여호야다 제사장[390]의 아들 스가랴가 하나님의 영에 감동이 되어 백성 앞에 높이 서서 말하기를 "나 하나님이 말한다. 어찌하여 너희가 주님의 명을 거역하느냐? 너희가 형통하지 못할 것이다. 너희가 주님을 버렸으니, 주님께서도 너희를 버리셨다"고 했다. 문장 초두의 "이에"(then)란

390) "스가랴": '여호와의 기억하심'이란 뜻이다. 대제사장 여호야다의 아들(대하 24:20,21,22; 눅11:51; 마 23:35). 이 스가랴는 예수님께서 언급하셨던 그 스가랴였다(마 23:35).

말은 '그 때에'란 뜻이다.

대하 24:21. 무리가 함께 꾀하고 왕의 명령을 따라 그를 여호와의 전 뜰 안에서 돌로 쳐 죽였더라.

그러나 사람들은 그를 없앨 음모를 꾀했고 드디어 왕의 명령에 따라 그를 여호와의 성전 뜰에서 그를 쳐 죽였다. 무리의 음모와 왕의 명령이 맞아 떨어진 것이다. 율법에 돌로 쳐 죽일 죄는 여호와의 이름을 훼방했을 때(레 24:16), 몰렉에게 아들을 바쳤을 때(레 20:2), 아비에게 패역했을 때(신 21:20-21), 약혼녀가 간음했을 때(신 22:23-24) 등이지만 여호야다의 아들 스가랴는 그런 죄를 지은 일이 없었고 유다의 배교를 경책한 것뿐이었다(이상근). 성전 뜰에서 스가랴는 마땅히 할 말을 했는데 이렇게 죽였으니 그들은 배은의 정점을 찍은 것이다.

대하 24:22. 요아스 왕이 이와 같이 스가랴의 아버지 여호야다가 베푼 은혜를 기억하지 아니하고 그의 아들을 죽이니 그가 죽을 때에 이르되 여호와는 감찰하시고 신원하여 주옵소서 하니라.

요아스 왕은 스가랴의 아버지 여호야다가 자기에게 보인 그 은혜를 생각하지 않고 그의 아들을 죽였다. 스가랴는 죽으면서 "주님께서 이 일을 굽어보시고, 갚아 주십시오" 하고 외쳤다. 스가랴의 이 기도의 응답으로 요아스는 모반자에게 피살되고 말았다(25절). 우리는 구약의 기도처럼 원수를 갚아달라는 기도는 하지 말고 모든 원수 갚기를 위해 무언으로 하나님께 맡기면 된다(롬 12:19).

6. 요아스가 죽다 24:23-27

요아스는 배교하고 우상 숭배를 하며 또 스가랴를 죽이는 일을 하여 아람군대의 공격을 받았고(23-24절), 또 그가 모반을 당하여 피살되었다(25-27절).

대하 24:23. 일주년 말에 아람 군대가 요아스를 치려고 올라와서 유다와 예루살렘에 이르러 백성 중에서 모든 방백들을 다 죽이고 노략한 물건을 다메섹 왕에게로 보내니라.

일주년 말에(해가 바뀔 무렵에), 즉 스가랴를 죽인 그 해의 연말에 아람 군대가 요아스를 치러 진군하였다. 병행구인 왕하 12:17에는 "그 무렵에 아람 왕 하사엘이 가드를 공격하여 함락시켰다. 그런 다음에 하사엘은 또 예루살렘도 치려고 하였기 때문에"라고 진술하고 있다. 아람 군대는 유다와 예루살렘을 점령하고 백성의 지도자들을 죽이고, 노략한 물건은 다메섹(다마스쿠스)에 있는 자기들의 왕에게로 보냈다.

"일주년 말", 다시 말에 '해가 바뀔 무렵'이라는 표현은 하나님의 기다리심을 보여준다. 하나님께서 요아스의 회개를 기다리셨다는 것을 보여준다. 하나님은 오늘도 우리의 회개를 기다리신다.

"가드"는 블레셋의 대표적인 성읍으로 다윗이 회수한 도시였다(삼하 21:22). 아무튼 아람 군대는 방백들을 쳤고 물건들을 노략하여 갔다.

대하 24:24. 아람 군대가 적은 무리로 왔으나 여호와께서 심히 큰 군대를 그들의 손에 넘기셨으니 이는 유다 사람들이 그들의 조상들의 하나님 여호와를 버렸음이라 이와 같이 아람 사람들이 요아스를 징벌하였더라.

아람 군대는 수가 얼마 되지 않았다. 그러나 주님께서는 유다 백성이 조상의 하나님을 버리고 우상숭배에 빠졌기 때문에 그 적은 수의 아람 군대가 유다의 대군과 싸워 이기게 하셨다. 병행구인 왕하 12:18에는 "유다의 왕 요아스가 그의 조상들 유다 왕 여호사밧과 여호람과 아하시야가 구별하여 드린 모든 성물과 자기가 구별하여 드린 성물과 여호와의 성전 곳간과 왕궁에 있는 금을 다 가져다가 아람 왕 하사엘에게 보냈더니 하사엘이 예루살렘에서 떠나갔더라"고 진술한다. 이렇게 잠시 떠났지만 궁극적으로 떠난 것은 아니었다. 요아스에게 심판이 내렸다. 하나님의 징계는 아무리 큰 물질을 주어도 해결되지 않는다. 회개만이 징계를 해제하게 된다.

대하 24:25. 요아스가 크게 부상하매 적군이 그를 버리고 간 후에 그의 신하들이 제사장 여호야다의 아들들의 피로 말미암아 반역하여 그를 그의 침상에서 쳐 죽인지라 다윗 성에 장사하였으나 왕들의 묘실에는 장사하지 아니하였더라.

요아스가 크게 부상하니 적군이 그를 버리고 간 후에 그의 신하들이 제사장 여호야다의 아들들의 피로 말미암아 반역하여 그를 그의 침상에서 쳐 죽였다. 다윗 성에 장사하였으나 왕들의 묘실에는 장사하지 아니하였다(21:20 주해 참조). 요아스는 아람과의 전쟁에서 큰 재물을 잃었을 뿐 아니라 그 자신 큰 부상을 입고 말았다. 아람군은 요아스가 많은 재물을 주었기 때문에 그를 버려두고 갔고, 요아스는 돌아와 상처를 치료하기 위해 침상에 누어있을 때 그 신하들이 그를 반역하여 암살했다. 그가 죽은 곳은 "실라로 내려가는 길가의 밀로궁"(왕하 12:20)이었다.

대하 24:26. 반역한 자들은 암몬 여인 시므앗의 아들 사밧과 모압 여인 시므릿의 아들 여호사밧이더라.

요아스를 반역한 자들은 암몬 여인 시므앗의 아들 사밧과 모압 여인 시므릿의 아들 여호사밧이었다. 병행구인 왕하 12:21에는 "그를 쳐서 죽인 신복은 시므앗의 아들 요사갈과 소멜의 아들 여호사바드였다. 그는 다윗 성에 그의 조상들과 함께 장사되고 그의 아들 아마샤가 그를 대신하여 왕이 되었다"고 진술한다. 본서는 모계를 말하고, 열왕기는 부계를 말한다(Lange, Hobbs). 요아스를 암살한 자들은 모압과 암몬인의 외손들임이 주목된다(이상근). 사람이 죄를 지으면 가까운 사람한테도 얼마든지 당할 수 있음이 증명되고 남는다.

대하 24:27. 요아스의 아들들의 사적과 요아스가 중대한 경책을 받은 것과 하나님의 전을 보수한 사적은 다 열왕기 주석에 기록되니라 그의 아들 아마샤가 대신하여 왕이 되니라.

요아스의 아들들의 일과 요아스가 중대한 경책을 받은 일과 하나님의 전을 보수한 일은 다 열왕기 주석에 기록되니라. 그의 아들 아마샤가 대신하여 왕이 되었다. 세 가지 일(요아스의 아들들의 일, 요아스가 중대한 경책을 받은 일, 하나님의 성전을 보수한 일 등)이 다 열왕기 주석 책에 기록되었다는 것이다. 여기 "열왕기"란 말에 대해서는 왕상 14:29 주해 참조. "아마샤"는 요아스를 이어 왕위에 오른 유다의 제 9대 왕으로 B.C. 796-767년 어간 29년을 통치한 왕이었다. 왕하 14:1,2주해를 참조하라.

제 25 장

I. 아마샤의 역사 25:1-28

아마샤는 전반기에 선정을 베풀었고(1-13절), 후반기에 우상숭배를 했으며, 그의 비참한 최후가 뒤따른다(25-28절).

1. 아마샤가 선정을 베풀다 25:1-4(왕하 14:2-6)

아마샤가 그의 전반기에 선정을 베풀다.

대하 25:1. 아마샤가 왕위에 오를 때에 나이가 이십오 세라 예루살렘에서 이십구 년 동안 다스리니라 그의 어머니의 이름은 여호앗단이요 예루살렘 사람이더라.

아마샤가 왕이 되었을 때에 그는 25세였다. 그는 예루살렘에서 29년 동안 다스렸다. 그의 어머니의 이름은 여호앗단이었는데 예루살렘 사람이었다.

"아마샤"는 요아스의 아들로 남 왕국 유다의 제 9대 왕이었다. 아마샤는 북 왕국 왕 요아스(B.C. 798-782)의 2년에 즉위하여 29년을 통치했으니 그의 통치 연대는 B.C. 796-767년으로 추정된다. 아마샤의 어머니의 이름은 여호앗단(Jehoaddan)이었는데 아마샤의 초기의 선정에 좋은 영향을 끼친 듯이 보인다.

대하 25:2. 아마샤가 여호와께서 보시기에 정직하게 행하기는 하였으나 온전한 마음으로 행하지 아니하였더라.

아마샤는 여호와께서 보시기에 정직하게 행하기는 하였으나 마음을 다하여 하지는 않았다. 아마샤는 반은 선했고 반은 악했던 사람이었다. 다시 말해 그는 통치 초기에는 선했으나, 통치 후기에는 우상 숭배에 빠졌다. 이렇게 처음에는 선했으나 나중에는 악한 점에서는 그의 아버지 요아스와 같았다. 병행구인 왕하 14:3에는 "아마샤가 여호와 보시기에 정직히 행하였으나 그의 조상 다윗과는 같지 아니했다"고 진술한다. 다윗은 선한 왕의 표준이었다. 우리는 선한 사람의 표준이 되어야 할 것이다. 이는 윤리적으로 하는 말이 아니라 종교적으로 하는 말이다. 다시 말해 우리는 우리의 평생을 다하여 여호와 하나님을 따라야 할 것이다.

대하 25:3-4. 그의 나라가 굳게 서매 그의 부왕을 죽인 신하들을 죽였으나 그들의 자녀들은 죽이지 아니하였으니 이는 모세의 율법 책에 기록된 대로 함이라 곧 여호와께서 명령하여 이르시기를 자녀로 말미암아 아버지를 죽이지 말 것이요 아버지로 말미암아 자녀를 죽이지 말 것이라 오직 각 사람은 자기의 죄로 말미암아 죽을 것이니라 하셨더라.

3절과 4절은 아마샤가 통치 초기에 선하게 행한 것을 보여주는 사례를 기록하고 있다. 아마샤가 왕권을 확고하게 장악한 뒤에 그는 부왕을 살해한 신하들(사밧과 여호사밧 24:26)을 처형하였으나(이상 3절) 그들의 자녀들을 죽이지 아니했다. 이유는 모세의 율법(신 24:16)에 기록된 대로 했다는 것을 드러낸다. 모세의 율법(신 24:16)에 "아버지가 자녀 대신에 처형 받아서는 안 되고, 또 자녀가 아버지 대신에 처형 받아서도 안 된다. 오직 각 사람은 자신이 지은 죄에 따라 처형받아야 한다"고 말씀하신 주님의 명령이 있기 때문이라(이상 4절)고 했다. 아마샤는 율법에 있는 대로 사람마다 자기의 죄로 죽어야 한다는 말씀을 따랐다. 연좌제는 불가한 진리였다.

2. 에돔과의 전쟁에서 승리하다 25:5-13

아마샤는 에돔과의 전쟁을 위해 준비를 해서(5-10절), 실지 에돔과 싸워 승리를 거둔다.

대하 25:5-6. 아마샤가 유다 사람들을 모으고 그 여러 족속을 따라 천부장들과 백부장들을 세우되 유다와 베냐민을 함께 그리하고 이십 세 이상으로 계수하여 창과 방패를 잡고 능히 전장에 나갈 만 한 자 삼십만 명을 얻고 또 은 백 달란트로 이스라엘 나라에서 큰 용사 십만 명을 고용하였더니.

아마샤는 유다 지파와 베냐민 지파 사람들을 그들이 소속된 가문별로 군대를 조직하고, 그들 위에 군대 지휘관인 천부장들과 백부장들을 임명하여 세웠다. 이 군대 조직에 편성된 사람들은 20세 이상 된 남자들로서, 모두 30만 명이나 되었다. 이 사람들은 창과 방패로 무장하고 전쟁터에 나갈 수 있는 장정들이었다. 그러니까 아마샤는 전쟁 준비를 갖춘 것이다. 그런데 이 30만의 병력은 아사 왕의 58만이나(14:8), 여호사밧 왕의 116만 명의 병력(17:14-19)에 비하면 많이 열세였다(이상 5절). 그래서 아마샤는 다음 절처럼 이스라엘 나라에서 큰 용사 10만 명을 고용해 왔다(6절). 이렇게 고용해 오는 데는 은(銀) 100 달란트가 필요하여 그 액수를 지불했다. 은 1달란트는 약 3.4kg이므로 100달란트는 3.4톤에 해당하는 엄청난 양이었다. 아마샤가 이렇게 돈을 주고 군대를 용병해 온 이유는 여호람 왕 시대에 반란을 일으켜 독립한 에돔을 징벌하기 위해서였다(왕하 8:20; 대하 21:8-10).

대하 25:7. 어떤 하나님의 사람이 아마샤에게 나아와서 이르되 왕이여 이스라엘 군대를 왕과 함께 가게 하지 마옵소서 여호와께서는 이스라엘 곧 온 에브라임 자손과 함께 하지 아니하시나니.

아마샤가 북 이스라엘에서 10만 병력을 고용해 오는 일로 하나님께서는 잠잠하고 계실 리가 없었다. 하나님께서는 선지자를 보내셔서 아마샤의 군대 고용 행위를 중단 시키려 하신다. 그런데 본 절에서는 선지자를 "하나님의 사람"[391]이라고 묘사한다. 하나님의 사람이 아마샤에게 가서 이렇게 말한다.

---

391) 본 절의 "하나님의 사람"이란 표현은 구약에서 통상 '선지자'를 지칭하는 말이다. 모세(30:16; 신 33:1; 수 14:6; 대상 23:14), 다윗(8:14; 느 12:24,36)을 가리켜 하나님의 사람이라고

"임금님이시여!, 임금님께서는 이스라엘 군대를 임금님과 함께 동행하게 마십시오. 여호와께서는 북 왕국 이스라엘, 곧 에브라임 자손과 함께 하시지 않으십니다"고 말했다.

하나님의 사람이 이렇게 이스라엘에서 용병을 내어 에돔 정벌에 나가지 말 것을 권유한 이유는 두 가지였는데 그 한 가지 이유가 본 절에 기록되어 있다. 그 첫 번째 이유는 '여호와께서 이스라엘과 함께 하시지 않기 때문이라'는 것이었다. 하나님께서 이스라엘과 함께 하시지 않으신 경우는 유다 왕 아비야가 북 왕국 여로보암과 전쟁할 때 밝혀진 역사적 현실(13:4-12)이라고 말한다. 북 왕국 이스라엘은 하나님을 예배하지도 않고 우상을 숭배하는 나라이니 하나님께서 함께 하지 않으신다는 것이었다. 하나님께서는 하나님께 예배하지 않는 사람과 함께 하시지 않으신다.

본 절에는 "이스라엘"과 "에브라임"을 동의어로 사용하고 있는데 그것은 에브라임이란 말이 북 왕국 이스라엘의 또 다른 이름이기 때문이다. 선지자들은 에브라임 지파가 북 왕국의 최대의 지파이고 또 나라의 중앙에 위치해 있기 때문에 이스라엘을 때로는 에브라임이라고 표현했다(사 9:9; 17:3; 28:3; 호 14:8).

대하 25:8. 왕이 만일 가시거든 힘써 싸우소서 하나님이 왕을 적군 앞에 엎드러지게 하시리이다 하나님은 능히 돕기도 하시고 능히 패하게도 하시나이다 하니.

하나님께서 북 이스라엘 사람들과 함께 하시지 않는데도 "기어코 북 이스라엘 군대를 데리고 가신다면 어디 한번 힘써 싸워 보십시오. 하나님께서는 임금님이 대적들 앞에서 엎어지게 하실 것입니다. 하나님께서는 임금님을, 이기게도 하실 수 있고, 지게도 하실 수 있습니다"라고 했다.

아마샤가 북 이스라엘의 용병들을 데리고 가지 말아야 하는 두 번째

표현하기도 했다. 구약에서는 선지자를 일반적으로 "하나님의 사람"이라고 표현했다(삼상 2:27; 9:6; 왕상 12:22; 13:1,26; 17:18 등).

이유(첫째 이유는 7절에 있다)는 북 이스라엘 군인들을 데리고 가는 경우 아마샤 군대는 반드시 패배한다는 것이었다. 하나님을 의지해야 하는데 그러지 않고 힘없는 북 이스라엘 군인을 데리고 가면 반드시 적국 앞에 엎어진다는 것이다. 이유는 "하나님은 능히 돕기도 하시고 능히 패하게도 하시기" 때문이다. 하나님의 주권이 통하지 않는 곳이 세상에 아무데도 없다는 것이다. 사람의 권세나 세상의 권세는 하나님 앞에서 아무 것도 아님을 알 수가 있다.

대하 25:9. 아마샤가 하나님의 사람에게 이르되 내가 백 달란트를 이스라엘 군대에게 주었으니 어찌할까 하나님의 사람이 말하되 여호와께서 능히 이보다 많은 것을 왕에게 주실 수 있나이다 하니라.

아마샤가 하나님의 사람(선지자)에게 묻기를 "북 이스라엘 군인을 고용하느라고 지불한 은(銀) 100 달란트는 어떻게 하면 좋겠습니까?" 하나님의 사람이 대답하기를 "여호와께서는 그것보다 더 많은 것을 임금님께 주실 수 있습니다"라고 했다.

아마샤는 하나님의 사람의 권고를 듣고 그 권고를 들을 생각이었는데 그러나 100달란트의 은을 지불해 놓았으니 그것이 아까운 생각이 들어 그 돈을 어떻게 했으면 좋을 것인지 하나님의 사람에게 질문을 했다. 하나님의 사람은 그 돈이 아깝다는 생각을 버리라고 대답한다. 이유는 "여호와께서 능히 이보다 많은 것을 왕에게 주실 수 있다"고 응답해 준다. 우리는 세상에서 돈 손해 보는 것을 감수해야 할 것이다. 하나님에게는 무한히 큰 돈이 있으시다.

대하 25:10. 아마샤가 이에 에브라임에서 자기에게 온 군대를 나누어 그들의 고향으로 돌아가게 하였더니 그 무리가 유다 사람에게 심히 노하여 분연히 고향으로 돌아갔더라.

그래서 아마샤는 에브라임에서 온 군인들을 그들의 고향으로 돌려보냈다. 그들은 유다 사람에 대하여 몹시 불쾌하게 생각하면서 고향으로 돌아갔다. 아마샤는 북 이스라엘에서 고용해 온 사람들을 모두 북 이스라엘로 돌려보냈다. 북 이스라엘 군인들은 돌려보냄을 받으면서 심히 노하여 고향으로 돌아갔다고 하는데 아마도 그 이유는 전쟁에 나가서 전리품을 취할 생각이었는데 그 계획이 일그러지니 그렇게 못 마땅하게 생각했던 것 같다. 세상 사람들은 거의가 다 돈 생각밖에 없는 것 같다.

대하 25:11. 아마샤가 담력을 내어 그의 백성을 거느리고 소금 골짜기에 이르러 세일 자손 만 명을 죽이고.

아마샤는 용기를 내어 그의 군대 30만 명을 거느리고 '소금 계곡'에 이르러서, 세일 자손 10,000 명을 죽였다. "소금 골짜기"에 대하여 18:12 주해 참조. 본문의 "세일 자손"이란 에돔 사람들을 지칭한다(창 14:6; 36:8).

대하 25:12. 유다 자손이 또 만 명을 사로잡아 가지고 바위 꼭대기에 올라가서 거기서 밀쳐 내려뜨려서 그들의 온 몸이 부서지게 하였더라.

"유다 군대가 또 10,000명을 산 채로 붙잡아서 바위 꼭대기 위로 끌고 올라가 거기서 밀쳐 내려 떨어뜨리자 그들의 몸이 부서졌다".

사람을 사로잡아 가지고 바위 꼭대기로 올라가서 거기서 밀쳐 내려뜨려 사람의 몸이 으스러지게 해서 죽이는 법은 잔인의 극치이다. 아무리 원수라도 사람을 이렇게 대하는 것은 훗날의 우리를 위해서 좋은 일은 아니다. 오늘날에도 원수들을 죽이기 위해 화학무기를 쓰는 일만큼은 막아야 하는 일이다.

대하 25:13. 아마샤가 자기와 함께 전장에 나가지 못하게 하고 돌려보낸 군사들이 사마리아에서부터 벧호론까지 유다 성읍들을 약탈하고 사람 삼천 명을 죽이고 물건을 많이 노략하였더라.

유다 군대가 에돔 사람 10,000명을 바위 꼭대기로 데리고 올라가서 내려뜨려 죽이는 동안에, 아마샤가 전쟁에 함께 데리고 출동하지 않고 되돌려

보낸 북 이스라엘 군인들은 사마리아와 벳호론 사이에 있는 유다의 여러 마을을 약탈하고, 사람을 3,000 명이나 죽이고, 물건도 많이 약탈하였다. "벧호론"에 대하여 대상 7:24 주해를 참조하라.

3. 아마샤가 우상숭배를 시작하다 25:14-16

아마샤가 통치 후반기에 접어들어 우상숭배로 들어선다. 아마도 그가 에돔 전쟁에 승리하고 마음이 높아진 탓으로 보인다. 그는 에돔에서 에돔의 우상을 수입해서 숭배한다(14-16절).

대하 25:14. 아마샤가 에돔 사람들을 죽이고 돌아올 때에 세일 자손의 신들을 가져와서 자기의 신으로 세우고 그것들 앞에 경배하며 분향한지라.

아마샤는 에돔 사람들을 죽이고 돌아올 때에 세일 자손의 신상들을 가져와서 자기들의 신으로 모시고, 그것들 앞에 경배하며 분향하였다. 패전국에서부터 무슨 신을 수입하겠는가. 아마샤의 어리석음이 드러난다.

대하 25:15. 그러므로 여호와께서 아마샤에게 진노하사 한 선지자를 그에게 보내시니 그가 이르되 저 백성의 신들이 그들의 백성을 왕의 손에서 능히 구원하지 못하였거늘 왕은 어찌하여 그 신들에게 구하나이까 하며.

아마샤가 세일 자손의 신들을 가져와서 자기의 신으로 세우고 경배하는 것을 보시고 여호와께서 아마샤에게 크게 진노하셔서 예언자 한 사람을 아마샤에게 보내신다. 그 선지자가 가서 아마샤에게 이르기를 "이 신들은 패전국의 신들인데 무슨 힘이 있다고 임금님께서는 이 신들을 수입해서 그 신 앞에 비시니 어찌 된 일입니까?" 참으로 기상천외한 일이 아닐 수 없는 일이었다. 이런 정도로 바보스러운 일은 세상에 별로 없을 것이다. 그러나 교만한 사람의 머리에서는 나올 법한 일이다. 아마샤는 에돔 전쟁에서 승리하고 교만한 사람이 되었다.

대하 25:16. 선지자가 아직 그에게 말할 때에 왕이 그에게 이르되 우리가 너를 왕의 모사로 삼았느냐 그치라 어찌하여 맞으려 하느냐 하니 선지자가 그치며 이르되 왕이 이 일을 행하고 나의 경고를 듣지 아니하니 하나님이 왕을 멸하시기로 작정하신 줄 아노라 하였더라.

선지자가 아마샤의 우상숭배를 책망하니 왕이 그의 말을 가로막으면서, "우리가 언제 당신을 왕의 고문으로 삼았습니까? 맞으려고 작정했습니까? 그치시오!" 하고 호통을 쳤다. 그러자 선지자는 이렇게 말하고 그친다. "임금님께서 나의 충고를 받지 않고 이렇게 하시는 것을 보니 하나님께서 임금님을 망하게 하시기로 결심하셨다는 것을 이제 알 것 같습니다"고 했다. 누구든지 참된 전도자의 충고를 거부하거나 아니면 성경의 교훈을 외면한다면 그런 사람은 망하기로 작정한 사람이다.

4. 아마샤가 이스라엘 앞에서 패배하다 25:17-24(왕하 14:8-20)

아마샤는 마음이 높아져서 선지자의 책망을 거부하고 이스라엘에게 싸움을 걸었다가 패전한다(17-24절).

대하 25:17. 유다 왕 아마샤가 상의하고 예후의 손자 여호아하스의 아들 이스라엘 왕 요아스에게 사신을 보내어 이르되 오라 서로 대면하자 한지라.

유다 왕 아마샤가 참모들과 함께 이스라엘에 대항할 모의를 하고 예후의 손자요 여호아하스의 아들인 이스라엘의 여호아스 왕에게 전령을 보내어서 서로 직접 만나 힘을 겨루어 보자(이 말은 전쟁하자는 뜻이다)고 제안하였다.

아마샤는 자신이 에돔 전을 승리로 이끌었기 때문에 교만해져서 또 그렇게 승리할 것이라는 막연한 기대를 가지고 북 이스라엘에게 도전한 것이다. 아마샤가 북 이스라엘에 도전한 것은 첫째 그가 마음이 높아졌기 때문이고, 또 다른 이유로서는 아마샤가 북 이스라엘로부터 용병해 온 사람들을 그냥 돌려보냈기 때문에 그들이 화가 나서 유다의 성읍들을 습격하고 3,000명을 죽였기 때문일 것으로도 보인다(13절). 북 이스라엘이 아무리 우상 숭배의 나라라고 해도 하나님께서는 새롭게 우상숭배를 시작한 유다에게 승리의 기회를 주시지 않을 줄을 알았어야 했다.

대하 25:18. 이스라엘 왕 요아스가 유다 왕 아마샤에게 사람을 보내어 이르되 레바논 가시나무가 레바논 백향목에게 전갈을 보내어 이르기를 네 딸을 내 아들에게 주어 아내로 삼게 하라 하였더니 레바논 들짐승이 지나가다가 그 가시나무를 짓밟았느니라.

이스라엘의 요아스 왕은 유다의 아마샤 왕에게 사람을 보내어 회답하였다. "레바논의 가시나무가 레바논의 백향목에게 전갈을 보내어서 백향목의 딸을 며느리로 달라고 청혼하는 것을 보고, 레바논의 들짐승이 지나가다가 그 가시나무를 짓밟았는데요"라고 했다. 이 비유는 요담이 세겜 사람들에게 말한 비유와 비슷하다(삿 9:7-15). 본 절의 "가시나무"는 남 왕국을 가리키고, 백향목은 북 왕국을 가리킨다. 이스라엘의 요아스 왕은 가시나무가 자신의 분수도 알지 못하고 백향목과 사돈을 맺자고 한 것처럼 아마샤가 자신의 분수도 파악하지 못하고 덤빈다는 뜻이다. 본문의 "레바논의 들짐승"(아 4:8)은 하나님의 심판을 비유했고 하나님이 자기의 분수도 모르고 떠드는 아마샤를 심판하신다는 것이다.

대하 25:19. 네가 에돔 사람들을 쳤다고 네 마음이 교만하여 자긍하는도다 네 궁에나 있으라 어찌하여 화를 자초하여 너와 유다가 함께 망하고자 하느냐 하나.

북 이스라엘의 요아스 왕은 남 왕국의 유다 왕 아마샤에게 계속해서 말한다. "네가 에돔 사람들을 쳤다고 네 마음이 교만하여 자긍하는도다". "당신이 에돔 사람들을 쳤다고 당신의 마음이 교만하여 스스로 자랑하고 있는 것인데, 차라리 당신의 왕궁에나 있으면서 쉬기나 하세요. 어찌하여 화를 불러다가 당신과 유다 나라가 함께 망하고자 하느냐"고 말한다.

대하 25:20. 아마샤가 듣지 아니하였으니 이는 하나님께로 말미암은 것이라 그들이 에돔 신들에게 구하였으므로 그 대적의 손에 넘기려 하심이더라.

남쪽 나라 유다 왕 아마샤가 북 왕국의 요아스 왕의 말을 듣지 않았으니 하나님께서 그렇게 되게 하신 것이었다. 유다 사람들이 에돔 신들에게 복을 구했으므로(14-15절) 그 대적의 손에 넘기시려고 하나님께서 계획하신 것이라는 뜻이다. 하나님께서 사람이 망하게 하시려면 바른 충고나 하나님의 말씀의 권고를 듣지 않게 하신다.

대하 25:21. 이스라엘 왕 요아스가 올라와서 유다 왕 아마샤와 더불어 유다의 벧세메스에서 대면하였더니.

이스라엘의 요아스 왕이 올라와서 유다의 아마샤 왕을 맞아 유다의 벧세메스에서 대치하였다. 여기 "벧세메스"392)란 '태양의 집'이라는 뜻이고, 예루살렘 서방 23Km지점이며 유다 지파의 성읍이었다.

대하 25:22. 유다가 이스라엘 앞에서 패하여 각기 장막으로 도망한지라.

유다 군대는 이스라엘 군대에게 패하여, 뿔뿔이 흩어져 자기들의 집으로 도망가고 말았다. 여기 "각기 장막으로 도망했다"는 말은 전쟁에서 패했다는 것을 뜻하는 말이다. 무엇이 잘 될 때 우리는 잘된 일을 전적으로 하나님의 은혜로 알고 감사할 뿐이지 교만하면 반드시 망한다는 것을 알아야 할 것이다.

대하 25:23. 이스라엘 왕 요아스가 벧세메스에서 여호아하스의 손자 요아스

---

392) 벧세메스는 이 성읍은 원래 가나안 원주민의 성읍이었으며, 처음에 단 지파에게 분배되었다(수 19:41), 후에 레위 지파에게 주어졌다(수 21:16, 대상 6:59). 블레셋에게 빼앗겼던 법궤가 수레에 실려 이곳으로 되돌아 왔을 때(삼상 6:12, 13), 벧세메스 사람들이 법궤를 들여다 본 까닭에 (오만) 칠십 명이 죽임을 당했다(삼상6:19). 법궤는 이곳에서 기럇여아림으로 옮겨졌다(삼상 6:20-7:2). 이스라엘 왕 요아스가 이곳에서 유다왕 아마샤를 사로잡았다(왕하 14:11). 아하스 왕 때 블레셋이 이 성읍을 다시 점령했다(대하 28:18).

의 아들 유다 왕 아마샤를 사로잡고 예루살렘에 이르러 예루살렘 성벽을 에브라임 문에서부터 성 모퉁이 문까지 사백 규빗을 헐고.

이스라엘의 요아스 왕은 벧세메스에서 유다의 아마샤 왕을 사로잡아서, 예루살렘으로 들어 왔다. 그런 다음 요아스는 예루살렘 성벽을, 에브라임 문(예루살렘 북편의 문, 이 문에서 에브라임으로 통했다)에서부터 성 모퉁이 문(서북쪽 모퉁이에 있던 문)에 이르기까지 400 규빗(182m) 길이의 성벽을 허물어 버렸다. 아마샤는 우상을 섬기다가 벧세메스에서 전쟁에서 패했고 또 예루살렘 성벽까지 허물림을 당했다.

대하 25:24. 또 하나님의 전 안에서 오벧에돔이 지키는 모든 금은과 그릇과 왕궁의 재물을 빼앗고 또 사람들을 볼모로 잡아 가지고 사마리아로 돌아갔더라.

요아스 왕은 또 하나님의 성전 안에서 오벧에돔이 지키고 있는 모든 금과 은과 그릇들을 약탈하고, 왕궁의 보물 창고를 약탈하고, 사람까지 볼모로 잡아서 사마리아로 돌아갔다. "오벧에돔"은 성전 보물 곳간의 문지기였다(삼하 8:10; 대상 13:13; 15:18; 16:38; 26:4). 요아스 왕은 예루살렘 성벽을 헐고 성안에 들어가 오벧에돔이 지키고 있는 금은(金銀)과 그릇과 또 왕궁의 재물을 빼앗고 사람들을 볼모로 잡아가지고 사마리아로 돌아갔다.

5. 아마샤가 죽다 25:25-28(왕하 14:17-20)

아마샤는 북쪽의 요아스보다 15년을 더 살았으나 그의 종말은 그 아비 요아스처럼 반역자에게 암살을 당했다.

대하 25:25. 이스라엘 왕 요아하스의 아들 요아스가 죽은 후에도 유다 왕 요아스의 아들 아마샤가 십오 년 간 생존하였더라.

유다 왕 요아스의 아들 아마샤 왕은 이스라엘 왕 요아하스의 아들 요아스 왕이 죽은 뒤에도 15년을 더 살았다.

아마샤의 마지막 통치는 27절이 보여주는 대로 모반 당하는 험난함 중에 살았다. 한편 그는 마지막 15년의 통치 기간 중에 16세가 된 그의 아들 웃시야를 왕으로 세워 B.C. 790년부터 섭정을 시작했다. 그리고 아마샤는 B.C. 767년 이스라엘 왕 여로보암 2세의 재위 27년에 사망했다(왕하 15:1). 아마샤의 종말을 이렇게 험하게 만든 것은 바로 자신이 지은 죄 때문이었다.

대하 25:26. 아마샤의 이 외의 처음부터 끝까지의 행적은 유다와 이스라엘 열왕기에 기록되지 아니하였느냐.

본 절의 주해를 위해서는 24:27의 주해를 참조하라.

대하 25:27. 아마샤가 돌아서서 여호와를 버린 후로부터 예루살렘에서 무리가 그를 반역하였으므로 그가 라기스로 도망하였더니 반역한 무리가 사람을 라기스로 따라 보내어 그를 거기서 죽이게 하고.

아마샤가 여호와를 따르다가 등지고 돌아선 뒤에, 예루살렘에서 반역이 일어나자 아마샤는 라기스로 도망하였는데 반란을 일으킨 사람들은 라기스에까지 사람을 보내어 라기스에서 그를 죽였다.

무리가 그를 반역한 이유는 그가 에돔 전 이후 여호와를 떠나 우상숭배를 했기 때문이었다. 하나님을 버리고 우상숭배를 한다는 것은 바로 죽음 자체이다. "라기스"는 예루살렘 서남쪽 55km, 지중해까지 30km 지점이며, 유다 왕국 제 2의 도시로 요새화한 도시였다. 아마샤가 라기스로 도망하여 피해 있으면 안전하리라 생각했으나 실제로 그가 생각한 것처럼 평안하지 못했다. 자객이 이곳까지 따라와 그를 죽였다. 하나님을 버리고 우상숭배한 사람에게 안전한 곳은 없었다. 오늘날 하나님 신앙을 떠나 돈을 섬기는 사람은 세상 그 어디서든지 안전하지 않음을 알아야 한다.

대하 25:28. 그의 시체를 말에 실어다가 그의 조상들과 함께 유다 성읍에 장사하였더라.

그의 시체를 말에 싣고 와서 그의 조상들과 함께 '다윗 성'(예루살렘)에 장사하였다. 아마 아마샤는 왕실 마차를 타고 라기스로 도망했을 것이고, 이제 사람들은 그의 시체를 왕실 마차에 실어 예루살렘에 돌아왔을 것이다 (Rawlinson). 아마샤를 반역한 사람들은 비록 반역하여 그를 죽였으나 그가 타고 다니던 마차에 실어다가 매장해 주었을 것이다.

제 26 장

J. 웃시야의 역사 26:1-23(왕하 14:21-22; 15:1-7)

26장은 웃시야의 역사가 전개 된다. 웃시야는 남쪽 나라 유다 나라의 제 10대 왕이었다. 이 부분(1-23절)에는 웃시야가 왕으로 즉위한 일(1-5절), 웃시야가 공적을 세운 일(6-15절), 웃시야가 나병에 결려 최후를 맞이한 일(16-23절) 등이 진술된다.

1. 웃시야가 왕으로 즉위하다 26:1-5

이 부분(1-5절)은 웃시야의 역사의 개략을 진술한다. 즉, 웃시야가 통치를 시작한 연령, 그의 가정, 그의 치세의 성격을 개론적으로 말한다.

대하 26:1. 유다 온 백성이 나이가 십육 세 된 웃시야를 세워 그의 아버지 아마샤를 대신하여 왕으로 삼으니.

유다의 온 백성은 나이가 16세 된 웃시야를 왕으로 삼아 그의 아버지 아마샤의 뒤를 계승하게 하였다. 웃시야를 왕으로 삼은 것은 유다의 온 백성이었다. 북 왕국은 모반한 자가 왕 자리를 차지했으나 남 왕국의 경우 온 백성이 하나님의 뜻을 따라(왕상 11:13) 웃시야를 왕으로 추대했다. 웃시야는 왕으로 세움을 받았을 때 16세였다. 웃시야(Uzziah)는 '여호와의 힘'이라는 뜻이다. 그의 또 하나의 이름인 "아사랴"(Azariah)는 '여호와의 도우심'이란 뜻이다. 그는 유다 왕국의 제 10대 왕으로 북 왕국의 여로보암 2세(B.C. 793-753)의 치세 27년에 16세의 나이로 즉위하여 장장 52년을 통치했다. 웃시야의 통치 연대는 B.C. 791-739년경으로 추정된다.

대하 26:2. 아마샤 왕이 그의 열조들의 묘실에 누운 후에 웃시야가 엘롯을 건축하여 유다에 돌렸더라.

아마샤 왕이 죽은 뒤에 웃시야는 엘롯을 재건하여 유다에 귀속하게 했다. 여기 "엘롯"(Eloth)은 "엘랏"(Elath)이라고도 하는데(왕하 14:22), 에돔의 성읍이며(대하 8:17), 에시온게벨과 함께 홍해 근처에 위치해 있다(신 2:8; 왕상 9:26). 웃시야가 건설한 성읍이 여럿 있었으나(26:9) 이 성읍만을 초두에 거명한 것은 그가 건설한 성읍 중 이 성읍이 대표가 될 만했기 때문이다. 이 엘롯은 아카바만의 항도로 유다의 무역의 중심지가 되었다.

대하 26:3. 웃시야가 왕위에 오를 때에 나이가 십육 세라 예루살렘에서 오십이 년 간 다스리니라 그의 어머니의 이름은 여골리아요 예루살렘 사람이더라.

웃시야가 왕이 될 때에 나이가 16세였다. 그는 예루살렘에서 52년 동안 다스렸다. 그의 어머니 여골리아는 예루살렘 태생이었다.

웃시야의 통치기간은 얼핏 보기에는 아주 길어 보이나 통치기간 중 24년은 그의 아비 아마샤의 섭정이었으니 그가 친히 통치한 기간은 28년이 되고, 그것도 그의 마지막 부분은 그가 한센 병에 걸려 아들 요담이 섭정을 했으니 그의 실제 통치 기간은 아주 짧은 것이다. 웃시야의 모친 "여골리아"(Jecoliah)는 '여호와가 강하게 하신다'는 뜻이다.

대하 26:4. 웃시야가 그의 아버지 아마샤의 모든 행위대로 여호와 보시기에 정직하게 행하며(וַיַּעַשׂ הַיָּשָׁר בְּעֵינֵי יְהוָה כְּכֹל אֲשֶׁר־עָשָׂה אֲמַצְיָהוּ אָבִיו).

웃시야는 자기의 아버지 아마샤가 한 모든 일을 본받아서 주님께서 보시기에 정직하게 행했다. 본 절의 "정직하게 행했다"는 말은 '옳은 것을 행했다'는 뜻이다. 다시 말해 '옳게 행했다'는 뜻이다. 병행구인 왕하 15:3-4에는 "아사랴(웃시야)[393])가 그의 아버지 아마샤의 모든 행위대로 여호와 보시기에

393) 웃시야는 이름이 둘이었다. 본 절에는 "웃시야"('여호와가 내 힘'이라는 뜻)라는 이름으로 되어 있고, 왕하 14:21에는 "아사랴"('여호와께서 도우셨다'는 뜻)로 되어 있다. 두 이름의

정직히 행하였으나 오직 산당은 제거하지 아니하였으므로 백성이 여전히 그 산당에서 제사를 드리며 분향하였다"고 진술하고 있다. 그러니까 웃시야가 정직하게 행한 것(옳게 행한 것)은 "그의 아버지 아마샤의 모든 행위대로 여호와 보시기에 정직하게 행한 것"이지 그의 조상 "다윗처럼" 정직하지 않았다는 것을 드러낸다(25:2 주해 참조). 웃시야가 산당까지 제거했더라면 백성들이 산당에서 제사를 드린다든지 분향한다든지 하는 일은 없었을 것이다. 오늘 우리도 어느 정도 정직하게 행해야 할는지 목표를 가지고 전진해야 할 것이다. 우리 선조들 중 어느 인물을 목표하고 살아야 할 것인지 예수님을 목표하고 살아야 할 것인지 결정하고 달려가야 할 것이다(빌 3:14). 본서 저자 에스라는 웃시야의 정직함(옳음)이 다윗 정도는 되지 못하고 그의 아버지 아마샤의 정도로 정직했다고 드러낸다. 다시 말해 왕위에 올라서는 옳게 행했으나 통치의 후반기에는 악을 행한 점에서 아마샤나 웃시야 왕이나 비슷했다(16-21절).

대하 26:5. 하나님의 묵시를 밝히 아는 스가랴가 사는 날에 하나님을 찾았고 그가 여호와를 찾을 동안에는 하나님이 형통하게 하셨더라.

웃시야 곁에는 하나님을 경외하도록 가르쳐 주는 스가랴가 있었는데, 스가랴가 살아 있는 동안 웃시야는 하나님의 뜻을 찾았다. 그가 주님의 뜻을 찾는 동안에는 하나님께서 그가 하는 일마다 잘 되게 하여 주셨다.

여기 "묵시"(בִּרְאֹת)란 말은 '하나님을 두려워하게 하는 교훈'이란 뜻이다. 그리고 "스가랴"에 대해서는 본 절 이외에 달리 알려주는 정보가 없다. 그런고로 스가랴는 웃시야의 조언자였음을 알 수가 있고, "하나님을 두려워하는 교훈을 주는 예언자"라고 할 수가 있다(K.&D.). 웃시야는 하나님을 두려워하게 하는 교훈을 아는 스가랴가 사는 날에는 하나님을 찾았고 또 웃시야가 여호와를 찾을 동안에는 하나님이 형통하게 하셨다고 그의 형통한

내용이 비슷하다.

날을 한정했으니 오늘 우리는 어느 기한만 하나님을 찾을 것도 아니고 어느 기한만 형통하게 살 것도 아니다. 우리에게는 부활하신 그리스도께서 계시니 매일 그리스도와 동행해서 매일 형통한 삶을 살아야 할 것이다.

2. 웃시야의 공적 26:6-15

하나님의 묵시를 아는 스가랴가 살아 있는 동안 웃시야는 스가랴의 교훈을 받아 좋은 공적을 남겼다. 웃시야는 블레셋 사람들, 아라비아 사람들, 마온 사람 등을 정복하는 공적을 세웠고 또 나라 안의 군비를 견고하게 해놓았으며, 또 가축을 많이 길렀으며 농사에도 눈을 돌려 진흥시켰다.

대하 26:6. 웃시야가 나가서 블레셋 사람들과 싸우고 가드 성벽과 야브네 성벽과 아스돗 성벽을 헐고 아스돗 땅과 블레셋 사람들 가운데에 성읍들을 건축하매.

웃시야가 전쟁을 일으켜 블레셋 사람들과 싸우고, 가드 성벽과 야브네 성벽과 아스돗 성벽을 헐고, 아스돗 땅과 블레셋 지역 안에 유다의 성읍들을 세웠다.

블레셋 민족은 이스라엘의 최대의 숙적이었으므로 웃시야는 먼저 그들과 싸워 승리했다. 그리고 웃시야는 세 성읍(가드, 야브네, 아스돗)을 쳐서 그 성벽들을 헐어버렸다. 이 세 성읍 중 가드(삼상 6:17)와 아스돗(행 8:40)은 블레셋의 5대 성읍에 속했고, "야브네"는 이곳에만 나타나 더 알기는 어렵다. 다만 수 15:11의 '얍느엘'과 동일 지명일 것으로 추측하는 것밖에 없다 (Curtis). 이 학설이 옳다면 오늘날의 '예브나'(Yebna)일 것이며, 욥바의 남쪽 19.2km 지점에 위치해 있다. 웃시야가 "아스돗 땅과 블레셋 사람들 가운데에 성읍들을 건축한 것"은 블레셋 땅을 완전히 정복했음을 보여주는 것이었다 (K.&D.).

대하 26:7. 하나님이 그를 도우사 블레셋 사람들과 구르바알에 거주하는

아라비아 사람들과 마온 사람들을 치게 하신지라.

그는 하나님의 도움을 받아서 블레셋 사람과 구르바알에 사는 아라비아 사람과 마온 사람을 쳤다. 웃시야는 하나님을 찾는 중에(5절) 하나님의 도우심을 받아 블레셋 사람들과 구르바알에 거주하는 아라비아 사람들과 마온 사람들을 쳤다. 여기 "구르바알"은 '바알이 사는 곳'이란 뜻인데, 아랍인(서북 아라비아에 거했던 '베드윈들')이 거주했던 네겝에 있는 한 성읍으로 웃시야 왕이 하나님의 도움으로 정복한 성읍이다(바이블렉스 8.0). "마온"(Maon)은 유다 성읍이며(수 15:55), 십과 갈멜 근처 유다의 산지에 위치했다. 다윗이 사울을 피하여 이곳에 머물렀으며(삼상 23:24,25), 나발의 집이 이곳에 있었다(삼상 25:2,3).

대하 26:8. 암몬 사람들이 웃시야에게 조공을 바치매 웃시야가 매우 강성하여 이름이 애굽 변방까지 퍼졌더라.

암몬 사람이 웃시야에게 조공을 바쳤다. 웃시야가 매우 강하게 되었으므로, 그의 이름이 저 멀리 애굽 땅에까지 퍼졌다. "암몬"은 요단강의 동편에 위치해 있고, "암몬 사람"은 모압의 동 북편에서 살았던 족속이었다(민 21:24; 신 2:31). 웃시야가 하나님을 찾는 동안 형통하여 암몬 사람들이 웃시야에게 조공을 바쳤으며 또 웃시야가 매우 강성하여 그의 이름이 애굽의 변방(border)까지 파다하게 퍼졌다.

대하 26:9. 웃시야가 예루살렘에서 성 모퉁이 문과 골짜기 문과 성 굽이에 망대를 세워 견고하게 하고.

웃시야는 예루살렘의 '성 모퉁이 문'과 '골짜기 문'과 '성 굽이'에 망대를 세워 그 세 곳을 요새로 만들었다. 웃시야는 주위의 민족들을 정복했을 뿐 아니라, 국내의 예루살렘 성을 견고하게 만들어 놓았다. 웃시야가 예루살렘의 성 모퉁이 문을 튼튼하게 해 놓은 이유는 북 이스라엘 왕 요아스가 예루살렘을 정복했을 때 "예루살렘 성벽을 에브라임 문에서 성 모퉁이 문까지" 헐어버렸기 때문이었다(25:23). 또 "골짜기 문"이란 예루살렘 성의 서쪽 편 '야파'(Jaffa) 문(욥바로 통하는 문)을 지칭하는 것으로 본다(K&D, Robinson, 이상근). 그리고 "성 굽이"란 '성 모퉁이'(the Angle)를 지칭하는데 웃시야는 이곳에 망대를 세워 튼튼하게 했다.

대하 26:10. 또 광야에 망대를 세우고 물웅덩이를 많이 파고 고원과 평지에 가축을 많이 길렀으며 또 여러 산과 좋은 밭에 농부와 포도원을 다스리는 자들을 두었으니 농사를 좋아함이었더라.

본 절에 웃시야가 해 놓은 치적을 4개나 말한다. 첫째, "광야(거친 땅)에 망대를 세웠다"는 것. 망대를 세운 이유는 가축의 약탈자를 감시하고 또 적의 침입도 감시하기 위한 것이었다. 둘째, "광야에 물웅덩이를 많이 팠다"는 것. 가뭄을 대비하여 물을 저축하기 위해 물웅덩이를 많이 팠다. 셋째, "고원과 평지에 가축을 많이 길렀다"는 것. 넷째, "여러 산과 좋은 밭에 농부와 포도원을 다스리는 자들을 두었다"는 것이었다. 이는 그가 농사를 좋아했기 때문이었다. 이 모든 일들은 웃시야가 내치를 훌륭하게 잘 한 것을 보여준다.

대하 26:11. 웃시야에게 또 싸우는 군사가 있으니 서기관 여이엘과 병영장 마아세야가 직접 조사한 수효대로 왕의 지휘관 하나냐의 휘하에 속하여 떼를 지어 나가서 싸우는 자라.

본 절은 웃시야의 국방을 위한 부대편성이 어떠했느냐를 보여준다. "웃시야에게는 언제든지 나가서 싸울 수 있는 큰 규모의 상비군이 있었다. 여이엘 병적 기록관(표준 새 번역)과 마아세야 병무담당 비서관(표준 새 번역)이 군대를 징집하여 병적에 올렸다. 그리고 이 군인들은 왕의 직속 지휘관 가운데 한 사람인 하나냐의 지휘를 받아 나가서 싸우는 자들"이었다.

"하나냐"는 군대의 장(長)이었다. 그의 수하에 병적 기록관 여이엘과 병무 담당 마아세야가 그를 도왔다. "병영장"(הַשּׁוֹטֵר)은 '관리'라는 뜻인데 군대 내의 제반 사무를 맡았을 것으로 보인다. "떼를 지어"란 '부대를 편성하여'(오늘날의 대대, 연대, 사단 등으로 편성하여)라는 뜻이다.

대하 26:12-13. 족장의 총수가 이천육백 명이니 모두 큰 용사요 그의 휘하의 군대가 삼십만 칠천오백 명이라 건장하고 싸움에 능하여 왕을 도와 적을 치는 자이며.

장교의 총수가 2,600 명이 있었는데 모두 큰 용사였다. 그들의 밑에도 왕의 명령이 떨어지면 언제라도 대적과 싸워 이길 수 있는 307,500 명의 군인들이 있었다. 이 군인들은 건장하고 싸움에 능하여 왕을 도와 적을 치는 자들이었다.

대하 26:14. 웃시야가 그의 온 군대를 위하여 방패와 창과 투구와 갑옷과 활과 물매 돌을 준비하고.

웃시야 왕은 유다 나라의 온 군대를 위하여 방패와 창과 투구와 갑옷과 활과 물매 돌을 준비했다. 방패, 투구, 갑옷 등은 방어용이었고, 창, 활, 물매 돌 등은 공격용이었다(삿 20:16; 삼상 17:49).

대하 26:15. 또 예루살렘에서 재주 있는 사람들에게 무기를 고안하게 하여 망대와 성곽 위에 두어 화살과 큰 돌을 쏘고 던지게 하였으니 그의 이름이 멀리 퍼짐은 기이한 도우심을 얻어 강성하여짐이었더라.

웃시야 왕은 이미 있는 전쟁무기(방어용, 공격용) 이외에도 예루살렘에서 재주 있는 사람들에게 새로운 무기를 개발하게 하여 망대와 성곽 위에 그 무기들을 두어 화살과 큰 돌을 쏘고 던지게 했다. 그래서 그의 이름이 멀리 퍼졌다. 아무튼 하나님으로부터 신기한 도우심을 얻어 국력이 점점 강성하여져 갔다. 그가 하나님을 찾는 동안에는 군사적으로도 점점 강해졌다.

3. 웃시야가 나병에 걸려 최후를 맞이하다 26:16-23

웃시야가 하나님을 찾는 동안 하나님의 도우심으로 점점 모든 면에서 형통하다가 결국 교만해져서 제사장만이 할 수 있는 분향하는 일에까지 손을 대게 되어 한센 병에 걸려 죽을 때까지 별궁에서 지내게 되었고 그 동안에는 아들 요담이 섭정을 했다.

대하 26:16. 그가 강성하여지매 그의 마음이 교만하여 악을 행하여 그의 하나님 여호와께 범죄하되 곧 여호와의 성전에 들어가서 향단에 분향하려 한지라.

웃시야 왕이 힘이 세어지면서 그의 마음이 교만하게 되더니, 드디어 악한 일을 저지르고 말았다. 즉, 하나님 여호와의 성전 안에 들어가서 분향단에 분향을 하려고 했다. 이것은 여호와 하나님께 죄를 짓는 일이었다. 사람이 힘이 세어지거나 높아지면 잘 못하면 교만해지기 쉬운 것이니 아주 조심해야 할 것이다. 우리가 아무리 조심을 한다고 해도 우리의 한계를 넘는 일은 쉽지 않은 일이다. 그런고로 우리는 우리가 힘이 세어지거나 높아지게 되면 우리는 그렇게 만들어 주신 하나님께 무한 감사하고 우리는 죄인들이니 죄인의 괴수로 남아 있어야 한다(딤전 1:15).

본 절의 "악을 행하니"란 말은 바로 다음에 나오는 말을 가리키는 것이다. 다시 말해 웃시야가 "그의 하나님 여호와께 범죄하되 곧 여호와의 성전에 들어가서 향단에 분향하려 한 것"을 지칭한다. 제사장만이 할 수 있는 분향을 왕이 하려한 것은 악을 행하는 일이었다.

대하 26:17. 제사장 아사랴가 여호와의 용맹한 제사장 팔십 명을 데리고 그의 뒤를 따라 들어가서.

제사장 아사랴(Azariah, '여호와께서 도우신다'는 뜻)가 용감하고 힘이 센 주님의 제사장 팔십 명을 데리고 왕의 뒤를 따라 들어갔다. "제사장 아사랴"라는 말은 20절에 의거하여 대제사장이었음을 알 수 있다. 대제사장 아사랴는 용맹한 제사장 80명을 데리고 아사랴의 뒤를 따라가서 왕의 월권을 막으려고 들어간 것이다. 본 절의 "용맹한"(חַיִל)이란 말은 '신실한 자', '세력 있는 자'를 뜻한다. 대제사장 아사랴는 제사장 중 대표자들을 대동하여 웃시야 왕의 월권을 막으려 그의 뒤를 따라 들어간 것이었다.

대하 26:18. 웃시야 왕 곁에 서서 그에게 이르되 웃시야여 여호와께 분향하는 일은 왕이 할 바가 아니요 오직 분향하기 위하여 구별함을 받은 아론의 자손 제사장들이 할 바니 성소에서 나가소서 왕이 범죄하였으니 하나님 여호와에게서 영광을 얻지 못하리이다.

아사랴가 웃시야 왕의 뒤를 따라 들어가서(앞 절) 웃시야 왕의 행위를 말렸다. 제사장들이 외쳤다. "웃시야 임금님께서는 들으십시오. 여호와께 분향하는 일은 왕이 할 일이 아닙니다. 분향하는 일은 이 직무를 수행하도록 거룩하게 구별된 제사장들, 곧 아론의 혈통을 이어받은 제사장들만이 할 수 있는 일입니다. 이 거룩한 곳에서 어서 물러나시기 바랍니다. 왕이 범죄하였으니 여호와 하나님께 높임을 받지 못할 것입니다"라고 했다.

본 절의 "하나님 여호와에게서 영광을 얻지 못하리이다"란 말은 '웃시야 왕이 하나님 여호와에게서 높임(인정)을 받지 못할 것입니다'라는 뜻이다. 오늘 누구든지 하나님을 높일 때 하나님의 인정과 높임을 받을 수 있는 것이다.

대하 26:19. 웃시야가 손으로 향로를 잡고 분향하려 하다가 화를 내니 그가 제사장에게 화를 낼 때에 여호와의 전 안 향단 곁 제사장들 앞에서 그의 이마에 나병이 생긴지라.

웃시야는 성전 안 분향 단 옆에 서서 향로를 들고 막 분향하려 하다가 이 말을 듣고 화를 냈다. 그가 제사장들에게 화를 낼 때에 여호와의 성전 안 향단 곁 제사장들 앞에서 그의 이마에 나병이 생겼다. 본 절의 "손으로 향로를 잡고"(וּבְיָדוֹ מִקְטֶרֶת)란 말은 웃시야가 '화를 내면서 손에 향로를 잡고 있는 상황'을 강조한다. 이 말은 웃시야가 교만으로 인해 자신의 모습을 돌아보지도 못하고 더욱 죄악 된 모습으로 빠져 들고 있는 것을 보여주는 것이다. 또 한편 "화를 내니"(וַיִּזְעַף)란 말은 본 절에 두 번(화를 내니, 화를 낼 때에)이나 나타나 경고를 들은 웃시야의 잘못된 반응을 강조해서 나타내고 있다. 본 절의 의미를 상고할 때에 웃시야는 나병이 그가 화를 낼 때에 발생했다는 것을 강조한다. 웃시야는 성전에 들어가 분향하려고 할 때에 나병이 생긴 것이 아니라 끝까지 그가 악한 마음으로 화를 낼 때에 하나님께서 웃시야를 심판하셨다는 것을 드러내고 있다. 따라서 본 구절은 하나님께서 마지막 순간까지 참고 기다리셨다는 것을 보여준다.

웃시야처럼 징계를 받은 사람은 나답과 아비후(출 6:23; 레 10:1,2), 고라 자손들(민 16:1-3,28-35), 웃사(삼하 6:6,7) 등이 있다.

대하 26:20. 대제사장 아사랴와 모든 제사장이 왕의 이마에 나병이 생겼음을 보고 성전에서 급히 쫓아내고 여호와께서 치시므로 왕도 속히 나가니라.

아사랴 대제사장과 다른 제사장들이 그를 살펴보고 그의 이마에 나병이 생긴 것을 확인하고, 그를 즉시 성전에서 쫓아냈다. 주님께서 웃시야를 재앙으로 치셨으므로 그는 급히 나갔다. 웃시야의 이마에 나병이 발생한 것을 본 대제사장과 제사장들은 급히 왕을 성전에서 쫓아냈다. 그리고 왕도 자기의 이마에 나병이 생겼음을 보고 속히 성전에서 나갔다. 교만하던 웃시야는 하나님의 심판을 확인한 다음 그도 별수 없이 꺾이고 말았다.

대하 26:21. 웃시야 왕이 죽는 날까지 나병환자가 되었고 나병환자가 되매 여호와의 전에서 끊어져 별궁에 살았으므로 그의 아들 요담이 왕궁을 관리하며 백성을 다스렸더라.

본 절은 웃시야 왕이 교만하여 성전에 들어가 분향하는 중 만류하는 제사장들에게 화를 내다가 나병이 든 이후에 생겨진 네 가지 현상을 드러내고 있다. 첫째, 웃시야 왕이 죽는 날까지 나병환자인 채 살았다는 것, 둘째,

여호와의 성전에 올라가지 못했고, 셋째, 별궁에서 살았다는 것, 넷째, 자기가 친히 나라를 통치하지 못했고 아들 요담이 왕궁을 관리하며 백성을 다스렸다는 것을 진술한다. 교만한 것, 그리고 화를 낸다는 것은 본인 자신에게 큰 불행을 불러온다는 것을 보여준다.

대하 26:22. 웃시야의 남은 시종 행적은 아모스의 아들 선지자 이사야가 기록하였더라.

웃시야의 통치 기간에 있었던 다른 사건들은 초기의 것에서부터 후대의 것에 이르기까지(24:27; 25:26 참조) 아모스의 아들 예언자 이사야가 기록하여 두었다. 본 절의 이사야는 대선지서를 남긴 이사야(사 1:1; 6:1)이다. 이사야가 웃시야의 남은 행적을 기록해 두었다는 것이다.

대하 26:23. 웃시야가 그의 조상들과 함께 누우매 그는 나병환자라 하여 왕들의 묘실에 접한 땅 곧 그의 조상들의 곁에 장사하니라 그의 아들 요담이 대신하여 왕이 되니라.

웃시야는 나병환자로 살다가 죽었기 때문에 왕들이 묻히는 묘실에 매장되지 못하고 왕실 묘지에 접한 땅 곧 그의 조상들의 곁에 매장되었다. 그가 죽은 후 그의 아들 요담이 왕위에 올라 나라를 다스렸다.

제 27 장

K. 요담의 역사 27:1-9(왕하 15:32-38)

요담의 역사는 본장에 아주 짧게 진술된다. 요담은 남 왕국의 제 11대 왕으로 대체로 그의 아버지 웃시아와 같은 길을 걸은 선한 왕으로 분류된다. 그는 유다의 성읍들을 건축했고, 주위의 국가로부터 조공을 받았으며, 16년을 통치했다.

대하 27:1. 요담이 왕위에 오를 때에 나이가 이십오 세라 예루살렘에서 십육 년 동안 다스리니라 그의 어머니의 이름은 여루사요 사독의 딸이더라.

요담이 왕위에 즉위할 때에 그는 25세였다. 그는 예루살렘에서 16년 동안 다스렸다. 그의 어머니 여루사는 사독의 딸(후손)이었다.

"요담"('여호와께서 완전하시다'는 뜻)은 유다의 제 11대 왕이며, 북 왕국의 연대로 계산하면 베가 왕(B.C. 740-732) 2년에 즉위하여 16년간(B.C. 750-731)을 통치한 것으로 추정한다. 이렇게 그의 통치 기간을 추정하는 이유는 요담이 자기 아버지 웃시야가 나병에 걸려 어느 기간 동안 섭정왕으로 통치했고, 또 그 자신의 만년에도 그 아들 아하스가 섭정하였기 때문이다.

요담은 유다 산중에 성읍들과 진영들과 망대를 건축했고, 또 암몬 자손을 정복하여 조공을 받았다. 그의 어머니 "여루사"('기업을 가진 자'라는 뜻)는 사독의 딸이었다. 여기 "사독"은 다윗 시대의 대제사장이었다(Curtis).

대하 27:2. 요담이 그의 아버지 웃시야의 모든 행위대로 여호와 보시기에 정직하게 행하였으나 여호와의 성전에는 들어가지 아니하였고 백성은 여전

히 부패하였더라.

그는 아버지 웃시야가 한 행위를 그대로 본받아서 여호와 보시기에 정직하게 행했다. "정직하게 행했다"는 말은 '올바른 일을 했다'는 뜻이다. 요담은 그의 아버지와는 달리 여호와의 성전에는 들어가지 않았는데, 그러나 백성은 계속하여 악한 일을 저질렀다. "백성이 악한 일을 저질렀다"는 말은 병행구인 왕하 15:35에 해석이 있다. 즉, 그가 "산당만은 제거하지 않아서 백성들이 여전히 산당에서 제사를 지내고 분향을 하였다"고 진술되어 있다. 산당을 제거하지 않았기에 아주 선한 왕으로 분류되지는 못하고 대체로 선한 왕으로 분류될 수밖에 없다. 그는 다윗 같은 왕은 되지 못했고 그의 아버지 웃시야 정도의 왕이었다.

대하 27:3. 그가 여호와의 전 윗문을 건축하고 또 오벨 성벽을 많이 증축하고.

요담은 여호와의 성전 윗문('북쪽 문'-성전 마당의 북편 성벽에 있는 문)을 만들어 세웠고 '오벨 성벽'도 더 연장하여 쌓았다.

"북쪽 문", 즉 '성전 마당의 북편 성벽에 있는 문'은 23:20에 묘사된 것을 보면 왕궁에서 성전 바깥뜰로 통할 때 사용했다. 그런데 이 문은 아마샤 왕 때 헐린 것으로 보인다. 북 이스라엘 왕 요아스와 전쟁하던 아마샤가 사로잡히고, 예루살렘 성벽이 '에브라임 문에서부터 성 모퉁이 문까지 400규빗이 헐렸는데, 이 때에 윗문도 헐렸을 것이다(25:23; 왕하 14:13). 그리고 이때에 무너진 성벽은 요담의 부친 웃시야에 의해 거의 보수되었고(26:9), 요담이 그의 부친 웃시야를 이어 받아 공사를 계속했을 것으로 보인다(본 절).

"오벨성"이란 말은 '언덕', '낮은 산'이라는 뜻인데 성전이 있는 예루살렘의 모리아산(3:1) 남쪽 경사지를 지칭한다(33:14; 느 3:26,27; 11:21). 예루살렘성의 동남쪽 동편의 "기드론 시내"와 서편의 "티로페온"(Tyropoeon) 사이에 있다(Barker). 요담은 오벨 성벽을 요새화 하려고 많이 증축했다.

대하 27:4. 유다 산중에 성읍들을 건축하며 수풀 가운데에 견고한 진영들과 망대를 건축하고.

요담은 유다의 산간지방에 성읍들을 건축하고 산림지역에는 요새를 만들고 망대를 세웠다. 이 모든 것들은 적들을 막기 위한 것들이었다. "진영들"은 '병영들'로서 군인들이 주둔하여 국토방위를 하는 시설이었다. "망대"는 적의 침입이나 동태를 감시하는 시설이었다. 하나님께서 함께 하시는 중에도 이런 시설들을 건축하는 일은 바람직한 일일 것이다.

대하 27:5. 암몬 자손의 왕과 더불어 싸워 그들을 이겼더니 그 해에 암몬 자손이 은 백 달란트와 밀 만 고르와 보리 만 고르를 바쳤고 제 이년과 제 삼년에도 암몬 자손이 그와 같이 바쳤더라.

위의 3-4절의 공적은 내치에 속하는 일이었는데, 본 절은 암몬과 전쟁하여 승리함으로 조공을 받은 것을 보여주고 있다. 즉, "더욱이 그는 암몬 자손의 왕들과 싸워서 이겼다. 그 해에 암몬 자손은 은 100 달란트(3톤과 427kg)와, 밀 10,000 석(2,300kl)과 보리 10,000 석을 조공으로 바쳤고, 그 다음 해에도 또 삼 년째 되는 해에도, 암몬 자손은 같은 양으로 조공을 바쳤다". 암몬은 웃시야 왕 때 유다에 조공을 바쳤으나(26:8) 웃시야 왕이 죽자 반기를 들고 조공을 바치지 않았으므로 요담이 암몬 족속을 쳐서 항복받고 다시 조공을 받았다(K.&D., Barker).

대하 27:6. 요담이 그의 하나님 여호와 앞에서 바른 길을 걸었으므로 점점 강하여졌더라.

본 절은 요담이 행한 일의 결론을 진술한다. 즉, 요담은 여호와 그의 하나님 앞에서 바른 길(여호와 신앙을 가지고, 율법을 준수하는 삶)을 걸으며 살았으므로 점점 강하여졌다.

대하 27:7. 요담의 남은 사적과 그의 모든 전쟁과 행위는 이스라엘과 유다

열왕기에 기록되니라.

요담이 통치하던 기간에 생긴 다른 사건들과 그가 전쟁에 나가 싸운 일과 그의 행적들은 이스라엘과 유다의 열왕기에 기록되어 있다는 내용이다. 24:27; 25:26 주해 참조.

대하 27:8. 요담이 왕위에 오를 때에 나이가 이십오 세요 예루살렘에서 다스린 지 십육 년이라.

본 절의 진술은 1절의 반복이다. 그의 통치기간은 16년(B.C. 747-731)이었지만 그의 부친 웃시야와 공동통치한 기간(B.C. 747-739)을 빼고, 또 그의 아들 아하스가 그의 섭정왕으로 함께 통치했으므로(B.C. 735-731) 그가 단독으로 통치한 기간은 짧았다. 아주 짧은 기간을 통치했는데도 그의 업적이 많았다.

대하 27:9. 그가 그의 조상들과 함께 누우매 다윗 성에 장사되고 그의 아들 아하스가 대신하여 왕이 되니라.

요담이 그의 조상들과 함께 잠드니 다윗 성에 장사하였다. 그의 아들 아하스가 그의 뒤를 이어 왕이 되었다. 9:31; 12:16; 14:1; 21:1 주해 참조.

제 28 장

L. 아하스의 역사 28:1-27

요담의 아들 아하스는 남 왕조 제 12대 왕으로 아주 악한 왕으로 분류된다. 이 부분(1-27절)의 내용은 아하스가 악정(惡政)을 베푼 일(1-7절), 유다의 포로를 돌려받은 일(8-15절), 아하스가 앗수르를 의지하고 죽은 일(16-27절) 등이 진술된다.

1. 아하스가 악정(惡政)을 베풀다 28:1-7(왕하 16:1-5)

아하스 왕이 행한 일은 전부가 악정밖에 없다고 해도 과언은 아니다. 그는 나라를 통치하는 동안 계속해서 우상숭배를 했고 실책만 했다. 이 부분(1-7절)은 악정으로 시작했다는 것(1-4절)과 그 결과로 아람 나라와 북쪽 이스라엘 연합군의 침입을 받았다는 것을 말한다(5-7절).

대하 28:1. 아하스가 왕위에 오를 때에 나이가 이십 세라 예루살렘에서 십육 년 동안 다스렸으나 그의 조상 다윗과 같지 아니하여 여호와 보시기에 정직하게 행하지 아니하고.

아하스가 왕이 되었을 때에 그는 20세였다. 그는 예루살렘에서 16년 동안 다스렸다. 그러나 그는 여호와께서 보시기에 올바른 일을 하지 않았다. 그는 그의 조상 다윗이 한 대로 하지 않았다. 아하스는 남 왕국 유다의 제 12대 왕이었고, 북 왕국의 연대로 계산하면 베가 왕(B.C. 740-731) 17년에 즉위하여 16년간 통치했다. 그의 통치연대는 B.C. 736-716년으로 추정한다. 처음 4년은 그의 아버지를 도와 섭정으로 통치했다. 그는 20세에 즉위하여 16년을 통치했으니 그의 수명은 36세였고, 그 때에 히스기야가 25세의 나이로 즉위했으니(29:1) 아하스가 11세 되던 해에 히스기야를 낳았다는 말이 되어 부자연스럽다. 이 문제를 해결하기 위해 두 가지 견해가 나타났다. 1) "20세"라는 번역을 "25세"라는 나이로 번역해야 한다는 견해가 있다(LXX). 2) 아하스가 섭정을 시작할 때가 20세였고, 그가 죽을 때는 40세였다는 견해(Hobbs). 2번의 견해가 바람직하다.

본 절의 "그의 조상 다윗과 같지 아니했다"는 말은 '아하스가 악했다'는 것을 뜻한다. 그는 우상숭배자였고 실책으로 일관한 사람이었다. 오늘 우리는 다윗과 같은 신앙을 가지고 살아야 할 것이다.

대하 28:2. 이스라엘 왕들의 길로 행하여 바알들의 우상을 부어 만들고.

오히려 아하스는 이스라엘의 왕들이 걸어간 길을 걸어갔고 심지어 바알의 신상들을 부어 만들기도 했다. 여기 "이스라엘 왕들의 길"이란 '여로보암이 걸어간 길'을 지칭한다(왕상 12:28-33 주해 참조). 이유는 이스라엘의 왕들은 대체적으로 여로보암의 행위를 따라 우상숭배를 했기 때문이다(왕상 15:26,30; 16:11; 왕하 3:3; 10:9). 아하스는 그의 조상 다윗의 길로 가지 않고 북 왕국 여로보암의 길을 따른 것이다. 다시 말해 바알숭배를 했고 악정을 했다.

대하 28:3 또 힌놈의 아들 골짜기에서 분향하고 여호와께서 이스라엘 자손 앞에서 쫓아내신 이방 사람들의 가증한 일을 본받아 그의 자녀들을 불사르고.

본 절은 아하스가 몰록(Moloch) 신에게 아들을 불태워 바쳤다는 것을 말한다. 즉, '힌놈의 아들 골짜기'에서 분향을 했고 여호와께서 이스라엘 자손이 보는 앞에서 쫓아내신 이방 민족들의 역겨운 풍속을 본받아 자기 아들을 불에 태워 제물로 바쳤다. 아하스는 실제로 아들을 불살라 바쳤다(K.&D., Baehr). 본 절의 "힌놈의 아들 골짜기"는 '예루살렘의 서남편의 골짜기'를 지칭하는 말로 솔로몬은 이곳에 몰록의 신당을 세웠고(왕상 11:7), 아하스는 이곳에서 실제로 자녀를 불태워 몰록 신에게 바쳤다(왕하

18:3). 이 몰록 신 숭배는 우상숭배 중에서도 가장 가증된 것으로 율법에 강하게 금지되어 있었다(레 18:21; 20:1-5). 아하스는 그 누구보다도 몰록 신 숭배에 가장 앞장섰다. 이런 점에서 아하스는 북 왕국 왕들 중에서 가장 악한 왕이었다.

대하 28:4. 또 산당과 작은 산 위와 모든 푸른 나무 아래에서 제사를 드리며 분향하니라.

아하스는 직접 산당과 언덕과 모든 푸른 나무 아래에서 제물을 잡아 이방 신에게 제사를 지내고 분향하였다. 아하스는 우상숭배에 열심을 다하여 여러 곳(산당, 작은 산 위, 모든 푸른 나무 아래)에서 제단을 쌓아 우상을 섬겼고, 예루살렘 성전을 더럽히기까지 했다(24절).

대하 28:5. 그러므로 그의 하나님 여호와께서 그를 아람 왕의 손에 넘기시매 그들이 쳐서 심히 많은 무리를 사로잡아 다메섹으로 갔으며 또 이스라엘 왕의 손에 넘기시매 그가 쳐서 크게 살육하였으니.

본 절부터 7절까지는 아하스의 우상숭배의 결과가 나타나고 있다. 그는 비참한 재앙을 당한 것이다. 즉, "그러므로 여호와 하나님께서 그를 아람 왕의 손에 넘기시니 아람 왕이 그를 쳐서 그의 군대를 많이 사로잡아 다메섹(다마스쿠스)으로 이끌고 갔다. 또 여호와께서 그를 이스라엘 왕의 손에 넘기시니 이스라엘 왕이 그를 크게 쳐서 수많은 사람들을 죽였다".

대하 28:6. 이는 그의 조상들의 하나님 여호와를 버렸음이라 르말랴의 아들 베가가 유다에서 하루 동안에 용사 십이만 명을 죽였으며.

본 절도 역시 아하스의 우상숭배의 결과를 드러내고 있다. 즉, "이스라엘의 르말리야의 아들 베가 왕이 유다에서 하루 동안에 용사들을 12만 명이나 죽였다. 이는 유다 사람들이 조상의 주 하나님을 버렸기 때문이었다.

대하 28:7. 에브라임의 용사 시그리는 왕의 아들 마아세야와 궁내대신 아스리감과 총리대신 엘가나를 죽였더라.

본 절은 아하스가 당한 재앙 중 구체적인 예를 보인다. 즉, "에브라임(이스라엘)의 용사 시그리('기억하다'라는 뜻)가 마아세야('여호와의 일'이라는 뜻) 왕자와 아스리감(아하스 왕의 궁내대신) 궁내대신과 엘가나('하나님께서 시기하신다'는 뜻) 총리대신을 죽였다". 아하스의 우상숭배로 인해 나라의 유력한 관리들까지 죽임을 당했다.

2. 유다의 포로를 돌려받다 28:8-15

아하스의 우상숭배는 이스라엘 군의 침입을 불러와서 유다 백성 12만 명을 죽였고 드디어 20만 명의 포로를 사마리아로 끌고 갔을 때 여호와의 선지자가 책망하여 다시 고국 유다로 돌려보낸다.

대하 28:8. 이스라엘 자손이 그들의 형제 중에서 그들의 아내와 자녀를 합하여 이십만 명을 사로잡고 그들의 재물을 많이 노략하여 사마리아로 가져가니.

이스라엘 군대는 그들의 동족 형제 중에서 유다 사람들을 아내들과 아이들까지 합쳐 무려 20만 명이나 사로잡고 물건도 많이 노략하여 사마리아로 가져갔다. 유다 군은 거의 전멸을 당한 것이나 다름없었다. 하나님을 버리고 우상을 섬긴 죄는 이렇게 큰 결과를 가져왔다.

대하 28:9-10. 그 곳에 여호와의 선지자가 있는데 이름은 오뎃이라 그가 사마리아로 돌아오는 군대를 영접하고 그들에게 이르되 너희 조상의 하나님 여호와께서 유다에게 진노하셨으므로 너희 손에 넘기셨거늘 너희의 노기가 충천하여 살육하고 이제 너희가 또 유다와 예루살렘 백성들을 압제하여 노예로 삼고자 생각하는도다 그러나 너희는 너희의 하나님 여호와께 범죄함이 없느냐.

이스라엘 군대가 20만 명의 유다 사람을 사로잡고 물건도 노략하여 사마리아로 갔을 때 하나님은 선지자 오뎃(이 오뎃은 아사에게 예언한 오뎃-15:8-과는 다른 오뎃일 것이다)에게 명령하여 유다 사람들을 다시 본국으로 돌려보내라고 하신다. 하나님은 오뎃을 통하여 이스라엘 군대를 향하여 "너희 조상의 하나님 여호와께서 유다에게 진노하셨으므로 너희 손에 넘기셨거늘 너희의 노기가 충천하여 살육했구나"(이상 9절), 그런데 이스라엘 군대가 여기서 멈추지 않고, "너희가 또 유다와 예루살렘 백성들을 압제하여 노예로 삼고자 생각하는도다. 그러나 너희는 너희의 하나님 여호와께 범죄함이 없느냐"고 책망한다(이상 10절). 이스라엘 군대가 하나님을 대신하여 유다를 심판하는데 있어 너무 지나치게 행한 것(12만 명의 사람들을 죽인데다가 유다와 예루살렘 사람들을 노예로 삼고자 사로잡아온 것)은 지나친 행위라는 것이었다. 이스라엘 군대도 하나님 여호와 앞에 범죄한 것이 있는데 유다 사람들의 죄를 너무 지나치게 심판해서는 안 된다는 것이었다. 모세 율법에는 동족을 노예로 삼는 것을 금지하고 있다(레 25:46).

대하 28:11. 그런즉 너희는 내 말을 듣고 너희의 형제들 중에서 사로잡아 온 포로를 놓아 돌아가게 하라 여호와의 진노가 너희에게 임박하였느니라 한지라.

선지자 오뎃은 본 절에서도 계속해서 말한다. 즉, "그런즉 당신들은 이제 내가 하는 말을 들으시오. 당신들이 잡아 온 이 포로들은 바로 당신들의 형제자매이니 곧 풀어 주어 돌아가게 하시오. 그렇게 하지 않으면 여호와께서 진노하셔서 당장 당신들을 벌하실 것이오"라고 한다. 오뎃은 아마도 앗수르의 이스라엘 침략을 염두에 두고 하는 말일 것으로 보인다. 죄를 지은 인간들은 남에 대하여 지나치게 심판자의 위치에 서서는 안 될 것이다.

대하 28:12. 에브라임 자손의 우두머리 몇 사람 곧 요하난의 아들 아사랴와 무실레못의 아들 베레갸와 살룸의 아들 여히스기야와 하들래의 아들 아마사가 일어나서 전장에서 돌아오는 자들을 막으며.

오뎃의 말을 듣고 에브라임(북쪽 이스라엘) 자손의 우두머리 4사람(요하난의 아들 아사랴와 무실레못의 아들 베레갸와 살룸의 아들 여히스기야와 하들래의 아들 아마사)가 일어나서 전장에서 돌아오는 자들(20만 명의 포로들을 노예 삼으려고 데리고 오는 사람들)을 막았다. "아사랴"(Azariah)는 '여호와의 도우심'을 뜻하고, "베레갸"(Berechiah)는 '축복'이라는 뜻이며, "여히스기야"(Jehizkiah)는 '여호와께서 강하게 하신 자'라는 뜻이고, "아마사"(Amasa)는 '용서'라는 뜻이다.

대하 28:13. 그들에게 이르되 너희는 이 포로를 이리로 끌어들이지 못하리라 너희가 행하는 일이 우리를 여호와께 허물이 있게 함이니 우리의 죄와 허물을 더하게 함이로다 우리의 허물이 이미 커서 진노하심이 이스라엘에게 임박하였느니라 하매.

에브라임 자손의 네 사람의 우두머리가 유다 사람들을 노예 삼으려고 데리고 오는 자들에게 이르기를 "너희는 이 포로를 이리로 끌어들이지 못하리라"고 막았다. 막은 이유는 "당신들이 행하는 일이 우리를 여호와께 허물이 있게 함이니 우리의 죄와 허물을 더하게 함이기 때문이라"고 했다. 우리는 우리 교회의 죄와 민족의 죄에 대하여 막을 줄도 알아야 할 것이다. 그렇지 않으면 우리의 죄가 우리를 심판에 이르게 하기 때문이다. 네 사람의 우두머리들은 유다 사람들을 포로로 삼고자 잡아오는 사람들에게 "우리의 허물이 이미 커서 진노하심이 이스라엘에게 임박하였다"고 말한다. 북 이스라엘의 죄가 이미 커서 앗수르의 침략이 임박했으니 더 이상은 죄를 지어서는 안 된다는 주장이었다. 이 네 사람 두목들은 선지자 오뎃의 말에 전적으로 동의해서 이렇게 말한 것이다. 오늘 우리는 하나님의 말씀을 들어서 우리 주위를 개혁해 나가야 할 것이다.

대하 28:14. 이에 무기를 가진 사람들이 포로와 노략한 물건을 방백들과 온 회중 앞에 둔지라.

네 사람의 두목들이 유다 포로들을 돌려보내자고(13절) 설득하니 무장한 군인들이 이 말을 듣고 포로와 전리품을 백성과 지도자들에게 넘겼다. 그들의 처분에 맡긴 것이었다. 선지자 오뎃과 네 사람들의 만류의 말이 먹힌 것이었다. 오뎃과 또 오뎃의 말이 먹히는 것을 보니 북 왕국에도 여호와 신앙이 아직 남아 있었고 또 형제에 대한 사랑이 아직 남아 있는 것을 볼 수 있었다.

대하 28:15. 이 위에 이름이 기록된 자들이 일어나서 포로를 맞고 노략하여 온 것 중에서 옷을 가져다가 벗은 자들에게 입히며 신을 신기며 먹이고 마시게 하며 기름을 바르고 그 약한 자들은 모두 나귀에 태워 데리고 종려나무 성 여리고에 이르러 그의 형제에게 돌려준 후에 사마리아로 돌아갔더라.

사람들이 위의 네 지도자들에게 포로를 돌보아 주도록 임무를 맡기니, 그 네 사람이 전리품을 풀어서, 헐벗은 이들에게 입히고, 맨발로 걸어온 이들에게 신을 신기고, 먹을 것과 마실 것을 가져다주고, 상처를 입은 이들에게 기름을 발라 치료하여 주고, 환자들은 나귀에 태워 모두 종려나무 성 여리고로 데리고 가서 그들의 친척에게 넘겨주고 사마리아로 되돌아왔다.

"종려나무 성"이란 여리고 성에 종려나무가 많아서 이렇게 종려나무 성이라고 불렸다(신 34:3; 삿 1:16; 3:13). "약한 자들을 모두 나귀에 태워 데리고 종려나무 성 여리고에 이르렀다"는 말은 약한 자들이 여리고 성에서 일단 쉬고 집으로 돌아가도록 배려한 처사였다. 당시 여리고 성은 북 왕국에 속했던 성읍이었다.

3. 아하스가 앗수르를 의지하고 죽다 28:16-27(왕하 16:7-9)

아하스는 나라 안의 무슨 어려움을 당할 때 여호와 하나님을 의지하지 않고 앗수르를 의지하여 아무 유익도 못 받은 채 그냥 끝까지 하나님을 멀리 떠나 살다가 죽었다.

대하 28:16. 그 때에 아하스 왕이 앗수르 왕에게 사람을 보내어 도와주기를

구하였으니.

본 절 초두의 "그 때에"란 말이 구체적으로 어느 때를 지칭하는지 역대기 저자와 열왕기 저자의 진술이 다르다. 먼저 역대기 저자는 "유다 왕 아하스가 앗수르 왕에게 사신을 보내어 도움을 구한 것이 에돔 사람들이 다시 와서 유다를 치고 백성들을 사로잡아 가고(17절), 또 블레셋 사람들도 유다의 평지와 남방 성읍들을 침노한 때"(18절)라고 표기하였고, 다음으로 열왕기(왕하 16:5이하) 저자는 "이 때에 아람의 왕 르신과 이스라엘의 왕 르말랴의 아들 베가가 예루살렘에 올라와서 싸우려 하여 아하스를 에워쌌으나 능히 이기지 못하니라. 당시에 아람의 왕 르신이 엘랏을 회복하여 아람에 돌리고 유다 사람을 엘랏에서 쫓아내었고 아람 사람이 엘랏에 이르러 거기에 거주하여 오늘까지 이르렀더라. 아하스가 앗수르 왕 디글랏 빌레셀에게 사자를 보내 이르되 나는 왕의 신복이요 왕의 아들이라 이제 아람 왕과 이스라엘 왕이 나를 치니 청하건대 올라와 그 손에서 나를 구원하소서"라고 구원을 요청했다고 했으니 아하스 왕이 어느 때에 앗수르 왕에게 도움을 요청했다고 보아야 하는가.

그러니까 아하스가 앗수르 왕에게 도움을 요청한 때는 아람과 이스라엘의 침략 때였으나 앗수르 군대의 도착이 지연된 것으로 보는 것이다(K.&D.). "아하스 왕이 앗수르 왕에게 사람을 보내어 도와주기를 구하였다"는 말은 아하스는 그의 죄악에 대한 징계로 하나님께서 아람과 북 왕국을 징계의 채찍으로 삼아 유다를 침략하게 하자 회개하고 하나님을 의지하기보다는 오히려 앗수르 왕 디글랏 빌레셀에게 구원을 요청하고 다메섹 신들을 의지했다(23절). 아하스는 아직도 자신의 잘못이 무엇임을 깨닫지 못한 것이다. 앗수르에 대한 구원 요청은 하나님께서 선지자 이사야를 보내어 그가 하나님을 의지하기만 하면 유다를 구원하시겠다고 약속하신(사 7:4-12) 것을 완전히 무시하고 행해졌다는 점에서 더욱 불신앙적인 처사라고 할 것이다. 유다는 앗수르의 도움은커녕 오히려 앗수르의 압제와 수탈에 시달려야 했다(20,21절).

대하 28:17. 이는 에돔 사람들이 다시 와서 유다를 치고 그의 백성을 사로잡았음이며.

이유는 에돔 사람이 다시 와서, 유다를 치고, 백성을 사로잡아 갔기 때문이다. 본 절은 아하스가 앗수르 왕에게 도움을 요청한 이유를 말하는 구절이다. 에돔은 여호람 왕 때 유다를 반역하여 독립했으나(21:8-10) 이 때 유다가 아람과 이스라엘의 연합군대에 패하여 국력이 쇠약해진 틈을 타서 다시 침범해온 것이다. 그리고 연합군대가 백성들을 사로잡아 갔다.

대하 28:18. 블레셋 사람들도 유다의 평지와 남방 성읍들을 침노하여 벧세메스와 아얄론과 그데롯과 소고 및 그 주변 마을들과 딤나 및 그 주변 마을들과 김소 및 그 주변 마을들을 점령하고 거기에 살았으니.

에돔의 침입만(17절) 아니라 블레셋 사람도 유다의 평지(블레셋 땅으로 지중해변의 평원)와 남방 성읍들을 침략했다. 여기 그 남방 성읍들이 열거된다. 즉, 벧세메스('태양의 집'이라는 뜻)와 아얄론('쇠사슬'이라는 뜻)과 그데롯(수 15:41)을 점령하고, 소고(11:7 주해 참조)를 포함한 그 주변 성읍들과 딤나(예루살렘 서남 24km 지점에 위치해 있음)와 김소(룻다의 동남 쪽 5km 지점에 위치해 있다)와 그 인근 마을들을 점령하고, 거기에 정착하였기 때문이다. 그런고로 아하스는 앗수르 왕에게 도움을 요청한 것이다. 국내에 이런 환난이 있을수록 하나님을 의지했어야 했는데 아하스는 엉뚱하게 앗수르를 의지했다.

대하 28:19. 이는 이스라엘 왕 아하스가 유다에서 망령되이 행하여 여호와께 크게 범죄하였으므로 여호와께서 유다를 낮추심이라.

에돔이 유다를 괴롭히고(17절) 또 블레셋이 유다를 침범한(18절) 이유는 이스라엘의 아하스 왕이 백성을 부추기어 주님께 크게 범죄하였으므로 여호와께서 유다를 낮추셨던 것이다. 하나님을 배반하고 하나님을 향하여 범죄하면 하나님은 우리에게 환난을 주시고 우리를 낮추시는 것을 알고 여호와 앞에서 죄를 깊이 자복하고 여호와를 의지해야 할 것이다. 역대기 저자 에스라는 남쪽 나라 유다의 왕 아하스를 부를 때 "이스라엘 왕 아하스"라고 부른다. 비록 아하스가 가장 악한 왕이었지만 그래도 남쪽 나라 유다 왕이 진정한 의미에서 "이스라엘 왕"이라고 한 것이다.

대하 28:20. 앗수르 왕 디글랏빌레셀이 그에게 이르렀으나 돕지 아니하고 도리어 그를 공격하였더라.

앗수르 왕 디글랏빌레셀 3세(Tiglath-Pileser III, B.C. 745-727)가 유다에게 오기는 왔으나 아하스를 돕기는커녕 도리어 그를 쳐서 곤경에 빠뜨렸다. 하나님을 의지하지 않고 세상을 의지할 때 성도는 세상으로부터 이런 엉뚱한 대접을 받는다.

본문에서는 "디글랏빌레셀이 그에게 이르렀으나 돕지 아니하고 도리어 아하스를 공격했다"고 했는데, 혹자는 열왕기의 병행구에는 앗수르가 유다를 도운 것으로 주석했는데 그가 그렇게 앗수르가 유다를 도운 것으로 보인다고 한 이유는 앗수르 군대가 아람을 쳐서 멸망시키고 이스라엘도 압박한 것이 유다를 도운 것이었다는 것이다. 그러나 다른 주석가들은 앗수르의 이 행위가 유다 나라에 하등의 도움이 된 것이 아니라고 말한다. 앗수르가 아람을 치고 이스라엘을 압박한 것이 유다를 도우려는 것이 아니라 앗수르 자국의 유익을 위해서 한 것이었다(호크마주석). 카일(Keil)은 본서 28:20-21을 주석하면서 디글랏빌레셀의 행위는 아하스에게 아무런 도움이 되지 못했고 정신적으로라도 큰 피해만 입혔다고 말하고 있다(유진 H. 메릴). 하나님을 떠난 사람에게 이웃이 무슨 도움이 되었을 것이라는 말은 있을 수 없는 말이라고 보아야 할 것이다.

대하 28:21. 아하스가 여호와의 전과 왕궁과 방백들의 집에서 재물을 가져다가 앗수르 왕에게 주었으나 그에게 유익이 없었더라.

아하스가 여호와의 성전과 자기의 왕궁과 지휘관들의 집에서 재물을 꺼내어 앗수르의 왕에게 바쳤으나 아하스에게 유익이 없었다. 아하스는 인간적인 계산으로 앗수르 왕에게 보물을 쥐어주면 그 어떤 도움이라도 받을 것이라고 생각한 것이었다. 그러나 역대기 저자는 유익이 없었고 더욱 유다를 공격하기만 했다고 진술한다.

대하 28:22-23. 이 아하스 왕이 곤고할 때에 더욱 여호와께 범죄하여 자기를 친 다메섹 신들에게 제사하여 이르되 아람 왕들의 신들이 그들을 도왔으니 나도 그 신에게 제사하여 나를 돕게 하리라 하였으나 그 신이 아하스와 온 이스라엘을 망하게 하였더라.

아하스 왕이 사태가 이렇게 악화되었는데도 여호와께 더욱 범죄하여 자기를 친 다메섹 신들(다메섹에 있는 앗수르 신들)에게 제사를 지내면서 이르기를 "아람 왕들이 섬긴 신들이 그 왕들을 도왔으니 나도 그 신들에게 제사를 드리면 그 신들이 나를 돕겠지" 하고 생각하였다. 그러나 아하스의 이러한 행위가 오히려 아하스와 온 이스라엘을 망하게 하였다. 23절의 이 행위는 왕하 16:10-16의 기사를 가리킬 것이다(Barnes, K.&D., Curtis).

아하스 왕이 곤고할 때에 더욱 범죄하여 우상의 도를 따른 것은 옛날 사사시대 사람들과는 다른 사람임을 보여준다. 사사시대의 이스라엘인들은 하나님께서 치시면 회개하고 하나님께로 돌아섰는데 아하스는 하나님께서 치시면 치실수록 더욱 우상숭배로 나아간 것이다. 아하스는 오늘 21세기 사람들을 미리 보여준 사람이라고 할 수 있다.

대하 28:24. 아하스가 하나님의 전의 기구들을 모아 하나님의 전의 기구들을 부수고 또 여호와의 전 문들을 닫고 예루살렘 구석마다 제단을 쌓고.

아하스의 범죄는 23절의 행위에서 멈추지 않고 더 나아가 아하스는 하나님의 성전 안에 있는 기구를 모아다가 부수고 또 여호와의 성전으로 드나드는 문들을 닫아걸어 성전 예배를 근본적으로 차단하고 예루살렘 이곳저곳에 제단을 쌓았다. 아하스의 범죄는 한층 진보했다.

대하 28:25. 유다 각 성읍에 산당을 세워 다른 신에게 분향하여 그의 조상들의 하나님 여호와를 진노하게 하였더라.

아하스는 예루살렘에 국한하지 않고 더 나아가 유다 각 성읍에 산당을 세우고 다른 우상들에게 분향하여 자기 조상 때부터 섬겨 온 하나님 여호와를 진노케 하였다. 아하스의 머리는 범죄를 확장하는 쪽으로 점점 발전하여 나아갔다.

대하 28:26. 아하스의 남은 시종 사적과 모든 행위는 유다와 이스라엘 열왕기에 기록되니라.

아하스의 발전된 모든 범죄의 행위와 일들은 처음부터 끝까지 '유다와 이스라엘 열왕기'에 기록되어 있다. 24:27; 25:26; 27:7 주해 참조.

대하 28:27. 아하스가 그의 조상들과 함께 누우매 이스라엘 왕들의 묘실에 들이지 아니하고 예루살렘 성에 장사하였더라 그의 아들 히스기야가 대신하여 왕이 되니라.

아하스 왕이 그의 조상들과 함께 잠드니 그를 왕들의 묘지에 안장하지 않고, 예루살렘 성 안에 매장했다(왕하 16:20). 그의 아들 히스기야가 그의 뒤를 이어 왕이 되었다. 이제 한 사람의 악인은 수명이 다하여 땅에 묻혔는데 하나님은 그 아버지가 행한 악한 일을 개혁하도록 선한 왕을 일으켜 주셨다.

제 29 장

M. 히스기야의 역사 29-32장(왕하 18-20장)

남쪽 나라 유다의 가장 악한 왕 아하스가 잠드니 하나님은 유다 나라의 왕들 중에서 가장 선한 왕을 일으켜 주신다. 히스기야는 남 왕국 제 13대 왕이고 선과 악을 헤아려 볼 때 최선의 왕이다. 그가 행한 일은 성전을 청결케 한 일(18:1-36), 유월절을 지킨 일(29:1-27), 종교를 개혁한 일(31:1-21), 앗수르 군대를 격퇴한 일(32:1-33) 등이다.

1. 성전을 청결케 하다 29:1-36(왕하 18:1-8)

히스기야는 즉위하자마자 성전을 청결하게 했고(1-19절), 성전을 청결하게 한 다음 하나님께 제사를 드렸다(20-36절).

ㄱ. 성전을 청결하게 하다 29:1-19(왕하 18:1-3)

이 부분(1-19절)에서는 히스기야 왕의 통치의 개략(1-2절)과 성전을 열라는 명령을 내린 일(3-11절)과 성전을 청결케 한 일(12-19절) 등이 진술된다.

대하 29:1. 히스기야가 왕위에 오를 때에 나이가 이십오 세라 예루살렘에서 이십구 년 동안 다스리니라 그의 어머니의 이름은 아비야요 스가랴의 딸이더라.

히스기야가 왕위에 오를 때에 그는 25세였다. 그는 예루살렘에서 29년 동안 다스렸다. 그의 어머니 아비야는 스가랴의 딸이었다.

"히스기야"란 말은 '여호와는 강하시다'는 뜻을 가지고 있다. 그는 유다 제 13대 왕으로 아주 선한 왕에 속한다. 북 왕국 연대로 계산해 보면 북 왕국 마지막 왕인 호세아(B.C. 731-722) 3년에 25세 때에 즉위하여 29년간 통치했다. 그의 연대는 B.C.716-756년으로 추정한다.

히스기야는 그 아버지가 남 왕국에서 가장 악한 왕이었고 또 아들 역시 므낫세로서 악한 왕이었는데 그 사이에 어떻게 남 왕국에서 가장 선한 왕이 났는지 참으로 이해의 범위를 넘어서는 일이었다.

히스기야의 어머니의 이름은 아비야('여호와는 나의 아버지'란 뜻)였고 아비야는 스가랴('여호와께서 기억하신다'는 뜻)의 딸이었다.

대하 29:2. 히스기야가 그의 조상 다윗의 모든 행실과 같이 여호와 보시기에 정직하게 행하여.

히스기야는 그의 조상 다윗이 행한 모든 행실을 그대로 본받아 여호와께서 보시기에 올바른 일을 하였다. 구약에서 선한 왕의 기준이 다윗이었는데 (왕상 11:6; 왕하 14:3) 히스기야는 다윗의 모든 행실과 같이 여호와 보시기에 옳은 일을 행했다. 여호와 보시기에 옳은 일이란 하나님을 믿는 일이고 또 믿는 중에 하나님께서 기뻐하시는 일을 행하는 것이다. 히스기야는 우상을 타파했고 또 다른 선한 왕들(요아스, 아마샤, 웃시야)이 제거하지 못했던 산당을 제거했으며(왕하 14:8) 모세의 놋 뱀을 제거했다.

대하 29:3. 첫째 해 첫째 달에 여호와의 전 문들을 열고 수리하고.

그는 왕이 되던 첫 해 첫째 달에 닫혔던 여호와의 성전 문들을 다시 열고 수리했다. "첫해 첫째 달"은 히스기야가 즉위한 첫해 정월인 '아빕월'(Abib) (바벨론력으로는 니산월, Nisan, 양력으로는 3-4월)이었다. 즉, 히스기야 왕은 그의 통치를 성전 문을 열고, 성전을 청소하며, 예배를 드리는 것으로 시작했다. 이 성전 문은 그의 아버지 아하스가 닫았고, 성전 안의 기구들도 아버지 아하스가 훼파했다(28:24, 이상근). 통치의 첫 사업을 성전 개혁으로 시작하는 왕은 하나님께서 쓰시는 왕이 될 수밖에 없었다.

대하 29:4-5. 제사장들과 레위 사람들을 동쪽 광장에 모으고 레위 사람들아

내 말을 들으라 이제 너희는 성결하게 하고 또 너희 조상들의 하나님 여호와의 전을 성결하게 하여 그 더러운 것을 성소에서 없애라.

히스기야는 또 제사장들과 레위 사람들을 성전 동쪽 광장(성전의 전면에 있는 광장)에 모으고 그들에게 이르기를 "레위 사람들아! 나의 말을 잘 들으시오. 이제 당신들 자신을 먼저 성결하게 하고, 또 당신들의 조상이 섬긴 하나님 여호와의 성전을 성결하게 하여 더러운 것을 성소에서 말끔히 없애도록 하시오"라고 했다. 히스기야는 먼저 레위 사람들에게 우상 앞에 제사하던 자신들의 죄를 회개하고 결례를 하여 성결케 하라고 주문했다. 이렇게 먼저 자신들을 성결케 한 다음 성전을 성결케 하고(우상의 단을 제거하라는 명령) 그 더러운 것을 성소에서 없애라(우상 예배의 기구같은 것을 제거하라는 명령)고 말한다. 히스기야는 성결의 순서를 잘 알고 말한 것이다. 오늘도 우리 자신들을 성결케 한 다음에 종교개혁을 해야 하는 것이다.

대하 29:6. 우리 조상들이 범죄하여 우리 하나님 여호와 보시기에 악을 행하여 하나님을 버리고 얼굴을 돌려 여호와의 성소를 등지고.

본 절은 이유 접속사로 시작하고 있다(כִּי). 앞 절에 "너희는 성결하게 하고 또 너희 조상들의 하나님 여호와의 전을 성결하게 하여 그 더러운 것을 성소에서 없애야 하는" 이유를 본 절이 말하고 있다. "우리의 조상들이 죄를 지어 우리의 하나님 여호와 앞에서 악한 일을 하였소. 그들은 하나님을 버리고 얼굴을 돌이켜서, 여호와께서 거하시는 성소를 등졌기" 때문이라는 것이다.

여기 "우리 조상들"이란 구체적으로 '자기 아버지 아하스와 그 동시대의 사람들'을 지칭한다. 본 절의 "열조가 범죄했다"는 말과 "우리 하나님 여호와 보시기에 악을 행했다"는 말은 동의어로 사용되었다. 조상들이 불성실해서 하나님을 떠난 것을 똑같은 낱말을 사용하여 지적하고 있다. 히스기야는 자기의 조상들이 "하나님을 버리고 얼굴을 돌려 여호와의 성소를 등졌다"고 말한다. 히스기야는 자기의 조상들이 하나님을 "버렸고" 하나님으로부터 얼굴을 “돌렸으며” 여호와의 성소를 “등졌다”고 표현한다. 조상들이 배교한 것을 강조하기 위해 “버렸고”, “돌렸으며”, “등졌다”는 세 가지 낱말로 표현했다. 오늘 우리는 하나님을 버리거나 얼굴을 돌리거나 교회를 등지는 일은 없어야 할 것이다.

대하 29:7. 또 낭실 문을 닫으며 등불을 끄고 성소에서 분향하지 아니하며 이스라엘의 하나님께 번제를 드리지 아니하므로.

본 절은 앞 절의 히스기야의 조상들(아하스와 동시대의 사람들)이 여호와의 성소를 등진 사실을 구체적으로 지적한다. 첫째, “낭실 문을 닫은 것”, 낭실 문을 닫았기에 제사장이 성전에 출입하지 못하게 했다. 둘째, “성소의 등불을 끈 것”, 셋째, “성소에서 분향하지 않은 것”, 넷째, “하나님께 번제를 드리지 않은 것”, 번제단에서의 번제도 중단 된 일 등을 나열한다(28:24). 그러나 왕하 16:10-16에는 아하스가 여호와의 성전 마당에서 계속해서 번제를 드린 것으로 진술하고 있다(Curtis). 그러나 역대기 저자의 관점에서 볼 때 그러한 아하스의 번제는 다메섹의 신들에게 드려진 것이요, 여호와께 드려진 번제라고 할 수 없다(Keil).

대하 29:8-9. 여호와께서 유다와 예루살렘에 진노하시고 내 버리사 두려움과 놀람과 비웃음거리가 되게 하신 것을 너희가 똑똑히 보는 바라 이로 말미암아 우리의 조상들이 칼에 엎드러지며 우리의 자녀와 아내들이 사로잡혔느니라.

8절과 9절에서 히스기야는 6-7절에 진술된 조상들(아하스와 동시대의 사람들)이 지은 죄로 말미암아 여호와께서 유다와 예루살렘에 진노하셨고 내 버리셔서 두려움과 놀람과 비웃음거리가 되게 하신 것을 백성들이 분명히 체험하는 현실이라고 말한다(왕상 9:6-9; 렘 24:9; 25:9; 겔 23:46; 미 6:16, 이상 8절).

조상들이 지은 죄로 말미암아 조상들이 전쟁(아람 및 이스라엘의 연합군과의 전쟁, 28:5-8, 블레셋 군대와의 전쟁, 28:17-18)에서 참혹하게 패했으며 포로가 되어 갔다고 말한다. 죄는 한 민족을 비참하게 만들며, 패배케 하고, 드디어는 포로가 되게 하신다.

대하 29:10. 이제 이스라엘의 하나님 여호와와 더불어 언약을 세워 그 맹렬한 노를 우리에게서 떠나게 할 마음이 내게 있노니.

문장 초두의 "이제"란 '이 시점에서'라는 뜻이다. 히스기야는 유다 나라의 조상들이 하나님과의 언약을 파기하여 물러가서 이렇게 외국의 침입을 당하고 전쟁에서 패하고 더러는 포로의 신세가 되었는데, 이제라도 이스라엘의 하나님 여호와와 더불어 언약을 다시 새롭게 하여(15:12; 23:16; 34:31) 언약 백성이 되게 하고 싶다고 말한다. 그렇게 언약을 다시 갱신하여 하나님께서 유다 나라에 퍼부으신 맹렬한 진노를 우리 민족으로부터 떠나게 할 마음이 자기에게 있다고 호소한다. 오늘 우리는 하나님과의 언약에 충실해서 언약 백성으로 살아가야 할 것이다.

대하 29:11. 내 아들들아 이제는 게으르지 말라 여호와께서 이미 너희를 택하사 그 앞에 서서 수종들어 그를 섬기며 분향하게 하셨느니라.

히스기야는 제사장들과 레위인들을 향하여 "내 아들들아!"라고 부른다. 자기의 마음에 있는 바를 따르게 하려는 호소의 말을 하는 것이다. 히스기야는 이제는 "게으르지 말라"(אַל־תִּשָּׁלוּ)고 말한다. 즉, '움츠리지 말라', '소극적이지 말라'는 뜻이다. 히스기야는 제사장들과 레위인들을 향하여 "여호와께서 이미 당신들을 택하셔서 여호와 앞에 서서 수종들어 여호와를 섬기며 분향하게 하셨으니 히스기야가 추진하려는 종교개혁에서 뒤로 빼지 말라"고 말한다. 열심을 내라는 것이다.

대하 29:12. 이에 레위 사람들이 일어나니 곧 그핫의 자손 중 아마새의 아들 마핫과 아사랴의 아들 요엘과 므라리의 자손 중 압디의 아들 기스와 여할렐렐의 아들 아사랴와 게르손 사람 중 심마의 아들 요아와 요아의

아들 에덴과.

본 절부터 14절까지 종교개혁에 수종들기 위해 나선 사람들(성전을 청결하게 한 자들)을 열거하고 있다. 이들은 모두 14명이었다. 레위의 세 종파인 그핫, 므라리, 게르손 파에서 2명씩 도합 6명(이상 12절), 엘사반 자손 2명(이상 13절), 세 악사인 아삽 자손, 헤만 자손, 여두둔 자손 중에서 2명씩 6명(이상 14절)이었다.

그핫의 자손 중 "아마새의 아들 마핫[394]('움켜 쥠'이라는 뜻)과 아사랴의 아들 요엘('여호와는 하나님이시다'라는 뜻)과 므라리의 자손 중 압디의 아들 기스('좋은 것'이란 뜻)와 여할렐렐의 아들 아사랴('여호와의 도우심'이란 뜻)와 게르손 사람 중 심마의 아들 요아('실망하는 자'라는 뜻)와 요아의 아들 에덴('즐거움'이란 뜻)"이 나왔다.

대하 29:13. 엘리사반의 자손 중 시므리와 여우엘과 아삽의 자손 중 스가랴와 맛다냐와.

엘리사반[395]('하나님께서 보호하셨다'는 뜻)의 자손 가운데서는 시므리('경계하고 있다'는 뜻)와 여우엘('하나님께 휩쓸려 갔다'는 뜻)이 나왔고, 아삽은 헤만과 여두둔과 더불어 다윗이 세운 찬양대장들이었다. 여기 아삽의 자손들 중에서 2명씩 6명이 나왔다. "스가랴"('여호와의 기억하심'이라는 뜻)와 맛다냐('여호와의 선물'이란 뜻)는 다른 곳에서도 아삽 자손의 계보 가운데 함께 나타난다(20:14; 느 11:17; 12:35,41).

대하 29:14. 헤만의 자손 중 여후엘과 시므이와 여두둔의 자손 중 스마야와 웃시엘이라.

---

394) "마핫": 그는 히스기야 시대에 레위 지파 그핫 자손 아마새의 아들이며, 십일조와 헌물을 관리하는 감독자였다(대하 31:13).

395) "엘리사반": 그는 레위 지파 웃시엘의 아들이다(출 6:22; 레 10:4). 엘리사반은 모세 시대의 그핫 사람들의 족장으로서(출 6:22; 민 3:20; 대상 15:8), 그핫, 므라리, 게르손과 동등한 위치에서 항상 독립된 계보로 소개되고 있다.

헤만의 자손 가운데서는 여후엘('들음'이란 뜻)과 시므이('순종함'이란 뜻)가 나왔고, 여두둔의 자손 가운데서는 스마야('여호와께서 들으셨다'는 뜻)와 웃시엘('하나님의 힘'이란 뜻)이 나왔다.

대하 29:15. 그들이 그들의 형제들을 모아 성결하게 하고 들어가서 왕이 여호와의 말씀대로 명령한 것을 따라 여호와의 전을 깨끗하게 할 새.

본 절 초두의 "그들"은 11-14절에서 언급한 14명의 레위인들을 지칭한다. 그들 14명은 그들의 형제들을 모아 성결하게 하고 성전 안으로 들어가서 히스기야 왕이 여호와의 말씀대로 명령한 것(5절)을 따라서 여호와의 전을 깨끗하게 하기를 시작했다. 본문의 "성결하게 했다"는 말은 '육체적으로 성결하게 했다'는 뜻이다. 즉, 몸을 씻고 옷을 빨며 여자를 가까이 하지 않은 것을 뜻한다.

대하 29:16. 제사장들도 여호와의 전 안에 들어가서 깨끗하게 하여 여호와의 전에 있는 모든 더러운 것을 끌어내어 여호와의 전 뜰에 이르매 레위 사람들이 받아 바깥 기드론 시내로 가져갔더라.

제사장들도 여호와의 성전을 깨끗하게 하려고 그 안으로 들어가서 여호와의 성전 안에 있는 모든 더러운 것들(우상 숭배의 잔재들)을 성전의 뜰로 끌어내어 놓으면, 레위 사람들이 받아 그것들을 성 밖 기드론 골짜기로 가져다 버렸다. 가져다가 버릴 때 아마도 태워 버렸을 것이다.

대하 29:17. 첫째 달 초하루에 성결하게 하기를 시작하여 그 달 초팔일에 여호와의 낭실에 이르고 또 팔 일 동안 여호와의 전을 성결하게 하여 첫째 달 십육 일에 이르러 마치고.

첫째 달 초하루(아빕월 초하루)에 성전을 청결하게 하는 일을 시작하여 그 달 초팔일(여드렛날)에는 여호와의 성전 어귀에 이르렀으며(여기까지는 레위인들의 분담이었다) 또 팔일 동안(여드레 동안) 여호와의 성전을 성결하게 하는 일을 하여 첫째 달 십육일에 청결하게 하는 일을 다 마쳤다. 여러 날 걸린 것을 보면 조상들의 우상숭배 행위가 참으로 더러웠던 것을 짐작하게 한다. 이런 정도면 망하는 수밖에 없었다.

대하 29:18. 안으로 들어가서 히스기야 왕을 보고 이르되 우리가 여호와의 온 전과 번제단과 그 모든 그릇들과 떡을 진설하는 상과 그 모든 그릇들을 깨끗하게 하였고.

제사장들과 레위 사람들이 히스기야의 궁 안으로 들어가서 왕에게 보고하기를 "주님의 성전 전체와 번제단과 거기에 딸린 모든 기구와 빵을 차려 놓는 상과 거기에 딸린 모든 기구를 깨끗하게 하였다"고 보고했다. 성전의 원형을 회복했음을 보고한 것이었다.

대하 29:19. 또 아하스 왕이 왕위에 있어 범죄할 때에 버린 모든 그릇들도 우리가 정돈하고 성결하게 하여 여호와의 제단 앞에 두었나이다 하니라.

"아하스 왕께서 왕위에 계시면서 죄를 범할 때에 버렸던 모든 기구(왕하 16: 14,17)를 제자리에 가져다 놓고 다시 봉헌하였습니다. 그 모든 기구를 여호와의 단 앞에 다시 가져다 놓았습니다"라고 보고 했다.

ㄴ. 왕과 백성이 제사를 드리다 29:20-36

제사장들과 레위인들이 여러 날 성결하게 한 성전에서 히스기야 왕은 온 백성과 함께 성전을 깨끗하게 하기 위해 속죄제를 드리고(20-24절), 악인(樂人)들을 세워 하나님을 찬미하며(25-30절), 백성들도 번제와 감사제를 드렸다(31-36절).

대하 29:20. 히스기야 왕이 일찍이 일어나 성읍의 귀인들을 모아 여호와의 전에 올라가서.

히스기야 왕은 다음날 아침에 일찍 일어나서 성읍에 있는 대신(지도자)들을 불러 모아 주님의 성전으로 올라갔다. 국가적인 제사를 드리기 위함이었다

(Curtis). 히스기야 왕이 다음날 아침 일찍 일어난 것은 신앙인의 특성을 보인 것이다. 신앙인들은 부지런한 것이 특징이다. 아브라함도 아침 일찍 일어나 자기 아들을 제물로 드리려고 모리아 산으로 갔다(창 22:3).

대하 29:21. 수송아지 일곱 마리와 숫양 일곱 마리와 어린 양 일곱 마리와 숫염소 일곱 마리를 끌어다가 나라와 성소와 유다를 위하여 속죄제물로 삼고 아론의 자손 제사장들을 명령하여 여호와의 제단에 드리게 하니.

왕가의 죄와 성소의 죄와 유다 백성의 죄를 속죄 받으려고 히스기야는 수송아지 일곱 마리와 숫양 일곱 마리와 어린 양 일곱 마리와 숫염소 일곱 마리를 끌어다가 속죄제물을 삼고 아론의 자손 제사장들에게 명령하여 여호와의 제단에 드리게 하였다.

"수송아지, 숫양, 어린 양, 숫염소" 등은 모두 속죄 제물로 사용할 수 있는 가축이었다(레 4장). 그리고 이 네 가지의 가축을 모두 7마리씩 준비케 한 것은 만수(滿數) 개념 때문이었다. 히스기야는 먼저 그간 하나님을 떠나고 우상숭배를 한 나라와 유다 백성을 위하고, 우상으로 더러워진 성소를 위하여 속죄제를 드린 것이다(이상근).

대하 29:22. 이에 수소를 잡으매 제사장들이 그 피를 받아 제단에 뿌리고 또 숫양들을 잡으매 그 피를 제단에 뿌리고 또 어린 양들을 잡으매 그 피를 제단에 뿌리고.

사람들이 먼저 수소를 잡으니 제사장들이 그 피를 받아 제단에 뿌리고 다음에는 숫양을 잡아 그 피를 제단에 뿌리고 다음에 어린 양을 잡아 그 피를 제단에 뿌렸다. 여기 수소, 숫양, 어린 양들의 피를 받아 제단에 뿌린 것은 속죄의 표시였다. 이 피는 그리스도의 피를 예표하는 것이었다. 레 4:7,18,30; 5:9; 16:14-15; 히 9:12-14, 19-22 참조.

대하 29:23. 이에 속죄제물로 드릴 숫염소들을 왕과 회중 앞으로 끌어오매

그들이 그 위에 안수하고.

문장 초두의 "이에"란 말은 '그런 다음에'라는 뜻으로 22절의 일이 끝난 다음 23절의 일이 진행되었다는 것을 드러내는 말이다. 즉, "마지막으로 속죄 제물로 드릴 숫염소들을 왕과 회중 앞으로 끌어왔다. 그리고 그들이 그 위에 안수했다"(손을 얹었다).

여기 안수 행위는 죄를 전가시키는 행위이다. 이는 우리가 예수님을 믿을 때 죄가 예수님에게 전가되는 일의 예표였다. 레 1:4; 4:4; 16:10.

대하 29:24. 제사장들이 잡아 그 피를 속죄제로 삼아 제단에 드려 온 이스라엘을 위하여 속죄하니 이는 왕이 명령하여 온 이스라엘을 위하여 번제와 속죄제를 드리게 하였음이더라.

"제사장들이 제물을 잡아 그 피를 속죄 제물로 제단에 부어서 온 이스라엘의 죄를 속죄하였으니, 이것은 번제와 속죄제를 드려서, 온 이스라엘을 속하라는 명령이 있었기 때문이었다".

여기 "속죄했다"(לְכַפֵּר)는 말은 '계속해서 덮어 버리다'는 뜻이다. 여기 또 "온 이스라엘을 위하여 속죄했다"는 말은 '남쪽 나라 유다만을 가리키지 않고 이스라엘의 12지파 모두의 죄를 위하여 속죄했다'는 뜻이다(30:5). 이는 '유다를 위하여'속죄제를 드린 것(21절)과 대조를 보이는데 히스기야 왕은 속죄 받아야 될 대상을 북 왕국까지 확대하고 있었다.

본문의 "번제와 속죄제"란 말은 서로 다르게 처리된다. 속죄제의 피는 번제의 피와는 아주 다르게 처리된다. 속죄제의 피는 번제 단 뿔에 손가락으로 찍어 바르고 그 단 밑에 쏟아버렸다(레 4:25,34).

대하 29:25. 왕이 레위 사람들을 여호와의 전에 두어서 다윗과 왕의 선견자 갓과 선지자 나단이 명령한 대로 제금과 비파와 수금을 잡게 하니 이는 여호와께서 그의 선지자들로 이렇게 명령하셨음이라.

히스기야 왕은 여호와께서 다윗 왕에게 지시하신 대로 레위 사람들을 시켜서 여호와의 성전에서 제금(심벌즈)과 비파(거문고)와 수금을 연주하게 하였다. 이것은 주님께서 다윗 왕의 선견자 갓과 나단 예언자를 시켜서 다윗 왕에게 명령하신 것이었다. "선견자 갓"에 대해 삼하 24:1주해를, "나단 예언자"에 대해 삼하 12:11 주해를 참조하라.

대하 29:26. 레위 사람은 다윗의 악기를 잡고 제사장은 나팔을 잡고 서매.

레위 사람들은 다윗이 만든 악기를 잡고 제사장들은 나팔을 잡았다. 본문의 "다윗의 악기"란 '다윗이 예배 때 사용하기 위해 만든 비파와 제금과 수금 등을 지칭한다'(대상 23:5). 레위인 찬양대원들은 위에 지적한 악기들을 잡고, 제사장은 양의 뿔로 만든 나팔을 잡고 섰다(5:12; 대상 15:24; 16:6).

대하 29:27. 히스기야가 명령하여 번제를 제단에 드릴 새 번제 드리기를 시작하는 동시에 여호와의 시로 노래하고 나팔을 불며 이스라엘 왕 다윗의 악기를 울리고.

히스기야가 명령하여 번제를 제단에 드릴 때 번제가 시작되는 것과 함께 여호와께 드리는 찬양과 나팔 소리와 이스라엘의 다윗 왕이 만든 악기 연주 소리가 울려 퍼졌다.

여기 "여호와의 시로 노래했다"는 말은 히브리어로 "여호와의 노래"(שִׁיר־יְהוָה)를 의미하는데 이는 히스기야 당시에 정경화된 시편들을 가리키는 듯하다(Payne). 그리고 "다윗의 악기를 울리고"란 말은 문자적으로는 '다윗의 악기에 의하여'라는 뜻인데(Zoekler), 이는 악기의 연주가 회중의 노래나 제사장의 나팔 연주와 조화를 이루고 있었음을 보여주는 말이다.

대하 29:28. 온 회중이 경배하며 노래하는 자들은 노래하고 나팔 부는 자들은 나팔을 불어 번제를 마치기까지 이르니라.

온 회중이 함께 예배를 드렸는데, 번제를 다 드리기까지 노래하는 사람들은 노래를 부르고 나팔 부는 사람들은 나팔을 불었다. 그러니까 찬양하는 자들은 찬양했고 나팔을 부는 사람들은 나팔을 불었는데 백성들은 여호와께 경배했고, 그러기를 번제가 끝날 때까지 계속했다는 것이다.

대하 29:29. 제사 드리기를 마치매 왕과 그와 함께 있는 자들이 다 엎드려 경배하니라.

번제 드리기를 마친 다음에 왕과 온 회중이 다 엎드려 경배하였다. 이는 감사의 경배였다. 예배 때마다 우리는 감사의 예배를 드려야 할 것이다.

대하 29:30. 히스기야 왕이 귀인들과 더불어 레위 사람을 명령하여 다윗과 선견자 아삽의 시로 여호와를 찬송하게 하매 그들이 즐거움으로 찬송하고 몸을 굽혀 예배하니라.

히스기야 왕과 대신들(지도자들)이 경배한 다음에 레위 사람들에게 명령하여 다윗과 아삽 선견자가 지은 시로 주님을 찬송하게 하니 그들은 즐거운 마음으로 찬송하고 몸을 굽혀 경배하였다. 여기 "다윗과 아삽 선견자가 지은 시"는 '여호와의 시'를 지칭한다(27절 주해). 여기 악인(樂人) 아삽을 "선견자"라고 부른다. "아삽과 헤만과 여두둔"은 다윗의 악인(樂人)들이었고 찬양대의 대장들이었다(대상 25:6). 헤만도(대상 25:5), 여두둔(35:15)도 선견자라고 불렸다. 이들을 예언자라고 부른 것은 이들이 하나님의 말씀을 받아 일을 했기 때문이다.

대하 29:31. 이에 히스기야가 말하여 이르되 너희가 이제 스스로 몸을 깨끗하게 하여 여호와께 드렸으니 마땅히 나아와 제물과 감사제물을 여호와의 전으로 가져오라 하니 회중이 제물과 감사제물을 가져오되 무릇 마음에 원하는 자는 또한 번제물도 가져오니.

문장 초두의 "이에"(then)란 말은 '다음에', '그런 다음에'라는 뜻이다. 속죄제가 끝났으니 히스기야가 말하여 "당신들이 이제 스스로 몸을 깨끗하게 하여 여호와께 드렸으니 마땅히 나아와 제물과 감사제물을 여호와의 전으로 가져오라 했다". 그 명령을 듣고 "백성들이 제물과 감사제물을 가져왔는데, 무릇 마음에 원하는 자는 또한 번제물도 가져왔다".

여기 "제물과 감사 제물"은 두 가지 제물을 뜻하는 것이 아니라 화목제의 성격을 지닌 감사를 표현하기 위한 희생제물을 가리킨다고 볼 수 있다(레 7:11-21, 29-36). "감사 제물"은 이미 받은 어떤 특별한 은혜 때문에 드리는 희생 제물들을 가리킨다. 그들은 성전에서 여호와의 예배가 다시 새롭게 시작된 것을 기뻐하여 제물을 드렸다.

대하 29:32. 회중이 가져온 번제물의 수효는 수소가 칠십 마리요 숫양이 백 마리요 어린 양이 이백 마리이니 이는 다 여호와께 번제물로 드리는 것이며.

백성들이 가져 온 번제물의 수효는 수소가 70마리, 숫양이 100마리, 어린 양이 200마리였다. 이것들은 모두 다 주님께 번제물로 드리는 것들이었다.

본 절의 기자가 백성들이 가져온 번제물의 수효를 기록한 이유는 많이 가져왔기 때문에 기록했고 또 당시의 백성들의 신앙의 열도가 아주 높았던 것을 드러내기 위함이었다. 오늘도 사람들의 신앙의 열도가 강한 사람들은 자기의 생활비에 비해 100분 율이 높은 것을 알 수 있다.

대하 29:33. 또 구별하여 드린 소가 육백 마리요 양이 삼천 마리라.

번제물과는 달리 구별하여 드린 제물은 소가 600마리, 양이 3,000마리였다. 본 절의 "구별하여 드린" 제물이란 감사제인 화목제물이었다(K.&D., Curtis). 아마도 백성들은 이 제물을 먹고 즐겼을 것이다.

대하 29:34. 그런데 제사장이 부족하여 그 모든 번제 짐승들의 가죽을 능히 벗기지 못하는 고로 그의 형제 레위 사람들이 그 일을 마치기까지 돕고 다른 제사장들이 성결하게 하기까지 기다렸으니 이는 레위 사람들의 성결하

게 함이 제사장들보다 성심이 있었음이라.

그런데 번제로 바칠 짐승을 다 잡아 가죽을 벗기기에는 제사장의 숫자가 너무 부족하여 이 일을 끝낼 때까지 그의 형제 레위 사람들이 그 일을 도왔고 또 다른 제사장들이 성결 예식을 마칠 때까지 기다렸다. 사실 자신들의 성결을 지키는 일에는 제사장들보다는 레위 사람들이 더욱 성심이 있었다.

레 1:6에 따르면 번제로 드릴 짐승을 잡고 그 가죽을 벗기며 각을 뜨는 일은 예배 자들이 해야 하는 일이었다. 그런데 역대기 저자는 이 일을 제사장의 임무로 간주하여 기록하고 있다. 이에 대하여 학자들은 회중의 이름으로 드려지는 것은 제사장의 직무였을 것이라고 추정한다(K.&D., Barker). 따라서 이는 제사장의 특정직은 아니기 때문에 레위인들이 도울 수 있을 것이라고 추측한다.

"제사장들보다 성심이 있었다"고 말한 것은 레위인들이 제사장들보다 더욱더 열심을 냈다는 말로, 이는 레위인들이 일 자체뿐 아니라 제사를 수행하는 마음에 있어서도 제사장들보다 순수하고 성의껏 했다는 뜻이다. 이처럼 역대기 기자의 눈에 제사장들이 레위인들보다 하나님의 일을 하는데 있어 뒤떨어지게 보인 것은 아마도 그들이 아하스 치하에서 레위인들보다 더 많이 우상 숭배에 가담하였고 정치적인 영향을 많이 받은 까닭에 히스기야의 종교 개혁에 소극적으로 대처한 까닭일 것으로 추정한다(K.&D., 그랜드 종합 주석).

대하 29:35. 번제와 화목제의 기름과 각 번제에 속한 전제들이 많더라 이와 같이 여호와의 전에서 섬기는 일이 순서대로 갖추어지니라.

제사장들은 제물을 다 태워 바치는 번제물도 바쳐야 할 뿐 아니라 이밖에도 화목제물로 바치는 기름도 태워 바쳐야 했다. 번제와 함께 드리는, 부어 드리는 제사도 제사장들이 맡아서 했다. 이렇게 하여 여호와의 성전에서 예배를 드리는 일이 다시 시작되었다.

"번제와 화목제"에 대해 31절 주해 참조. 화목제의 기름은 제단에서 태워 여호와께 돌렸고, 번제에 따르는 전제는 포도주를 제단 밑에 뿌렸다(민 15:1-15). "섬기는 일이 순서대로 갖추어졌다"는 말은 성결케 된 성전에서 드리기 시작한 제사들이 이제 격식에 맞게 진행되었다는 뜻이다.

대하 29:36. 이 일이 갑자기 되었으나 하나님께서 백성을 위하여 예비하셨으므로 히스기야가 백성과 더불어 기뻐하였더라.

일이 이렇게 갑작스럽게 되었어도 하나님이 백성을 도우셔서 잘 되도록 하셨으므로 히스기야는 백성과 함께 기뻐하였다.

역대기에 있는 제사의 기사는 열왕기에는 없다. 제사장 에스라가 기록한 역대기에는 제사에 대한 기사가 많고, 예언자의 손으로 기록된 열왕기에는 앗수르의 침공 같은 국사에 치중하는 것을 볼 수 있다.

제 30 장

2. 유월절을 지키다 30:1-27

여호와의 성전을 청결하게 하고 유월절을 지킨 히스기야와 백성들은 유다와 이스라엘의 모든 백성을 초청하여 유월절을 지켰다. 본 장의 내용은 유월절을 지키라고 명령한 일(1-12절), 유월절을 지킨 일(13-27절)을 진술한다.

ㄱ. 유월절을 지키라 30:1-12

히스기야 왕은 2월에 유월절을 지키도록 배려하고 유다와 이스라엘의 모든 백성을 예루살렘으로 초청한다. 북 왕국에서는 조롱하는 무리도 많았으나 호응하는 자가 많았다.

대하 30:1. 히스기야가 온 이스라엘과 유다에 사람을 보내고 또 에브라임과 므낫세에 편지를 보내어 예루살렘 여호와의 전에 와서 이스라엘 하나님 여호와를 위하여 유월절을 지키라 하니라.

히스기야 왕은 온 이스라엘과 유다에 사람을 보내고 또 에브라임과 므낫세에 각각 특별히 편지를 보내서 예루살렘에 있는 여호와의 성전에 와서 이스라엘 하나님 여호와를 위하여 유월절을 지키도록 초청하였다.

히스기야는 준비할 것을 완전히 준비한 다음 남북을 통틀어 초청한다. 북 왕국 이스라엘은 여로보암이 나라를 나눈(B.C. 930년) 이래 거국적인 유월절을 지키지 못했고, 남 왕국도 아하스의 우상 숭배 정책 때문에 오래도록 유월절을 지키지 못했던 판이었다.

대하 30:2. 왕이 방백들과 예루살렘 온 회중과 더불어 의논하고 둘째 달에

유월절을 지키려 하였으니.

히스기야 왕이 백성의 지도자들과 예루살렘 온 회중과 더불어 의논하고 둘째 달에 유월절 절기를 지키려 했다.

유월절은 정월(아빕월) 14일 저녁부터 7일간 지키도록 되어 있었으나(출 12:1-18; 민 9:1-14) 그들은 이미 시기를 잃었다. 성전 청결이 1월 16일에 끝났고 그 후에 제사를 드렸기 때문이다. 유월절은 2월에 지키는 특례가 있었으므로(민 9:10-12) 히스기야 왕은 유다의 지도자들과 예루살렘 주민들과 의논하여 2월 14일에 유월절을 지키게 한 것이었다.

히스기야 왕은 독재자가 아니었다. 그는 유월절을 2월에 지키는 문제로 유다의 지도자들과 예루살렘 주민들과 의논했다.

대하 30:3. 이는 성결하게 한 제사장들이 부족하고 백성도 예루살렘에 모이지 못하였으므로 그 정한 때에 지킬 수 없었음이라.

이처럼 유월절을 한 달이나 늦추어 지키기로 한 이유는 성결 예식을 치른 제사장도 부족한데다가 백성도 예루살렘에 많이 모이지 못하였으므로, 본래 정해진 첫째 달에 지킬 수 없었기 때문이다.

대하 30:4. 왕과 온 회중이 이 일을 좋게 여기고.

왕과 온 회중은 2월에 유월절을 지킬 계획을 상의한 결과 모두 좋게 여겼다. 2월에 지키는 것이 위법도 아니라서 좋게 여겼다. 법도 그렇고 또 의논한 결과 반대가 없었으니 좋게 여긴 것이었다.

대하 30:5 드디어 왕이 명령을 내려 브엘세바에서부터 단까지 온 이스라엘에 공포하여 일제히 예루살렘으로 와서 이스라엘 하나님 여호와의 유월절을 지키라 하니 이는 기록한 규례대로 오랫동안 지키지 못하였음이더라.

히스기야 왕은 브엘세바에서부터 단에 이르기까지 이스라엘 전역에 명령을 선포하여, 모두 함께 예루살렘으로 와서 이스라엘의 하나님 여호와 앞에서 유월절을 지키도록 하였다. 그들은 참으로 오랫동안 율법에 기록된 대로 유월절을 지키는 것을 실천하지 못했던 것이다.

본 절의 "브엘세바에서부터 단까지"란 이스라엘과 유다를 합한 땅의 최남단에서부터 최북단까지를 일컫는 말이다(대상 21:2 주해 참조). 또 본문의 "오랫동안"이란 말은 1) 시간적으로 말해서 '오랜 기간 동안'이라고 해석할 수도 있고(KJV, Wette, Luther, 한글개역, 표준 새 번역), 2) 또 숫적으로 해석해서 '많은 사람들이' 유월절을 지키지 못했음을 뜻하기도 한다(NASB, RSV, ESV, NIV, NEB, NJPS, K.&D., Barker). 2번의 해석이 더 바람직하다. 이유는 역대기 저자는 일반적으로 많은 숫자나 많은 양의 풍성함을 나타내는데 이 표현을 사용했다(9:9; 11:23; 16:8; 20:25). 실제로 본 절에서 이 표현은 두 번 더 사용되었다(13,24절). 게다가 왕국 분열 이후에 남 왕국의 왕들이 오랫동안 유월절을 지키지 않았다고 단정하기는 어렵다. 따라서 모세 율법에 전체 이스라엘이 유월절을 지키도록 규정하고 있음에도(출 12장; 신 16장), 남북 분열 이후 남북이 연합해서 많은 사람들이 유월절을 지키지 못했으니 함께 많은 사람들이 유월절을 지키도록 말하는 것이 합당한 것으로 보인다.

대하 30:6. 보발꾼들이 왕과 방백들의 편지를 받아 가지고 왕의 명령을 따라 온 이스라엘과 유다에 두루 다니며 전하니 일렀으되 이스라엘 자손들아 너희는 아브라함과 이삭과 이스라엘의 하나님 여호와께로 돌아오라 그리하면 그가 너희 남은 자 곧 앗수르 왕의 손에서 벗어난 자에게로 돌아오시리라.

보발꾼들(걸어서 공문을 전달하던 사람들)이 왕과 대신들의 편지를 받아 가지고 왕명을 따라 온 이스라엘과 유다에 두루 다니며 선포하기를 "이스라엘 자손들아! 당신들은 아브라함과 이삭과 이스라엘을 돌보신 여호와 하나님께로 돌아오라. 그러면 주님께서도 남아 있는 백성들, 곧 앗수르 왕의 손에서 벗어난 당신들에게로 돌아오실 것이다"라고 전했다. 우리가 하나님께로 돌아가면 하나님은 우리를 돌보실 것이라는 말이다. 아주 쉬운 이 일을 사람들은 하지 않아 그 많고 많은 어려움들을 당하고 산다.

대하 30:7. 너희 조상들과 너희 형제 같이 하지 말라 그들은 그의 조상들의 하나님 여호와께 범죄하였으므로 여호와께서 멸망하도록 버려두신 것을 너희가 똑똑히 보는 바니라.

"당신들은 조상들이나 동포들을 닮지 마시오. 그들이 조상의 하나님 여호와께 범죄하였으므로 여호와께서 그들을 멸망하도록 버려두신 것을 당신들은 직접 보았소"라고 했다.

조상들이나 동포들이 앗수르 왕의 손에서 벗어나지 못한 것은 조상들의 하나님께 범죄했기 때문이었는데 그 현실을 똑똑히 목도하였다면 하나님께 돌아오는 것이 당연한 것으로 예루살렘에 와서 유월절을 지키라는 것이었다. 남은 자들은 정신을 차려 여호와 하나님께 돌아와야 한다는 것이다.

대하 30:8. 그런즉 너희 조상들 같이 목을 곧게 하지 말고 여호와께 돌아와 영원히 거룩하게 하신 전에 들어가서 너희 하나님 여호와를 섬겨 그의 진노가 너희에게서 떠나게 하라.

히스기야 왕은 북 이스라엘과 남쪽 나라 유다 사람이 아직 살아남아 있다면 목을 부드럽게 하여 예루살렘으로 와서 유월절 절기를 지켜 하나님의 은총을 받으며 살라고 호소한다.

오늘도 무수한 사람들은 곧은 목을 가지고 힘들게 살아가고 있다. 우리는 항상 재앙을 당하는 삶을 살지 말고 하나님께 돌아와 은총 아래서 살아야 할 것이다.

대하 30:9. 너희가 만일 여호와께 돌아오면 너희 형제들과 너희 자녀가 사로잡은 자들에게서 자비를 입어 다시 이 땅으로 돌아오리라 너희 하나님 여호와는 은혜로우시고 자비하신지라 너희가 그에게로 돌아오면 그의 얼굴을 너희에게서 돌이키지 아니하시리라 하였더라.

"당신들이 여호와께 돌아오면 당신들의 친족과 아이들을 사로잡아 간 자들이 당신들의 동포에게 자비를 베풀어서 그들을 이 땅으로 돌려보낼 것이오. 당신들의 하나님 여호와는 은혜로우시고 자비로우신 분이시므로 당신들이 여호와께로 돌아오기만 하면 당신들을 절대로 외면하지 않으실 것이오"라고 했다.

일단 우리가 여호와 하나님께 돌아오면 참으로 하나님은 놀라운 이적을 베푸셔서 우리의 형제들과 우리의 자녀들을 부모의 품으로 돌아오게 하실 것이다. 오늘 우리의 형제들이나 자녀들 때문에 세상 상담자를 찾아가서 상담을 하지만 실제로는 우리가 하나님 앞에 나아가서 죄를 철저히 자복하면 세상 상담자를 찾을 필요도 없이 해결되는 것이다.

대하 30:10. 보발꾼이 에브라임과 므낫세 지방 각 성읍으로 두루 다녀서 스불론까지 이르렀으나 사람들이 그들을 조롱하며 비웃었더라.

보발꾼들(걸어서 공문을 전달해 주는 사람들)이 에브라임과 므낫세 지방(두 지역은 북쪽 이스라엘 땅)의 각 성읍으로 두루 다니며, 멀리 스불론(갈릴리 바다 서남편의 이스라엘 땅)에까지 가서 이렇게 알렸으나, 사람들은 보발꾼들을 비웃고 놀려대기까지 하였다.

히스기야 왕의 호의로 예루살렘의 유월절에 초청했으나 초청을 받은 자들은 워낙 우상숭배에 찌든 사람들이었기 때문에 히스기야의 초청을 우습게 알고 조롱까지 했다. 오늘도 예수 그리스도의 복음에 거부신호를 보내는 사람들이 얼마나 많은가. 부지기수이다.

대하 30:11. 그러나 아셀과 므낫세와 스불론 중에서 몇 사람이 스스로 겸손한 마음으로 예루살렘에 이르렀고.

여러 지역에서 사람들이 유월절 초청을 받고 조롱했으나 아셀(이스라엘 의최북단이며 지중해변의 지파)과 므낫세와 스불론 사람들 가운데서 몇몇 사람이 겸손하게 말을 듣고 예루살렘으로 왔다.

여기 목을 곧게 하지 않고 유월절에 온 사람들이 있었다. 이들이 바로 남은 자들이었다(왕상 18:3,4). 오늘 우리가 예수님을 전할 때 세상이 다

반대하는 것 같아도 그 중에서 남은 자들(구원 받을 자들)이 있어 복음을 받아들이는 자들이 있다는 것은 얼마나 반가운 일인지 모른다.

대하 30:12. 하나님의 손이 또한 유다 사람들을 감동시키사 그들에게 왕과 방백들이 여호와의 말씀대로 전한 명령을 한 마음으로 준행하게 하셨더라.

하나님이 또한 유다에서도 역사하셔서 왕과 대신들이 주님의 말씀대로 전한 그 명령을 유다 사람들이 한 마음으로 따르도록 감동시키셨다. 북쪽 이스라엘에서도 유월절에 참여하는 사람들이 있었는데 남쪽 나라 유다에서는 하나님께서 감동시키셔서 유월절에 참여하는 사람들이 많았다는 것이다. 본문의 "하나님의 손"이란 말은 '하나님의 권능, 하나님의 도우심'을 뜻한다. 우리가 기도하면 하나님께서 권능을 발휘하셔서 일이 되게 하신다.

ㄴ. 유월절을 지키다 30:13-27

이스라엘 지방에서도 유월절에 소수의 사람들이 참여했고 남쪽 나라 유다에서는 많은 사람들이 유월절에 참여하여 절기를 지켰다. 먼저 우상의 단을 제했고, 2월 14일에 유월절 양을 잡고 7일간 절기를 지켰으며 감사가 넘친 사람들은 7일간을 더 지켰다.

대하 30:13. 둘째 달에 백성이 무교절을 지키려 하여 예루살렘에 많이 모이니 매우 큰 모임이라.

"둘째 달에 백성이 무교절을 지키려고 예루살렘에 모였는데 그 수가 심히 많아서 큰 모임이 되었다".

본문의 "무교절"이란 유월절과 동의적으로 사용되고 있다. 다시 말해 본 절에서는 무교절과 유월절이 동일시되고 있다. 원래는 먼저 유월절을 14일 저녁에 지키고, 다음 7일간 무교병을 먹으면서 무교절을 지키는 것이었다.

대하 30:14. 무리가 일어나 예루살렘에 있는 제단과 향단들을 모두 제거하여

기드론 시내에 던지고.

무리가 일어나 먼저 예루살렘 도성에 있는 희생 제사를 지내던 제단들과 향을 피우던 분향 단들을 모두 뜯어내어 기드론 냇가에 가져다 버렸다.

유월절에 모인 무리들은 먼저 예루살렘의 우상 시설들을 치웠다. 선왕 아하스는 예루살렘의 구석구석에 우상 제단과 향단을 설치했는데(28:24) 그것들을 제하여 기드론 시냇가로 가져다가 불태웠다(29:16 주해 참조). 우리는 죄를 철저히 자복하고야 다른 기도를 할 수 있는 것이다.

대하 30:15. 둘째 달 열넷째 날에 유월절 양을 잡으니 제사장과 레위 사람이 부끄러워하여 성결하게 하고 번제물을 가지고 여호와의 전에 이르러.

2월 14일에 사람들이 유월절 양을 잡았다. 미처 부정을 벗지 못하여 부끄러워하던 제사장들과 레위 사람들은 부정을 씻는 예식을 한 다음에 번제물을 주님의 성전으로 가져 왔다.

사람이 부정을 벗지 못하면 부끄러운 것이다. 우리는 죄를 먼저 벗는 자복 기도를 해야 할 것이다. 화해하지 못하고서 예배를 드리기 보다는 먼저 화해하고 예배에 임해야 한다(마 5:23-24).

대하 30:16. 규례대로 각각 자기들의 처소에 서고 하나님의 사람 모세의 율법을 따라 제사장들이 레위 사람의 손에서 피를 받아 뿌리니라.

그들은 하나님의 사람 모세의 율법에 기록된 대로(레 1:11-13) 규례를 따라서 각자의 위치에 섰다. 제사장들은 레위 사람들이 건네 준 피를 받아 뿌렸다. 즉, 레위인은 유월절 양을 잡고 제사장은 그 피를 받아 뿌렸다. 본문에 모세를 "하나님의 사람"(신 33:1; 수 14:6; 시 90:1)이라고 칭한다. 이는 모세에게 붙여진 높은 신앙자의 칭호이다.

대하 30:17. 회중 가운데 많은 사람이 자신들을 성결하게 하지 못하였으므로 레위 사람들이 모든 부정한 사람을 위하여 유월절 양을 잡아 그들로 여호와

앞에서 성결하게 하였으나.

회중 가운데에 많은 사람이 자신들을 성결하게 하지 못하였으므로 레위 사람들은 부정한 사람들을 깨끗하게 하려고 유월절 양을 잡아서, 그러한 사람들을 데리고 여호와 앞에서 성결 예식을 행하였다.

본문의 "모든 부정한 사람"은 대부분 북 이스라엘 사람들, 곧 에브라임, 므낫세, 잇사갈, 스불론 지파에 속한 사람들이었을 것이다. 그들이 부정했던 이유는 아마도 그들이 유월절에의 초대 소식을 듣고 자신들을 성결케 하기에는 시간적으로 촉박했기 때문일 것이다. 따라서 북쪽의 이스라엘 사람들이 그 소식을 듣고 예루살렘에 도착했을 때는 유월절이 막 시작하려는 때였을 것이며, 그에 따라 그들이 자신을 성결케 할 시간적 여유가 없었을 것이다.

대하 30:18. 에브라임과 므낫세와 잇사갈과 스불론의 많은 무리는 자기들을 깨끗하게 하지 아니하고 유월절 양을 먹어 기록한 규례를 어긴지라 히스기야가 그들을 위하여 기도하여 이르되 선하신 여호와여 사하옵소서.

본 절은 두 가지를 말한다. 하나는 "에브라임과 므낫세와 잇사갈과 스불론의 많은 무리는 자기들을 깨끗하게 하지 아니하고 유월절 양을 먹어 기록한 규례를 어겼다"(민 9:6)는 것을 말한다. 아마도 그들 중에는 그런 규례가 있는 것도 알지 못한 사람도 있었을 것이다. 또 하나는 "히스기야가 그런 규칙을 어긴 사람들을 위하여 기도하여 이르되 선하신 여호와여 사하옵소서"라고 기도한 것이다. 이 기도는 다음 절에서 더욱 구체적으로 나타난다.

대하 30:19-20. 결심하고 하나님 곧 그의 조상들의 하나님 여호와를 구하는 사람은 누구든지 비록 성소의 결례대로 스스로 깨끗하게 못하였을지라도 사하옵소서 하였더니 여호와께서 히스기야의 기도를 들으시고 백성을 고치셨더라.

히스기야는 "비록 그들이 성소의 성결예식대로 스스로 깨끗하게 하지 못했을지라도 그들이 마음을 다하여 하나님, 곧 조상 때부터 섬긴 여호와 하나님께 정성껏 예배를 드렸으니 용서하여 주옵소서"라고 기도 했더니 여호와 하나님께서 히스기야의 기도를 들으시고 백성들을 고쳐주셨다.

"백성들을 고쳐주셨다"는 말씀에 대한 해석이 두 가지로 갈린다. 1) 그때 규례를 어기고 유월절을 먹은 사람들의 육적인 병을 하나님께서 고쳐주셨다는 견해(Bertheau). 2) 규례를 어기고 유월절 양을 먹은 사람들의 죄를 사해주셨다는 견해(K.&D. Curtis, Lange). 2번의 견해가 더 바람직하다. 하나님은 결심하고 하나님을 찾는 사람들의 죄를 사하신다는 것을 알 수 있다.

대하 30:21. 예루살렘에 모인 이스라엘 자손이 크게 즐거워하며 칠 일 동안 무교절을 지켰고 레위 사람들과 제사장들은 날마다 여호와를 칭송하며 큰 소리 나는 악기를 울려 여호와를 찬양하였으며.

예루살렘에 모인 이스라엘 자손이 크게 기뻐하면서(23:21; 대상 29:22; 시 112:1) 7일 동안 무교병을 먹으면서 무교절을 지켰고 그 기간에 레위 사람들과 제사장들은 날마다 주님을 찬양하며 큰 소리를 내는 악기(이 악기들은 여호와의 능력을 찬양했다)로 여호와를 찬양하였다.

대하 30:22. 히스기야는 여호와를 섬기는 일에 능숙한 모든 레위 사람들을 위로하였더라 이와 같이 절기 칠 일 동안에 무리가 먹으며 화목제를 드리고 그의 조상들의 하나님 여호와께 감사하였더라.

히스기야는 모든 레위 사람이 주님을 섬기는 일을 능숙하게 하는 것을 보고 그들을 위로하여(격려하여) 주었다. 이렇게 7일 동안 무리가 먹으며 화목제를 드리고 조상의 하나님 여호와께 감사했다.

"여호와를 섬기는 일에 능숙한 모든 레위 사람들"이란 말은 '레위 사람들이 여호와를 섬기는 일에 규례대로 잘 봉사했기 때문에 감사했고 격려했다'는 것이다. 오늘도 목회를 아주 잘하는 사람에게는 감사하고 칭찬을 아끼지 않게 된다.

대하 30:23. 온 회중이 다시 칠 일을 지키기로 결의하고 이에 또 칠 일을 즐겁게 지켰더라.

온 회중은 다시 7일 동안의 절기를 지키기로 결정하고 7일 동안의 절기를 즐겁게 지켰다.

그러니까 7일 동안 무리가 먹으며 화목제를 드리고 조상의 하나님께 감사하면서 지킨 7일(22절)과 다시 7일을 지키기로 결의하고 7일 동안의 절기를 즐겁게 지킨 본 절(23절)을 종합하면 14일을 지킨 것이다. 이와 유사하게 솔로몬의 성전 봉헌식 때에도 그 행사가 2주 동안 계속되었는데(7:8-11), 물론 백성들은 단순히 먹고 마시는 일에 즐거워한 것이 아니었다. 그들은 진정으로 하나님께 제사를 드리는 기쁨을 알았던 것이다. 오늘날 우리에게도 이런 거룩한 기쁨이 임하는 때가 있다. 하나님께 예배할 때와 기도를 드릴 때 이런 거룩한 기쁨이 임하는 때가 있다.

대하 30:24. 유다 왕 히스기야가 수송아지 천 마리와 양 칠천 마리를 회중에게 주었고 방백들은 수송아지 천 마리와 양 만 마리를 회중에게 주었으며 자신들을 성결하게 한 제사장들도 많았더라.

본 절 초두에는 이유접속사가 나타나 전절의 이유, 즉 왜 유월절을 7일간 연장했는지를 설명한다. 그것은 왕과 방백들이 많은 제물을 회중에게 준 것과 성결케 된 제사장도 많았기 때문이었다. 즉, 유다의 히스기야 왕은 수송아지 1,000마리와 양 7,000마리를 회중에게 주었고, 대신들(지도자들)은 수송아지 1,000마리와 양 10,000마리를 회중에게 주었다. 제사장들도 많은 수가 성결 예식을 치렀다. 다시 말해 많은 먹을거리가 생겼고 제사장들도 성결함을 받아 많은 제물처리에 문제가 없게 되었으니 7일간 더 연장했다는 것이다.

대하 30:25. 유다 온 회중과 제사장들과 레위 사람들과 이스라엘에서 온 모든 회중과 이스라엘 땅에서 나온 나그네들과 유다에 사는 나그네들이

다 즐거워하였으므로.

본 절은 유월절에 모인 무리가 누구누구임을 말해준다. 즉, 1) 유다의 온 회중. 2) 제사장들과 레위 사람들. 3) 이스라엘에서 온 모든 회중. 4) 이스라엘 땅에서 온 외국인 나그네들. 5) 유다에 사는 외국인 나그네들. 이들이 다 함께 하나님을 믿었으니 즐거워하게 된 것이었다.

대하 30:26. 예루살렘에 큰 기쁨이 있었으니 이스라엘 왕 다윗의 아들 솔로몬 때로부터 이러한 기쁨이 예루살렘에 없었더라.

예루살렘 장안이 큰 기쁨이 가득 차 있었으니 다윗 왕의 아들 솔로몬의 때부터 이제까지 이런 일이 없었다. 오늘도 기쁨이 있으려면 서로 담을 쌓지 말고 담을 넘어 상대를 알아주고 사랑하는 가운데서 하나님께 예배하고 찬양하고 감사하면 되는 것이다.

대하 30:27. 그 때에 제사장들과 레위 사람들이 일어나서 백성을 위하여 축복하였으니 그 소리가 하늘에 들리고 그 기도가 여호와의 거룩한 처소 하늘에 이르렀더라.

제사장들과 레위인들이 일어나 백성을 축복하니 그 축복의 말이 하나님께 이르렀고 그들의 기도가 여호와께서 계신 거룩한 곳 하늘에까지 이르렀다.

본 절의 "제사장들과 레위 사람들"(הַכֹּהֲנִים הַלְוִיִּם)이란 말은 '제사장들 레위인들'이다. 즉, "제사장들"(the priests)과 "레위인들"(Levites)이란 낱말 사이에 "그리고"(וְ)란 연결 접속사가 히브리어 원전에는 없고 그냥 "제사장들 레위인들"로 표기되어 있다. 즉, '레위인인 제사장들'이라고 되어 있다. 축복을 비는 것은 오직 제사장의 권한이었다. 이런 제사장의 축복으로 유월절이 폐회되었다. 이들의 축복의 소리는 하나님께 상달되어 하나님의 복이 모든 회중 위에 임했다. 모든 회중 위에 임한 것을 아는 방법은 회중들이 느끼는 신앙의 확신과 기쁨이었다. 오늘도 전도자들의 축복이 임했는가를 아는 방법은 성도들에게 있었던 잡다한 생각은 없어지고 신앙의 확신이 임하고 기쁨이 임하는 것을 보면 알 수 있다.

제 31 장

3. 히스기야가 종교를 개혁하다 31:1-21

큰 은혜가 임한 유월절을 지킨 히스기야 왕은 백성들의 신앙을 튼튼하게 하려고 제사장과 레위인의 직책을 부활시킨다. 다시 말해 종교개혁을 하고 또 헌납품의 관리와 분배를 한다. 이 부분(1-21절)의 내용은 히스기야가 종교를 개혁한 일(1-10절)과 모든 직책을 정리한 일(11-21절)을 진술한다.

ㄱ. 종교 개혁을 하다 31:1-10

히스기야 왕과 온 회중이 14일간의 유월절을 지킨 다음 전국적으로 우상을 파괴하고(1절), 히스기야 왕이 제사장들과 레위 사람들의 반열을 새로 정하고 저희를 보급하기 위해 십일조를 헌납하라고 명령한다(2-10절).

대하 31:1. 이 모든 일이 끝나매 거기에 있는 이스라엘 무리가 나가서 유다 여러 성읍에 이르러 주상들을 깨뜨리며 아세라 목상들을 찍으며 유다와 베냐민과 에브라임과 므낫세 온 땅에서 산당들과 제단들을 제거하여 없애고 이스라엘 모든 자손이 각각 자기들의 본성 기업으로 돌아갔더라.

본 절은 유월절을 마친 다음 히스기야 왕의 종교개혁이 전국적으로 확산되어 모든 우상을 제거했다는 것을 진술한다. 즉, "14일간의 유월절 잔치를 마치자 유월절에 참석해 있던 모든 이스라엘 사람들은 각각 유다의 여러 성읍으로 돌아다니며 주상(기둥 석상)을 산산이 부수고, 아세라 목상들을 찍어 버리고, 유다와 베냐민과 에브라임과 므낫세 온 땅에서 산당과 제단을 하나도 남기지 않고 없애버린 다음, 각자의 고향, 곧 자기들의 유산이 있는 곳으로 돌아갔다"는 것이다.

본 절의 "이스라엘 무리"란 말은 '남 유다 사람들과 소수의 이스라엘 사람들'을 합하여 지칭한 말이다. 북 이스라엘은 B.C. 722년에 앗수르에 멸망한 다음에는 히스기야의 통치가 북 왕국에 미쳤다. "주상"이란 '기둥 모양으로 된 돌상'을 지칭한다. "아세라 목상들"에 대해 신 16:21; 삿 2:13 주해 참조.

대하 31:2. 히스기야가 제사장들과 레위 사람들의 반열을 정하고 그들의 반열에 따라 각각 그들의 직임을 행하게 하되 곧 제사장들과 레위 사람들에게 번제와 화목제를 드리며 여호와의 휘장 문에서 섬기며 감사하며 찬송하게 하고.

히스기야가 제사장들과 레위 사람들의 반열을 다시 조직하여 각자에게 특수한 임무를 맡겼다. 제사장들과 레위 사람들에게 번제를 드리는 일, 화목제를 드리는 일, 성전 예배에 참석하는 일, 여호와의 성전 여러 곳에서 찬양과 감사의 노래를 부르는 일을 하게 하였다.

다윗은 제사장들과 레위 사람들의 반차를 정하여 직무를 맡겼었는데(대상 23-26장), 세월이 지나면서 점점 와해되었고, 더욱이 아하스 시대에는 반열과 직무가 중단되었다. 이는 아하스의 우상 숭배 정책 때문이었다. 그런고로 히스기야 왕은 이제 제사장들과 레위 사람들의 반열을 다시 정하여 본 절에 있는 대로 그들에게 직무(번제를 드리는 일, 화목제를 드리는 일, 성전 예배에 참석하는 일, 여호와의 성전 여러 곳에서 찬양과 감사의 노래를 부르는 일)를 준 것이다.

대하 31:3. 또 왕의 재산 중에서 얼마를 정하여 여호와의 율법에 기록된 대로 번제 곧 아침과 저녁의 번제와 안식일과 초하루와 절기의 번제에 쓰게 하고.

히스기야 왕 자신도 자기의 재산 가운데서 아침저녁으로 드리는 번제에 쓸 짐승을 바치게 하고 또 안식일과 초하루와 기타 절기의 번제에 쓸 짐승을 바치게 하였으니 모두 율법에 규정된 대로 하였다.

대하 31:4. 또 예루살렘에 사는 백성을 명령하여 제사장들과 레위 사람들 몫의 음식을 주어 그들에게 여호와의 율법을 힘쓰게 하라 하니라.

앞 절(3절)은 히스기야 왕 자신의 가축 중에서 각종 제사에 쓰도록 내놓은 것을 진술한 것이고, 본 절은 예루살렘에 사는 주민들에게 제사장들과 레위 사람들이 받아야 할 몫의 음식을 주어 그들이 여호와의 율법에 있는 일을 힘쓰게 한 것을 진술한다.

원래 레위 지파에게는 기업을 주지 않았고 대신 11지파가 저희를 보급하게 했었다. 다시 말해 제사장에게는 희생제물의 일부를 주게 했고(레 6-7장), 저들의 성읍의 첫 열매와 토지의 첫 열매 등을 주게 했었다(출 23:19). 그리고 레위인들에게는 백성들로 하여금 십일조를 바치게 했었다(레 27:30-33; 민 18:21-24). 그러나 이런 율법이 해이해져 갔고 더욱 아하스의 우상 숭배 정책 때문에 이런 제도가 아주 폐지되고 말았다. 따라서 제사장과 레위인들에게는 생활의 염려가 찾아온 것이다. 그런고로 히스기야는 예루살렘 주민들에게 제사장과 레위인의 생활비를 주어 여호와 봉사에 전념하게 했다.

대하 31:5. 왕의 명령이 내리자 곧 이스라엘 자손이 곡식과 포도주와 기름과 꿀과 밭의 모든 소산의 첫 열매들을 풍성히 드렸고 또 모든 것의 십일조를 많이 가져왔으며.

왕의 명령이 떨어지자 예루살렘 주민만(앞 절) 아니라 북쪽 사람들로서 남쪽에 와서 살고 있는 이스라엘 자손들도 곡식과 포도주와 기름과 꿀과 밭의 모든 소산의 첫 열매들을 풍성히 드렸고 또 모든 것의 십일조를 많이 가져왔다.

이들이 이렇게 왕명을 순종하는 것을 보면 이들이 유월절에 하나님으로부터 큰 은혜를 받은 것이 증명된다. "곡식과 포도주와 기름과 꿀과 밭의 모든 소산의 첫 열매들"은 제사장 몫이고(민 18:12-13), "모든 것의 십일조"는 레위인들의 몫이었다(민 18:21-24).

대하 31:6-7. 유다 여러 성읍에 사는 이스라엘과 유다 자손들도 소와 양의 십일조를 가져왔고 또 그들의 하나님 여호와께 구별하여 드릴 성물의 십일조를 가져왔으며 그것을 쌓아 여러 더미를 이루었는데 셋째 달에 그 더미들을 쌓기 시작하여 일곱째 달에 마친지라.

유다의 여러 성읍에 사는 이스라엘 자손과 유다 자손들도 소와 양의 십일조를 가져 왔고, 하나님 여호와께 거룩하게 구별하여 드릴 물건의 십일조를 가져 왔다. 이렇게 가져 온 것을 차곡차곡 더미가 되도록 쌓았다. 셋째 달에 더미를 쌓기 시작하여 일곱째 달에 마쳤다.

"유다 여러 성읍에 사는 이스라엘"이란 '북 왕국 백성들이었는데 남 왕국으로 이주하여 와서 살고 있는 이주자들'을 지칭한다. 본 절의 "성물의 십일조"란 '거제물'을 지칭한다(K.&D.). 본 절의 "십일조를 쌓아 여러 더미를 이룬 것"은 뜨거운 신앙의 열기를 증거 하는 것이었다(이상 6절).

이스라엘의 추수는 3월에 시작하여 7월에 끝난다. 그런고로 백성이 바친 첫 열매(십일조로 바친 열매)가 본 절에 기록된 대로 셋째 달에 쌓기 시작하여 7월에 마쳤다는 것이다. 다시 말해 십일조가 이 시기에 들어와 쌓인 것이다(이상 7절).

대하 31:8. 히스기야와 방백들이 와서 쌓인 더미들을 보고 여호와를 송축하고 그의 백성 이스라엘을 위하여 축복하니라.

히스기야 왕은 방백들(대신들)을 대동하고 와서 이 더미를 보고 놀라 여호와를 찬양하고 백성들을 위하여 축복했다. 히스기야 왕과 대신들이 보고 놀란 이 더미는 바친 사람들의 신앙의 척도라고 할 수 있다.

어떤 전도자들은 자기 교회를 위해서는 십일조를 바치지 않아도 된다고 하기도 하고 혹은 십일조를 바치지 않는 것을 하나의 정책으로 내 세우는 수가 있으나 성도들의 신앙을 위하여 바쳐야 할 것이며 또 복을 위하여 마땅히 바쳐야 할 것이다.

대하 31:9-10. 히스기야가 그 더미들에 대하여 제사장들과 레위 사람들에게 물으니 사독의 족속 대제사장 아사랴가 그에게 대답하여 이르되 백성이 예물을 여호와의 전에 드리기 시작함으로부터 우리가 만족하게 먹었으나 남은 것이 많으니 이는 여호와께서 그의 백성에게 복을 주셨음이라 그 남은 것이 이렇게 많이 쌓였나이다.

히스기야 왕이 제사장들과 레위 사람들에게 그 쌓인 예물 더미에 대하여 묻자(이상 9절) 사독의 자손인 아사랴(웃시야가 분향할 때 저지한 대제사장의 이름과 같은 이름이다) 대제사장이 왕에게 대답하기를 "백성이 주님의 성전에 예물을 드리기 시작하면서부터 우리는 먹을 것을 넉넉하게 공급받았을 뿐 아니라 남은 것이 이렇게 많습니다. 남은 것이 이렇게 많이 쌓인 것은 여호와께서 그의 백성에게 복을 베푸신 까닭인 줄로 압니다"라고 대답했다(이상 10절).

히스기야 왕은 8절에 있는 대로 예물 더미를 보고 놀라 여호와를 찬송하고 그의 백성 이스라엘을 위하여 축복도 했지만 그래도 아직 궁금한 것이 있어 그 여러 더미들에 대하여 물은 것이었다. 히스기야 왕은 그 더미들에 대하여 제사장들과 레위 사람들에게 물었을 때 사독의 족속 대제사장 아사랴가 나서서 대답한 것이다. 대답 내용은 참으로 은혜로운 것이었다. 이 더미들은 지금까지 충분히 먹고 남아 있는 더미라고 했다.

본 절의 아사랴가 누구냐를 두고 견해가 갈린다. 1) 혹자는 웃시야가 분향할 때 저지했던 아사랴와 동일인이라고 하는 견해(Lange). 2) 동명이인이라는 견해(K.&D., Barker). 두 번째 견해가 합리적일 것이다. 이유는 히스기야 시대는 웃시야 시대와 40년의 간격이 있으니 동명이인으로 보는 것이 옳을 것이다.

ㄴ. 헌물 관리와 분배를 위하여 직책을 정리하다 31:11-21

헌물이 많아지니 히스기야 왕은 곳간을 예비하고 레위인들을 세워 관리하며 제사장들과 레위인들에게 분배해 준다.

대하 31:11. 그 때에 히스기야가 명령하여 여호와의 전 안에 방들을 준비하라 하므로 그렇게 준비하고.

히스기야가 여호와의 성전 안에 방을 마련하도록 명령을 내리니, 곧 방을 마련했다. 방을 마련한 것은 새로 방을 만든 것이 아니라 이런 헌물들을 보관하기 위하여 이미 성전 안에 있던 방들을 할당한 것을 뜻한다(대상 9:26 주해 참조).

대하 31:12-13. 성심으로 그 예물과 십일조와 구별한 물건들을 갖다 두고 레위 사람 고나냐가 그 일의 책임자가 되고 그의 아우 시므이는 부책임자가 되며 여히엘과 아사시야와 나핫과 아사헬과 여리못과 요사밧과 엘리엘과 이스마갸와 마핫과 브나야는 고나냐와 그의 아우 시므이의 수하에서 보살피는 자가 되니 이는 히스기야 왕과 하나님의 전을 관리하는 아사랴가 명령한 바이며.

모든 예물과 십일조와 거룩한 물건들을 각 방으로 날라다가 정확하게 보관하였다. 이 일을 책임진 사람은 레위 사람 고나냐('힘'이라는 뜻)이고, 부책임자는 그의 아우 시므이('들음'이라는 뜻)였다(이상 12절). 이 두 사람의 지시를 받으며 함께 일할 사람으로는 10명이었는데 여히엘('하나님께서 살리신다'는 뜻)과 아사시야('여호와께서 도우신다'는 뜻)와 나핫('휴식'이라는 뜻)과 아사헬('하나님의 피조물'이라는 뜻)과 여리못('뛰어나다'는 뜻)과 요사밧('여호와는 심판자'라는 뜻)과 엘리엘('하나님은 하나님이시다'는 뜻)과 이스마갸('여호와께서 양육하셨다'는 뜻)와 마핫('움켜쥐다'는 뜻)과 브나야('여호와의 아들'이라는 뜻)가 임명되었다. 히스기야 왕과 하나님의 성전을 관리하는 아사랴가 레위 사람 열 명에게 이런 일을 맡긴 것이다(이상 13절).

대하 31:14. 동문지기 레위 사람 임나의 아들 고레는 즐거이 하나님께 드리는 예물을 맡아 여호와께 드리는 것과 모든 지성물을 나눠 주며.

또 성전 '동쪽 문'을 지키는 레위 사람 임나의 아들 고레[396]('외치는 자'라는 뜻)는 백성이 하나님께 즐거이 드리는 예물(자원하여 드리는 감사 예물)을 받아서 여호와께 드리는 일과, 가장 거룩한 지성물(속죄제와 속건제물로 제사장이 성소에서 먹는 제물, 레 7:6,14,33; 10:14; 민 5:9)을 제사장들에게 나누어 주는 일을 맡았다.

대하 31:15. 그의 수하의 에덴과 미냐민과 예수아와 스마야와 아마랴와 스가냐는 제사장들의 성읍들에 있어서 직임을 맡아 그의 형제들에게 반열대로 대소를 막론하고 나눠 주되.

본 절은 고레의 수하에서 봉사하는 6명의 레위인들을 열거한다. 즉, 고레의 지시를 받아 함께 일할 사람들로는 에덴('즐거움'이라는 뜻)과 미냐민('오른 손으로부터'라는 뜻)과 예수아('구세주'라는 뜻)와 스마야('여호와께 들음'이라는 뜻)와 아마랴('여호와께서 말씀하신다'는 뜻)와 스가냐('여호와께서 그의 거처를 잡으셨다'는 뜻)가 임명되었다. 그들은 제사장들이 사는 성읍으로 다니면서, 동료 레위 사람들에게 임무에 따라 공정하게 먹을 몫을 나누어 주었다.

이 6명의 임무는 지방 제사장의 성읍에 사는 제사장들에게 성물을 분배하는 일이었다. 그러나 저희는 지성 물은 분배하지 않았을 것이다. 그것은 오직 성소에서 먹을 수 있었기 때문이다(이상근).

대하 31:16. 삼 세 이상으로 족보에 기록된 남자 외에 날마다 여호와의 전에 들어가서 그 반열대로 직무에 수종드는 자들에게 다 나눠 주며.

본 절은 제사장과 레위인으로부터 성물을 분배 받을 수 있는 대상들이 누구인지 진술한다. 즉, 첫째, 3세 이상으로 족보에 기록된 모든 남자들이었다. 둘째, 날마다 여호와의 성전에 들어가서 그 반열대로 책임을 수행하는 남자들에게도 몫을 나누어 주었다. 두 가지 조건을 합해 말한다면 세살 이상

---

396) 고레의 아들들도 문지기였다(대상 9:9; 26:1).

의 아이들은 반열을 따라 봉사하는 그 아버지를 따라 성전에 들어가서 아버지와 아들이 함께 몫을 받을 수 있었다.

대하 31:17. 또 그들의 족속대로 족보에 기록된 제사장들에게 나눠 주며 이십 세 이상에서 그 반열대로 직무를 맡은 레위 사람들에게 나눠 주며.

본 절은 제사장과 레위인으로부터 성물을 분배 받을 수 있는 두 부류의 대상들에 대하여 진술한다. 첫째, 가문별로 족보에 기록된 제사장들이었고, 둘째, 20세가 넘은 레위인은 원래 제사장처럼 30세 이상 되어야 반열에 들었으나(대상 23:3), 그러나 다윗 시대에 이를 20세로 한 것이었다(대상 23:24,27).

대하 31:18. 또 그 족보에 기록된 온 회중의 어린 아이들 아내들 자녀들에게 나눠 주었으니 이 회중은 성결하고 충실히 그 직분을 다하는 자며.

제사장이나 또는 직무를 수행하는 레위인들 뿐 아니라 그들에게 속해 있는 아내와 자녀들을 포함한 모든 가족들 개인 개인에게도 성물의 분배는 할당되었다. 즉, 성물의 분배는 개인이 먹고 살 정도의 분량이 아니라 가족이 얼마가 됐든지 가족 모두가 먹고 살 만큼의 양이 배당이 된 것이다. "이 회중은 성결하고 충실히 그 직분을 다하는 자"란 말 중의 "회중"이란 말은 자신을 성결케 하고 성전 직무를 수행했던 제사장과 레위인들을 가리킨다.

대하 31:19. 각 성읍에서 등록된 사람이 있어 성읍 가까운 들에 사는 아론 자손 제사장들에게도 나눠 주되 제사장들의 모든 남자와 족보에 기록된 레위 사람들에게 나눠 주었더라.

아론의 자손에게 할당된 성읍과 거기에 딸린 목장에 살고 있는 제사장들도 있었는데 이들 제사장 가문의 모든 남자들과 레위 사람으로 등록된 남자들에게도 먹을 몫을 나누어 주었다. 즉, 모든 제사장과 레위인이 빠짐없이 공평하게 수혜 대상이 되었다는 뜻이다.

대하 31:20. 히스기야가 온 유다에 이같이 행하되 그의 하나님 여호와 보시기에 선과 정의와 진실함으로 행하였으니.

본 절과 다음 절(21절)은 히스기야 왕이 종교적 봉사에 아주 진실되게 충성하였다는 것을 드러낸다. 히스기야는 유다 전역에서 여호와 하나님 앞에서 선하고 정직하고 진실하게 일을 처리하였다는 것이다. 다시 말해 바른 신앙과 진실함으로 행했다는 뜻이다. "그의 하나님 여호와 보시기에 선과 정의와 진실함으로 행하였다"는 말은 '하나님 앞에서 선한 것과 올바른 것과 신실함을 행했다'는 뜻이다. 다시 말해 히스기야 왕은 '하나님 말씀에 대한 순종으로 인해 하나님의 은혜로 선하고 옳고 신실했다'는 뜻이다.

대하 31:21. 그가 행하는 모든 일 곧 하나님의 전에 수종드는 일에나 율법에나 계명에나 그의 하나님을 찾고 한 마음으로 행하여 형통하였더라.

히스기야는 그가 행하는 모든 일, 곧 하나님의 성전에 봉사하는 일에나 율법과 계명을 지키는 일에나 그가 하나님을 찾는 모든 일마다 최선을 다하였으므로 그가 하는 일마다 잘 되었다.

하나님을 부지런히 찾는 사람들을 하나님께서 형통하게 하신다는 말씀에 오늘날 상당히 거부감을 가지는 전도자들이 있으나 성경을 바로 살펴야 할 것이다. 성경은 분명히 하나님 앞에 신실한 전도자들이나 성도들이 잘 된다고 말한다.

제 32 장

4. 앗수르 군대를 격퇴하다 32:1-33(왕하 18-19장)

히스기야 왕이 종교개혁을 하고 난 후 하나님은 전쟁을 하게 하셔서 승리케 하시거나 아니면 질병에서 치유 받게 하시며 혹은 극한 영광이 찾아오게 하셔서 하나님의 힘을 드러내 보이신다. 이 부분(1-33절)에는 앗수르 군대를 격퇴한 일(1-23절), 히스기야가 병에서 치유 받은 일(24-26절), 히스기야가 부와 영광이 극하게 된 일(27-33절) 등이 진술된다.

ㄱ. 앗수르 군대를 격퇴하다 32:1-23(왕하 18-19장)

이 부분(1-23절)에는 앗수르 왕 산헤립이 침공한 일(1-8절), 산헤립이 위협한 일(9-19절), 히스기야 왕이 이사야와 기도하여 앗수르 군대를 격퇴한 일(20-23절) 등이 진술된다.

1-8절: 앗수르 왕 산헤립이 침략하다.

대하 32:1. 이 모든 충성된 일을 한 후에 앗수르 왕 산헤립이 유다에 들어와서 견고한 성읍들을 향하여 진을 치고 쳐서 점령하고자 한지라.

히스기야 왕이 종교개혁을 하고 난(31장) 후에, 앗수르의 산헤립 왕이 유다로 쳐들어왔다. 산헤립은 요새화된 성읍들을 공격하여 점령할 수 있을 것이라고 생각하고 진을 쳤다.

"산헤립"[397]('형제들을 번성케 했다'는 뜻)이 유다를 쳐들어 온 것은

---

397) "산헤립": 산헤립은 앗수르 왕(주전 705-681)으로 사르곤 Ⅱ세(주전 722-705)의 아들이며 후계자이다. 그는 굉장한 제국을 건설하여 서쪽에는 이오니아 희랍섬들까지 북쪽에는 다소까지 정복하고(주전 700) 조공을 받았다. 바벨론을 제압한 후(주전 689) 서쪽의 반역민들을 진압하고 애굽과 동맹을 했다.

히스기야 통치 14년으로 B.C. 701년경으로 본다. 산헤립은 이 때 유다로 쳐 들어와서 견고한 성읍 47개의 성읍들을 쳤다는 것이며 사로잡아 간 백성의 숫자가 200,150명에 달했다고 한다(이상근). 산헤립이 유다를 침략한 것은 유다를 거저먹을 수 있을 것이라는 착각에 의한 것이었다. 종교 개혁을 한 나라는 하나님께서 함께 하셔서 하나님의 힘을 보여주시는 법인데 산헤립이 그것을 모르고 덤빈 것이다.

대하 32:2. 히스기야가 산헤립이 예루살렘을 치러 온 것을 보고.

히스기야는 산헤립이 결국은 예루살렘까지 칠 것을 알았다. 이유는 이번의 산헤립의 침략은 산헤립이 벌인 두 번째 침공이었기 때문이다. 첫 번째 침략은 히스기야가 항복을 하고 뇌물을 주자 군사를 돌려 돌아갔으나 히스기야가 계속해서 반(反) 앗수르 정책을 펴며 애굽과 동맹하여 앗수르를 대항하려 하자(왕하 18:20) 자신은 애굽 원정에 나서면서 자기의 세 장관들(다르단, 랍사리스, 랍사게)로 하여금 예루살렘을 치도록 한 것이다(9절; 왕하 18:17).

대하 32:3. 그의 방백들과 용사들과 더불어 의논하고 성 밖의 모든 물 근원을 막고자 하매 그들이 돕더라.

히스기야는 대신들(정부 관료들)과 장군들을 불러서 성 밖에 있는 물줄기를 메워 버릴 것을 의논하였다. 그들은 왕의 계획을 지지하였다.

히스기야는 나라의 중대사를 홀로 결정하지 아니하고 정부의 관료들과 군의 높은 지휘관들과 의논했다. 참 신앙인은 독재를 하지 않고 다른 이들의 의견도 수렴하는 입장이 되어야 할 것이다. 히스기야는 의논해서 "성 밖의 모든 물 근원을 막고자" 했다. 우량이 적은 성지에서는 물이 곧 생명이나 다름없었으니 물 근원을 막고자 한 것이다. 히스기야는 그들과 상의한 후 예루살렘 성 밖의 기혼 샘을 비롯하여 모든 물을 막고, 이 물을 지하수로를 통하여 예루살렘 성내로 끌어들였다. 이는 히스기야의 큰 공사로 치부되었다(30절).

대하 32:4. 이에 백성이 많이 모여 모든 물 근원과 땅으로 흘러가는 시내를 막고 이르되 어찌 앗수르 왕들이 와서 많은 물을 얻게 하리요 하고.

그래서 많은 인원이 동원되어 모든 샘과 들판으로 흘러 나가는 물줄기를 막았다. 어찌 앗수르의 왕들이 와서 많은 물을 얻어 마시게 할 것인가 하고 물 근원을 막은 것이다.

대하 32:5. 히스기야가 힘을 내어 무너진 모든 성벽을 보수하되 망대까지 높이 쌓고 또 외성을 쌓고 다윗 성의 밀로를 견고하게 하고 무기와 방패를 많이 만들고.

히스기야는 힘을 내어 무너진 모든 성벽을 다시 쌓되 망대들도 높이 쌓고, 성벽 밖에다 또 한 겹으로 외벽을 쌓았다. 또 다윗 성의 밀로를 견고한 요새로 만들고 창과 방패도 많이 만들어 방어에 힘을 썼다.

히스기야는 앗수르의 1차 침입 때 보였던 수치스러운 모습을 보이지 않기 위하여 여호와를 더욱 의지했고 군비를 더 강화했으며 앗수르 군과 전쟁할 준비를 갖추었다. 히스기야는 방어를 위해서 다윗 성의 밀로를 더 견고하게 했고 또 무기와 방패를 많이 만들어 만반의 준비를 해 놓은 것이다.

대하 32:6. 군대 지휘관들을 세워 백성을 거느리게 하고 성문 광장에서 자기 앞에 무리를 모으고 말로 위로하여 이르되.

히스기야는 군대의 지휘관들을 더 세워 백성을 인도하게 했다. 그리고 예루살렘 성문 광장에서 자기 앞에 무리를 모으고 백성들을 말로 위로했다. 위로한 것은 다음 절에 있다.

대하 32:7. 너희는 마음을 강하게 하며 담대히 하고 앗수르 왕과 그를 따르는 온 무리로 말미암아 두려워하지 말며 놀라지 말라 우리와 함께 하시는 이가 그와 함께 하는 자보다 크니.

히스기야 왕은 백성들을 앞에 세워놓고 말하기를 "당신들은 마음을 강하게 하며 담대히 하십시오"라고 위로 했다(수 1:9). 히스기야는 더 구체적으로 "앗수르 왕과 또 그를 따르는 온 군대로 말미암아 두려워하지 말며 놀라지 마십시오"라고 힘을 북돋아 주었다. 그 이유는 "우리와 함께 하시는 여호와 하나님이 앗수르 왕과 함께 하는 군인들보다 크기" 때문이라고 했다. 이는 비교도 되지 않는 비교였다. 히스기야의 하나님, 유다 민족을 돌보시는 하나님은 앗수르 군대보다 몇 백배 천배보다 크다는 것을 드러내 준 것이다. 여기 "크다"(רַב)는 말은 '많다'는 뜻이다. 하나님은 한분이시지만 많은 군대를 이기시는 분이니 많다는 표현도 가능한 것이다. 우리 하나님 앞에는 세상의 군인들은 새 발의 피만도 못한 존재들이다.

대하 32:8. 그와 함께 하는 자는 육신의 팔이요 우리와 함께 하시는 이는 우리의 하나님 여호와시라 반드시 우리를 도우시고 우리를 대신하여 싸우시리라 하매 백성이 유다 왕 히스기야의 말로 말미암아 안심하니라.

본 절은 앞 절의 "우리와 함께 하시는 이가 그와 함께 하는 자보다 크다"는 설명이다. 히스기야는 앗수르 왕과 함께 하는 자는 육신의 팔이라고 말하고 히스기야 왕과 유다 사람들과 함께 하시는 분은 우리의 하나님 여호와시라고 한다. 그 하나님은 반드시 우리를 도우시고 우리를 대신하여 싸우실 것이라고 말한다(삼상 17:45 주해 참조). 히스기야가 백성들에게 하나님을 소개하니 백성이 유다 왕 히스기야의 말로 안심하게 되었다고 말한다. 사람은 누구나 하나님에 대해서 알거나 들으면 마음이 평안해진다.

9-19절: 산헤립이 위협하다.

대하 32:9-10. 그 후에 앗수르 왕 산헤립이 그의 온 군대를 거느리고 라기스를 치며 그의 신하들을 예루살렘에 보내어 유다 왕 히스기야와 예루살렘에 있는 유다 무리에게 말하여 이르기를 앗수르 왕 산헤립은 이같이 말하노라 너희가 예루살렘에 에워싸여 있으면서 무엇을 의뢰하느냐.

앗수르 왕의 군대가 침입한(1-8절) 다음 산헤립이 유다를 위협한다. 얼마

뒤에 앗수르의 산헤립 왕이 자기는 온 군대를 거느리고 라기스를 치고 있으면서, 자기 부하들 3명을 예루살렘으로 보내어, 유다의 히스기야 왕과 예루살렘에 있는 유다 백성에게 랍사게가 앗수르 왕을 대신하여 말하기를(이상 9절) "앗수르의 산헤립 왕이 이같이 말한다. 예루살렘은 포위되었다. 그런데도 너희(궁내대신 엘리야김, 서기관 셉나, 사관 요아)가 무엇을 믿고 버티느냐?" (이상 10절)고 위협했다. 이들이 이렇게 위협한 것은 싸움을 하기 전에 사기를 죽여 놓기 위함이었다.

대하 32:11. 히스기야가 너희를 꾀어 이르기를 우리 하나님 여호와께서 우리를 앗수르 왕의 손에서 건져내시리라 하거니와 이 어찌 너희를 주림과 목마름으로 죽게 함이 아니냐.

랍사게는 히브리 방언을 잘 했기 때문에 대변인으로 뽑혀 유다의 관료들에게 "히스기야가 당신들을 꾀어, 당신들의 하나님이 유다를 앗수르 왕의 손에서 건져 줄 것이라고 한다마는, 이것이 너희를 굶어 죽게 하고 목말라 죽게 하는 일이 아니고 무엇이겠느냐?"

랍사게 일행은 히스기야의 종교 개혁에 대해 들어 알고 있으면서 그 종교개혁의 정신대로 하면 유다는 망하고 백성들은 굶어죽기 알맞은 일이라고 하여 유다 백성들의 민심을 교란시킨다. 사단은 항상 신앙인들의 마음을 흔들어 놓는 일에 재주가 대단하다.

대하 32:12. 이 히스기야가 여호와의 산당들과 제단들을 제거하여 버리고 유다와 예루살렘에 명령하여 이르기를 너희는 다만 한 제단 앞에서 예배하고 그 위에 분향하라 하지 아니하였느냐.

랍사게가 히브리 말로 유다 백성들에게 한 말이 본 절에서도 계속된다. "히스기야가 여호와의 산당들과 제단들을 다 없애버렸고, 유다와 예루살렘에 명령을 내려 오직 하나의 제단 앞에서만 경배하고 그 위에서만 분향하라고 하지 아니하였느냐?" 랍사게의 이런 말은 유다 백성들의 심중에 히스기야의 종교 개혁은 아주 잘못된 것이라는 것을 알고 반기를 들게 하려는 것이었다.

대하 32:13. 나와 내 조상들이 이방 모든 백성들에게 행한 것을 너희가 알지 못하느냐 모든 나라의 신들이 능히 그들의 땅을 내 손에서 건져낼 수 있었느냐.

랍사게는 계속해서 앗수르 왕을 대변한다. 즉, "나와 내 선왕들이 이 세상의 모든 백성에게 어떻게 하였는지를, 너희가 알지 못하느냐? 그 여러 나라의 신들이 과연 그 땅을 내 손에서 건져 낼 수 있었느냐?"고 한다. 랍사게는 여호와 하나님이란 분도 결국은 유다 민족을 아수르의 산헤립으로부터 구원하지 못할 것이라고 위협한다.

대하 32:14. 내 조상들이 진멸한 모든 나라의 그 모든 신들 중에 누가 능히 그의 백성을 내 손에서 건져내었기에 너희 하나님이 능히 너희를 내 손에서 건지겠느냐.

랍사게는 계속해서 "앗수르의 선왕들이 전멸시킨 그 여러 나라의 그 여러 신들 가운데서 누가 그 백성을 앗수르의 손에서 건져 낼 수 있었기에 당신들의 하나님이 당신들을 앗수르 왕의 손에서 건져 낼 수 있다고 생각하느냐?"고 망언한다.

대하 32:15. 그런즉 이와 같이 너희는 히스기야에게 속지 말라 꾀임을 받지 말라 그를 믿지도 말라 어떤 백성이나 어떤 나라의 신도 능히 자기의 백성을 나의 손과 나의 조상들의 손에서 건져내지 못하였나니 하물며 너희 하나님이 너희를 내 손에서 건져내겠느냐 하였더라.

본 절은 10절부터 14절까지 랍사게가 말한 대로 앗수르 왕이 위대하신고로 "당신들은 히스기야 왕에게 속지 말라. 꾀임을 받지 말라. 그리고 그의 말을 믿지도 말라"고 한다. 그렇게 말해야 하는 이유는 "어떤 백성이나 어떤 나라의 신도 그 백성을, 앗수르 왕의 손에서, 우리 선왕들의 손에서, 건져

낼 수 없었는데, 하물며 당신들의 하나님이 당신들을 앗수르 왕의 손에서 건져내겠느냐?"고 위협한다.

이 말을 들은 히스기야의 신하들은 아무 말하지 않고 그냥 히스기야 왕에게 돌아와 랍사게의 말을 전했다(왕하 18:36-37 주해 참조).

대하 32:16. 산헤립의 신하들도 더욱 여호와 하나님과 그의 종 히스기야를 비방하였으며.

산헤립의 부하들도 여호와 하나님께 그리고 여호와의 종 히스기야에게 더욱 비방하는 말을 퍼부었다. 그 부하들이란 '다르단과 랍사리스와 랍사게' 등을 지칭한다(왕하 18:17). 이들은 산헤립의 명령을 받고 산헤립의 말을 전했으며 또 하나님과 하나님의 종 히스기야를 비방했다. 하나님과 하나님의 종을 비방했으면 끝난 사람들이다.

대하 32:17. 산헤립이 또 편지를 써 보내어 이스라엘 하나님 여호와를 욕하고 비방하여 이르기를 모든 나라의 신들이 그들의 백성을 내 손에서 구원하여 내지 못한 것 같이 히스기야의 신들도 그의 백성을 내 손에서 구원하여 내지 못하리라 하고.

산헤립은 또 이스라엘의 하나님 여호와를 욕하고 비방하는 편지를 써 보내어 이르기를 "여러 나라의 신들이 자기 백성을 내(산헤립) 손에서 구원하여 내지 못한 것 같이 히스기야의 하나님도 유다 백성을 산헤립의 손에서 구원해 내지 못할 것이다" 하고 큰 소리를 쳤다.

히스기야는 그 편지를 받아가지고 성전에 들어가 성전에 펴놓고 하나님께 기도를 드렸다(왕하 19:9-15). 편지의 내용은 그들이 구두로 전한 것같이 천하의 어떤 신들도 산헤립과 또 산헤립의 군대로부터 구원해 내지 못할 것이라는 내용이었다.

대하 32:18. 산헤립의 신하가 유다 방언으로 크게 소리 질러 예루살렘 성

위에 있는 백성을 놀라게 하고 괴롭게 하여 그 성을 점령하려 하였는데.

산헤립의 부하들은 예루살렘 성 위에 있는 백성을 보고 유다 방언으로 크게 소리를 질러 백성을 두렵게 했고 또 괴롭히면서 그 성(城)을 점령하려고 하였다. 왕하 18:26-28에 보면 히스기야의 신하들이 랍사게에게 유다 말로 말하지 말고 아람 방언으로 말할 것을 요구했으나 랍사게는 유다 방언으로 말하여 유다인들이 산헤립의 의중을 알게 했다.

대하 32:19. 그들이 예루살렘의 하나님을 비방하기를 사람의 손으로 지은 세상 사람의 신들을 비방하듯 하였더라.

그들(랍사게를 비롯한 세 사람)이 예루살렘의 하나님을 비방하기를, 마치 사람이 손으로 만든 세상 다른 나라 백성의 신들을 비방하듯이 거침없이 말하였다. 하나님을 모르는 세상 사람들은 하나님 비방을 세상 신 비방하듯 한다. 그러다가 큰 벌을 받는다.

20-23절: 히스기야 왕이 이사야의 기도로 구원을 받다.

대하 32:20. 이러므로 히스기야 왕이 아모스의 아들 선지자 이사야와 더불어 하늘을 향하여 부르짖어 기도하였더니.

본 절 초두의 "이러므로"(tazO-l[)란 말은 문자적으로 '이것 때문에'란 말로 '산헤립의 위협과 앗수르의 침략 때문에'라는 뜻이다. 산헤립의 위협과 앗수르의 침략 때문에 히스기야 왕과 아모스의 아들 이사야 예언자가 함께 하늘을 바라보며 부르짖어 기도했다. 왕하 19:1-4에 보면 히스기야 왕은 신하들과 더불어 성전에 올라가서 기도하면서 선지자 이사야에게 사람을 보내어 기도해 달라고 부탁하였고, 왕하 19:15-19에 보면 기도의 내용이 밝혀져 있다. 그리고 이사야는 하나님께서 앗수르 군대를 패퇴시킨다는 응답을 하셨고(왕하 19:20-28), 그 징조까지 보여주셨다(왕하 19:29-34). 나라에 어려움이 생기면 지도자들은 주님의 종들을 불러 함께 기도해야 한다.

대하 32:21. 여호와께서 한 천사를 보내어 앗수르 왕의 진영에서 모든 큰 용사와 대장과 지휘관들을 멸하신지라 앗수르 왕이 낯이 뜨거워 그의 고국으로 돌아갔더니 그의 신의 전에 들어갔을 때에 그의 몸에서 난 자들이 거기서 칼로 죽였더라.

여호와께서 한 천사를 보내셔서 앗수르 왕의 진영에 있는 모든 큰 용사와 지휘관과 장군을 다 죽여 버리셨다. 앗수르 왕은 낯이 뜨거워 자기 나라로 되돌아갔다. 그가 그의 신전으로 들어갔을 때에, 제 몸에서 난 친자식들이 거기서 그를 칼로 죽였다.

본 절에 보면 여호와께서 한 천사를 보내셔서 앗수르 왕의 진영에서 세 직분들(큰 용사들, 대장, 지휘관들)을 죽이셨다. 하나님은 한 천사를 보내셔서 185,000명의 군사를 죽이셨다. 하나님은 기도 응답을 하실 때에 보통은 사람을 통해서 하시지만 이번에는 한 천사를 보내셔서 앗수르 진영에서 많은 직분 자들을 죽이셨다(왕하 19:35, 이 때 앗수르는 역병에 의해 전멸되었을 것으로 보인다. Curtis의 학설). 하나님은 한 나라를 치실 때에 여러 천사들을 동원하실 필요도 없으셨다.

그리고 앗수르 왕은 심한 수치심 때문에 낯이 뜨거워 그의 고국으로 돌아갔다. 한 나라 왕을 부끄럽게 만들기 위하여 한 천사로 충분하시다. 지금도 하나님께서 하시고자 하시면 한 천사를 동원하시면 충분하시다.

"앗수르 왕의 신전에 들어갔을 때에 그의 몸에서 난 자들(아드람멜렉, 사레셀)이 거기서 칼로 죽이고" 아라랏 땅으로 도망쳤다. 산헤립이 신전(니스록 신전)에 들어간 이유는 자기의 신도 자기의 경배를 받고 그 어떤 이적을 행할 것을 기대하고 들어갔을 것이다. 그러나 자기의 친 자식들이 그 신전에서 산헤립을 칼로 찔러 죽이고(왕하 19:37) 도망한 것이다. 범죄자는 이렇게 자기 친자식들을 통하여 죽임을 당하기도 하는 것이다. 그가 죽은 후 다른 아들인 에살핫돈이 그를 계승하여 왕이 되었다(왕하 19:37). 이 사건은 산헤립이 예루살렘에서 패퇴한 후 20년 후에 된 일이었다. 그 때가 B.C. 681년의 일이었다. 그러니까 본 절은 20년간에 진행된 일을 진술하고 있다.

대하 32:22. 이와 같이 여호와께서 히스기야와 예루살렘 주민을 앗수르 왕 산헤립의 손과 모든 적국의 손에서 구원하여 내사 사면으로 보호하시매.

"이처럼 여호와께서 히스기야와 예루살렘 주민을 앗수르 왕 산헤립의 손과 모든 적국의 손에서 구원하여 내셔서 사방으로부터 그들을 보호하여 주셨다".

본 절의 "이와 같이"란 말은 여호와 하나님께서 한 천사를 보내셔서 앗수르 군 18만 5천명을 격멸하셔서 히스기야 왕과 예루살렘 주민을 구원하여 내신 것을 지칭한다. 아무튼 하나님께서는 이런 기적적인 일을 외국에까지도 소문을 내셔서 유다와 예루살렘 주민을 구원하여 주셨고 사면으로 히스기야와 유다 민족을 보호하여 주셨다. 하나님은 오늘도 우리를 구원하여 주시며 또 보호하여 주신다.

대하 32:23. 여러 사람이 예물을 가지고 예루살렘에 와서 여호와께 드리고 또 보물을 유다 왕 히스기야에게 드린지라 이 후부터 히스기야가 모든 나라의 눈에 존귀하게 되었더라.

주위의 여러 나라 사람들이 히스기야와 유다 나라가 앗수르 왕을 쳐서 격멸시킨 소문을 듣고 예루살렘으로 예물을 가지고 와서 여호와께 드렸고 또 유다 왕 히스기야에게 가져 왔다. 그 때부터 히스기야는 여러 나라에서 위대한 왕이라는 존경을 받았다.

ㄴ. 히스기야가 병에서 치유 받다 32:24-26(왕하 20장)

히스기야 왕이 종교개혁을 이룩한 후 여호와 하나님은 히스기야의 병을 고쳐주셔서 하나님의 위대하심이 드러나게 하신다. 하나님께서 병을 고쳐주신 이 사건의 병행구는 왕하 20:1-3,12-19과 사 38:1-3; 39:1-8에 보다 상세하게 진술되어 있다.

대하 32:24. 그 때에 히스기야가 병들어 죽게 되었으므로 여호와께 기도하매 여호와께서 그에게 대답하시고 또 이적을 보이셨으나.

그 무렵에 히스기야가 병이 들어 거의 죽게 되었는데, 히스기야가 여호와께 부르짖으니 여호와께서 그에게 응답하시고 회복될 것이라고 하는 징조를 보여 주셨다.

본 절의 "그 때에"란 어떤 사건을 나열할 때 사용하는 접속사이다. 여기 "그 때에"란 말은 앗수르의 침략 때를 가리킨다(K.&D.). 열왕기와 이사야의 병행구에 의하면 히스기야가 병들었을 때 예언자 이사야가 와서 히스기야의 죽음을 예언하고 앞으로 나라의 혼란을 막기 위해 유언을 남겨 놓고 죽으라고 했다. 이런 권면을 받은 히스기야는 낯을 벽으로 향하여 심히 통곡하며 기도했고 하나님은 그 기도를 들어서 고쳐주셨다. 이사야는 히스기야의 병을 고치기 위하여 무화과를 종처에 붙이라 하였다. 여기 "기적"은 아하스의 일영표에 나아갔던 해 그림자가 10도를 뒤로 물러가는 것이었다. 이 때는 히스기야의 통치 14년째였고(왕하 18:13), 그는 병이 나은 후 15년을 더 살았다(왕하 20:6). 이 병을 앓은 것은 그의 통치의 꼭 중간이었다(이상근).

대하 32:25. 히스기야가 마음이 교만하여 그 받은 은혜를 보답하지 아니하므로 진노가 그와 유다와 예루살렘에 내리게 되었더니.

그러나 히스기야가 교만한 마음으로 받은바 은혜에 감사하지 않으므로, 하나님의 진노가 히스기야와 유다 백성과 예루살렘 주민에게 내렸다.

히스기야는 병에서 놓여난 후 마음이 높아졌다. 그가 교만한 것을 알 수 있었던 것은 그가 받은 은혜를 보답하지 않은 것이었다. 그래서 하나님의 진노가 히스기야 자신과 예루살렘 주민에게 내리게 되었다. 히스기야가 병에서 놓인 후 바벨론 왕이 축하의 사신을 보냈을 때 히스기야는 교만하여 나라 안의 보물창고이며, 내탕고(임금의 개인 재물을 두던 보물창고)를 보인 사실에서 나타난다(왕하 20:12-13). 그 때 히스기야는 그의 마음에 교만한 생각이 들어 바벨론의 사신들에게 이것저것 자랑하게 되었다. 교만과 자랑은 언제나 함께 나타난다.

대하 32:26. 히스기야가 마음의 교만함을 뉘우치고 예루살렘 주민들도 그와 같이 하였으므로 여호와의 진노가 히스기야의 생전에는 그들에게 내리지 아니하니라.

히스기야가 교만하였던 자신을 뉘우치고 예루살렘 주민도 또 함께 뉘우쳤으므로 주님께서는 히스기야가 살아 있는 동안에는 그들을 벌하지 않으셨다. "히스기야가 마음의 교만함을 뉘우치고 예루살렘 주민들도 뉘우친" 사실은 왕하 20:16-19에 나타나 있다. 즉, "이사야가 히스기야에게 이르되 여호와의 말씀을 들으소서. 여호와의 말씀이 날이 이르리니 왕궁의 모든 것과 왕의 조상들이 오늘까지 쌓아두었던 것이 바벨론으로 옮긴바 되고 하나도 남지 아니할 것이요. 또 왕의 몸에서 날 아들 중에서 사로잡혀 바벨론 왕국의 환관이 되리라 하셨나이다"라고 전했을 때 히스기야와 예루살렘 주민들이 겸손하므로 하나님은 그 징벌을 연기하여 히스기야의 생전에는 없게 하신 것이다. 죄를 자복하는 일은 모든 징벌을 면하게 하는 것을 알 수 있다.

ㄷ. 히스기야가 부와 영광이 극하다 32:27-33

부귀와 영광은 종교개혁 후에 찾아오는 하나님의 선물이다.

대하 32:27. 히스기야가 부와 영광이 지극한지라 이에 은금과 보석과 향품과 방패와 온갖 보배로운 그릇들을 위하여 창고를 세우며.

히스기야는 대단히 부유하게 되었고 하나님이 주신 영광으로 옷 입게 되었다. 이런 묘사는 다윗에게나(대상 29:28), 솔로몬에게나(1:12), 여호사밧에게도(17:5; 18:1) 적용되었다. 그래서 그는 귀중품 보관소를 만들어서 은(銀)과 금과 보석과 향품과 방패와 온갖 보배로운 그릇들을 보관하였다. 히스기야는 이런 보물 창고를 지은 다음 하나님 앞에만 감사하고 지냈더라면 좋았을 것을, 공연히 바벨론 사신들에게 보여 화를 입고 말았다. 오늘 우리는 그 어떤 성공, 그 어떤 부귀영화에도 하나님 앞에 감사하면서 살아야 할 것이다.

대하 32:28. 곡식과 새 포도주와 기름의 산물을 위하여 창고를 세우며 온갖 짐승의 외양간을 세우며 양 떼의 우리를 갖추며.

본 절은 두 가지 종류의 창고를 세워 거기에 합당한 것들을 보관한 것을 진술한다. 하나는 곡식과 새 포도주와 기름 등의 농산물을 저장하기 위해 창고를 세운 일, 또 하나는 온갖 가축과 양 때를 위하여 외양간들을 만들어 먹인 것(26:10; 대상 27:25)을 진술한다.

대하 32:29. 양 떼와 많은 소 떼를 위하여 성읍들을 세웠으니 이는 하나님이 그에게 재산을 심히 많이 주셨음이며.

성읍들을 더 많이 만들어 양 떼와 많은 소 떼를 치도록 했다. 이 성읍들은 양떼와 소떼들 전용이었다. 아마도 그 성읍들 안에는 목동들이 거처하는 막사 등을 건축해 놓고 가축들을 먹였을 것이다. 성읍들을 더 많이 지은 것은 하나님이 그에게 재산을 많이 주셨기 때문이다.

대하 32:30. 이 히스기야가 또 기혼의 윗 샘물을 막아 그 아래로부터(“밑에 있는”-새즈믄 구약성경 번역) **다윗 성 서쪽으로 곧게 끌어들였으니 히스기야가 그의 모든 일에 형통하였더라.**

히스기야는 위쪽 기혼의 샘물줄기를 막고, 땅 속에 굴을 뚫어서, 그 물줄기를 ‘다윗 성’ 서쪽 안으로 곧바로 끌어들였다. 히스기야는 하는 일마다 다 잘 되었다.

히스기야는 “기혼”의 물을 요새화 된 도시로 운반하기 위해 바위를 깎아 터널을 만들었다. 기혼은 일반적으로 하루 종일 간헐적으로 용솟음치는 계단식 샘(Spring of Steps)으로 간주된다. 이 지하수로(地下水路)는 지금도 높이 60-150cm, 너비 60cm, 길이 520m의 S자형 지하 갱도로 그대로 남아 있다(왕하 20:20).

대하 32:31. 그러나 바벨론 방백들이 히스기야에게 사신을 보내어 그 땅에서

나타난 이적을 물을 때에 하나님이 히스기야를 떠나시고 그의 심중에 있는 것을 다 알고자 하사 시험하셨더라.

"그러나 바빌로니아의 사절단이 와서 그 나라가 이룬 기적을 물을 때에도, 하나님은 그의 인품을 시험하시려고 히스기야가 마음대로 하게 두셨다".

문장 초두의 "그러나"라는 단어 "웨켄"(וְכֵן)은 접속사 "와우"(ו)와 "켄"(כֵן)이 접속된 접속사로 이 해석에는 두 가지 해석이 있다. 1) 역접(逆接)관계를 보이는 "그러나"로 해석하는 경우(KJV, Luther). 이렇게 해석할 때 본 절은 부정적인 결과를 나타내어 히스기야는 바벨론 방백들이 사신들을 보냈을 때 형통하지 못하게 되었다는 뜻이 된다. 2) 순접(順接)관계를 보이는 "그래서"(And thus)라는 뜻으로 해석하는 경우(Bertheau, K.&D., Barker). 이 해석은 본 절을 긍정적인 의미로 해석하게 해주어 히스기야는 자신의 무궁한 번영을 마음껏 누리고 있을 때 하나님께서 그를 시험하셔서 그를 교만치 않고 겸손하게 만드셨다는 의미가 된다(Zoekler, Curtis). 두 견해 중 둘째 번 견해가 더 합리해 보인다. 이유는 하나님께서 히스기야를 시험하신 것은 그의 형통함을 깨뜨리시고 죄에 빠지도록 하기 위해서가 아니기 때문이다(26절). 왕하 19:19에는 후손들에 대한 불행한 예언에도 불구하고 여호와의 말씀을 순종하므로 받아들인 히스기야의 겸손한 모습을 기록하고 있다.

본 절의 "그 땅에서 나타난 이적"이란 하나님께서 보여주셨던 천체의 변화를 뜻하는데(24절), 바벨론 방백들은 히스기야의 병문안을 위해 보냄을 받았지만(왕하 20:12이하), 실상 히스기야를 위해 하나님께서 보여주셨던 천체의 변화에 대해 더 많은 질문을 했을 것으로 생각된다. "그 땅에서 나타난 이적을 물을 때에 하나님이 히스기야를 떠나시고 그의 심중에 있는 것을 다 알고자 하사 시험하셨다"는 말은 여호와께서 시험을 통하여 히스기야에게 알고자 하셨던 것은 아마도 여호와의 행사에 대한 '히스기야의 전적인 순종' 이었을 것이다. 이런 순종은 범사에 여호와를 참 하나님으로 인정하는 마음에서 우러나오는 것이다.

ㄹ. 32절과 33절은 히스기야의 죽음에 대해 말한다.

대하 32:32. 히스기야의 남은 행적과 그의 모든 선한 일은 아모스의 아들 선지자 이사야의 묵시 책과 유다와 이스라엘 열왕기에 기록되니라.

히스기야의 통치 때에 있었던 그의 나머지 행적과 그가 여호와께 헌신한 모든 일은 아모스의 아들 예언자 '이사야의 묵시록'(사 36-39장)과, '유다와 이스라엘 열왕기'에 기록되어 있다. 24:27; 25:26; 27:7; 28:26 참조.

대하 32:33. 히스기야가 그의 조상들과 함께 누우매 온 유다와 예루살렘 주민이 그를 다윗 자손의 묘실 중 높은 곳에 장사하여 그의 죽음에 그에게 경의를 표하였더라 그의 아들 므낫세가 대신하여 왕이 되니라.

히스기야가 그의 조상과 함께 잠드니 유다와 예루살렘의 온 백성이 그를 존경하여 다윗 자손의 묘실 가운데서도 제일 높은 곳에 매장하여 히스기야에게 존경을 표했다. 그의 아들 므낫세가 그의 뒤를 이어 왕이 되었다.

제 33 장

N. 므낫세의 역사 33:1-20(왕하 21장)

므낫세의 통치에 대해 읽는 사람마다 그가 악한 왕이라는 것을 알고 눈살을 찌푸린다. 특히 므낫세는 남 왕국 최대의 악한 왕으로 이렇게 악하고야 나라가 망하지 않을 수 없다고 단정해 버리기에 충분하다. 그러나 역대기에서는 그가 회개한 내용을 진술한 것이 특징이다.

1. 므낫세의 역사 33:1-20

므낫세는 그의 회개 이전의 통치(1-9절)와 그의 회개 이후의 통치(10-20절)로 나누어진다. 그의 악한 통치 행위는 왕하 21:1-9,18와 병행하고, 그의 회개 이후의 통치는 본서 독특한 기사이다.

ㄱ. 므낫세가 저지른 악행 33:1-9(왕하 21:1-9,18)

므낫세는 남 왕국 유다 나라의 제 14대 왕으로 그의 통치 기간은 55년간을 통치하면서 갖은 악행을 자행하여 유다로 하여금 망하게 하는 일에 큰 원인을 제공했다.

대하 33:1. 므낫세가 왕위에 오를 때에 나이가 십이 세라 예루살렘에서 오십오 년 동안 다스리며.

므낫세('잊음'이란 뜻)가 왕위에 오를 때에 그는 12세였다. 그가 12세였다는 것은 히스기야가 생명을 연장 받은 15년 동안의 때로부터 제 3년째에 태어난 셈이다(왕하 20:6). 그는 예루살렘에서 55년 동안 다스렸다. 므낫세는 남 왕국 제 14대 왕이었고, 남 왕국과 북 왕국의 최장기간의 왕이었다. 그의 통치연대는 B.C.697-642년으로 본다. 므낫세는 최장기간의 왕으로 최악의 왕이었다. 므낫세의 부왕 히스기야는 최선의 왕이었는데 그 아들 왕은 최악의 왕이었으니 도무지 인간의 지혜로는 알 수 없는, 하나님의 섭리였다.

대하 33:2. 여호와 보시기에 악을 행하여 여호와께서 이스라엘 자손 앞에서 쫓아내신 이방 사람들의 가증한 일을 본받아.

므낫세는 여호와 보시기에 악한 일을 하였다. "여호와 보시기에"란 말은 '여호와 감찰하시기에', '여호와께서 판단하시기에'라는 뜻이다. "여호와 보시기에 악을 행했다"는 말은 '우상숭배를 행했다'는 뜻이다. 그는 여호와께서 이스라엘 자손이 보는 앞에서 쫓아내신 이방 사람들의 역겨운 풍속을 본받아 따랐다. 므낫세는 부왕 히스기야를 본받지 아니하고 이방인을 본받아 우상숭배의 길을 걸은 것이다.

대하 33:3. 그의 아버지 히스기야가 헐어 버린 산당을 다시 세우며 바알들을 위하여 제단을 쌓으며 아세라 목상을 만들며 하늘의 모든 일월성신을 경배하여 섬기며.

본 절부터 9절까지 므낫세가 우상을 섬긴 것 전체를 나열해 놓는다. 즉, 첫째, 그는 아버지 히스기야가 헐어 버린 산당들을 다시 세웠다(31:1).

둘째, 바알들(17:3)을 섬기는 제단을 쌓고, 아세라 목상들을 만들고, 하늘의 별을 숭배하여 섬겼다. 바알은 원래 베니게에서 수입해 온 우상 신이었다. 수입한 사람은 북 왕국 아합의 왕비였으며, 시돈의 왕녀 이세벨이었다(왕상 16:31; 22:53). 북 왕국의 바알을 남 왕국으로 수입해 온 사람은 이세벨의 딸인 아달랴였다. 요아스가 종교 개혁으로 제거한 것(왕하 11:8)을 아하스가 다시 도입했으며(28:2), 히스기야가 제거한 것이었다(왕하 18:4).

셋째, 아세라 목상을 세웠다. 구약성경에서 아세라에 관한 실제적인 묘사가 없음을 알 수 있다. 그것은 나무였는가, 막대기였는가, 어떤 종류의 나무 상징이었는가 아니면 형상이었는가? 이것은 틀림없이 천연적인 물건이 아니라 사람에 의해만들어 진 것, 즉 가공품이었을 것이다. 그것은 '만들어졌다'

(왕상 16:33; 왕하 17:16; 21:3); 그것은 '세워졌다'(왕하 17:10; 대하 33:19; 사 27:9), 그것은 '지어졌다'(왕상 14:23). 단 한번 이 동사는 '심다'(plant)로 묘사되었으며(신 16:21), 여기에서 이 동사의 의미는 '끼워넣다'(implant)이다. 구약성경에 나오는 아세라는 땅에 박은 조각한 나무 형상으로 묘사된 가나안의 여신이었다. 이 여신상은 가지를 잘라낸 일종의 나무 기둥(주상, 목상, 출 34:13)으로서, 바알의 제단 곁에 세워졌으며(삿 3:7; 6:25; 6:28), 언덕 꼭대기의 잎이 무성한 나무 아래 있었다(Patai). 바알 및 아세라의 제사에는 성적 부도덕이 동반했기 때문에 이스라엘에서는 엄금되었다(출 34:13; 신 16:21).

넷째, 므낫세는 "일월성신" 등 천체숭배를 했다. 이 숭배는 고대 바벨론에서 시작되었고, 유다 왕 아하스에 의해 도입된 듯하다.

대하 33:4. 여호와께서 전에 이르시기를 내가 내 이름을 예루살렘에 영원히 두리라 하신 여호와의 전에 제단들을 쌓고.

므낫세는 여호와께서 일찍이 "내가 예루살렘 안에 내 이름을 길이길이 두겠다" 하고 말씀하신 여호와의 성전 안에도 이방 신을 섬기는 바알을 숭배하는 제단을 쌓고 또 일월성신을 숭배하는 단들을 만들었다. 가공할 일이었다(왕하 16:10-16).

대하 33:5. 또 여호와의 전 두 마당에 하늘의 일월성신을 위하여 제단들을 쌓고.

여호와의 성전 안팎 두 뜰(일반 백성들을 위한 바깥뜰과 제사장을 위한 안뜰, 왕상 6:36)에도 하늘의 별을 섬기는 제단들을 만들어 세웠다. 므낫세는 성전의 두 뜰에 일월성신을 숭배하는 단을 세웠다.

대하 33:6. 또 힌놈의 아들 골짜기에서 그의 아들들을 불 가운데로 지나가게 하며 또 점치며 사술과 요술을 행하며 신접한 자와 박수를 신임하여 여호와

보시기에 악을 많이 행하여 여호와를 진노하게 하였으며.

아들들을 '힌놈의 아들 골짜기'에서 번제물로 불살라 바쳤으며 점쟁이를 불러 점을 치게 하고(28:3), 마술사를 시켜 마법을 부리게 하며 악령과 귀신들을 불러내어 묻곤 하였다. 이렇게 그는 여호와께서 보시기에 악한 일을 많이 하여 여호와를 진노하시게 하였다.

대하 33:7. 또 자기가 만든 아로새긴 목상을 하나님의 전에 세웠더라 옛적에 하나님이 이 성전에 대하여 다윗과 그의 아들 솔로몬에게 이르시기를 내가 이스라엘 모든 지파 중에서 택한 이 성전과 예루살렘에 내 이름을 영원히 둘지라.

므낫세는 또 자기가 만든 아로새긴 목상(아로 새긴 아세라 목상)을 하나님의 성전 안에 세워 놓았다. 일찍이 하나님께서 다윗과 그의 아들 솔로몬에게 이 성전을 두고 말씀하실 때에 "내가 이스라엘의 모든 지파 가운데서 선택한 이 성전과 예루살렘 안에 영원히 내 이름을 두겠다"고 하신 성전이었다. 이런 점에서 므낫세는 남 유다를 넘어 땅위에서 가장 악독한 왕이었다.

대하 33:8. 만일 이스라엘 사람이 내가 명령한 일들 곧 모세를 통하여 전한 모든 율법과 율례와 규례를 지켜 행하면 내가 그들의 발로 다시는 그의 조상들에게 정하여 준 땅에서 옮기지 않게 하리라 하셨으나.

"이스라엘 백성이 여호와가 명한 일들, 곧 모세를 통하여 전한 율법과 율례와 규례(이 세 가지 단어는 모세 율법을 뜻하는 말이다. 신 4:25-27; 30:15-19; 왕상 9:4-9)를 지켜 그대로 하면 내가 그들을 그들의 조상에게 준 이 땅에서 결코 쫓아내지 아니하겠다" 하셨는데 유다와 예루살렘 주민이 다음 구절과 같이 므낫세의 꾀임을 받고 우상 숭배를 했다는 것이다.

대하 33:9. 유다와 예루살렘 주민이 므낫세의 꾀임을 받고 악을 행한 것이 여호와께서 이스라엘 자손 앞에서 멸하신 모든 나라보다 더욱 심하였더라.

그런데 므낫세는 유다 백성들과 예루살렘 주민들을 꾀어서 우상숭배를 하게 한 것이다. 그들이 저지른 우상숭배의 정도는 본래 이 땅에 살다가 이스라엘 자손이 보는 앞에서 여호와께 멸망당한 그 여러 민족이 저지른 우상숭배보다 더욱 악랄하였다. 그래서 이제 유다 백성들과 예루살렘 주민들에게 남은 일은 멸망당할 일밖에 없게 되었다.

ㄴ. 므낫세가 벌을 받은 후 회개하다 33:10-12

10-11절은 유다와 예루살렘 주민이 우상숭배 죄로 인하여 벌 받은 일을 진술하고, 12절은 므낫세가 벌을 받는 중에 회개한 일을 전한다.

대하 33:10-11. 여호와께서 므낫세와 그의 백성에게 이르셨으나 그들이 듣지 아니하므로 여호와께서 앗수르 왕의 군대 지휘관들이 와서 치게 하시매 그들이 므낫세를 사로잡고 쇠사슬로 결박하여 바벨론으로 끌고 간지라.

여호와께서 므낫세와 그의 백성에게 말씀하셨으나(왕하 21:10-15) 그들이 듣지 않았으므로(10절), 앗수르 왕의 군대 지휘관들을 시켜 유다를 치게 하시니 그들이 므낫세를 사로잡아 쇠사슬로 묶어 바빌론으로 끌어갔다.

여호와께서 므낫세에게만 말씀하신 것이 아니라 유다 백성들과 예루살렘 주민들에게도 이사야를 통하여 모세의 율법을 지키도록 타 이르셨으나 지키지 않고 우상 숭배를 하다가 똑같이 앗수르 군대에 의하여 함께 바벨론으로 끌고 갔다. 앗수르의 기록에는 B.C.648년에 앗수르가 유다를 침공했다고 하며 앗수르에 복종한 왕들의 명단에 므낫세의 이름도 포함되어 있다고 한다.

그는 한 나라의 왕의 신분으로 백성들과 함께 바벨론 나라로 끌려간 므낫세는 이사야의 얼굴이 자꾸 어른 거렸을 것이다. 그가 바벨론에 포박되어 있는 중에 과거 이사야가 여호와의 말씀을 전해주던 모습이 눈에 어른 거렸기에 회개에 이르렀을 것이다.

대하 33:12. 그가 환난을 당하여 그의 하나님 여호와께 간구하고 그의 조상들

의 하나님 앞에 크게 겸손하여.

므낫세는 환란과 능욕을 당하여 하나님 여호와께 간구하였다. 그는 조상들의 하나님 앞에서 아주 겸손해졌다. 므낫세가 부르짖었다는 것은 살 길을 찾은 것을 의미한다. 사람은 그 어떤 죄를 지었어도 죄를 자복하기만 하면 하나님은 살 길을 주신다.

ㄷ. 므낫세가 왕위를 회복하다 33:13-19

대하 33:13. 기도하였으므로 하나님이 그의 기도를 받으시며 그의 간구를 들으시사 그가 예루살렘에 돌아와서 다시 왕위에 앉게 하시매 므낫세가 그제야 여호와께서 하나님이신 줄을 알았더라.

므낫세가 여호와께 기도하니 여호와께서 그 기도를 받으시고 그 간구하는 소리를 들어 주셨다. 그래서 여호와께서는 그를 예루살렘으로 돌아오게 하시고, 다시 왕이 되어 다스리게 하셨다. 그제야 므낫세는 여호와께서만이 하나님이시라는 것을 깨달았다. 겸손하여 회개하는 자만이 하나님을 만나고 하나님의 은혜를 받는다. 계속하여 교만한 자는 끝까지 하나님이 없다고 한다(시 14:1).

대하 33:14. 그 후에 다윗 성 밖 기혼 서쪽 골짜기 안에 외성을 쌓되 어문 어귀까지 이르러 오벨을 둘러 매우 높이 쌓고 또 유다 모든 견고한 성읍에 군대 지휘관을 두며.

이런 일이 있은 후에 므낫세는 '다윗 성' 밖, '기혼 샘' 서쪽 골짜기에 외곽 성을 쌓되 다윗 성의 '물고기 문'에 이르기까지 오벨[398] 밖으로 돌아가며 그 성벽 높이를 한껏 올려 쌓았다. 그는 또 유다의 요새화된 성읍에 군대 지휘관들을 배치하였다. 므낫세는 다시 유다 왕으로 복귀한 후에 내치에 힘을 써 국방을 튼튼히 했다.

---

398) "오벨": '언덕', '낮은 산'이라는 뜻인데 성전이 있는 예루살렘의 모리아산(3:1) 남쪽 경사지를 지칭한다(33:14; 느 3:26,27; 11:21).

"기혼"이란 '기혼 샘'을 이르는 말로 예루살렘 성 동 남편에 처녀의 우물 가까이에 있고(Curtis), "기혼 서편의 골짜기"는 곧 '기드론 골짜기'를 이름이다. 본문의 "어문"(魚門)이란 '생선문'이란 뜻으로 이 문 곁에 갈릴리 바다에서 잡은 생선을 파는 생선 시장이 있었기 때문에 이렇게 불렸다.

대하 33:15. 이방 신들과 여호와의 전의 우상을 제거하며 여호와의 전을 건축한 산에와 예루살렘에 쌓은 모든 제단들을 다 성 밖에 던지고.

므낫세는 이제야 종교개혁을 단행했다. 므낫세는 성전 안에 있는 이방 신상들과 그가 가져다 놓은 목상들을 없애 버렸고 여호와의 성전이 서 있는 산에다 만들어 놓은 이교의 제단들과 예루살렘 곳곳에 만들어 놓은 이교의 제단들을 모두 성 밖으로 가져다 버렸다. 이런 종교 개혁을 한 것을 보면 그가 하나님 앞으로 돌아온 것으로 보인다.

대하 33:16. 여호와의 제단을 보수하고 화목제와 감사제를 그 제단 위에 드리고 유다를 명령하여 이스라엘 하나님 여호와를 섬기라 하매.

므낫세는 여호와의 제단(여호와의 성전의 놋제단)을 다시 고치고 화목제와 감사제를 그 제단 위에서 드렸다. 그는 유다의 모든 백성에게 이스라엘의 하나님 여호와를 섬기라는 명령을 내렸다.

므낫세가 이전에는 백성들을 꾀어 우상 숭배를 하라고 시켰으나 이제는 여호와를 섬기라고 권한다. 180도 달라진 삶이었다.

대하 33:17. 백성이 그의 하나님 여호와께만 제사를 드렸으나 아직도 산당에서 제사를 드렸더라.

백성들이 여전히 여러 산당에서 여호와께 제사를 드리기는 하였으나, 아직도 산당에서 하나님께 제사를 드렸다. 므낫세의 종교 개혁은 아직은 철저하지 못했다. 예루살렘 성에서만 제사를 드려야 한다는 진리를 철저히 몰랐다.

대하 33:18. 므낫세의 남은 사적과 그가 하나님께 한 기도와 선견자가 이스라엘 하나님 여호와의 이름으로 권한 말씀은 모두 이스라엘 왕들의 행장에 기록되었고.

므낫세의 나머지 일들과 그가 하나님께 간구한 일과 선견자가 이스라엘의 하나님 여호와의 이름을 받들고 권면한 말씀은 모두 '이스라엘 왕들의 역대지략'에 기록되어 있다. 25:26; 28:26; 32:32 주해 참조.

므낫세가 하나님께 간구한 일(13절)과 예언자가 므낫세에게 권면한 사실이 중요한 안건이기 때문에 이스라엘 왕들의 행장(이스라엘 왕조실록-공동번역)에 기록한 것이다.

대하 33:19. 또 그의 기도와 그의 기도를 들으신 것과 그의 모든 죄와 허물과 겸손하기 전에 산당을 세운 곳과 아세라 목상과 우상을 세운 곳들이 다 호새의 사기에 기록되니라(And his prayer, and how God received his entreaty, and all his sin and his faithlessness, and the sites on which he built high places and set up the Asherim and the images, before he humbled himself, behold, they are written in the Chronicles of the Seers-ESV)**.**

므낫세가 기도를 드린 일과 하나님이 그 기도를 받으셨다는 사실과 그가 지은 모든 죄들과 허물들과 그가 겸손해지기 전에 산당을 세운 여러 장소들과 아세라 목상과 우상을 세워 둔 여러 곳들이 모두 '호새의 역사책'에 기록되어 있다.

므낫세와 같이 악한 왕이 기도했다는 일이 하도 특이해서 호새의 역사책에 기록해 놓았고 또 하나님께서 므낫세의 기도를 들어주셔서 그의 모든 죄를 사하시고 왕위를 회복시켜 주신 일과 또 그가 지은 죄와 허물과 회개하기 전에 산당을 세웠던 곳들과 아세라 목상을 세웠던 곳과 우상을 세웠던 곳들이 모두 '호새의 역사책'에 다 기록되었다는 것을 말한다. 역대기를 저작한 에스라는 호새의 역사책을 참고해서 역대기를 저술했는데 이 기록은 열왕기에는 나타나지 않았다.

ㄹ. 므낫세가 죽다 33:20

대하 33:20. 므낫세가 그의 열조와 함께 누우매 그의 궁에 장사되고 그의 아들 아몬이 대신하여 왕이 되니라.

"므낫세가 죽어서 그의 여러 조상과 함께 잠드니 그의 궁에 매장되었다. 그리고는 왕자 아몬이 그의 뒤를 이어 왕이 되었다".

병행구인 왕하 21:18에는 "그의 궁궐 동산 곧 웃사의 동산에 장사되었다"고 한다. "웃사"라는 사람은 유대인에게 흔한 이름으로 이 동산의 원주인이거나 이 동산을 만든 사람으로 보인다(이상근). 므낫세는 이 동산을 구입하여 별궁을 지었고 그 별궁에 묻힌 듯이 보인다. 혹은 회개한 므낫세는 겸손한 마음으로 열 왕의 무덤에 묻히지 않고 이곳에 그의 무덤을 별도로 만들었다고 추측된다(K.&D.).

O. 아몬의 역사 33:21-25(왕하 21:19-26)

아몬은 그 아버지 므낫세처럼 역시 악한 왕으로 처음부터 끝까지 우상숭배를 한 왕이었다. 그는 그의 아버지 므낫세와는 달리 아주 짧은 2년 동안 통치했다. 그리고 그는 통치 끝에 요아스처럼(24:25) 반역자에게 의해 암살되었다.

대하 33:21. 아몬이 왕위에 오를 때에 나이가 이십이 세라 예루살렘에서 이 년 동안 다스리며.

아몬이 왕위에 오를 때에 나이가 22세라 예루살렘에서 2년 동안 다스렸다. 아몬(Ammon)은 '충실'이라는 뜻이다. 그는 유다 제 15대 왕으로 2년으로 끝난다. 그의 연대는 B.C. 642-640년 경이었다. 그의 어머니는 왕하 21:19에 의하면 "므술레멧"(Meshullemeth)이었으며 욥바 사람이었다.

대하 33:22. 그의 아버지 므낫세의 행함 같이 여호와 보시기에 악을 행하여 아몬이 그의 아버지 므낫세가 만든 아로새긴 모든 우상에게 제사하여 섬겼으며.

아몬은 그의 아버지 므낫세가 행함 같이 여호와 보시기에 우상 숭배를 했으며 그의 아버지 므낫세가 만든 아로새긴 모든 우상을 가져다가 그들 앞에 제사하여 섬겼다. 아몬은 그의 아버지 므낫세가 회개한 것은 괘념하지 않았다. 사람들이 이렇게 우상에게 집착할 수 있는 것은 눈에 보이기 때문이었다.

대하 33:23. 이 아몬이 그의 아버지 므낫세가 스스로 겸손함 같이 여호와 앞에서 스스로 겸손하지 아니하고 더욱 범죄하더니.

이 아몬이 그의 아버지 므낫세가 스스로 겸손함 같이 여호와 앞에서 스스로 겸손하지 아니하고 더욱 범죄했다. 그러다가 다음 절과 같이 반역을 만나 죽은 것이다. 우상 숭배는 반드시 나쁜 결과를 만난다. 오늘날 많은 사람들은 탐심(이는 우상이다. 골 3:5)을 계속해서 품고 살다가 종국에 가서는 돈에게 엄청난 실망을 한다.

대하 33:24. 그의 신하가 반역하여 왕을 궁중에서 죽이매.

아몬은 계속하여 우상을 섬기다가 신하의 반역에 의하여 궁중에서 죽임을 당했다. 아몬이 반역을 당한 이유는 아마도 므낫세에 의해서 압제를 당했던 사람들이 아몬도 그 아버지처럼 행하는 것을 보고 죽인 것으로 보인다(Hobbs).

대하 33:25. 백성들이 아몬 왕을 반역한 사람들을 다 죽이고 그의 아들 요시야를 대신하여 왕으로 삼으니라.

백성들이 아몬 왕을 반역한 사람들을 다 죽이고 그의 아들 요시야를 대신하여 왕으로 삼았다. 남 왕국에서는 왕을 암살하는 일은 있어도 엉뚱한 사람이 왕으로 즉위하지는 않았다. 아들을 왕으로 앉혔다. 남 왕국에서 이렇게 왕위가 계대하여 이룩된 것은 다윗 왕조를 끝까지 지키시는 하나님의 섭리였다(삼하 7:10-16; 왕상 11:32). 여기 아몬의 장례에 대해서는 침묵하고 있다. 아마도 짧게 2년을 통치했기 때문인 듯하며 또 시종일관 우상 숭배를 했기 때문일 것으로 보인다. 요시야에 대해 34:1주해 참조.

제 34 장

P. 요시야의 역사 34-35장(왕하 22-23장)

요시야는 남 왕국 제 16대왕이다. 그는 남 왕국 유다의 마지막 왕으로 종교를 개혁한 일(34:1-33), 유월절을 지킨 일(35:1-19), 전사한 일(35:20-27) 등이 진술된다. 두 곳(역대기 34-35장, 왕하 22-23장)의 기록상의 차이점은 열왕기가 우상을 제거하는 일이 더욱 상세하게 기록되어 있는 반면에 역대기에서는 종교 의식적인 면이 더 상세하게 기록되어 있다는 점이다.

1. 요시야가 종교를 개혁하다 34:1-33(왕하 22:1-23:20)

요시야가 즉위한 일과 종교개혁을 한 일(1-7절), 성전 수리 중 율법 책을 발견한 일(8-28절), 요시야가 언약을 갱신한 일(29-33절) 등이 진술되어 있다. 왕하 22:1-23:20과 병행한다.

ㄱ. 즉위하다 34:1(왕하 22:1-2)

대하 34:1. 요시야가 왕위에 오를 때에 나이가 팔세라 예루살렘에서 삼십일년 동안 다스리며.

요시야('여호와께서 도우신다'는 뜻)가 왕위에 오를 때에 그는 8세였다. 그는 예루살렘에서 31년 동안 다스렸다. 그는 유다 나라의 제 16대 왕이며 8세에 즉위하여 31년간 통치했으므로 그의 통치연대는 B.C.640-609년경이다. 그는 남 유다 왕국에서 아사, 여호사밧, 히스기야와 더불어 네 사람의 선한 왕으로 꼽힌다. 그의 아버지 아몬이 젊은 나이에 암살당하므로 그는 8세의 어린 나이로 등극하는 수밖에 없었다. 요시야에게서 잊을 수 없는 큰 업적은 성전에서 율법 책을 발견한 것이고, 그 율법 책에 의해 종교개혁을 한 것이었다. 요시야 역시 39세의 나이로 므깃도에서 전사한 것이었다.

ㄴ. 종교를 개혁하다 34:2-7

대하 34:2. 여호와 보시기에 정직하게 행하여 그의 조상 다윗의 길로 걸으며 좌우로 치우치지 아니하고.

종교 개혁의 주체였던 요시야는 여호와 보시기에 정직하게 행하여 그의 조상 다윗의 길을 걸으면서 좌우로 치우치지 아니했다.

"여호와 보시기에 정직하게 행하였다"는 말은 '여호와 신앙을 견지하면서 옳게 행했다'는 뜻으로 남 왕국의 20왕 중에 이렇게 정직하게 행했던 왕은 8명(아사, 여호사밧, 요아스, 아마샤, 웃시야, 요담, 히스기야, 요시야)이었다. 그러니까 요시야는 8명 안에 드는 왕이었다. 그리고 정직하게 행했던 왕 중에서 "다윗의 길을 걸은" 왕은 최선의 길을 걸은 왕에 해당한다는 뜻이다. 다윗의 길을 걸은 왕은 3명으로 여호사밧, 히스기야, 요시야 왕 3인이었다(17:3). 오늘 우리는 정직한 사람, 다윗의 길을 걷는 사람들이 되어야 할 것이다.

대하 34:3. 아직도 어렸을 때 곧 왕위에 있은 지 팔 년에 그의 조상 다윗의 하나님을 비로소 찾고 제 십이 년에 유다와 예루살렘을 비로소 정결하게 하여 그 산당들과 아세라 목상들과 아로새긴 우상들과 부어 만든 우상들을 제거하여 버리매.

요시야는 왕이 된 지 8년째 해에 아직도 매우 어린 나이에 조상 다윗의 하나님을 찾기 시작하였다. 그의 통치 12년이 되는 해에는, 산당과 아세라 목상들과 아로새긴 우상들과 부어 만든 우상들을 없애고, 유다와 예루살렘을 깨끗하게 하였다.

여기 "다윗의 하나님을 비로소 찾았다"는 말은 '다윗이 믿던 하나님을 비로소 찾았다'는 뜻이다. 그리고 요시야는 "즉위 12년에 유다와 예루살렘을 비로소 정결하게 했다"는 말은 '즉위 제 12년에 종교 개혁을 시작했다'는 뜻이다. 그 내용은 "그 산당들과 아세라 목상들과 아로새긴 우상들과 부어 만든 우상들을 제거하여 버렸다"는 것이다.

대하 34:4. 무리가 왕 앞에서 바알의 제단들을 헐었으며 왕이 또 그 제단 위에 높이 달린 태양상들을 찍고 또 아세라 목상들과 아로새긴 우상들과 부어 만든 우상들을 빻아 가루를 만들어 제사하던 자들의 무덤에 뿌리고.

요시야 왕의 지시로 무리가 바알을 섬기는 제단들을 헐었다. 또 요시야는 제단 위에 있는 분향 단들도 부수게 하였다. 그는 또한 아세라 목상들과 아로새긴 우상들과 부어 만든 태양 상들을 빻아 가루로 만들어서 그 제단에서 제사를 드리던 자들의 무덤에 뿌리게 했다.

바알과 아세라 목상에 대해 33:3 주해 참조. "태양 상"이란 '태양신을 나무 기둥에 새겨 높이 세우고 숭배하는 천체'였다(레 26:30 주해 참조). 아세라 목상들과 아로 새긴 우상들과 부어 만든 우상들을 빻아 가루를 만들어 우상 숭배를 하다가 죽은 자들의 무덤에 뿌렸다. 철저한 종교개혁이었다.

대하 34:5. 제사장들의 뼈를 제단 위에서 불살라 유다와 예루살렘을 정결하게 하였으며.

우상 숭배를 주관하던 제사장들의 뼈를 제단 위에 불살라 유다와 예루살렘을 깨끗하게 하였다. 죽은 우상 숭배자들의 뼈를 파서 우상의 단에서 불태워서 유다와 예루살렘의 우상 숭배의 죄를 정결하게 한 것이었다.

대하 34:6. 또 므낫세와 에브라임과 시므온과 납달리까지 사면 황폐한 성읍들에도 그렇게 행하여.

요시야는 우상숭배를 주관하던 제사장의 뼈를 제단 위에서 불살라 우상 숭배 죄를 정결케 하던 방식의 일을 므낫세와 에브라임(이 두 지역은 북 왕국의 중심부)과 시므온 지역(남 왕국의 최 남부)과 저 멀리 사방이 다 폐허가 된 납달리 지역(북 왕국의 최 북부)에 이르기까지 직접 가서 행하였다.

요시야의 종교 개혁이 전체 이스라엘에게 미쳤다는 것을 보여준다. 본문의 "황폐한 성읍들"이란 앗수르에 의해 황폐된 성읍들을 지칭한다. 요시야의 종교 개혁은 미치지 않은 곳이 없었다.

대하 34:7. 제단들을 허물며 아세라 목상들과 아로새긴 우상들을 빻아 가루를 만들며 온 이스라엘 땅에 있는 모든 태양 상을 찍고 예루살렘으로 돌아왔더라.

요시야는 "제단들을 허물고 아세라 목상들과 아로새긴 우상들을 빻아 가루로 만들며 온 이스라엘 땅에 있는 분향단도 모두 부수어 버리고 나서 예루살렘으로 돌아왔다".

종교 개혁을 시도하던 요시야는 전체 가나안 땅을 다니면서 철저히 개혁을 한(3-4절) 후에 예루살렘으로 돌아왔다.

ㄷ. 성전을 수리하고 율법 책을 발견하다 34:8-28(왕하 22:3-20)

요시야는 먼저 나라를 정결하게 한 후 성전 수리를 하려는 것을 말하고(8-13절), 수리 중에 율법 책을 발견한 일(14-21절), 율법 책에 대하여 여선지 훌다에게 물은 사실을 진술한다(22-28절).

대하 34:8. 요시야가 왕위에 있은 지 열여덟째 해에 그 땅과 성전을 정결하게 하기를 마치고 그의 하나님 여호와의 전을 수리하려 하여 아살랴의 아들 사반과 시장 마아세야와 서기관 요아하스의 아들 요아를 보낸지라.

본 절은 요시야가 먼저 나라와 성전을 정결하게 한 뒤에 예루살렘 성전을 수리하기 위해 지도자들을 보냈다는 것을 말한다. 즉, 요시야는 이스라엘 나라와 예루살렘 성전을 깨끗하게 한 뒤에 통치한 지 18년이 되는 해가 되는 때에 아살랴의 아들 사반과 마아세야 성주와 요아하스의 아들 요아 서기관을 보내서 하나님의 성전을 수리하게 하였다.

요시야는 즉위 제 18년 그의 26세 때 종교 개혁을 끝내고 성전 수리에 착수했다. 요시야가 보낸 사람 "사반"(Shaphan)은 '토끼'라는 뜻이고, 요시야 왕의 서기관이며 아살리야의 아들(34:8; 34:14-16; 34:22; 왕하 22:3; 22:4; 22:14)이었다. "마아세야"(Maaseiah)는 '여호와의 일'이란 뜻이며, 요시야 치세 때의 예루살렘 장관이었다. "요아"(Joah)는 '여호와는 형제이시다'는 뜻이며, 요시야 왕에 의해 성전 수리의 임무를 맡도록 임명 받았다(대하 34:8). 요시야 왕은 이 세 사람을 성전 수리를 위해 보냈다.

대하 34:9. 그들이 대제사장 힐기야에게 나아가 전에 하나님의 전에 헌금한 돈을 그에게 주니 이 돈은 문을 지키는 레위 사람들이 므낫세와 에브라임과 남아 있는 모든 이스라엘 사람과 온 유다와 베냐민과 예루살렘 주민들에게서 거둔 것이라.

이 세 사람(사반, 마아세야, 요아)은 대제사장 힐기야[399]('여호와의 분깃' 이라는 뜻)에게 나아가, 전에 하나님의 성전에 들어온 돈을 그에게 건네주었다. 이유는 성전 수리[400]를 위해서였다. 그 돈은 문을 지키는 레위 사람들이 므낫세와 에브라임과 북 이스라엘의 나머지 지역에 사는 백성과 유다와 베냐민의 모든 백성과 예루살렘 주민들에게서 거두어들인 돈이었다.

대하 34:10. 그 돈을 여호와의 전 공사를 감독하는 자들의 손에 넘기니 그들이 여호와의 전에 있는 일꾼들에게 주어 그 전을 수리하게 하되.

그들(사반, 마아세야, 요아)은 이 돈을 여호와의 성전 수리를 감독하는 자들에게 맡겼고(전 절에서는 대제사장 힐기야에게 전해주었다), 그들은 또 그 돈을 여호와의 성전 수리를 직접 맡아 건축하는 이들에게 주어서 성전을 수리하게 했다(24:12-14 주해 참조).

---

399) "힐기야": 그는 요시야 왕 때 대제사장이었고(대상 6:13; 스 7:1-2), 성전을 수리하는 중에 율법책을 발견하였으며(대하 34:15; 34:18) 요시야의 개혁을 도왔다(왕하 23:2). 또한 그는 아사랴의 아버지이며 전승에 의하면 예레미야의 형제라 한다(대상 6:1, 대상 6:13).

400) 이 때에 성전수리를 해야 했던 이유는 첫째, 요아스 왕 때(24:1-14, B.C. 835-796)에 했기에 200년간이나 방치 되었고, 둘째, 므낫세와 아몬 시대에는 우상숭배로 인해 성전을 모독했으니 성전이 더러워졌을 것이기 때문이다.

대하 34:11. 곧 목수들과 건축하는 자들에게 주어 다듬은 돌과 연접하는 나무를 사며 유다 왕들이 헐어버린 성전들을 위하여 들보를 만들게 하매.

여호와의 성전 수리를 직접 맡아 건축하는 이들(앞 절)은 그 돈을 목수들과 건축하는 자들에게 주어 다듬은 돌(채석한 돌)과 연접하는 나무(도리와 들보를 만들 나무)를 사들여 유다의 왕들이 폐허로 만들어 버린 건물들을 손질하게 하였다. 모든 일을 질서 있게 진행해갔다. 돈을 낭비하며 떼어먹는 사람이 없었다.

대하 34:12. 그 사람들이 성실하게 그 일을 하니라 그의 감독들은 레위 사람들 곧 므라리 자손 중 야핫과 오바댜요 그핫 자손들 중 스가랴와 무술람이라 다 그 일을 감독하고 또 악기에 익숙한 레위 사람들이 함께 하였으며.

그 사람들(수리 감독하는 사람들, 목수, 건축자, 미장이등)은 일을 정직하게 하였다. 병행구인 왕하 22:7에는 "그들의 손에 맡긴 은을 회계하지 말지니, 이는 그들이 진실하게 행했기 때문이라"고 진술한다. 그들 위에 네 명의 감독이 있었는데 모두 레위 사람들이었다. 므라리 자손 가운데서는 야핫('그가 잡아채실 것이다'라는 뜻)과 오바댜('여호와의 종'이란 뜻), 그핫 자손 가운데서는 스가랴('여호와께서 기억하신다'는 뜻)와 무술람('친구'라는 뜻)이었는데, 성전을 수리하는 일을 맡아 하였다. 레위인 므라리 자손과 그핫 자손 중에서 2명씩이었다. 성전을 수리하는 사람들이 모두 진실했던 이유는 그들에게 신앙이 있었기 때문이었다. 신앙이 있으면 진실하고 또 진실하면 신앙을 유지할 수가 있다.

이 네 사람들은 모두 "악기에 익숙한 레위 사람들"이었다. 이들은 악기를 가지고 일꾼들에게 용기와 격려를 주는 사람들(Bertheau)이 아니라, 다음 절에서 보는 바와 같이 일꾼들을 관할하며 모든 공사 담당자를 감독하는 사람들이었다(K.&D.).

대하 34:13. 그들은 또 목도꾼을 감독하며 모든 공사 담당자를 감독하고

어떤 레위 사람은 서기와 관리와 문지기가 되었더라.

그들 네 사람은 또 물건을 메고 운반하는 자를 감독하고, 모든 공사 담당자를 감독하며, 어떤 레위 사람은 서기와 관리와 문지기(성전 수리에 관련된 문서 관리자, 모든 사무를 감찰하는 자, 성전 문지기)가 되었다.

대하 34:14. 무리가 여호와의 전에 헌금한 돈을 꺼낼 때에 제사장 힐기야가 모세가 전한 여호와의 율법 책을 발견하고(While they were bringing out the money that had been brought into the house of the LORD, Hilki'ah the priest found the book of the Law of the LORD given through Moses-ESV).

"무리가 여호와의 전에 헌금한 돈을 꺼낼 때에 제사장 힐기야가 모세가 전한 여호와의 율법 책을 발견했다".

본 절의 "무리"란 '문을 지키는 레위 사람들'(9절)일 가능성이 크다. 이유는 이 문지기들이 헌금을 거두었기 때문이다(9절 참조). 여호와의 성전에 헌금한 돈을 이들이 꺼낼 때에 제사장 힐기야가 모세가 전한 여호와의 율법 책을 발견했다. 여기 모세가 전한 율법 책을 발견한 것은 하나님의 큰 섭리였음을 두 가지로 말할 수 있을 것이다. 하나는 요시야와 같은 종교개혁자가 열심히 종교 개혁을 할 때에 더욱 종교 개혁을 잘 할 수 있도록 하나님께서 격려하시기 위함이었을 것이다. 하나님은 진리를 찾기 위해 애쓰는 사람들에게 더욱 진리를 알게 하시려고 율법 책을 발견하게 하신 것이다. 오늘도 진리를 알기 원하는 사람들에게 말씀의 사역자들을 붙여주시고 말씀의 동역자들을 붙여주시는 것을 볼 수 있다. 또 다른 하나는 율법 책이 성전 안의 다른 곳에 있었던 것이 아니라 헌금을 넣어두었던 궤 안에서나 또는 궤 근방에서 발견되게 하신 것이다. 헌금을 꺼낼 때에 율법 책이 발견되도록 하신 것은 하나님의 큰 섭리가 아닐 수 없었다. 사람들이 헌금을 귀중히 여겨 잘 보관해 놓았을 것이기 때문이다.

여기 모세가 전한 율법 책(סֵפֶר תּוֹרַת)이 어떤 율법 책이었는지에 대해서는 견해가 다르다. 1) 신명기라는 견해(Ewald, Curtis). 2) 출애굽기, 레위기, 민수기라는 견해. 3) 출애굽기라는 견해. 4) 모세 5경 전체일 것이라는 견해(Josephus, K.&D,, Lange). 마지막 견해가 유대인의 주석가들의 견해다. 이는 법궤 곁에 항상 비치해 둔 성전용 율법 책(신명기 31:26)으로 교회 박해시대에 누군가가 숨겨둔 것을 성전 수리 중 발견했을 것이다.

대하 34:15.힐기야가 서기관 사반에게 말하여 이르되 내가 여호와의 전에서 율법책을 발견하였노라 하고 힐기야가 그 책을 사반에게 주매.

힐기야가 여호와의 성전에서 율법 책을 발견하였다고 말하면서 그 책을 사반에게 주었다. "사반"은 요시야 왕의 서기관이며 아살리야의 아들(34:8; 34:14-16; 34:22; 왕하 22:3; 22:4; 22:14)이었다. 사반은 아마도 즉시 그 책을 읽고(왕하 22:8) 내용이 보통이 아닌 것을 깨닫고 왕에게 빨리 보고하도록 했다.

대하 34:16. 사반이 책을 가지고 왕에게 나아가서 복명하여 이르되 왕께서 종들에게 명령하신 것을 종들이 다 준행하였나이다.

서기관 사반이 그 책을 가지고 왕에게 나아가서 "임금님께서 종들에게 명령하신 것을 종들이 그대로 다 하였습니다"고 보고했다.

대하 34:17. 또 여호와의 전에서 발견한 돈을 쏟아서 감독자들과 일꾼들에게 주었나이다 하고.

"또 여호와의 성전에서 발견한 돈을 다 쏟아서 감독들과 건축하는 사람들에게 주었습니다"라고 보고했다.

대하 34:18. 서기관 사반이 또 왕에게 아뢰어 이르되 제사장 힐기야가 내게 책을 주더이다 하고 사반이 왕 앞에서 그것을 읽으매.

"서기관 사반은 성전 수리 문제를 대충 왕에게 보고를 한(16-17절) 후 힐기야 제사장이 자기에게 책 한 권을 건네주었다고 왕에게 보고했다. 그리고 사반은 그 책을 왕 앞에서 큰소리로 읽었다".

아마도 사반은 그 책의 일부를 왕 앞에서 읽었을 것이다. 그 후에 왕이 유다 모든 사람과 예루살렘 주민들과 제사장들과 레위 사람들과 레위인 등을 모아놓고 율법 책 전체를 읽었을 것이다(30절).

대하 34:19. 왕이 율법의 말씀을 듣자 곧 자기 옷을 찢더라.

요시야 왕은 율법의 말씀을 듣자마자 애통해 하며 자기의 옷을 찢었다. "옷을 찢은 것"은 '놀람과 슬픔과 기가 막혔다'는 뜻이다(왕하 6:30; 스 9:3). 요시야는 현시점에서 상당히 경건한 심령이었는데 게다가 하나님의 율법의 말씀을 들었을 때 큰 충격을 받았을 것이며 지금까지 유다 민족이 율법의 말씀대로 살지 않았던 것을 두고 통곡할 것 같은 심정에 이르러 옷을 찢은 것이다. 혹자는 요시야가 이 때 사반이 신명기의 일부를 읽어주어 신명기의 말씀을 들었을 것이라고 주장한다. 그러나 구약 성경은 신명기에만 율법이 있는 것이 아니라 모세 5경 어디를 읽어도 하나님의 율법의 말씀을 듣고 순종하지 않으면 하나님의 진노를 받을 것이라는 말씀이 있다. 오늘 우리는 신구약 성경 어디를 읽더라도 놀랍고 통회하는 심정이 되어야 할 것이다.

대하 34:20. 왕이 힐기야와 사반의 아들 아히감과 미가의 아들 압돈과 서기관 사반과 왕의 시종 아사야에게 명령하여 이르되.

요시야 왕은 자기가 지금까지 들은 말씀만으로도 놀랍고 기가 막혀 그냥 혼자 들을 수 없어 대제사장 힐기야와 사반의 아들 아히감('일어나는 형제'라는 뜻)과 미가의 아들 압돈('종'이라는 뜻, 미가야의 아들 악볼과 동일인, 왕하 22:12)과 서기관 사반과 왕의 시종(수종드는 신하) 아사야('여호와가 세우신다'는 뜻)에게 다음 절과 같은 명령을 내렸다. 하나님의 율법의 말씀을 몇 사람만 들어야 할 일이 아니라고 생각한 것이다. 오늘 신약시대에도 하나님의 말씀은 여러 사람이 들을수록 좋은 것을 알 수 있다.

대하 34:21. 너희는 가서 나와 및 이스라엘과 유다의 남은 자들을 위하여 이 발견한 책의 말씀에 대하여 여호와께 물으라 우리 조상들이 여호와의 말씀을 지키지 아니하고 이 책에 기록된 모든 것을 준행하지 아니하였으므로 여호와께서 우리에게 쏟으신 진노가 크도다 하니라.

"그대들은 여호와께로 나아가서(여선지 훌다에게로 나아가라는 뜻) 나라의 왕 직을 맡고 있는 나 자신과 아직 이스라엘과 유다에 살아남아 있는 백성을 위하여 이번에 발견된 이 두루마리의 말씀에 관하여 여호와의 뜻을 여쭈어 보도록 하시오. 우리의 조상이 여호와의 말씀을 지키지 않고, 이 두루마리에 기록된 모든 것을 지켜 따르지 않았으므로 여호와께서 우리에게 쏟으신 진노가 크오"라고 했다.

하나님의 뜻을 알기 위해 다윗 시대에는 대제사장에게 물어 대제사장은 우림과 둠밈을 통해서 하나님의 뜻을 알아 통지했는데(출 28:30) 이 때에는 대제사장까지 함께 선지자에게 나아가서 하나님의 뜻을 물은 것이다. 우리는 하나님의 뜻에 대해서는 알기를 노력해야 한다.

대하 34:22. 이에 힐기야와 왕이 보낸 사람들이 여선지자 훌다에게로 나아가니 그는 하스라의 손자 독핫의 아들로서 예복을 관리하는 살룸의 아내라 예루살렘 둘째 구역에 살았더라 그들이 그에게 이 뜻을 전하매.

문장 초두의 "이에"(כָּזֹאת)란 말은 '그래서'(so) 혹은 '이래서'(like this)란 뜻으로 요시야 왕이 "여호와께 물어보라고 했기에"(앞 절)란 뜻이다. 요시야 왕이 힐기야와 왕의 명령을 받은 사람들에게 여선지 훌다('세계'라는 뜻)에게로 나아가서 여호와께 물어보라고 했기에 힐기야와 왕의 명령을 받은 사람들이 함께 훌다 예언자에게로 갔다는 것이다. 그녀(훌다)는 살룸의 아내였다. 이 살룸('평안'이란 뜻)이란 사람은 하스라의 손자요 독핫의 아들로서 궁중 예복을 관리하는 사람(이 예복은 왕이나 귀족들이 절기에 왕궁에서 입었던 옷인 듯하다)이었다(이것이 살룸의 직업이었다). 훌다는 예루살렘의 제 이 구역에 살고 있었는데 그들(힐기야와 왕의 명령을 받은 사람들)이 그(훌다)에게 가서 왕의 말을 전했다.

구약의 여선지자는 모세의 누이 미리암(출 15:20), 드보라(삿 4:5), 이사야의 아내(사 8:3), 거짓 여선지 노아다(느 6:14)가 있었다. 본 절의 "예루살렘 둘째 구역"이란 여부스인들이 거주했던 첫째 구역 외에 예루살렘이 확장되면서 편입된 구역이었다(왕하 22:14; 습 1:10).

요시야 왕이 율법 책의 뜻에 대해서 묻기 위하여 왜 예레미야와 같은 선지자에게 사람들을 보내지 않고 여선지에게 보냈을까 하는 의구심이 생긴다. 아마도 그것은 요시야 왕 18년에(B.C. 622) 예레미야(B.C. 627-586)는 선지자로 사역한지 5년 밖에 되지 않았고 훌다는 이 때 꽤 오래 사역한 선지자였던 것으로 본다.

대하 34:23. 훌다가 그들에게 이르되 이스라엘의 하나님 여호와께서 이같이 말씀하시기를 너희는 너희를 내게 보낸 사람에게 말하라 하시니라.

훌다가 그들에게 말하기를 "이스라엘의 하나님 여호와께서 이렇게 말씀하시기를 그대들을 나에게 보내어 주님의 뜻을 물어 보라고 한 그분에게 가서 이렇게 전하시오"라고 한다. 첫째는 율법의 말씀대로 유다에게 멸망이 찾아온다는 것이고(24-25절), 그러나 요시야 당대에는 그 재앙들이 오지 않는다(26-28절)는 내용이었다.

대하 34:24-25. 여호와께서 이같이 말씀하시기를 내가 이 곳과 그 주민에게 재앙을 내리되 곧 유다 왕 앞에서 읽은 책에 기록된 모든 저주대로 하리니 이는 이 백성들이 나를 버리고 다른 신들에게 분향하며 그의 손의 모든 행위로 나의 노여움을 샀음이라 그러므로 나의 노여움을 이 곳에 쏟으매 꺼지지 아니하리라 하라 하셨느니라.

훌다가 말한 첫째 내용은 "내(여호와)가 이 곳과 그 주민에게 재앙을 내리되 곧 유다 왕 앞에서 읽은 책에 기록된 모든 저주대로 하리니(이상 24절) 이유는 이 백성들이 나를 버리고 다른 신들에게 분향하며 그의 손의 모든 행위로 나의 노여움을 샀음이라 그러므로 나의 노여움을 이 곳에 쏟으매 꺼지지 아니할 것이니라"(25절)는 내용이었다. 이 세상에 내리는 재앙은 성경에 기록되어 있는 내용대로 오는 것이다(신 12:19; 29:25-28; 31:16-17; 32:15; 삿 10:13; 삼상 8:8; 12:9; 왕상 9:9; 11:13 등).

대하 34:26. 너희를 보내어 여호와께 묻게 한 유다 왕에게는 너희가 이렇게 전하라 이스라엘의 하나님 여호와께서 이같이 말씀하시기를 네가 들은 말을 의논하건대(But to the king of Judah, who sent you to inquire of the LORD, thus shall you say to him, Thus says the LORD, the God of Israel: Regarding the words which you have heard-ESV).

"유다의 요시야 왕에게는 당신들이 이렇게 전하세요. 네(요시야)가 들은 말씀(사반이 읽은 율법)에 관하여 이스라엘의 하나님 여호와께서 이렇게 말씀하신다"고 훌다가 전해준다. 그 말씀의 내용은 다음 두 절에 진술되고 있다.

대하 34:27-28. 내가 이 곳과 그 주민을 가리켜 말한 것을 네가 듣고 마음이 연약하여 하나님 앞 곧 내 앞에서 겸손하여 옷을 찢고 통곡하였으므로 나도 네 말을 들었노라 여호와가 말하였느니라 그러므로 내가 네게 너의 조상들에게 돌아가서 평안히 묘실로 들어가게 하리니 내가 이 곳과 그 주민에게 내리는 모든 재앙을 네가 눈으로 보지 못하리라 하셨느니라 이에 사신들이 왕에게 복명하니라.

"내(여호와)가 이 곳(유다와 예루살렘)과 이 곳에 사는 주민들에게 큰 재앙을 내리겠다고 말한 것을 네가 듣고 마음이 부드러워지고 내(여호와) 앞에서 겸손해져서 네(요시야)가 옷을 찢으며 통곡하였으므로 내(여호와)가 네(요시야) 기도를 이미 들어주었다. 내(여호와)가 지금 말했으니 분명히 그대로 이루어진다"(이상 27절). "그러므로 내(여호와)가 네(요시야)게 너의 조상들에게 돌아가서 평안히 묘실로 들어가게 하겠다. 내가 이 곳(유다 나라)과 이 곳 주민(유다 주민들)에게 내리기로 한 모든 재앙을 네(요시야)가 네 눈으로 목도하지 못하게 하겠다"고 하신다(이상 28절). 이처럼 다행한 말씀도 없었을 것이다. 왕의 사신들이 돌아와서 이 말을 왕에게 전하였다. 요시야 왕은 마음이 부드러운 사람이었는데 훌다가 전해준 하나님의 말씀이 요시야에게 천만 다행인 위로의 말씀이 되었다.

한 마디로 앞으로 유다와 예루살렘 주민에게 내리실 재앙을 요시야 생전에는 내리지 않겠다고 하신 것이다. 요시야는 하나님의 말씀대로 예루살렘의 최후를 보지 않게 되었다. 요시야는 므깃도에서 전사했다(35:24). 그가 전사한 것은 바벨론 군대에 의해서 예루살렘이 함락된 연대(B.C. 586)보다 23년이나 앞선 B.C. 609년이었다. 오늘도 한 지도자, 한분 귀한 성도의 간절한 기도는 자신은 물론 많은 사람의 재앙을 면하게 해준다. 우리 한 사람의 기도는 우리가 살고 있는 지역에 지진도 연기되게 하고 엄청난 태풍도 연기되게 하며 많은 큰 재앙들을 연기되게 하는 것을 볼 수 있다.

ㄹ. 요시야가 언약을 갱신하다 34:29-33(왕하 23:1-20)

요시야는 훌다를 통하여 하나님의 엄청난 격려의 말씀을 들은 다음 그냥 앉아 있을 수는 없었다. 백성의 대표를 예루살렘 성전으로 불러 여호와의 언약을 갱신한다.

대하 34:29. 왕이 사람을 보내어 유다와 예루살렘의 모든 장로를 불러 모으고.

왕이 사람을 보내어 언약을 새롭게 하려고 유다와 예루살렘의 모든 장로를 불러 모았다. 여기 "장로"란 말은 단순히 나이가 많은 '연장자'라는 뜻이었다. 그런데 후에 이 낱말이 직제 화되어 지도자를 뜻하게 되었다(왕상 8:1; 왕하 10:1,5).

"장로"(자켄)는 젊은이(창 19:4, 참조: 시 37:25)에 대조하여 인생에서 노년이라고 불리는 시기에 도달한 사람(남녀)을 가리켰다. 정상적인 히브리

사회에서는 소년과 소녀들이 거리에서 놀 뿐만 아니라 또한 늙은 남자와 여자들도 그들의 지팡이에 기대어 거리에 앉았다. 즉 '젊은이'와 '노인'들 모두가 전체 사회를 구성했다(출 10:9; 수 6:21; 대하 36:17; 에 3:13). "장로"라는 칭호는 계속 개별적인 부족들(삼하 19:11)과 온 이스라엘의 통치 계급에 적용되었다. 장로들은 지방 또는 부족에서 공통된 결정들을 위해 모였다(삼상 30:26 등). 장로들은 블레셋을 대적하여 법궤를 보낼 것을 결정했다(삼상 4:3). 군주정치의 도입을 요구한 자들도 바로 그들이었다(삼상 8:4 이하). 왕들이 장로들의 뜻에 얼마나 의존했는가 하는 것은 사무엘에 대한 사울의 애원(삼상 15:30)과 다윗의 즉위(삼하 3:17 삼하 5:3), 이에 대한 압살롬의 도전(삼하 17:4; 삼하 17:15; 삼하 19:12), 르호보암 시대에 왕의 옹립자로서 장로들의 역할(왕상 12:6 이하; 대하 10:6 이하), 아합의 위기 때에 장로들과의 협의와 그들을 조종하려고 하는 아합의 시도(왕상 20:7 이하; 왕상 21:8,11) 등에서 증명된다. 마침내 장로들은 솔로몬의 성전 봉헌식에 부족과 지파들의 우두머리들과 함께 모든 백성을 대표하는 자로 나타난다(왕상 8장; 대하 5장).

대하 34:30. 여호와의 전에 올라가매 유다 모든 사람과 예루살렘 주민들과 제사장들과 레위 사람들과 모든 백성이 노소를 막론하고 다 함께 한지라 왕이 여호와의 전 안에서 발견한 언약책의 모든 말씀을 읽어 무리의 귀에 들려주고.

요시야 왕은 여호와의 성전에 올라갈 때에, 유다의 모든 백성과 예루살렘 주민과 제사장들과 레위 사람들과 어른으로부터 아이에 이르기까지 모든 백성을 다 데리고 여호와의 성전으로 올라갔다. 그 때에 왕은 여호와의 성전에서 발견된 언약 책에 적힌 모든 말씀을 사람들에게 크게 읽어 들려주도록 하였다. 본 절의 "언약 책"이란 말은 앞에서는 계속해서 율법 책이라고 했는데 여기서는 언약 책이라고 한다. 율법 책이 바로 하나님의 언약의 책이었기 때문에 언약 책이라고 바꾸어 나온다.

대하 34:31. 왕이 자기 처소에 서서 여호와 앞에서 언약을 세우되 마음을 다하고 목숨을 다하여 여호와를 순종하고 그의 계명과 법도와 율례를 지켜 이 책에 기록된 언약의 말씀을 이루리라 하고.

요시야 왕은 자기의 자리에 서서 여호와를 따를 것과 마음과 목숨을 다 바쳐 여호와의 계명과 법도와 규례를 지킬 것과 이 책에 적힌 언약의 말씀을 지킬 것을 맹세하는 언약을 여호와 앞에서 맺었다.

본 절 초두의 "자기 처소에 서서"라고 한 말은 왕하 23:3에 보면 "왕이 단 위에 선 것"을 뜻한다. 요시야 왕은 이 단 위에 서서 언약을 갱신했다. 다시 말해 "여호와 앞에서 언약을 세우되 마음을 다하고 목숨을 다하여 여호와를 순종하고 그의 율법을 지켜 이 책에 기록된 언약의 말씀을 이루리라"고 다짐한 것이다.

언약을 갱신한다는 말은 하나님의 말씀인 언약이 희미해져서 말씀 자체를 새롭게 하는 것이 아니라, 하나님의 언약을 하나님의 백성들 측에서 마음을 다하고 목숨을 다하여 틀림없이 지키기로 다짐하는 것을 말한다. 물론 사람들 측에서는 마음을 새롭게 하기 위해 죄에 대한 심각한 자복을 먼저 해야 하는 것이다. 오늘날 종교 개혁은 마음을 새롭게 해서 마음이 변화가 되어야 가능한 것이다.

대하 34:32. 예루살렘과 베냐민에 있는 자들이 다 여기에 참여하게 하매 예루살렘 주민이 하나님 곧 그의 조상들의 하나님의 언약을 따르니라.

요시야 왕이 그 현장에 있는 "예루살렘과 베냐민 사람들도 이 언약에 참여하게 하니 예루살렘 주민이 하나님, 곧 조상의 하나님이 세우신 언약을 따랐다".

"예루살렘과 베냐민에 있는 자들"은 '유다 백성들'을 지칭하는 말이다. 유다 백성들이 조상 때부터 지켜오던 여호와의 언약을 철저히 따르기로 다짐했다. 우리는 매일같이 여호와의 언약을 따르기로 갱신해야 하는 것이다. 성령 충만을 구하여 심령이 새로워지는 중에 하나님의 말씀을 지키기로 해야 한다. 사실은 하나님의 말씀을 묵상하면 우리 마음속에 있는 말씀이 우리로 하여금 하나님을 따르게 만들어 준다.

대하 34:33. 이와 같이 요시야가 이스라엘 자손에게 속한 모든 땅에서 가증한 것들을 다 제거하여 버리고 이스라엘의 모든 사람으로 그들의 하나님 여호와를 섬기게 하였으므로 요시야가 사는 날에 백성이 그들의 조상들의 하나님 여호와께 복종하고 떠나지 아니하였더라.

"이와 같이 요시야는 이스라엘 자손에게 속한 모든 땅에서 가증한 것들을 다 없애 버리고 이스라엘의 모든 사람으로 여호와 하나님을 섬기게 하였으므로 요시야가 살아 있는 동안에는 백성이 조상들의 하나님 여호와께 복종하면서 떠나지 않았다".

요시야는 율법 책을 발견하기 전에 이스라엘 자손에게 속한 모든 땅에서 가증한 우상숭배 시설들을 다 제거하여 버렸고, 또 율법 책을 발견한 후에 예루살렘 성전에서 이스라엘의 모든 사람으로 그들의 하나님 여호와를 섬기게 하였으므로 결과적으로 요시야가 사는 날 동안에 백성들이 그들의 조상들이 섬기던 하나님 여호와께 복종하고 떠나지 아니했다는 것이다. 오늘 우리도 교회 개혁을 철저히 해서 하나님의 영광을 드러내며 또 우리도 재앙이 없는 세상에서 살아야 할 것이다.

제 35 장

2. 유월절을 지키다 35:1-19(왕하 23:21-23)

율법을 철저히 지키기로 한 요시야 왕은 백성들로 하여금 유월절을 지키도록 명령했고(1-6절), 유월절 제물을 바쳤으며(7-9절), 전에는 없었던 큰 유월절을 지킨다(10-19절).

대하 35:1. 요시야가 예루살렘에서 여호와께 유월절을 지켜 첫째 달 열넷째 날에 유월절 어린 양을 잡으니라.

요시야는 예루살렘에서 주님께 유월절을 지켰다. 사람들은 첫째 달 14일에 유월절 어린 양을 잡았다. 요시야 왕은 언약을 갱신한 후 또 하나의 법인 유월절을 철저히 지키는 문제를 두고 유월절이 낀 첫째 달 14일에 유월절에 쓸 어린 양을 잡았다(출 12:3-14).

대하 35:2. 왕이 제사장들에게 그들의 직분을 맡기고 격려하여 여호와의 전에서 직무를 수행하게 하고.

요시야 왕은 제사장들에게 각자가 해야 할 임무를 맡기고 여호와의 성전에서 할 일들을 잘 하도록 격려하였다. 유월절을 잘 지키기 위해서는 제사장들이 해야 할 일이 많으니 요시야 왕은 제사장들 각자가 해야 할 임무를 맡겼고 또 여호와의 성전에서 직무를 잘 감당하도록 독려했다(7:6; 31:2; 대상 23:32).

대하 35:3. 또 여호와 앞에 구별되어서 온 이스라엘을 가르치는 레위 사람에게 이르되 거룩한 궤를 이스라엘 왕 다윗의 아들 솔로몬이 건축한 전 가운데

두고 다시는 너희 어깨에 메지 말고 마땅히 너희의 하나님 여호와와 그의 백성 이스라엘을 섬길 것이라.

요시야 왕은 앞에서는 제사장들에게 명하고 이제는 또 여호와 앞에 거룩하게 구별되어서 전체 이스라엘을 가르치는 레위 사람들에게 이른다. 즉, "거룩한 궤는 다윗의 아들 이스라엘의 솔로몬 왕이 지은 성전 안에 두도록 하십시오. 이제부터 당신들은 그 궤를 어깨로 메지 마십시오. 당신들은 다만 당신들 하나님 여호와와 그의 백성 이스라엘을 섬기는 일만을 맡으시오"라고 했다. 이제부터는 다시는 법궤를 어깨로 메지 말라는 것이었다.

대하 35:4. 너희는 이스라엘 왕 다윗의 글과 다윗의 아들 솔로몬의 글을 준행하여 너희 족속대로 반열을 따라 스스로 준비하고(Prepare yourselves according to your fathers' houses by your as prescribed in the writing of David king of Israel and the document of Solomon his son-ESV)**.**

"당신들은 이스라엘의 다윗 왕이 글로 써서 지시한 것과 다윗의 아들 솔로몬이 글[401]로 써서 지시한 것을 따라 가문별로, 반별로[402] 준비했다가" 라는 뜻이다. "다윗의 글과 다윗의 아들 솔로몬의 글을 준행하라"는 말은 레위인들과 제사장들의 반차와 직무를 분류할 때 다윗과 솔로몬이 규정한 규례들을 따라 준비하라는 뜻이다(8:14; 대상 9:10-34: 23:6). 즉, 다윗의 반열(대상 9:10-34; 23:6)과 솔로몬의 반열(8:14)을 따라 제사장과 레위인들은 준비하고 성전에서 봉사하라는 것이다.

대하 35:5. 너희 형제 모든 백성의 족속의 서열대로 또는 레위 족속의 서열대로 성소에 서서.

---

401) 여기 "글"이란 말은 다윗이 지은 시편이나 솔로몬의 전도서 지혜 문서 등을 말하는 것이 아니라, 여기서 말하는 "글"이란 왕이 내린 칙서 또는 조서 등을 말한다. 쉽게 말해 왕의 지시 사항을 말한다(대상23-26장).

402) "반열": 이 단어는 예루살렘의 성전에서의 직무를 위한 제사장들과 레위인들의 특수한 구분, 즉 '반열'이라는 의미로 자주 사용되었다(26회).

"성소에 나가서 당신들의 친족 되는 모든 사람의 가문의 서열을 따라서 또는 레위 가문의 서열[403)]을 따라서 일을 맡도록 하십시오".

이스라엘 백성들이 예루살렘에 전체적으로 모여서 제사를 드릴 때는 미리 순번이 결정된 레위인들에 의해 드려졌다(대상 24장).

대하 35:6. 스스로 성결하게 하고 유월절 어린 양을 잡아 너희 형제들을 위하여 준비하되 여호와께서 모세를 통하여 전하신 말씀을 따라 행할지니라.

"당신들(레위인들)은 스스로를 성결하게 하십시오. 그리고 당신들은 유월절 어린 양과 염소를 잡으시오. 그리고 형제들을 위하여서도 준비하시오. 이 모든 일은 여호와께서 모세를 시켜서 말씀하신 그대로 해야 합니다"라고 했다.

출 12:6에 의하면 유월절 양을 회중들(각 가정의 가장들)이 잡도록 되어 있었는데 요시야 왕은 레위인들에게 성결하라 부탁했고 또 어린 양을 잡으라 부탁했다. 이렇게 양 잡는 사람이 달라진 것을 두고 견해가 약간 다르다. 첫째, 요시야 왕이 히스기야 때의 관행(30:16-18)을 그대로 답습했기 때문이라는 견해(Payne). 둘째, 유월절 행사가 크게 확장되면서 양을 잡는 사람이 레위인의 업무가 되었을 것이라고 보는 견해(Curtis). 이 두 견해 중에 어느 견해가 옳다고 단정하기는 힘드나 2번의 견해가 더 옳게 보인다. 히스기야 때의 관행이 요시야 왕 때까지 갔든지 아니면 유월절 행사가 크게 확장되면서 레위인의 임무가 늘어나서 양을 잡게 되었든 간에 양을 잡는 자가 성결하게 해야 하는 것은 정당한 요구였다. 구약 시대에 스스로를 성결하게 하는 것은 외부적인 성결을 하는 것이었다. 몸을 씻고 옷을 빨고 여자를 가까이 하지 않는 것이었다(수 3:5). 오늘 예배를 드리기에 앞서 우리 성도들은 마음의 죄를 씻어 놓아야 하는 것이다(마 5장).

---

403) 여기 "서열"이란 히스기야가 종교 개혁을 통해 회복한 레위인 반차를 가리키는 말이다(대하 31:2).

대하 35:7. 요시야가 그 모인 모든 이를 위하여 백성들에게 자기의 소유 양 떼 중에서 어린 양과 어린 염소 삼만 마리와 수소 삼천 마리를 내어 유월절 제물로 주매.

"요시야는 그 모인 사람들을 위하여 자기가 가지고 있는 가축 떼 가운데서 어린 양과 어린 염소 30,000 마리와 수소 3,000 마리를 유월절 때에 제물로 쓰도록 백성에게 거저 내놓았다".

요시야 왕이 그 모인 모든 사람들을 위해서 가축을 거저 준 것은 그들이 멀리서 왔기 때문에 제물을 준비하지 못한 사람들을 위해서였고(K.&D.), 혹은 가난해서 제물을 준비하지 못한 사람들도 있었을 것이며, 혹은 역사적으로 오랜 동안 제사를 드리지 않아 제물을 준비하지 않은 사람들을 위해서였을 것이다.

"어린 양과 어린 염소 30,000 마리"는 유월절 제물로 내 주었고(출 12:5), 수소 3,000마리는 번제와 화목제 제물로 내 놓았을 것이다(민 28:16-25).

혼자서 이렇게 엄청난 제물을 헌물 한 것(33,000마리)은 요시야의 신앙을 보여준다. 솔로몬은 자신을 위해 1,000번제를 드렸는가 하면 요시야는 다른 사람들을 위한 제물로 33,000마리를 내 놓은 것이다.

대하 35:8. 방백들도 즐거이 희생을 드려 백성과 제사장들과 레위 사람들에게 주었고 하나님의 전을 주장하는 자 힐기야와 스가랴와 여히엘은 제사장들에게 양 이천육백 마리와 수소 삼백 마리를 유월절 제물로 주었고.

"방백들(왕의 신하들)도 기꺼이 일반 백성과 제사장들과 레위 사람들에게 돌아갈 제물을 자원하여 내놓았다. 하나님의 성전의 최고 책임자인 힐기야(대제사장, 34:9)와 스가랴[404]('여호와께서 기억하신다'는 뜻)와 여히엘[405]('하나님께서 살리신다'는 뜻)은 제사장들이 유월절 기간에 제물로 쓰도록

---

404) "스가랴": 대제사장 다음 가는 제사장(왕하 25:18, Curtis).

405) "여히엘": 그는 요시야 왕의 종교 개혁 때 유월절 축제 기간에 많은 양의 양과 수소를 레위 사람들에게 제물로 주었다(8절). 제 3의 제사장으로 추측된다(Curtis).

어린 양과 어린 염소 2,600 마리와 수소 300 마리를 내놓았다".

요시야 왕이 많은 제물을 헌물하니 신하들도 헌물했고 또 성전의 최고 책임자들도 헌물했다. 언제든지 최고 책임자의 책임은 막중한 것이다. 최고 책임자가 이런 본을 보이지 않으면 다음 사람들을 지도하기가 힘 든다.

대하 35:9. 또 레위 사람들의 우두머리들 곧 고나냐와 그의 형제 스마야와 느다넬과 또 하사뱌와 여이엘과 요사밧은 양 오천 마리와 수소 오백 마리를 레위 사람들에게 유월절 제물로 주었더라.

레위 사람의 지도자들, 곧 고나냐('힘'이라는 뜻)와 그의 형제들인 스마야('순종한다'는 뜻)와 느다넬('하나님의 선물'이라는 뜻)과 하사뱌('여호와께서 생각하셨다'는 뜻)와 여이엘('하나님께 휩쓸려 간다'는 뜻)과 요사밧('여호와는 심판자이시다'라는 뜻)(총 6명)은 레위 사람들에게 유월절 제물로 쓰라고 어린 양 5,000 마리와 소 500 마리를 내놓았다. 이들도 레위인의 두목으로서 큰 헌물을 한 사람들이었다.

여기 헌물을 한 지도자들의 인명이 기록된 일을 염두에 두고 오늘 교회에서 헌금을 할 때 꼭 이름을 써야 한다고 주장하는 수가 있는데 그렇게 주장하는 것은 옳지 않은 것으로 보인다. 이유는 이들의 이름을 거명한 것은 본보기로 한 것이고, 이들을 띄우기 위함이 아니었다.

대하 35:10. 이와 같이 섬길 일이 구비되매 왕의 명령을 따라 제사장들은 그들의 처소에 서고 레위 사람들은 그들의 반열대로 서고.

유월절을 지킬 제사 준비가 다 되었을 때(8:16; 29:35 참조) 왕의 명령을 따라(30:16 참조) 제사장들은 자기의 설자리에 섰고 레위 사람들은 그들의 반열대로 각각 제자리에 섰다. 이제 유월절 제사가 시작된 것이다.

대하 35:11. 유월절 양을 잡으니 제사장들은 그들의 손에서 피를 받아 뿌리고 또 레위 사람들은 잡은 짐승의 가죽을 벗기고.

유월절 양과 염소를 잡은 뒤에 레위 사람들은 잡은 짐승의 가죽을 벗겼고, 제사장들은 손으로 피를 받아 제단에 뿌렸다.

양을 잡은 것은 정월 14일이었다(1절 주해 참조). 레위인들은 잡은 양의 가죽을 벗겼고, 제사장들은 레위인의 손에서 피를 받아 놋 제단 아래에 뿌렸다(29:22). 출애굽 때는 양의 피를 각 가정의 문설주에 발라 죽음의 사자들이 피를 바른 집을 그냥 넘어가게 하여 피가 있는 집에서는 사람들이 죽지 않았다. 그리고 유월절 양의 고기는 백성들이 여장을 준비한 다음에 구워 먹고는 즉시 애굽을 떠났다. 이와 같이 유월절 양은 인류의 대속물이 되신 예수 그리스도의 예표가 되었다. 우리 역시 예수님이 우리의 대속물이 되신 것을 믿고 순례의 길을 정진해야 하는 것이다.

대하 35:12. 그 번제물을 옮겨 족속의 서열대로 모든 백성에게 나누어 모세의 책에 기록된 대로 여호와께 드리게 하고 소도 그와 같이 하고.

그런 다음 레위 사람들은 번제물로 바칠 짐승을 백성에게 가문별로 나누어 주어서, 백성이 모세의 율법에 기록되어 있는 대로 주님께 드리게 하고 소도 같은 방법으로 하였다.

본문의 번제물을 "옮겼다"(וַיָּסִירוּ)는 말은 '제거하다', '분리하다', '돌이키다'라는 뜻으로 본 절에서는 '잘라냈다'(cut off)는 뜻이다. 이 낱말은 번제물의 양이나 소를 백성들에게 나누어 주어 백성들로 하여금 모세의 법을 따라 여호와께 바치게 했다는 뜻이다.

본문의 "모든 백성에게 나누었다"는 말은 각을 뜬 번제물의 조각들을 각 가계의 두목들에게 나누어주면 그들은 다시 그것들을 제사장에게 주어 번제를 드리게 했다(레 3:6-16).

대하 35:13. 이에 규례대로 유월절 양을 불에 굽고 그 나머지 성물은 솥과 가마와 냄비에 삶아 모든 백성들에게 속히 분배하고.

레위 사람들은 유월절 어린 양을 규례에 따라서 불에 굽고(출 12:7-9;

신 16:7), 나머지 거룩한 제물(수소)은 솥과 가마와 냄비에 삶아 모든 백성에게 속히 분배하여 무교절 7일간의 식물로 했다.

대하 35:14. 그 후에 자기와 제사장들을 위하여 준비하니 이는 아론의 자손 제사장들이 번제와 기름을 저녁까지 드리므로 레위 사람들이 자기와 아론의 자손 제사장들을 위하여 준비함이더라.

이렇게 하고 난 뒤에, 즉 12-13절에 기록된 대로 한 다음에 레위인들은 자신들과 아론의 자손 제사장들 몫을 준비하였다. 그것은 제사장들이 번제로 바치는 짐승들을 불에 태우고, 희생제물의 기름기를 태우느라고, 밤까지 바빴기 때문이다. 그래서 레위 사람들은 자신들과 아론의 자손 제사장들 몫을 준비하였던 것이다.

여기 "번제와 기름"은 다 같이 제단에서 전소하여 하나님께 바치는 제물이었다. "저녁까지 드렸다"는 말은 그 많은 제물의 기름을 전소시키는 일이 정월 14일 하루 저녁에 끝나지 않고 유월절 7일간 계속된 것으로 본다 (K.&D.).

대하 35:15. 아삽의 자손 노래하는 자들은 다윗과 아삽과 헤만과 왕의 선견자 여두둔이 명령한 대로 자기 처소에 있고 문지기들은 각 문에 있고 그 직무에서 떠날 것이 없었으니 이는 그의 형제 레위 사람들이 그들을 위하여 준비하였음이더라.

아삽의 자손으로 노래하는 사람들은 다윗과 아삽과 헤만과 왕의 선견자 여두둔의 지시를 따라 각자 지정된 자리에 서 있었고, 문지기들은 각자가 책임 맡은 문을 지키고 있었다. 노래하는 사람들이나 문을 지키는 사람들이 그들의 근무 장소에서 떠나지 않아도 되었던 것은 그들의 친족 레위 사람들이 그들의 몫을 준비하여 주었기 때문이다.

본 절은 찬양대원들과 문지기들이 자기들에게 주어진 임무에만 충실했을 뿐 다른 일에는 종사하지 않았음을 드러내고 있다. 즉, 이들은 성전에서 제사장을 도와 제사 업무를 주장하는 레위인의 업무가 힘들다 할지라도 그들은 자신들의 자리를 떠나지 않았던 것이다(대상 25:1-6). 그들이 이렇게 자신들의 자리에서 떠나지 않고 그 자리를 지켰던 것은 레위인들의 직무가 기능별로 철저히 분리되었음을 보여준다(그랜드 종합주석).

유대인의 전승에 따르면 유월절 양을 성전 뜰에서 잡는 동안 찬양대원들은 "할렐시"(Hallel)를 노래하였다고 한다(Curtis). 여기 또 한 가지 특이한 점은 여두둔을 "왕의 선견자"라고 한다는 점이다. 이렇게 찬양대장을 왕의 선견자라고 부른 것은 아삽도(29:30), 헤만도(대상 25:5) 그렇게 불렸다.

대하 35:16. 이와 같이 당일에 여호와를 섬길 일이 다 준비되매 요시야 왕의 명령대로 유월절을 지키며 번제를 여호와의 제단에 드렸으며.

1절부터 15절까지 유월절 준비가 진행되니 그 날 당일에 요시야 왕이 명령한 대로 모든 일이 다 잘 준비되어 여호와께 예배를 드릴 수 있었다. 사람들은 유월절을 지키며 여호와의 단에 번제를 드렸다.

대하 35:17. 그 때에 모인 이스라엘 자손이 유월절을 지키고 이어서 무교절을 칠 일 동안 지켰으니.

"그 때에 거기 모인 이스라엘 자손은 정월 14일 저녁에 유월절을 지켰고, 이어서 7일 동안 무교절을 지켰다". 이 두 가지 명칭(유월절, 무교절)은 동의어로 쓰였고 또 때로는 교차적으로 쓰였다.

대하 35:18. 선지자 사무엘 이후로 이스라엘 가운데서 유월절을 이같이 지키지 못하였고 이스라엘 모든 왕들도 요시야가 제사장들과 레위 사람들과 모인 온 유다와 이스라엘 무리와 예루살렘 주민과 함께 지킨 것처럼은 유월절을 지키지 못하였더라.

"예언자 사무엘 때부터 지금까지 이스라엘 안에서 이번처럼 유월절을 지킨 예가 없었고 기타 이스라엘의 역대 왕들 가운데서도 요시야가 제사장들과 레위 사람들과 그 때에 거기 모인 온 유다와 이스라엘 사람들과 예루살렘 주민들과 함께 지킨 것처럼 유월절을 일찍이 지켜 본 일이 없었다". 가장 잘 지켰다는 것이다. 왕하 23:22의 병행 구에는 "사사시대부터"라고 묘사하고 있다.

대하 35:19. 요시야가 왕위에 있은 지 열여덟째 해에 이 유월절을 지켰더라.

이번의 유월절은 특별하니 유월절을 지킨 해를 드러낸다. 이번 해는 "요시야가 왕위에 있은 지 18년째 해라"고 말한다. "요시야 왕 제 18년째야 말로 율법 책을 발견한 해였고 종교개혁을 대대적으로 행한 해였다". 구신약 교회사에 영원히 잊을 수 없는 해였다.

3. 요시야가 전사하다 35:20-27(왕하 23:28-30)

요시야는 하나님 앞에 잘 보였기에 그가 죽기 전에 재앙을 보지 않으리라는 하나님의 예언의 말씀에 따라 그는 애굽의 느고가 멸망 길에 들어선 앗수르를 돕기 위해, 그리고 아람을 수중에 넣기 위해 출병하는 중에 요시야는 애굽 군대가 이스라엘 통과를 막기 위해 출병했다가 므깃도에서 전사한다.

대하 35:20. 이 모든 일 후 곧 요시야가 성전을 정돈하기를 마친 후에 애굽 왕 느고가 유브라데 강 가의 갈그미스를 치러 올라왔으므로 요시야가 나가서 방비하였더니.

"이런 모든 일이 일어난 뒤 곧 요시야가 성전을 정돈하기를 마치고 난 뒤에 애굽의 느고 왕이 유프라테스 강 가에 있는 갈그미스에 강 건너편에 위치한 하란을 다시 점령하기 위해 올라왔으므로, 요시야가 그것을 막으러 나갔다". 요시야는 팔레스틴에서 애굽의 지배권이 부활되는 것을 저지하고, 유다 왕국의 독립을 유지하기 위해 애굽을 저지한 것이다(Curtis).

본 절의 "느고"는 애굽의 바로(왕, Pharaoh Neco II세, B.C. 609-594)였다. 그는 B.C. 609-594년까지 통치했다. 그는 그 때에 앗수르가 B.C. 612년에 니느웨를 잃고 약소국으로 전락하는 마당이었으므로 바로 느고는 신 바벨론의 패권을 막고자 앗수르를 돕고자 했다. 앗수르의 재기를 두려워한 요시야는 앗수르를 돕고자 진군한 바로 느고를 막고자 므깃도에 출전했다가 전사했다.

대하 35:21. 느고가 요시야에게 사신을 보내어 이르되 유다 왕이여 내가 그대와 무슨 관계가 있느냐 내가 오늘 그대를 치려는 것이 아니요 나와 더불어 싸우는 족속을 치려는 것이라 하나님이 나에게 명령하사 속히 하라 하셨은즉 하나님이 나와 함께 계시니 그대는 하나님을 거스르지 말라 그대를 멸하실까 하노라 하나.

느고가 요시야에게 전령을 보내어 이르기를 "유다의 왕은 들으시오. 내가 요시야 왕과 무슨 관계가 있습니까? 왜 나의 일에 관여하려고 하고 있소? 나(느고)는 오늘 왕을 치려고 온 것이 아니라, 나와 싸움이 벌어진 족속을 치려고 나선 것이오. 하나님께서 나에게 명령하셔서 속히 가라고 하셨소(꿈같은 것을 통하여 명령을 받은 듯함). 그러니 하나님이 나와 함께 계시오. 하나님께 멸망을 당하지 아니하려거든, 하나님을 거역하는 이 일을 빨리 멈추시오"라고 했다. 우리는 세상의 불신자를 통하여 들려오는 하나님의 섭리도 파악할 줄 알아야 할 것이다. 우리는 세속 신문을 통하여 오는 하나님의 뜻도 읽을 수 있어야 한다.

대하 35:22. 요시야가 몸을 돌이켜 떠나기를 싫어하고 오히려 변장하고 그와 싸우고자 하여 하나님의 입에서 나온 느고의 말을 듣지 아니하고 므깃도 골짜기에 이르러 싸울 때에.

그런데 "요시야는 그에게서 돌이켜 되돌아가지 않고 느고와 싸우려고 변장까지 하였다. 이처럼 요시야는 하나님께서 느고를 시켜서 하시는 말씀을 듣지 아니하고 므깃도 평원으로 진군하여 가서 싸웠다".

이 때 요시야가 하나님의 입에서 나온 느고의 말을 듣지 않은 요시야의 태도에 대해 학자들은 요시야는 1) 바로 느고(Pharaoh Nego)의 말이 하나님의 말씀이라 생각하지 아니했다는 견해(O Zoekler). 2) 하나님의 말씀을 어긴 것이라는 견해(Lange). 2번의 견해가 더 바른 견해로 보인다. 요시야가 느고의 입에서 나온 말이 하나님의 뜻이긴 했으나 요시야는 느고에 대한 적대 감정이 있어서 그것을 하나님의 말씀으로 여기지 아니했다. 요시야의 마음속에는 애굽 왕에 대해서는 그저 대항하려는 마음 밖에 없었으니 분별력이 없었을 것이다. 오늘 우리는 불신 세계나 불신자를 통해서도 들려오는 하나님의 뜻을 분별할 수 있어야 할 것이다.

본문의 "므깃도"(Megiddo)란 '주둔지'란 뜻이다. 므깃도는 팔레스타인 북부 중앙에 위치한 중요한 도시요 에스드랠론 평야를 굽어보는 요새지이다. 여호수아가 므깃도 왕을 쳐서 멸했으며(수 12:7; 수 12:21), 므깃도는 므낫세 지파에 할당되었다(수 17:11; 대상 7:29). 므낫세 자손이 그 거민을 쫓아내지 못했으나 강성한 후 이곳 주민을 종으로 부렸다(수 17:11-13; 삿 1:27-28). 이곳은 전쟁의 장소였고(삿 5:19-21; 왕하 9:27; 23:29-30; 대하 35:20-24), 종말 전쟁의 장소로 예언되고 있다(계 16:16).

대하 35:23. 활 쏘는 자가 요시야 왕을 쏜지라 왕이 그의 신하들에게 이르되 내가 중상을 입었으니 나를 도와 나가게 하라.

그 때에 활 쏘는 적군이 쏜 화살이 요시야 왕의 몸에 박혔다. 왕이 자기 부하들에게 명령하기를 "내가 중상을 입었소. 내가 여기서 빠져 나가도록 나를 도우시오"라고 했다. 요시야의 죽음은 아합의 죽음과 흡사하다(18:33). 다시 말해 아합처럼 변장하고 전장에 뛰어 들었으나 화살에 맞아 죽고 말았다. 우리는 일거수일토족을 하나님께 물어서 옮겨야 할 것이다.

대하 35:24. 그 부하들이 그를 병거에서 내리게 하고 그의 버금 병거에 태워 예루살렘에 이른 후에 그가 죽으니 그의 조상들의 묘실에 장사되니라 온 유다와 예루살렘 사람들이 요시야를 슬퍼하고.

요시야는 부하들의 부축을 받아 자기의 병거에서 내려 그의 비전투용 병거를 타고 예루살렘으로 돌아와 숨을 거두었다. 병행구인 왕하 23:30에는 "므깃도 전장터"에서 죽은 것으로 묘사되어 있다. 아마도 중상을 입고 돌아오는 도중에 죽었을 것이다(K.&D.). 사람들은 그를 그의 조상들의 묘에 장사하였다. 온 유다와 예루살렘 사람들이 그의 죽음을 슬퍼하였다. 예레미야는 그의 죽음을 당하여 애가를 지어 슬퍼했다(다음 절). 이 죽음은 요시야 자신에게는 재앙을 당하기 전의 복된 죽음으로 볼 수 있을 것이다(34:27-28).

대하 35:25. 예레미야는 그를 위하여 애가를 지었으며 모든 노래하는 남자들과 여자들은 요시야를 슬피 노래하니 이스라엘에 규례가 되어 오늘까지 이르렀으며 그 가사는 애가 중에 기록되었더라.

예레미야 예언자가 요시야의 죽음을 슬퍼하는 애가를 지었는데 모든 노래하는 남녀가 요시야 왕을 애도할 때에는 이 애가를 부르는 것이 관례가 되어 오늘까지 이르렀다. 그 가사는 '애가'에 기록되었는데 현재 보존되어 있지 않다.

여기 "오늘까지"란 역대기 저자가 본서를 저술한 당시까지를 지칭하는 말이다. 당시에는 구전으로 불리다가 후에 사라진 것으로 보인다. 이 슬픔의 작곡은 예루살렘과 유다 왕국의 멸망에 대해 저술한 예레미야의 애가 즉 정경에 들어있는 애가와 동일한 것이 아니다.

대하 35:26-27. 요시야의 남은 사적과 여호와의 율법에 기록된 대로 행한 모든 선한 일과 그의 처음부터 끝까지의 행적은 이스라엘과 유다 열왕기에 기록되니라.

요시야 왕이 율법에 의지하여 행한 남은 사적, 곧 그가 주님의 율법에 기록된 대로 한 모든 선한 일들(여호와께 순종한 일들과 종교 개혁을 한 일들)과(이상 26절) 그의 업적, 즉 처음부터 끝까지 '이스라엘과 유다 열왕기'(14:29 참조)에 기록되어 있다(이상 27절). 25:26; 28:26; 32:32 주해 참조.

제 36 장

Q. 여호아하스의 역사 36:1-4(왕하 23:30-35)

36장 전체는 유다의 망국사를 기록한 것으로 유다의 제 17대 왕으로부터 제 20대까지의 네 사람의 왕의 역사를 아주 간략하게 진술하고 있다. 그리고 본서 마지막으로 예루살렘 성전 재건에 대한 고레스 왕의 칙령이 나온다. 36장의 내용은 여호아하스의 역사(1-4절), 여호야김의 역사(5-8절), 여호야긴의 역사(9-10절), 시드기야의 역사와 유다의 멸망(11-21절), 성전 재건에 대한 고레스의 조서(22-23절)가 진술되어 있다.

대하 36:1. 그 땅의 백성이 요시야의 아들 여호아하스를 세워 그의 아버지를 대신하여 예루살렘에서 왕으로 삼으니.

"그 땅의 백성이 예루살렘에서 요시야의 아들 여호아하스를 세워 그 아버지를 이어 왕으로 삼았다".

개역 판에는 "국민"이라고 번역되어 있다. 개역 판의 "국민"이란 말은 '그 땅의 백성'이란 뜻이다. 그래서 개역개정판에는 "그 땅의 백성"이라고 번역되어 있다. 바른 번역으로 본다. "그 땅의 백성"이란 '유다 백성'을 지칭한다.

그 땅의 백성이 요시야의 아들 "여호아하스"를 세워 그의 아버지 요아스를 이어 예루살렘에서 왕으로 삼았다. 여기 "여호아하스"는 요시야의 넷째 아들이다. 요시야의 첫째 아들은 요하난, 둘째 아들은 여호야김, 셋째 아들은 시드기야였다(대상 3:15). 그 땅의 백성들이 요시야의 첫째 아들 요하난을 왕으로 세우지 않은 것은 아마도 그가 일찍 죽었기 때문이었을 것으로 보인다. 그런데 둘째 아들 여호야김을 왕으로 세우지 않고 배제한 것은 그의 성격이 난폭했다는 이유가 있었던 듯하다(O Zoekler). 그러나 그 보다도 넷째 여호아하스가 그의 아버지처럼 반(反)애굽주의자였으므로 그것이 좋아 그를 세웠을 것이라는 주장이 있다(Curtis). “여호아하스”(Jehoahaz)는 ‘상급’이라는 뜻이고 그 이름은 “살룸”(Shalum)이라고도 불렸다(대상 3:15; 렘 22:10-12). 여호아하스는 유대 왕국 제 17대 왕(B.C. 609)으로 즉위하여 불과 3개월을 통치하고 애굽으로 잡혀가서 거기서 생을 마감했다. 그는 요시야를 이어서 3개월 밖에 통치하지 않았으나 악한 왕으로 분류되었다. 왕하 23:31에 의하면 그의 어머니는 “하무달”(Hamutal)이었고 립나 사람이었으며 예레미야의 딸이었다.

대하 36:2-3. 여호아하스가 왕위에 오를 때에 나이가 이십삼 세더라 그가 예루살렘에서 다스린 지 석 달에 애굽 왕이 예루살렘에서 그의 왕위를 폐하고 또 그 나라에 은 백 달란트와 금 한 달란트를 벌금으로 내게 하며.

여호아하스가 왕위에 오를 때에 나이가 23세 세였다. 그가 예루살렘에서 다스린 지 3개월 만에 애굽 왕이 예루살렘에서 그의 왕위를 폐하고 또 그 나라에 은 백 달란트와 금 한 달란트를 벌금으로 내게 했다.

여호아하스가 왕위에 오를 때에 나이가 23세였는데 그가 예루살렘에서 다스린 지 3개월 밖에 안 되었는데(2절) 애굽 왕이 예루살렘에서 그의 왕위를 폐했다. 왕하 23:32에 의하면 “그의 조상들의 모든 행위대로 여호와 보시기에 악을 행했다”. 3개월의 짧은 기간에도 조상들을 따라서 우상숭배를 한 것이다. 그런고로 그는 애굽 사람들의 손에 의해 하나님의 심판을 받은 것이다. 왕하 23:33에 보면 “바로 느고가 저를 하맛 땅 립나에 가두었다”고 말한다. 그러니까 “립나”는 수리아의 북방 “하맛”(Hamath) 땅의 립나로 하맛과 수리아의 국경 지대에 있다. 그러니까 애굽 왕은 여호아하스의 왕위를 폐한 다음 그를 북방 땅에까지 끌고 갔다가 다시 남방의 애굽으로 끌고 간 것으로 보인다. 여호아하스는 많은 고생을 했다. 오늘 우리도 아무리 짧은 기간에라도 악을 행할 수가 있음을 알아야 한다.

애굽 왕은 여호아하스의 왕위만 폐한 것이 아니라 유다 나라에 조공을 바치게 했다. 그 나라에 은 100달란트(3,400kg)와 금 1달란트(34,272kg)를 벌금으로 내게 했다.

대하 36:4. 애굽 왕 느고가 또 그의 형제 엘리아김을 세워 유다와 예루살렘 왕으로 삼고 그의 이름을 고쳐 여호야김이라 하고 그의 형제 여호아하스를 애굽으로 잡아갔더라.

애굽의 바로 느고가 또 그의 형제 엘리아김을 세워 유다와 예루살렘 왕으로 삼고 그의 이름을 고쳐 여호야김이라 하고 그의 형제 여호아하스를 애굽으로 잡아갔다.

여기 애굽 왕 느고는 여호아하스를 폐위하고 그의 둘째 형 "엘리야김"('하나님께서 일으키신다'는 뜻)을 세웠다. 애굽 왕은 둘째 형을 왕으로 세우면서 그 이름을 "여호야김"('여호와가 세우신다'는 뜻이다)이라 고쳤다. 유다를 완전히 주물렀다. 그리고 여호아하스를 애굽으로 잡아가서 거기서 죽였다. 죄를 서슴없이 행하던 유다는 비참하게 되었다.

R. 여호야김의 역사 36:5-8(왕하 23:36-24:7)

이 부분(5-8절)은 여호아하스의 뒤를 이은 여호야김의 통치(B.C. 609-598)에 관한 기록으로 왕하 23:35-26:4의 진술보다 생략된 형태로 나타난다. 여호아하스의 형인 여호야김은 자기 동생 여호아하스를 대신하여 애굽의 꼭두각시 왕이 되었다. 그는 애굽에 바칠 조공을 위해 백성들을 동원하여 강제로 궁전을 지었으며 백성들을 억압하여 무죄한 피를 많이 흘렸다(왕하 24:4). 그는 여호와 보시기에 악을 많이 행했다.

대하 36:5. 여호야김이 왕위에 오를 때에 나이가 이십오 세라 예루살렘에서 십일 년 동안 다스리며 그의 하나님 여호와 보시기에 악을 행하였더라.

"여호야김이 왕위에 오를 때에 나이가 25세라. 예루살렘에서 11년 동안 다스리며 그의 하나님 여호와 보시기에 악을 행하였다". 여호야김은 유다 왕국의 제 18대 왕이며 25세에 즉위하여 11년을 통치했다. 그의 통치연대는 B.C. 609-598이었다. 그의 모친은 스비다(Zebidah)로 갈릴리 바다 부근의 루마 사람이었다. 여호아하스와는 형제였지만 어머니가 달랐다(왕하 23:31,36). 그는 유다 나라의 쇠퇴기에 세워진 악한 왕(우상숭배를 한 왕)이었다.

대하 36:6. 바벨론 왕 느부갓네살이 올라와서 그를 치고 그를 쇠사슬로 결박하여 바벨론으로 잡아가고.

바벨론 왕 느부갓네살(Nebuchadnezzar II, B.C.605-562, '느보여 왕위(관)를 지키소서'라는 뜻)이 올라와서 그를 치고 그를 쇠사슬로 결박하여 바벨론으로 잡아갔다.

느부갓네살은 앗수르를 멸망시킨 신 바벨론의 영웅으로 그는 그의 부왕 "나보폴라살"(Naboplasar, B.C. 625-605)의 부장으로 B,C. 605년, 갈그미스에서 애굽의 바로 느고를 대파하고 중동의 실력자로 등장했다(35:20). 이 때에 여호야김이 느부갓네살에게 복종했다가 3년 후 느부갓네살이 애굽 침공에서 패배하자 그를 배반했다가 그의 침공을 받으며 바벨론 포로가 된 것이다. 그 때는 B.C. 606년으로 이스라엘의 제 1차 바벨론 포로가 이루어진 것으로 간주되며 이 때부터 스룹바벨이 5만 명을 거느리고 제 1차 귀환한 B.C.536년까지 정확하게 70년이 된다(렘 25:12, 이상근). 그는 잠시의 포로 생활에서 돌아와 예루살렘에서 죽은 것으로 보인다(왕하 24:6).

대하 36:7. 느부갓네살이 또 여호와의 전 기구들을 바벨론으로 가져다가 바벨론에 있는 자기 신당에 두었더라.

느부갓네살이 또 여호와의 성전 기구들을 바벨론으로 가져다가 바벨론에 있는 자기 신당에 두었다. 여호야김 왕과 유다 백성을 포로로 한 느부갓네살은 성전의 기구와 보물을 전리품으로 탈취하여 바벨론으로 가져가서 바벨론의 신당에 두었다. 고대 사람들은 이렇게 전리품을 가져다가 으레 자기들의 신당에 두었다.

대하 36:8. 여호야김의 남은 사적과 그가 행한 모든 가증한 일들과 그에게 발견된 악행이 이스라엘과 유다 열왕기에 기록되니라 그의 아들 여호야긴이 대신하여 왕이 되니라.

"여호야김의 남은 사적과 그가 행한 모든 가증한 일들과 그에게 발견된 악행이 이스라엘과 유다 열왕기에 기록되었다. 그의 아들 여호야긴이 대신하여 왕이 되었다".

본문의 "그에게 발견된 악행"이란 '여호야김에게서 발견된 드러난 일'이란 뜻이다. 드러난 일은 렘 26:23; 36:20-23,26에 그 악행이 기록되고 있다. "이스라엘과 유다 열왕기"란 말에 대해 28:26; 32:32; 35:25 등의 주해를 참조하라.

S. 여호야긴의 역사 36:9-10(왕하 24:8-17)

유다 왕 여호야긴은 제 19대 왕으로 즉위한 지 3개월 만에 바벨론으로 포로로 잡혀갔는데 그는 3개월을 통치하면서 악을 행한 왕이었다. 그가 포로되어 가면서 성전과 왕궁의 보물들을 빼앗겼다. 왕하 24:8-17에는 여호야긴이 포로 된지 37년에 석방되는 것이 기록되어 있다.

대하 36:9. 여호야긴이 왕위에 오를 때에 나이가 팔세라 예루살렘에서 석 달 열흘 동안 다스리며 여호와 보시기에 악을 행하였더라.

"여호야긴('여호와께서 세우신다'는 뜻)이 왕위에 오를 때에 나이가 8세라. 예루살렘에서 3개월 10일 동안 치리하며 여호와 보시기에 악을 행했다".

여호야긴(Jehoachin)은 여고냐라고도 불렀다(대상 3:16). 그는 B.C. 597년에 즉위하여 불과 3개월 10일간(100일) 통치했는데 악한 왕으로 분류되었다. 여호야긴이 8세에 즉위하였다고 하나 왕하 25:8에는 18세애 즉위한 것으로 진술하고 있다. 열왕기의 진술이 옳고 역대기의 진술이 오류이다. 왕하의 진술을 보면 그는 벌써 아내들이 있었다고 진술하고 있다(왕하 24:15). 8세의 연령에 아내들이 여럿 있을 수는 없는 일이다.

대하 36:10. 그 해에 느부갓네살 왕이 사람을 보내어 여호야긴을 바벨론으로 잡아가고 여호와의 전의 귀한 그릇들도 함께 가져가고 그의 숙부 시드기야를 세워 유다와 예루살렘 왕으로 삼았더라.

세초(그 해의 봄에)에, 즉 B.C. 597년이 시작되던 때 겨울의 우기가 지나고, 건기가 시작되는 때였다. 느부갓네살이 사람을 보내어 여호야긴을 바벨론으로 잡아가고 여호와의 전의 귀한 기구도 함께 가져가고 그 숙부 시드기야를 세워 유다와 예루살렘 왕을 삼았다.

병행구인 왕하 24:12-16에 의하면 여호야긴은 자신만 잡혀간 것이 아니라 여호와의 전의 귀한 그릇들도 함께 빼앗겼다. 보통으로 말해서 이 때의 포로를 유다의 제 1차 바벨론 포로라 한다. 그는 바벨론에서 37년간 포로의 몸으로 살다가 에윌므로닥(Evil-Morodach) B.C. 561-560년에 석방되었다(왕하 25:27).

T. 시드기야의 역사와 유다의 최후 36:11-21(왕하 24:18-20; 25:1-21)

유다 왕국의 최후의 왕으로서 시드기야는 11년을 통치한 후에 나라가 망하고 그는 바벨론에 포로가 되어 거기서 죽는다. 병행구인 왕하 24:18-25:30에 상세하게 진술되어 있다.

대하 36:11. 시드기야가 왕위에 오를 때에 나이가 이십일 세라 예루살렘에서 십일 년 동안 다스리며.

시드기야가 왕위에 올랐을 때에 그는 21세였다. 그는 예루살렘에서 11년 동안 다스렸다. "시드기야"(Zedekiah)는 '여호와의 공의'라는 뜻이다.

그는 요시야의 셋째 아들이었고(대상 3:15), 여호야긴의 숙부였다. 그는 유다 왕국의 20대 왕이었고, 유다의 최후의 왕으로 11년간 통치했다. 그의 통치기간은 B.C. 597-586년이었다.

대하 36:12. 그의 하나님 여호와 보시기에 악을 행하고 선지자 예레미야가 여호와의 말씀으로 일러도 그 앞에서 겸손하지 아니하였으며.

"그는 여호와 하나님께서 보시기에 악한 일을 행한 왕이었다. 그는 여호와의 입에서 나오는 말씀을 선포하는 예레미야 예언자 앞에서 겸손하게 말씀을 받아들이지 않았다". 유다 나라의 쇠퇴기의 마지막 왕이었던 시드기야 자신도 악(우상숭배)을 행하였고 선지자 예레미야가 여호와의 말씀을 들려주어도 도무지 그 앞에서 겸비하지 않았다. 심지어 예레미야가 유다의 앞날에 바벨론 포로가 있을 것을 예언하고 또 바벨론에 항복할 것을 권면하였는데도(렘 21:1-10; 34:1-3; 37:6-10; 38:17-23) 왕과 백성들은 그의 권면을 듣지 않았으며 오히려 그를 향하여 "반역자"로 매도했고 옥에도 여러 번 투옥시켰다(렘 32:2-3; 37:16-21).

대하 36:13. 또한 느부갓네살 왕이 그를 그의 하나님을 가리켜 맹세하게 하였으나 그가 왕을 배반하고 목을 곧게 하며 마음을 완악하게 하여 이스라엘 하나님 여호와께로 돌아오지 아니하였고.

느부갓네살 왕은 강제로 시드기야가 하나님의 이름으로 충성을 맹세하도록 하였다. 그래서 시드기야는 하나님을 가리켜 억지로 충성을 맹세하였지만 마침내 느부갓네살 왕에게 반항하기까지 하였다. 그리고 시드기야는 고집을 부리며 조금도 뉘우치지 않고 이스라엘의 하나님 여호와께로 돌아오지 않았다.

느부갓네살이 시드기야로 하여금 여호와를 두고 맹세하게 한 내용이 무엇인지는 알 수는 없으나 아마도 그를 유다 왕으로 삼을 때(10절) 바벨론에게 복종할 것을 맹세시킨 것으로 본다. 철석같이 맹세는 해놓고 반역하고 목을 곧게 하며 마음을 아주 돌덩이처럼 만들어 이스라엘의 하나님께로 돌아오지 않았다. 다시 말해 하나님의 이름을 걸고 바벨론 왕에게 충성하리라고 맹세를 했는데도 돌아오지 않고 바벨론 왕에게 등을 돌리고 만 것이었다.

대하 36:14. 모든 제사장들의 우두머리들과 백성도 크게 범죄하여 이방 모든 가증한 일을 따라서 여호와께서 예루살렘에 거룩하게 두신 그의 전을 더럽게 하였으며.

"대제사장과 제사장 24반열의 우두머리들과 일반 백성도 크게 죄를 지어 우상숭배를 해서 이방의 모든 역겨운 일을 따라 하였으며, 마침내 그들은 주님께서 자신의 것으로 거룩하게 하신 예루살렘 성전을 더럽히고 말았다". 그러니까 시드기야 왕 뿐 아니라 제사장들도 그리고 일반백성들도 성전을 더럽힌 점에서는 똑같았다.

대하 36:15. 그 조상들의 하나님 여호와께서 그의 백성과 그 거하시는 곳을 아끼사 부지런히 그의 사신들을 그 백성에게 보내어 이르셨으나.

시드기야 왕(13절)이나 일반 백성들(14절)이 죄를 짓지 않도록 조상들의 하나님 여호와께서 유다 나라 백성과 성전을 아끼셔서 하나님의 사신들을 그 백성에게 부지런히 보내어 죄를 짓지 않도록 알리만큼 알리셨으나 유다 백성이 듣지 않았다는 것이다(다음 절). 여호와 하나님은 지금도 수없이 경고하시고 또 실제로 성경을 통하여 우리에게 말씀하고 계신다.

대하 36:16. 그의 백성이 하나님의 사신들을 비웃고 그의 말씀을 멸시하며 그의 선지자를 욕하여 여호와의 진노를 그의 백성에게 미치게 하여 회복할 수 없게 하였으므로.

"유다 백성들은 하나님의 사신들을 조롱하고 하나님의 말씀을 무시하며 하나님의 예언자들을 비웃었다. 그러다가 마침내 자신의 백성을 향한 여호와의 분노가 치솟으시니 백성을 바로 잡을 길이 전혀 없었다". 예레미야가 여러 차례 권고했으나(렘 26:5; 29:19; 35:14-15) 그들이 등을 돌리고 말았으니 별수 없이 망하게 된 것이다. 왕하 24:3-4주해를 참조하라.

대하 36:17. 하나님이 갈대아 왕의 손에 그들을 다 넘기시매 그가 와서 그들의 성전에서 칼로 청년들을 죽이며 청년 남녀와 노인과 병약한 사람을 긍휼히 여기지 아니하였으며.

"하나님께서 바벨론 왕을 통하여 자신의 백성을 치게 하셨다(시드기야 9년 10월 10일). 그래서 그 왕은 유다의 젊은이들을 닥치는 대로 칼로 쳐 죽였다. 심지어는 성전 안에서도 바벨론 왕은 유다의 젊은이나 늙은이나 여자나 남자나 병약한 사람이나 건강한 사람을 가리지 않았다". 하나님은 이렇게 자신의 백성을 11년 4월 9일에 바벨론 왕의 손에 넘기셨다. 예루살렘은 포위된 지 18개월 만인 11년 4월 9일에 하나님께서 바벨론의 왕을 불러다가, 자신의 백성을 치게 하셨다. 그래서 그 왕은 유다의 젊은이들을 닥치는 대로 칼로 쳐 죽였다. 심지어는 성전 안에서도 그러한 살육을 삼가지 않았다. 그 왕은 잔인하였다. 젊은이나 늙은이, 여자나 남자, 병약한 사람이나 건강한 사람을 가리지 않았다. 하나님은 이렇게 자신의 백성을 그 왕의 손에 넘기셨다. 이 때의 비참 상에 대해서는 왕하 25:1-7이 잘 증거하고 있다.

대하 36:18. 또 하나님의 전의 대소 그릇들과 여호와의 전의 보물과 왕과 방백들의 보물을 다 바벨론으로 가져가고.

바벨론 왕은 유다 사람들을 많이 죽인(17절) 후 "하나님의 성전 안에 있는 크고 작은 그릇들과 여호와의 성전 안에 있는 보물과 왕과 신하들이 가지고 있는 보물을 모두 바빌론으로 가져갔다". 오늘도 우리가 죄를 짓고 죄를 자복하지 않으면 우리의 모든 것을 털린다는 것을 보여준 것이다.

대하 36:19. 또 하나님의 전을 불사르며 예루살렘 성벽을 헐며 그들의 모든

궁실을 불사르며 그들의 모든 귀한 그릇들을 부수고.

바벨론 왕은 "또 하나님의 성전을 불사르고 예루살렘 성벽을 헐고 궁궐들을 다 불사르고 귀한 그릇들을 다 부수어 버렸다". 그러니까 바벨론 왕은 예루살렘 성을 함락한(18절) 1개월 후 5월 7일 왕이 시위대장 느부사라단을 보내어 불사를 것은 불살랐고 헐 것은 헐어버렸다(왕하 25:8-10 주해 참조).

대하 36:20. 칼에서 살아남은 자를 그가 바벨론으로 사로 잡아가매 무리가 거기서 갈대아 왕과 그의 자손의 노예가 되어 바사국이 통치할 때까지 이르니라.

시위대장 느부사라단이 또 유다인들 중에 "칼에 맞아 죽지 않고 살아남은 자들을 바벨론으로 끌고 가서 왕과 왕자들의 노예로 삼았다. 그들의 노예 생활은 바사(메대 바사국, 페르시아) 제국이 바벨론을 멸망시키고 노예 생활을 하던 유대인들을 석방할 때까지 거기서 노예의 신세로 살았다". 과거 앗수르가 이스라엘로부터 사람을 잡아다가 노예로 사용했었는데(왕하 15:29; 17:19), 이제는 바벨론이 그 정책을 답습해서 사람들을 노예로 삼아 부린 것이다. 죄의 삶은 결국 노예가 된다는 것을 보여준 것이다.

대하 36:21. 이에 토지가 황폐하여 땅이 안식년을 누림 같이 안식하여 칠십 년을 지냈으니 여호와께서 예레미야의 입으로 하신 말씀이 이루어졌더라.

가나안 땅이 위와 같이 완전히 황무지가 된 것은 여호와께서 예레미야를 통하여 하신 말씀, 즉, "땅이 칠십 년 동안 황폐하게 되어 그 동안 누리지 못했던 안식을 다 누리게 될 것이라"는 말씀이 이루어지기 위해서였다.

여기 "땅이 안식년을 누림 같이"란 말은 '일반 땅이 7년에 한 번씩 안식년 때 안식년을 누림같이'(렘 26:34)란 뜻이다. 이런 일반 땅이 7년에 한 번씩 안식년을 누려야 하는 것같이 이스라엘의 범죄로 인하여 가나안 땅이 70년간을 계속해서 지나게 되었다는 것이다. 그것은 예레미야가 미리 예언한 바가 응한 것이었다(렘 29:10; 단 9:2). 다시 말해 예레미야는 유다 백성들이 범죄하여 바벨론에 포로되어 갈 것을 예언했으나 70년의 징계의 기간 끝에 다시 본국으로 돌아오게 될 것이라는 예언도 분명한 것이었다.

이 "바벨론 70년"은 바벨론의 제 1차 침입으로 시작된 B.C. 605년부터 고레스의 칙령으로 1차로 귀환한 B.C. 536년까지를 가리킨다고 볼 수 있다.

U. 성전 재건에 관해 고레스가 명령을 내리다 36:22-23(스 1:1-4)

본서 저자 에스라는 바사 왕 고레스가 바벨론을 멸망시키고 바벨론에 포로가 된 이스라엘 백성을 석방시켜 귀국하게 된 일, 또 하나님의 성전을 재건하라는 조서로 끝을 맺는다. 여기 역대기서의 끝부분은 에스라서의 초두(스 1:1-3)와 꼭같다.

열왕기의 끝에는 바벨론으로 포로되어 간 여호야긴이 37년 만에 석방된 일, 왕의 상에서 배식을 받는 등 우대를 받은 사실이 추가되어 나온다.

대하 36:22. 바사의 고레스 왕 원년에 여호와께서 예레미야의 입으로 하신 말씀을 이루시려고 여호와께서 바사의 고레스 왕의 마음을 감동시키시매 그가 온 나라에 공포도 하고 조서도 내려 이르되.

"바사(페르시아)의 고레스(Cyrus, B.C. 559-529) 왕이 왕위에 오른 첫 해에 여호와께서는 예레미야를 통하여 하신 말씀을 이루시려고 바사(페르시아)의 고레스 왕의 마음을 움직이셨다. 고레스는 온 나라에 명령을 내렸고 그것을 다음과 같이 문서로 써서 돌렸다". 고레스는 550년에 메대를 통합하여 538년에 바벨론 제국을 정복하여 대제국을 형성했다. 본문의 "고레스 원년"이란 B.C. 559년(부왕을 계승한 연대)이 아니라, 그가 바벨론을 멸망시키고 대제국을 창설한 B.C. 538년을 가리킨다(Rawlinson, Batten, Bowman).

본문의 "예레미야의 입으로 하신 말씀"이란 이스라엘 백성이 바벨론에 포로가 되고 70년 후에 본국으로 돌아온다는 예언이었다(렘 25:11-12; 29:10). 이 예레미야의 예언은 두 번이나 정확하게 맞아들었다. 한번은 이스라엘이 포로가 된 사실에서, 또 한 번은 포로로부터 귀환에서 정확하게 성취되었다.

"고레스 왕의 마음을 감동시키시매"란 여호와의 성령께서 유다 나라의 원수 고레스의 마음을 움직이신 것을 뜻한다. 고레스 왕의 마음을 움직이셔서 예루살렘 성을 건축하도록 하신 것과 그것을 건축하기 위해 유다 백성들로 하여금 예루살렘으로 가라는 칙령을 내리게 하신 것이다. 여기 성령의 감동은 고레스의 구원이나 성결과는 관례가 없는 감동이었다. 고레스 왕의 이 칙령은 대제국내에 전달되었고 또 앗수르 지방에 포로되어 살고 있던 북 왕국의 이스라엘에게도 전달되었을 것이다(Matthew Henry).

대하 36:23. 바사 왕 고레스가 이같이 말하노니 하늘의 신 여호와께서 세상 만국을 내게 주셨고 나에게 명령하여 유다 예루살렘에 성전을 건축하라 하셨나니 너희 중에 그의 백성 된 자는 다 올라갈지어다 너희 하나님 여호와께서 함께 하시기를 원하노라 하였더라.

"바사(페르시아)의 고레스 왕은 다음과 같이 선포하노니 하늘의 신 여호와께서 나에게 이 땅 위의 모든 나라를 주셔서 다스리게 하시고(고레스는 하늘의 신 여호와께서 그로 하여금 바벨론을 정복하게 하셨음을 알았다) 유다의 예루살렘에 그의 성전을 지으라고 명하셨나니 이 나라 사람 가운데 하나님을 섬기는 모든 백성은 다 예루살렘에 올라갈지어다. 그리고 당신들의 하나님께서 함께 하시기를 빈다"고 했다.

본문과 병행 구인 스 1:3-4에는 "바사 왕 고레스는 말하노니 하늘의 하나님 여호와께서 세상 모든 나라를 내게 주셨고 나에게 명령하사 유다 예루살렘에 성전을 건축하라 하셨나니 이스라엘의 하나님은 참 신이시라. 너희 중에 그의 백성 된 자는 다 유다 예루살렘으로 올라가서 이스라엘의 하나님 여호와의 성전을 건축하라 그는 예루살렘에 계신 하나님이시라. 그 남아 있는 백성이 어느 곳에 머물러 살든지 그 곳 사람들이 마땅히 은과 금과 그 밖의 물건과 짐승으로 도와주고 그 외에도 예루살렘에 세울 하나님의 성전을 위하여 예물을 기쁘게 드릴지니라"는 말씀이 첨가되어 있다. 하나님은 바사 왕의 마음을 움직이셔서 예루살렘에 성전을 건축할 것을 지시하셨고 또 건축해야 할 자손들이 예루살렘으로 올라갈 것을 지시하셨으며 또 유다 민족으로 하여금 빈손으로 가지 않고 예루살렘의 성전 건축에 필요한 것들을 도와주라고 명령을 내리셨다. 완전한 칙령을 내리게 하신 것이다.

-역대 하 주해 끝-

역대상, 하 주해

2018년 5월 29일 초판 1쇄 인쇄
2018년 6월 11일 초판 1쇄 발행
지은이 | 김수홍
발행인 | 박순자
펴낸곳 | 도서출판 언약
주　소 | 수원시 영통구 중부대로 271번길 27-9, 102동 1303호
전　화 | 070-7518-9725
E-mail | kidoeuisaram@naver.com
등록번호 | 제374-2014-000006호

정가 30,000원

ISBN : 979-11-952332-0-5 (04230)(세트)
ISBN : 979-11-89277-10-9 (04230)